全本全注全译

呻吟語

（上）

〔明〕吕坤 撰

中华文化讲堂 注译

吴江波 修订

团结出版社

图书在版编目(CIP)数据

呻吟语 / (明) 吕坤撰 ; 中华文化讲堂注译.
— 北京 : 团结出版社, 2016.11
(谦德国学文库)
ISBN 978-7-5126-4590-5

①呻… Ⅱ. ①吕… ②中… Ⅲ. ①人生哲学—中国—明代
Ⅳ. ①B248.92

中国版本图书馆CIP数据核字(2016)第266652号

出版: 团结出版社
(北京市东城区东皇城根南街84号 邮编: 100006)
电话: (010) 65228880 65244790 (传真)
网址: www.tjpress.com
Email: 65244790@163.com
经销: 全国新华书店
印刷: 大厂回族自治县德诚印务有限公司

开本: 148×210 1/32
印张: 30.5
字数: 485千字
版次: 2017年5月 第1版
印次: 2022年9月 第4次印刷

书号: 978-7-5126-4590-5
定价: 88.00元 (全二册)

《谦德国学文库》出版说明

人类进入二十一世纪以来，经济与科技超速发展，人们在体验经济繁荣和科技成果的同时，欲望的膨胀和内心的焦虑也日益放大。如何在物质繁荣的时代，让我们获得内心的满足和安详，从经典中获取智慧和慰藉，或许是我们不二的选择。

之所以要读经典，根本在于，我们应当更好地认识我们自己从何而来，去往何处。一个人如此，一个民族亦如此。一个爱读经典的人，其内心世界必定是丰富深邃的。而一个被经典浸润的民族，必定是一个思想丰赡、文化深厚的民族。因为，文化是民族之灵魂，一个民族如果不能认识其民族发展的精神源泉，必定就会失去其未来的生机。而一个民族的精神源泉，就保藏在经典之中。

今日，我们提倡复兴中华优秀传统文化，当自提倡重读经典始。然而，读经典之目的，绝不仅在徒增知识而已，应是古人所说的"变化气质"，进一步，是要引领我们进德修业。《易》曰："君子以多识前言往行，以畜其德。"实乃读经典之要旨所在。

基于此理念，我们决定出版此套《谦德国学文库》，“谦德”，即本《周易》谦卦之精神。正如谦卦初六爻所言：“谦谦君子，用涉大川”，我们期冀以谦虚恭敬之心，用今注今译的方式，让古圣先贤的教诲能够普及到每一个人。引导有心的读者，透过扫除古老经典的文字障碍，从而进入经典的智慧之海。

作为一套普及型的国学丛书，我们选择经典，不仅广泛选录以儒家文化为主的经、史、子、集，也将视野开拓到释、道的各种经典。一些大家所熟知的经典，基本全部收录。同时，有一些不太为人熟知，但有当代价值的经典，我们也选择性收录。整个丛书几乎囊括中国历史上哲学、史学、文学、宗教、科学、艺术等各领域的基本经典。

在注译工作方面，版本上我们主要以主流学界公认的权威版本为底本，在此基础上参考古今学者的研究成果，使整套丛书的注译既能博采众长而又独具一格。今文白话不求字字对应，只在保证文意准确的基础上进行了梳理，使译文更加通俗晓畅，更能贴合现代读者的阅读习惯。

古籍的注译，固然是现代读者进入经典的一条方便门径，然而这也仅仅是阅读经典的一个开端。要真正领悟经典的微言大义，我们提倡最好还是研读原本，因为再完美的白话语译，也不可能完全表达出文言经典的原有内涵，而这也正是中国经典的魅力所在吧。我们所做的工作，不过是打开阅读经典的一扇门而已。期望藉由此门，让更多读者能够领略经典的风采，走上领悟古人思想之路。进而在生活中体证，方能直趋圣贤之境，真得圣贤典籍之大用。

经典，是古圣先贤留给我们的恩泽与财富，是前辈先人的智慧精华。今日我们在享用这一份恩泽与财富时，更应对古人心存无尽的崇敬与感恩。我们虽恭敬从事，求备求全，然因学养所限、才力不及，舛误难免，恳请先贤原谅，读者海涵。期望这一套国学经典文库，能够为更多人打开博大精深之中华文化的大门。同时也期望得到各界人士的襄助和博雅君子的指正，让我们的工作能够做得更好！

团结出版社

2017年1月

前 言

《呻吟语》是明代著名大儒，号称“万历三大贤”的吕坤流传最为广泛的代表著作之一。这本书是明代小品文中的佼佼者，与《菜根谭》《围炉夜话》《小窗幽记》《小窗自记》，并列为明清五大语录著作精品。

《呻吟语》一书立足儒学，积极用世，内容关乎修齐治平，处世应物，言简意赅，洞彻精微，影响很大。明代才子、著名文学家申涵光称此书：“不可不常看。”清代名儒尹会一评论此书说：“推堪人情物理，研辨内外公私，痛切之至，令人当下猛省，奚啻砭骨之神针，苦口之良剂”。日本著名的经营之圣稻盛和夫深受此书的影响，直言本书为其修炼自己与管理企业的四本书之一。（其余三本为《了凡四训》《阴骘文》《菜根谭》。）

欲读其书，先识其人。我们先来简单认识一下《呻吟语》的作者吕坤。

吕坤，字叔简，一字心吾、新吾，自号抱独居士，明世宗嘉靖十五年（1536年）十月十日，生于开封府宁陵县(今河南商丘宁陵)。他进士出身，一生为官清廉，刚正不阿，生前做到刑部左、右侍郎，去世后被追赠为刑部尚书。他在公务之余和辞官之后，写下了大量的著作，是明代著名的文学家、思想家。与沈鲤、郭正域被誉为明万历年间天下“三大贤”。

吕坤从小就生活在一个诗书世家，他的父亲吕得胜就是一个饱读诗书之人。

有一本非常流行的蒙学名著《小儿语》就是吕得胜所撰写的。后来，吕坤为承续父志，还作过一篇《续小儿语》，至今仍广为流传。吕坤从小就天资过人，读书过目不忘，不寻章摘句，不拘泥古训家言。6岁开始进入私塾读书、读史。有人曾出对“泥土地”，吕坤张口就答“铁金刚”，可见其聪明俊秀如此。12岁的时候，他参加童子试，邑侯怀疑其文不出己，复试的时候以“放告”二字为题。坤破云：“君子欲先讼，故先听讼焉。”令邑侯大为惊奇。到了15岁，吕坤已经能把“五经”烂熟于心了。曾作《夜气钞》《招良心诗》。20岁参加秀才考试，得第一名。26岁时，他中了举人，是河南乡试的第三名。28岁的时候，他开始写作《呻吟语》。31岁的时候，作为主笔参与了《宁陵县志》的编撰工作。36岁中礼部试。万历二年（1574年）春，39岁入京殿试，以三甲第五十名赐同进士出身，被任为山西潞安府襄垣县知县，从此踏入仕途生涯。

吕坤踏入仕途之后，从知县开始，先后做过山东省右参政、山西按察使、陕西省右布政使、山西巡抚。后来，他又进入朝廷，先后任都察院左、右佥都御史，刑部左、右侍郎。1597年，吕坤向万历皇帝明神宗上了一道《忧危疏》，陈述天下安危，劝神宗励精图治。然而，晚年的万历皇帝无心于政事，这份奏疏上报之后，并没有回应。这时，他又受到给事中戴士衡诬告。为此吕坤愤然称病乞休，结束了他26年的为官生涯。

吕坤辞官回家后，开始闭门谢客，一心讲学和著书，志在继往圣开来学。他的家乡宁陵因此而一时名士云集，成为当时名儒的交流要地。晚年归隐的这段时间，成就了吕坤成为有明一代著名的思想家、教育家、文学家的地位，他的大半思想和著作，都是在这个时期形成和完成的。辞官后，吕坤著有《省心记》《身箴》《交泰韵》《阴符经注》《续小儿语》《宗约歌》《家礼疑》《家礼翼》《实政录》《去伪斋文集》《纲目是正》等书，后人编有《吕新吾全集》。万历四十六年(1618年)六月八日，吕坤卒于宁陵故里，终年83岁。卒后追赠刑部尚书。

吕坤一生经历了嘉靖、隆庆、万历三朝，分为三个时期，从出生到37岁属早年耕读，38岁到61岁是他为官从政生涯，62岁到83岁是晚年归隐乡里时期。

每一个时期，他都笔耕不辍，留下了不少著述。即使在为官从政期间，政务之余，他根据自己的从政经验编写了《实政录》一书，成为地方求治的良规，至今仍被官员奉为学习的楷模。

在吕坤的著作中，对后世影响最大的，就是这一部《呻吟语》。这是一部积其三十年心血而成的语录体散文集著述。“呻吟”二字，他在原序中称：“呻吟，病声也，呻吟语，病时疾痛语也。”“三十年来，所志《呻吟语》，凡若干卷，携以自药。”“择其狂而未甚者存之。”这部书他在28岁时开始撰写，于万历二十一年(1593年)才完成。

吕坤在《呻吟语》自序中述其刊刻本书的原因，说他的友人见到此书，力劝他公布于世："吾人之病大都相同，子既志之矣，盍以公人？盖三益焉：医病者见子呻吟，起将死病；同病者见子呻吟，医各有病；未病者见子呻吟，谨未然病。是子以一身示惩于天下，而所寿者众也。即子不愈，能以愈人，不既多乎？"这才有《呻吟语》的流传后世。

《呻吟语》全书共六卷，前三卷为内篇，后三卷为外篇，分为性命、存心、伦理、谈道、修身、问学、应务、养生、天地、世运、圣贤、品藻、治道、人情、物理、广喻、词章等十七篇，每篇集中谈一个问题，以独白为主体，是吕坤人生感悟和修齐治平思想的集中体现，反映了吕坤对宇宙、人性、命运、时事、制道、物理、人情的观察与思考，书中处处充满着哲理之言、闪烁着智慧之光，其中不少名言警句被后世人反复引用。

《呻吟语》于1593年（明万历二十一年）成书付梓，此版本暂称"付梓版"。付梓版成书后，原版存于宁陵吕氏宗祠中。明、清代书坊因读者需要，不断刻印，现存便有不少刻本。比较常见的有：明《呻吟语摘》本（二卷）；1687年（清康熙二十六年），陆陇其正定本；1736年（清乾隆元年），陈宏谋《吕子节录》本；1794年（清乾隆五十九年），吕燕昭刻本；1827年（清道光七年），栗毓美等编刻的《吕子遗书》本；1480年（清道光20年），崇德堂刻本等。一般认为，1827（道光七年）栗毓美等编刻的《吕子遗书》本成就最高，该本辑录完备、校勘亦精。我们此次出版的《呻吟语》就是以此版为底本，全本全注全译出版，是现代读者学习《呻吟语》的重要参考。由于注译者水平所限，书中难免有错讹之处，恳请广大读者批评指正。

目 录

卷三 射之集

卷四 御之集

卷五 书之集

卷六 数之集

原 序

呻吟，病声也。呻吟语，病时语也。病中疾痛，惟病者知，难与他人道，亦惟病时觉，既愈，旋复忘也。

予小子生而昏弱善病，病时呻吟，辄志所苦以自恨曰慎疾，无复病。已而弗慎，又复病，辄又志之。盖世病备经，不可胜志。一病数经，竟不能惩。语曰：三折肱成良医。予乃九折臂矣！沉痼年年，呻吟犹昨。嗟嗟！多病无完身，久病无完气。予奄奄视息而人也哉！

三十年来，所志《呻吟语》，凡若干卷，携以自药。司农大夫刘景泽，摄心缮性，平生无所呻吟，予甚爱之。顷共事雁门，各谈所苦。予出《呻吟语》视景泽，景泽曰：“吾亦有所呻吟，而未之志也。吾人之病，大都相同。子既志之矣，盍以公人？盖三益焉：医病者见子呻吟，起将死病；同病者见子呻吟，医各有病；未病者见子呻吟，谨未然病。是子以一身示惩于天下，而所寿者众也。既子不愈，能以愈人，不既多乎？”余矍然曰：“病语狂，又以其狂者惑人闻听，可乎？”因择其狂而未甚者存之。呜呼！使予视息苟存，当求三年艾。健此余生，何敢以痼自弃？景泽，景泽，其尚医予也夫！

万历癸巳三月，抱独居士宁陵吕坤书

【译文】呻吟，是因为身体难受而发出的痛苦的声音。呻吟语，是在生病痛苦时所说的话。生病时的痛苦，只有生病的人才体会得到，很难跟别的人说明白；而且这种痛苦也只有在生病时才能体会到，等身体痊愈了，很快就忘了。

我这个人从小就体弱多病，在生病时痛苦的时候经常呻吟，于是就记录下来当时的痛苦，并告诫自己："以后一定要小心注意身体，避免再生病。"然而不久就会因为自己不注意，又生病了，于是就再把生病的痛苦记录下来。大概因为生病经历得多了，不能全部都记下来。同一种病患了好几次了，竟然还不知道警戒。古语说："三折肱成良医。"我可算得上是多次折臂了啊！疾病年年都在反复发作，呻吟声好像在昨天。唉！因为病的次数多而不能拥有健康的身体，因为病的时间长而没有充沛的精力，我这样奄奄一息地活着都不像个人的样子啦！

三十年以来，我所记录下的《呻吟语》共有若干卷，平时携带在身边，用来治疗自己的疾病。司农大夫刘景泽平时注重修身养性，所以生平很少受到病痛的折磨，在这一点上我非常羡慕他。不久前，我们一起在雁门共事，各自都谈了自己的苦恼。我把《呻吟语》拿出来给景泽看，景泽说："我也有因为受到病痛的折磨而呻吟的时候，只是没有记录下来罢了。其实我们这些人的病症大都是一样的。你既然记下来了，为什么不公之于众呢？这样做有三个好处：给人治病的人见了你的《呻吟语》，能够让患重病的人起死回生；和你患相同病症的人见了你的《呻吟语》，可以根据不同的疾病对症下药；没病的人见了你的《呻吟语》，可以防患于未然。这样可以用你一个人的病痛经历去警示全天下的人，因此能够健康长寿的人就会更多了。即便你的病不能痊愈，却能够治愈别人，这不是更值得称赞的事吗？”听完景泽的话，我很惊慌地说：“这些都是我生病时说的一些狂妄的话，如果再用这些狂语去混淆视听，这样做能行吗？”于是我就从中选择了一些还不太狂妄的言论保留下来。天哪！如果我能再活三年就好了。那样可以让自己健康地度过余生，怎么敢因为疾病缠身就自暴自弃呢？景泽啊景泽，你大概就是那个善于治疗我疾病的人吧！

万历年癸巳三月，抱独居士宁陵吕坤作

卷一 礼之集

卷 一

性 命

【题解】此章共27则。主要内容讲性、命的异同问题。儒家认为人有先天之性和后天之性。先天之性是宇宙大本源赋予人的禀赋，后天之性是人在出生后的成长过程中养成的习惯、思维模式等扩充之性。吕坤认为人的命是先天决定的，君子以义处命，不是用正义的方法得来的就不处，而命的好坏并不放在心上。小人用自己的欲望去违犯先天决定的命运，不能得到的也一定要设法得到。因此，君子的心是安定的，小人的心是劳累的。吕坤看重以义处命，不管富贵穷达，还是生老病死，始终坚持道义的价值。

正命者[①]，完却正理[②]，全却初气[③]，未尝以我害之，虽桎梏[④]而死，不害其为正命。若初气凿丧[⑤]，正理不完，即正寝告终，恐非正命也。

【注释】①正命：《孟子·尽心上》："尽其道而死者，正命也。桎梏死者，非正命也。"原指寿终而死，此指遵循正理而死。②完却：保全。③全却：全备。初气：指最初禀受天命而成形体之气。④桎梏：脚镣手铐等刑具。⑤凿丧：丧失掉。

【译文】所谓正命的人，指完满地保全了天地间的正理，保全了人之初的元气，正理和元气并没有因为我而受到损伤，虽然被囚禁而死，也可以称作是正命了。如果最初禀受的元气丧失掉了，正理不完备了，即使能寿终正寝，恐怕也不能称作正命了。

德性以收敛沉着为第一，收敛沉着中，又以精明平易为第一。大段收敛沉着人怕含糊，怕深险。浅浮子虽光明洞达，非蓄德之器也。

【译文】德性中以收敛沉着最为重要，收敛沉着中又以精明平易最为重要。一般说来，收敛沉着的人怕的是含含糊糊，怕的是高深阴险。浅薄轻浮的人看上去虽然光明磊落、明了通达，但不是能够修养高尚道德的人。

或问："人将死而见鬼神，真耶？幻耶？"曰："人寤[①]则为真见，梦则为妄见。魂游而不附体，故随所之而见物，此外妄也。神与心离合而不安定，故随所交而成景，此内妄也。故至人无梦，愚人无梦，无妄念也。人之将死如梦然，魂飞扬而神乱于目，气浮散而邪客[②]于心，故所见皆妄，非真有也。或有将死而见人拘系者，尤妄也。异端[③]之语，人人骨髓，将死而惧，故常若有见。若死必有召之者，则牛羊蚊蚁之死，果亦有召之者耶？大抵草木之生枯，土石之凝散，人与众动之死生、始终、有无，只是一理，更无他说，万一有之，亦怪异也。”

【注释】①寤：醒。②客：客居，暂时居留。③异端：语出《论语·为政》：“攻乎异端，斯害也已。”朱熹集注：“非圣人之道，而别为一端。”指和传统道德思想，尤指和儒家思想相违背的学说。

【译文】有人问：“人将要死亡时说见到了鬼神，这是真的还是幻觉？”我说：“人醒着的时候看见的叫真见，梦中见到的是妄见。人将要死时，魂魄从身体里抽离出来，四处飘游时见到的东西，叫做外妄。神与心分合不定，心神相交时出现的景象，叫做内妄。至人精神内守，心神合一，没有多余的妄想，所以至人没有梦，愚钝的人头脑不灵活，可以固守于一，没有多余的妄念，所以愚人也没有梦。人临死时如身处梦境，魂魄飞扬，目光散乱无神，正气不再安定而邪气趁虚而入，扰乱心志，因此看见的都是幻象，而非实有。还有将死的人看见有人来抓捕他，这就更虚妄了。常人都害怕死亡，所以一些歪门邪道的话得以深入人心，其实是人将死时的恐惧，乱了心神和气，引发的幻象。假如死亡需要有东西来招的话，那么牛羊蚊蚁死的时候，也有东西来招吗？大致说来，草木的生长枯死，土石的凝结散开，众生的死生、始终、有无，都遵循着天道流行的同一个规律，没有其他说法，万一有的话，也是怪异的说法。”

气无终尽之时，形无不毁之理。

【译文】气的流转、变化没有终止的时候，物质形体没有不毁灭的道理。

真机、真味要含蓄，休点破。其妙无穷，不可言喻。所以圣人无言。一犯口颊，穷年说不尽，又离披浇漓[①]，无一些咀嚼处矣。

【注释】①离披浇漓：往裂缝里浇水。披，裂缝。

【译文】真机、真味要含蓄一些，不要轻易点破。这样，其中的奥妙就会无穷无尽，难以用言语表达。所以圣人从不夸夸其谈。真机、真味一旦点破，说一年都说不完，就像往裂缝里浇水一样支离破碎，没有任何耐人寻味的地方了。

性分不可使亏欠，故其取数也常多，曰穷理，曰尽性，曰达天[①]，曰入神[②]，曰致广大、极高明。情欲不可使赢馀，故其取数也常少，曰谨言，曰慎行，曰约己，曰清心，曰节饮食、寡嗜欲。

【注释】①达天：达到上苍所赋予的最高境界。②入神：人的道德修养达到最高境界。

【译文】人的天赋本性不能有欠缺，因此它表现形式也是多种多样的，这就是“穷理”“尽性”“达天”“入神”“致广大、极高明”。人的情欲不能过分地扩大，它表现出来应该有一定的限度，因而要“谨言”“慎行”“约己”“清心”“节饮食、寡嗜欲”。

深沉厚重是第一等资质，磊落英雄是第二等资质，聪明才辨是第三等资质。

【译文】深敛沉着、敦厚持重是第一等资质，光明磊落、豪迈雄健是第二等资质，聪明机智、多才明辨是第三等资质。

六合[1]原是个情世界，故万物以之相苦乐，而至人、圣人不与焉。

【注释】①六合：前后、左右、上下六个方向，也指人世间。

【译文】人世间是充满情感的世界，所以万物生于其中有苦有乐，而心性修养达到至、圣境界的人，则能从中超拔出来，情顺万物而无心，无所住而生心。

凡人光明博大，浑厚含蓄，是天地之气；温煦和平，是阳春之气；宽纵任物，是长夏之气；严凝敛约，喜刑好杀，是秋之气；沉藏固啬，是冬之气。暴怒是震雷之气；狂肆是疾风之气；昏惑是霾雾之气；隐恨留连，是积阴之气；从容温润，是和风甘雨之气；聪明洞达，是青天朗月之气。有所钟者，必有所似。

【译文】一个人的气质光明博大，深厚含蓄，这是禀受了天地之气；温厚煦暖、心平气和，这是禀受了阳春之气；宽恕纵容、放任外物是禀受了夏天之气；严凝敛约，喜刑好杀，这是禀受了秋天之气；深藏厚敛、顽固悭吝，这是禀受了严冬之气。凶暴横怒，是禀受了震雷之气；狂妄放肆，是禀受了疾风之气；昏弱迷惑，是禀受了霾雾之气；隐恨留连，是禀受了积阴之气；从容温润，是禀受了和风甘雨之气；聪明洞达，是禀受了青天朗月之气。一个人禀受了什么气，必然表现出相似的气质。

先天之气发泄处不过毫厘，后天之气扩充之必极分量。其实，分量极处原是毫厘中有底，若毫厘中合下原无，便是一些增不去。万物之形色才情，种种可验也。

【译文】每个人先天的气质，可以发扬的地方只不过是一点点而已，然而，通过后天养成的气质必然能够达到至高无上的境界。其实，修养能够达到至高无上的境界也还是靠原来那点儿先天气质做底子，如果一点先天的气质都没有，那就丝毫也不会增多。世间万物的形、色、才、情，各个方面都能验证这个道理。

蜗藏于壳，烈日经年而不枯，必有所以不枯者在也。此之谓以神用，先天造物命脉处。

【译文】蜗牛藏在壳中，长时间地暴晒于太阳之下，却没有干枯而死，这其中一定有不枯死的道理。这就事神用，是天道赋予万物，使生命可以发展的源动力。

兰[①]以火而香，亦以火而灭；膏[②]以火而明，亦以火而竭；炮以火而声，亦以火而泄。阴者所以存也，阳者所以亡也，岂独声色气味然哉！世知郁者之为足，是谓万年之烛。

【注释】①兰：一种香。②膏：灯油。

【译文】兰香被火点燃后散发香气，也因燃烧而消尽；灯油被火点燃后发光，也因燃烧而耗竭；炮被火点燃后发声，也因燃烧而散歇。涵养伏藏，不向外耗泄，就能使生机绵绵不绝，一味地张扬，而不懂得内敛守拙，就容易耗尽而亡，岂只声色气味是这个道理呢！世人知道郁而不发就能充实满足，可以称为万年之烛。

火性发扬，水性流动，木性条畅，金性坚刚，土性重厚，其生物也亦然①。

【注释】①"其生物"句：天道流行产生五行之气，五行在生物时，也使物具有五行之性。

【译文】火性炎上而张扬，水性润下而流动，木性条达而舒畅，金性坚硬而刚强，土性重实而敦厚，由这五行生发出来的东西也具备这样的性质。

一则见性，两则生情。人未有偶而能静者，物未有偶而无声者。

【译文】保持精纯的专注力于当下，就能入静，逐步深入，以至于明心见性。而如果不能专一，分心于其他，就会因心动而生情。人难以在与人相处时也静而不动，两个物体在相撞时没有不发出声音的。

声无形色，寄之于器；火无体质，寄之于薪；色无着落，寄之草木。故五行惟火无体，而用不穷。

【译文】声音无形无色，只有敲击器物发出声响，才知道它的存在；火没有体质，只有柴草燃烧时，才能看到它的样子，感受到它的温度；颜色无法悬于虚空，只有依托于草木，方能显现出来。五行当中，只有火没有具体形态，而它的用途最是无穷无尽。

人之念头与气血同为消长。四十以前是个进心，识见未定而敢于有为；四十以后是个定心，识见既定而事有酌量；六十以后是个退心，见识虽真而精力不振。未必人人皆此，而此其大凡也。古者四十仕，六十、七十致仕，盖审之矣。人亦有少年退缩不任事，厌厌若泉下人者；亦有衰年狂躁妄动喜事者，皆非常理。若乃以见事风生之少年为任事，以念头灰冷之衰夫为老成，则误矣。邓禹①沉毅，马援②矍铄，古诚有之，岂多得哉！

【注释】①邓禹：人名，东汉光武帝时人。少时游学长安，与光武帝友谊深厚。②马援：人名，东汉名将。他在八十四岁高龄的时候，仍旧能够率军出征。

【译文】人的思想是随着身体气血的变化而变化的。四十岁之前具有奋发进取之心，这时虽然见识不多，但是敢于闯荡一番；到四十岁以后，人的心就逐渐稳定下来了，这时已经是见多识广，而且遇到事情都会斟酌一下；六十岁之后，人的思想就开始消极保守了，这时虽然见识广博，但是精力不够。虽然这种情况不一定适用于每个人，但大体上都是如此。古代人们四十岁做官，六七十岁告老还乡，大概是因为这个原因。当然，人们中间也有年纪轻轻却思想消极，无所事事的，无精打采的就像一个垂死之人；也有一些年老之人，性情狂躁，喜欢多事，但这些都不合乎常理。如果把那些遇事风风火火的少年人当做是社会栋梁，而把那些意志消沉的衰老之人当做老成持重的话，那也是错误的。像邓禹年少时就深沉、坚毅，马援虽年老却精神矍铄的人，古代确实有过，但毕竟不是多数！

命本在天。君子之命在我，小人之命亦在我。君子以义处命，不以其道得之不处，命不足道也。小人以欲犯命，不可得命而必欲得之，命不肯受也。但君子谓命在我，得天命之本然；小人谓命在我，幸气数之或然。是以君子之心常泰，小人之心常劳。

【译文】人的命运本来是上天注定的。君子的命运掌握在自己手中，小人的命运也掌握在自己手中。君子用道义来对待命运，不做违反道义的事，自己的命运好坏不放在心上；小人因为自己的贪欲而去抗拒上天注定的命运，没有那样的命运却想得到它，命运不肯授予他。只是这里所说的君子的命运掌握在自己手中，是因为他顺从了上天的安排；而所说的小人的命运掌握在自己手中，只不过是他希望上天能够偶然改变他原定的命运。这就是君子的内心常常能够保持平静泰然，而小人的内心却是劳累的原因。

性①者，理、气之总名，无不善之理，无皆善之气。论性善者，纯以理言也；论性恶与善恶混者，兼气而言也。故经传言性各各不同，惟孔子无病②。

【注释】①性：也名天性、道，指宇宙万物的大源头。吕坤认为理

（善）、气（恶或善恶混）都是由天性发端而来。②“惟孔子”句：《论语·阳货》中，孔子论性说：“性相近也，习相远也。”性相近，是从天性本善而言；习相远，是每个人后天熏染的习气善恶混杂，各不相同，从而使人偏离了纯善的天性。吕坤认为此说无弊。

【译文】性，是理和气的发端源头，没有不善的理，也没有全是善的气。说性善，是从理的角度来说的；说性恶或善恶相混，是从理、气两方面兼说的。所以儒家的经典和传注在谈到性时见解都不同，只有孔子的说法无误。

气、习，学者之二障也。仁者与义者相非，礼者与信者相左，皆气质障也。高髻[①]而笑低鬟，长裾[②]而讥短袂[③]，皆习见障也。大道明，率天下气质而归之，即不能归，不敢以所偏者病人矣。王制一，齐天下趋向而同之，即不能同，不敢以所狃[④]者病人矣。哀哉！兹谁任之？

【注释】①髻：梳在头顶上的发结。②裾：衣服的大襟，衣的前后均称裾。③袂：衣袖。④狃：习惯，拘泥于。

【译文】气质与习见，这是做学问的人想要进步的两大障碍。仁与义这两者互相抵触，礼与信这两者互相违背，这都是气质所形成的障碍。梳高发髻的人讥笑梳两个低发髻的人，穿长衫的人讽刺穿短衫的人，这都是习见造成的障碍。大道光明兴隆，整个天下的气质都会归向大道，即使不归顺它，也不能用自己偏好的东西来指责他。王者的制度一旦统一，天下就会归向他并与他一致，即使不能一致，也不能用自己习惯的制度去指责别人。悲哀啊！使大道光明兴隆、王制统一这样的重任由谁来担当呢?

父母全而生之，子全而归之，发肤还父母之初，无些毁伤，亲之孝子也。天全而生之，人全而归之，心性还天之初，无些缺欠，天之孝子也。

【译文】父母将子女完好地生出来，临终时子女也应该再将自己完好地还给父母，头发身体应该和降生时一样没有损伤，这才算是父母的孝子；上天使人完整无缺地生出来，命终时人也应该将自己完好无缺地归还给上天，心性也和上天降生自己的时候一样，没有丝毫的欠缺，这才算是上天的孝子。

虞廷[①]不专言性善，曰：“人心惟危，道心惟微。”[②]或曰：“人心非性。”曰：“非性可矣，亦是阴阳五行化生否？”“六经”不专言性善，曰“惟皇上帝，降衷下民，厥有恒性”[③]，又曰“天生烝民有欲，无主乃乱”[④]。孔子不专言性善，曰“继之者善也，成之者性也”[⑤]，又曰“性相近也”，“惟上智与下愚不移”。才说相近，便不是一个，相远从相近起脚。子思不专言性善，曰“修道之谓教”。性皆善矣，道胡可修？孟子不专言性善，曰“声色、臭味、安佚，性也”。或曰：“这性是好性。”曰：“好性如何君子不谓？”又曰“动心忍性”，善性岂可忍乎？犬之性，牛之性，岂非性乎？犬牛之性亦仁义礼智信之性乎？细推之，犬之性犹犬之性，牛之性犹牛之性乎？周茂叔[⑥]不专言性善，曰“五性相感而善恶分，万事出矣”，又曰“几善恶”[⑦]。程伯淳[⑧]

不专言性善，曰“恶亦不可不谓之性”。大抵言性善者，主义理而不言气质，盖自孟子之折诸家始。后来诸儒遂主此说而不敢异同，是未观于天地万物之情也。义理固是天赋，气质亦岂人为？无论众人，即尧、舜、禹、汤、文、武、周、孔，岂是一样气质哉！愚僭[9]为之说曰：“义理之性，有善无恶；气质之性，有善有恶。气质亦天命于人而与生俱生者，不谓之性可乎？”程子云：“论性不论气不备，论气不论性不明。”将性、气分作两项，便不透彻。张子[10]以善为天地之性，清浊纯驳为气质之性，似觉支离。其实天地只是一个气，理在气之中，赋于万物，方以性言，故性字从生从心，言有生之心也。设使没有气质，只是一个德性，人人都是生知圣人，千古圣贤千言万语、教化刑名都是多了底，何所苦而如此乎？这都是降伏气质，扶持德性。立案于此，俟千百世之后驳之。

【注释】①虞廷：指虞舜的朝廷。虞舜，古帝名。姚姓，有虞氏，名重华。继尧帝之位，在位四十八年。②“人心”二句：语出《尚书·大禹谟》：“人心惟危，道心惟微，惟精惟一，允执厥中。”王阳明先生说：惟一者，一于道心也。惟精者，虑道心之不一，而或二之以人心也。道无不中，一于道心而不息，是谓“允执厥中”。③“惟皇上帝”三句：语出《尚书·汤诰》。意为，上天将天道的五种品性赋予人身上，使人有了仁义礼智信五种品德，为君之人当随顺人的常性。④“天生”二句：语出《尚书·仲虺之诰》，意为上天生人，人有私利之心，如果没有圣王来管理教化，就会生乱。⑤“继之者”二句：语出《易经·系辞上》：“一阴一阳之谓道，继之者善也，成之者性也。”意思是，道就是阴阳相推得流转变化，能够顺此规律而行，生生不息，就是善。能够成就阴阳二气流行的，就是大本体（性）。⑥周茂叔：宋代理学家周敦颐，字茂叔。⑦几善恶：语出周敦颐《通书·诚几德》："诚无为，几善恶。"意思是，人的心念一起，善恶就出现了。⑧程伯淳：宋代理学家程颢，字伯淳。⑨僭（jiàn）：超越身份。这里是吕坤的自谦说法。⑩张子：指张载，北宋哲学家。《张子正蒙·诚明篇》："形而后有气质之性，善反之，则天地之性存焉。"

【译文】虞舜不只谈性善，他说："人心中掺杂了私欲，是很危险的；而道心合于本体，澄澈明净，没有分毫私利，能在最细微处彰显出来。"有人说："人心不是从天性而来的。"我说："这么说也可以，但人心不也是阴阳五行化生出来的吗？阴阳五行由天性而出，那人心怎么不从天性而来呢？""六经"不专讲性善，而是说"只有皇天上帝，降善于人民，顺人之常性"，又说"上天降生众民，人心有私欲，如果无人管束就要发生混乱"。孔子不专说性善，他说"一阴一阳之道连续不断，随顺它的就是善，成就为某种事物的就是性"，又说"性相近的"，"只有拥有上等智慧的人和最愚钝的人不会改变"。只要提到相近，就说明不是一个事物，相近会逐渐变得相远。子思不专说性善，他说"修道，使人返回先天之性，就是教育"。如果性本就是善的，那还有什么可修的呢？孟子也不专说性善，他说"声色、嗅味、安逸，性也"。有人说："这性是好性。"我质疑说："如果是好性，为什么君子不称道它呢？"孟子又说"动心忍性"，如果这里说的是善性的话，善性还要刻意去忍吗？狗和牛的性，难道不是性吗？犬牛之性也是仁义礼智信的性吗？仔细推想，犬之性就是犬之性，牛之性就是牛之性吗？周敦颐不专说性善，他说"五性相感而善恶分，万事出矣"，又说"几善恶"，心有微动，善恶就出现了。程颢不专说性善，他说"恶也是性"。大概说性善的人，只强调义理而不谈论气质，这是从孟子折服诸家之后开始的。后来的儒者都主张此说而不敢质疑，这是因为他们没有用心体察天地万物的性情造成的。义理固然是天所赋予的，气质难道就全是后天养成的吗？不说普通人，即使是尧、舜、禹、汤、文王、武王、周公、孔子，他们都是圣贤，但他们的气质都相同吗！我斗胆阐述下自己的理解："义理之性，有善无恶；气质之性，有善有恶。气质也是天赋予人与生俱来的，怎么能与性分开呢？"程颐说："论性不论气不备，论气不论性不明。"把性和气分成两项，便讲不透彻。张载以善为天地之性，清浊纯驳为气质之性，似乎有些支离。其实天地只是一个气，理在气之中，赋予万物，就用性来说明，所以性字由生和心组成，意思是说能生出万物的心。假如没有气质的差别，只是一个德性，那人人生下来都是圣贤，那样古圣先贤们的千言万语，提倡教化和循名责实的主张就都是多余的了，这是何苦呢？其实他们这样做都是为了降伏秉性气质，扶持德性。立此观点，待后人评说。

性一母而五子，五性者，一性之子也。情者，五性之子也。一性静，静者阴；五性动，动者阳。性本浑沦，至静不动，故曰"人生而静，天之性也"[①]。才说性便已不是性矣，此一性之说也。

【注释】①人生而静，天之性也：语出《礼记·乐记》："人生而静，天之性也；感于物而动，性之欲也。"意思是，人生而平静，这是天生之性。

【译文】善性为母，仁、义、礼、智、信就是它的五子。情，是五种性的儿子。善性是静的，属阴；五性是动的，属阳。性本是浑然不可分，又至静不动的，所以说"人生而静，天之性也"。刚说性便已落入后天，不是先天之性了，这就是对一性的描述。

宋儒有功于孟子，只是补出个气质之性[1]来，省多少口吻。

【注释】①气质之性：宋儒讲气质之性和义理之性，气质之性有善有恶，义理之性为纯善。

【译文】宋儒对孟子的学说作了有益的发挥，补充了一个气质之性，就省了很多口舌之辨。

问："禽兽草木亦有性否？"曰："有。""其性亦天命[1]否？"曰："天以阴阳五行化生万物，安得非天命？"

【注释】①天命：这里指天性发端而赋予万物之性，即生命所禀受的阴阳之炁。

【译文】有人问："禽兽草木也有天性吗？"我回答说："有。"又问："它们的性也是上天赋予的吗？"我说："天以阴阳五行之炁化生万物，禽兽草木也是万物之一，他们的性命怎么不是上天赋予的呢？"

或问："孔子教人，性非所先。"曰："圣人开口处都是性。"

【译文】有人问："孔子教育人，明心见性不是放在首位的。"我回答说："圣人一开口就会讲回归天性。"

水无渣，着土便浊；火无气，着木便烟；性无二，着气质便杂。

【译文】水澄澈没有渣，一加入土就混浊了；火没有气，一遇到木就会冒烟；性没有二，被气质污染，就失去了纯净。

满方寸浑成一个德性，无分毫私欲，便是一心之仁；六尺浑成一个冲和，无分毫病痛，便是一身之仁；满六合浑成一个身躯，无分毫间隔，便是合天下以成其仁。仁是全体，无毫发欠缺；仁是纯体，无纤芥瑕疵；仁是天成，无些子造作。众人分一心为胡越[①]，圣人会天下以成其身。愚尝谓："两间[②]无物我，万古一呼吸[③]。"

【注释】①胡越：胡地在北，越地在南，比喻疏远。此处指人心因私欲污染而偏离了光明的天性。②两间：天地间。③呼吸：指天道流行之气的变化。

【译文】心中只存一个德性（圆满的天性），不夹杂任何私心，便是一心之仁；身体阴阳平衡，没有分毫堵塞，病痛，便是一身之仁；天地间万物一体，没有分毫间隔，便是全天下以成其仁。仁是全体，没有分毫的欠缺；仁是纯体，没有纤芥的瑕疵；仁是天成，没有丝毫的造作。普通人把一个心分成相离很远的两部分，圣人会合万物为一体来成就本身。我曾说："天地之间没有物我之分，万古以来只有一呼一吸而已。"

存 心

【题解】此章共151则。存心，就是存善心。古人认为心是人身的主宰，见闻觉知的功能都是心的作用。只有向善而行，才能合乎天道大义。如何才能保有善心呢？吕坤给出了以下方法：首先要收去邪念，坚持正念。要慎独、慎言，时刻都坚守道义；要转化恶念，做自我克制的功夫。要心平气和，在生活中，尤其在可怨可怒、可辩可诉、可喜可愕之际，磨炼静气；不要计较个人的"得失毁誉"，要有一颗着眼于天地万物的公心。除此之外，吕坤还讲到一些其他的修养方法，如宽容心，遇事遇人的"和气平心""定静安虑"，毁誉不惊，心胸坦荡等等。

心要如天平，称物时，物忙而衡不忙，物去时，即悬空在此。只恁静虚中正，何等自在！

【译文】人心要犹如一台天平。天平在称量物体的时候，物体被搬运个不停，而秤杆却安然自在，物体搬开后，仍然空悬在空中。人心如果能像天平那样处在静虚中正的状态，该有多么的自由自在啊！

收放心①休要如追放豚，既入苙②了，便要使他从容闲畅，无拘迫懊憹③之状。若恨他难收，一向束缚在此，与放失同。何者？同归于无得也。故再放便奔逸不可收拾。君子之心如习鹰驯雉，搏击飞腾，主人略不防闲④；及上臂归庭，却恁忘机⑤自得，略不惊畏。

【注释】①放心：语出《孟子·告子上》："人有鸡犬放，则知求之；有放心而不知求。学问之道无他，求其放心而已矣。"指放逸在外的心。②苙（lì）：牲畜的圈栏。③懊憹（náo）：懊恼。④防闲：防备，禁止。⑤忘机：忘却机巧之心。

【译文】收回外驰的的心时，不要像追逐奔逃在外的猪一样，既然已把它追回到了圈里，就让它从容闲畅一些，不要让它被拘束着，很烦闷。如果怨恨它难以收回来，就会一直被束缚在这种心情里，心还是不能平静，这与放失在外就没什么两样了。为什么这么说呢？因为放出去和追回来后又埋怨、束缚它，猪不会对主人产生任何好感而愿意留在主人身边，等于是无用功。因此再放出去时，它就会逃走而追不回来了。君子的心就如同驯养鹰雉，放开它，任它自由飞腾的同时，主人不要紧紧防备，略松一些，等它飞回主人的臂上回到家中，也是同样的从容平静，没有什么可害怕的。

学者只事事留心，一毫不肯苟且，德业之进也，如流水矣。

【译文】做学问的人，只要事事留心认真、一丝不苟，德行、学业的进步就会像涓涓流水一样不会终止。

不动气，事事好。

【译文】内心平静不动气，事事都会好。

心放不放，要在邪正上说，不在出入上说。且如高卧山林，游心廊庙①；身处衰世，梦想唐、虞②；游子思亲，贞妇怀夫，这是个放心否？若不论邪正，只较出入，却是禅定之学。

【注释】①廊庙：朝廷，引申为国家大事。②唐、虞：指陶唐氏（尧）与有虞氏（舜）的太平盛世。

【译文】心的放纵与否，要以心念的邪正为标准。比如隐居在山林，心中却担忧着国家大事；生活在衰微的时代，却梦想唐、虞盛世；游子思念父母，贞妇怀念夫君，这样的善念，能算是真正的放心吗？如果不讲邪正，只计较出入，就与佛教禅定无别了。

或问："放心如何收？"余曰："只君此间便是收了。这放收甚容易，才昏昏便出去，才惺惺①便在此。"

【注释】①惺惺：指警觉到外驰的念头。

【译文】有人问："心放出去后，如何收回来？"我说："你问的时候，已经意识到收了，便是收了。这收放其实很容易：稍微失去警觉，一昏沉，心便飞出去了；才一警觉，心便自动归位。"

常使精神在心目间，便有主而不眩于客感之交，只一昏昏，便是胡乱应酬。岂无偶合？终非心上经历过，竟无长进。譬之梦食，岂能饱哉？

【译文】常常使精神处在清醒状态，这样就可以有主见，而不被外界事物所迷惑。只要神志稍微不清，便会随意应付。难道没有偶然巧合的？然而这种情形不是出自内心，最终不会长久。就好像梦里吃东西，难道真的能吃饱吗？

防欲如挽逆水之舟，才歇力便下流；力善如缘无枝之树，才住脚便下坠。是以君子之心，无时而不敬畏也。

【译文】防御欲念好比牵挽逆水而行之船，刚一歇息，船就要向下游漂流；努力向善好比攀爬没有树枝的大树，刚一歇脚，身体就要下滑。因此，君子的内心无时无刻不是处在警惕之中。

一善念发，未说到扩充，且先执持住，此万善之囮①也。若随来随去，更不操存此心，如驿传②然，终身无主人住矣。

【注释】①囮：捕鸟时用来诱捕其他鸟的活鸟。这里是指原因。②驿传：古时传送公文以及来往官员中途住宿或换马的地方。

【译文】一个好的念头一旦产生，如果能在它没有扩充之前好好地保持住，这就是孕育其他善良念头的开端。如果任凭好的念头任意来去，更不用心保持，就会像古代驿站那样，永远没有长期居住的主人了，也就是心里永远不会长期拥有美好善良的念头了。

千日集义，禁不得一刻不慊于心，是以君子瞬存息养，无一刻不在道义上。其防不义也，如千金之子之防盗，惧馁之故也。

【译文】即使千日养气集义，也抵挡不住片刻之间产生的私欲。因此，君子每时每刻都要进行修养，在道义上一刻也不放松。君子防止不义的行为，如同富有之家防盗贼一样不能松懈，因为怕丢失了，日后受穷挨饿。

无屋漏工夫[1]，做不得宇宙事业。

【注释】①屋漏工夫：指在暗处也要警觉内心的念头，持守中正。屋漏，古代室内设小帐的隐蔽之处。

【译文】即使在没有人看见的隐蔽之处，也要时刻警觉自己的念头，没有这种工夫，就做不成大事业。

君子口中无惯语，存心故也。故曰：“修辞立其诚。”不诚，何以修辞？

【译文】君子嘴里没有口头语，这是存心的缘故。所以说：“修饰言辞来表达诚心。”不诚心怎么能修辞呢？

一念收敛，则万善来同；一念放恣，则百邪乘衅。

【译文】收敛一个出自私心的念头，各种善行就都会来；放纵一个出自私心的念头，各种邪恶就会乘虚而入。

得罪于法，尚可逃避；得罪于理，更没处存身。只我底心便放不过我。是故君子畏理甚于畏法。

【译文】触犯法律而犯罪，也许还可以逃脱；违背天理而犯罪，便没处藏身，就连自己的心也放不过自己。这就是君子畏惧天理比畏惧法律更厉害的原因。

或问："鸡鸣而起，若未接物，如何为善？①"程子曰："只主于敬，便是善。"愚谓惟圣人未接物时，何思何虑。贤人以下，睡觉时合下便动个念头，或昨日已行事，或今日当行事，便来心上。只看这念头如何，若一念向好处想，便是舜边人；若一念向不好处想，便是跖②边人。若念中是善而本意却有所为，这又是舜中跖，渐来渐去，还向跖边去矣。此是务头工夫，此时克己更觉容易，点检更觉精明。所谓去恶在纤微，持善在根本也。

【注释】①"或问"句：语出《孟子·尽心上》："鸡鸣而起，孳孳为善者，舜之徒也。鸡鸣而起，孳孳为利者，跖之徒也。欲知舜与跖之分，无他，利与善之间也。"②跖：即盗跖。古代大盗。

【译文】有人问："鸡鸣而起，还没有接触任何事物，如何去为善呢？"程颐说："只要有一分恭敬心，便是善。"我认为，只有圣人可以做到在未接触事物时，没有有任何思虑。贤人以下的平常人，就是睡觉闭眼时，也会有念头：或是想昨天的事，或是想今天要做的事，这些思绪都会从心里出现。这时，只看这些想法的邪正，如果每一个念头都向善，便是舜这边的人；如果有一念向恶，便站到了跖那边。如果念头中是善，而意下又为了别的目的，这是在走向舜时又有了跖的念头，左右摇摆中，还会向跖这边发展。这必须在开始时就要注意。初时克制自己，比较容易；反省检点时，也更加精明。这就是去恶要在微小的事情上着手，持善要在根本上着手。

目中有花，则视万物皆妄见也；耳中有声，则听万物皆妄闻也；心中有物，则处万物皆妄意也。是故此心贵虚。

【译文】长了白翳的眼睛，无法看到真实；被一种声音蒙蔽的耳朵，听不清实相；固执于一种思维的内心，做不到客观适宜。所以心贵虚。

忘[1]是无心之病，助长是有心之病。心要从容自在，活泼于有无之间。

【注释】①忘：出自《孟子·公孙丑上》："必有事焉而勿正，心勿忘，勿助长也。"

【译文】忘记，是没有提起警觉；助长，是有心要这样做的。心要从容自在，要平衡在有无之间。

"静"之一字，十二时离不了，一刻才离便乱了。门尽日开阖，枢常静；妍媸尽日往来，镜常静；人尽日应酬，心常静。惟静也，故能张主得动，若逐动而去，应事定不分晓。便是睡时此念不静，做个梦儿也胡乱。

【译文】“静”这个字，十二个时辰都不能丢开，只要丢开一刻便会乱套。门整天不停地开合，但门上的转轴永远是静的；美丽的和丑陋的人整天来来往往照镜子，但镜子永远是静的；人整天应酬，而心是静的。只有做到心静，遇事才能有主张，才能以静制动，如果心随事动，必然遇到事情不能恰当地处理。就是睡觉的时候心不静的话，那做个梦也一定是胡乱荒诞的。

把意念沉潜得下，何理不可得？把志气奋发得起，何事不可做？今之学者将个浮躁心观理，将个委靡心临事，只模糊过了一生。

【译文】把纷乱的头脑意识沉淀下来，什么道理不能领悟？把志向树立起来，让气机奋发，什么事情不能成功？现在的学者用浮躁的心去推敲天理，用委靡的心去做事，只能糊涂了一生。

“心平气和”，此四字非涵养不能做。工夫只在个定火，火定则百物兼照，万事得理。水明而火昏，静属水，动属火，故病人火动则躁扰狂越，及其苏定，浑不能记。苏定者，水澄清而火熄也。故人非火不生，非火不死；事非火不济，非火不败。惟君子善处火，故身安而德滋。

【译文】“心平气和”这种精神境界，没有涵养工夫是做不到的。这工夫只在定“火”上。“火”定了，就能照明百物，万事也能处理得合理。水明而火昏，静是水的属性，动是火的属性，因此病人火动就狂躁不安，恢复神智后，什么都不记得了。清醒安定时，就如水般平静澄清，使躁动的火熄灭。所以没有“火”的动力，人就不会发展，没有“火”的动乱耗散，也不会死亡；事情没有“火”就不能成功，没有“火”也不会失败。只有君子善于把握“火”候，所以、身体安康德业日长。

当可怨可怒、可辩可诉、可喜可愕之际，其气甚平，这是多大涵养！

【译文】在可怨可怒、可辩可诉、可喜可愕之时，还能保持心平气和，这是多大的涵养啊！

天地间真滋味，惟静者能尝得出；天地间真机括[①]，惟静者能看得透；天地间真情景，惟静者能题得破。作热闹人，说孟浪语[②]，岂无一得？皆偶合也。

【注释】①机括：指关键处。②孟浪语：鲁莽的话。

【译文】天地间的真滋味，只有心静的人才能体会到；事物的机要处，只有心静的人才能看得透；天地间的真情景，只有心静的人才能一针见血地点出来。追逐热闹，说着鲁莽话的人，难道不会有正确的言行会吗？那都是瞎猫撞见死老鼠。

未有甘心快意而不殃身者，惟理义之悦我心，却步步是安乐境。

【译文】图一时之快，最终定会招来祸患，只有追求理义带来的快乐，才步步是安乐。

问："'慎独'[①]如何解？"曰："先要认住'独'字，'独'字就是'意'字。稠人广坐、千军万马中，都有个'独'，只这意念发出来是大中至正底，这不劳'慎'，就将这'独'字做去，便是天德王道[②]。这意念发出来，九分九厘是，只有一厘苟且为人之意，便要点检克治，这便是'慎独'了。"

【注释】①慎独：语出《大学》："此谓诚于中，形于外，故君子必慎其独也。"朱熹注："独者，人所不知，而己所独知之地也。"又说："这独也，又不是恁地独时，如与众人对坐，自心中发一念，或正或不正，此亦是独处。"②天德王道：天德，语出《易经·乾卦·象传》，指道德的最高境界。王道，语出《尚书·洪范》，前者指儒家政治上的最高理想。

【译文】有人问："如何理解'慎独'？"我回答说："先要把握好'独'字，'独'就是人的意念。稠人广众，千军万马当中，都有个'独'，只要意念发出来是中正合道的，就不必用'慎'，只在这'独'上去做，就符合天德王道。如果这意念发出来，九分九厘是中正的，只有一厘是得过且过、不诚不敬的想法，就要反省改过，这就是'慎独'了。"

用三十年心力，除一个"伪"字不得。或曰："君尽尚实矣。"余曰："所谓伪者，岂必在言行间哉？实心为民，杂一念德我之心便是伪；实心为善，杂一念求知之心便是伪；道理上该做十分，只争一毫未满足便是伪；汲汲于向义，才有二三心便是伪；白昼所为皆善，而梦寐有非僻之干[1]便是伪；心中有九分，外面做得恰象十分便是伪。此独觉之伪也，余皆不能去，恐渐溃防闲，延恶于言行间耳。”

【注释】①非僻之干：指不合正道的行为。

【译文】我用了三十年的心力，也没有除去一个“伪”字。有人说：“你已经很务实了。”我说：“所谓伪，难道一定要表现在言行上吗？实心实意为民，只夹杂了一点儿想让民感恩戴德的念头便是伪；实心实意为善，只夹杂了一点儿想让世人知道的念头便是伪；按道理应该做十分的事，只差一毫没有做好便是伪；急切地向义努力，才有一点儿反复不定便是伪；白天所做的都是善事，而在梦中做了邪事便是伪；心里只有九分，外面做的却像十分便是伪。这是我独自觉察到的伪，我都克服不掉，担心警觉之心会渐渐松懈，伪就会蔓延到言行之中了。”

自家好处掩藏几分，这是涵蓄以养深；别人不好处要掩藏几分，这是浑厚以养大。

【译文】自己做得好要掩藏几分，这是涵养守藏，能使自己更深沉；别人的短处不要张扬，这是浑厚，能使心胸更宽广。

宁耐[1]是思事第一法，安详是处事第一法，谦退是保身第一法，涵容[2]是处人第一法，置富贵、贫贱、死生、常变于度外，是养心第一法。

【注释】①宁耐：安宁而有耐心。②涵容：包涵、宽容。

【译文】在宁静中慢慢思考是思事的最好方法，安详是处事的最好方法，谦退是保身的最好方法，能包涵、宽容是与人相处的最好方法，不被富贵、贫贱、死生、常变影响内在的安定，是养心的最好方法。

胸中情景要看得：春不是繁华，夏不是发畅，秋不是寥落，冬不是枯槁，方为我境。

【译文】心中的情景应看成：春天不是繁华，夏天不是发畅，秋天不是寥落，冬天不是枯槁，这才是真我的境界。

大丈夫不怕人，只是怕理；不恃人[①]，只是恃道。

【注释】①恃人：依靠他人。

【译文】大丈夫不怕人，只怕理；不依靠他人，只依天道而行。

静里看物欲，如业镜[①]照妖。

【注释】①业镜：佛学名词。指映照众生善恶业的镜子。

【译文】静时观照内心的欲望，好像用业镜照妖一样。

“躁心浮气，浅衷狭量”，此八字进德者之大忌也。去此八字，只用得一字，曰主“静”。静则凝重，静中境自是宽阔。

【译文】心躁动不安，气浮于上，不能沉淀下来，言行不能尽诚意，气量狭小，这是进德修业的大忌。去掉这些习气，只需要"静"这一个字"。静则凝重，其境界自然是宽广无边的。

士君子要养心气，心气一衰，天下万事分毫做不得。冉有只是个心气不足[①]。

【注释】①冉有：孔子的弟子冉求，字子有。《论语·雍也》："冉求曰：'非不说子之道，力不足也。'子曰：'力不足者，中道而废，今汝画。'"

【译文】士君子要养心气，心气一衰，什么事都做不成。孔子的弟子冉有力不从心，就是心气不足。

主静之力大于千牛，勇于十虎。

【译文】静的力量大于千头牛，猛于十只虎。

君子洗得此心净，则两间不见一尘；充得此心尽，则两间不见一碍；养得此心定，则两司不见一怖；持得此心坚，则两间不见一难。

【译文】君子只要把此心洗得澄净，就看不到天地间有什么尘埃；把此心的善念充满，天地间就没任何障碍；把此心养得安定，就没什么可以恐惧；把此心持得坚定，就不再会有难事。

人只是心不放肆，便无过差；只是心不怠忽[①]，便无遗忘。

【注释】①怠忽：怠惰、疏忽。

【译文】只要心不放逸、散漫，便不会做错事；只要心不怠惰疏忽，就不会忘事。

胸中只摆脱一“恋”字，便十分爽净，十分自在。人生最苦处，只是此心沾泥带水，明是知得，不能断割耳。

【译文】心里只要能放得下一个“恋”字，便十分爽净、自在。人生最痛苦的，就是这个沾泥带水的心，明明知道不好，却不能割舍。

盗，只是欺人，此心有一毫欺人，一事欺人，一语欺人，人虽不知，即未发觉之盗也。言如是而行欺之，是行者言之盗也。心如是而口欺之，是口者心之盗也。才发一个真实心，骤发一个伪妄心，是心者心之盗也。谚云“瞒心昧己”，有味哉其言之矣！欺世盗名其过大，瞒心昧己其过深。

【译文】盗，就是欺骗人，心中只要有一毫欺骗人，一事欺骗人，一语欺骗人，别人虽不知道，也是未被发觉的盗。嘴上说一套，行为是另一套，行为就是言语的盗。心如此想，而口中却不这样说，口就是心之盗。刚有一个真实心，又突生一个伪妄心，这伪妄心就是心之盗。谚语说“瞒心昧己”，这个词很有意味啊！欺世盗名的罪过大，瞒心昧己的罪过深。

此心果有不可昧之真知，不可强之定见，虽断舌可也，决不可从人然诺[①]。

【注释】①然诺：肯定别人的话。

【译文】此心中确实有不可掩藏的真理良知，有不可改变的定见，即使割掉你的舌头，也不可随波逐流而失去这个信念。

才说要睡，便睡不着；才说要忘，便忘不得。

【译文】一说要睡，就睡不着；一说要忘掉，就记得更牢。

举世都是我心，去了这我心，便是四通八达，六合内无一些界限。要去我心，须要时时省察这念头是为天地万物，是为我。

【译文】世人心中都有个利己的私心，去了这个小我心，便能通达无碍于天地之间。要去掉小我心，需时时省察自己的念头是为天地万物，还是为自己。

目不容一尘，齿不容一芥，非我固有也。如何灵台内许多荆榛[①]，却自容得？

【注释】①灵台：语出《庄子·庚桑楚》："不可内于灵台。"指心。

【译文】眼里进不得一点儿沙子，齿缝中也容不下一点儿饭屑，因为这些东西不是原本就长在眼睛和牙齿里的。为什么心中有那么多的杂念，却能容下呢？

手有手之道，足有足之道，耳目鼻口有耳目鼻口之道。但此辈皆是奴婢，都听天君[①]使令。使之以正也顺从，使之以邪也顺从。渠[②]自没罪过，若有罪过，都是天君承当。

【注释】①天君：语出《荀子·天论》："心居中虚，以治五官，夫是之谓天君。"指心。②渠：此处指手足耳目口鼻。

【译文】手有手的作用，脚有脚的作用，耳目鼻口也有各自的作用。但它们都是心的奴婢。心让它们干正事它们会干，让它们干邪事它们也干。它们本身没有过错，如有过错，也应当由心来承担。

心一松散，万事不可收拾；心一疏忽，万事不人耳目；心一执着，万事不得自然。

【译文】心一松散，事情就不可收拾；心一疏忽，什么都听不见看不见；心一执着，万事都不得自然运行。

当尊严之地，大众之前，震怖之景，而心动气丧，只是涵养不定。

【译文】在庄严的地方，在众人的面前，遇到令人恐惧的景象而动心丧气，只是因为内心的涵养还不够稳定。

久视则熟字不识，注视则静物若动，乃知蓄疑者乱真知，过思者迷正应。

【译文】长时间盯着一个字看，会突然间不认识它了；目不转睛地注视，静物也似乎动了起来，由此可知，心中有了疑虑就会扰乱原本正确的知见，思考过多会陷入迷惑，连应当做的事情也会犯糊涂。

常使天君为主，万感为客便好。只与他平交，已自亵其居尊之体，若跟他走去走来，被他愚弄掇哄，这是小儿童，这是真奴婢，有甚面目来灵台上坐役？使四肢百骸可羞可笑。

【译文】经常回归到天心，以天心引领我心，其他的感官的功用只当是过客。如果把天心等同于后天的各种觉受，就是亵渎了心的尊贵地位，如果再被各种感觉牵着跑来跑去，被它们愚弄瞒哄，这就成了不明理的小孩子，成了无主见的真奴婢，还有什么资格回归到天心？只能让四肢百骸来讥笑了。

不存心看不出自家不是，只于动静语默、接物应事时，件件想一想，便见浑身都是过失。须动合天则[①]，然后为是。日用间如何疏忽得一时？学者思之。

【注释】①天则：语出《易经·乾卦》：“乾元用九，乃见天则。”指天道的运行规律。

【译文】不静下心来反省，就看不到自己的过失、习气。在动静语默、接物应事时一件件想一想，就能看到处处都是过失。必须使言行符合天道法则，才是正确。日常生活中不可有一刻疏忽，学者要用心体悟。

人生在天地间，无日不动念，就有个动念底道理；无日不说话，就有个说话底道理；无日不处事，就有个处事底道理；无日不接人，就有个接人底道理；无日不理物，就有个理物底道理。以至怨怒笑歌、伤悲感叹、顾盼指示、咳唾涕洟[①]、隐微委屈、造次颠沛、疾病危亡，莫不各有道理，只是时时体认，件件讲求。细行小物尚求合则，彝伦[②]大节岂可逾闲？故始自垂髫[③]，终于属纩[④]，持一个自强不息之心，通乎昼夜，要之于纯一不已之地[⑤]，忘乎死生。此还本归全之道，戴天覆地之宜。不然恣情纵意而各求遂其所欲，凡有知觉运动者皆然，无取于万物之灵矣。或曰：“有要乎？”曰：“有。其要只在存心。”“心何以存？”曰：“只在主静，只静了，千酬万应都在道理上，事事不错。”

【注释】①洟（yí）：鼻涕。②彝伦：语出《尚书·洪范》：“我不知其彝伦攸叙。”指常道。③垂髫（tiáo）：古时小儿的下垂发式。文中指儿童时期。④属纩（kuàng）：指病危。⑤纯一不已之地：指做工夫达到精纯的境界。

【译文】人生在世，无一日不起念头，这就要有个动念的道理；没有一天不说话，就要有个说话的道理；没有一天不处事，就要有个处事的道理；没有一天不与人相处，就要有个与人相处的道理；没有一天不治理物，就要有个治物的道理。以至于怨怒笑歌、伤悲感叹、顾盼指示、咳唾涕洟、隐微委屈、仓促颠沛、疾病危亡，都是各有其理，所以要时时去体会，事事去讲求。细节小事上，尚且要求合乎天理，何况万事万物的常道这样的大节，怎能逾越法度呢？所以从幼年开始，直到离世，都要有自强不息的心，无论白天黑夜，都使自己处在一个天人合一的至善境界，忘记死生。这是原始返终，回归本源的道理，是做顶天立地之人的原则。不然只是恣情纵意地追逐自己的欲望，如动物一般，人就配不上万物之灵的尊称了。有人问："有要领吗？"我回答说："有，只在存心。""如何存？"我回答说："只在静，心静便能感应万物，则千酬万应都合于道，事事都不会错。"

迷人之迷，其觉也易；明人之迷，其觉也难。

【译文】糊涂人迷惑了，帮助他明白过来还比较容易；明白人迷惑了，让他觉醒就比较难了。

心相信，则迹者土苴①也，何烦语言？相疑，则迹者媒蘖②也，益生猜贰。故有誓心不足自明，避嫌反成自诬者，相疑之故也。是故心一而迹万，故君子治心不修迹。《中孚》③，治心之至也，豚鱼且信，何疑之有！

【注释】①土苴（chá）：泥土和枯草。②媒蘖：制酒的酒母，酒曲，比喻挑拨是非。③《中孚》：《易经》卦名。《易经·中孚卦》："中孚，豚鱼吉，利涉大川，利贞。"《正义》曰："信发于中谓之中孚。鱼者，虫之幽隐；豚者，兽之微贱。人主内有诚信，则虽微隐之物，信皆及矣。"

【译文】如果双方互相信任，就是有可疑的行为，也如泥土和枯草一样不值一提，何须去解释呢？如果互相猜忌，那么可疑的迹象就正好促成了更深的不信任，对天发誓也不足以表明态度，而避嫌反而给自己招来猜疑，这是因为内心不信任的缘故。心只有一个，却显现出千万种行为现象，所以君子注重治心而不过分修饰外在。《中孚》把心的修养讲得很透彻，连最愚钝无知的豚鱼都可以有诚信，还有什么要去猜疑的呢！

君子畏天不畏人，畏名教不畏刑罚，畏不义不畏不利，畏徒生不畏舍生。

【译文】君子敬畏天而不怕人，惧畏名教而不怕刑罚，惧怕不义而不怕无利可得，惧怕苟且地活着而不怕为义而死。

“忍”“激”[①]二字，是祸福关。

【注释】①忍、激：忍耐和激动不能克制。

【译文】“忍”和“激”二字，是祸福的关口。

殃咎之来，未有不始于快心者，故君子得意而忧，逢喜而惧。

【译文】祸殃和过失都发生于心畅神快之时，所以君子得意时会忧虑，逢喜事时会担心。

一念孳孳，惟善是图，曰正思。一念孳孳，惟欲是愿，曰邪思。非分之福，期望太高，曰越思。先事徘徊，后事懊恨，曰萦思。游心千里，岐[1]虑百端，曰浮思。事无可疑，当断不断，曰惑思。事不涉己，为他人忧，曰狂思。无可奈何，当罢不罢，曰徒思。日用职业，本分工夫，朝惟暮图，期无旷废，日本思。此九思者，日用之间，不在此则在彼。善摄心者，其惟本思乎！身有定业，日有定务，暮则省白昼之所行，朝则计今日之所事，念兹在兹，不肯一事苟且，不肯一时放过，庶心有着落，不得他适，而德业日有长进矣。

【注释】①岐：同"歧"，指路的分岔。

【译文】每个念头，都孳孳向善，叫正思。每个念头都惦念着私欲，叫邪思。非分之福，期望太高，叫越思。事先徘徊，事后悔恨，叫萦思。东想西想，歧虑百端，叫浮思。事无可疑，当断不断，叫惑思。事不涉己，为他人忧，叫狂思。无可奈何，当罢不罢，叫徒思。对日常生活、职业，自身的道德修养，朝思暮虑，不松懈，叫本思。生活中，心就在这九思中跳跃。善于修心的人，只存本思！人有固定的职业，每天有固定的任务，夜晚则反思白天做的事，早晨则计划今天的事，想着这件事就干这件事，不肯一事马虎，不肯一时放松，这样心才会安定，不去想那些无关的事，德业才能有进步。

学者只多欣喜心，便不是凝道之器。

【译文】学者如果经常沾沾自喜，那就不是好的道器（于修道而言不是块好材料）。

小人亦有坦荡荡[1]处，无忌惮是已；君子亦有常戚戚[2]处，终身之忧是已。

【注释】①坦荡荡：语出《论语·述而》："君子坦荡荡，小人长戚戚。"指安然，舒坦的样子。②戚戚：忧愁的样子。

【译文】小人也有坦荡荡的时候，这就是没有底线，肆无忌惮；君子也有常戚戚的时候，因为他总是担心修养不好。

只脱尽轻薄心，便可达天德[1]，汉唐以下儒者，脱尽此二字不多人。

【注释】①天德：指天的德性，董仲舒《春秋繁露·人副天数》："天德施，地德化，人德义。"

【译文】只要去掉轻薄心，就可与天合德，汉唐以后的儒者，做到这点的没有几个。

斯[1]道这个担子，海内必有人负荷。有能慨然自任者，愿以绵弱筋骨助一肩之力，虽走僵死不恨。

【注释】①斯：此。

【译文】弘道义这副担子，天下一定会有人承担。如果有人慨然自任，我愿意以自己的绵薄之力帮助他，就算要长途跋涉，也死而无憾。

耳目之玩，偶当于心，得之则喜，失之则悲，此儿女子常态也。世间甚物与我相关，而以得喜，以失悲邪？圣人看得此身亦不关悲喜，是吾道之一囊橐[①]耳。爱囊橐之所受者，不以囊橐易所受，如之何以囊橐弃所受也？而况耳目之玩又囊橐之外物乎！

【注释】①囊橐（tuó）：袋子。

【译文】看到赏心悦目的东西，心生喜欢，于是得到了就高兴，失去了就悲伤，这是小孩子和小女人的常态。世间没什么事物与我相关，更没什么东西能使我得到就高兴，失去就悲伤。圣人看自身和悲喜毫无关系，身体不过是载道的一个袋子而已。喜欢袋子中装载的东西，就不会用袋子去换，更何况为了袋子而丢弃所装载的东西呢？况且赏心悦目的东西又是身外之物！

寐是情生景，无情而景者，兆[①]也；寤后景生情，无景而情者，妄也。

【注释】①兆：事件发生前的预征。

【译文】睡时做的梦，是由内心的情生出的景象，非情感衍生的梦境，是预兆；清醒时触景而生情，若情非由景生，就是妄想。

人情有当然之愿，有过分之欲。圣王者足其当然之愿而裁其过分之欲，非以相苦也。天地间欲愿止有此数，此有余则彼不足，圣王调剂而均厘之，裁其过分者以益其当然，夫是之谓至平，而人无淫[①]情、无觖望[②]。

【注释】①淫：过度。②觖（jué）望：不满所望而抱怨。

【译文】人情中有合理的愿望，也有过分的欲望。圣王满足百姓合理的诉求，削减他们过分的欲望，这么做不是故意要人们受苦。天地间的福报是有定数的，这里多了，那里就少了，所以圣王要调剂、均衡资源，损有余补不足，这就叫至平。这样，人就不会有过分的贪求和不满足的抱怨。

恶恶太严，便是一恶；乐善甚亟，便是一善。

【译文】对恶的东西恨得过分，也是一种恶；对善的东西喜欢得不得了，也是一种善。

"投佳果于便溺，濯而献之，食乎？"曰："不食。""不见而食之，病乎？"曰："不病。""隔山而指骂之，闻乎？"曰："不闻。""对面而指骂之，怒乎？"曰："怒。"曰：此见闻障也。夫能使见而食，闻而不怒，虽入黑海、蹈白刃可也。此炼心者之所当知也。

【译文】有人问："把好吃的果子丢到粪便中，再拿出来洗干净给别人吃，人家会吃吗？"回答说："不吃。"又问："如果别人没看到水果是从粪便中拿出来的，就会吃，吃了以后会觉得不舒服吗？"回答说："不会。""隔着山指名骂人，那人能听到吗？"回答说："听不到。""如果当面骂他，会发怒吗？"回答说："会发怒。"我认为：这就是眼见和耳闻给返回天性造成的障碍。如果看见果子从粪便中捡出来，洗干净还敢吃，听到别人当面骂自己也不发怒，这样的人即使上刀山下火海也会毫无畏惧。这一点，修养心性的人应当体会。

只有一毫粗疏处，便认理不真，所以说“惟精”[1]，不然众论淆之而必疑。只有一毫二三心，便守理不定，所以说“惟一”[2]，不然利害临之而必变。

【注释】①惟精：语出《尚书·大禹谟》：“人心惟危，道心惟微，惟精惟一，允执厥中。”②惟一：语出同上。指专一于道心。

【译文】只要有一点儿粗心疏忽，便对天理认不真切，所以说“惟精”，不然必会迷惑在众说纷纭中出不来。只要有一点儿分心，便守持不住天理，所以说“惟一”，不然利害关头，必然会改变立场。

种豆其苗必豆，种瓜其苗必瓜，未有所存如是而所发不如是者。心本人欲而事欲天理，心本邪曲而言欲正直，其将能乎？是以君子慎其所存。所存是，种种皆是；所存非，种种皆非，未有分毫爽者。

【译文】种豆长出来必是豆苗，种瓜长出来的必是瓜秧，所存和所发必是同一样东西。心中装满私欲，却想做出合乎天理的事；内心邪曲，而说出的话来却想正直，这怎么可能呢？因此君子对待内心所存的东西要非常谨慎。所存的东西是正确的，表现出来也是正确；所存的东西是错误的，表现出来的种种都是错误，此理分毫不差。

属纩之时，般般都带不得，惟是带得此心。却教坏了，是空身归去矣，可为万古一恨。

【译文】人之将死，什么东西都带不走，除了自己的心。如果心在人间被污染了，就等于空身归去，白白浪费一生，真是万古的遗憾。

吾辈所欠只是涵养不纯不定，故言则矢口所发[①]，不当事，不循物，不宜人；事则恣意所行，或太过，或不及，或悖理。若涵养得定，如熟视正鹄[②]而后开弓，矢矢中的；细量分寸而后投针，处处中穴。此是真正体验，实用工夫，总来只是个沉静，沉静了，发出来件件都是天则。

【注释】①矢口所发：指不假思索，脱口而出的话。②鹄（gǔ）：箭靶的中心。

【译文】我们这些人涵养不纯不定，说话不经思考就脱口而出，不就事论事，不遵循事理也不考虑对别人是否适宜；遇到事情就由着性子发挥，或太过分，或还不够，或违背了事理。如果心性修养稳定了，就如看清了靶子再开弓一样，箭箭都能射中；又如量定好痛点再针灸一样，每一针都能扎中穴位。这是实践中的真体验，也是实用的功夫；概括说来就是沉静，收心沉静了，则所言所行的每一个细节都自然从天性而出，成为良知的流露。

定静[①]中境界，与六合一般大，里面空空寂寂，无一个事物。才问他索时，般般足，样样有。

【注释】①定静：语出《大学》："知止而后有定，定而后能静，静而后能安，安而后能虑，虑而后能得。"指儒家心性工夫的次第境界。

【译文】定静中的境界，与宇宙般宽广无垠，又空空寂寂，没有一个具体的东西。但问它要时，又足够丰富，样样都有。

"暮夜无知"[①]，此四字百恶之总根也。人之罪莫大于欺，欺者，利其无知也。大奸大盗，皆自无知之心充之天下。大恶只有二种：欺无知，不畏有知。欺无知，还是有所忌惮心，此是诚伪关；不畏有知，是个无所忌惮心，此是死生关。犹知有畏，良心尚未死也。

【注释】①暮夜无知：出自《后汉书·杨震传》："当之郡，道经昌邑，故所举荆州茂才王密为昌邑令，谒见，至夜怀金十斤以遗震。震曰：'故人知君，君不知故人，何也？'密曰：'暮夜无知者。'震曰：'天知，神知，我知，子知。何谓无知！'密愧而出。"指黑夜里做了不该做的事，无人知晓。

【译文】"暮夜无知"，是百恶之根。人的罪恶莫大于以为别人不知道而去欺骗。大奸大盗都是从这里开始以至于横行天下的。天下大恶只有两种：一是欺骗了别人，别人不知道；二是不怕别人知道，无所畏惧地行骗。欺骗了，使别人不知道，表明心中还是有所畏惧，这是真诚与虚伪的关口；不怕别人知道，就是没有底线，肆无忌惮了，这是生与死的关口。还知道有所畏惧，说明良知还没有完全泯灭。

天地万物之理，出于静入于静；人心之理，发于静归于静。静者，万理之橐龠[①]，万化之枢纽也。动中发出来，与天则便不相似，故虽暴肆之人，平旦皆有良心，发于静也。过后皆有悔心，归于静也。

【注释】①橐龠（tuó yuè）：古代冶铁鼓风用的器具。

【译文】天地万物的运转规律，是出于静入于静；发于静归于静，是人心的道理。静，是万理的发动处，万化的枢纽。动中发出来的，与天道就不相符合，因此，即使是狂暴的人，早晨醒来时，思维还未发动，一片澄净中也有良心出现，这是出于静。做错事后又会产生悔过心，这是归于静。

动时只见发挥不尽，那里觉错？故君子主静而慎动。主静，则动者静之枝叶也；慎动，则动者静之约束也，又何过焉？

【译文】动的时候，只会觉得还不够淋漓尽致，哪里还看得见错误呢？所以君子主静而慎动。就如一棵大树，静是树干，动是树干上的枝叶。枝叶摇摆的幅度（动）受到树干（静）的约束，就不会有过失了。

童心最是作人一大病，只脱了童心，便是大人君子。或问之，曰："凡炎热念、骄矜念、华美念、欲速念、浮薄念、声名念，皆童心也。"

【译文】童心是人的一大毛病，离了它，便是大人、君子。有人问童心是什么，我说："凡是趋炎附势的念头、骄傲矜夸的念头、享受侈华美物的念头、欲速效而不肯踏实的念头、浅薄虚浮的念头、追求名望的念头，都是童心。"

吾辈终日念头离不了四个字，曰"得失毁誉"。其为善也，先动个得与誉底念头；其不敢为恶也，先动个失与毁底念头。总是欲心、伪心，与圣人天地悬隔。圣人发出善念，如饥者之必食，渴者之必饮。其必不为不善，如烈火之不入，深渊之不投，任其自然而已。贤人念头只认个可否，理所当为，则自强不息；所不可为，则坚忍不行。然则得失毁誉之念可尽去乎？曰："胡[①]可去也。天地间惟中人最多，此四字者，圣贤藉以训世，君子藉以检身。曰'作善降之百祥，作不善降之百殃'，以得失训世也。曰'疾没世而名不称'[②]，曰'年四十而见恶'[③]，以毁誉训世也。此圣人待衰世之心也。彼中人者，不畏此以检身，将何所不至哉！故尧、舜能去此四字，无为而善，忘得失毁誉之心也。桀、纣能去此四字，敢于为恶，不得失毁誉之恤[④]也。"

【注释】①胡：怎么。②疾没世而名不称：语出《论语·卫灵公》。意思是，到死都不被别人称颂，是君子的憾事。③年四十而见恶：语出《论语·阳货》。意为到了四十岁还被人厌恶。④恤，忧虑。

【译文】我们始终摆脱不了"得失毁誉"的束缚。做善事时，先想能得到什么好处和名声；不敢做恶，是怕会失去利益和声誉。这些念头都是欲心、伪心，与圣人之心有天壤之别。圣人发出的善念，自然得就像饥者要吃饭，渴者要饮水一样。他们决不会做恶事，就如正常人不会走入火堆，不会跳入深渊一样，没有任何拿捏造次。贤人的念头也很简单，只想这事可以做还是不可以做，理所当做的，就自强不息；理所不当为的，就坚决不干。然而“得失毁誉”的念头可以完全去掉吗？我说：“怎么可以去掉呢！世上只有平常人最多，圣贤要用这四个字来教诲世人，君子要用他们来克己修身。《尚书》说‘作善降之百祥，作不善降之殃’，就是以得失来教化世人的。《论语》说‘疾没世而名不称’，又说‘年四十而见恶’，这些是以毁誉来教诲世人的。这是圣人对大道隐没时代人心的办法。那些平常人，如果连“得失毁誉”也不畏惧，不能约束身心的话，那还有什么事情做不出来呢！尧、舜可以不顾这些，是因为他们做善事不为得到什么，是忘记了得失毁誉；桀、纣也可以忘记这些，敢于为恶，是已经不再顾及得失毁誉了。”

心要虚，无一点渣滓；心要实，无一毫欠缺。

【译文】心要虚无空灵，不参入一点儿渣滓；心要真诚实在，没有一毫虚伪欠缺。

只一事不留心，便有一事不得其理；一物不留心，便有一物不得其所。

【译文】只要有一件事不用心，就有一事之理得不到；对一物不用心，就有一物不得其所。

只大公了，便是包涵天下气象。

【译文】只有到了大公无私的精神境界，才有包涵天下的气象。

士君子作人，事事时时只要个用心。一事不从心中出，便是乱举动；一刻心不在腔子里，便是空躯壳。

【译文】士君子为人处世，事事时时都要用心。一事不从天性良知出发，便是乱举动；一刻心不在内，便是个空躯壳。

古人也算一个人，我辈成底是甚么人？若不愧不奋，便是无志。

【译文】古人也是人，我们要成为什么样的人？如果不惭愧不奋起，向古圣先贤看齐，便是没有志气。

圣狂①之分，只在苟不苟两字。

【注释】①狂：指愚狂无知的人。

【译文】圣人和狂人的区别，只在苟且和不苟且上。

余甚爱万籁无声、萧然①一室之趣。或曰："无乃太寂灭乎？"曰："无边风月自在。"

【注释】①萧然：寂寥、清幽。

【译文】我非常喜爱万籁无声、萧然一室的乐趣。有人说："恐怕冷清得没生意了吧？”我说：“无边的美景就在这大自在的境界中啊。”

无技痒[①]心，是多大涵养！故程子见猎而痒。学者各有所痒，便当各就痒处搔之。

【注释】①技痒：同“伎痒”，对某种技艺有所偏好，一遇机会就忍不住地想表现。

【译文】去掉技痒心，需要多大的涵养啊！程子见人打猎，手就发痒。学者也都各有所痒，这样就该在痒处着手做工夫。

欲只是有进气无退气，理只是有退气无进气，善学者审于进退之间而已。

【译文】欲念是一股只有进而无退的心气，理念是只有退而无进的心气，善做学问的人，会在进退之间把握分寸。

圣人悬虚明以待天下之感，不先意以感天下之事。其感也，以我胸中道理顺应之；其无感也，此心空空洞洞，寂然旷然。譬之鉴[①]，光明在此，物来则照之，物去则光明自在。彼事未来而意必[②]，是持鉴觅物也。尝谓镜是物之圣人，镜日照万物而常明，无心而不劳故也。圣人日应万事而不累，有心而不役[③]故也。夫惟为物役而后累心，而后应有偏着。

【注释】①鉴：镜子。②意必：语出《论语·子罕》曰：“子绝四：毋意，毋必，毋固，毋我。”指主观裁断。③不役：这里指心不被物所累。

【译文】圣人以空明朗净的心与天相感，而不会先入为主，用头脑的思考去感应天下事。有感时，以心中的道理来顺应；无感时，心中空空洞洞，寂然旷然。就如明亮的镜子，物来即照；物离开后，也依然明亮。事物没来镜子却一定要去照，就等于拿着镜子去寻物。常说镜子是物中的圣人，镜子日照万物而常明，是因为它并非刻意去照物，才能无心而不劳累。圣人日应万事而不累，是心没有被事务役使的缘故。只有被物役使，心才会累，然后就有了偏颇执着。

恕心养到极处，只看得世间人都无罪过。

【译文】宽容心修养到极致，看世人都无罪过。

物有以慢藏而失，亦有以谨藏而失者。礼有以疏忽而误，亦有以敬畏而误者。故用心在有无之间。

【译文】物品会因藏得太大意而丢失，也会因藏得过于小心而丢失。礼会因为疏忽而出错，也会因为敬畏而出错。所以用心要在有无之间。

说不得真知明见，一些涵养不到，发出来便是本象，仓卒之际，自然掩护不得。

【译文】先不谈有无真知明见，只要涵养稍有欠缺，在仓促之际就会原形毕露，是掩饰不了的。

一友人沉雅从容，若温而不理[1]者。随身急用之物，座客失备者三人，此友取之袖中，皆足以应之。或难以数物，呼左右取之，携中犁然在也。余叹服曰："君不穷于用哉！"曰："我无以为用也，此第二着，偶备其万一耳。备之心，慎之之心也，慎在备先。凡所以需吾备者，吾已先图，无赖于备，故自有备以来，吾无万一，故备常余而不用。"或曰："是无用备矣。"曰："无万一而犹备，此吾之所以为慎也。若恃备而不慎，则备也者，长吾之怠者也，久之必穷于所备之外。恃慎而不备，是慎也者，限吾之用者也，久之必穷于所慎之外。故宁备而不用，不可用而无备。"余叹服曰："此存心之至者也。《易》曰：'藉之用茅，又何咎焉[2]。'其斯之谓与！"吾识[3]之，以为疏忽者之戒。

【注释】①理：治理。"②藉之用茅"二句：语出《易经·系辞上》："藉之用茅，何咎之有？慎之至也。"意思是，祭祀放祭品时，用茅草来衬垫，敬慎之至，有什么不好。③识（zhì）：记录。

【译文】我的一位朋友，沉雅从容，好像性格温和好像不善理事的样子。一次聚会时，有三个人忘了准备随身急用的东西，我这个朋友就从袖中取出了这三件东西，给他们用。于是有人又故意为难他，让他拿出几种东西，我的朋友立刻让随从从他带来的东西中拿出了这几样。我叹服道："你的东西真是用不完啊！"友人说："这不是我要用的东西，是备用的。预备之心，就是谨慎小心的意思，谨慎在预备之先。凡是需要我准备的，我早就打点好了，不必依赖预备的东西，自从有了预备以来，没有发生过意外情况，所以预备的东西常常用不到。"有人说：

“这样就不需要预备了。”友人说：“没有发生万一，但我还要预备，这是我的慎重。假如依仗有了预备而不谨慎，那预备就会助长我的怠忽，久而久之，连预备的东西也不够用了。如果以为有了谨慎之心就不需要作预备，那这谨慎就会减少我使用的东西，久而久之，连谨慎准备的必用之物也不够用了。所以宁可备而不用，不可用而无备。”我听了叹服地说：“这样的用心真是精细至极。《易》说：‘藉之用茅，又何咎焉。’就是指我朋友这样的做法吧！”我把此事记下来，以劝诫那些疏忽大意的人。

欲理会七尺，先理会方寸[①]；欲理会六合，先理会一腔。

【注释】①方寸：指心。

【译文】想要了解七尺之身，就先去了解方寸之心；想要了解天下，就先了解自己。

静者生门，躁者死户。

【译文】静是生的大门，躁是死的通路。

士君子一出口无反悔之言，一动手无更改之事，诚之于思故也。

【译文】士君子说话无戏言，开始做事了就不会改变，这是经过思考的缘故。

只此一念公正了，我与天地鬼神通是一个，而鬼神之有邪气者，且跧伏[①]退避之不暇。庶民何私何怨，而忍枉其是非腹诽巷议者乎！

【注释】①跧（quán）伏：蜷缩着趴在地上。

【译文】只要一个念头公正了，我和天地鬼神就连通了，即使有邪气的鬼神，也蜷缩起来，退避三舍。普通百姓有什么私心和怨恨，会忍心颠倒是非、腹诽巷议呢！

和气平心，发出来如春风拂弱柳、细雨润新苗，何等舒泰！何等感通！疾风迅雷，暴雨酷霜，伤损必多。或曰："不似无骨力乎？"余曰："譬之玉，坚刚未尝不坚刚，温润未尝不温润。"余严毅多，和平少，近悟得此。

【译文】和气平心中。发出来的言行犹如春风拂弱柳、细雨润新苗，何等舒畅安泰！令人感动通达！疾风迅雷，暴雨酷霜，用力太猛，过于刚烈，伤损必多。有人说："春风细雨似乎少了点骨力？"我说："玉石，坚硬未尝不坚硬，温润未尝不温润。"我这个人偏于严肃刚毅，温和平静少，最近体会到了这些。

俭则约，约则百善俱兴；侈则肆，肆则百恶俱纵。

【译文】节俭就有了约束，能约则百善俱兴；奢侈就会肆无忌惮，肆则百恶俱纵。

天下国家之存亡，身之生死，只系“敬”“怠”两字。敬则慎，慎则百务修举；怠则苟，苟则万事隳颓。自天子以至于庶人，莫不如此。此千古圣贤之所兢兢，而世人之所必由也。

【译文】天下国家的存亡，自身的生死，只在“敬”“怠”上。敬就会谨慎，谨慎则百事可成；怠惰了就会苟且，那么万事万物都会衰败。无论是天子还是平民，都是这样。这就是古圣先贤们也要如履薄冰，兢兢业业的原因，这也是世人必须遵循的法则。

每日点检：要见这念头自德性上发出，自气质上发出，自习识上发出，自物欲上发出。如此省察，久久自识得本来面目。初学最要如此。

【译文】每天反省检查：念头是从德性上发出来的，还是从气质上发出来的；是从习气上发出来的，还是从物欲上发出来的。如此用功，久而久之，定能证到大本源头。初学者最应知道这点。

道义心胸发出来，自无暴戾气象，怒也怒得有礼。若说圣人不怒，圣人只是六情？

【译文】从道心发出来的，自然没有暴戾之气，怒也怒得有礼。如果说圣人不发怒的话，圣人岂不只有六情？

过差遗忘，只是昏忽，昏忽只是不敬。若小心慎密，自无过差遗忘之病。孔子曰“敬事”。樊迟粗鄙，告之曰“执事敬”。子张意广，告之曰“无小大，无敢慢”。今人只是懒散，过差遗忘安得不多？

【译文】过失或忘事，是由于头脑不清以致于疏忽大意，这又是因为不严肃、不敬重。如果小心慎密，自然就不会有过失和遗忘。孔子说要“敬事”。孔子的弟子樊迟粗心浅陋，孔子告诫他说要“执事敬”。孔子的弟子子张愿望很多，孔子告诫他无论事情如何，都要用敬心去对待。现在的人懒散，差错和遗忘怎能不多？

吾初念只怕天知，久久来不怕天知，又久久来只求天知，但未到那何必天知地步耳。

【译文】一开始我只怕天知道，后来不怕天知，又过了很久求天知，但还没有达到何必要让天知道的境界。

气盛便没涵养。

【译文】盛气凌人就是没涵养。

定静安虑[①]，圣人胸中无一刻不如此。或曰：“喜怒哀乐到面前如何？”曰：“只恁喜怒哀乐，定静安虑胸次无分毫加损。”

【注释】①定静安虑：语出《大学》："知止而后有定，定而后能静，静而后能安，安而后能虑。"指心性修养的次第、境界。

【译文】定静安虑，圣人内心无一刻不是如此。有人问："喜怒哀乐来了会怎样呢？"我回答说："任喜怒哀乐来去，这不影响定静安虑的心。"

忧世者与忘世者谈，忘世者笑；忘世者与忧世者谈，忧世者悲。嗟夫！六合骨肉之泪，肯向一室胡越之人哭哉！彼且谓我为病狂，而又安能自知其丧心哉！

【译文】忧世者把自己的想法告诉忘世者，忘世者觉得他好笑；忘世者向忧世者谈自己的想法，忧世者会觉得他消极得可悲。啊！天下骨肉至亲之人的痛苦，怎能向那些同在一室而心却相隔遥远的人去倾诉呢？那些人只会说你是病得疯癫了，他哪里知道自己已经泯灭了良心！

"得"之一字，最坏此心。不但鄙夫患得，年老戒得为不可，只明其道而计功，有事而正心，先事而动得心，先难而动获心，便是杂霸[①]杂夷。一念不极其纯，万善不造其极，此作圣者之大戒也。

【注释】①杂霸：掺杂了霸道的王道。比喻用心不纯。

【译文】"得"这个字，对心性危害最大。不只粗鄙的人会计较，就是让老年人戒掉这个得心也是做不到的，如果做事合乎道却要计较功利，为了某个目的才去正心，做事前先有了得心，困难面前先想到克服后能获取什么，便是用心不纯。一个念头不是纯到极致，事情就不能善到极致，这是成为圣人的大戒。

充一个公己公人心，便是胡越一家；任一个自私自利心，便是父子仇雠。天下兴亡，国家治乱，万姓死生，只争这个些子。

【译文】只要有一颗公平对待自己和别人的心，天下人便团结如一家；如果任由自私自利之心作祟，父子也会成为仇人。天下兴亡，国家治乱，民众生死，只在这一点上。

厕牏[1]之中可以迎宾客，床第之内可以交神明，必如此而后谓之不苟。

【注释】①厕牏（yú）：比喻隐秘之处。

【译文】在隐秘的地方也守着一颗诚敬之心，可以迎接宾客，在卧室中内心清明，可以和神明相通，必须做到这种程度，才能叫做“不苟”。

为人辨冤白谤，是第一天理。

【译文】为人分辨冤屈、澄清诽谤，是第一天理。

治心之学莫妙于“瑟僩”[1]二字。瑟训严密，譬之重关天险，无隙可乘，此谓不疏，物欲自消其窥伺之心。僩训武毅，譬之将军按剑，见者股栗[2]，此谓不弱，物欲自夺其猖獗之气。而今吾辈灵台四无墙户，如露地钱财，有手皆取。又孱弱无能，如杀残俘虏，落胆从人。物欲不须投间抵隙，都是他家产业；不须硬迫柔求，都是他家奴婢。更有那个关防？何人喘息？可哭可恨！

【注释】①瑟僩（xiàn）：语出《诗经·卫风·淇奥》："瑟兮僩兮，赫兮咺兮。"瑟，严密之貌。僩，武毅之貌。②股栗：因恐惧而发抖。

【译文】修炼身心的学问，没有比"瑟僩"二字更妙的了。"瑟"，是严密的意思，好比重关天险，无隙可乘，这叫不疏忽，物欲自然就不敢入侵内心了。"僩"，是武毅的意思，好像将军手握宝剑，使人害怕发抖，这就叫不软弱，物欲自然就不敢猖獗。现在人的四周好像没有任何护卫，就像暴露在地上的钱财，有手都可去拿。又软弱无能，如丢了魂的伤残俘虏，任人操纵。物欲如入无人之境，所到之处都成了它的底盘；不需要硬迫软求就听从使唤，三关九窍都成了他的奴婢。还有哪里要去防范呢？还有何人为物欲的泛滥而叹息呢？真是可悲可恨啊！

沉静非缄默之谓也。意渊涵而态闲正，此谓真沉静。虽终日言语，或千军万马中相攻击，或稠人广众中应繁剧，不害其为沉静，神定故也。一有飞扬动扰之意，虽端坐终日，寂无一语，而色貌自浮。或意虽不飞扬动扰，而昏昏欲睡，皆不得谓沉静。真沉静底自是惺憽[①]，包一段全副精神在里。

【注释】①惺憽（còng）：清醒，警觉。

【译文】沉静不是闭口不说话。内心深沉，情绪不过度，仪态闲雅，这是真沉静。这样的人即使不停地讲话，或搏杀在千军万马中，或应酬在稠人广众中，也不会动摇那份沉静，这是神定的缘故。只要心念扰动，即使终日端坐，寂无一语，也会表现出不安的神貌来。或者虽然心思没有飞扬动扰，但昏昏欲睡，也不能叫做沉静。真正沉静的人是精神饱满、清醒警觉的。

明者料人之所避，而狡者避人之所料，以是相与[①]，是贼本真而长奸伪也。是以君子宁犯人之疑，而不贼己之心。

【注释】①相与：一起。

【译文】头脑灵活的人能预料到别人想回避的事，狡猾的人能避开别人们预料的事，同时拥有聪明和狡猾，会戕害人的天性，滋长奸伪。所以君子宁愿被人怀疑，也不伤害自己的纯然本性。

室中之斗，市上之争，彼所据各有一方也。一方之见皆是己非人[①]，而济之以不相下之气，故宁死而不平。呜呼！此犹愚人也。贤臣之争政，贤士之争理亦然。此言语之所以日多，而后来者益莫知所抉择也。故为下愚人作法吏易，为士君子所折衷难，非断之难，而服之难也。根本处在不见心而任口，耻屈人而好胜，是室人市儿之见也。

【注释】①是己非人：肯定自己而指责别人有错。

【译文】家里的争吵，市井的争闹，都因双方各持己见，不肯退让。每方都认为自己正确，而错在对方，再加上不认输的心气，就宁死也不愿平息争执。唉！愚蠢的人啊。贤臣因政见不同而争，贤士因道理分歧而争，都是这样。这就使理由层出不穷，后人不知道听谁的了。为普通人判断是非还算容易，为士君子评判是非就难了，难不在评判，难在使他们心服。根本的原因是他不能真诚地表达内心想法，只是嘴上滔滔不绝，又耻于认输而争强好胜，都是些普通妇女和市儿的见识。

大利不换小义，况以小利坏大义乎！贪者可以戒矣。

【译文】大利不换小义，更何况是以小利坏大义呢！贪心的人要引以为戒。

杀身者不是刀剑，不是寇仇，乃是自家心杀了自家。

【译文】杀死自己的不是刀剑，不是寇仇，而是自己的心。

知识，帝则之贼也[①]。惟忘知识以任帝则，此谓天真，此谓自然。一着念便乖违，愈着念愈乖违。乍见之心歇息一刻，别是一个光景。

【注释】①“知识”句：语出《诗经·大雅·皇矣》：“不识不知，顺帝之则。”这里指顺应天理，不粘着在后天的思维模式、感官体验上。

【译文】后天的知识，是阻碍天性显现的东西。只有打破后天知识的束缚，让天性自然流露，才是天真，才是自然。一有粘着、固化便远离了天性，愈执着愈乖离。让蠢蠢欲动的心歇息一下，就是另一番光景。

为恶惟恐人知，为善惟恐人不知，这是一副甚心肠？安得长进？

【译文】做坏事怕别人知道，做好事就怕别人不知道，这是安的什么心啊？怎能有长进呢？

或问："'虚''灵'二字如何分别？"曰："惟虚故灵。顽金无声，铸为钟磬则有声；钟磬有声，实之以物则无声。圣心无所不有而一无所有，故'感而遂通天下之故'[①]。"

【注释】①感而遂通天下之故：语出《易经·系辞上》："易无思也，无为也，寂然不动，感而遂通天下之故。"指放下后天意识而达到天人相感的通达、明睿。

【译文】有人问："如何理解'虚'和'灵'？"我答说："虚了才能灵。敲打一块没铸造过的金属时，它不会发声，把它铸为钟磬再敲打，就会发声；如果把钟磬里塞满东西，它就不会发声了。圣人的心无所不有又一无所有，所以能'感而遂通天下之故'。"

浑身五脏六腑、百脉千络、耳目口鼻、四肢百骸、毛发甲爪，以至衣裳冠履，都无分毫罪过，都与尧、舜一般，只是一点方寸之心千过万罪，禽兽不如。千古圣贤只是治心，更不说别个。学者只是知得这个可恨，便有许大见识。

【译文】浑身五脏六腑、百脉千络、耳目口鼻、四肢百骸、毛发甲爪，以至于衣裳鞋帽，都毫无问题，和尧、舜有的一样，差别只在心上的千过万罪，还不如禽兽。千古以来，圣贤只是调心，没有其他可说。学者只要知道这心的重要性，便是很大的见识。

人心是个猖狂自在之物，陨身败家之贼，如何纵容得他？

【译文】人心是个猖狂任性的东西，损身败家的都是它，怎么还能纵容呢？

良知[①]何处来？生于良心。良心何处来？生于天命。

【注释】①良知：语出《孟子·尽心上》："人之所不学而能者，其良能也；所不虑而知者，其良知也。"指纯善的天性本能，仁义礼智信俱足。

【译文】良知从哪里来？从良心。良心从哪里来？来自天命。

心要实又要虚，无物之谓虚，无妄之谓实，惟虚故实，惟实故虚。心要小又要大，大其心能体天下之物，小其心不偾[①]天下之事。

【注释】①偾（fèn）：败坏。

【译文】心要实又要虚，不存半点东西叫做虚，没有妄想，直心而行叫做实，只有虚才能实，只有实才能虚。心要小又要大，心大能体会天下万物，心小不败坏天下万事。

要补必须补个完，要拆必须拆个净。

【译文】要补就要补完整，要拆就要拆干净。

学术以不愧于心、无恶于志[1]为第一。也要点检这心志是天理，是人欲；便是天理，也要点检是边见[2]，是天则。

【注释】①无恶于志：语出《中庸》："故君子内省不疚，无恶于志。"朱熹注："无恶于志，犹言无愧于心，此君子谨独之事也。"②边见：不完整不全面的知见。

【译文】做学问以无愧于心、无恶于志为第一。还要反省心念是天理还是人欲；即使是天理，也还要反省自己的认知是片面之见还是全面的天道视角。

尧眉舜目，文王之身，仲尼之步，而盗跖其心，君子不贵也。有数圣贤之心，何妨貌以盗跖？

【译文】即使有尧那样的眉毛、舜那样的眼睛，周文王那样的身体，迈着孔子那样的脚步，只要有盗跖那样的心，君子也不会认为他尊贵。只要有圣贤那样的心，即使长得像盗跖又有何妨？

学者欲在自家心上做工夫，只在人心做工夫。

【译文】学者想做修心的工夫，只要止住人欲之心即可。

此心要常适，虽是"忧勤[1]惕励"中，困穷抑郁际，也要有这般胸次。

【注释】①忧勤：忧愁而劳苦。惕励：心存戒慎。《易经·乾卦》九三："君子终日乾乾，夕惕若厉（同"励"），无咎。"

【译文】心要常处于安适的状态，即使处在烦劳戒惧、穷困忧郁时，处于窘迫艰难、忧愤郁结之时，也要有这种胸襟。

不怕来浓艳，只怕去沾恋。

【译文】不怕浓艳的东西来到眼前，只怕它们离去时不肯割舍。

原不萌芽，说甚生机！

【译文】芽都冒不出来，还谈什么生机！

平居时，有心讱言[①]还容易。何也？有意收敛故耳。只是当喜怒爱憎时发当其可，无一厌人语，才见涵养。

【注释】①讱（rèn）言：指说话谨慎，不轻易开口。

【译文】平时，还容易做到说话谨慎小心，。为何？因为有意识地收敛。只有在喜怒爱憎时都能有分寸地说话，没有一个字让人讨厌，才是涵养。

口有惯言，身有误动，皆不存心之故也。故君子未事前定，当事凝一。识所不逮[①]，力所不能，虽过无愧心矣。

【注释】①逮：达到。

【译文】总说些习惯性的话，做事也常出错，这都是不用心的缘故。君子在事发之前就内心安定，遇到事情又能专注地思考。虽然因为见识不足、能力不够而失败，心中也无有愧意。

世之人何尝不用心？都只将此心错用了。故学者要知所用心，用于正而不用于邪，用于要而不用于杂，用于大而不用于小。

【译文】世上的人何尝不用心？只是把心用错了地方。所以学者要知道心用在哪里，要用于正而不用于邪，要用于关键之处而不用于杂乱之处，要用于大而不用于小。

予尝怒一卒，欲重治之。召之，久不至，减予怒之半。又久而后至，诟之而止。因自笑曰："是怒也，始发而中节[①]邪？中减而中节邪？终止而中节邪？"惟圣人之怒，初发时便恰好，终始只是一个念头不变。

【注释】①中节：语出《中庸》："喜怒哀乐之未发谓之中，发而皆中节谓之和。"指情绪的发泄要适合而止。

【译文】我曾对一个士卒动怒，想重罚他。召他来，他很久未到，这时我的怒气已减少了一半。过了好一会儿他才来，我骂了他几句也就不怒了。我自嘲道："这次发怒，是刚发的时候就中节了？还是中间怒气减半时了是中节呢？还是后来怒气消停时是中节呢？"只有圣人发怒，刚发时便中节，终始只是一个念头不变。

世间好底分数休占多了，我这里消受几何？其余分数任世间人占去。

【译文】世间好的东西别占多了，自己能消受多少呢？多余的让别人去占。

京师僦[①]宅，多择吉数。有丧者，人多弃之，曰能祸人。予曰：是人为室祸，非室能祸人也。人之死生，受于有生之初，岂室所能移？室不幸而遭当死之人，遂为人所弃耳。惟君子能自信而付死生于天则，不为往事所惑矣。

【注释】①僦（jiù）：租赁。

【译文】京城人租房子，大多要选吉利的。有住进以后死了人，就遗弃了，说这房子不吉利。我认为：是人给房屋带来灾祸，不是房屋给人带来祸殃。人的死生，在初生时便已定下，哪是房子能改变的呢？房屋里不幸有人死了，受到人的遗弃。只有君子能全然地把生死交付给上天，不受往事的迷惑。

不见可欲时，人人都是君子；一见可欲，不是滑了脚跟，便是摆动念头。老子曰："不见可欲，使心不乱。"此是闭目塞耳之学。一入耳目来，便了不得。今欲与诸君在可欲上做工夫，淫声美色满前，但如鉴照物，见在[①]妍媸[②]，不侵镜光；过去妍媸，不留镜里，何嫌于坐怀？何事于闭门？推之可怖可惊、可怒可惑、可忧可恨之事，无不皆然，到此才是工夫，才见手段。把持则为贤者，两忘则为圣人。予尝有诗云："百尺竿头着脚，千层浪里翻身。个中[3]如履平地，此是谁何道人。"

【注释】①见在：现在。②妍（yán）媸（chī）：美与丑。③个中：在其中。

【译文】看不到能引起贪欲的东西时，人人都是君子；见到时，不是滑动了脚跟，就是摆动了念头。《老子》说："不见可欲，使心不乱。"这是闭目塞耳之学。只要一映入耳目，便淡定不了了。现在要和诸位同仁在可以引发欲望的东西上做功夫，淫声美色来到面前，用心就如镜子照物，美丑都照得清楚，但镜子依然光明；照过的东西，无论美丑，都不留在镜子里，这样用心，哪还怕美女坐怀？哪还用闭门不纳？以此类推，遇到可怖可惊、可怒可惑、可忧可恨的事，都这么对待，达到这种境界才看出功夫，才看出手段。能把持住心的是贤者，物我两忘的是圣人。我曾写过一首诗："百尺竿头着脚，千层浪里翻身。个中如履平地，此是谁何道人。"

一里人事专利己，屡为训说不从。后每每作善事，好施贫救难。予喜之，称曰："君近日作事，每每在天理上留心，何所感悟而然？"曰："近日读司马温公[1]语，有云：'不如积阴德于冥冥之中，以为子孙长久之计。'"予笑曰："君依旧是利心，子孙安得受福？"

【注释】①司马温公：司马光，字君实，北宋史学家。著有《资治通鉴》《稽古录》《涑水纪闻》《司马文正公集》等。

【译文】一位同乡专门做利己的事，多次教育他也不听。后来经常做善事，好施贫救难。我很高兴，称赞他说："你近日做事情，都在天理上发心，这是受到什么启示呢？"他说："近来读司马光的书，书中说：'不如积阴德于冥冥之中，以为子孙长久之计。'"我笑着说："你还是不改私心，子孙怎会得福？"

小人终日苦心，无甚受用处。既欲趋利，又欲贪名；既欲掩恶，又欲诈善。虚文浮礼，惟恐其疏略；消沮闭藏[1]，惟恐其败露。又患得患失，只是求富求贵；畏首畏尾，只是怕事怕人。要之温饱之外，也只与人一般，何苦自令天君无一息宁泰处！

【注释】①消沮（jǔ）闭藏：耗损别人的钱财，封闭、囤积起来。

【译文】小人的心终日劳苦，无可受用。既想得利，又要贪名；既想掩恶，又想装善。虚文浮礼，唯恐有疏忽的地方；损人利己，唯恐败露。又患得患失，只为求富求贵；畏首畏尾，只是怕事怕人。除了图一个温饱，和一般人没什么两样，何苦让内心煎熬，不得一刻宁静呢！

满面目都是富贵，此是市井小儿，不堪入有道门墙，徒令人呕吐而为之羞耳。若见得大时，舜、禹有天下而不与。

【译文】满脸都摆出富贵的样子，这是市井小儿，不堪进入有道者的门墙，只会令人唾弃，为他感到羞愧。如果见识高远，心胸开阔，即使像舜、禹那样拥有天下，也像没有一样。

读书人只是个气高，欲人尊己；志卑，欲人利己，便是至愚极陋。只看“四书”“六经”千言万语教人是如此不是？士之所以可尊可贵者，以有道也。这般见识，有甚么可尊贵处？小子戒之。

【译文】读书人心气高，只是想让人尊敬自己；志气低，想让别人给自己利益，这是极其愚蠢浅陋的。“四书”“六经”上不是这样教导的。读书人所以让人尊敬，是因为他遵道而行。如果只有这般见识，有什么可尊贵处？后生小子应引以为戒。

第一受用，胸中干净；第二受用，外来不动；第三受用，合家没病；第四受用，与物无竞。

【译文】第一受用的，是心中干净；第二受用的，第不因外物而动心；第三受用的，是全家没病；第四受用的，是与物无争。

欣喜欢爱处，便藏烦恼机关，乃知雅淡者，百祥之本。怠惰放肆时，都是私欲世界，始信懒散者，万恶之宗。

【译文】欣喜欢爱处，是烦恼的源头，以此可知雅淡为百祥之本。怠惰放肆，是受私欲的驱使，从此可信懒散为万恶之宗。

求道学真传，且高阁百氏诸儒，先看孔、孟以前胸次。问治平要旨[①]，只远宗三皇、五帝，净洗汉唐而下心肠。

【注释】①治平：语出《大学》："物格而后知至，知至而后意诚，意诚而后心正，心正而后身修，身修而后家齐，家齐而后国治，国治而后天下平。"指治国平天下。

【译文】要想学真正的道，就先诸子百家收起来，只看孔子、孟子以前的经典。要想明白治国平天下的要旨，只要以三皇五帝天人合一的治理模式为宗，就能将汉唐以来的历史看明白。

看得真幻景，即身不吾有何伤？况把世情婴[①]肺腑。信得过此心，虽天莫我知奚病[②]？那教流语恼胸肠。

【注释】①婴：缠绕。②奚病：有什么害处。

【译文】看清了是真实与虚幻，即使这身子不属于我，又有何妨？何必还要被世情所累。相信天心在我，哪怕不被天知道，又有何妨？何必为流言飞语烦恼。

善根中才发萌蘖[①]，即着意栽培，须教千枝万叶。恶源处略有涓流，便极力壅塞，莫令暗长潜滋。

【注释】①萌蘖：指植物的新芽。

【译文】善根中只要冒出一点新芽，就要用心栽培，要让它长出千枝万叶。恶源只要渗出一点细流，就要极力堵塞，不让它暗暗滋长潜。

处世莫惊毁誉，只我是，无我非，任人短长。立身休问吉凶，但为善，不为恶，凭天祸福。

【译文】处世不要被毁誉所困，只要做得对，不为非，任凭人说短论长。立身不问是吉是凶，只为善，不做恶，任凭天降祸福。

念念可与天知，尽其在我；事事不执己见，乐取诸人。

【译文】念念都光明磊落，不愧于天，做到这点完全在于自己；事事都不固执己见，乐于听取别人意见。

浅狭一心，到处便招尤悔①；因循②两字，从来误尽英雄。

【注释】①尤悔：怨悔。②因循：固守旧习。

【译文】狭隘浅薄的人，到处招怨悔；固守旧习，误尽多少英雄。

斋戒神明其德①，洗心退藏于密②。

【注释】①“斋戒”句：语出《易经·系辞上》斋戒，古人祭祀前，通过戒食、沐浴、独居等方式洁净身心，使自己在祭祀时，更好地与天地连接。神明其德，指心无杂念时，本心光明自然流露。神明，这里做使动词用。②“洗心”句：语出《易经·系辞上》。意为涤除妄虑，使心归于安静。

【译文】斋戒使本心光明流露，洗心使心胸归于宁静。

常将半夜萦千岁，只恐一朝便百年。

【译文】常在夜里担忧千年以后的事，唯恐过一天就过了一百年。

试心石上即平地，没足池中有隐潭。

【译文】试心石上是平坦之地，没过脚面的池水中也有深隐的地方。

心无一事累，物有十分春。

【译文】心里没有挂碍，万物便有无限风光。

神明七尺体，天地一腔心。

【译文】天心在我身，万物同此心。

终有归来日，不知到几时。

【译文】总有回归本源的那一天，只是不知何时到达。

吾心原止水，世态任浮云。

【译文】我的心本来就止水般平静，世态炎凉对我就像浮云般飘了又去。

伦 理

【题解】此章共49则。伦理，主要讲儒家君臣、父子、兄弟、朋友、夫妇间相处的伦理规范。吕坤提出了朝常、官常、家常、身常四个伦理的大纲，又特别指出男女有别这一条，他说："五伦中，父子、君臣、兄弟、朋友，笃了又笃，厚了又厚，惟恐情意之薄。惟男女一伦，是圣人苦心处，故有别先自夫妇始。"他还特别重视朋友这一伦，认为人生德业成就，离不了朋友。他主张居家处事，要有仁有义，仁以主之，义以辅之。在朝在家，都要守礼慎言，恩爱都不可越礼。

宇宙内大情种，男女居其第一。圣王不欲裁割而矫拂[①]之，亦不能裁割矫拂也，故通之以不可已之情，约之以不可犯之礼，绳之以必不赦之法，使纵之而相安相久也。圣人亦不若是之亟也，故五伦中，父子、君臣、兄弟、朋友，笃了又笃，厚了又厚，惟恐情意之薄。惟男女一伦，是圣人苦心处，故有别先自夫妇始。本与之以无别也，而又教之以有别，况有别者，而肯使之混乎？圣人之用意深矣，是死生之衢而大乱之首也，不可以不慎也。

【注释】①矫（jiǎo）：纠正。拂：违拗。

【译文】世间的情感，男女之情居第一。圣王不愿裁割和违背这种常情，实际上也不可能做到，所以他们通融这样的人之常情，并用礼来约束，用法来纠偏，使男女之情自然地发展，又能相安长久。圣人对夫妇之道的教化也不是到此就停止了，所以五伦之中，父子、君臣、兄弟、朋友这四伦，使其不断地真诚、笃厚，唯恐薄情。唯有男女这一伦，是圣人最用心之处，所以男女有别从夫妇开始。夫妇本来是互为一体的，而又教导他们要有区别，各守本分，何况那些本该有区分的男女，哪能让他们混为一体呢？圣人的用意很深，因为男女之情是死生之路，是导致祸乱的首要问题，不能不慎。

亲母之爱子也，无心于用爱，亦不知其为用爱，若渴饮、饥食然，何尝勉强？子之得爱于亲母也，若谓应得，习于自然，如夏葛冬裘然，何尝归功？至于继母之慈，则有德色、有矜语矣。前子之得慈于继母，则有感心、有颂声矣。

【译文】亲生母亲疼爱自己的孩子，不会意识到自己是用心去爱，也不知道自己所做的一切都是出于对孩子的爱。这爱就像是渴了要喝水，饿了要吃饭一样自然，哪里会是勉强能做出来的呢？孩子从亲生母亲那里得到爱，就好像是理所应当得到的，就好像是习惯成自然一样，就好像夏天要穿麻布做的衣服，冬天要穿裘皮做的衣服一样，怎么会想到要归功于母亲呢？至于继母的慈爱，则会表现出有德行的样子，或对别人夸耀自己的功劳。如果丈夫和前妻所生的孩子得到了继母的慈爱，就自然会怀有一颗感恩的心，会不由自主地说出赞美继母的话了。

一家之中，要看得尊长尊，则家治。若看得尊长不尊，如何齐他？得其要在尊长自修。

【译文】如果在一个家庭之中，家长很有尊严那么这个家就会治理得很好。如果连长辈都没有尊严，那这个家还怎么能治理好呢？治理好家庭最重要的地方就是家长要加强自身的修养。

人子之事亲也，事心为上，事身次之；最下，事身而不恤其心；又其下，事之以文而不恤其身。

【译文】儿子侍奉父母，最重要的是体谅他们的心，其次是照料好他们的身体；再次一点的是只照料饮食而不体谅他们的心；最差的是只说空话而连他们的身体都不照料。

进食于亲，侑而不劝；进言于亲，论而不谏；进侍于亲，和而不庄。亲有疾，忧而不悲；身有疾，形而不声。

【译文】在侍奉父母吃饭时，只陪伴在身边使他们吃得高兴，而不要劝他们多吃；向父母提意见时，只讲道理，不要规谏；服侍父母起居时，态度和蔼而不要严肃呆板。父母有病时，心中忧伤但不要悲泣；自己有病时，顺其自然但不要声张。

待疾，忧而不食，不如努力而加餐。使此身不能待疾，不孝之大者也；居丧，羸而废礼，不如节哀而慎终。此身不能襄事，不孝之大者也。

【译文】侍奉生病的父母忧愁得吃不下饭，不如尽力进餐。如果因不吃饭自己也生了病而不能侍奉父母，这是最大的不孝。为父母居丧时，悲伤得瘦弱不堪，不能依丧礼行事，不如节制自己的悲哀情绪而谨慎地依礼办好父母的丧事。不能亲身办理丧事，这也是最大的不孝。

朝廷之上，纪纲定而臣民可守，是曰朝常①。公卿大夫百司庶官各有定法，可使持循，是曰官常。一门之内，父子兄弟、长幼尊卑各有条理，不变不乱，是曰家常。饮食起居、动静语默，择其中正者守而勿失，是曰身常。得其常则治，失其常则乱。未有苟且冥行②而不取败者也。

【注释】①朝常：朝廷的常规。②冥行：在黑暗中行走，比喻不按常规行事。

【译文】在朝廷上，制定法度使臣民有法可守，叫做朝常。公卿大夫以至百官庶司有法可依，叫做官常。一家之内，父子兄弟、长幼尊卑各有条理，不变不乱，叫做家常。饮食起居，动静语默都守持中正叫做身常。依常道而治就太平，离了常道就会混乱。马马虎虎，不按规则一定会失败。

雨泽过润，万物之灾也；恩宠过礼，臣妾之灾也；情爱过义，子孙之灾也。

【译文】雨水过多，是万物的灾难；恩宠超过礼制，是臣子和妻妾的灾祸；恩爱超越了义，是子孙后代的灾祸。

人心喜则志意畅达，饮食多进而不伤，血气冲和而不郁，自然无病而体充身健，安得不寿？故孝子之于亲也，终日干干，惟恐有一毫不快事到父母心头。自家既不惹起，外触又极防闲，无论贫富、贵贱、常变、顺逆，只是以悦亲为主。盖"悦"之一字，乃事亲第一传心口诀也。即不幸而亲有过，亦须在悦字上用工夫。几谏积诚、耐烦留意、委曲方略，自有回天妙用。若直诤以甚其过，暴弃以增其怒，不悦莫大焉。故曰：不顺乎亲，不可以为子。

【译文】如果一个人内心高兴，他的情绪自然就会舒畅通达，食欲增加而不会伤害身体，气血通畅而不会忧郁，自然就没有毛病而且身强体壮，怎么会不长寿呢？所以孝子对自己的父母整天都会特别小心，恐怕有丝毫的不高兴的事让父母烦心。自己不能惹父母不高兴，又要尽力防范外界的干扰，不管自己富贵、贫贱、坎坷、顺境还是逆境，让父母高兴最重要。也许"悦"这个字就是子女侍奉父母的第一秘诀。即使父母有什么过失，也应该在让他们高兴上多下功夫。规劝应该诚心诚意，耐着性子，不厌其烦，婉转柔和，自然会起到很好的效果。如果直言不讳地指责父母的过失，或是对他们不理不睬来增加他们的愤怒，那样会使父母很不高兴。因此说：不孝顺父母，就不能为人子女。

郊社①，报天地生成之大德也。然灾沴②有禳，顺成有祈。

君为私田则仁，民为公田则忠。不嫌于求福，不嫌于免祸。子孙之祭先祖，以追养继孝也。自我祖父母以有此身也，曰赖先人之泽以享其余庆也，曰我朝夕奉养承欢，而一旦不复献杯棬[3]，心悲思而无寄，故祭荐以伸吾情也。曰吾贫贱不足以供菽水，今鼎食而亲不逮，心悲思而莫及，故祭荐以志吾悔也。岂为其游魂虚位能福我而求之哉？求福已非君子之心，而以一饭之设，数拜之勤，求福于先人，仁孝诚敬之心果如是乎？不谋利，不责报，不望其感激，虽在他人犹然，而况我先人乎？《诗》之祭必言福，而《楚茨》[4]诸诗为尤甚，岂可为训耶？吾独有取于《采蘩》《采蘋》[5]二诗，尽物尽志，以达吾子孙之诚敬而已，他不及也。明乎此道，则天下万事万物皆尽我所当为，祸福利害皆听其自至。人事修而外慕之心息，向道专而作辍[6]之念忘矣。何者？明于性分而无所冀幸也。

【注释】①郊社：祭天典礼。②沴（lì）：因天气反常而造成的灾害。③杯棬（quān）：指酒杯。④《楚茨》：出自《诗经·小雅》，其中有“先祖是皇，神保是飨。孝孙有庆，报以介福，万寿无疆”之句。⑤《采蘩》《采蘋》：出自《诗经·召南》。两篇都是关于祭祀的诗文。其中，《采蘩》主要讲祭祀而不求福。《采蘋》讲夫妻能循法度，则可以承先祖共祭祀。”⑥辍：停止。

【译文】祭祀天地，是为了报答天地生养万物的大德。然而人们却常用此来消灾除害，祈求丰年。国君如果是为百姓的私田而祈祷，就是仁；百姓如果是为了国家而祷告，就是忠。只要理由正当，就不怕别人说是求福或是免祸。子孙后代为了感念祖先的养育之恩，表达孝心而祭奠祖先。因为有了先祖，才有了父母和我，我享受着先人的恩泽余庆至今。我朝夕奉养双亲，使他们高兴。一旦不能再继续，心中就会无比悲伤，所以用祭祀的方法来表达我深切的思念。以前太穷，不能让父母享用好东西，现在我富有了，他们却离我而去，心中悲思无法宣泄，只好用祭祀来表达。哪里有让父母在天之灵给我降福的私心呢？求福之心已不是君子的心了，更何况摆好祭品，磕头求福，这难道是仁孝诚敬的心吗？不谋利，不求报，不希冀别人的感激，对待他人尚且如此，何况是对祖先呢？《诗经》中关于祭祀的篇目都必谈福报，尤其《楚茨》等篇，这种主张值得商榷。我独喜爱《采蘩》《采蘋》这两篇。其中说祭祀的意义，在于尽物尽心，以表达子孙的诚敬，别无其他。明了此理，那么对万事万物都尽我的本分，祸福利害则坦然面对。专心做分内的事，息止外求福报的心；依天道而行，无有止境。这是为何？因为明白了天性中我应尽的本分，而不再有侥幸获利的妄想了。

友道极关系，故与君父并列而为五[①]。人生德业成就，少朋友不得。君以法行，治我者也。父以恩行，不责善者也。兄弟怡怡，不欲以切偲[②]伤爱。妇人主内事，不得相追随。规过，子虽敢争，终有可避之嫌。至于对严师，则矜持收敛而过无可见。在家庭，则狎昵亲习而正言不入。惟夫朋友者，朝夕相与，既不若师之进见有时；情礼无嫌，又不若父子兄弟之言语有忌。一德亏则友责之，一业废则友责之。美则相与奖劝，非则相与匡救。日更月变，互感交摩，骎骎[③]然不觉其劳且难，而入于君子之域矣。是朋友者，四伦之所赖也。嗟夫！斯道之亡久矣，言语嬉媟[④]，尊俎妪煦[⑤]，无论事之善恶，以顺我者为厚交；无论人之奸贤，以敬我者为君子。蹑足附耳，自谓知心；接膝拍肩，滥许刎颈。大家同陷于小人而不知，可哀也已。是故物相反者相成，见相左者相益。孔子取友曰“直”“谅”“多闻”[⑥]，此三友者，皆与我不相附会者也，故曰益。是故得三友难，能为人三友更难。天地间不论天南地北、缙绅草莽，得一好友，道同志合，亦人生一大快也。

【注释】①五：指儒家主张的君臣、父子、兄弟、夫妻、朋友的五伦关系。②切偲（sī）：相互敬重切磋勉励。③骎骎（qīn）：指速度飞快。④媟媟（xiè）：指游戏时，说话轻慢。⑤尊俎（zǔ）：盛酒的器皿。此处指筵席。妪煦：和悦之色。⑥“直”“谅”“多闻”：语出《论语·季氏》：“孔子曰：‘益者三友，损者三友。友直，友谅，友多闻，益矣。友便辟，友善柔，友便佞，损矣。’”直，指正直。谅，指信实。多闻，指见多识广。

【译文】朋友之道，非常重要，所以与君臣、父子等并列为五伦。人生的德业成就，不能没有朋友的影响。国君以法治理我们。父亲以慈爱有恩于我们，不可能每天滔滔不绝地劝孩子改恶向善。兄弟之间和乐融洽，不会去切磋学问，督促修身，不然会伤害手足之情。女子主内务，不能时时追随夫君。长辈训导时，作为孩子虽能争辩，但终究要避免不孝的嫌疑而不能尽言。至于在老师面前，则会矜持收敛，显得没有过错。在家里，狎昵亲爱，不会说那些天道人心的道理。只有朋友之间，可以朝夕相处，不像见老师那样有固定的时间；于情于理又无嫌猜，不像对父子兄弟说话，要有所顾忌。德有亏时，朋友会责备；业不修时，朋友会规劝。相互勉励善行；相互纠正过错。感染交摩得久了，就轻松自然地进入了君子的境界。故而朋友之道是其他四伦关系的依托。唉！朋友之道的沦亡已经很久了，如今都是酒肉朋友言语轻浮，不管是非善恶，顺着我的就是好朋友；不论人品高下，尊敬我的就是好人。说点悄悄话就，以为是知心；拍肩接膝几次就许为生死之交。一起堕落成了小人还不醒悟，真是可悲啊！所以相反才能相成，存异才能互补。孔子说要交“直”“谅”“多闻”的朋友，这三种人不会为了讨好我而有意附和，所以能让我受益。能遇到这三种朋友很难，能成为别人这样的朋友更难。世间不论天南地北、缙绅草莽，得一志同道合的朋友，是人生一大快乐。

长者有议论，唯唯而听，无相直也；有咨询，謇謇而对，无遽尽也。此卑幼之道也。

【译文】长辈在谈话时，要恭敬而顺从地去听，不要提出质问；有所询问时，要慢慢地耐心回答，不要匆匆忙忙地一下就说完了。这是地位低的、年纪小的对待地位高的、年长者的态度。

阳[①]称其善以悦彼之心，阴养其恶以快己之意，此友道之大戮[②]也。青天白日之下，有此魑魅魍魉之俗，可哀也已。

【注释】①阳：表面上。②戮：罪责。

【译文】表面上假惺惺地称赞别人来取悦他，内心却想着滋长其恶行来达到自己的目的，这是朋友之道的大罪过。光天化日之下，这种阴险的恶习，让人悲哀。

古称君门，远于万里，谓情隔也。岂惟君门？父子殊心，一堂远于万里；兄弟离情，一门远于万里；夫妻反目，一榻远于万里。苟情联志通，则万里之外，犹同堂共门，而比肩一榻也。以此推之，同时不相知，而神交于千百世之上下亦然。是知离合在心期，不专在躬逢。躬逢而心期，则天下至遇也：君臣之尧舜，父子之文周，师弟之孔颜。

【译文】古人说君门远于万里，这是指感情的距离太远。岂只君门如此？如果父子不同心，就是同处一堂也远于万里；兄弟离情，就是同在一门也远于万里；夫妻反目，就算同在一榻也远于万里。假如情相连志相通，相距万里之外也如同堂共门、比肩一榻。以此类推，有的生在同一时代而互不了解，有的相距千百世而神交心通也，是同样的道理。以此可知离合是指两心是否相期许，而不专指亲身相遇。亲身相遇加上两心相许，这是天下的至遇：如君臣中的尧、舜，父子中的周文王、周公，老师弟子中的孔子、颜渊，就是至遇的典型。

“隔”之一字，人情之大患。故君臣、父子、夫妇、朋友、上下之交，务去隔。此字不去而不怨叛者，未之有也。

【译文】隔阂是人情交往的大阻碍。所以，在君臣、父子、夫妇、朋友、上下的交往中，务必要去掉隔阂。不去掉隔阂而又不出现怨恨、背叛的事，还不曾有过。

仁者之家，父子愉愉如也，夫妇雍雍如也[①]，兄弟怡怡如也，僮仆欣欣[②]如也，一家之气象融融如也。义者之家，父子凛凛如也，夫妇嗃嗃[③]如也，兄弟翼翼[④]如也，僮仆肃肃如也，一家之气象栗栗⑤如也。仁者以恩胜，其流也知和而和；义者以严胜，其流也疏而寡恩。故圣人之居家也，仁以主之，义以辅之，洽其太和之情，但不溃其防斯已矣。其井井然，严城深堑，则男女之辨也，虽圣人不敢于家人相忘。

【注释】①雍雍：和谐貌。②欣欣：喜乐、敬谨貌。③嗃嗃（hè）：严厉貌。④翼翼：恭敬貌。⑤栗栗：戒惧貌。

【译文】仁者的家里，父子和悦愉快，夫妇和睦恩爱，兄弟和乐友爱，僮仆敬谨喜乐，家庭氛围融洽而和睦。义者的家里，父子严肃敬谨，夫妇恭谨严厉，兄弟庄重恭敬，僮仆小心谨慎，家庭风味严谨而戒惧。仁者以恩胜，该和的就和；义者以严胜，冷淡而寡恩。圣人治家以仁为主，以义为辅，使人情融洽，关系和谐，又不破坏礼仪。使家庭关系井然有序，男女各守本分，各司其职，即使是圣人，在家里也不敢忘记这点。

父在居母丧，母在居父丧，以从生者之命为重。故孝子不以死者忧生者，不以小节伤大体，不泥①经而废权，不徇名②而害实，不全我而伤亲。所贵乎孝子心者，亲之心而已。

【注释】①泥：拘泥，阻滞。②徇名：为了得到名分。

【译文】父在居母丧，母在居父丧，以生者的愿望为重。所以孝子不因死者而使生者担忧，不以小节伤大体，不拘泥于常规而随机应变，不为虚名而害了实质，不为保全自己而伤害亲人。最可贵的孝心就是理解、随顺父母的心。

天下不可一日无君，故夷、齐非汤、武[1]，明臣道也。此天下之大防也，不然则乱臣贼子接踵矣，而难为君。天下不可一日无民，故孔、孟是汤、武，明君道也。此天下之大惧也，不然则暴君乱主接踵矣，而难为民。

【注释】①夷、齐非汤、武：夷，齐，指商末孤竹君的两个儿子伯夷、叔齐。汤，商朝的建立者商汤。武，周武王。伯夷、叔齐虽未明确反对商汤和周武王，但反对以暴易暴，以及以臣伐君，是间接批评了商汤、周武王。

【译文】天下不可一天没有国君，所以伯夷、叔齐批评商汤、周武王，这是为了阐明为臣之道。明臣道是为了防止天下出现乱臣贼子，使君主难以治国了。天下不可一天没有民众，所以孔子、孟子认为商汤、周武王的做法是正确的，这是为了阐明为君之道。君道不明是天下最可怕的事，不然暴君乱主相继出现，连做个老百姓都难。

爵禄恩宠，圣人未尝不以为荣，圣人非以此为加损也。朝廷重之以示劝，而我轻之以示高，是与君忤也，是穷君鼓舞天下之权也。故圣人虽不以爵禄恩宠为荣，而未尝不荣之，以重帝王之权，以示天下帝王之权之可重，此臣道也。

【译文】爵禄恩宠，圣人未尝不以为荣耀，但圣人不认为爵禄恩宠对自己有什么受益和损害。朝廷重视爵禄恩宠是以示勉励，而我轻视爵禄恩宠是为了标榜清高，这与国君的初衷是相背的，这样做是轻视君主而鼓舞天下的权力。所以圣人虽不以得到爵禄恩宠为荣，却从不拒绝这种荣耀，以此来展示帝王权威的重要，这是为臣之道。

人子和气愉色婉容，发得深时，养得定时，任父母冷面寒铁，雷霆震怒，只是这一腔温意，一面春风，则自无不回之天，自无屡变之天。谗谮何由人？嫌隙何由作？其次莫如敬慎，夔夔[①]齐栗，敬慎之至也，故瞽瞍[②]亦允若。温和示人以可爱，消融父母之恶怒；敬慎示人以可矜，激发父母之悲怜。所谓积诚意以感动之者，养和致敬之谓也。盖格亲之功，惟和为妙、为深、为速、为难，非至性纯孝者不能；敬慎，犹可勉强耳。而今人子，以凉薄之色、惰慢之身、骄蹇[③]之性，及犯父母之怒，既不肯挽回，又倨傲以甚之，此其人在孝悌之外，固不足论。即有平日温愉之子，当父母不悦而亦愠[④]见，或生疑而迁怒者，或无意迁怒而不避嫌者，或不善避嫌愈避而愈冒嫌者，积隙成衅，遂致不祥。岂父母之不慈？此孤臣孽子之法戒，坚志熟仁之妙道也。

【注释】①夔夔（kuí）齐栗：语出《尚书·大禹谟》："夔夔齐栗，瞽亦允若。"指恐惧的样子。②瞽瞍（gǔ sǒu）：古帝虞舜之父。因有目不能辨善恶，时人谓之瞽。③骄蹇（jiǎn）：傲慢而不顺从。④愠（yùn）：生气，发怒。

【译文】为人子长期熏养心性，从内心深处发出和颜悦色、温婉顺从的容色，任父母冷面寒铁，雷霆震怒，仍然如春风般和煦温柔，看到这些，父母自然会回心转意，不再发怒。这样，谗言就失去了作用，嫌隙也不会产生。其次，做到恭敬谨慎，战战兢兢，恭谨到极点，像舜的父亲瞽瞍那样不会辨别善恶的人也能被儿子感化而赞同。温和让人感到可爱，能消融父母的怒气；敬慎让人感受到怜悯之情，故能激起父母的悲怜。所谓积诚感人，就是养和气、致恭敬的意思。感化亲人的工夫，只有和气最妙、最深、最速、也最难。不能尽性而发挥出天性纯孝之心的人达不到的；恭敬谨慎，还可尽力而为。可现在为人子的，态度冷漠、侍奉也不勤快、还要用骄蹇之性来对待父母，惹得父母发怒了，既不肯挽回，又摆出傲慢自大的样子使父母更加生气，这种人连孝悌都做不到，其他的更是免谈了。即使平日和颜悦色的儿子，在父母不高兴时，也偶尔有不悦之色，或起疑心迁怒他人，或无意迁怒又不懂得避嫌，或不善避嫌而愈避愈可疑，慢慢积怨成隙，导致父子不和。这哪是因父母不慈爱造成的呢？失势的臣子和失宠的儿子应引以为戒。这也是修养仁心的人应遵行的妙道。

孝子之事亲也，上焉者先意，其次承志，其次共命。共命，则亲有未言之志不得承也；承志，则亲有未萌之意不得将也；至于先意，而悦亲之道至矣。或曰：“安得许多心思能推至此乎？”曰：“事亲者，以悦亲为事者也。以悦亲为事则孳孳皇皇[1]无以尚之者，只是这个念头，亲有多少意志，终日体认不得？”

【注释】①孳孳：勤勉。皇皇：同“遑遑”，匆匆忙忙。

【译文】孝子侍奉父母，做得最好是能预知父母的意愿，不等父母说出口就去做了，其次能继承父母的志向，再次能恭从父母之命。共命，欠缺在无法继承父母没讲出来的志向；承志，欠缺在不能预知父母未想到的意愿；如果能预知父母的意愿，那就是最好的悦亲之道了。有人说：“哪有那么多精力来揣摩父母的心意呢？”我说：“侍奉父母，就是要让父母高兴，别无其他。只是想知道父母的意愿，在这点上孜孜不倦地用心，终日不停地体会下去，父母亲的意愿，还能不知道吗？”

或问：“共事一人未有不妒者，何也？”曰：“人之才能、性行、容貌、辞色，种种不同，所事者必悦其能事我者，恶其不能事我者。能事者见悦[1]，则不能事者必疏。是我之见疏，彼之能事成之也，焉得不妒？既妒，安得不相倾？相倾，安得不受祸？故见疏者妒，妒其形己也；见悦者亦妒，妒其妒己也。”“然则奈何？”曰：“居宠则思分而推之以均众，居尊则思和而下之以相忘，人何妒之有？缘分以安心，缘遇以安命，反己而不尤人，何妒人之有？此入宫入朝者之所当知也。”

【注释】①见悦：指被所事的人喜爱。

【译文】有人问：“几个人共同侍奉一个人，他们之间会产生嫉妒，为什么呢？”我说：“人的才能、性情、行为、容貌、辞色各不相同，被侍奉的人必然喜欢那些善于侍奉自己的人，厌恶那些不善侍奉的人。善侍奉者就被宠爱，不善者就被疏远。我被疏远的原因，是别人善于侍奉，这时谁能不心生嫉妒呢？既然有了嫉妒，怎会不相互倾轧呢？相互倾轧，祸就来了。因此，被疏远的人嫉妒那些使自己相形见绌的人；被喜欢的人则嫉妒那些嫉妒自己的人。”“那么怎样做才好呢？”我说：“受宠的人想着分一些恩宠给别人，使大家雨露均沾。地位尊贵的要想办法让下面的人和睦相处，不分你我，这样人们就不会心生嫉妒了。安于自己的缘分和际遇，遇事反求诸己而不怨人，嫉妒从何处来呢？这是入宫入朝的人应当知道的。”

孝子侍亲不可有沉静态，不可有庄肃态，不可有枯淡态，不可有豪雄态，不可有劳倦态，不可有疾病态，不可有愁苦态，不可有怨怒态。

【译文】孝子侍亲时，不可有沉静的容态，不可有庄肃的容态，不可有枯淡的容态，不可有豪雄的容态，不可有劳倦的容态，不可有疾病的容态，不可有愁苦的容态，不可有怨怒的容态。

子弟生富贵家，十九多骄惰淫泆，大不长进，古人谓之豢养，言甘食美服养此血肉之躯，与犬豕等。此辈阘茸①，士君子见之为羞，而彼方且志得意满，以此夸人。父兄之孽，莫大乎是。

【注释】①阘（tà）茸：愚劣、微贱。

【译文】富贵之家的孩子，十有八九骄惰淫逸，不思上进，古人叫豢养。意思是说用美食美服养着这肉身，与养猪狗是一样的。这些富家子弟人品卑劣，士君子看到他们都会脸红，而他们还志得意满的样子，以此夸耀于人。父兄的罪过，没有比教出这样的孩子再大的了。

男女远别，虽父女、母子、兄妹、姊弟，亦有别嫌明微之礼，故男女八岁不同食。子妇事舅姑，礼也，本不远别，而世俗最严翁妇之礼，影响间即疾趋而藏匿之。其次夫兄弟妇相避。此外一无所避，已乱纲常。乃至叔嫂姊夫妻妹妻弟之妻互相嘲谑以为常，不几于下流乎？不知古者远别，止于授受不亲①，非避匿之谓。而男女所包甚广，自妻妾之外，皆当远授受之嫌，爱礼者不可不明辨也。

【注释】①授受不亲：不亲自给予和接受。

【译文】男女之间要保持距离、有别，虽是父女、母子、兄妹、姐弟，也要有避嫌、表明细微分别的礼制，所以男女八岁就不在一起吃饭。儿媳妇侍奉公婆，是符合礼制的，本来不须远避，而世俗中最严的是公公和儿媳之间的礼节，所以看到影子、听到声音就要赶快避开。其次是丈夫的哥哥和弟弟的媳妇要相避。除此之外都不避嫌的话，就乱了纲常。甚至还有叔嫂、姐夫、妻妹、妻弟之妻互相戏谑的，不是近乎下流了吗？不知道古代的远嫌有别，是指不亲自给予和接受，不是要躲开对方。男女的范围包括很广，妻妾以外，都应当避免授受之嫌，爱礼的人要明辨。

子妇，事人者也，未为父兄以前，莫令奴婢奉事，长其骄惰之性。当日使勤劳，常令卑屈，此终身之福，不然是杀之也。昏愚父母、骄奢子弟不可不知。

【译文】儿子和儿媳妇的职责是侍奉家人，未做父兄之前，不要让奴婢去侍候他们，以免增长骄惰的恶性。应当每天让其多做事，使其常处卑下，才能增长他的福气，不然就是害他。昏昧的父母、骄奢的子弟，不可不知。

问安，问侍者，不问病者，问病者非所以安之也。

【译文】问安，要问侍候的人，不要问病人，问病人，反而使他心不得安。

丧服之制，以缘人情，亦以立世教，故有引而致之者，有推而远之者，要不出“恩义”二字，而不可晓亦多。观会通之君子，当制作之权，必有一番见识，泥古非达观也。

【译文】居丧时穿什么样的衣服，这种礼制是随顺人情而定，对世人也有教育意义所以有人、遵行，有人推托不用，但都是以“恩义”为初衷，不过其中弄不清楚的地方也不少。那些能融会变通的君子，在制定礼制时，必然会因地制宜另有一番见解，拘泥古道也不是达观的态度。

亲没而遗物在眼，与其不忍见而毁之也，不若不忍忘而存之。

【译文】亲人去世后的遗物，与其不忍看见而毁掉，不如不忍忘却而留存。

示儿云：门户高一尺，气焰低一丈。华山只让天，不怕没人上。

【译文】我对儿子说：自家的门栏高一尺，心里的气焰就要低一丈。华山只比天低，却人人都可攀登而上。

慎言之地，惟家庭为要。应慎言之人，惟妻子仆隶为要。此理乱之原而祸福之本也。人往往忽之，悲夫！

【译文】家里是最要注意慎言的地方，妻、子、奴仆，是最要注意慎言的对象。这是治乱的源头，是祸福的根本。可悲的是，人往往忽视了这一点！

门户可以托父兄，而丧德辱名非父兄所能庇；生育可以由父母，而求疾蹈险非父母所得由。为人子弟者，不可不知。

【译文】门庭可靠父兄支撑，而丧德辱名的事就不能靠他们庇护了；生育是父母所为，但得了病、遇了险就不是父母所为的了。为人子者，不可不知。

继母之虐，嫡妻之妒，古今以为恨者也。而前子不孝，丈夫不端，则舍然不问焉，世情之偏也久矣。怀非母之迹而因似生嫌，藉恃父之名而无端造谤，怨讟[①]忤逆，父亦被诬者，世岂无耶？恣淫狎之性而恩重绿丝[②]，挟城社之威[③]而侮及黄里[④]，《谷风》《柏舟》[⑤]妻亦失所者，世岂无耶？惟子孝夫端，然后继母嫡妻无辞于姻族矣。居官不可不知。

【注释】①讟（dú）：诽谤。②绿丝：比喻年轻女子。③挟城社之威：指倚势为奸。④黄里：语出《诗经·邶风·绿衣》：“绿兮衣兮，绿衣黄里。心之忧矣，曷维其已。”比喻正室，嫡妻。⑤《谷风》：《诗经·邶风》篇名。《毛序》：“《谷风》，刺夫妇失道也。”《柏舟》：《诗经·邶风》篇名。朱熹解此篇曰:“妇人不得于其夫,故以柏舟自比。”

【译文】继母虐待前妻子女,正妻嫉妒婢妾,都是古今可恨之事。但很少有人过问前妻子女和丈夫的品行是否端正,这种偏袒已很长久了。后母因一些与生母亲不同的做法,使前妻之子与后母产生了嫌隙,前妻之子于是借着父亲的名义造谣诽谤,行为忤逆,使父亲也受到诬蔑,这样的事情世上没有吗?有的丈夫放纵淫欲,宠爱美貌女子,依仗自己有权势就侮辱正妻,《诗经》的《谷风》《柏舟》两篇写的就是失宠的妻子,这样的事情世上没有吗?当儿子能尽孝,父亲能端正品行,继母、嫡妻的虐待和嫉妒行为才能无法辩白。为官者不可不知。

齐,以刀切物,使参差者就于一致也。家人恩胜之地,情多而义少,私易而公难,若人人遂其欲,势将无极。故古人以父母为严君,而家法要威如,盖对症之治也。

【译文】齐,就像用刀切东西,使参差不齐变成整齐划一。家是重恩的地方,讲情不讲理,私情易谈而公道难论,如果每个人都要满足自己的想法,那就没有止境了。因此古人把父母作为严君,家法定得威严,就是对症而治。

闺门之中少了个“礼”字,便天翻地覆。百祸千殃,身亡家破,皆从此起。

【译文】家庭中没有礼的规范,便会闹得天翻地覆。百祸千殃,身亡家破,都由此而起。

家长，一家之君也。上焉者使人欢爱而敬重之，次则使人有所严惮，故曰严君。下则使人慢，下则使人陵，最下则使人恨。使人慢未有不乱者，使人陵未有不败者，使人恨未有不亡者。呜呼！齐家岂小故哉？今之人皆以治生[①]为急，而齐家之道不讲久矣。

【注释】①治生：经营家业，谋生计。

【译文】家长，是一家之主。上等家长让人喜爱又敬重，中等的让人尊敬又畏惧，所以叫严君。其次的让人轻视，再次的让人欺凌，最下等的让人痛恨。被人轻视的家长治家，没有不乱的；被人欺凌的家长治家，没有不败的；被人恨的家长治家，没有不亡的。唉！齐家难道是小事吗？现在的人都以经营生计为要务，已经很久不关注齐家之道了。

儿女辈常着他拳拳[①]曲曲，紧紧恰恰，动必有畏，言必有惊，到自专时，尚不可知。若使之快意适情，是杀之也。此愚父母之所当知也。

【注释】①拳拳：忠恳貌。

【译文】要经常让儿女们拳拳曲曲，紧紧恰恰，动必有所畏惧，言必有所恐惧，即使这样，他们成年时还不知德行如何。如果放纵他们，样样合他们的意，是害了他们。愚昧的父母应当知晓。

责人到闭口卷舌、面赤背汗时，犹刺刺不已，岂不快心？然浅隘刻薄甚矣。故君子攻人不尽其过，须含蓄以余人之愧惧，令其自新，方有趣味，是谓以善养人。

【译文】把别人责备到闭口无话、面红汗背时，还不停地责骂，这样是很痛快，但也太过浅隘刻薄了。所以君子责人时，不说尽别人的过错，给人愧悔的余地，让人自省后革新，才有趣味，这就是以善养人。

曲木恶绳[①]，顽石恶攻，责善之言不可不慎也。

【注释】①绳：木工打直线的墨线。

【译文】曲木怕用绳墨来打线，顽石怕用斧凿去雕琢，劝人向善的话不可不慎重。

恩礼出于人情之自然，不可强致。然礼系体面，犹可责人；恩出于根心，反以责而失之矣。故恩薄可结之使厚，恩离可结之使固，一相责望，为怨滋深。古父子、兄弟、夫妇之间，使骨肉为寇仇，皆坐“责”之一字耳[①]。

【注释】①坐：因。

【译文】恩和礼出于人情之自然，不可勉强。然礼数关系着体面，还可以责备别人；而恩德根于内心，反而会因责备而失去。所以恩薄可以交结使之深厚，恩离可以交结使之牢固，一旦因责求而形成怨恨，此恨就会日益加深。古代父子、兄弟、夫妇之间，骨肉成为仇敌，都是因“责”而起。

宋儒云："宗法[①]明而家道正。"岂惟家道，将天下之治乱，恒必由之。宇宙内无有一物不相贯属、不相统摄者。人以一身统四肢，一肢统五指。木以株统干，以干统枝，以枝统叶。百谷以茎统穗，以穗统樽[②]，以樽统粒。盖同根一脉，联属成体，此操一举万之术，而治天下之要道也。天子统六卿[③]，六卿统九牧[④]，九牧统郡邑，郡邑统乡正，乡正统宗子[⑤]。事则以次责成，恩则以次流布，教则以次传宣，法则以次绳督，夫然后上不劳，下不乱，而政易行。自宗法废而人各为身，家各为政，彼此如飘絮飞沙，不相维系，是以上劳而无要领可持，下散而无脉络相贯，奸盗易生而难知，教化易格而难达。故宗法立而百善兴，宗法废而万事弛。或曰："宗子而贱而弱而幼而不肖，何以统宗？"曰："古之宗法也，如封建[⑥]，世世以嫡长，嫡长不得人，则一宗受其敝。且豪强得以豚鼠视宗子而鱼肉孤弱，其谁制之？盖有宗子又当立家长，宗子以世世长子孙为之，家长以阖族之有德望而众所推服能佐宗子者为之。胥[⑦]重其权而互救其失。此二者，宗人一委听焉，则有司有所责成，而纪法易于修举矣。

【注释】①宗法：古代社会规定嫡、庶系统的法则。②樽（zùn）：谷物粒外之皮壳。③六卿：指吏、户、礼、兵、刑、工六部尚书。④九牧：九州。这里指九州的长官。⑤宗子：一族之中的嫡长子。⑥封建：古代帝王把爵位土地赐给诸侯，在封定的区域内建立邦国的制度。⑦胥：互相。

【译文】宋儒说："宗法明则家道正。"岂只家道，天下的治理或混乱，都是由此而出。宇宙内万物都是相互统属的。人以一身统领四肢，以一肢统领五指。树木以根统领树干，以干统领树枝，以树枝统领树叶。百谷以茎统穗，以穗统樽，以樽统粒。这些都是同根一脉，联属成体，这种操一举万的方法，也是治理天下的要道。天子统率六卿，六卿统率九牧，九牧统率郡邑，郡邑统率乡正，乡正统率宗子。事情以次序办理，恩德以次序下达，教化以次序传宣，法则以次序绳督，如此才能上不劳、下不乱，政治推行也简单了。宗法制度废除后，人各为身，家各为政，彼此如飘絮飞沙，不相关连，因此在上者劳累而没有要领可以把握，在下者一盘散沙而没有脉络相连，奸盗滋生而不察，教化被阻遏，难于下达。所以宗法立而百善兴，宗法废而万事弛。有人问："宗子贫贱病弱，年幼又没有德行，怎么能统领整个宗族呢？"我说："古代的宗法制如封建制，世世以嫡长子为宗子，嫡长子要是没有才德，整个宗族都要受影响。如果豪强轻视宗子，欺凌孤弱，又由谁来制止呢？所以有了宗子还要立家长，宗子以长子长孙担任，家长则由在全族中德高望重又能辅助宗子的人担任。两人共同统领全族，又互相匡正对方的失误。同宗的人都要听从这两个人的统领，这样官府才容易管理，纲纪法制才易于推行。"

责善之道，不使其有我所无，不使其无我所有，此古人之所以贵友也。

【译文】劝人向善的方法，在于不责求别人具有我本身也没有的东西，也不责求别人丢掉我也没有丢掉的东西，自己不能自知，而朋友能指出来，这就是古人看重朋友的原因。

“母氏圣善，我无令人”[①]，孝子不可不知。“臣罪当诛兮，天王圣明”[②]，忠臣不可不知。

【注释】①“母氏”句：语出《诗经·邶风·凯风》：“凯风自南，吹彼棘薪。母氏圣善，我无令人。”意思是，母亲聪惠贤良，我却没才德可以报答母亲。②“臣罪”句：语出韩愈《琴操》。意思是说，臣下没有尽到责任，其罪当死，但君王是圣明的。

【译文】“母氏圣善，我无令人”，这句话孝子应牢记。“臣罪当诛兮，天王圣明”，忠臣应牢记。

士大夫以上有祠堂，有正寝，有客位。祠堂有斋房、神库，四世之祖考居焉，先世之遗物藏焉，子孙立拜之位在焉，牺牲鼎俎盥尊之器物陈焉，堂上堂下之乐列焉，主人之周旋升降由焉。正寝，吉礼则生忌之考妣迁焉，凶礼则尸柩停焉，柩前之食案、香几、衣冠设焉，朝夕哭奠之位容焉，柩旁床帐诸器之陈设、五服之丧次、男女之哭位分焉，堂外吊奠之客、祭器之罗列在焉。客位，则将葬之迁柩宿焉。冠礼[①]之曲折、男女之醮位、宾客之宴飨行焉。此三所者，皆有两阶，皆有位次，故居室宁陋，而四礼之所断乎其不可陋。近见名公有以旋马[②]容膝、绳枢瓮牖[③]为清节高品者，余甚慕之，而爱礼一念甚于爱名，故力可勉为，不嫌弘裕。敢为大夫以上者告焉。

【注释】①冠礼：古代男子成年时举行加冠的礼仪。②旋马：掉转马身，形容地方狭窄。③绳枢瓮牖（yǒu）：比喻清寒。绳枢，用绳系门，以代转轴。瓮牖，以破瓮之口做窗户。

【译文】士大夫以上的人家，有祠堂，有正寝，有客位。祠堂又有供奉四代祖先的斋房、神库，先世的遗物收藏在里面，子孙站拜的位置设置在里面，用来祭祀的牺牲尊鼎器物陈放在里面，堂上堂下的乐器放置在里面，主人进出、举行祭祀活动都很方便。正寝，是举行父母的生日和忌日仪式的地方。举行凶礼，则将尸柩停放在正寝，柩前摆放食案、香几、衣冠，还设有子孙朝夕哭奠之位，柩旁还陈设床帐等卧具，分设穿不同丧服的亲属和男女的哭位，堂外还设有吊奠客人的休息处和祭器摆放的地方。客位，是停放将要举行葬礼的棺柩的地方，也是举行男子冠礼、男女婚礼和宴会的地方。祠堂、正寝、客位三处，都有两阶，有位次，居室宁可简陋，但举行冠、婚、丧、祭四种典礼的地方千万不可简陋。近来看见一些有名望的公卿，认为家中的祠堂、正寝、客位建得简陋狭小能说明自己清廉高尚，我也很敬慕他们，但我爱礼更甚于爱名，所以尽量将这些举行四礼的地方修建得华丽一些。我愿意把这种想法告诉士大夫以上的人士。

守礼不足愧，亢[①]于礼乃可愧也。礼当下则下，何愧之有？

【注释】①亢：抵御。

【译文】守礼内心无愧，不守礼才应愧。礼当卑己向下，有什么可愧的呢？

家人之害，莫大于卑幼各恣其无厌之情，而上之人阿[①]其意而不之禁；尤莫大于婢子造言而妇人悦之，妇人附会而丈夫信之。禁此二害而家不和睦者鲜矣。

【注释】①阿：曲从。

【译文】家人之间的祸患，没有比卑幼之辈放纵欲望，而长辈又顺从他们更大的了；过失，没有比主妇喜欢听婢子造谣，而丈夫又相信谣言更大的了。禁止了这两害而家庭不和睦的很少。

只拿定一个“是”字做，便是“建诸天地而不悖，质诸鬼神而无疑”[①]底道理，更问甚占卜，信甚星命！或曰：“趋吉避凶，保身之道。”曰：“君父在难，正臣子死忠死孝之时，而趋吉避凶可乎？”或曰：“智者明义理、识时势，君无乃专明于义理乎？”曰：“有可奈何时，正须审时因势，时势亦求之识见中，岂于谶纬[②]阴阳家求之耶？”或曰：“气数自然，亦强做不成。”曰：“君子所安者义命，故以气数从义理，不以义理从气数。富贵利达则付之天，进退行藏则决之己。”或曰：“到无奈何时何如？”曰：“这也看道理。病在膏肓，望之而走，扁鹊之道当如是也；若属纩顷刻，万无一生，偶得良方，犹然忙走灌药，孝子慈孙之道当如是也。”

【注释】①建诸天地而不悖，质诸鬼神而无疑：语出《中庸》。意为这个道理和天地之道不相违背，鬼神亦可证明其正确。②谶（chèn）纬：谶书和纬书的合称。谶，秦汉间巫师预决凶吉的隐语。纬，是汉代迷信附会儒家经义的一类书籍。

【译文】只拿定一个“是”字去做，就是“建诸天地而不悖，质诸鬼神而无疑”的道理，哪里还用占卜，算命！有人说：“占卜能趋吉避凶，是保身之道。”我说：“君父在危险之中，正是忠臣孝子献身的时候，怎么可以趋吉避凶呢？”还有的人说：“有智慧的人明义理、识时势，你不是只主张明义理吧？”我说：“在事情还可挽救时，正须要审时度势，看清时势，靠的是眼界、见识，岂能求教于谶纬阴阳之家？”又有的人说：“气数是自然的，强做不成。”我说：“君子安于义命，以气数服从义理，而不以义理服从气数。富贵利达由天定，进退行藏由自己把握。”又问：“到无可奈何的时候怎么办？”我说：“这也看道理。如果病入膏肓，气数已尽，扁鹊看到也会走开；若是病人已无救活的希望，但偶然得到良方，仍然要赶快去喂药，这是孝子慈孙应该做的。”

谨言不但外面，虽家庭间，没个该多说的话；不但大宾，虽亲厚友，没个该任口底话。

【译文】不但在外面要谨言，在家庭中也要注意；不但对客人，就是亲朋好友，也不该乱说话。

谈 道

【题解】此章共191则。什么是道？吕坤认为，道就是依照人情物理得出的天然自有的中庸之道。他用常见的事物来说明“中”，如饮酒，不限制酒量，也不喝醉，就是饮酒之中；说话，不缄默，不狂诞，就是说话之中；作揖跪拜，不繁不疏，不疾不徐，就是作揖跪拜之中。他还认为，自然之谓道，与自然游谓之道士。体道之谓德，百行俱修谓之德士。“天德只是个无我，王道只是个爱人”。

大道有一条正路，进道有一定等级。圣人教人，只示以一定之成法，在人自理会。理会得一步，再说与一步，其第一步不理会到十分，也不说与第二步。非是苦人，等级原是如此。第一步差一寸，也到第二步不得。孔子于赐①，才说与他“一贯”，又先难他“多学而识”一语②。至于仁者之事，又说“赐也，非尔所及”③。今人开口便讲学脉，便说本体④，以此接引后学，何似痴人前说梦？孔门无此教法。

【注释】①赐：指孔子的弟子子贡。②“才说”句：语出《论语·卫灵公》：“子曰：‘赐也，汝以予为多学而识之者与？’对曰：‘然，非与？’曰：‘非也，予一以贯之。’”意为，我不是学了很多知识才悟了道，我只是守一而已。③赐也，非尔所及：语出《论语·公冶长》：“子贡曰：‘我不欲人之加诸我也，吾亦欲无加诸人。’子曰：‘赐也，非尔所及也。’”意为不是你能达到的。
④本体：能生化万物的宇宙大本源。

【译文】证得大道有一条正路，进道有一定的等级。圣人教导人只给你一个方法，学者需要自己去实践体会。理会了一步，再说下一步，第一步不理会到十分，也不说给他第二步。这不是故意与人为难，而是进道的次第如此。第一步差一寸，也到不了第二步。孔子对于子贡说“予一以贯之”，却又先“多学而识”。至于谈到仁，孔子又说“赐也，非尔所及”。今人开口便讲学脉，就说直入本体，这样教导后学，和痴人说梦有什么不同呢？儒门中没有这个教法。

有处常之五常，有处变之五常。处常之五常是经，人所共知；处变之五常是权，非识道者不能知也。不擒二毛，不以仁称，而血流漂杵，不害其为仁；二子乘舟不以义称，而管、霍被戮，不害其为义。由此推之，不可胜数也。嗟夫！世无有识者，每泥于常而不通其变；世无识有识者，每责其经而不谅其权。此两人皆道之贼也，事之所以难济也。噫！非精义择中之君子，其谁能用之？其谁能识之？

【译文】有处于正常环境的仁义礼智信，有处于权变之际的仁义礼智信。处常之仁义礼智信是常行的义理，人所共知；处变之仁义礼智信是权变之法，不识事理的人是不能理解的。春秋时宋国与楚国开战，宋襄公主张不俘虏年纪大的敌人，但后世并不认为他是“仁”；而周武王伐纣时血流漂杵，但仍认为周武王是“仁”。卫宣公的两个儿子为了不拂逆父志而争死，并不能称为“义”；而周公杀管叔放蔡叔，不能不称为

“义”。以此类推，这类事情不可胜数。唉！世上那些没有看清事物本质的人，每每拘泥于常态而不懂变化；世上那些不能理解有识之士的人，每每要求他们按常理办事而不理解他们的权变之法。这两种人都会损害道，所以事情也就难以成功。唉！不是精于义理而又能择其中道而行的君子，有谁能把常和变运用好？又有谁能识别何时用常何时用变呢？

谈道者虽极精切，须向苦心人说，可使手舞足蹈，可使大叫垂泣。何者？以求通未得之心，闻了然透彻之语，如饥得珍羞①，如旱得霖雨。相悦以解，妙不容言。其不然者，如麻木之肌，针灸终日，尚不能觉，而以爪搔之，安知痛痒哉？吾窃为言者惜也。故大道独契②，至理不言。非圣贤之忍于弃人，徒哓哓③无益耳。是以圣人待问而后言，犹因人而就事。

【注释】①珍羞：珍奇美味的菜肴。②契：契合。③哓哓（xiāo）：争辩声。

【译文】谈道的人虽然对事物看得很通透，但要向那些诚心求道的人去讲，他们听了，会高兴得手舞足蹈，甚至喜极而泣。为什么呢？因为他苦苦寻求这些道理而没有机缘遇到明白人指点，听了论道者透彻的议论，就如饥者吃到美食，久旱逢甘雨一样。相互喜悦地切磋学问，美妙不可言传。如果对不想大道之理的人去讲，就如同去挠一个肌肉麻木，终日针灸仍无知觉的人，这轻轻一挠怎能使他感到痛痒呢？我很为那些谈道的人惋惜。大道本源要独自体悟，最高的道理不要说出来。不是圣贤不愿教人，而是多说无益。所以圣人要等别人发问才回答，因人设教。

庙堂之乐，淡之至也，淡则无欲，无欲之道与神明通；素之至也，素则无文，无文之妙与本始通。

【译文】庙堂里的音乐，最为清淡，清淡就没有欲望，没有欲望才能与神明相通；最为朴素，朴素就没有什么文采，没有文采的妙处在于它与本色相通。

真器不修，修者伪物也；真情不饰，饰者伪交也。家人父子之间不让而登堂，非简也；不侑而饱食，非饕也，所谓真也。惟待让而入，而后有让亦不入者矣；惟待侑而饱，而后有侑亦不饱者矣，是两修文也。废文不可为礼，文至掩真，礼之贼也，君子不尚焉。

【译文】真正的器物不需修饰，修饰以后就成了伪物了。真情也不需粉饰，粉饰就是伪交了。家人、父子之间，进屋时不必谦让，这不是简慢；吃饭时不必劝而吃饱，这不是贪吃，这就是“真”。只有等谦让后才进来，以后就会有谦让也不进来的人了；只有等劝吃后才吃饱，以后就会有劝吃也吃不饱的人了，这是双方都在文饰的缘故。废弃了应有的礼节就不合礼仪，过分了又会掩盖真情，这都是危害礼的东西，君子不崇尚这些。

百姓得所，是人君太平；君民安业，是人臣太平；五谷丰登，是百姓太平；大小和顺，是一家太平；父母无疾，是人子太平；胸中无累，是一腔太平。

【译文】老百姓能各得其所，君主就会安宁无事；君主和民众能安居乐业，朝廷官员就会安宁无事；五谷丰收，老百姓就太平无事；老少和睦，一家人就会安宁无事；父母没有疾病，做子女的就能安宁无事；心中无牵无挂，心境平静，内心就会安宁无事。

至道之妙，不可意思，如何可言？可以言，皆道之浅也。玄之又玄，犹龙公[①]亦说不破，盖公亦囿于玄玄[②]之中耳。要说说个甚然，却只在匹夫匹妇共知共行之中，外了这个，便是虚无。

【注释】①犹龙公：指老子。②玄玄：语出《老子》：“无名，天地之始；有名，万物之母。故常无欲以观其妙，常有欲以观其徼。此两者同出而异名，同谓之玄，玄之又玄，众妙之门。”

【译文】至高的道理玄妙得不可想象，如何去言传？可以用语言描述清楚的，都是道的浅显之处。玄而又玄的地方，老子也说不破，因为他也在玄玄之中。要想说明白，道只在日用生活中，除此外，便是虚无。

除了个中字，更定道统不得。傍流之至圣，不如正路之贤人。故道统宁中绝，不以傍流继嗣，何者？气脉不同也。予尝曰：“宁为道统家奴婢，不为傍流家宗子。”

【译文】除了这个“中”字，就没有办法确定道系了。旁流之中的最高圣人，也不如正统之中的一个贤人。所以，道统宁可半途断绝，也不会让旁流的人来继承，这是为什么呢？是因为气血经脉不同。我曾经说过：“宁可做道统家的奴隶，也绝不做旁流家的世子。”

或问：“圣人有可克之己否？”曰：“惟尧、舜、文王、周、孔无己可克，其余圣人都有。己任是伊尹[1]底，己和是柳下惠[2]底，己清是伯夷[3]底，己志向偏于那一边，便是己。己者，我也。不能忘我而任意见也，狃[4]于气质之偏而离‘中’也，这‘己’便是人欲，胜不得这‘己’，都不成个刚者。”

【注释】①伊尹：商汤的辅相。孟子说：“伊尹，圣之任者也。”②柳下惠：姓展，名获，字子禽，曾官拜鲁国士师。居官清正，执法严谨，因不合时宜而弃官归隐，居于柳下(今濮阳县柳屯)，死后被谥为“惠”，故称柳下惠。孟子称其为“圣之和者”。③伯夷：《孟子·万章下》：“伯夷，目不视恶色，耳不听恶声。非其君不事，非其民不使。治则进，乱则退。”孟子称他为“圣之清者”。④狃（niǔ）：习以为常，拘泥。吕坤认为，伯夷等三人，都是偏于一边之人，离开了中道，执中道者应像孔子那样可任则任，可和则和，可清则清。

【译文】有人问：“圣人也要克制自己吗？”我说：“只有尧、舜、文王、周公、孔子没有需要克制的地方，其余圣人都有。伊尹以天下为己任，柳下惠被称为‘圣之和者’，伯夷被称为‘圣之清者’，自己的志向有所偏向就是有个己。己，就是小我。不能忘我地去行事，就会顺着习气而偏离了‘中’，这样的‘己’便是人欲，战胜不了它，就做不到无欲则刚。”

自然者，发之不可遏，禁之不能止，才说是当然，便没气力。然反之之圣，都在当然上做工夫，所以说勉然。勉然做到底，知之成功，虽一分数境界，到那难题试验处，终是微有不同，此难以形迹语也。

【译文】所谓“自然”，就是事物生成以后不能抑制，禁止时也不能停止，才说是“当然”，就没有这么大的力量了。然而经过后天修养而达到至善之性的圣人，都是在“当然”上做工夫。所以说他们是尽力而为，尽力做到底，修养成为圣人，虽然和天生的圣人达到了同一境界，但遇到艰难困苦检验时，最终还会微有不同。这一点难以从形迹上讲清楚。

尧、舜、周、孔之道，只是傍人情、依物理，拈出个天然自有之中行将去，不惊人，不苦人，所以难及。后来人胜他不得，却寻出甚高难行之事，玄冥隐僻之言，怪异、新奇、偏曲、幻妄以求胜，不知圣人妙处只是个庸常。看“六经”“四书”语言何等平易，不害其为圣人之笔，亦未尝有不明不备之道。嗟夫！贤智者过之，佛、老、杨、墨、庄、列、申、韩是已，彼其意见，才是圣人中万分之一，而漫衍闳肆[①]以至偏重而贼道。后学无识，遂至弃菽粟而餐玉屑，厌布帛而慕火浣[②]，无补饥寒，反生奇病。悲夫！

【注释】①闳（hóng）肆：宏伟恣肆。②火浣：指火浣布，石绵织成的防火布。

【译文】尧、舜、周公、孔子之道，只是随顺着人情物理，拈出个天然常有的中道让人遵行，不惊人，不苦人，平常至极所以反而难以达到。后人胜不过他们，就寻出个高不可攀的事，玄冥隐僻的语言，以怪异、新奇、偏曲、幻妄取胜，不知圣人的妙处只是个平常。你看“六经”“四书”的语言多么平易，但不妨其为圣人的手笔，说得也都合乎天理。唉！佛、老、杨、墨、庄、列、申、韩诸家的贤者智者，比起圣人来都过于聪明了，其知见的层次只有圣人的万分之一，但漫衍闳肆以至偏颇而害了正道。他们的学生也蒙昧无识，就如不吃粮食而吃玉屑，厌弃布帛而想穿火浣布。温饱都解决不了，还生怪病。真是可悲啊！

“中”之一字，是无天于上，无地于下，无东、西、南、北于四方。此是南面独尊道中底天子，仁、义、礼、智、信都是东西侍立，百行万善都是北面受成[①]者也。不意宇宙间有此一妙字，有了这一个，别个都可勾销。五常、百行、万善，但少了这个，都是一家货，更成甚么道理？

【注释】①北面受成：天子坐北朝南，故臣子面北，领授君王命令。

【译文】“中”字，上无天，下无地，四方无东、西、南、北。它是处于南面独尊地位的天子，仁、义、礼、智、信侍立于东西两侧，百行万善面北受教。没想到宇宙间竟有这样的妙字，有了它，其余皆可勾销。五常、百行、万善，只要少了“中”，就没了位置，乱成一团还成个什么世界？

愚不肖者不能任道，亦不能贼道，贼道全是贤智。后世无识之人，不察道之本然面目，示天下以大中至正之矩，而但以贤智者为标的。世间有了贤智，便看得中道寻常，无以过人，不起名誉，遂薄中道而不为。道之坏也，不独贤智者之罪，而惟崇贤智，其罪亦不小矣。《中庸》为贤智而作也，中足矣，又下个庸字，旨深哉！此难与曲局之士道。

【译文】愚蠢和才能平庸的人，不能担负起道的大任，也不能损害道。损害道的人，都是一些才智超群的人。后世无知的人，没有明察道的本来面目，就向世人宣布至大至中至正的准则，只是以贤明睿智的人的意见为标准。世界上有了贤明睿智的人，便把中道看得很平常，认为没有什么超越常人的，也不能增加人的声誉，于是就看轻中道而不去实现。道的败坏，不只是贤明睿智的人的罪过，推崇他们的人罪过也不小。《中庸》是针对贤明睿智的人提出的，“中”本来已经足够了，又加了一个“庸”字，含意是很深的。这番道理很难向见识浅陋的人说清楚。

道者，天下古今共公之理，人人都有分底。道不自私，圣人不私道。而儒者每私之，曰“圣人之道”。言必循经，事必稽古，曰“卫道”。嗟夫！此千古之大防也，谁敢决之？然道无津涯，非圣人之言所能限；事有时势，非圣人之制所能尽。后世苟有明者出，发圣人所未发，而默契圣人欲言之心；为圣人所不为，而吻合圣人为之事，此固圣人之深幸而拘儒之所大骇也。呜呼！此可与通者道，汉唐以来鲜若人矣。

【译文】道，是普天之下、从古至今共同的规律，每个人都有份。道本身不自私，圣人也不把道据为私有。而儒者每次把道据为己有时，会说这叫“圣人之道”。说话必然引经据典，行事必定征引古代，并把它称作“卫道”。唉！这是从古到今的最大的防范啊，谁敢不遵守呢？然而道是无边无际的，不是圣人的几句话所能概括的；事情有时间和形势的变化，也不是圣人所能控制的。后世如果能出现一个圣明之人，能够说出圣人想说而没有说出的话，并互相默契，能够做出圣人想做而没有做的事业，并互相吻合，这固然是圣人的大幸，但也会让拘泥经典的儒生很害怕。唉！这个道理可以和学识渊博、通情达理的人说，然而汉、唐以来像这样的人太少了。

《易》道，浑身都是，满眼都是，盈六合都是。三百八十四爻①，圣人特拈起三百八十四事来做题目，使千圣作《易》，人人另有三百八十四说，都外不了那阴阳道理。后之学者求易于《易》，穿凿附会以求通，不知《易》是个活底，学者看做死底；《易》是个无方体②底，学者看做有定象底。故论简要，《乾》《坤》二卦已多了；论穷尽，虽万卷书说不尽。《易》底道理，何止三百八十四爻！

【注释】①三百八十四爻：指《易经》六十四卦，每卦六爻，故共有三百八十四爻。②方体：指固定的模式。

【译文】天地间万事万物的变化规律都不离《易》中讲的道，圣人特地拈出三百八十四件事来演绎三百八十四爻，假使让一千位圣人来写《易》，人人都会有自己的三百八十四种说法，怎么说都离不开阴阳之道。后人穿凿附会以求能通达易理，不知《易》理是活的，而学人把它学死了；《易》没有固定方位和形体，学人把它看成了固定模式。要说易之简易，《乾》《坤》二卦足以讲尽；要穷尽易之变易，万卷书也解说不尽。《易》的道理何止三百八十四爻！

"中"之一字，不但道理当然，虽气数[①]，离了"中"亦成不得。寒暑灾祥失"中"，则万物殃；饮食起居失"中"，则一身病。故四时各顺其序，五脏各得其职，此之谓"中"。差分毫便有分毫验应。是以圣人执中以立天地万物之极。

【注释】①气数：指命运。

【译文】"中"这个字，不但从义理上讲是必然要守中的，就是命中注定的事，离开了"中"，也不会成功。寒暑祸福离了"中"，万物遭殃；饮食起居离了"中"，身体生病。所以四时各顺其序，五脏各司其职，这就叫"中"，偏了多少就有多少问题。所以圣人执中立极，以确定天地万物的位序。

学者只看得世上万事万物种种是道，此心才觉畅然。

【译文】学者只有看到万事万物背后的道理，心情才会舒畅。

在举世尘俗中，另识一种意味，又不轻与鲜能知味者尝，才是真趣。守此便是至宝。

【译文】在尘世间能发现另一种趣味，却又不轻易给很少能品尝出这种味道的人品尝，这才是真正的趣味。能够把握住它，便是获得了最宝贵的财富。

五色[①]胜则相掩，然必厚益之，犹不能浑然无迹。惟黑一染，不可辨矣。故黑者，万事之府也，敛藏之道也。帝王之道黑，故能容保无疆；圣人之心黑，故能容会万理。盖含英采，韬精明，养元气，蓄天机，皆黑之道也，故曰“惟玄惟默”。玄，黑色也；默，黑象也。《书》称舜曰“玄德升闻”②，《老子》曰“知其白，守其黑”，得黑之精者也。故外著③而不可掩，皆道之浅者也。虽然，儒道内黑而外白，黑为体④，白为用。老氏内白而外黑，白安身，黑善世。

【注释】①五色：指青、黄、赤、白、黑五种颜色，此处指颜色多。②玄德升闻：语出《尚书·尧典》：“日若稽古，帝舜日重华，协于帝，睿哲文明，温恭允塞，玄德升闻，乃命以位。”意为舜帝道德深厚，名声达于天地，遂被授予帝位。③著：显露于外。④黑为体：指内在遵循“黑”之道。

【译文】颜色多了会交杂在一起，用任何颜色涂抹都遮盖不住原色而不留痕迹。只有用黑色涂抹，才能盖住其他颜色。所以“黑”是万事的汇聚，是敛藏之道。帝王之道“黑”，所以能囊括四海；圣人的心胸“黑”，所以能融会万理。包容精粹，韬养精明，培育元气，蓄藏天机，都是“黑”之道，所以说“惟玄惟默”。玄，就是黑的颜色；默，就是黑的形象。《尚书》称赞舜“玄德升闻”，老子说“知其白，守其黑”，是得到了“黑”道的精髓。显露而不掩藏，说明道很浅。虽如此，儒道是内黑外白，黑为体，白为用。老子是内白而外黑，白安身，黑用世。

道在天地间，不限于取数之多，心力勤者得多，心力衰者得少，昏弱者一无所得。假使天下皆圣人，道亦足以供其求。苟皆为盗跖，道之本体自在也，分毫无损。毕竟是世有圣人，道斯有主；道附圣人，道斯有用。

【译文】道存在于天地之间，不限制人们得到多少，心性勤奋的人得到的就多，心性懒惰的人得到的就少，而头脑昏暗、愚昧的人会一无所得。假如天下的人都是圣人，道也足够这些人的需求；如果都是盗跖，道的本体也是自然存在的，并不会有丝毫的损伤。毕竟世间有了圣人，道才有了主人；道只有依附于圣人，才能够起到它应有的作用。

汉唐而下，议论驳而至理杂，吾师宋儒。宋儒求以明道而多穿凿附会之谈，失平正通达之旨，吾师先圣之言。先圣之言煨[1]于秦火，杂于百家，莠苗朱紫，使后学尊信之而不敢异同，吾师道。苟协诸道而协，则千圣万世无不吻合。何则？道无二也。

【注释】①煨（wēi）：在带火的灰里把东西烧熟。这里即烧之意。

【译文】汉唐以后，关于道的辩论很多，理论也繁杂，我学习宋儒。宋儒以明道为目标，又有不少穿凿附会之谈，有失平正通达之要义，我就学习尧、舜、周、孔等先圣的理论。先圣的典籍被秦始皇烧掉了，后来夹杂于诸子百家之中，苗莠不分，朱紫难辨，使后学只是尊信而不敢提出异议。我就学习道。如果合于道了，那就与千圣万世连接上了。为什么呢？因为道只有一个。

或问："中之道，尧、舜传心，必有至玄至妙之理？"余叹曰："只就我两人眼前说，这饮酒，不为限量，不至过醉，这就是饮酒之中；这说话不缄默，不狂诞，这就是说话之中；这作揖跪拜，不烦不疏，不疾不徐，这就是作揖跪拜之中。一事得中，就是一事底尧、舜。推之万事皆然。又到那安行处，便是十全底尧、舜。”

【译文】有人问：“中之道，尧舜等圣人代代相传，必然有至玄至妙之理吧？”我感叹地说：“就说我们二人眼前饮酒这件事，不限制酒量，也不至喝醉，这就是饮酒之中。我们现在说话，不缄默，不狂诞，这就是说话之中。这作揖跪拜，不烦不疏，不疾不徐，这就是作揖跪拜之中。一件事做得中，就是这件事的尧舜，推之万事皆然。如果到那无所要求而安然行事的程度，便是十全的尧舜。”

形神一息不相离，道器[①]一息不相无，故道无精粗，言精粗者妄也。因与一客共酌，指案上罗列者谓之曰：“这安排必有停妥处，是天然自有底道理。那僮仆见一豆上案，将满案尊俎东移西动，莫知措手。那熟底人眼便有定位，未来便有安排，新者近前，旧者退后，饮食居左，匙箸居右，重积不相掩，参错不相乱，布置得宜，楚楚齐齐。这个是粗底，若说神化性命不在此，却在何处？若说这里有神化性命[②]，这个工夫还欠缺否？推之耕耘簸扬之夫、炊爨烹调之妇，莫不有神化性命之理，都能到神化性命之极。学者把神化性命看得太玄，把日用事物看得太粗，原不曾理会。理会得来，这案上罗列得，天下古今万事万物都在这里，横竖推行、扑头盖面、脚踏身坐底，都是神化性命。乃知神化性命极粗浅底。”

【注释】①道器：语出《易经·系辞下》："是故形而上者谓之道，形而下者谓之器。"无形无象者称为道，有形有质者称为器。②神化性命：或称"神化性命之理"，指最高、最根本的道理。

【译文】形与神，道和器一刻都不能分开，所以说道无精粗，说有精粗的人是没有明道的。我和一位客人吃饭时，指着桌上的菜肴和杯盘碗筷说："这种安排必有妥当之处，有它自然的道理。那僮仆见一盘菜端上来，不知放在哪里，便手忙脚乱地将满桌盘碗东挪西动。而熟悉此道的人，一看到菜端上来便会放在合适的位置上，菜还未上就已有安排，新端来的放在客人面前，旧的挪后，饮食放在左边，勺筷放在右边，重叠而不互相遮盖，参错而不混乱，布置得整齐利落。这虽然是粗事，却体现了神化性命之理。如果说这里有神化性命，那功夫还有欠缺吗？以此推论到耕耘簸扬的农夫、做饭烹调的妇女，他们做事都遵循并穷尽着神化性命之理。学者把神化性命看得太玄，忽视了日常事物中的道理，没有贯通起来。若是贯通了，这案上罗列的无不包涵了天下古今万事万物，横竖推行、扑头盖面、脚踏身坐的，都是神化性命。以此可知神化性命是十分平常浅显的。"

有大一贯[①]，有小一贯，小一贯贯万殊[②]，大一贯贯小一贯。大一贯一，小一贯千百。无大一贯，则小一贯终是零星；无小一贯，则大一贯终是浑沌[③]。

【注释】①一贯：《论语·里仁》："子曰：'参乎！吾道一以贯之。'"这里指一举一动都不离本体的作用。②万殊：万种不同。朱熹说："盖至诚无息者，道之体也，万殊之所以一本也；万物各得其所者，道之用也，一本之所以万殊也。”指由先天大本体化生出来的万事万物。③浑沌：浑然不分的状态。

【译文】有大一贯（先天本体），有小一贯（本体的发用），小一贯贯万事万物，大一贯贯小一贯。大一贯是一个，小一贯有千百个。没有大一贯，小一贯终究是零零星星；没有小一贯，大一贯就是一片混沌，没有显像。

静中看天地万物，都无些子。

【译文】静中看天地万物，来来去去，生生灭灭，没有任何实质性的东西。

一门人向予数四穷问无极[①]、太极及理气同异、性命精粗、性善是否。予曰：“此等语，予亦能剿先儒之成说及一己之谬见以相发明，然非汝今日急务。假若了悟性命，洞达天人，也只于性理书上添了‘某氏曰’一段言语，讲学衙门中多了一宗卷案。后世穷理之人信彼驳此，服此辟彼，百世后汗牛充栋[②]，都是这桩话说，不知于国家之存亡、万姓之生死、身心之邪正，见在得济否？我只有个粗法子，汝只把存心制行、处事接物、齐家治国平天下，大本[③]小节都事事心下信得过了，再讲这话不迟。”曰：“理气性命终不可谈邪？”曰：“这便是理气性命显设处，除了撒数没总数[④]。”

【注释】①无极：指没有穷尽，没有边界的本源。一念动，则无极而太极。②汗牛充栋：形容书籍很多。③大本：语出《中庸》：“喜怒哀乐之未发谓之中，发而皆中节谓之和。中也者，天下之大本也；和也者，天下之达道也。”朱熹注：“大本者，天命之性，天下之理皆由此出，道之体也。”④撒数：零散之数。

【译文】一位门人多次问我关于无极、太极、理气同异、性命精粗、性善与否的问题。我说：“这些问题，我都能用先儒的成说及自己的见解来解释，但这不是你现在最需要了解的。就算把‘性命’之说、‘天人’关系讲清楚了，也只是在性理一类的书上添上‘某氏曰’一段言语，在学府中多了一宗卷案而已。后世研讨义理的人相信这个驳斥那个，信服这个排斥那个，以后这种辩论的书泛滥，不知对国家的存亡、万姓的生死、身心的邪正，有什么用处？我只有个笨办法，你只把存心养性、约束言行、处事接物、齐家治国平天下这些事的大本和小节都亲身实践，体会到心里去，再讲以上的问题也不迟。”问：“理气性命终究不能谈吗？”我说：“刚才讲的就是理气性命的表现，把零散的数去掉，就没有总数可言（不去实践体会，只空谈没有用）。”

阳为客，阴为主；动为客，静为主；有为客，无为主；万为客，一为主。

【译文】阳是客，阴就是主；动是客，静就是主；有是客，无就是主；万是客，一就是主。

理路直截，欲路多岐；理路光明，欲路微暧。理路爽畅，欲路懊烦；理路逸乐，欲路忧劳。

【译文】天理之路直截，人欲之路多崎岖；天理之路光明正大，人欲之路幽隐黑暗。天理之路让人清爽舒畅，人欲之路使人懊恼烦躁；天理之路让人安逸快乐，人欲之路使人忧虑劳神。

无万[①]，则一[②]何处着落？无一，则万谁为张主？此二字一时离不得。一只在万中走，故有正一无邪万，有治一无乱万，有中一无偏万，有活一无死万。

【注释】①万：指由本体生化出的万事万物。②一：指本体。

【译文】没有万，怎么体现出一？没有一，怎么化生出万？这两个字互为体用，一刻也分不开。一只在万中走，因此有正一无邪万，有治一无乱万，有中一无偏万，有活一无死万。

天下之大防[①]五，不可一毫溃[②]也，一溃则决裂不可收拾。宇内之大防，上下名分是已；境外之大防，夷夏出入是已；一家之大防，男女嫌微是已；一身之大防，理欲消长是已；万世之大防，道脉纯杂是已。

【注释】①大防：大堤。②溃：毁坏。

【译文】天下的大堤防有五个方面，一毫也不能毁坏，一毁坏则天下大乱。国内的大堤防，是上下名分的定位；境外的大堤防，是分清夷人和华夏；家庭的大堤防，是男女之间的嫌疑；身心的大堤防，是天理与人欲的调节；万世的大堤防，是保持道脉的纯粹。

儒者之末流与异端[1]之末流何异？似不可以相诮[2]也。故明于医可以攻病人之标本，精于儒可以中邪说之膏肓。辟邪不得其情，则邪愈肆；攻疾不对其症，则病愈剧。何者？授之以话柄而藉之以反攻，自救之策也。

【注释】①异端：儒家称其他持不同见解的学派为异端。②诮：责备。

【译文】儒家的末流与其他学派的末流有什么不同呢？似乎不可互相轻视。高明的医生可以标本兼治，精通儒学的人可以击中邪说的要害。如果说得不合情理，反而为邪说推波助澜；治病不对症候，反而加剧病情。为什么呢？这等于给他们反击的话柄，帮助他们自救。

人皆知异端之害道，而不知儒者之言亦害道也。见理不明，似是而非，或骋浮词以乱真，或执偏见以夺正，或狃目前而昧万世之常经，或徇小道而溃天下之大防，而其闻望又足以行其学术，为天下后世人心害良亦不细。是故有异端之异端，有吾儒之异端。异端之异端，真非也，其害小；吾儒之异端，似是也，其害大。有卫道之心者，如之何而不辩哉！

【译文】人人都知异端会害正道，却不知儒者的言论也能害道。理上不通，似是而非，说些浮词以乱真，或执偏见以夺正，或苟且于当下而乱了万世常经，或屈从于小道而毁坏了天下的大堤防，这种人的名声大，学说又广为流行，祸害了天下后世人心对天下后世人心造成的祸患也会不小。所以说有异端的异端，有儒家的异端。异端的异端，错误得离谱，但它的害处小；儒家的异端，似是而非，人们不容易分辨，它的害处才大。有卫道之心的人，怎么能不明辨呢！

天下事皆实理所为，未有无实理而有事物者也。幻家者流无实用而以形惑人。呜呼！不窥其实而眩于形以求理，愚矣。

【译文】天下事都有实实在在的道理，没有无道理的事情。幻术师以形象来迷惑人，对人心没有实际作用。唉！不探求实质，却妄想从虚幻中寻求真理，真是太愚蠢了。

公卿争议于朝，曰天子有命，则屏然不敢屈直矣。师儒相辩于学，曰孔子有言，则寂然不敢异同矣。故天地间，惟理与势为最尊。虽然，理又尊之尊也。庙堂之上言则天子理，不得以势相夺；即相夺焉，而理则常伸于天下万世。故势者，帝王之权也；理者，圣人之权也。帝王无圣人之理，则其权有时而屈。然则理也者，又势之所恃以为存亡者也。以莫大之权无僭①窃之禁，此儒者之所不辞而敢于任斯道之南面②也。

【注释】①僭：超越本分。②南面：古代坐北朝南为尊位，后指君主和百官之长，这里指道的最高承当者。

【译文】公卿大臣在朝廷上争论不休，天子一下结论，就都不敢申辩了。学儒的人在学堂上辩论时一说孔子对所争问题的观点，就都默然不敢反驳了。所以天地间只有真理和权势最尊贵。而真理比权势更高贵。朝廷上，天子也不能凌驾于真理之上；即使压制了，真理也会伸张于天下万世之后。所以权势，是帝王的权力；真理，是圣人的权力。帝王的言行如果不符合圣人的真理，那么权势有时也会向真理低头。然而权势需要依靠真理才能稳固。儒者有无上尊贵的权力，这权力不是超越本分窃取来的，而是他们以弘道为己任，为天地立心，为生民立命。

阳道生，阴道养，故向阳者先发，向阴者后枯。

【译文】阳道主生，阴道主养，所以向着阳面生长的植物先发芽，向阴一面生长的东西后枯萎。

正学不明，聪明才辨之士各枝叶其一隅之见以成一家之说，而道始千歧百径矣。岂无各得？终是偏术。到孔门，只如枉木着绳，一毫邪气不得。

【译文】正学不明，聪明有才又善辨的人就会建立自己一家的学说，这样一来，道就有了千歧百径的说法。难道各家都讲得不对吗？终究有所偏颇。只有到了孔子，就如用绳墨衡量曲木一样，一点儿偏失业没有了。

禅家有理障[①]之说，愚谓理无障，毕竟是识障。无意识，心何障之有？

【注释】①理障：指只在文字上推敲义理，落入思维陷阱而不能真正明心见性。

【译文】禅家有理障的说法，我说理没有障碍，而是认识有障。如果不被头脑逻辑束缚，本心就没有障碍。

道，莫要于损己；学，莫急于矫偏。

【译文】求道，关键在减少私欲；学习，急须注意纠偏。

七情总是个欲[1]，只得其正了，都是天理；五性总是个仁[2]，只不仁了，都是人欲。

【注释】①七情：指喜、怒、哀、惧、爱、恶、欲七种情感。②五性：五常之性，即仁、义、礼、智、信。

【译文】七情，是人的欲望，只要正当，就是天理；五性，都是仁心，只要不仁了，就都是私欲。

万籁之声[1]，皆自然也。自然，皆真也。物各自鸣其真，何天何人，何今何古！“六经”，籁道者[2]也，统一圣真。而汉宋以来胥[3]执一响以吹之，而曰是外无声矣。观俳谑[4]者，万人粲然皆笑，声不同也而乐同。人各笑其所乐，何清浊、高下、妍媸之足云？故见各鸣其自得。语不诡[5]于“六经”，皆吾道之众响也，不必言言同、事事同矣。

【注释】①万籁：指自然界的所有声音。②籁道者：自然发出的讲道的声音。③胥：都。④俳（pái）谑：滑稽戏。⑤诡：违反。

【译文】万籁之声，都是自然真实的。万物各自存在，发出自己的声音，无论天人，无论古今，都是如此！“六经”，是自然发出的讲道之声，由圣人统一后发出来。而汉宋以来只许发出一种声音，并说没有别的声音。看滑稽戏时，所有人都发出快乐的笑声，声音虽不同，快乐的心情是相同的。每个人各乐其乐，有什么清浊、高下、美丑之分呢？所以人人都可以表达自己的见解。只要合乎“六经”的义理，就都是道的声音，不必言言相同、事事相同。

气者形之精华，形者气之渣滓。故形中有气，无气则形不生；气中无形，有形则气不载。故有无形之气，无无气之形。星陨为石者，先感于形也。

【译文】气是形体的精华，形体是气的渣滓。因此形中有气，无气则形不生；气中无形，有形则气不载。因此有无是形体的气，无无是气的形。星星陨落成为石头，是先成了形的缘故。

天地万物只到和平处[1]，无一些不好，何等畅快！

【注释】①“天地”句：语出《易经·咸卦·彖辞》曰：“天地感而万物化生，圣人感人心而天下和平。”

【译文】天地万物到了和平的境地，就没有一点儿不好，是何等畅快！

庄、列见得道理原着不得人为，故一向不尽人事。不知一任自然，成甚世界？圣人明知自然，却把自然阁起，只说个当然，听那个自然。

【译文】庄子、列子讲无为的道理，一向不鼓励人为的努力。如果一味任其自然，会成一个什么世界？圣明知自然，却不说自然，只问应当做什么，而听其自然。

私恩煦[1]感，仁之贼也；直往轻担，义之贼也；足恭伪态，礼之贼也；苛察歧疑，智之贼也；苟约[2]固守，信之贼也。此五贼者，破道乱正，圣门斥之。后世儒者往往称之以训世，无识也与！

【注释】①煦：温暖。②苟约：随意与人订约。

【译文】用私恩来感动别人，是仁之贼；不辨是非就轻易承担，是义之贼；过于谦恭虚伪，是礼之贼；苛察疑惑，是智之贼；随意与人约定并顽固地坚守，是信之贼。这五种贼，破坏了正道，是圣人排斥的。而后世儒者往往把它们作为正面事例来教导世人，也太没见识了吧！

道有二“然”，举世皆颠倒之。有个“当然”[1]，是属人底，不问吉凶祸福，要向前做去；有个“自然”[2]，是属天底，任你踯躅[3]咆哮，自勉强不来。举世昏迷，专在“自然”上错用功夫，是谓替天忙，徒劳无益。却将“当然”底全不着意，是谓弃人道，成个甚人？圣贤看着“自然”可得底，果子“当然”有碍，定不肯受，况未必得乎？只把二“然”字看得真，守得定，有多少受用处！

【注释】①当然：指为人之道，作为人该尽的本分。②自然：指不受人控制的事物，如：富贵贫贱、祸福寿夭等。③踯躅（zhí zhú）：以足击地，顿足。

【译文】道有二“然”，世人却都颠倒了。“当然”，指人应当做的事情，不问吉凶祸福，都要去做；“自然”，是上天所为，人力不能勉强求得。世人愚昧，专在“自然”上瞎忙，精力用错方向，徒劳无益。却把那“当然”之事抛在脑后，丢弃人道该尽的本分，做什么人呢？当到“自然”可得对“当然”应为产生了妨碍时，圣人也一不肯接受这份“自然”可得，况且未必能得到的呢？只把二“然”看明白，做到位了，能受益太多了啊！

气用形，形尽而气不尽；火用薪，薪尽而火不尽。故天地惟无能用有。五行惟火为气，其四者皆形也。

【译文】气因形而生用，形尽而气不尽；火借柴而出现，薪尽而火不尽。天地间只有“无”能用“有”。金、木、水、火、土中，只有火为气，其他四行都是形。

气盛便不见涵养。浩然之气[1]虽充塞天地间，其实本体间定冉冉口鼻中，不足以呼吸。

【注释】①浩然之气：语出《孟子·公孙丑上》：“我善养吾浩然之气。”指中正光大之气。

【译文】气盛就失了涵养。浩然之气虽然充塞于天地之间，但在人体中，定是慢慢升至口鼻，好像呼吸都不够用。

有天欲，有人欲。吟风弄月，傍花随柳，此天欲也。声色货利，此人欲也。天欲不可无，无则禅；人欲不可有，有则秽。天欲即好底人欲，人欲即不好底天欲。

【译文】有天欲和人欲之分。吟风弄月，傍花随柳，是天欲。声色货利，是人欲。天欲不可无，无就入了禅境；人欲不可有，有就落于污秽。天欲是好的人欲，人欲是不好的天欲。

朱子[①]云："不求人知，而求天知。"为初学言也。君子为善，只为性中当如此，或此心过不去。天知、地知、人知、我知，浑是不求底。有一求心，便是伪，求而不得，此念定是衰歇。

【注释】①朱子：指朱熹，南宋理学家。

【译文】"不求人知，只求天知"是朱子对初学者说的。君子从善如流，只因天性如此，或心中过意不去而为。没有求天知、地知、人知、我知。心有一求就是不真，求而不得，为善的念头就必然衰歇。

以吾身为内，则吾身之外皆外物也。故富贵利达、可生可荣，苟非道焉，而君子不居。以吾心为内，则吾身亦外物也。故贫贱忧戚、可辱可杀，苟道焉，而君子不辞。

【译文】如果把身体作为内，那么身体之外都是外物。故富贵利达、可生可荣，只要不合于道，君子都不要。如果把心作为内，那么身也成了外物。故贫贱忧戚、可辱可杀，只要合于道，那么君子也不会避开。

或问敬之道。曰："外面整齐严肃，内面齐庄中正，是静时涵养底敬。读书则心在于所读，治事则心在于所治，是主一无适[①]底敬。出门如见大宾，使民如承大祭，是随事小心底敬。"或曰："若笑谈歌咏、宴息造次[②]之时，恐如是则矜持不泰然矣！"曰："敬以端严为体，以虚活为用，以不离于正为主。斋日衣冠而寝，梦寐乎所祭者也；不斋之寝，则解衣脱冕矣。未有释衣冕而持敬也。然而心不流于邪僻，事不诡于道义，则不害其为敬矣。君若专去端严上求敬，则荷锄负畚[③]，执辔御车，鄙事贱役，古圣贤皆为之矣，岂能日日手容恭、足容重邪[④]？又若孔子曲肱指掌，及居不容，点之浴沂，何害其为敬邪？大端心与正依，事与道合，虽不拘拘于端严，不害其为敬。苟心游千里，意逐百欲，而此身却兀然[⑤]端严在此，这是敬否？譬如谨避深藏，秉烛鸣佩，缓步轻声，女教《内则》[⑥]原是如此，所以养贞信也。若馌妇[⑦]汲妻及当颠沛奔走之际，自是回避不得，然而贞信之守与深藏谨避者同，是何害其为女教哉？是故敬不择人，敬不择事，敬不择时，敬不择地。只要个心与正依，事与道合。"

【注释】①主一无适：指思想专一而不外驰。②造次：匆忙、仓促。③畚（běn）：用木、竹、铁片做成的撮垃圾、粮食等的器具。④手容恭、足容重：语出《礼记·玉藻》："君子之容舒迟，见所尊者齐遬，足容重，手容恭，目容端，口容止，声容静，头容直，气容肃，立容德，色容庄，坐如尸。"⑤兀然：直立的样子。⑥女教《内则》：指《礼记·内则》对女子行为的规范。⑦馌(yè)妇:给农夫送饭的妇人。

【译文】有人问敬的道理。我答:“外表整齐严肃,内心诚敬中正,这是安静时的敬。读书时心就放在书上,做事时心就放在事上,这是专一于事上的敬。出门如会见贵宾,役使人民如参加祭典,这是处事谨慎的敬。”又问:“如果在笑谈歌咏或休息、忙碌时,像你讲的那样做,就显得太拘谨了!”我说:“敬是以端庄严肃为体,以虚灵活泼为用,以不离中正为主。斋戒时,合衣而卧,梦中也想着祭祀的人;非斋戒时,则解衣而眠,没有脱了衣服还能保持庄敬的。然而只要心不邪思,行事不违道义,也是敬。如果你专从外表上去求敬,那么扛锄担筐,拉绳,驾车这类粗俗的事情,古代圣贤都做过,哪能整天举手投足都恭恭敬敬呢?又如孔子曲肱而睡、指掌而谈,日常不修饰,曾点在沂水洗澡,这有什么妨碍敬了呢?只要心归于正,事合于道,虽然表面上不那么端庄,也称得上敬。如果心游千里,意逐百欲,而身体表现出端庄的样子,这能叫敬吗?比如讲女教的《内则》要求女子应谨避深藏,夜出时秉烛鸣佩,平时缓步轻声,这是为了培养忠贞的品德。而给农夫送饭的农妇,天天要打水的妇女,或是处在颠沛流离中的妇人,就无法做到《内则》的要求了,如果这些妇女能秉持忠贞的操守那么女教的原则对她们也没什么妨害。所以敬不择人,敬不择事,敬不择时,敬不择地。只要求做到心归于正,事合于道。

“先难后获”[①],此是立德立功第一个张主。若认得先难是了,只一向持循去,任千毁万谤也莫动心,年如是,月如是,竟无效验也只如是,久则自无不获之理。故工夫循序以进之,效验从容以俟之。若欲速便是揠苗者,自是欲速不来。

【注释】①先难后获：语出《论语·雍也》："仁者，先难而后获，可谓仁矣。"

【译文】"先难后获"，这是立德立功第一应当做到的。知道初始的困难，但仍坚持做下去，任他千毁万谤也不动摇，年年月月如此，不见收效也如此，这么做没有不收获的道理。所以做工夫要循序渐进，有没有收效则从容以待。想要拔苗助长，便是欲速不达。

造化[①]之精，性天[②]之妙，惟静观者知之，惟静养者契之，难于纷扰者道。故止水见星月，才动便光芒错杂矣。悲夫！纷扰者昏昏以终身，而一无所见也。

【注释】①造化：语出《庄子·大宗师》："今一以天地为大炉，以造化为大冶。"指自本源生化而出的世界万物。②性天：指宇宙大本源。

【译文】造化的精微，性天的微妙，只有静观才能体会，只有静养才能与之相契，很内心不清净的人很难理解。静止的水面可以映出星月，水一动就没了。这些纷乱不安的人终身都在昏沉之中，什么也看不到，真是可悲啊！

满腔子是恻隐之心[①]，满六合是运恻隐之心处。君子于六合飞潜动植、纤细毫末之物，见其得所，则油然而喜，与自家得所一般；见其失所，则闵然而戚[②]，与自家失所一般。位育[③]念头，如何一刻放得下！

【注释】①恻隐之心：《孟子·告子上》："恻隐之心，人皆有之；羞恶之心，人皆有之；恭敬之心，人皆有之；是非之心，人皆有之。恻隐之心，仁也。羞恶之心，义也。恭敬之心，礼也。是非之心，智也。"恻隐之心为仁，即爱人，同情他人。②闵：同"悯"，怜恤，哀伤。③位育：语出《中庸》："致中和，天地位焉，万物育焉。"位，安其所。育，遂其生。

【译文】内心充满恻隐之心，到处都是用此心的地方。君子与万物同悲喜，看见它们得到适宜的住所，就如同自己得到了一样高兴；看见它们失去了住所，就如同自己失去一样而忧哀。希望万物都能安其所、遂其生的念头，一刻也放不下啊！

万物生于性，死于情。故上智去情，君子正情，众人任情，小人肆情。夫知情之能死人也，则当游心于澹泊无味之乡，而于世之所欣戚趋避，漠然不以婴[1]其虑，则身苦而心乐，感殊而应一。其所不能逃者，与天下同；其所了然独得者，与天下异。

【注释】①婴：纠缠。

【译文】万物生于天性，死于情欲。所以上智的人去情，君子正性情，普罗大众任情，小人肆情。既然知道人死于情，就当常处于澹泊无味的心态中，对世人所喜、所忧、所趋、所避的事毫不记挂，如此身苦而心乐，感遇不同而应对相同。逃不开的事物，与众人相同；而了然独得的珍贵体悟，则与众人不同。

此身要与世融液[1]，不见有万物形迹、六合界限，此之谓化。然中间却不模糊，自有各正底道理，此之谓精。

【注释】①融液：融合。

【译文】身要与世俗融合，看不出形迹、界限，这叫化。但是心中却不模糊，自守正理，这叫精。

人一生不闻道，真是可怜。

【译文】人经此一生不闻大道，实在可怜。

“己欲立而立人，己欲达而达人”[①]，便是肫肫[②]其仁、天下一家滋味。然须推及鸟兽，又推及草木，方充得尽。若父子兄弟间便有各自立达、争先求胜的念头，更那顾得别个！

【注释】①“己欲立”二句：语出《论语·雍也》。意为要想自己站得住，也要帮助人家一同站得住；要想自己过得好，也要帮助人家一同过得好。②肫肫（zhūn）：诚挚貌。

【译文】“己欲立而立人，己欲达而达人”，凡事能以自己作比而推己及人，才有诚挚仁爱、天下一家的味道。不仅如此，还要推及禽兽草木，才能说扩充尽了仁爱。如果父子兄弟只想着自己的立达而争先求胜，那哪能想到别人呢！

天德只是个无我，王道只是个爱人。

【译文】天德只是无我，王道只是爱人。

道是第一等，德是第二等，功是第三等，名是第四等。自然之谓道，与自然游谓之道士。体道之谓德，百行俱修谓之德士。济世成物谓之功。一味为天下洁身著世谓之名。一味为自家立言者，亦不出此四家之言。下此不入等矣。

【译文】道是第一等，德是第二等，功是第三等，名是第四等。自然叫做道，与自然谐行的人叫做道士。能显出道的叫做德，修德行的人叫做德士。救世成物叫做功。为了天下洁身自好，因而获得美名的人叫做名士。想立一家之言的人，也不会超出道、德、功、名这者。除此之外的人就不入等了。

凡动天感物，皆纯气也。至刚至柔，与中和之气皆有所感动，纯故也。十分纯里才有一毫杂，便不能感动。无论嘉气、戾气，只纯了，其应便捷于影响。

【译文】纯气能够动天感物。这种气至刚至柔，与中和之气都能相感，是纯粹的缘故。十分纯里若稍有一毫杂，就不能感了。不论善气、恶气，只要纯了，感应就无比迅速。

万事万物有分别，圣人之心无分别，因而付之耳。譬之日因万物以为影，水因万川以顺流，而日水原无两，未尝不分别，而非以我分别之也。以我分别，自是分别不得。

【译文】万事万物皆有不同，而圣人的心没有分别，因此将天下的兴亡付于圣人。譬如阳光照耀万物有了不同的影子，不同的涓涓细流汇聚入海形成水流，这阳光、和细流，原来都是一个东西，却有了分别，而这分别不在我本身。如以我去分别，自然是无法区分的。

下学学个甚么，上达达个甚么[①]？下学者，学其所达也；上达者，达其所学也。

【注释】①下学、上达：语出《论语·宪问》："子曰：'不怨天，不尤人，下学而上达，知我者，其天乎！'指学习形而下的人情事理，进而认识形而上的大道法则。

【译文】"下学"学什么，"上达"达什么？下学，就是学习各种事物中所包含的天理；上达，就是把学到的道理融会贯通，体悟到形而上的大道。

弘毅，坤道也。《易》曰"含弘光大"[①]，言弘也。"利永贞"[②]，言毅也。不毅不弘，何以载物？

【注释】①含弘光大：语出《易经·坤卦·彖辞》："至哉坤元，万物资生，乃顺承天，坤厚载物，德合无疆，含弘光大，品物咸亨。牝马地类，行地无疆，柔顺利贞。"指地德深厚广大。②利永贞：语出《易经·艮卦》："初六，艮其趾，无咎，利永贞。"指做事须长久坚持，贞固到底。

【译文】弘毅，就是坤道。《易经》说"含弘光大"，讲的是弘。"利永贞"，是说毅。不毅不弘，怎么能载物呢？

“六经”言道而不辨，辨自孟子始。汉儒解经而不论，论自宋儒始。宋儒尊理而不僭，僭自世儒始。

【译文】“六经”只讲道而不去辩论，辩论是从孟子开始的。汉儒解释“六经”而不议论，议论是从宋儒开始的。宋儒尊理而不超越“六经”之旨，超越“六经”要义的是世俗的儒者。

圣贤学问是一套，行王道必本天德。后世学问是两截，不修己，只管治人。

【译文】圣贤学问是有本有末的一个大体系，行王道治理天下，必须要从自己修身开始。后世的学问是两截，不修自己，只修别人。

自非生知之圣，未有言而不思者。貌深沉而言安定，若蹇若疑，欲发欲留，虽有失焉者，寡矣。神奋扬而语急速，若涌若悬，半跲半晦①，虽有得焉者，寡矣。夫一言之发，四面皆渊阱也。喜言之则以为骄，戚言之则以为懦；谦言之则以为谄，直言之则以为陵②；微言之则以为险，明言之则以为浮。无心犯讳则谓有心之讥，无为发端则疑有为之说。简而当事，曲而当情，精而当理，确而当时，一言而济事，一言而服人，一言而明道，是谓修辞之善者③。其要有二：曰澄心，曰定气。余多言而无当，真知病本云云，当与同志者共改之。

【注释】①跲（jiá）：窒碍。《中庸》第二十章：“言前定，则不跲。”

孔颖达疏："将欲发言，能豫前思定，然后出口，则言得流行，不有蹶蹶也。"②陵：冒犯，侵辱。③修辞：修饰言辞。

【译文】不是生而知之的圣人，就没有说话不需要思考的。外表深沉，言辞安定，似凝滞有虑，又欲言欲止，这样做能减少语言上的失误。精神振奋，语速快又滔滔不绝半通不通，这样做会减少正确的言论。一言之发，四面都是陷阱，不可不慎。说得开心，别人觉得你傲气；说悲戚的话，别人以为你懦弱；说谦虚的话，别人以为你谄媚；说正直的话，别人以为你盛气凌人；说意味深长的话，别人以为你阴险；说明白易懂的话，别人又认为你肤浅。无心去触犯别人的忌讳，别人却认为你故意嘲讽；话无目的的话，却被怀疑别有用心。说话简单而符合事实，委曲而符合人情，精炼而符合事理，恰当而符合时机，一句话就能成事，一句话就使人信服，一句话就说清道理，这就是善于讲话的人。要点有二：一是静下心，二是沉住气。我平时话多而不恰当，现在终于知道了病根，这两点与志同道合者共勉。

知彼知我，不独是兵法，处人处事一些少不得底。

【译文】知己知彼，不只说用兵，为人处事也少不了这一条。

静中真味，至淡至冷，及应事接物时，自有一段不冷不淡天趣。只是众人习染世味十分浓艳，便看得他冷淡。然冷而难亲，淡而可厌，原不是真味。是谓拨寒灰、嚼净蜡。

【译文】静中的真味，极淡极冷，用到应事接物时，自然会有一段不冷不淡的天趣。只是一般人世俗气太重，就误认为静的境界太冷淡。冷得让人难以亲近，淡得让人觉得可厌，就不是真趣了。这就如同翻拨已冷却的灰烬，咀嚼干蜡一样，没有什么鲜活的温度和味道可言。

明体全为适用[1]。明也者，明其所适也，不能适用，何贵明体？然未有明体而不适用者。树有根，自然千枝万叶；水有泉，自匆千流万派。

【注释】①“明体”句：意思是证悟道体，是为了经世致用。

【译文】证悟大本体，全是为了经世致用。明，就是弄清楚事物的特点和功用，如果不能为我所用，明体又有什么用呢？然而没有弄清了事物的本体而不知道怎么用的。树有根，自然生长出枝叶；水有源，自然会有千流万脉。

天地人物，原来只是一个身体、一副心肠，同了，便是一家，异了，便是万类。而今看着风云雷雨都是我胸中发出，虎豹蛇蝎都是我身上分来，那个是天地？那个是万物？

【译文】天地人物，原来只是一个身体、一副心肠，归于同了，便是一家，不同，便是万类。而今看那风云雷雨都由心而生，虎豹蛇蝎都从我身上分出，哪个是天地？哪个是万物？

万事万物都有个一[1]，千头万绪皆发于一，千言万语皆明此一，千体认万推行皆做此一。得此一，则万皆举；求诸万，则一反迷。但二氏只是守一[②]，吾儒却会用一。

【注释】①一：指大本体。②二氏：指佛、道两家。

【译文】万事万物都有个一，千头万绪都发于一，千言万语都要说明这个一，千般体认，万般推行，都是要做这个一。得一，万事能兴；求于万，则会丢失这个一。但释家、道家只是守一，我们儒家却会用一。

三氏[①]传心要法，总之不离一"静"字，下手处皆是制欲，归宿处都是无欲，是则同。

【注释】①三氏：指儒、释、道三家。

【译文】儒、释、道三家的传心要法，都不离"静"，做工夫都从止欲开始，归宿处都是无欲，这些是相同的。

"予欲无言"，非雅言[①]也，言之所不能显者也。"吾无隐尔"，非文辞也，性与天道也。说便说不来，藏也藏不得，然则无言即无隐也，在学者之自悟耳。天地何尝言？何尝隐？以是知不可言传者，皆日用流行于事物者也。

【注释】①雅言：指平常的话。

【译文】孔子说"我不想说话了"，这里不是指生活中说的话，而是描述道的话，道是是不能用言语表达清楚的。孔子又说"我没有任何隐瞒的"，这不是指文辞，而是指性与天道。说也说不出来，藏也藏不住，不说就是没有隐藏，这完全靠学者自己去证悟。天地何尝说过话？

又何尝隐瞒？以此可知，不可言传的，都在日用平常之中。

天地间道理，如白日青天；圣贤心事，如光风霁月。若说出一段话，说千解万，解说者再不痛快，听者再不惺憁[①]，岂举世人皆愚哉？此立言者之大病。

【注释】①惺憁（còng）：清醒，明白。

【译文】天地间的道理，如白日青天；圣贤的心事，如光风霁月。若要用千万种方法来解说一段话，可解说者还不能说尽，听者还不能醒悟，难道举世都是愚蠢的人吗？这是想著书立说者的大毛病。

罕譬[①]而喻者，至言也；譬而喻者，微言也；譬而不喻者，玄言也。玄言者，道之无以为者也。不理会玄言，不害其为圣人。

【注释】①罕譬：很少用比喻。

【译文】几乎不用比喻就能讲明白的，是至理之言；用比喻能讲明白的，是精微之言；用比喻也讲不明白的，是玄妙之言。玄妙之言，就是无为的道理。注重玄言，不妨碍其成为圣人。

正大光明，透彻简易，如天地之为形，如日月之垂象，足以开物成务[①]，足以济世安民，达之天下万世而无弊，此谓天言。平易明白，切近精实，出于吾口而当于天下之心，载之典籍而裨于古人之道，是谓人言。艰深幽僻，吊诡探奇，不自句读不能通其文，通则无分毫会心之理趣，不考音韵不能识其字，识则皆常行日用之形声，是谓鬼言。鬼言者，道之贼也，木之孽也[②]，经生学士之殃也。然而世人崇尚之者何？逃之怪异，足以文凡陋之笔；见其怪异，易以骇肤浅之目。此光明平易大雅君子为之汗颜泚颡[③]，而彼方以为得意者也。哀哉！

【注释】①开物成务：语出《易经·系辞上》："夫《易》何为者也？夫《易》开物成务，冒天下之道，如斯而已者也。"指通晓万物之理，按理行事而成功。②孽：灾祸的苗头，此处指树木长出多余的枝杈。③泚颡（cǐ sǎng）：出汗的样子。

【译文】正大光明，透彻简易，如同天地之成形，如同日月之垂象，足以通晓万物之理，按理行事而成功，足以济世安民，流传万世也无任何弊病，这叫天言。平易明白，切近精实，从我口中说出而符合天下人的心意，载入典籍以补益古人讲的道理，这叫人言。艰深幽僻，古怪奇特，不做句读不能读通他的文章，读通了也没有对身心有益的理趣，不考察音韵不能认识他的文字，认清了发现都是日常通用的字，这叫鬼言。鬼言害道，如同树木长出的多余枝杈，是学人的祸殃。为什么还会被世人崇尚呢？因为怪异的文词可以装饰粗浅的文章；看到怪异的文词，又会使那些见识肤浅的人惊讶。这样做，会使那些运用光明正大的天言及运用平易明白的人言的正人君子感到羞愧，而那运用鬼言的人还自以为得意。真是可悲啊！

衰世尚同，盛世未尝不尚同。衰世尚同流合污，盛世尚同心合德。虞廷同寅协恭[①]，修政无异识，圮族[②]者殛之；孔门同道协志，修身无异术，非吾徒者攻之[③]。故曰道德一、风俗同。二之非帝王之治，二之非圣贤之教，是谓败常乱俗，是谓邪说破道。衰世尚同，则异是矣。逐波随风，共撼中流之砥柱；一颓百靡，谁容尽醉之醒人？读《桃园》，诵《板》《荡》[4]，自古然矣。乃知盛世贵同，衰世贵独。独非立异也，众人皆我之独，即盛世之同矣。

【注释】①同寅协恭：语出《尚书·皋陶谟》："同寅协恭和衷哉。"指同僚恭谨事君，共襄政事之典。②圮（pǐ）族：语出《尚书·尧典》："方命圮族。"指不遵守命令，危害同族的人。③"非吾徒"句：语出《论语·先进》："季氏富于周公，而求也为之聚敛附益之。子曰：'非吾徒也，小子鸣鼓而攻之，可也。'"④"读《桃园》"二句：《园有桃》出自《诗经·国风·魏风》，《板》《荡》出自《诗经·大雅》。三篇都讲了衰世政治腐败，小人肆虐，忠正之言难申。

【译文】衰世与盛世都崇尚同。衰世同流合污，盛世同心合德。舜帝时代，大家恭谨事君，共襄国是，对修明政教没有异议，不遵守命令，危害同族的人要被处死；孔子的学生们同道协志，专注于儒家的修身方法，不守儒门教法，就会受到批评。所以说道德和风俗贯通为一。如果分裂开，就不是帝王之治，也不是圣贤之教，而是败常乱俗、邪说破道。衰世的同就不是这样了。衰世之人逐波随风，共撼中流砥柱；一人败坏，众人皆效仿，在举世皆醉的时代，清醒之人哪有立锥之地？读《桃园》和《板》《荡》，就知道自古就是如此。所以，盛世以同为贵，衰世以独为贵。独不是故意标新立异，而是坚守正道，当众人都能独立不倚时，盛世的同就出现了。

世间物一无可恋，只是既生在此中，不得不相与耳。不宜着情，着情便生无限爱欲，便招无限烦恼。

【译文】世间之物一无可恋，只因活着而在不得不接触罢了。不宜太用情，不然便被无休止的爱欲困住，招来无限烦恼。

“安而后能虑”[①]，止水能照也。

【注释】①“安而后”句：语出《大学》：“知止而后有定，定而后能静，静而后能安，安而后能虑，虑而后能得。”意为定静而安后才能虑有所得。

【译文】“安而后能虑”，就像水静止后，才能映出影像。

君子之于事也，行乎其所不得不行，止乎其所不得不止；于言也，语乎其所不得不语，默乎其所不得不默。尤悔庶几寡矣[①]。

【注释】①尤悔：过失与悔恨。庶几：差不多。

【译文】君子做事的时机，要等到不得不做的时候才做，不得不停止的时候才停；说话也如此，不得不说时才开口，不得不沉默时才闭口。这样，就减少了过失与懊悔。

发不中节[①]，过不在已发之后。

【注释】①发不中节语出《中庸》：“喜怒哀乐之未发谓之中，发而皆中节谓之和。”

【译文】喜、怒、哀、乐等情感发出来后不去调和，就偏离了中道，其过失不在已发之后。

才有一分自满之心，面上便带自满之色，口中便出自满之声，此有道之所耻也。见得大时，世间再无可满之事，吾分再无能满之时①，何可满之有？故盛德容貌若愚。

【注释】①吾分：指性分，个人品德。

【译文】心里只要一有自满，便在脸上流露出来，在言语中表达出来，这是有道之人所耻见的。见过大世面了，就知道世间没有完美的事，我的良知也没有满的时候，哪里可以自满呢？所以德行高的人，看起来好像很愚钝的样子。

"相在尔室，尚不愧于屋漏"①，此是千古严师。"十目所视，十手所指"②，此是千古严刑。

【注释】①"相在"二句：语出《诗经·大雅·抑》："相在尔室，尚不愧于屋漏，无日不显，莫予云觏。"意为即使在屋子最隐蔽的角落，内心也要光明磊落。②"十目"二句：语出《大学》："十目所视，十手所指，其严乎。"指个人的言行始终被众人注意着，如有不善，无法掩盖。

【译文】《诗经·大雅·抑》说："相在尔室，尚不愧于屋漏。"这话就如千古严师。《大学》引曾子的话说："十目所视，十手所指。"这是千古严刑。

诚与才合，毕竟是两个，原无此理。盖才自诚出，才不出于诚，算不得个才，诚了自然有才。今人不患无才，只是讨一“诚”字不得。

【译文】诚和才可以相合，但毕竟是两个东西，可完全分开又不合理的才从诚里发出，不从诚中出的算不上才，诚了自然有才。现今的人不患无才，只是缺少诚意。

断则心无累。或曰：“断用在何处？”曰：“谋后当断，行后当断。”

【译文】断了，心就不累了。有人问：“在哪里用断？”我说：“谋划好了就去实施，不要拖泥带水，犹犹豫豫，事情做完后就把它忘掉，不要总是惦记。”

道尽于一，二则赘；体道者不出一，二则支。天无二气，物无二本，心无二理，世无二权。一则万，二则不万，道也二乎哉？故执一者得万，求万者失一。水壅万川未必能塞，木滋万叶未必能荣，失一故也。

【译文】道归于一，二则多余；体悟道也不能离开一，二则支离。天不是两个气，物不是两个本体，心不是两个天理，世上也不会有两个王权相安并存。一才能统万，二不能，道怎么能有二个呢？因此执一者可以得万，求万则会失一。堵塞万条支流未必能堵住水流；滋养树叶未必能使树木茂盛，这是没有抓住根本，失掉一的缘故。

道有一真而意见常千百也，故言多而道愈漓[1]；事有一是而意见常千百也，故议多而事愈偾[2]。

【注释】①漓：薄。②偾：搞糟。

【译文】道只有一个，而对道的见解有千百种，所以解释越多离道越远；事情只有一个真相，而人们的看法却有千百种，所以议论越多越坏事。

吾党望人甚厚，自治甚疏，只在口吻上做工夫，如何要得长进？

【译文】我们这些人对别人要求很高，对自己却很宽容，功夫做在在口头上，怎么能长进呢？

宇宙内原来是一个，才说同，便不是。

【译文】宇宙万物都是本心的显现，但如果说万物是相同的，那就错了，因为“相同”是站在“不同”的角度而言，说的时候已有分别了。

周子《太极图》第二圈子[1]是分阴分阳，不是根阴根阳。世间没这般截然气化，都是互为其根耳。

【注释】①《太极图》第二圈子：北宋理学家周敦颐所著《太极图·易说》曰：“自无极而为太极。太极动而生阳，动极而静；静而生阴，静极复动。一动一静，互为其根。分阴分阳，两仪立焉。”指无极而太极，为第一圈，太极生阴阳两仪，为第二圈。

【译文】周敦颐《太极图》的第二圈，讲的是分立阴阳，不是根阴根阳。世上的气是一贯的，不能断然分开，阴阳是互根的。

说自然是第一等话，无所为①而为；说当然是第二等话，性分②之所当尽，职分之所当为；说不可不然是第三等话，是非毁誉是已；说不敢不然是第四等话，利害祸福是已。

【注释】①无所为：指没有目的地做。②性分：指仁、义、礼、智等品性修养。

【译文】说，第一等是自然去做，没有目的的做；说，第二等是理所当为，尽本分的做；说，第三等是不可不做，担忧是非毁誉的做；说，第四等是不敢不做，为了趋利避害的做。

人欲扰害天理，众人都晓得；天理扰害天理，虽君子亦迷，况在众人？而今只说慈悲是仁，谦恭是礼，不取是廉，慷慨是义，果敢是勇，然诺是信。这个念头真实发出，难说不是天理，却是大中至正天理被他扰害，正是执一贼道。举世所谓君子者，都在这里看不破，故曰“道之不明”也。

【译文】人欲扰害天理，人都能知道；天理扰害天理，即使君子也看不明白，何况是普通人呢？现在说慈悲是仁，谦恭是礼，不取是廉，慷慨是义，果敢是勇，然诺是信。如果这些念头都出自真心，难说不是天理，但大中至正的天理常常被这些似是而非的道德定义扰害，正是因为人们固执在了这些道德定义上而害了道。世上所谓的君子，都陷在了价值标准中，看不透彻，所以“道之不明”了。

“二女同居，其志不同行”[①]，见孤阳也[②]。若无阳，则二女何不同行之有？二阳同居，其志同行，不见阴也。若见孤阴，则二男亦不可以同居矣。故曰：“一阴一阳之谓道。”六爻虽具阴阳之偏，然各成一体，故无嫌。

【注释】①“二女”二句：语出《易经·睽卦·彖辞》。《睽》的卦象为兑下离上，兑为少女，离为中女，所以说“二女同居”。意思是说二女同侍一夫，志向（意见）不同。②孤阳：独阳，指一男。

【译文】《易·睽·彖辞》说“二女同居，其志不同行”，不能同心是见了一男的缘故。如果没有见一男，二女怎不同行呢？也有二阳同居的卦，不见阴，所以其志向相同。假如见一女，则二男也不可同居。所以《易·系辞》说：“一阴一阳之谓道。”六爻虽有阴阳的偏向，但阴阳相配成一体，这样就没可疑惑的了。

利刃斫木绵，迅炮击风帜，必无害矣。

【译文】用利刃去砍柔软的木棉，用迅炮轰击在风中飘扬的旗帜，必然没什么危害。

士之于道也，始也求得，既也得得，既也养得，既也忘得。不养得则得也不固，不忘得则得也未融。学而至于忘得，是谓无得。得者，自外之名，既失之名。还我故物，如未尝失，何得之有？

心放失，故言得心，从古未言得耳目口鼻四肢者，无失故也。

【译文】对于道，读书人一开始求索它，然后悟得了它，既而涵养它，最后忘掉它。不涵养，则悟得的道不能巩固；不忘记，则道不能融入内心。修到忘道的程度，就是无得。得，是从外来说的，是失而复得。把我原有的东西还给了我，如同没有丢过，又得到什么了呢？心会放纵出去，所以要说“得心”，但从都不说“得耳目口鼻四肢”，那是因为他们不会放纵出去，放出去的是心。

圣人作用，皆以阴为主，以阳为客。阴所养者也，阳所用者也。天地亦主阴而客阳，二氏家全是阴。道家以阴养纯阳而啬之，释家以阴养纯阴而宝之。凡人阴多者，多寿多福；阳多者，多夭多祸。

【译文】圣人作为，以阴为主，以阳为客。阴是涵养在内的，阳是发作于外的。天地也以阴为主以阳为客，道、释二家全是求阴。道家以阴养阳而不让其散失，释家以阴养阴而珍藏它。人要是阴多，就多寿多福；阳多，就多夭多祸。

只隔一丝便算不得透彻之悟，须是入筋肉、沁骨髓。

【译文】只要还隔着一丝不能明白，就不能算彻悟，必须要把道融入筋肉，沁入骨髓。

异端者，本无不同而端绪异也。千古以来，惟尧、舜、禹、汤、文、武、孔、孟一脉是正端，千古不异。无论佛、老、庄、列、申、韩、管、商，即伯夷、伊尹、柳下惠都是异端，子贡、子夏之徒都流而异端。盖端之初分也，如路之有歧，未分之初都是一处发脚，既出门后，一股向西南走，一股向东南走，走到极处，末路梢头，相去不知几千万里。其始何尝不一本哉？故学问要析同异于毫厘，非是好辩，惧末流之可哀也！

【译文】异端，是说在根子上无有不同，到了末端才有不同。千古以来，只有尧、舜、禹、汤、周文王、周武王、孔子、孟子这一脉是正端，千古不变。无论佛、老子、庄子、列子、申不害、韩非子、管仲、商鞅，就是伯夷、伊尹、柳下惠都是异端，子贡、子夏之类最后都流入了异端。大体说来，端头的初次分开，就如道路有了分歧，未分之前都从一个地方起步，出门后，就一股向西南走，一股向东南走，走到末梢尽头，两股相距很遥远了。但他们开始时都是从一个地方出发的。因此分辨学问的正异要从细节上去体会，这不是好辩，是怕误入末流啊！

天下之事，真知再没个不行，真行再没个不诚，真诚之行再没个不自然底。自然之行不至其极不止，不死不止，故曰“明则诚”矣①。

【注释】①明则诚：语出《中庸》：“自诚明，谓之性；自明诚，谓之教。诚则明矣，明则诚。”

【译文】天下的事，真正看清楚了，没有不行的；真正去行了，没有不诚的；真的做到诚了，没有不自然的。自然之行，不做到极致不会停止，不行到死不会休止，所以说“明则诚”。

千万病痛，只有一个根本；治千万病痛，只治一个根本。

【译文】千万种病痛，只有一个病根；治病，只要治这个根就行了。

宇宙内主张万物底只是一块气，气即是理。理者，气之自然者也。

【译文】宇宙内主宰万物的就是这周流的一气，气就是理。理，就是气的流行规律。

到至诚地位，诚固诚，伪亦诚。未到至诚地位，伪固伪，诚亦伪。

【译文】到了至诚的地步，诚固然是诚，伪也变成诚。没到至诚地步，伪固然是伪，诚也成为伪。

义袭取不得[①]。

【注释】①义袭：语出《孟子·公孙丑上》：“其为气也……是集义所生者，非义袭而取之也。”

【译文】只因一事合乎正义，就以为自己突然有了浩然之气，这是要不得的。

信知困穷抑郁、贫贱劳苦是我应得底，安富尊荣、欢欣如意是我傥来[1]底，胸中便无许多冰炭。

【注释】①傥来：意外得来。

【译文】真正地相信：困穷抑郁、贫贱劳苦是我应得的，安富尊荣、欢欣如意是偶然落到我头上的，心中就不会有纠结。

事有豫而立，亦有豫而废者。吾曾豫以有待，临事凿枘不成[1]，竟成弃掷者。所谓权不可豫设，变不可先图，又难执一论也。

【注释】①凿枘："圆凿方枘"的简要说法，比喻事情龃龉不合。

【译文】做了准备，事情会成功，也会有失败。我曾做好准备等待事情来临，但事情发展与原来设想的不同，便白白辛苦准备一场。所谓权变之策不可能预设，事物变化也不可能事先预料，这两种观点很难只执一端啊。

任是千变万化，千奇万异，毕竟落在平常处歇。

【译文】任外界千变万化，千奇万异，我以平常心对待。

善是性，性未必是善；秤锤是铁，铁不是秤锤。或曰："孟子道性善，非与？"曰："余所言，孟子之言也。孟子以耳目口鼻四肢之欲为性，此性善否？"或曰："欲当乎理，即是善？"曰："如子所言，'动心忍性'[1]亦忍善性与？"或曰："孔子系

《易》，言‘继善成性’，非与？”曰：“世儒解经，皆不善读《易》者也。孔子云‘一阴一阳之谓道’，谓一阴一阳均调而不偏，乃天地中和之气，故谓之道。人继之则为善，继者，禀受之初；人成之则为性，成者，不作之谓。假若一阴则偏于柔，一阳则偏于刚，皆落气质，不可谓之道。盖纯阴纯阳之谓偏，一阴二阳、二阴一阳之谓驳，一阴三四五阳、五阴一三四阳之谓杂。故仁智之见，皆落了气质一边，何况百姓？‘仁智’两字，拈此以见例，礼者见之谓之礼，义者见之谓之义，皆是边见。朱注以继为天，误矣；又以仁智分阴阳，又误矣。抑尝考之，天自有两种天：有理道之天，有气数之天。故赋之于人，有义理之性，有气质之性。二天皆出于太极，理道之天是先天，未着阴阳五行以前，纯善无恶，《书》所谓‘惟皇降衷，厥有恒性’②《诗》所谓‘天生烝民，有物有则’③是也。气数之天是后天，落阴阳五行之后，有善有恶，《书》所谓‘天生烝民有欲’④，孔子所谓‘惟上知与下愚不移’⑤是也。孟子道性善，只言个德性。”

【注释】①动心忍性：《孟子·告子下》：“故天将降大任于是人也，必先苦其心志，劳其筋骨，饿其体肤，空乏其身，行拂乱其所为，所以动心忍性，曾益其所不能。”②惟皇降衷，厥有恒性：语出《尚书·汤诰》：“惟皇上帝，降衷于下民。若有恒性，克绥厥猷惟后。”意为上天把善性降给下民，下民就有了常性。③天生烝民，有物有则：语出《诗经·大雅·烝民》：“天生烝民，有物有则。民之秉彝，好是懿德。”意为上天生了众民，万物都有法则。④天生烝民有欲：语出《尚书·仲虺之诰》意思是说上天生的人是有欲望的。⑤惟上知与下愚不移：语出《论语·阳货》。意为只有上等慧根的人和下等愚钝的人不会改变本性。

【译文】善是性，性未必都善；秤锤是铁，铁不都是秤锤。有人问：“孟子说性善，不对吗？”我说：“我说的就是孟子的话。孟子认为耳目口鼻四肢的欲望就是性，这个性善吗？”又问：“欲合乎理，就是善吧？”我说：“如你所言，孟子说动心忍性，善性也要忍吗？”又问：“孔子在《易·系辞》中说‘继善成性’，这个说法不对吗？”我说：“注解《易》的儒者，都没有读懂《易》。孔子说的‘一阴一阳之谓道’，是说阴阳均衡谐调而不走偏，就是天地中和之气，就是道。人初生时的禀受了这气就是继承善性是；人成之则为性，成，是先天禀赋而成的。假如只有一阴，则偏于柔，只有一阳，则偏于刚，这已落入后天气质了，不是先天的道。孤阴孤阳叫偏，一阴二阳、二阴一阳叫做驳，一阴三四五阳、五阴一三四阳叫做杂。所以仁智之说，都已落到了后天气质之性，何况普通人呢？用‘仁智’为例，崇尚礼的人认为仁智是礼，崇尚义的人认为仁智是义，这都是一偏之见。朱熹认为继是继天，这是错误的；又把仁智分为阴阳，也是错误的。我曾经探讨过，天有两种天：理道之天和气数之天。因此赋予人，有义理之性，有气质之性。两种天都出于太极，理道之天是先天，是还没有生出阴阳五行的天，纯善无恶，《书》中所说‘惟皇降衷，厥有恒性’，《诗》说‘天生烝民，有物有则’，就是说这个。气数之天是后天，是生出阴阳五行之后的天，阴阳变化，五行流转，而有善恶。《书》中所说的‘天生烝民有欲’，孔子所说的‘惟上知与下愚不移’，就是说这个。孟子说的性善是指先天的义理之性。”

物欲从气质来，只变化了气质，更说甚物欲。

【译文】物欲根于气质，只要改变气质，物欲就无从而起了。

耳目口鼻四肢有何罪过？尧、舜、周、孔之身都是有底；声色货利可爱可欲有何罪过？尧、舜、周、孔之世都是有底。千万罪恶都是这点心。孟子“耳目之官不思而蔽于物”[①]，太株连了。只是先立乎其大，有了张主，小者都是好奴婢，何小之敢夺？没了窝主，那怕盗贼？问：“谁立大？”曰：“大立大。”

【注释】①耳目之官不思而蔽于物：语出《孟子·告子上》意思是，耳目这些器官不思考，易被外物蒙蔽而迷惑。

【译文】耳目口鼻四肢有什么错？尧、舜、周公、孔子都有；声色货利可爱可欲，有什么错？尧、舜、周公、孔子那时候也都有。罪恶都在一心。孟子说“耳目之官不思而蔽于物”，这样说太株连了。只有立好根本，心能做主了小的就自然会顺从，怎敢来夺主？没了窝主，哪来盗贼？问：“谁来立大？”回答说：“大来立大。”

威仪养得定了，才有脱略便害羞赧；放肆惯得久了，才入礼群便害拘束。习不可不慎也。

【译文】威仪养成了，哪怕出一点儿疏漏，都会觉得羞愧；放纵成了习惯，一遇到彬彬有礼的人，就感到拘束。对习惯不可不慎重。

絜矩[①]是强恕[②]事，圣人不絜矩。他这一副心肠原与天下打成一片，那个是矩？那个是絜？

【注释】①絜矩：语出《大学》，指君子推己及人，使彼此各得所愿的絜矩之道。②强恕：语出《孟子·尽心上》："万物皆备于我矣，反身而诚，乐莫大焉。强恕而行，求仁莫近焉。"指凡事勉强，推己及人，行恕道。

【译文】用自己的感受作为标准去衡量别人，推己及人，这是行恕道的事，圣人不是这样。圣人之心本就与天下人打成一片了，如何以自己的心作为标准？哪里又有别人的心？

仁以为己任，死而后已[①]，此是大担当；老者衣帛食肉，黎民不饥不寒，此是大快乐。

【注释】①"仁以为"二句：语出《论语·泰伯》：士不可以不弘毅，任重而道远。仁以为己任，不亦重乎？死而后已，不亦远乎？"

【译文】以仁为己任，死而后已，这是儒者的使命；使老人衣帛食肉，黎民不饥不寒，这是儒者的大快乐。

内外本末交相培养[①]，此语余所未喻。只有内与本，那外与末张主得甚？

【注释】①"内外"句：此句是朱熹对《论语》中"志于道，据于德，依于仁，游于艺"这句话的注解，他认为："学者于此，有以不失其先后之序、轻重之伦焉，则本末兼该，内外交养，日用之间，无少间隙，而涵泳从容，忽不自知其入于圣贤之域矣。"

【译文】内外本末交相培养，这话我不太理解。只要抓住内和本，为何要重视外和末?

不是与诸君不谈奥妙，古今奥妙不似《易》与《中庸》，至今解说二书，不似青天白日，如何又于晦夜添浓云也？望诸君哀此后学，另说一副当言语，须是十指露缝，八面开窗，你见我知，更无躲闪，方是正大光明男子。

【译文】我不是故意不和各位谈那些深奥的道理，古今奥妙都在《易》和《中庸》，可是这两部书的注解都不能像青天白日般明朗透彻，我怎能在黑夜中再添一片乌云呢？希望大家能哀怜后来的学者，说出一番新见解，就如同十指露缝、八面开窗一样，你见我知，没有躲躲闪闪的地方，这才不愧为光明正大的男子。

形而上与形而下，不是两般道理；下学上达，不是两截工夫。

【译文】形而上与形而下，不是割裂的；下学与上达，不是两头功夫。

世之欲恶无穷，人之精力有限，以有限与无穷斗，则物之胜人，不啻[1]千万，奈之何不病且死也。

【注释】①不啻（chì）：不只是。

【译文】世人的好恶是无限的，而精力有限，以有限斗无限，则无限的物欲胜过有限的精力，不只千万倍，人怎能不病不死呢？

冷淡中有无限受用处，都恋恋炎热，抵死不悟，既悟不知回头，既回头却又羡慕，此是一种依膻附腥底人，切莫与谈真滋味。

【译文】冷淡中有无限受用，喜欢炎热而不知降温，至死都不悟，或悟了也不知回头，或回头又生羡慕，千万不要与这种依膻附腥的人谈大道。

处明烛幽，未能见物而物先见之矣；处幽烛明，是谓神照。是故不言者非喑[1]，不视者非盲，不听者非聋。

【注释】①喑（yīn）：哑，不能说话。

【译文】在明亮的地方照暗处，看不见暗处的东西，但暗处的东西能看见你；在暗处照明处，叫做神照。所以不说话的人并非哑巴，不看东西的人并非盲人，不听声音的人并非耳聋。

儒戒声色货利，释戒声色香味，道戒酒色财气，总归之无欲，此三氏所同也。儒衣儒冠而多欲，怎笑得释、道？

【译文】儒家戒声色货利，释家戒声色香味，道家戒酒色财气，总的说来都是无欲，这是三家共通处。穿得像个儒者却多欲，有什么资格去笑释、道呢？

敬事鬼神，圣人维持世教之大端也，其义深，其工大。但自不可凿求[1]，不可道破耳。

【注释】①凿求：深求。

【译文】敬事鬼神，是圣人教化世人的重要方法，用意很深，功效很大。但不可深求，不能说破。

天下之治乱只在“相责各尽”四字。

【译文】天下的治乱只在于职责分明，各尽本分。

世之治乱，国之存亡，民之死生，只是个我心作用。只无我了，便是天清地宁、民安物阜①世界。

【注释】①阜（fù）：丰盛。

【译文】世道的治乱，国家的存亡，民众的生死，只是我心的作用。只要做到无我，便是天清地宁、民安物阜。

惟得道之深者，然后能浅言。凡深言者，得道之浅者也。

【译文】只有对道体会得深的人，才能三言两语就把道讲清楚。那些说得深奥玄妙的人，道行还很浅。

以虚养心，以德养身，以善养人，以仁养天下万物，以道养万世。养之义大矣哉！

【译文】用虚养心，用德养身，用善养人，用仁养天下万物，用道养万世。养的意思大着呢！

万物皆能昏人，是人皆有所昏。有所不见，为不见者所昏；有所见，为见者所昏。惟一无所见者不昏，不昏然后见天下。

【译文】万物能把人迷惑，是因为人人都有不明白的地方。有看不见的东西，就被这个东西迷惑；有看见的东西，又被这个东西迷惑。只有一无所见者不迷惑，不迷了才能看清世相。

道非淡不入，非静不进，非冷不凝。

【译文】不能淡泊，道就流不进来；不能安静，就不能进入道的境界；不能冷淡，道就凝聚不起来。

三千三百①，便是无声无臭②。

【注释】①三千三百：语出《中庸》："大哉圣人之道，洋洋乎！发育万物，峻极于天。优优大哉！礼仪三百，威仪三千。"②无声无臭：语出《中庸》第三十三章："上天之载，无声无臭。"形容道无实体。

【译文】礼仪三百，威仪三千，这就是道的显象。

天德王道不是两事，内圣外王不是两人。

【译文】天德、王道是一贯的；内圣外王的是一个人内在修养和外在事功的合一。

损之而不见其少者，必赘物也；益之而不见其多者，必缺处也。惟分定者，加一毫不得，减一毫不得。

【译文】减去了却不见少掉什么，这一定是多余的东西；增加了却不见多出什么，这一定是本就缺少的。只有固定了大小多少的东西，才会加一毫不行，减一毫也不行。

知是一双眼，行是一双脚。不知而行，前有渊谷而不见，傍有狼虎而不闻，如中州之人适燕而南、之粤而北也。虽乘千里之马，愈疾愈远。知而不行，如痿痹之人数路程、画山水。行更无多说，只用得一“笃”字。知底工夫千头万绪，所谓“匪知之艰，惟行之艰”①“匪苟知之，亦允蹈之”②“知至至之，知终终之”③“穷神知化”④“穷理尽性”⑤“极深研几”⑥“探赜索隐”⑦“多闻多见”。知也者，知所行也；行也者，行所知也。知也者，知此也；行也者，行此也，原不是两个。世俗知行不分，直与千古圣人驳难，以为行即是知。余以为能行方算得知，徒知难算得行。

【注释】①匪知之艰，惟行之艰：语出《尚书·说命》：“匪知之艰，行之惟艰。”意思是，不是知难，而是行难。②“匪苟”二句：语出《法言·君子》。意思是，不光是知道，还要去实行。③“知至”二句：语出《易经·乾卦·文言》。意思是，知道到什么地步，就要做到什么地步；知道了终点，就要达到终点。④穷神知化：语出《易经·系辞下》："过此以往，未之或知也，穷神知化，德之盛也。"意思是，深究事物的精微道理。⑤穷理尽性：语出《易经·说卦传》。意思是，穷极万物之理，究竟生灵之性。⑥极深研几：语出《易经·系辞上》："夫易，圣人之所以极深而研几也。唯深也，故能通天下之志；唯几也，故能成天下之务。"意思是，穷极幽深以达到极精微之处。⑦探赜（zé）索隐：语出《易经·系辞上》："探赜索隐，钩深致远，以定天下之吉凶。"意思是，窥探幽深，求索隐微。

【译文】知，就像一双眼；行，就如一双脚。不知而行，就像身临深渊峡谷也不知道，旁有虎豹豺狼也听不见；就像中原人要到北方的燕地去，却向南走、到南方的粤地去却往北走一样。虽然骑着千里马，却是速度越快，离目的地越远。知而不行，就如瘫痪之人，脚下不迈步，空在心里算路途远近，在纸上画山水。行只要遵循一个"笃"字，实实在在地去行就无需他言了。知的功夫千头万绪，所谓"匪知之难，惟行之艰""匪苟知之，亦允蹈之""知至至之，知终终之""穷神知化""穷理尽性""极深研几""探赜索隐""多闻多见"。知，就是知道所要行的；行，就是行那些已经知的。知和行的是一样东西如此而言，知和行原不是两个。但世人知行不分，还要反驳圣人，以为行即是知。我认为能行出来才算是真正的知，只是知，难说得上是行。

有杀之为仁，生之为不仁者；有取之为义，与之为不义者；有卑之为礼，尊之为非礼者；有不知为智，知之为不智者；有违言为信，践言为非信者。

【译文】有杀掉某个人是仁，而让他活着却是不仁；有夺取是义，而给予却是不义；有谦卑合乎礼，尊敬反而是非礼；有不知是明智，而知道了却是不智；有违背了诺言是守信，而履行了诺言却成了不讲信用。

觅物者苦求而不得，或视之而不见。他日无事于觅也，乃得之。非物有趋避，目眩于急求也。天下之事每得于从容而失之急遽。

【译文】寻物的人，苦寻不得，或见到了也没智慧认出来。后来放下寻找的心，不再找了，却反而得到了。这不是物品避开了你，而是你急于寻找而模糊了眼睛。天下之事，因从容而成功，因急乱而失败。

山峙川流、鸟啼花落、风清月白，自是各适其天，各得其分。我亦然，彼此无干涉也。才生系恋心，便是歆羡，便有沾着。至人淡无世好，与世相忘而已。惟并育而不有情，故并育而不相害①。

【注释】①并育而不相害：语出《中庸》：“万物并育而不相害，道并行而不相悖。”

【译文】山峙川流、鸟啼花落、风清月白，都自然表现出各自的特性。人也是这样，与其他不要彼此干涉。只要升起一点儿留恋之心，就会歆羡而沾着。至真之人虽身在世间，却淡泊世俗之物，没有沾染留恋的心。只有共生而不生情，才能共同生长而不相害。

公生明，诚生明，从容生明。公生明者，不蔽于私也；诚生明者，清虚所通也；从容生明者，不淆于感也。舍是无明道矣。

【译文】大公无私能明，诚意能生明，从容能生明。大公生明，是不受私欲的蒙蔽；意诚生明，是清虚而能感通；从容生明，是不被感官觉受扰乱。不做到以上几处，就不会有明。

“喜怒哀乐之未发谓之中”，自有《中庸》来，无人看破此一语。此吾道与佛、老异处，最不可忽。

【译文】“喜怒哀乐之未发谓之中”，自有了《中庸》以来，没人真懂这句话。这是儒家与佛、老的不同之处，最不能忽视。

知识，心之孽也；才能，身之妖也；贵宠，家之祸也；富足，子孙之殃也。

【译文】知识，给清净的心带来灾难；才能，用不好就成了身的祸害；贵宠，引发家庭祸害的原因的；富足，使子孙遭殃。

只泰了，天地万物皆志畅意得，欣喜欢爱，心身家国天下无一毫郁阏[①]不平之气，所谓八达四通，千昌万遂，太和之至也。然泰极则肆，肆则不可收拾而入于《否》。故《泰》之后，继以《大壮》，而圣人戒之曰“君子以非礼弗履”[②]，用是见古人“忧勤惕励”之意多，豪雄旷达之心少。六十四卦，惟有《泰》是快乐时又恁[③]极中极正，且惧且危，此所以致泰保泰而无意外之患也。

【注释】①郁阏（è）：抑郁，不舒畅。②君子以非礼弗履：语出《易经·大壮卦·象传》："雷在天上，大壮。君子以非礼弗履。"意思是，君子不做非礼之事。③恁：这么。

【译文】只要安泰了，天地万物都志畅意得，欣喜欢爱，身心、家国、天下，没一点儿抑郁不平之气，就是八达四通，千昌万遂，太平和乐。然而好到了极致，就会放纵起来，纵不可收了，就进入《否卦》。所以在《泰卦》的后面又有《大壮卦》，圣人在《大壮卦》的象辞中说"君子以非礼弗履"，由此可以看出古人"忧勤惕励"之意多、豪雄旷达之心少。六十四卦中，只有《泰卦》是快乐之象，可又是极中极正，且惧且危，这是要保持安泰而不出现意外的祸患。

今古纷纷辨口，聚讼盈庭，积书充栋，皆起于世教之不明，而聪明才辨者各执意见以求胜。故争轻重者至衡[①]而息，争短长者至度[②]而息，争多寡者至量而息，争是非者至圣人而息。中道者，圣人之权衡度量也。圣人往矣，而中道自在，安用是哓哓[③]强口而逞辨以自是哉？嗟夫！难言之矣！

【注释】①衡：称重的用具。②度：量长度的用具。③哓哓（xiāo）：争辩声。

【译文】今古辩论纷纷，聚讼盈庭，收集的书籍堆满了屋子，这都是世教不明，聪明善辩的人各执己见以求胜的缘故。争论轻重的人，遇到秤就停止了；争论短长的人，遇到尺子就止息了；争论多寡的人，遇到斗升就停止了；争论是非的人，见到圣人就止息了。中道，是圣人的度量标准。圣人不在了，但中道还在，为何还要争论不休，自以为是呢？唉！真是难说啊！

人只认得“义”“命”两字真，随事随时在这边体认，果得趣味，一生受用不了。

【译文】人只要能明白“义”“命”这两个字，随事随时地体会，真正得了趣味，一生受用不尽。

“夫焉有所倚”，此至诚之胸次也。空空洞洞，一无所着，一无所有，只是不倚着。才倚一分，便是一分偏；才着一厘，便是一厘碍。

【译文】《中庸》说“夫焉有所倚”，指的是至诚的心。此心空空洞洞的，一无所着，一无所有，没有任何倚靠。只要倚着一分，便有一分偏；着了一厘，便有一厘障碍。

形用事，则神者亦形；神用事，则形者亦神。

【译文】形起作用时，神也是形；神起作用时，则形也是神。

威仪三千，礼仪三百，五刑之属三千[①]，皆法也。法是死底，令人可守；道是活底，令人变通。贤者持循于法之中，圣人变易于法之外，自非圣人而言变易，皆乱法也。

【注释】①“五刑”句：语出《尚书·吕刑》：“墨罚之属千，劓罚之属千，剕罚之属五百，宫罚之属三百，大辟之罚其属二百，五刑之属三千。”

【译文】行事之威仪有三千，礼仪有三百，五种刑罚的条例有三千，这些都是法规。法是不变的底线，让人可以一条条去刻板地遵守；而道是活的，使人懂得变通。贤人遵循在法度之中，圣人变通在法度之外，不是圣人而去向往变通，会乱了法纪。

道不可言，才落言诠[①]，便有倚着。

【注释】①言诠：《庄子·外物》：“荃者所以在鱼，得鱼而忘荃……言者所以在意，得意而忘言。”诠、荃，古同“筌”，捕鱼的竹器。

【译文】道不能用言语描述，只要一说，就落入了一端，便有了比较分别，有了倚着。。

礼教大明，中有犯礼者一人焉，则众以为肆而无所容；礼教不明，中有守礼者一人焉，则众以为怪而无所容。礼之于世大矣哉！

【译文】礼教修明时，任何违礼的人都不会得到大众的容忍；礼教不明时，任何守礼的人都会被大众认为怪诞而受到排斥。礼对于国家来说是大事啊！

良知之说亦是致曲扩端[①]学问，只是作用大端费力。作圣工夫当从天上做，培树工夫当从土上做。射之道，中者矢也。矢由弦，弦由手，手由心，用工当在心，不在矢。御之道，用者衔也。

衔由辔，辔由手，手由心，用工当在心，不在衔。

【注释】①致曲：语出《中庸》："其次致曲，曲能有诚。"朱熹注："致，推致也。曲，一偏也。"扩端：指扩充仁、义、礼、智四端。《孟子·公孙丑上》："恻隐之心，仁之端也；羞恶之心，义之端也；辞让之心，礼之端也；是非之心，智之端也。人之有是四端也，犹其有四体也。"

【译文】良知之说也是一个扩充人之四端的学问，做起来很费力气。作圣人的修身功夫应当从天性上做，如培育树木应当从土上开始。射箭时，射中靶心的是箭头。箭头从弦上射出，弦由手把持，手由心掌握，因此功夫要用在心上，而不是箭头。驾车，要控制马嚼子。马嚼子由缰绳连着，缰绳握在驾御者的手中，手由心指挥，因此，功夫要用在心上，而不是马嚼子。

圣门工夫有两途："克己复礼"①，是领恶以全好也，四夷靖则中国安。"先立乎其大者"②，是正己而物正也，内顺治则外威严。

【注释】①克己复礼：语出《论语·颜渊》：子曰："克己复礼为仁。一日克己复礼，天下归仁焉。为仁由己，而由人乎哉！"②"先立"句：语出《孟子·告子上》：耳目之官不思而蔽于物，物交物则引之而已矣。心之官则思，思则得之，不思则不得也。此天之所与我者，先立乎其大者，则其小者弗能夺也。

【译文】进入圣贤之门的途径有两个：一是"克己复礼"，就是止住私欲，转化成好的，就如四夷治理好了，中国就安宁了。二是"先立乎其大者"，就是先正己而物自正，内部顺了对外才有威严。

“中”是千古道脉宗，“敬”是圣学一字诀。

【译文】中道是千古道脉所依的不变原则，“敬”是圣学工夫一字诀窍。

性只有一个，才说五便着情种矣。

【译文】本性只有一个，用五行、五常等概念去描述它就落入后天了。

敬肆是死生关。

【译文】敬畏还是放肆，这是修身工夫的生死关。

瓜李将熟，浮白生焉。礼由情生，后世乃以礼为情，哀哉！

【译文】果要熟的时候，表面就长出一层白粉。礼也是这样，内心生了真情外表才流露出礼，后世却颠倒地认为礼就是情，导致许多虚礼、假礼，真是可悲啊！

道理甚明甚浅甚易，只被后儒到今说底玄冥，只似真禅，如何使俗学不一切诋毁而尽叛之！

【译文】道理都是非常明了、浅显、易懂的，只是被后世的儒者越说越玄妙，越搞越糊涂，好像禅一样，这怎能不被俗学诋毁、排斥呢！

生成者，天之道心；灾害者，天之人心。道心者，人之生成；人心者，人之灾害。此语众人惊骇死，必有能理会者。

【译文】生养万物的，是天之道心；给万物降害的，是天之恶心（人心的私欲）。天之道心，源于人；天之恶心，也源于人。这话会惊吓一般人，但必定有明白此话的人。

道器非两物，理气非两件。成象成形者器，所以然者道。生物成物者气，所以然者理。道与理，视之无迹，扪之无物，必分道器、理气为两项，殊为未精。《易》曰：“形而上者谓之道，形而下者谓之器。”盖形而上，无体者也，万有之父母，故曰道；形而下，有体者也，一道之凝结，故曰器。理、气亦然，生天，生地，生人，生物，皆气也。所以然者，理也，安得对待而言之？若对待为二，则费隐亦二矣①。

【注释】①费隐：语出《中庸》：“君子之道费而隐。”朱熹注：“费，用之广也。隐，体之微也。”

【译文】道和器不是两物，理和气不是两件。成象成形的是器，使之成形的背后动力是道。能够生物成物的是气，生物成物的背后动力是理。道和理，视之没有形迹，摸之没有物体，非要分成道器、理器两项，实在不精确。《易》说：“形而上者谓之道，形而下者谓之器。”形而上的东西是没有形体的，是万物生成的源动力，所以叫做道；形而下的东西是有形体的，是一道的凝结，所以叫做器。理、气也是如此，生天，生地，生人，生物，背后都是气的作用。气所以能作用，是理的原因，这两者能对立呢？若把它们一分为二，那么《中庸》讲的道的显明和隐微，也可以看做两个东西了。

先天，理而已矣；后天，气而已矣；天下，势而已矣；人情，利而已矣。理一，而气、势、利三，胜负可知矣。

【译文】先天，是理而已；后天，是气而已；天下，是势而已；人情，是利而已。理是一，而气、势、利分为三，谁本谁末，胜负很明显了。

人事就是天命。

【译文】天命由人事决定。

我盛则万物皆为我用，我衰则万物皆为我病。盛衰胜负，宇宙内只有一个消息[①]。

【注释】①消息：指气的流转变化。

【译文】我盛则万物皆为我用，我衰则万物皆为我病。盛衰与胜负，宇宙内只是此消彼长。

天地间惟无无累，有即为累。有身则身为我累，有物则物为我累。惟至人则有我而无我，有物而忘物。此身如在太虚中，何累之有？故能物我两化。化则何有何无？何非有何非无？故二氏逃有，圣人善处有。

【译文】世间唯能无，才能不累。有，就要受累。有身体，身就成了我的挂碍；有物，物就成了我的挂碍。只有至人才能以无处有，有物而忘物。身体如在虚空之中，何累之有？因此能化了物，化了小我转化了，物我两忘，就不存在是非、有无。所以释、道二家逃避有，儒家善处有。

义，合外内之道也。外无感，则义只是浑然在中之理，见物而裁制之则为义。义不生于物，亦缘物而后见。告子只说义外，故孟子只说义内，各说一边以相驳，故穷年相辩而不服。孟子若说义虽缘外而形，实根吾心而生，物不是义，而处物乃为义也，告子再怎开口？性，合理气之道也。理不杂气，则纯粹以精，有善无恶，所谓义理之性也。理一杂气，则五行纷糅，有善有恶，所谓气质之性也。诸家所言皆落气质之后之性，孟子所言皆未着气质之先之性，各指一边以相驳，故穷年相辩而不服。孟子若说有善有恶者杂于气质之性，有善无恶者上帝降衷之性[1]，学问之道正要变化那气质之性，完复吾降衷之性，诸家再怎开口？

【注释】①上帝降衷之性：语出《尚书·汤诰》："惟皇上帝，降衷于下民。若有恒性，克绥厥猷惟后。"指人的先天善性。

【译文】义，是内心真情流露于外的行为表现。没外物相感时，义只是未发的理，受外物所感，而自然去行动，才是义。义不是从外物产生的，但却因物而生。告子只说义的外在表现，孟子只说义的内在源头，各执一端，所以长期辩论，互相不服。孟子如果说，义虽然因外物而表现出来，但实际上根于内心，那个外物不是义，受它感染而对它采的行为是义，那么告子还有什么可辩驳呢？性，是理、气相合。理不夹杂后天习气，就是纯善精一的，这叫义理之性。理和气一相混，就五行相杂，有善有恶，这叫做气质之性。各家所说都是气质之性，而孟子所言则是没沾气质以前的纯善天性，所以长期辩驳，也无结果。孟子如果说，有善有恶是杂糅了气质的性，有善无恶是纯善天性，做学问正是要转化气质之性，回到纯善的天性，那么诸家还有什么可说呢！

《乾》与《姤》[①]《坤》与《复》[②]，对头相接，不间一发。《乾》《坤》尽头处，即《姤》《复》起头处，如呼吸之相连，无有断续，一断便是生死之界。

【注释】①《乾卦》的上九是阳爻，《垢卦》的初爻是阴爻。正好与乾卦相对接。②《坤卦》的上六是阴爻，《复卦》的初爻是阳爻正好与坤卦相对接。

【译文】《乾卦》与《姤卦》，《坤卦》与《复卦》，对头相接，中间没有任何缝隙。《乾卦》《坤卦》的尽头就是《姤卦》《复卦》的起头，好像一呼一吸自然连接，没有断续，一断就是生死的分别。

知费之为省，善省者也，而以省为省者愚，其费必倍。知劳之为逸者，善逸者也，而以逸为逸者昏，其劳必多。知苦之为乐者，善乐者也，而以乐为乐者痴，一苦不返。知通之为塞者，善塞者也，而以塞为塞者拙，一通必竭。

【译文】善于节省的人知道花费是为了更好地节省，为了节省而去节省，费用必然加倍，这种人是愚蠢的。知道劳累是为了安逸的人，是善于找安逸的，而以为只有不断追逐安逸才能得到安逸的人是糊涂的，他们只会因追不到安逸而更加费力去追求。知道吃苦是为了快乐的人，是善于快乐的，而以为只有不断保持快乐才能永远快乐的人是不聪明的，只会常处与不能永远快乐的苦恼之中。知道打通才会有堵塞，是善于堵塞的，而以为只有不断地堵塞才能堵塞的人是愚蠢的，通了才会必然趋向堵塞 。

秦火之后，三代制作湮灭几尽。汉时购书之赏重，故汉儒附会之书多。其幸存者，则焚书以前之宿儒尚存而不死，如伏生口授之类[①]；好古之君子壁藏而石函，如《周礼》出于屋壁之类。后儒不考古今之文[②]，概云先王制作而不敢易，即使尽属先王制作，然而议礼制度考文，沿世道民俗而调剂之，易姓受命之天子皆可变通，故曰刑法世轻重，三王不沿礼袭乐。若一切泥古而求通，则茹毛饮血、土鼓汗尊皆可行之今日矣。尧、舜而当此时，其制度文为必因时顺势，岂能反后世而跻之唐、虞？或曰："自秦火后，先王制作何以别之？"曰："打起一道大中至正线来，真伪分毫不错。"

【注释】①伏生：伏胜，济南人，曾为秦博士。治《尚书》。②古今之文：古文，指秦以前用古文书写的经典，如《周礼》《左传》等。今文，指汉代学者所传述的经典，用当时通行文字记录。大都经过师徒、父子口传，到汉代才写出来。如伏生的《尚书》、高堂生的《礼》、公羊氏和胡毋生的《春秋公羊传》等。

【译文】秦始皇焚书使夏、商、周三代的古书几乎湮灭。汉朝用重赏求购古籍，使当时的很多儒者附会古人之说，出了书再当做古书卖给朝廷。有些古籍能够幸存下来，是因为焚书以前的大儒还活在世上，比如口授《尚书》的伏生，他的话，被学人记载下来，《尚书》就传下来了；还有些好古君子把书籍藏在墙壁或石函中，如《周礼》就是从屋壁中被发现的。后代儒者不考察书籍是古文还是今文，一概归于先王的著述而不敢改变，然而就算是先王所著，当下的议论礼制，制定制度，考察书籍，也要有因时制宜的调整。改朝换代的天子都会对过去的制度进行变通调整，所以刑法有的时代轻，有的时代重，夏、商、周三代的礼乐制度也没有互相沿袭。假如一切都根据古制实行，那么现在也可以穿兽皮、饮兽血、用瓦做鼓、在地上凿个坑以代酒杯了。假如尧、舜生在今天，他的制度和书也必然会因时顺势，怎能刻意去迎合上古的唐虞之世呢？有人问：“秦朝焚书后，怎么分辨出先王的著述呢？”我说：“用大中至正这个标准来区分，真伪分毫不错。”

理会得“简”之一字，自家身心、天地万物、天下万事尽之矣。一粒金丹不载多药，一分银魂不携钱币。

【译文】理解了“简”这个字，则身心、天地万物、天下万事都能通透了。有一粒金丹其他药都是多余，有一张银票就不必带其他小钱币。

耳闻底、眼见底、身触头戴足踏底，灿然[1]确然，无非都是这个[②]，拈起一端来，色色都是这个。却向古人千言万语、陈烂葛藤钻研穷究，意乱神昏了不可得，则多言之误后人也噫！

【注释】①灿然：明亮的样子。②这个：指道、本体。

【译文】耳听眼见、身触头戴脚踏的，明明白白无非都是道，拿起一端来，每个东西都是这个。但却钻到古人的千言万语、陈葛烂藤里意乱神昏，找不出来了，可见太多的注解会迷惑了后人啊！

鬼神无声无臭，而有声有臭者乃无声无臭之散殊也。故先王以声臭为感格鬼神之妙机。周人尚臭，商人尚声，自非达幽明之故者，难以语此。

【译文】鬼神没有声音，没有气味，而有声音有气味的东西是从无声无臭的东西扩散而来。所以先王以声音和气味去感通鬼神。周人用香美的食品作为祭品，商人则用音乐祭祀，不是通达幽明之理的人，很难跟他讲这些。

三千三百，茧丝牛毛，圣人之精细入渊微矣。然皆自性真流出，非由强作，此之谓天理。

【译文】威仪三千，礼仪三百，规定乃如此细密，好像蚕丝和牛毛一样多，圣人的精细无所不及啊。然而这些都是从天性中流淌出来的，而非勉强，这才能叫天理。

事事只在道理上商量，便是真体认。

【译文】事事都往道理上归，便是真正去体认道了。

使人收敛庄重莫如礼，使人温厚和平莫如乐。德性之有资于礼乐，犹身体之有资于衣食，极重大，极急切。人君治天下，士君子治身，惟礼乐之用为急耳。自礼废，而惰慢放肆之态惯习于身体矣；自乐亡，而乖戾愤恨之气充满于一腔矣。三代以降①，无论典秩之本，声气之元，即仪文器数，梦寐不及。悠悠六合，贸贸百年，岂非灵于万物，而万物且能笑之。细思先儒“不可斯须②去身”六字，可为流涕长太息矣。

【注释】①以降：以来。②斯须：片刻。

【译文】使人收敛庄重，没有比礼更好的方法了；使人温厚和平，没有比乐更好的方法了。修养德性需要礼乐，就如人需要衣食，礼乐太重要，太迫切了。君王治理天下，君子修身养性，都离不开礼乐。自礼崩，人们习惯于惰慢放肆；自乐亡，人心充满乖戾愤恨。三代以后，就丢了典章制度、文化风俗的本元礼节、文字、器物规格等等，人们都不再考虑。天地之间，悠悠百年，作为万物之灵的人活不出人的样子，岂不被万物所笑吗？细想先儒所说的礼乐“不可斯须去身”，真可为之流涕叹息啊！

惟平脉无病，七表、八里、九道①，皆病名也。惟中道无名，五常、百行、万善，皆偏名也。

【注释】①七表、八里、九道：指《脉诀》把二十四脉分为七表、八里、九道三类脉象。

【译文】只有平脉没有病，七表、八里、九道的脉象，都是病名。只有中道无名，五常、百行、万善，都是偏向某一边的名称。

千载而下，最可恨者，乐之无传，士大夫视为迂阔无用之物，而不知其有切于身心性命也。

【译文】千年以来，最令人遗憾的，是士大夫把乐教看做迂阔无用的东西而没有将其传承下来，他们不知道音乐对身心性命有多重要。

一、中、平、常、白、淡、无，谓之七，无对。一不对万，万者一之分也。太过不及对，中者太过不及之君也。高下对，平者高下之准也。吉凶祸福贫富贵贱对，常者不增不减之物也。青、黄、碧、紫、赤、黑对，白者青、黄、碧、紫、赤、黑之质也。酸、咸、甘、苦、辛对，淡者受和五味之主也。有不与无对，无者万有之母也。

【译文】一、中、平、常、白、淡、无，叫做七，没有与之相对的。“一”不对“万”，万是从一出来的。“太过”与“不及”相对，中就是它们的标准。“高”和“下”相对，平是它们的准绳。“吉凶祸福”和“贫富贵贱”相对，常是不增加不减的东西。青、黄、碧、紫、赤、黑相对，白就是青、黄、碧、紫、赤、黑的共同质地。酸、咸、甘、苦、辛相对，淡就是它们的东西。“有”不与“无”对，无为万有之母。

或问：“格物之物是何物[①]？”曰：“至善是已。”“如何格？”曰：“知止是已。”“《中庸》不言格物，何也？”曰：“舜之执两端于问察[②]，回之择一善而服膺[③]，皆格物也。”“择善与格物同否？”曰：“博学审问、慎思明辨皆格物也，致知诚正、修齐治平皆择善也。除了善更无物，除了择善更无格物之功。”“至善即中乎？”曰：“不中不得谓之至善，不明乎善不得谓之格物，故不明善不能诚身，不格物不能诚意。明了善，欲不诚身不得；格了物，欲不诚意不得。”“不格物亦能致知否？”曰：“有。佛、老、庄、列，皆致知也，非不格物，而非吾之所谓物。”“不致知亦能诚意否？”曰：“有。尾生、孝己[④]皆诚意也，乃气质之知而非格物之知。‘格物’二字在宇宙间乃鬼神诃护真灵至宝，要在个中人神解妙悟，不可与口耳家道也。”

【注释】①格物：语出《大学》：“欲诚其意者，先致其知；致知在格物。”②“舜之”句：语出《中庸》：“舜好问而好察迩言，隐恶而扬善，执其两端，用其中于民，其斯以为舜乎？”③“回之”句：《中庸》第八章：“回之为人也，择乎中庸，得一善，则拳拳服膺而弗失之矣。”④尾生、孝己：尾生，鲁人，坚守信约。《庄子·盗跖》：“尾生与女子期于梁下. 女子不来，水至不去，抱梁柱而死。”孝己，传说为殷高宗武丁之子，以孝行著称。

【译文】有人问：“‘格物’的‘物’是什么？”我说：“就是至善。”问：“如何格？”我说：“做知止的工夫。”问：“《中庸》为什么不谈格物呢？”我说：“《中庸》讲到，大舜能从两个方面来观察事物；颜渊见别人有一善，就能牢记在心，这都在讲格物。”问：“择善与格物相同吗？”回答说：“《中庸》讲的博学审问、慎思明辨，都是格物；《大学》讲的致知诚正、修齐治平，都是择善。除了善没有物，不择善就没有格物的功夫。”问：“至善就是中吗？”回答说：“不中就叫至善，不明白什么是善就不能格物，因此，不明善就不能诚身，不格物就不能诚意。明白了什么是善，想不诚身也难；格了物，想不诚意也难。”问：“不格物也能致知吗？”回答说：“可以。佛、老、庄、列，都致知，不是不格物，而是这个物并不是儒家所说的物。”问：“不致知也能诚意吗？”回答说：“可以。尾生、孝己意都很诚，但出于本身的气质，而不是做了格物的工夫而有诚意的。‘格物’是受到鬼神保护的真灵至宝，全在于个人的神解妙悟，不能与浅薄的人讲。”

学术要辨邪正。既正矣，又要辨真伪。既真矣，又要辨念头切不切，向往力不力，无以空言辄便许人也。

【译文】学术要分辨邪正。正了，还要分辨真伪。真了，又要看念头恳切与否，有没有在努力实践，不要听到别人的几句好听话就去认可他。

百姓冻馁谓之国穷，妻子困乏谓之家穷，气血虚弱谓之身穷，学问空疏谓之心穷。

【译文】百姓饥寒交迫是国穷，妻子贫困乏用是家穷，气血虚弱叫是身穷，学问空疏是心穷。

人问："君是道学否？"曰："我不是道学。""是仙学否？"曰："我不是仙学。""是释学否？"曰："我不是释学。""是老、庄、申、韩学否？"曰："我不是老、庄、申、韩学。""毕竟是谁家门户？"曰："我只是我。"

【译文】有人问我："您的学问是道家的吗？"回答说："不是道家学问。"问："是仙学吗？"我说："不是仙学。"问："是释学吗？"我说："不是释学。"问："是老、庄、申、韩之学吗？"我说："不是老、庄、申、韩之学。"问："到底是入的哪家门户呢？"我说："我只是我。"

与友人论天下无一物无礼乐，因指几上香曰："此香便是礼，香烟便是乐；坐在此便是礼，一笑便是乐。"

【译文】和友人说起天下没有一物不是礼乐，就指着桌上的香说："这香就是礼，香烟就是乐；坐在这里就是礼，一笑就是乐。"

心之好恶不可迷也，耳目口鼻四肢之好恶不可徇也。瞽者不辨苍素，聋者不辨宫商，鼽者不辨香臭[1]，狂者不辨辛酸，逃难而追亡者不辨险夷远近，然于我无损也，于道无损也，于事无损也，而有益于世，有益于我者无穷。乃知五者之知觉，道之贼而心之殃也，天下之祸也。

【注释】①鼽（qiú）：鼻塞。

【译文】不能被心的喜好、厌恶所迷惑，对耳目口鼻四肢的喜恶也不能顺从。盲人不能辨别颜色，聋者不能辨别声音，鼻塞不通不能辨别香臭，神志不清不能辨别辛酸，逃难或者追逐时不会辨别险夷远近，然而对自己没有损害，对道没有损害，对事物没有损害，而对世道有益处，对自己有益处的东西却无穷。所以，这五种知觉，是害道又害心的，是天下的大祸患。

气有三散：苦散、乐散、自然散。苦散、乐散可以复聚，自然散不复聚矣。

【译文】气散有三种原因：苦散、乐散、自然散。苦散、乐散，散了还可以重新聚起来，自然散了就不能再聚了。

悟有顿[①]，修无顿。立志在尧，即一念之尧；一语近舜，即一言之舜；一行师孔，即一事之孔，而况悟乎？若成一个尧、舜、孔子，非真积力充、毙而后已不能。

【注释】①顿：立刻。

【译文】开悟有当下即悟，而修身则无捷径可达。立志向尧学习，一个念头的尧；一句话像舜那样讲，就是一句话的舜；一件事像孔子那样去做，就是一事的孔子，何况顿悟呢？如果想成为尧、舜、孔子那样的人，就要让修身贯穿于整个生命中。

“有人于此，其孙呼之曰祖，其祖呼之曰孙，其子呼之曰父，其父呼之曰子，其舅呼之曰甥，其甥呼之曰舅，其伯叔呼之曰侄，其侄呼之曰伯叔，其兄呼之曰弟，其弟呼之曰兄，其翁呼之曰婿，其婿呼之曰翁，毕竟是几人？”曰：“一人也。”“呼之毕竟孰是？”曰：“皆是也。吁，‘仁者见之谓之仁，知者见之谓之知’。无怪矣，道二乎哉！”

【译文】“这里有一个人，他的孙子称呼他祖父，他的祖父称呼他孙子，他的儿子称呼他父亲，他的父亲称呼他儿子，他的舅舅称呼他外甥，他的外甥称呼他舅舅，他的伯伯叔叔称呼他侄儿，他的侄儿称呼他伯伯叔叔，他的哥哥称呼他弟弟，他的弟弟称呼他哥哥，他的岳父称呼他女婿，他的女婿称呼他岳父，这到底是几人？”回答说：“一人啊。”“那哪个称呼是对的呢？”回答说：“都对。唉，《易经》说‘仁者见之谓之仁，知者见之谓之知’。没什么奇怪啊，道怎么会有两个呢！”

豪放之心非道之所栖也，是故道凝于宁静。

【译文】豪放之心不能存道，道在宁静中呈现。

圣人制规矩不制方圆，谓规矩可为方圆，方圆不能为方圆耳。

【译文】圣人只做校正方圆的工具——规矩，而不去画方圆，因为有了工具就可以画出方圆，而方圆却不能再画出方圆。

终身不照镜，终身不认得自家。乍照镜，犹疑我是别人。常磨常照，才认得本来面目。故君子不可以无友。

【译文】不照镜子就永远认不出自己。初照镜，还以为自己是别人。只有将镜子常磨常照，才能认出本来面目。所以君子不可以没有朋友。

轻重只在毫厘，长短只争分寸。明者以少为多，昏者惜零弃整。

【译文】轻重之分只在毫厘，长短之争只在分寸。聪明的人以少为多，昏聩的人惜零弃整。

天地所以循环无端，积成万古者，只是四个字，曰“无息有渐”。圣学亦然，纵使生知之圣，敏则有之矣，离此四字不得。

【译文】天地之所以能循环往复，生生不息，只在于永不停止地循序渐进。圣人之学也是这样，即使是生而知之的圣人，虽有聪敏但离开了“无息有渐”也不能成。

下手处是自强不息，成就处是至诚无息。

【译文】下手用功要自强不息，成就的境界是至诚无息。

圣学入门先要克己，归宿只是无我。盖自私自利之心是立人达人之障，此便是舜、跖关头，死生歧路。

【译文】做圣人的学问初学要克己，最终归于无我。私利之心是成己成人的障碍，这就是成为圣人还是成为盗贼的关头，死与生的分叉口。

心于淡里见天真，嚼破后许多滋味；学向渊中寻理趣，涌出来无限波澜。

【译文】心处淡泊才能看见本真，嚼破后回味不绝；学问向深处探才能尝到甜头，涌出无限波澜。

百毒惟有恩毒苦，万味无如淡味长。

【译文】百毒只有恩毒苦，万味无如淡味长。

总埋泉壤终须白，才露天机便不玄。

【译文】总埋于地下终须清白，才露天机便不再玄妙。

横吞八极水①，细数九牛毛。

【注释】①八极：语出《淮南子·地形训》："八纮之外，乃有八极。"指非常远的地方。

【译文】要有气吞万里山河的气概，要有细数九牛之毛的耐心。

卷二　乐之集

卷 二

修 身

【题解】此章共317则。主要讲修身养性的方法，内容广泛，从人品大节到生活小节都有涉猎。吕坤认为，世间最宝贵的莫如人品。“财色名位”这四个字是评定人品之大节目，自古砥砺名节的人，都在这方面做苦功夫，最不可轻易放过。他强调当官的人更要注意人品修养，不愧于天子的托付和民众的仰望，然后才心安理得地食君之禄，享民之俸。他还提出不做碍世之人，天下没有自己和别人都认为顺心满意的事情，我得人必失，我利人必害，我荣人必辱。因此君子要贪德而让名，辞完而处缺。不争着显露头角，不成为别人的箭靶，胸中自然无限快活。这些道理很有意趣，值得人们玩味。

六合是我底六合[①]，那个是人？我是六合底我，那个是我？

【注释】①六合：东南西北和上下，指天下。

【译文】六合之内是我的天地，哪是别人的？我是天地中的我，哪个是我？

世上没个分外好底，便到天地位、万物育底功用，也是性分中应尽底事业。今人才有一善，便向人有矜色，便见得世上人都有不是，余甚耻之。若说分外好，这又是贤智之过，便不是好。

【译文】世界上没有完美无缺的东西，即使像孕育万物的天地，也只是尽到了自己分内的职责而已。现在的人刚刚有了一点儿才能，便向人表现出傲慢的神色，认为其他所有人的身上到处都是缺点，我非常讨厌这种人。如果要说完美无缺，这就是圣贤、智者离开中道的过分言辞，就不是好的了。

率真者无心过，殊多躁言轻举之失；慎密者无口过，不免厚貌深情之累。心事如青天白日，言动如履薄临深，其惟君子乎！

【译文】直率真诚的人，内心没有过错，只是多有说话浮躁、轻举妄动的过失；谨慎周密的人，说话没有过错，但不免有外貌厚重、城府很深的嫌疑。心事如青天白日一样的明朗，言语和行动如履薄冰、如临深渊一样的谨慎，大概只有君子才能做到吧！

沉静最是美质，盖心存而不放者。今人独居无事，已自岑寂难堪，才应事接人，便任口恣情，即是清狂，亦非蓄德之器。

【译文】沉静是最好的品质，这是因为沉静的人心有所存而不放任自流。而今人独居无事时，往往寂寞难以忍受，刚刚与人与事接触，就信口开河、纵情而为，这就是清狂，也不是真正有道德修养的人。

攻己恶者，顾不得攻人之恶。若哓哓尔雌黄人，定是自治疏底。

【译文】努力克服自己缺点的人，顾不得去指责别人的过失。如果一天到晚喋喋不休地随意指责他人，肯定是自身修养很差。

大事、难事看担当，逆境、顺境看襟度，临喜、临怒看涵养，群行、群止看识见。

【译文】大事、难事面前可以看出一个人是否敢于担负起责任，逆境、顺境中可以看出一个人的胸怀度量，遇到令人高兴或恼怒的事可以看出一个人的修养如何，同众人在一起共事可以看出一个人见识的高低。

身是心当，家是主人翁当，郡邑是守令当，九边是将帅当，千官是冢宰当，天下是天子当，道是圣人当。故宇宙内几桩大事，学者要挺身独任，让不得人，亦与人计行止不得。

【译文】管理身的事由心来担当，管理家的事由户主来担当，管理郡邑的事由守令来担当，守卫九边的事由将帅来担当，管理众多官吏的事由冢宰来担当，治理天下的事由天子来担当，弘扬道的重任由圣人来担当。因此宇宙内的几桩大事，学者要能挺身而出独自担当，不能谦让，也不能和别人一起考虑进退。

作人怕似渴睡汉，才唤醒时睁眼若有知，旋复沉困，竟是寐中人。须如朝兴栉盥之后，神爽气清，冷冷劲劲，方是真醒。

【译文】做人就怕做个像渴睡汉那样的人，刚刚被喊醒的时候睁着眼好像什么都知道，但很快又沉睡过去了，竟然是个没有清醒的人。做人应该像早晨起来梳洗完毕的人一样，神清气爽，精神抖擞，这才是真的清醒了。

人生得有余气，便有受用处。言尽口说，事尽意做，此是薄命子。

【译文】人生在世要留有余地，就会有受益之处。一开口就把什么话全都说完，做事也不留余地，这是命薄的人的行为。

清人不藉外景为襟怀，高士不以尘识染情性。

【译文】清高的人不被外景影响内心，高尚之士不被俗人的见识污染天性。

官吏不要钱，男儿不做贼，女子不失身，才有了一分人。连这个也犯了，再休说别个。

【译文】官吏不贪钱，男儿不做贼，女子不失身，才有了一分人样。连这个也犯了，别的就不用说了。

才有一段公直之气，而出言做事便露圭角[1]，是大病痛。

【注释】①圭角：圭的棱角，比喻锋芒。

【译文】刚有了一点儿公平正直的心气，出言做事露出锋芒，是大毛病。

讲学论道于师友之时，知其心术之所藏何如也；饬躬励行于见闻之地，知其暗室之所为何知也。然则盗跖非元憝也，彼盗利而不盗名也。世之大盗，名利两得者居其最。

【译文】在和老师朋友讲学论道的时候，要知道他心中藏的是什么想法；人在听得见看得见的地方努力修养品德的时候，要知道他在别人看不见的地方所作所为是怎样的。然而盗跖并非是元凶，他只是盗利而不盗名。世上的大盗，想要名利两得者是最大的元凶。

圆融者，无诡随之态；精细者，无苛察之心；方正者，无乖拂之失；沉默者，无阴险之术；诚笃者，无椎鲁之累；光明者，无浅露之病；劲直者，无径情之偏；执持者，无拘泥之迹；敏练者，无轻浮之状，此是全才。有所长而矫其长之失，此是善学。

【译文】通达事理、办事灵活的人没有妄随人意的姿态；精明心细的人没有苛刻察验的心态；方刚正直的人没有乖张执拗的过失；深沉缄默的人没有阴险奸诈的心术；诚实真挚的人没有粗鲁愚钝的缺点；光明正大的人没有浅露的毛病；刚劲直率的人没有任意而为的偏差；执著持正的人没有拘泥的行迹；敏捷练达的人没有轻浮的样子，这就是全才。身有所长而又能矫正其所长带来的过失，就是善于学习。

不足与有为者，自附于行所无事之名；和光同尘者，自附于无可无不可之名。圣人恶莠也以此。

【译文】不足以与他们共创一番事业的人，他们常常以无事可做为名；能够不露锋芒，与尘世和平相处的人，他们常常自附于孔子无可无不可的境界。这就是圣人厌恶品德不好的人的缘故。

古之士民，各安其业，策励精神，点检心事。昼之所为，夜而思之，又思明日之所为。君子汲汲①其德，小人汲汲其业，日累月进，旦兴晏息，不敢有一息惰慢之气。夫是以士无慆②德，民无怠行；夫是以家给人足，道明德积。身用康强，不即于祸。今也不然，百亩之家，不亲力作，一命之士，不治常业，浪谈邪议，聚笑觅欢，耽心耳目之玩，骋情游戏之乐，身衣绮縠③，口厌④刍豢⑤，志溺骄佚，懵然不知日用之所为，而其室家土田百物往来之费，又足以荒志而养其淫，消耗年华，妄费日用。噫！是亦名为人也！无惑乎后艰之踵至也。

【注释】①汲汲：形容心情急切。②慆（tāo）：怠慢。③绮縠（hú）：有花纹的丝织品。縠，绉纱。④厌（yàn）：满足。⑤刍豢：泛指家畜，这里指各种肉食。

【译文】古代的读书人和民众，各安其业，奋发精神，经常反思自心和行为。晚上反省白天的言行，计划第二天要做的事。君子努力修养品德，普通民众则努力做好本分工作，日累月进，早起晚睡，不敢有一点儿惰慢。所以读书人没有怠慢的品德，民众也没有懒惰的行为；家给人足，道明德积。身体健康，不招祸殃。现在就不是这样了，百亩田地的家庭不亲自耕种，小官小吏不尽本职，整天浪谈邪议，聚笑觅欢，沉溺在声色游戏之中，身穿绫罗绸缎，口吃鸡鸭鱼肉，昏昏沉沉，骄奢淫逸不知每天应该做什么，而家族的土地财富又足以荒了他的志向，滋长他的淫逸，白白浪费了时间和财物。唉！这种人也叫人！以后肯定会有苦头吃了。

世之人形容人过，只象个盗跖；回护自家，只象个尧、舜。不知这却是以尧、舜望人，而以盗跖自待也。

【译文】世上的人在形容他人的过失的时候，总是把别人说得就像盗贼那样坏；而维护自己和家人的时候，却总是把自己和家人形容得像尧、舜那样贤明。殊不知这样做只会显得别人像尧、舜，自己像盗贼了。

孟子看乡党自好者看得甚卑[①]，近来看乡党人自好底不多。爱名惜节，自好之谓也。

【注释】①“孟子”句：语出《孟子·万章上》：“自鬻以成其君，乡党自好者不为，而谓贤者为之乎？”孟子认为“乡党自好者”不如贤者，所以说“看得甚卑”。

【译文】孟子把乡里洁身自好的人看得很低，可现在就连这样的人也不多了。守护好自己的名声和节操，就是洁身自好。

少年之情，欲收敛不欲豪畅，可以谨德；老人之情，欲豪畅不欲郁阏，可以养生。

【译文】年轻人的性情，应收敛而不应豪放不羁，这样能够使自己的道德严谨；老年人的性情，要豪放不要抑郁，这样可延年益寿。

广所依不如择所依，择所依不如无所依。无所依者，依天也。依天者有独知之契，虽独立宇宙之内而不谓孤。众倾之、众毁之而不为动，此之谓男子。

【译文】广泛地依赖外物，不如有所选择地依赖；有所选择的依赖，不如无所依赖。无所依赖的人，是依天而立的人。这种人必然有独立的知见，他不随波逐流，独立于宇宙之内却不孤独。即使众人都排斥他，诽谤他，他也不会动摇，这种人才是真正的男子汉。

坐间皆谈笑而我色庄，坐间皆悲感而我色怡，此之谓乖戾，处己处人两失之。

【译文】和朋友们聚在一起的时候，大家都在谈笑风生而自己却神情凝重，或者大家都很悲伤，而自己却神情愉悦，这就叫做乖戾，这样无论是对于自己还是对于别人，都会造成伤害。

精明也要十分，只须藏在浑厚里作用。古今得祸，精明人十居其九，未有浑厚而得祸者。今之人惟恐精明不至，乃所以为愚也。

【译文】精明也要有十分，只是需要藏在淳朴老实中发挥作用。自古至今遭遇祸患的人，十分之九都是精明的人，没有淳朴老实人而招来祸患的。现在的人唯恐精明得不够，这实际是愚蠢的。

分明认得自家是，只管担当直前做去。却因毁言辄便消沮，这是极无定力底，不可以任天下之重。

【译文】能够明确断定自己是正确的，就勇敢地担当起来努力去做。可是却因遇到诽谤就消极退缩垂头丧气，这是缺乏坚定信念的表现，这种人不能肩负天下大事的重担。

小屈以求大伸，圣贤不为。吾道必大行之自然后见，便是抱关击柝，自有不可枉之道。松柏生来便直，士君子穷居便正。若曰在下位、遇难事，姑韬光忍耻，以图他日贵达之时，然后直躬行道。此不但出处为两截人，即既仕之后，又为两截人矣。又安知大任到手不放过耶?

【译文】忍受小的屈辱以求大的伸展，圣贤不这样做。我信守的道如果必须等待我发达之日才能显现出来，那么这只是托辞。即使是守门的小吏、敲打木梆的巡夜人，也有他心中的不可屈枉之道。松柏生来就是直的，道德高尚的人在穷困的时候也是正直的。如果说居于低下的地位、遇到困难的事情就暂时韬光养晦、忍受耻辱，以求将来贵达之时躬行正道，这不但最初就是两截人，即使是做官以后，也容易变成两截人。又怎么知道你担当大任的时候，不采取小屈以求大伸的手法呢？

才能技艺，让他占个高名，莫与角胜。至于纲常大节，则定要自家努力，不可退居人后。

【译文】才能和技艺可以让别人胜过自己，不与别人去争强斗胜。但是在纲常伦理这样的大事上，自己一定要发奋努力学习，绝对不能落在别人的后面。

处众人中，孤另另底别作一色人，亦吾道之所不取也。子曰："群而不党。"群占了八九分，不党只到那不可处方用。其用之也，不害其群，才见把持，才见涵养。

【译文】处在众人当中，自己偏要特立独行、与众不同，儒家认为这种行为是不可取的。孔子说："合群但不拉党结派。"在这里，群体的比例占得比较大，只是到了不得不用的时候才会不结党。在运用它的时候，要做到不损害整个群体，这样才能显示出自身的定力和涵养。

今之人只是将"好名"二字坐君子罪，不知名是自好不将去。分人以财者，实费财；教人以善者，实劳心；臣死忠、子死孝、妇死节者，实杀身；一介不取者，实无所得。试著渠将这好名儿好一好，肯不肯？即使真正好名，所为却是道理。彼不好名者，舜乎？跖乎？果舜耶，真加于好名一等矣；果跖耶，是不好美名而好恶名也。愚悲世之人以好名沮君子，而君子亦畏好名之讥而自沮，吾道之大害也，故不得不辨。凡我君子，其尚独，复自持，毋为哓哓者所撼哉！

【译文】现在的人只是一味地把“好名”这两个字当成君子的罪过，而不知道名声这种东西是自身带来又挥之不去的。把钱财分给别人的人，其实是耗费钱财；教导别人要行善的人，其实是耗费心力；臣子对君王死守忠义，子女对父母死守孝道，女子对丈夫死守贞节，其实是在伤害自身；一样东西都不拿的人，其实什么都得不到。如果请你试着让这个好名声更好，愿不愿意呢？即使是真有好名声的，他的所作所为都是有道理的。那些不好名的人，到底是舜呢，还是跖呢？是舜的话，那就真应该是一等的好名声了；如果是跖的话，那他就是不喜欢美名而喜欢恶名了。我因为世人将好名的罪过强加在君子身上而感到悲哀，而君子也因为害怕别人讥讽自己好名而自我拘束，这是我们儒道的大患，因此不能不去辨别清楚。凡是君子，都应该崇尚独立的精神，又要把持住自己，不要被世人的满口闲言碎语所动摇。

大其心容天下之物；虚其心受天下之善；平其心，论天下之事；潜其心，观天下之理；定其心，应天下之变。

【译文】开阔心胸，才能容纳天下万物；谦虚谨慎，才能接纳天下的善行；平心静气，才能畅谈天下大事；潜心钻研，才能纵观天下道理；坚定信心，使能应对所有变化。

古之居民上者，治一邑则任一邑之重，治一郡则任一郡之重，治天下则任天下之重。朝夕思虑其事，日夜经纪其务。一物失所，不遑安席；一事失理，不遑安席；限于才者求尽吾心，限于势者求满吾分。不愧于君之付托、民之仰望，然后食君之禄，享民之奉，泰然无所歉，反焉无所愧。否则是食浮于功也，君子耻之。

【译文】古代的地方官，治理一座城市就把这座城邑的事务当做第一要务，治理一个郡就把该郡的事务当成第一要务，治理天下就以天下为己任。日思夜想如何才能处理好这些政事，日夜忙于操劳自己该做的事。有一件事没有处理好，就不能够安稳地睡着；有一件事情没有处理妥当，则吃饭时就会感到心里不安。如果是自己能力有限，那么起码要尽到自己最大的心意；如果是权势地位所限，那么就尽到自己的最大努力。不愧对于君主的所托和百姓的希望，然后才心安理得地拿朝廷的俸禄，受百姓的爱戴，心里才能泰然而没有亏欠的感觉，以后想起来心里也不会觉得惭愧。否则就是无功受禄，君子认为这是很可耻的事。

盗嫂之诬直不疑[①]，挝妇翁[②]之诬第五伦，皆二子之幸也。何者？诬其所无。无近似之迹也，虽不辩而久则自明矣。或曰：“使二子有嫂、有妇翁，亦当辨否？”曰：“嫌疑之迹，君子安得不辨？‘予所否者，天厌之，天厌之。[③]’若付之无言，是与马偿金之类也，君子之所恶也。故君子不洁己以病人，亦不自污以徇世。”

【注释】①直不疑：西汉南阳（今属河南）人，文帝时为郎，迁至太中大夫。②挝（zhuā）妇翁：指无故受人诽谤。③“予所否者”句：语出《论语·雍也》。孔子去见卫灵公的夫人南子，子路不太高兴。孔子就辩白说，我如果有不符合礼的地方，就让上天厌弃我吧。

【译文】西汉有一个叫直不疑的人被诬蔑和嫂子有不正当的关系，东汉人第五伦被诬蔑打了岳父，但受到这样的诬蔑，只能说是他们的幸运。为什么呢？因为诬蔑的是不存在的事，直不疑没有哥哥，第五伦娶过三个妻子，但她们的父亲早就死了。一点嫌疑都找不出来，还需要什么辩白呢。有人问：“如果他们有嫂、有岳父，要辩白吗？”回答说：“有嫌疑，君子哪能不辩白呢？孔子去见卫灵公的夫人南子，子路很不高兴，孔子还辩白说：‘予所否者，天厌之，天厌之。’如果不说清楚，就如别人说你的马是他的，你就送给了他；被人污蔑偷了金子而不去辩白，还要把金子还给他，这是君子讨厌的。君子不会为了自己的清白而诬蔑别人，也不会诬蔑自己来顺应世人。”

听言不爽[1]，非圣人不能。根以有成之心，蜚以近似之语，加之以不避嫌之事，当仓卒无及之际，怀隔阂难辩之恨，父子可以相贼，死亡可以不顾，怒室阋墙[2]，稽唇反目，何足道哉！古今国家之败亡，此居强半。圣人忘于无言，智者照以先觉，贤者熄于未着，刚者绝其口语，忍者断于不行。非此五者，无良术矣。

【注释】①爽：误差。②阋（xì）墙：语出《诗·小雅·常棣》：“兄弟阋于墙，外御其务。”指兄弟失和。

【译文】只有圣人才能真正理解别人说的话。如果带着先入为主的成见，听着似是而非的话，再加上一些有嫌疑的事，在仓促中，心里还有着隔阂难辩的怨气，这样一来，父子之间也会失去信任，同处一室的兄弟也会争斗，反目相讥，连命都不要了。这种事太多了！古今以来，国家的败亡，一半以上是这类原因。而圣人则忘记了这些是非之语，智者会先知先觉，贤人会让事情止于未起之时，刚强的人观照言行，从不说三道四，能忍的人让是非之语在自己这里止息，不再扩散。除了这五种方法，再无他法。

荣辱系乎所立，所立者固，则荣随之，虽有可辱，人不忍加也。所立者废，则辱随之，虽有可荣，人不屑及也。是故君子爱其所自立，惧其所自废。

【译文】一个人的荣辱跟他的建树有关，如果建树很牢固，那么荣誉就会随之而来，虽然也可能会有耻辱的事情，但是人们也不忍心去加在你的身上。如果用以立身的都被荒废了，那么耻辱也会随之而来，虽然有时会有荣誉的事情，人们也会视而不见。因此君子喜欢有所建树，害怕的是荒废自己的事业。

掩护勿攻，屈服勿怒，此用威者之所当知也；无功勿赏，盛宠勿加，此用爱者之所当知也。反是皆败道也。

【译文】当别人自我掩饰的时候就不要再去攻击他，当别人已经屈服的时候就不要再向他发怒，这两点是有权势的人所应当知道的；如果没有功劳就不要给予奖赏，如果宠爱已经很多就不要再增加，这是使用仁爱的人应当知道的。如果不这样做只能导致失败。

称人之善，我有一善，又何妒焉？称人之恶，我有一恶，又何毁焉？

【译文】称赞别人的善行，对自己来说也是一种善行，为什么要去嫉妒别人呢？指责别人的过失，这也是自己的过失，为什么要去诋毁别人呢？

善居功者，让大美而不居；善居名者，避大名而不受。

【译文】善于居功的人，会把最大的功劳让给别人而不自居；善于居名的人，会躲避盛大的美名而不接受。

善者不必福，恶者不必祸，君子稔知之也，宁祸而不肯为恶；忠直者穷，谀佞者通，君子稔知之也，宁穷而不肯为佞。非但知理有当然，亦其心有所不容已耳。

【译文】做善事的人不一定会有好报，做恶事的人不一定会有恶报，君子是熟知这个道理的，但君子宁肯得祸也不肯做恶事；忠厚正直的人往往贫穷，阿谀奉承的人反而会显达，这个道理君子也是熟知的，但君子宁肯穷困也不肯做阿谀奉承之人。这样做不只是因为理所当然，而是因为自己的心不容许自己去做那些事情罢了。

居尊大之位，而使贤者忘其贵重，卑者乐于亲炙[①]，则其人可知矣。

【注释】①亲炙：亲近而受到教化。

【译文】居于尊贵之位，却能让贤者忘掉他的地位，卑下的人乐于和他亲近，这个人的修养就一目了然了。

人不难于违众，而难于违己。能违己矣，违众何难？

【译文】做违背众人意愿的事，还不是太难，做违背自己意愿的事才是最难。都能做到违背自己了，那违背众人还有何难处呢？

攻我之过者，未必皆无过之人也。苟求无过之人攻我，则终身不得闻过矣。我当感其攻我之益而已，彼有过无过何暇计哉？

【译文】指出我的错误的人，不一定都是没有犯过错误的人。假如苛求从来没有犯过错误的人才有资格指出我的过失，那么我终身就听不到别人指出我的错误了。我应当感谢那些指出我的错误的人所带给我的好处，至于他本身有没有错误又哪里有时间去计较呢？

恬淡老成人又不能俯仰①，一世便觉干燥；圆和甘润人又不能把持，一身便觉脂韦②。

【注释】①俯仰：低头和抬头，泛指左右周旋，进退俯仰。②脂韦：油脂和软皮，比喻阿谀圆滑。

【译文】恬淡老成的人，若不能随时应变，那一生就过得干巴巴，很乏味；圆和甘润的人，若不能把持住自己，那一身都是油腻圆滑。

做人要做个万全，至于名利地步休要十分占尽，常要分与大家，就带些缺绽不妨。何者？天下无人己俱遂之事，我得人必失，我利人必害，我荣人必辱，我有美名人必有愧色。是以君子贪德而让名，辞完而处缺。使人我一般，不巉巉露头角、立标臬，而胸中自有无限之乐。孔子谦己，尝自附于寻常人，此中极有意趣。

【译文】做人要做个万全的人，至于名利，不要自己全都占尽，要经常跟大家分享，哪怕自己有些缺憾也没有关系。这是为什么呢？天下没有让自己和别人都感到满意的事情，我有所得，必然有人有所失，我获得利益，必然会有人受到损害，我得到荣誉，必然会有人被羞辱，我有了美名，必然会有人面带愧色。所以君子应注重德行而谦让名利，推辞完美而有所欠缺，使自己和众人一样，不争强好胜地显露头角、不要成为众人憎恨的对象，那样胸中自然会有无限的快乐。孔子自己很谦虚，经常认为自己只是普通人，其中的道理是非常耐人寻味的。

“明理省事”甚难，此四字终身理会不尽，得了时无往而不裕如①。

【注释】①裕如：轻松自如。

【译文】“明理省事”非常难做到，终身也理会不尽，若是领悟了，走到哪里都轻松自如。

胸中有一个见识，则不惑于纷杂之说；有一段道理，则不挠于鄙俗之见。《诗》云："匪先民是程，匪大猷是经，惟迩言是争。"平生读圣贤书，某事与之合，某事与之背，即知所适从，知所去取，否则口《诗》《书》而心众人也，身儒衣冠而行鄙夫也，此士之稂莠也。

【译文】一个人如果有自己的主见，就不会被众说纷纭的言论所迷惑；做任何事情如果有自己的见解，就不会被众人的鄙俗之见所困扰。《诗经·小雅·小旻》说："匪先民是程，匪大猷是经，惟迩言是争。"意思是批评那些不以古代圣贤的行为作为标准，不以大的规则作为常道，只用那些浅薄的语言进行争辩的人。平生读圣贤之书，什么事情与圣贤之道相吻合，什么事情与圣贤之道相违背，心中明了，就会知道应该怎么做，应该去追求什么了。不然的话，就算读的是《诗经》《尚书》这样的圣贤之书，而内心的想法却跟众人是一样的；身上穿戴的是儒家的衣冠，而行为却和粗鄙浅薄的人一样，这就如同危害禾苗的杂草一样，也是读书人中的杂草啊！

世人喜言无好人，此孟浪语也。今且不须择人，只于市井稠人中聚百人而各取其所长。人必有一善，集百人之善，可以为贤人。人必有一见，集百人之见可以决大计。恐我于百人中未必人人高出之也，而安可忽匹夫匹妇哉？

【译文】世间之人都喜欢说："这世界上没有好人。"殊不知这是很不正确的说法。现在你不必特意挑选人，只要在大街上随便找出一百个人，然后找出每个人的长处。每个人都必定有一个优点，集合百人的长处就可以成为一个贤人；每个人都必定有一种正确的见解，集合百人的见解就可以决断一件大事。恐怕我和这一百个人相比，未必会比每一个人都高明，哪里可以小看那些普通百姓呢？

学欲博，技欲工，难说不是一长。总较作人，只是够了便止。学如班、马，字如钟、王，文如曹、刘，诗如李、杜，铮铮千古知名，只是个小习艺，所贵在作人好。

【译文】想要有广博的学识、高超的技艺，不能不说这是一个优点。但和做人相比较，学识和技艺只要够用就可以了。即便学问如同班固、司马迁一样，书法如同钟繇、王羲之一样，文章如同曹植、刘桢一样，诗如同李白、杜甫一样，他们都是千古流芳的名人，但这些都只是小技艺，最重要的还是要做一个品德高尚的人。

到当说处，一句便有千钧之力，却又不激不疏，此是言之上乘，除此虽十缄也不妨。

【译文】到应当说的时候，一句话便有千钧的力量，但又不激烈不疏漏，这是上等的说话方式，除此以外，一直不开口也不要紧。

循弊规若时王之制，守时套若先圣之经。侈己自得，恶闻正论。是人也，亦大可怜矣，世教奚赖焉！

【译文】遵循那些有漏洞的法规就如同遵守以前国家制定的制度，固守当时的老一套方法就如同遵循先王圣人的经典。总是夸大自己的见解，却害怕听到正确的言论。这样的人，也太可怜了，教化世人怎么能够依靠他们这些人呢？

心要常操，身要常劳。心愈操愈精明，身愈劳愈强健。但自不可过耳。

【译文】内心要经常操持，身体要经常劳动。心越操持就会变得越精明，身体越劳动就变得越强健。但两者都不能过度。

未适可，必止可；既适可，不过可，务求适可而止。此吾人日用持循，须臾粗心不得。

【译文】还未达到合适的地步时，必须先知道在何处停止才是合适的；已经达到合适的地步了，就不能过分，务求适可而止。这是我们日常生活中必须遵循的原则，一刻也不能疏忽。

士君子之偶聚也，不言身心性命，则言天下国家；不言物理人情，则言风俗世道；不规目前过失，则问平生德业。傍花随柳之间，吟风弄月之际，都无鄙俗媟慢之谈，谓此心不可一时流于邪僻，此身不可一日令之偷惰也。若一相逢，不是亵狎，便是乱讲，此与仆隶下人何异？只多了这衣冠耳。

【译文】那些正人君子们相聚在一起的时候，不是谈论修身养性，就是谈论天下大事；不是谈论风土人情，就是谈论风俗世道；不是规劝眼前的过失，就是追问平生的德业。即使是风花雪月之时，也都没有庸俗鄙陋的言语，这就是所说的一刻也不能让心中产生邪念，一天也不能让身体松懈下来。如果一见面，不是猥亵狎侮，就是信口开河，这和仆人奴隶又有什么区别呢？只不过是穿着一身学者的衣服罢了。

作人要如神龙，屈伸变化，自得自如，不可为势利术数所拘缚。若羁绊随人，不能自决，只是个牛羊。然亦不可哓哓悻悻。故人智上哲看得几事分明，外面要无迹无言，胸中要独往独来，怎被机械人驾驭得？

【译文】做人要好像神龙那样，能屈能伸，悠然自得，不被功名利禄、法则定数所束缚。如果随时随地都好像被捆绑着一样，不能自己做主，那就像是个牛羊之类的牲畜。但是也不能喋喋不休、偏激固执。因此那些有大智慧的圣贤能够把那些细微的事情分析得很透彻。表面上不露痕迹，很少说话，心里面却已经拿定了主意，这样的话，那些默守陈规、固步自封的人怎么会驾驭得了呢？

“财色名位”，此四字考人品之大节目也，这里打不过，小善不足录矣。自古砥砺名节者，兢兢在这里做工夫，最不可容易放过。

【译文】“财、色、名、位”这四方面，是考察人品的主要方面。如果在这四个方面过不了关，小的长处就更不值得一提了。自古以来那些注重磨炼、修养自己的名誉和节操的人，都会努力在这四个方面下工夫，不会在这些方面疏忽的。

古之人非曰位居贵要、分为尊长而遂无可言之人、无可指之过也；非曰卑幼贫贱之人一无所知识，即有知识而亦不当言也。盖体统名分，确然不可易者，在道义之外；以道相成，以心相与，在体统名分之外。哀哉！后世之贵要尊长而遂无过也。

【译文】古时候的人并不认为官位显赫、身份尊贵的人，别人就不能批评他，就不能指出他的过失；并不认为地位卑贱、阅历短浅的人就什么也不知道，或者即使有自己的见解也不应当提出来。因为身份地位的确立而不能改变的，这是道义之外的事情；如果是以道来互相成就，以真心互相交往，这些就都在体统和地位之外了。可悲啊！后世的人只重视地位名分，认为他们是没有任何过错的人。

只尽日点检自家，发出念头来，果是人心？果是道心[①]？出言行事，果是公正？果是私曲？自家人品自家定了几分？何暇非笑人，又何敢喜人之誉己耶！

【注释】①人心、道心：语出《尚书·大禹谟》：“人心惟危，道心惟微。”蔡沈《集传》：“心者，人之知觉，主干中而应于外者也。指其发于形气者而言，则谓之人心，指其发于义理者而言，则谓之道心。”

【译文】每天都要反省自己的念头，是人心还是道心？出言行事，是公正的还是带私心的？自己的人品如何？这样每天检点自己，还有什么空闲去指责笑话别人，别人称赞自己时，哪里再敢得意呢！

往见“泰山乔岳以立身”四语，甚爱之，疑有未尽，因推广为男儿八景云：泰山乔岳之身，海阔天空之腹，和风甘雨之色，日照月临之目，旋乾转坤之手，磐石砥柱之足，临深履薄之心，玉洁冰清之骨。此八景予甚愧之，当与同志者竭力从事焉。

【译文】从前我见到泰山的高俊，就写下了“泰山乔岳以立身”那四句话，自己非常喜爱，但仍怕没有表达完整自己的想法，就推而广之写成了男儿八景，这八景是：泰山乔岳之身，海阔天空之腹，和风甘雨之色，日照月临之目，旋乾转坤之手，磐石砥柱之足，临深履薄之心，玉洁冰清之骨。对照这八景，我感到非常惭愧，应当与那些志同道合的人共同努力按照这八景去做。

求人已不可，又求人之转求；徇人之求已不可，又转求人之徇人；患难求人已不可，又以富贵利达求人。此丈夫之耻也。

【译文】去求人已经很不应该了，又要请求别人去转求其他人就更不应该了；答应别人的请求已经很不应该了，又转求其他人也答应别人亦不应该；在患难的时候求人已经很不应该了，又为了功名利禄去求人就更不应该。这些都是大丈夫认为可耻的啊！

文名、才名、艺名、勇名，人尽让得过，惟是道德之名则妒者众矣。无文、无才、无艺、无勇，人尽谦得起，惟是无道德之名则愧者众矣。君子以道德之实潜修，以道德之名自掩。

【译文】一个人有了文采之名、才华之名、技艺之名、勇敢之名，人们都会接受他，只有道德高尚之名，嫉妒的人就非常多了。说一个人没有文采、没有才华、没有技艺、没有勇气，这个人往往都能谦虚地承认，只是说一个人没有道德就会使人感到羞愧。真正的君子要用道德来修身养性，而不要去贪图道德高尚的名声。

有诸己而后求诸人，无诸己而后非诸人，固是藏身之恕；有诸己而不求诸人，无诸己而不非诸人，自是无言之感。《大学》为居上者言，若士君子守身之常法，则余言亦蓄德之道也。

【译文】《大学》中所说的“有诸己而后求诸人，无诸己而后非诸人”，意思是“自己具有某种优点才可以去要求别人也具有，自身所没有的缺点才能去纠正别人的这种缺点”，这固然是值得称道的宽恕之道。但是自己具有某种美德却不要求别人也具备，自己没有某种毛病也不指责别人身上的毛病，则更体现了一种言语谨慎的美德。《大学》是针对道德修养极高的人所说的话，如果是正人君子修身处世的准则，那么我所说的话也是一种修养道德的方法了。

乾坤尽大，何处容我不得？而到处不为人所容，则我之难容也。眇然一身，而为世上难容之人，乃号于人曰："人之不能容我也。"吁！亦愚矣哉！

【译文】天地如此之大，何处不能容下一个我呢？然而仍然到处不被人们所接纳，那么就是自己难以让别人容纳啊。这样渺小的一个身躯，竟然不能被世上的人所容纳，竟然还大声对人讲："世人都不能容纳我啊！"唉！这样做也太愚蠢了。

名分者，天下之所共守者也。名分不立，则朝廷之纪纲不尊而法令不行。圣人以名分行道，曲士恃道以压名分。不知孔子之道视鲁侯奚啻[①]天壤，而《乡党》一篇何等尽君臣之礼[②]。乃知尊名分与谄时势不同。名分所在，一毫不敢傲惰；时势所在，一毫不敢阿谀。固哉！世之腐儒以尊名分为谄时势也；卑哉！世之鄙夫以谄时势为尊名分也。

【注释】①奚啻（chì）：何止。②《乡党》：《论语》篇名，主要写了孔子在朝廷、君命召、入公门、过公位、执圭等时的容色举止。

【译文】名分，是天下人共同遵守的。名分不立，朝廷的纲纪就没有权威，法令就不能实行。圣人以名分来行道，浅薄的人借道的名义来压制名分。不知孔子和鲁侯的行为有天壤之别，《论语·乡党》中记录的孔子的言行，尽到了君臣礼节之极。所以，尊重名分与阿谀权势是不同的。名分之事，一点儿也不能傲慢疏忽；在时势面前，一毫也不能阿谀退步。腐儒以为尊名分就是谄时势，真是顽固不化啊！鄙夫以为谄时势就是尊名分，真是可卑啊！

圣人之道，太和而已，故万物皆育。便是秋冬不害其为太和，况太和又未尝不在秋冬宇宙间哉！余性褊，无弘度、平心、温容、巽语，愿从事于太和之道以自广焉。

【译文】圣人的道，只是阴阳会合的太和之气而已，所以万物都能够生长发育。即使是在秋冬季节，也不妨碍有太和之气，更何况太和之气未尝不存在于秋冬季节的宇宙间呢！我这个人的性情比较褊狭，没有宏大的气度，缺少平心静气、温和从容、谦逊的语言，我愿意学习太和之道来增强自己的道德修养。

只竟夕点检，今日说得几句话，关系身心；行得几件事，有益世道。自慊自愧，恍然独觉矣。若醉酒饱肉，恣谈浪笑，却不错过了一日；乱言妄动，昧理从欲，却不作孽了一日。

【译文】那些注重自身修养的人每天晚上都应当认真反省自己，检查哪几句话是关系到自己的身心的，哪几件事是有益于社会的。如果能够这样不断自我反省，就会对自己犯的错误感到羞愧，从而成为一个有觉悟的人。如果整天只懂得喝酒吃肉，恣谈浪笑，那不就是浪费了一天的大好时光吗？如果整天胡言乱语、轻举妄动、蒙昧事理，放纵自己的欲望，这岂不是做了一天的孽。

只一个俗念头，错做了一生人；只一双俗眼目，错认了一生人。

【译文】只因一个俗念，就错做了一生人；只因一双俗眼目，就错认了一生人。

少年只要想我见在[1]干些甚么事，到头成个甚么人，这便有多少恨心，多少愧汗，如何放得自家过！

【注释】①见在：现在。

【译文】年轻人只要思考一下自己现在干什么事，到头来就会成什么样的人，这便会有多少悔恨，有多少惭愧，如何能放过自己！

明镜虽足以照秋毫之末，然持以照面不照手者何？面不自见，借镜以见，若手则吾自见之矣。镜虽明，不明于目也，故君子贵自知自信。以人言为进止，是照手之识也。若耳目识见所不及，则匪天下之见闻不济矣。

【译文】明镜虽然能够照出非常细微之处，但是为什么人们经常用它来照面孔而不用它照手呢？这是因为自己看不见自己的面孔，只有借助镜子才能看见，而手则是自己能够看见的。镜子虽然明亮，但是没有眼睛看得清楚，因此君子贵有自知之明。把别人的话作为自己行动的准则，就好比是用镜子照手一样的见识。如果自己不能亲眼看到，亲耳听到，那么即使借助天下人的所看、所听也不会有任何帮助。

义、命、法，此三者，君子之所以定身，而众人之所妄念者也。从妄念而巧邪，图以幸其私，君子耻之。夫义不当为，命不能为，法不敢为，虽欲强之，岂惟无获？所丧多矣。即获亦非福也。

【译文】道义、性命、法度，这三个方面，是君子用来立身的，而普通的人却妄想出不切实际的念头。有了虚妄的念头，就会做出邪恶的行为，就会投机取巧来满足自己的私欲，君子以这种做法为耻。凡是在道义之下不该做的事，性命之中不能做的事，法度之内不能做的事，如果勉强去做，怎么会不一无所获呢？只不过失去的更多罢了。也就是说即使得到了也并非就是福气。

避嫌者，寻嫌者也；自辩者，自诬者也。心事重门洞达，略不回邪，行事八窗玲珑，毫无遮障，则见者服，闻者信。稍有不白之诬，将家家为吾称冤，人人为吾置喙矣。此之谓洁品，不自洁而人洁之。

【译文】避嫌的人，往往会被怀疑；自己为自己辩解的人，反而会诬陷自己。只有把心中之门完全打开，一点儿也不回避，做起事来光明磊落，一点儿也不遮遮掩掩，这样的话，看到的人才会佩服，听见的人才会相信。即使稍有不白之冤，也将会是家家为你喊冤，人人为你说话。这种人叫做洁品，不用自夸，别人就会夸赞你。

善之当为，如饮食衣服然，乃吾人日用常行事也。人未闻有以祸福废衣食者，而为善则以祸福为行止；未闻有以毁誉废衣食者，而为善则以毁誉为行止。惟为善心不真诚之故耳。果真、果诚，尚有甘死饥寒而乐于趋善者。

【译文】做人就应该时常做善事，这就好像人需要吃饭穿衣一样，是我们日常生活中必不可少的事情。没有听说过因为祸福的影响而不穿衣吃饭的人，然而做善事却要考虑是得福还是得祸才决定做不做；没有听说过有因为别人的毁誉而不吃饭穿衣的人，然而做善事却要受到别人的毁谤或称赞的影响。这些都是自己的为善之心不够真诚的缘故。如果是真心为善的人，即使是忍饥挨饿也会乐于去行善的。

有象而无体者，画人也，欲为而不能为。有体而无用者，塑人也，清净尊敬，享牺牲香火，而一无所为。有运动而无知觉者，偶人也，待提掇指使而后为。此三人者，身无血气，心无灵明①，吾无责矣。

【注释】①灵明：指精神。

【译文】有形象而没有身体的，是画上的人，这种人想作为也不可能。有身体而不能动的，是泥塑木雕，这种人清净尊敬，享受供品香火，但一无所为。能够运动而没知觉的，是木偶人，这种人只有靠别人的提拉指使才能行动。这三种人，身无血气，心无灵明，我不责怪他们。

我身原无贫富贵贱得失荣辱字，我只是个我。故富贵贫贱得失荣辱如春风秋月，自去自来，与心全不牵挂，我到底只是个我。夫如是，故可贫可富，可贵可贱，可得可失，可荣可辱。今人惟富贵是贪，其得之也必喜，其失之也如何不悲？其得之也为荣，其失之也如何不辱？全是靠着假景作真身，外物为分内，此二氏之所笑也，况吾儒乎？吾辈做工夫，这个是第一。吾愧不能，以告同志者。

【译文】我身上本就没有贫富贵贱得失荣辱这些累赘，我只是个我。所以富贵贫贱得失荣辱对我来说就如春风秋月，自来自去，心全不牵挂，我到底只是个我。所以可贫可富，可贵可贱，可得可失，可荣可辱。现在的人唯富贵是贪，得到了就欢喜，失去了怎能不悲？得到了以为荣耀，失去了怎能不认为是耻辱？这些人全是靠着假景作真身，把外物当做自己，这是佛、道两家所耻笑的，何况我们儒家呢？我们儒者的修养功夫，以此为第一。我很惭愧还做不到，所以告诫有相同志向的人。

“本分”二字，妙不容言。君子持身不可不知本分，知本分则千态万状一毫加损不得。圣王为治，当使民得其本分，得本分则荣辱死生一毫怨望不得。子弑父，臣弑君，皆由不知本分始。

【译文】“本分”这两个字的妙处是无法用语言表达的。君子立身处世不能不知道本分，知道本分就会在做事的时候有分寸。圣贤的君主治理国家，应当使子民知道他们的本分，知道自己的本分之后就不会对生死荣辱产生一丝一毫的奢望和怨恨。子女杀害自己的父亲，臣子杀害自己的君主，都是因为他们从不知道自己的本分是什么。

两柔无声，合也；一柔无声，受也。两刚必碎，激也；一刚必损，积也。故《易》取一刚一柔，是谓平中，以成天下之务，以和一身之德，君子尚之。

【译文】两方都柔就没有声音，是相合的缘故；一方柔也没声音，是它能接受的缘故。两方都刚必然碎坏，是相激的缘故；一方刚也必然会损，是力量逐渐积累而爆发的缘故。所以《易》取一刚一柔，这叫平中，平中才能成就天下事，才能和合德性，所以君子崇尚平中。

毋以人誉而遂谓无过，世道尚浑厚，人人有心史也。人之心史真，惟我有心史，而后无畏人之心史矣。

【译文】不要因为受人称赞就认为自己没有过错，世道崇尚浑厚，人人心中都有一本账。人们心里所认为的才是真实的，只有诚实地面对自己心中的那本账，才不会怕别人的账簿。

淫[①]怒是大恶，里面御不住气，外面顾不得人，成甚涵养！或曰："涵养独无怒乎？"曰："圣贤之怒自别。"

【注释】①淫：过分。

【译文】暴怒是大问题，内里藏不住气，对外又顾不上别人的感受，能成什么涵养！有人问："有涵养的人从不发怒吗？"回答说："圣贤的怒和普通人的怒是不同的。"

凡智愚无他，在读书与不读书。祸福无他，在为善与不为善。贫富无他，在勤俭与不勤俭。毁誉无他，在仁恕与不仁恕。

【译文】区分智慧和愚昧，只看你读不读书。祸福降临的原因，只在于你为善还是为恶。贫穷还是富裕，只看你是否能勤俭。被毁谤还是赞扬，只看你仁恕不仁恕。

古人之宽大，非直为道理当如此，然煞[①]有受用处。弘器度以养德也，省怨怒以养气也，绝仇雠以远祸也。

【注释】①煞：非常。

【译文】古人之所以很宽容，不仅是在理上应当如此，而且他们认为宽大的心胸能使自己受益。扩展气度可以涵育品德，少抱怨可以涵养一身之气，不树敌可以远离祸患。

平日读书，惟有做官是展布时，将穷居所见闻及生平所欲为者一一试尝之。须是所理之政事各得其宜，所治之人物各得其所，才是满了本然底分量。

【译文】平日书上得来的道理，只有到做官时才能去施展，这时把以前所见所闻的思考以及平生的抱负一一实行、验证。使管辖的政事各得其宜，管理的人各得其所，才是尽了自己的本分。

只见得眼前都不可意，便是个碍世之人。人不可我意，我必不可人意。不可人意者我一人，不可我意者千万人。呜呼！未有不可千万人意而不危者也。是故智者能与世宜，至人不与世碍。

【译文】总觉得别人不合自己的意，就是个碍世之人。人家不合我意，我必然也不合别人的意。不合人意的是我一个，不合我意有千千万。唉！不合千万人意的人，没有不危险的。所以智者能和光同尘，高人不妨碍世道。

性分①、职分②、名分③、势分④，此四者宇内之大物。性分、职分在己，在己者不可不尽；名分、势分在上，在上者不可不守。

【注释】①性分：天性所显出的特点，如仁、义、礼、智等。②职分：职务所包含的责任。③名分：社会等级、地位。④势分：权利大小。

【译文】性分、职分、名分、势分，这四者是宇宙内的大事情。性分、职分能否尽到，在于自己掌握，这种事不可不做到；名分、势分是对居于上位的人而言，居上位者不可不遵守。

初看得我污了世界，便是个盗跖；后看得世界污了我，便是个伯夷；最后看得世界也不污我，我也不污世界，便是个老子。

【译文】一开始觉得我玷污了世界，这是盗跖；后来觉得世界玷污了我，这是伯夷；最后明白，世界也不玷污我，我也不玷污世界，这就是老子。

心要有城池，口要有门户。有城池则不出，有门户则不纵。

【译文】心要像城池一样固守，口要像门户一样看牢。有了城池就不会放逸在外，有了门户就不放纵任性会。

士君子作人不长进，只是不用心、不着力。其所以不用心不着力者，只是不愧不奋。能愧能奋，圣人可至。

【译文】士君子做人不长进，是不用心、不使力。所以这样，只是因为不惭愧不奋发。能愧能奋，就能做圣人。

有道之言，得之心悟；有德之言，得之躬行。有道之言弘畅，有德之言亲切。有道之言如游万货之肆，有德之言如发万货之商。有道者不容不言，有德者无俟于言。虽然，未尝不言也。故曰“有德者必有言”。

【译文】对道的体悟，出自于心；对德的理解，来自于亲身实践。有道之言弘畅，有德之言亲切。有道之言如同游览百货商店，有德之言如同批发万货的商人。有道的人不能不去弘道，有德的人则不必要到处宣传。虽如此，也未尝不言语宣传。所以《论语》说“有德者必有言”。

学者说话要简重从容，循物傍事，这便是说话中涵养。

【译文】学者说话要简洁笃实从容，依据事实，遵循常理，这就是说话的涵养。

或问：“不怨不尤了，恐于事天处人上更要留心不？”曰：

“这天人两项，千头万绪，如何照管得来？有个简便之法，只在自家身上做，一念一言一事都点检得，没我分毫不是，那祸福毁誉都不须理会。我无求祸之道而祸来，自有天耽错；我无致毁之道而毁来，自有人耽错，与我全不干涉。若福与誉是我应得底，我不加喜；是我悻得[①]底我且惶惧愧赧[②]。况天也有力量不能底，人也有知识不到底，也要体悉他。却有一件紧要，生怕我不能格天动物。这个稍有欠缺，自怨自尤且不暇，又那顾得别个？孔子说个“上不怨，下不尤”，是不愿乎其外道理；孟子说个“仰不愧，俯不怍”[③]，是素位而行[④]道理，此二意常相须。

【注释】①悻得：侥幸所得。②愧赧：因惭愧而脸红。③仰不愧，俯不怍（zuò）：语出《孟子·尽心上》：“仰不愧于天，俯不怍于人，二乐也。”指做事做人要光明磊落，问心无愧。④素位而行：语出《中庸》：“君子素其位而行，不愿乎其外。”指君子安于自己的地位做该做的事，而不超越本分。

【译文】有人问：“不怨天，不尤人，恐怕在事天、处人上更要留心吧？”回答说：“天和人的事情千头万绪，不可能全都关照到。但有个简便的方法，只看自己做得如何。认真检点每一个念头、一句话、一件事，如果没有分毫过错，那就不要去管祸福毁誉。我没有做招祸的事而祸来了，自有天来承担；我没有做招诽谤的事而诽谤来，自有他人担错，与我无关。假如福分和荣誉是我应得的，也没什么可开心；如果是侥幸得来的，我就会惶恐，羞愧。何况天也有力不能及处，人也有知见不够用的地方，对此要体恤。但有一件事最紧要，就是生怕自己不够诚意。这点稍有欠缺，自怨自尤且不暇，还能顾到别的？孔子说‘上不怨天，下不尤人’，是说不把成败归于外在；孟子说‘仰不愧，俯不怍’，是说安于自己的本分行事，这两个意思是相辅相成的。

天理本自廉退，而吾又处之以疏；人欲本善夤缘[1]，而吾又狎之以亲。小人满方寸而君子在千里之外矣，欲身之修，得乎？故学者与天理处，始则敬之如师保，既而亲之如骨肉，久则浑化为一体。人欲虽欲乘间而入，也无从矣。

【注释】①夤（yín）缘：指攀附权贵。

【译文】天理本是廉洁谦卑的，但我对它很疏远；人欲本是善于钻营攀附的，但我和它很亲密。这样心里全是小人而君子就远在千里之外了，想要修身悟道，不可能啊。因此学人对天理，一开始要尊敬如师长，既而要亲爱如骨肉，久之则浑化为一体。这时，人欲就没有乘隙而入的可能了。

气忌盛，心忌满，才忌露。

【译文】气不能太盛，心不能自满，才不能显露。

外勍敌五[1]：声色、货利、名位、患难、晏安[2]。内勍敌五：恶怒、喜好、牵缠、褊急、积惯[3]。士君子终日被这个昏惑凌驾，此小勇者之所纳款[4]，而大勇者之所务克也。

【注释】①勍（qíng）：强劲。②晏安：贪图安逸。③褊（biǎn）急：气量小，性子急。④积惯：积久的恶习。⑤纳款：投降。

【译文】外面的劲敌有五：声色、货利、名位、患难、晏安。内部的劲敌有五：恶怒、喜好、牵缠、褊急、积惯。士君子终日被他们昏惑凌驾，胆小的向它们投降，大勇之人一定要战胜它们。

玄奇之疾，医以平易；英发之疾，医以深沉；阔大之疾，医以充实。不远之复[1]，不若未行之审也。

【注释】①复：回转。《易经·复卦》初九象曰："不远之复，以修身也。"

【译文】玄奥怪异的毛病，用平易来治；冲动勃发的毛病，用深沉来治；阔大不实的毛病，用充实来治。走了不远又回来，不如出行之前就把路线规划好。

奋始怠终，修业之贼也；缓前急后，应事之贼也；躁心浮气，畜德之贼也；疾言厉色，处众之贼也。

【译文】有始无终，是修身的大害；先缓后急，是做事的大害；躁心浮气，是修德的大害；疾言厉色，是与人相处的大害。

名心盛者必作伪。

【译文】名利心强的人必然会虚伪。

做大官底，是一样家数；做好人底，是一样家数。

【译文】做大官的，是一样方法；做好人的，又是一样方法。

见义不为，又托之违众[①]，此力行者之大戒也。若肯务实，又自逃名，不患于无术，吾窃以自恨焉。

【注释】①违众：违背他人意愿。

【译文】见义不为，又以违背众人意愿为托词，这是做事者的大戒。若肯务实不考虑名声，不愁找不到办法，我为做不到这点而遗憾。

“恭敬谦谨”，此四字有心之善也；“狎侮傲凌”，此四字有心之恶也。人所易知也。至于“怠忽惰慢”，此四字乃无心之失耳，而丹书[①]之戒，“怠胜敬者凶”，论治忽[②]者，至分存亡。《大学》以“傲”“惰”同论，曾子以“暴”“慢”连语者，何哉？盖天下之祸患皆起于四字，一身之罪过皆生于四字。怠则一切苟且，忽则一切昏忘，惰则一切疏懒，慢则一切延迟。以之应事则万事皆废，以之接人则众心皆离。古人临民如驭朽索[③]，使人如承大祭，况接平交以上者乎？古人处事不泄迩，不忘远，况目前之亲切重大者乎？故曰“无众寡，无小大，无敢慢”，此九字即“毋不敬”。“毋不敬”三字非但圣狂之分，存亡治乱、死生祸福之关也，必然不易之理也，沉心精应者始真知之。

【注释】①丹书：出自《大戴礼记·武王践阼》：“师尚父西面道书（丹书）之言曰：‘敬胜怠者吉，怠胜敬者灭。’”也指天命所授之书。②治忽：指社会安定与混乱。③临民如驭朽索：《尚书·五子之歌》："予临兆民，懔乎若朽索之驭六马，为人上者，奈何不敬。"

【译文】"恭敬谦谨"，是有意识的善；"狎侮傲凌"，是有意识的恶。这是人们很容易就能看出来的。至于"怠忽惰慢"，是指无心造成的过失，师尚父的丹书说"怠胜敬者凶"，国家是安定还是荒乱，看这点就知道。《大学》把"傲""惰"同样看待，曾子把"暴""慢"相提并论，这是为何？因为国家的祸患、人的罪过都是因这四字而起。怠，就会得过且过；忽，就会昏沉忘记；惰，就会一切疏懒；慢，就会一切拖沓。如此去应事，万事都要荒废；用这如此去处人，人人都会离心。古人治国如驾驶用腐朽的缰绳套着的马车，如履薄冰；役使百姓如同参加祭典，非常恭敬，何况与地位更高的人交往呢？古人处事不轻慢当下的事，也不忘做长远的打算，何况就在眼前的事呢？因此孔子讲"无众寡，无小大，无敢慢"，就是"毋不敬"的意思。"毋不敬"不但是圣人和狂人的分界，也是存亡治乱、死生祸福的关口，是为人处世的真理。只有真正用心的人才能体会这些。

人一生大罪过，只在"自是自私"四字。

【译文】人生的大错，只在"自是自私"。

古人慎言，每云"有余不敢尽"[1]。今人只尽其余，还不成大过，只是附会支吾，心知其非而取辩于口，不至屈人不止，则又尽有余者之罪人也。

【注释】①有余不敢尽：语出《中庸》："庸德之行，庸言之谨，有所不足，不敢不勉，有余不敢尽。"

【译文】古人说话非常谨慎，总是"有余不敢尽"。今人把话说尽还不算过失，还要附会支吾，心中明知不对，嘴上还要逞强，说道别人屈服为止，这种人比把话尽的人错误更大。

真正受用处，十分用不得一分，那九分都无些干系，而拼死忘生忍辱动气以求之者，皆九分也。何术悟得他醒？可笑可叹！

【译文】真正受用的地方，十分里还用不到一分，那九分跟你其实毫无关系，但人们拼死忘生、忍辱动气去追求的，却是那个九分。有什么办法能让他们觉醒呢？真是可笑可叹啊！

贫不足羞，可羞是贫而无志；贱不足恶，可恶是贱而无能；老不足叹，可叹是老而虚生；死不足悲，可悲是死而无闻。

【译文】贫不足羞，可羞的是贫而无志；贱不足恶，可恶的是贱而无能；老不足叹，可叹的是老而虚度此生；死不足悲，可悲的是到死都没做什么有意义的事。

圣人之闻善言也，欣欣然惟恐尼[①]之，故和之以同言，以开其乐告之诚。圣人之闻过言也，引引然惟恐拂[②]之，故内[③]之以温色，以诱其忠告之实。何也？进德改过为其有益于我也。此之谓至知。

【注释】①尼：止息。②拂：违背。③内：同“纳”。

【译文】圣人喜欢听到别人谈论道，唯恐对方停止讨论，于是就用相同的观点来附和，以此打开对方乐于相告的诚心。圣人听到别人指责自己，会小心翼翼地聆听，唯恐拂逆对方，因此温和地领受，诱导对方把忠告的话说出来。这是为什么呢？为了更好地进德改过。这就是最高的智慧。

古者招隐逸，今也奖恬退，吾党可以愧矣！古者隐逸养道，不得已而后出；今也恬退养望，邀虚名以干进[①]。吾党可以戒矣！

【注释】①干进：求进。

【译文】古时候朝廷恭请隐士逸民出来做官，现在朝廷却奖励那些退隐之士，我们真应感到惭愧啊！古代的隐士山居避世是为了修道，不得已才出来做官；现在的人隐居是为了树立名望，得个虚名作为进身之阶。我辈要引以为戒啊！

喜来时一点检，怒来时一点检，怠惰时一点检，放肆时一点检，此是省察大条款。人到此多想不起，顾不得，一错了便悔不及。

【译文】高兴时要提起警觉，点检自己，发怒、怠惰、放肆时都要如此，这是自我反省和检查的大项目。人在这些时候多半会想不起来，顾不上，一出错便懊悔不及。

治乱系所用事。天下国家，君子用事则治，小人用事则乱。一身，德性用事则治，气习用事则乱。

【译文】 治还是乱，在于谁当权，在于如何行事。对于天下国家，君子当权则治，小人当权则乱。对于个人，以道德行事则治，以气习行事则乱。

难管底是任意，难防底是惯病，此处着力，便是穴上着针，痒处着手。

【译文】 难管的是任意而为，难防的是习气，在这方面不断磨炼，就好像找准了穴位再扎针，找到了痒处再去挠。

试点检终日说话，有几句恰好底，便见所养。

【译文】 试着反省一天里说出口的话，有几句是适宜的，就能看出几分修养。

业刻木如锯齿，古无文字，用以记日行之事数也。一事毕则去一刻，事俱毕则尽去之，谓之修业。更事则再刻如前。大事则大刻，谓之大业；多事则多刻，谓之广业。士农工商所业不同，谓之常业；农为士则改刻，谓之易业。古人未有一生无所业者，未有一日不修业者，故古人身修事理而无怠惰荒宁之时，常有“忧勤惕励”之志。一日无事则一日不安，惧业之不修而旷日之不可也。今也昏昏荡荡，四肢不可收拾，穷年终日无一猷[1]为，放逸而入于禽兽者，无业之故也。人生两间，无一事可见，无一善可称，资衣藉食于人而偷安惰行以死，可羞也已。

【注释】①猷（yóu）：计划，谋划。

【译文】业刻木就如同锯齿一样，古代没有文字，就用它来记录每天做了多少事。做完一件事就去掉一刻，全做完了就去掉全部，这就是修业。新的事情来了就再刻一个业刻木。大事就刻大一些，叫大业；事多就多刻，叫广业。士农工商的事业不同，叫常业；农民成了士人则改刻，叫易业。古时每个人都有自己的事业，没有一天不修业，所以古人修身理事，没有一刻怠惰荒废，经怀警觉之心，努力奋发，生怕不进则退。一日无事就会懊悔浪费了时间，担心事业不修而完成不了。今人昏昏沉沉，身体都懒得动，穷年终日什么事也不做，如禽兽般放逸，这都是无业的缘故。人生在世，无一事可成就，无一善可称道，靠着别人的供养活着，却偷安惰行直到死，真是可耻啊！

古之谤人[1]也，忠厚诚笃。《株林》之语[2]，何等浑涵；舆人之谣[3]，犹道实事。后世则不然，所怨在此，所谤在彼。彼固知其所怨者未必上之非，而其谤不足以行也，乃别生一项议论。其才辨附会足以泯吾怨之之实，启人信之之心，能使被谤者不能免谤之之祸，而我逃谤人之罪。呜呼！今之谤，虽古之君子且避忌之矣。圣贤处谤无别法，只是自修，其祸福则听之耳。

【注释】①谤人：责人。②《株林》之语：《诗经·陈风·株林》："胡为乎株林？从夏南？匪适株林，从夏南。"朱熹注："株林，夏氏邑也。夏南，征舒字也。灵公淫于夏征舒之母，朝夕而往夏氏之邑，故其民相与语曰：君胡为乎株林乎？曰从夏南耳。然则非适株林也，特以从夏南故耳。盖淫乎夏姬，不可言也，故以从其子言之，诗人之忠厚如此。"③舆人之谣：舆人，众人；诵，陈述。指普通百姓对某件事议论不停，纷纷发表意见。

【译文】古人责备人，也是忠厚诚笃的。《诗经·陈风·株林》中责备灵公的语言，是何等的浑厚包容；《左传》记录的众人的议论，也讲的是实事。后世则不然，所怨和所谤的不是一件事。他心里清楚自己所怨恨的未必是上位者的错误，他的指责是站不住脚的，于是就造出别的议论。他能言善辩足以让别人相信他，觉得他不是在怨恨别人，使被责备的人遭到诽谤，而他自己则逃脱了诽谤的罪责。唉！今人的指责，即使古代的君子也要害怕而远避起来。圣贤遇到这种诽谤别无他法，只有守好内心的正气，是祸是福都随缘了。

处利则要人做君子，我做小人；处名则要人做小人，我做君子，斯惑之甚也。圣贤处利让利，处名让名，故淡然恬然，不与世忤[①]。

【注释】①忤：不顺从。

【译文】在利益面前，要别人做君子，自己做小人；在名声面前，则要别人做小人，自己做君子，这是真颠倒至极了。圣贤有利则让利，有名则让名，所以能恬淡安然，不与世争。

任教万分矜持，千分点检，里面无自然根本，仓卒之际、忽突之顷，本态自然露出。是以君子慎独[1]。独中只有这个，发出来只是这个，何劳回护？何用支吾？

【注释】①慎独：语出《大学》第六章："故君子必慎其独。"指即使在独处无人监督之时，也要守护好自己的心。

【译文】任凭你万分矜持，千分点检，如果内心不是站在良知本源上，那么仓促之际、突然之时，恶习也必然会流露出来。所以君子慎独，独处时只有良知，与本源合一，表现出来的言行也是发于本源，那么何必还要去反观守护？何必还要支支吾吾？

力有所不能，圣人不以无可奈何者责人；心有所当尽，圣人不以无可奈何者自诿。

【译文】能力达不到，圣人不因此而责备人；只要凭着真心尽了力，圣人不因无可奈何而推诿。

或问："孔子缁衣羔裘，素衣麑裘，黄衣狐裘，无乃非俭素之义与？"曰："公此问甚好。慎修君子，宁失之俭素不妨。若论大中至正之道得之为，有财却俭不中礼，与无财不得为而侈然自奉者相去虽远，而失中则均。圣贤不讳奢之名，不贪俭之美，只要道理上恰好耳。”

【译文】有人问：“孔子穿衣服，黑色的衣服配黑羔裘，白色的衣服配白鹿裘，黄色的衣服配狐裘，恐怕不太节俭朴素吧？”我说：“这个问题很好。谨慎修身的君子，宁肯让人指责过于俭素。如果按大中至正的道理，有财力能够做却为了节约不做而失礼，与没钱却还要奢侈的差距虽然很远，但不合中道这一点却是相同的。圣贤不避讳奢侈的名声，也不贪图节俭的美名，只要合乎中道就可以了。”

寡恩曰薄，伤恩曰刻。尽事曰切，过事曰激。此四者，宽厚之所深戒也。

【译文】少恩叫做薄，伤恩叫做刻。竭尽所能去做一件事叫做切，用力过度叫做激。这四类情况，宽厚的人深以为戒。

《易》称“道济天下”[①]，而吾儒事业动称“行道济时”“济世安民”。圣人未尝不贵济也。舟覆矣，而保得舟在，谓之济可乎？故为天下者，患知有其身，有其身不可以为天下。

【注释】①道济天下：语出《易经·系辞上》：“知周乎万物而道济天下，故不过。”

【译文】《易》称“道济天下”，而我们儒家的事业也经常说“行道济时”“济世安民”。圣人未尝不以济为贵。但船翻了，把船保住就可以称作济吗？所以心怀达济天下之志的人，要放下自身安危，有了对自身的顾虑就不能一心为天下了。

万物安于知足，死于无厌。

【译文】万物安于知足，死于贪得无厌。

足恭[①]过厚，多文密节，皆名教之罪人也。圣人之道自有中正。彼乡原者[②]，徼名惧讥，希进求荣，辱身降志，皆所不恤，遂成举世通套。虽直道清节之君子，稍无砥柱之力，不免逐波随流，其砥柱者旋以得罪。嗟夫！佞风谀俗不有持衡当路者一极力挽回之，世道何时复古耶？

【注释】①足恭：语出《论语·公冶长》："子曰：'巧言令色足恭，左丘明耻之，丘亦耻之。'指过分的谦恭。②乡原：《论语·阳货》："子曰：'乡原，德之贼也。'指乡里中言行不一、伪善欺世的人。

【译文】过度的谦恭，过分的亲密，过多的文饰，过繁的礼节，都是违背礼教的。圣人之道是立中而行。那些乡愿，徼名惧讥，希进求荣，即使辱身降志，也不顾惜，他们的做法却被世人效仿。即使是直道清节的君子，少点做砥柱的勇气，也不免随波逐流，而那些愿做中流砥柱的人就会获罪。唉！，如果没有正直的当权者极力挽回佞风谀俗的话，世道何时能回归古时的淳朴呢？

时时体悉人情，念念持循天理。

【译文】时时要体察人情，念念要遵循天理。

愈进修愈觉不长，愈点检愈觉有非。何者？不留意作人，自家尽看得过；只日日留意向上，看得自家都是病痛，那有些好处？初头只见得人欲中过失，到久久又见得天理中过失，到无天理过失则中行矣。又有不自然、不浑化、着色吃力过失，走出这个边境，才是圣人，能立无过之地。故学者以有一善自多，以寡一过自幸，皆无志者也。急行者只见道远而足不前，急耘者只见草多而锄不利。

【译文】愈进修愈觉得不长进，愈点检愈觉得问题多。为什么呢？不注重修身的时候，看自己样样好；只要开始修身，反省言行了，就看到了自己到处都不合道，哪里有好处呢？一开始只看见人欲方面的过失，时间长了，又看到不合天理的过失，到了完全按天理行事的时候，就是中道了。这时还有不自然、不浑化、着色吃力等过失，走出这层阻碍，才能像圣人那样立于无过之地。所以那些满足于有一善和减少一个过错的人，都是无志之人。他们就如想快走的人一看见道远就不前进了，急于锄草的人一看见草多就不勤快锄草了。

礼义之大防，坏于众人一念之苟。譬如由径之人，只为一时倦行几步，便平地踏破一条蹊径，后来人跟寻旧迹，踵成不可塞之大道。是以君子当众人所惊之事略不动容，才干碍礼义上些须，便愕然变色，若触大刑宪然。惧大防之不可溃，而微端之不可开也。嗟夫！此众人之所谓迂而不以为重轻者也，此开天下不可塞之衅者，自苟且之人始也。

【译文】维护礼义的堤防，就坏在众人不认真对待，走走形式上。譬如走路的人，为了偷懒少走几步，就不走大路，而在旁边踏出一条小道，后来的人不断沿着小路的旧迹走，小路就成了通畅的大道。因此君子在众人都惊讶的事情上不动声色，而只要对礼义有一点破坏，就愕然变色，好像触犯了刑法一样。担忧礼义的大堤崩溃，连微小的缝隙也不能有。唉！这就是众人认为迂阔而不足为重的事情，开启这缝隙的，就是那些苟且之人。

大行之美以孝为第一，细行之美以廉为第一，此二者君子之所务敦也。然而不辨之申生①不如不告之舜②，井上之李③不如受馈之鹅，此二者孝廉之所务辨也。

【注释】①申生：春秋时晋献公太子。献公宠爱骊姬，听信了她的谗言要杀掉申生，有人劝申生赶快逃离，申生不辩解而自杀。②不告之舜：指舜娶尧之二女而未告其父瞽叟。③井上之李：出自《孟子·滕文公下》。陈仲子不食兄禄，不居兄屋，不食他人馈兄之鹅，饿得爬到井边吃金龟子吃剩的李子，但孟子认为他做得过分了，称不上"廉"。

【译文】最美的德行中以孝为第一，微细的品德中以廉为第一，君子须笃厚这两种品德。然而不为自己辨冤，听从父命的申生，不如不告诉父亲就娶妻的舜；陈仲子吃井边的李子，还不如吃送来的鹅肉，对这两种孝行和廉行，人们必须能够分辨。

吉凶祸福是天主张[1]，毁誉予夺是人主张，立身行已是我主张。此三者不相夺也。

【注释】①主张：主宰。

【译文】吉凶祸福由上天做主，毁誉予夺由他人掌控，立身行己由自己主宰。这三者不能相互取代。

不得罪于法易，不得罪于理难，君子只是不得罪于理耳。

【译文】不做违法的事容易，不做违于理的事就难了，君子只是不违理。

凡在我者都是分内底，在天在人者都是分外底。学者要明于内外之分，则在内缺一分便是不成人处，在外得一分便是该知足处。

【译文】自己可以做到的，都属分内之事；在天、在别人掌握的，都是分外的事。学者要分清内外，那么分内的事缺一分，便是不成人处，分外的事得一分，便是该知足处。

听言观行，是取人之道；乐其言而不问其人，是取善之道。今人恶闻善言，便訑訑[1]曰："彼能言而行不逮[2]，言何足取？"是弗思也。吾之听言也，为其言之有益于我耳，苟益于我，人之贤否奚问焉？衣敝枲[3]者市文绣，食糟糠者市粱肉，将以人弃之乎？

【注释】①訑訑(yí)：自满自足貌。②逮：达到。③枲(xǐ)：泛指麻。

【译文】听其言观其行，是选择人才的方法；喜欢他的言论而不看他的为人，是取善的方法。现在的人不愿听善言，听到了还要傲慢地说："他只是说得好听，行动做不到，有什么可取？"这种态度是没有认真思考的缘故。我听别人说话，是因为他的话对我有益，只要于我有益，何必问他的人品如何呢？穿着破麻布衣服的人去买绣花衣服，食糟糠的人去买白米大肉，人们会因为他穿的破吃的不好而不卖给他吗？

取善而不用，依旧是寻常人，何贵于取？譬之八珍方丈而不下箸[①]，依然饿死耳。

【注释】①箸：筷子。

【译文】汲取了美德而不用行动表现出来，就依然是原来的样子，得到了又有什么用呢？譬如看到满桌的山珍海味却不下筷，依然还要饿死。

有德之容，深沉凝重，内充然有余，外阒[①]然无迹。若面目都是精神，即不出诸口，而漏泄已多矣，毕竟是养得浮浅。譬之无量人，一杯酒便达于面目。

【注释】①阒(qù)：寂静。

【译文】有德者的容貌，深沉凝重，内在充盈有余，外表寂然无迹。如果满脸洋溢着精神气，即使不开口，涵养也都泄露出来了，这种人还是修养浅。如同没有酒量的人，喝一杯酒就脸红了。

人人各有一句终身用之不尽者，但在存心着力耳。或问之，曰："只是对症之药便是。"如子张[1]只消得"存诚"二字，宰我[2]只消得"警惰"二字，子路[3]只消得"择善"二字，子夏[4]只消得"见大"二字。

【注释】①子张：名颛孙师，陈人。孔子弟子。他曾向孔子问"行"，孔子回答："言忠信，行笃敬，虽蛮貊之邦，行矣。"②宰我：又名宰予，字子我。孔子弟子。《论语·公冶长》篇记载他"昼寝"，孔子说："朽木不可雕也，粪土之墙不可杇也，于予与何诛？"③子路：名仲由，卞人。孔子弟子。有勇且信，重言诺。但做事常过激。④子夏：名卜商，孔子弟子。曾为莒父宰，向孔子问政，孔子回答："无欲速，无见小利。欲速，则不达；见小利，则大事不成。"

【译文】人人各有一句终身受用的话，只在于能否诚恳地践行。有人问这句话是什么，我说："只是一副对症的药。"如子张用"存诚"两字，宰我用"警惰"两字，子路用"择善"两字，子夏用"见大"两字。

言一也，出由[1]之口，则信且从；出跖之口，则三令五申而人且疑之矣。故有言者有所以重其言者。素行孚人[2]，是所以重其言者也，不然且为言累矣。

【注释】①由：仲由，孔子的弟子子路。②孚人：信于人。

【译文】同样一句话，从子路的口中说出来，人们就会相信而听从；从盗跖的口中说出来，即使是三令五申人们还会怀疑。因此，说话的人有使别人相信他的方法。如果平时就能取信于人，人们就会重视他说的话，不然会被言语所拖累。

世人皆知笑人，笑人不妨，笑到是处便难，到可以笑人时则更难。

【译文】世人都会笑话别人，这倒没什么，难的是笑在正确的地方，修养到可以笑人的地步就更难了。

毁我之言可闻，毁我之人不必问也。使我有此事也，彼虽不言，必有言之者。我闻而改之，是又得一不受业之师也。使我无此事耶，我虽不辨，必有辨之者。若闻而怒之，是又多一不受言之过也。

【译文】责备我的话我可以听，责备我的人就不必问了。假如我有这件事，他虽不说，肯定有人会说。我听到后改正，等于得到一位不教我的老师。假如我没做过这事，我虽然不辩解，也一定会有为我辩解的人。如果听了就发怒，这是又多了一个不能听取意见的过失。

精明，世所畏也而暴①之；才能，世所妒也而市②之，不没也夫？

【注释】①暴：显露出来。②市：卖弄。

【译文】世人畏惧精明，却总要去显露它；世人嫉妒才能，却总要去卖弄它，能不倒霉吗？

只一个贪爱心，第一可贱可耻。羊马之于水草，蝇蚁之于腥膻，蜣螂之于积粪，都是这个念头。是以君子制欲[1]。

【注释】①制欲：节制不当的欲望。

【译文】贪爱心，是最可耻可贱的东西。羊马对水草，蝇蚁对腥膻，蜣螂对粪堆，都是贪爱。君子要懂得止欲。

清议[1]酷于律令，清议之人酷于治狱之吏。律令所冤，赖清议以明之，虽死犹生也。清议所冤，万古无反案矣[2]。是以君子不轻议人，惧冤之也。惟此事得罪于天甚重，报必及之。

【注释】①清议：指公正的评论，也指对时政或政治人物的批评议论。②反：同“翻”。

【译文】清议比法令还要严酷，清议之人比狱吏还要严酷。被法令冤屈的人，可以靠清议来申明清白，此人虽死犹生。被清议冤屈的人，万古也得不到翻案。因此君子不轻易议论别人，害怕冤屈了别人。这件事得罪天最重，必然要受到报应。

权贵之门，虽系通家[1]知己也，须见面稀、行踪少就好。尝爱唐诗有“终日帝城里，不识五侯门”[2]之句，可为新进之法。

【注释】①通家：世交。②终日帝城里，不识五侯门：语出张继《感怀》："调与时人背，心将静者论。终日帝城里，不识五侯门。"

【译文】权贵之门，即使世代交好的知己，也要少来往才好。我很喜欢唐诗中"终日帝城里，不识五侯门"一句，这点可以作为新入仕途之人的处世方法。

闻世上不平事，便满腹愤懑，出激切之语，此最浅夫薄子，士君子之大戒。

【译文】听到世上不公平的事，便满腹愤懑，说出过激的话来，这是最浅薄的人，是士君子的大戒。

仁厚刻薄是修短关，行止语默是祸福关，勤惰俭奢是成败关，饮食男女是死生关。

【译文】仁厚与刻薄是寿命长短的关键，言行谨慎，懂得知止是祸福的关键，勤劳与懒惰、节俭与奢侈是成败的关键，饮食男女之欲是死生的关键。

言出诸口，身何与焉？而身亡；五味宜于口，腹何知焉？而腹病。小害大，昭昭也[①]，而人每纵之徇之，恣其所出，供其所入。

【注释】①昭昭：明亮。

【译文】言语从口中而出，与身体无关，但招来的祸患却使身体遭殃；五味让嘴巴很舒服，可肚子哪里知道好吃呢？而生病的是肚子。很明显，小能害大，但人们还是要放纵自己，不注意言语，饮食以满足口腹之需。

浑身都遮盖得，惟有面目不可掩，面目者，心之证也。即有厚貌者，卒然难做预备，不觉心中事都发在面目上，故君子无愧心则无怍容[①]。中心之达，达以此也；肺肝之视[②]，视以此也。此修己者之所畏也。

【注释】①怍（zuò）容：惭愧的神色。②肺肝之视：语出《大学》第六章："人之视己，如见其肺肝然。"指别人看小人，就如看自己的五脏六腑一样清楚明了，无可掩饰。

【译文】浑身都可以掩盖，只有面目掩盖不了，面目，是心的表现。即使长得厚道，到仓促之际也难以掩饰内心所想，不知不觉中就表露在脸上，因此君子心无愧疚，就不会有愧色。内心的状况会表现在面容上；要想知道一个人的内在，就看他的面貌。这是修身的人应当畏惧的事情。

韦弁布衣[①]，是我生初服，不愧此生，尽可以还。大造轩冕[②]，是甚物事？将个丈夫来做坏了，有甚面目对那青天白日？是宇宙中一腐臭物也。乃扬眉吐气，以此夸人，而世人共荣慕之，亦大异事！

【注释】①韦弁布衣：指未仕或隐居者穿的粗陋衣服。②大造轩冕：大造，大事业；轩冕，高官的车和冕服。

【译文】粗布衣服，是我出生时穿的。如果此生没有愧疚，就可坦然地回归本初。高官厚禄，是个什么事物？把天性人品玷污了，如何去面对上天？这种人只是宇宙间的一个臭皮囊罢了。还要扬眉吐气，到处显摆，而世上的人还都羡慕他，真是想不通！

多少英雄豪杰，可与为善，而卒无成[1]，只为拔此身于习俗中不出。若不恤群谤，断以必行，以古人为契友，以天地为知己，任他千诬万毁何妨！

【注释】①卒：最后。

【译文】多少英雄豪杰，本来可以为善，但最终一事无成，只因不能摆脱习俗。假如能坚持自己的路，不怕被人说，以古人为友，以天地为知己，任别人千诬万毁又能怎样！

为人无负扬善者之心，无实称恶者之口，亦可以语真修矣。

【译文】为人处世可以不辜负那些称赞他的人，可以不给诋毁他的人以口实，这种人就可以和他谈论真正的修养问题了。

身者，道之舆也。身载道以行，道非载身以行也。故君子道行则身从之以进，道不行则身从之以退。道不行而求进不已，譬之大贾，百货山积不售，不载以归，而又以空舆雇钱也，贩夫笑之，贪鄙孰甚焉？故出处之分只有二语：道行则仕，道不行则卷而怀之。舍是皆非也。

【译文】身体，就是载道的车舆。身载道而行，非道载身而行。所以君子在道得以推行的时候，身就跟着走向仕途；道不能推行的时候，身则随之隐退。道不能推行却孜孜于官位，就如富商大贾，堆积了很多货物卖不出去，他不把货物装车带回，却把空车出租出去赚钱，贩夫们都笑他的贪鄙。因此是出仕还是隐退，只根据两点：道能推行则仕，道不能推行则隐。不以道为出发点的行为都是不对的。

世间至贵莫如人品，与天地参，与古人友，帝王且为之屈，天下不易其守。而乃以声色财货、富贵利达，轻轻将个人品卖了，此之谓自贱。商贾得奇货亦须待价，况士君子之身乎？

【译文】世间最宝贵的莫如人品，品德高尚的人，可以参天地，友古人，帝王也会屈服于他，因为用天下交换，他也不改自己的操守。但有的人却轻易地为了声色财货、富贵利达，将自己的人品卖了，这叫自贱。商贾之人得了奇货也要等有了好价格再卖，何况是士君子的人身呢！

修身以不护短为第一长进，人能不护短，则长进者至矣。

【译文】不护短最能促进修身工夫，一个人可以不护短了，那他就会不断长进。

世有十态，君子免焉：无武人之态——粗豪，无妇人之态——柔懦，无儿女之态——娇稚，无市井之态——贪鄙，无俗子之态——庸陋，无荡子之态——儇佻①，无伶优②之态——滑稽，无闾阎③之态——村野，无堂下人之态——局迫，无婢子之态——卑谄，无侦谍之态——诡暗，无商贾之态——炫售。

【注释】①儇佻（xuān tiāo）：轻佻。②伶优：古时称以演戏为职业的人。③闾阎：指平民。

【译文】世有十种性情之态，君子要避免：无武人之态——粗豪，无妇人之态——柔懦，无儿女之态——娇稚，无市井小人之态——贪鄙，无俗人之态——庸陋，无荡子之态——儇佻，无伶优之态——滑稽，无平民之态——村野，无侍从人之态——局迫，无婢子之态——卑谄，无侦谍之态——诡暗，无商贾之态——炫售。

作本色人，说根心话，干近情事。

【译文】做本色人，说真心话，做符合人情天理的事。

君子有过不辞谤，无过不反谤，共过不推谤。谤无所损于君子也。

【译文】君子有过失就不怕舆论指责，无过失也不去反驳舆论，与人共有过失，则不把责任推给别人。舆论指责不会伤害到君子。

惟圣贤终日说话无一字差失，其余都要拟之而后言，有余不敢尽，不然未有无过者。故惟寡言者寡过。

【译文】圣贤即使终日说话，也不会说错一个字，其余人都要想好了再说，话不要说尽，留些余地，不然没有不过失的。因此少说才少过。

心无留言，言无择人，虽露肺肝，君子不取也。彼固自以为光明矣，君子何尝不光明？自不轻言，言则心口如一耳。

【译文】心中留不住话，讲话不选择对象，虽然都是肺腑之言，君子也不这么做。你自以为光明磊落，君子何尝不是这样？但君子不轻易开口，开口就是心口如一。

保身底是德义，害身底是才能。德义中之才能，呜呼免矣。

【译文】德义保身，才能害身。德义中的才能，可以免祸。

恒言“疏懒勤谨”，此四字每相因。懒生疏，谨自勤。圣贤之身岂生而恶逸好劳哉？知天下皆惰慢则百务废弛，而乱亡随之矣。先正[①]云：古之圣贤未尝不以怠惰荒宁为惧，勤励不息自强。曰惧曰强，而圣贤之情见矣。所谓"忧勤惕励"[②]者也，惟忧故勤，惟惕故励。

【注释】①先正：古圣先贤。②忧勤：忧愁而劳苦。惕励：即惕厉，心存戒惧。

【译文】人常说"疏懒勤谨"，这四个字是互为因果的。懒生疏，谨自然会勤。圣贤难道生来就恶逸好劳吗？他们知道如果人人都惰慢，百业就会废弛，乱亡就会随之而来。先代的圣贤说：古圣贤都畏惧怠惰荒宁，所以自强不息。通过"惧""强"二字，就能知道圣贤的心情了。所谓"忧勤惕励"，只有忧患才能勤，只有警惕才能振奋。

谑非有道之言也，孔子岂不戏？竟是道理上脱洒。今之戏者媟[①]矣，即有滑稽之巧，亦近俳优之流，凝静者耻之。

【注释】①媟（xiè）：不恭敬。

【译文】戏言，不是有道的人应讲的话，难道孔子不说戏言？孔子的戏言是讲道时的洒脱。当今说玩笑话的人就有点儿不恭不敬了，虽然很滑稽巧妙，但也流于口戏演员之类，稳重安静的人不会这么做。

无责人，自修之第一要道；能体人，养量之第一要法。

【译文】不责备他人是自我修养的第一要道；能体谅人是涵养气量的第一要法。

予不好走贵公之门，虽情义所关，每以无谓而止。或让[1]之，予曰："奔走贵公，得不谓其喜乎？"或曰："惧彼以不奔走为罪也。"予叹曰："不然。贵公之门奔走如市，彼固厌苦之，甚者见于颜面，但浑厚忍不发于声耳。徒输自己一勤劳，徒增贵公一厌恶，且入门一揖之后，宾主各无可言，此面愧赧已无发付处矣。予恐初入仕者狃于众套而不敢独异，故发明之。"

【注释】①让：责备。

【译文】我不喜欢走贵公之门，虽有时事关情义，但次都觉得没有意义而停止了。有人指责我，我说："你奔走贵公之门，不就是为了使他高兴吗？"这人说："我怕不拜访他会被怪罪。"我感慨道："并非如此。许多人奔走贵公之门，他已经很厌烦苦恼了，甚至已表现在脸色上，只是修养浑厚，忍着不说罢了。你白白浪费精力，贵公也白白增添一分厌恶，况且进门问候之后宾主都无话可说，这时就羞愧得无地自容了。我担心刚入仕途的人拘泥于俗套而不敢违背，所以把这些讲出来。"

亡我者我也，人不自亡，谁能亡之？

【译文】亡我的是我自己，人不自亡，谁能让你灭亡？

沾沾煦煦，柔润可人，丈夫之大耻也。君子岂欲与人乖戾？但自有正情真味，故柔嘉不是软美，自爱者不可不辨。

【译文】姑息优柔，柔润可人，这是大丈夫的耻辱。君子哪里想与众不同？但君子自有中正的性情和内在的真味，所以表现出来的是柔嘉而不是软美，自爱的人对此不可不分辨清楚。

士大夫一身，斯世之奉弘矣。不蚕织而文绣，不耕畜而膏粱，不雇贷而车马，不商贩而积蓄。此何以故也？乃于世分毫无补，惭负两间人。又以大官诧市井儿，盖棺有余愧矣。

【译文】士大夫一身，得到的东西够多了。不蚕不织而能穿绫罗绸缎，不耕不畜而能享用美食，不用雇贷而能乘车骑马，不经商而有积蓄。他们何德何能可以享受这些？而对社会却无分毫贡献，亏负了世人。还要以官位欺诳老百姓，这种人盖棺也有余愧。

且莫论身体力行，只听随在聚谈间，曾几个说天下国家身心性命正经道理？终日哓哓剌剌，满口都是闲谈乱谈。吾辈试一猛省，士君子在天地间，可否如此度日？

【译文】且不要说身体力行，只要听听他们闲谈时，有几个在谈论天下国家身心性命的正经道理？终日哓哓不休，满口都是闲谈乱谈。我辈应当好好反省，士君子在天地间，能不能这样过日子？

君子慎求人，讲道问德，虽屈己折节，自是好学者事。若富贵利达向人开口，最伤士气，宁困顿没齿也。

【译文】君子不可轻易求人，讲道问德，虽已是屈己折节，但那是为了学问。如果为了富贵利达向别人开口，最伤士气，宁可穷困也不做这等事。

言语之恶，莫大于造诬；行事之恶，莫大于苛刻；心术之恶，莫大于深险。

【译文】言语的可恶，莫大于造谣诬蔑；行事的可恶，莫大于苛刻；心术的可恶，莫大于阴险。

自家才德，自家明白底。才短德微，即卑官薄禄已为难称。若已逾涘[①]分而觖望[②]无穷，却是难为了造物。孔、孟终身不遇，又当如何？

【注释】①涘（sì）：水边，引申为边限。②觖（jué）望：不满足而抱怨。

【译文】自己的才德，自己最清楚。才短德微，即使是卑官薄禄已经难以相称。如果超过了限分，却还要求更多，就是难为了造物主。孔子、孟子终身怀才不遇，又当如何呢？

不善之名每成于一事，后有诸长不能掩也，而惟一不善传。君子之动，可不慎与？

【译文】不好的名声大多来源于一件事，即使后来有很多好处，也不能洗白了，这个坏名声会流传开来。由此看，君子的行为，怎么能不慎重？

一日与友人论身修道理，友人曰："吾老矣。"某曰："公无自弃，平日为恶，即属纩时干一好事，不失为改过之鬼，况一息尚存乎！"

【译文】一天和朋友谈论修身的道理，朋友说："我老了。"我说："您不要自暴自弃，平日为恶，即使临死前干一件好事，也不失为改过之鬼，况且您还活着呢！"

即做人在世间，便要劲爽爽立铮铮底，若如春蚓秋蛇，风花雨絮，一生靠人作骨，恰似世上多了这个人。

【译文】在世间做人，就要劲爽爽立铮铮地，如果像春蚓秋蛇般软弱无骨，如风花雨絮般漂浮不定，凡事都要依赖别人，那就是世上多余的人。

有人于此：精密者病其疏，靡绮者病其陋，繁缛者病其简，谦恭者病其倨[①]，委曲者病其直，无能可于一世之人，奈何？曰："一身怎可得一世之人？只自点检吾身，果如所病否。若以一身就众口，孔子不能。即能之，成个甚么人品？故君子以中道为从违，不以众言为忧喜。"

【注释】①倨：傲慢。

【译文】有这样一个人：精密的人他疏，靡绮的人嫌他陋，繁缛的人嫌他简，谦恭的人嫌他倨，委曲的人嫌他直，所有人都对他不满意，怎么办？我说："一个人怎么能使全世界都满意呢？只要反省自身，看看是否真有那些毛病。如果要迎合所有人的要求，孔子也做不到。即使能做到，又成了个什么人了？所以君子以中道为准则，而不是在舆论中或喜或忧。"

夫礼非徒亲人，乃君子之所以自爱也；非徒尊人，乃君子之所以敬身也。

【译文】礼不仅是为了亲近别人，还能使君子自爱；礼不仅是为了尊敬别人，还能使君子自尊。

君子之出言也，如啬夫之用财；其见义也，如贪夫之趋利。

【译文】君子说话，如吝啬鬼用钱；君子向往义，如贪婪的人追逐利益。

古之人勤励，今之人惰慢。勤励故精明而德日修，惰慢故昏蔽而欲日肆。是以圣人贵"忧勤惕励"。

【译文】古人勤励，今人惰慢。勤励才能精明，道德天天增长；惰慢就会昏蔽，欲望不断增多。因此圣人注重"忧勤惕励"。

先王之礼文用以饰情[1]，后世之礼文用以饰伪。饰情则三千三百虽至繁也，不害其为率真；饰伪则虽一揖一拜，已自多矣。后之恶饰伪者乃一切苟简决裂，以溃天下之防，而自谓之率真，将流于伯子[2]之简而不可行，又礼之贼也。

【注释】①饰情：用适当形式表达情感。②伯子：指子桑伯子。朱熹注："《家语》记伯子不衣冠而处，夫子讥其欲同人道与牛马。"

【译文】先王制礼是用来适宜地表达感情的，后世用礼节来装饰虚伪。用来表达感情，就是有三千三百条繁复的规定，也不能不说是率真的；用来文饰虚伪，虽然只规定一揖一拜，也是多余。后来厌恶虚假的人就不依礼制，一切从简了。这就破坏了国家安定的堤防，还自认为率真，这样就像桑伯子那样的简易了，是不可行的，是危害礼制的。

清者，浊所妒也，而又激之，浅之乎其为量矣。是故君子于己讳美，于人藏疾。若有激浊之任者，不害其为分晓。

【译文】洁身自好的人，会被污浊的人嫉妒，而你还要去激他，度量太浅了。因此君子不要称扬自己的美德；不要谈论别人的毛病。如果担负着激励浊者的责任，不妨先把清浊分清。

处世以讥讪为第一病痛。不善在彼，我何与焉？

【译文】讥讽是为人处世的第一大毛病。缺点在他身上，和我有什么关系呢?

余待小人不能假辞色，小人或不能堪。年友[1]王道源危之曰:“今世居官，切宜戒此。法度是朝廷底，财货是百姓底，真借不得。人情，至于辞色，却是我底，假借些儿何害?”余深感之，因识而改焉。

【注释】①年友：参加科举，同榜登科的好友。

【译文】我对小人做不到和言悦色，有时候他们受不了。我的年友王道源说:“现在当官，切戒这样做。法度是朝廷规定的，财货是百姓生产的，这些都不能借给别人。以至于言辞和脸色，却是我可以给别人的，借出一点好言语、好脸色有什么害处呢?”这话使我深以为然，因此记下来，并改正。

刚明，世之碍也。刚而婉，明而晦，免祸也夫。

【译文】刚强直明，是处世的障碍。刚强而委婉，直明而隐晦，才能免祸。

君子之所持循，只有两条路，非先圣之成规，则时王之定制。此外悉邪也，俗也，君子不由。

【译文】君子所遵行的路只有两条，不是先圣的成规，就是当世国君制定的法制。除此以外非邪即俗，君子不为。

非直之难，而善用其直之难；非用直之难，而善养其直之难。

【译文】正直不难，善用正直才难的；用正直不难，而养成正直的品格才难。

处身不妨于薄，待人不妨于厚；责己不妨于厚，责人不妨于薄。

【译文】对自己不妨薄一点儿，对别人不妨厚一点儿；责备自己不妨重一点儿，责备别人不妨轻一点儿。

坐于广众之中，四顾而后语，不先声，不扬声，不独声。

【译文】众人之中，先看看四周的情况再说话，不先说，不高声说，不独自说。

苦处是正容谨节[①]，乐处是手舞足蹈，这个乐又从那苦处来。

【注释】①正容谨节：端正容貌、谨慎名节。

【译文】时运不济时候正容谨节，守住正气，高兴的时候手舞足蹈，这个乐正是从那个苦里来的。

滑稽诙谐，言毕而左右顾，惟恐人无笑容，此所谓“巧言令色”[①]者也。小人侧媚[②]，皆此态耳，小子戒之。

【注释】①巧言令色：语出《论语·学而》：“巧言令色，鲜矣仁。”朱熹注：“好其言，善其色，致饰于外，务以悦人，则人欲肆而本心之德亡矣。”②侧媚：用不正当手段讨好别人。

【译文】讲话滑稽诙谐，讲完了又左瞧右看，唯恐人们不笑，这就是“巧言令色”的人。小人都是这样讨好别人，后生们要引以为戒。

人之视小过也，愧怍悔恨，如犯大恶，夫然后能改。“无伤”二字，修己者之大戒也。

【译文】一个人对待小的过失愧怍悔恨，像犯了大错一样，这样才能够改正。“无伤”二字，是修身者的大戒。

有过是一过，不肯认过又是一过。一认则两过都无，一不认则两过不免。彼强辩以饰非者，果何为也？

【译文】有了过错只是一个过错，不肯认错又增加了一个过错。一认错则两过全消，一不认错两过都不能免。那些以强辩来掩饰错误的人。到底为了什么呢？

一友与人争而历指其短。予曰：“于十分中，君有一分不是否？”友曰：“我难说没一二分。”予曰：“且将这一二分都没了，才好责人。”

【译文】一位友人与人争吵时，把对方的短处一个个数落过去。我问：“十分里面，你有没有一分不是？”友人说：“我难说没有一二分。”我说：“这一二分都没有了，才有资格去责备别人。”

余二十年前曾有心迹双清之志，十年来有四语云：行欲清，名欲浊。道欲进，身欲退。利欲后，害欲前。人欲丰，己欲约。近看来太执着，太矫激①。只以无心任自然，求当其可耳，名迹一任去来，不须照管。

【注释】①矫激：偏激。

【译文】二十年前，我曾有内外都要清白的志向，近十年来又有四句座右铭：行欲清，名欲浊。道欲进，身欲退。利欲后，害欲前。人欲丰，己欲约。近来一看，这个也太执着，太过激。只以无心任自然，做到当机就可以了，声名和行迹，任凭它去来，不须管它。

君子之为善也，以为理所当为，非要福，非干禄①；其不为不善也，以为理所不当为，非惧祸，非远罪。至于垂世教，则谆谆以祸福刑赏为言，此天地圣王劝惩之大权，君子不敢不奉若而与众共守也。

【注释】①干禄：做官求禄。

【译文】君子为善，是理所当为，不是为了求福求官；君子不做恶事，是理不当为，不是为了远离祸殃和罪过。但在教化世人时，则要用祸福刑赏的道理来感化，这是天地圣王劝诫惩处世人的大权，君子不敢不奉行而与民众共同遵守。

茂林芳树，好鸟之媒也；污池浊渠，秽虫之母也。气类之自然也。善不与福期，恶不与祸招。君子见正人而合，邪人见憸夫而密①。

【注释】①憸（xiān）夫：奸邪之人。

【译文】茂林芳树，是招来好鸟的媒介；污池浊渠，是滋生秽虫的源头。这是同气相求的自然规律。善不与福相约，恶也不与祸相招。君子看见正人就会相合，邪人看见奸恶之人就会亲密。

吾观于射，而知言行矣。夫射，审而后发，有定见也；满而后发，有定力也。夫言能审满，则言无不中；行能审满，则行无不得。今之言行皆乱放矢也，即中，幸耳。

【译文】我观察射箭，就懂得言行的道理了。射箭时先要看好靶心再放箭，这是认准了目标；拉满了弓再放手，箭就有了力量。如果说话前能仔细思考，则句句都能说到点子上；如果行动前能做好充分准备，则事事都能成功。现在人们的言行都是无的放矢，即使对了，也属侥幸。

蜗以涎见觅，蝉以声见粘，萤以光见获，故爱身者，不贵赫赫之名。

【译文】蜗牛因为有黏涎才被人找到，蝉不停地鸣叫才被人粘住，萤火虫有光亮才被人捕获，因此爱护自己生命的人，不追求显赫的名声。

大相反者大相似，此理势之自然耳。故怒极则笑，喜极则悲。

【译文】大相反者大相似，这是天理和趋势发展的规律。所以会怒极则笑，喜极则悲。

敬者，不苟之谓也，故反苟为敬。

【译文】敬，就是不苟且、不随便，因此“敬”的左边是“苟”，右边是反文，反苟为敬。苟的反面就是敬。

多门之室生风，多口之人生祸。

【译文】多门的房子会有很多风，言多者必然会惹出灾祸。

磨砖砌壁不涂以垩，恶掩其真也。一垩则人谓粪土之墙矣。凡外饰者，皆内不足者。至道无言，至言无文，至文无法。

【译文】磨好砖砌好了墙就不用再涂白土了，怕掩盖了里面的砖。一涂抹，就成了粪土之墙。凡是外部精心装饰的，都是内有不足。天道不说话，至真之言朴实无华，最好的文章不用章法。

苦毒易避，甘毒难避。晋人之璧马，齐人之女乐，越人之子女玉帛，其毒甚矣。而愚者如饴，即知之，亦不复顾也。由是推之，人皆有甘毒不必自外馈，而耽耽求之者且众焉。岂独虞人、鲁人、吴人愚哉！知味者可以惧矣。

【译文】苦味的毒药容易躲开，甜味的就难避开了。晋人送给虞人玉璧和马匹，齐人送给鲁君漂亮的舞女，越人献给吴太宰子女玉帛，这些都是甘毒。但愚昧的人高兴地接受，即使知道有害，也管不住自己的心了。所以，甘甜的毒药，不必别人送来，人自己会孜孜寻求，这种人很多。愚人何止是虞人、鲁人、吴人呢！有味觉的人想到这点应该畏惧、警醒啊。

好逸恶劳，甘食悦色，适己害群，择便逞忿，虽鸟兽亦能之。灵于万物者，当求有别，不然类之矣！且凤德麟仁，鹤清豸[①]直，乌孝雁贞，苟择鸟兽之有知者而效法之，且不失为君子矣。可以人而不如乎！

【注释】①豸（zhì）：獬豸，古代神兽，有很高的智慧，懂人言知人性，能辨曲直，能识善恶忠奸。

【译文】好逸恶劳，沉溺于食色，为了自己方便而害人，动不动就抱怨泄愤，鸟兽也会做这些。灵于万物的人，应当与鸟兽有所区别，不要成它们的同类。况且凤德麟仁、鹤清豸直、乌孝雁贞，如果去效仿这些有德行的鸟兽，也不失为君子。为何做个鸟兽不如的人呢？

万事都要个本意，宫室之设只为安居，衣之设只为蔽体，食之设只为充饥，器之设只为利用，妻之设只为有后。推此类不可尽穷。苟知其本意，只在本意上求，分外底都是多了。

【译文】任何事都有个初心用意，建宫室是为了安居，衣服是为了遮蔽身体，食物是为了充饥，器具是为了使用，娶妻是为了繁衍后代。如此种种，事情的本意无穷尽。只要根据最初的目的，去追求就好了，其他的都是节外生枝。

士大夫殃及子孙者有十：一曰优免[①]太侈，二曰侵夺太多，三曰请托灭公，四曰恃势陵人，五曰困累乡党，六曰要结权贵、损国病人，七曰盗上剥下、以实私橐，八曰簧鼓邪说、摇乱国是，九曰树党报复、阴中善人，十曰引用邪昵[②]、虐民病国。

【注释】①优免：指倚仗着权位而享受的免税、免役等优待。②邪昵：指与自己关系密切的邪恶者。

【译文】士大夫以十种行为来祸殃子孙：一是优免太多；二是侵夺太多；三是请托损公；四是仗势欺人；五是困累乡党；六是勾结权贵，损国害人；七是盗上剥下，以饱私囊；八是鼓吹邪说，摇乱国是；九是树党报复，暗害好人；十是引用恶人，害民祸国。

儿辈问立身之道。曰："本分之内不欠纤微，本分之外不加毫末。今也舍本分弗图，而加于本分之外者不啻千万矣，内外之分何处别白，况敢问纤微毫末间耶？"

【译文】儿辈询问如何立身。我说："本分之内的事不欠纤微，本分之外的事不加毫末。今人不尽本分，却做了千千万万分外的事，内外颠倒，哪里还分得清楚？更谈不上纤微毫末了。"

智者不与命斗，不与法斗，不与理斗，不与势斗。

【译文】有智慧的人不与命斗，不与法斗，不与理斗，不与势斗。

学者事事要自责，慎无责人。人不可我意，自是我无量；我不可人意，自是我无能。时时自反，才德无不进之理。

【译文】学者事事要反省自己，不要责备别人。别人不合我的心意，是我没度量接纳他；我不合别人的心意，是我无能。时时反省，才德定会长进。

气质之病小，心术之病大。

【译文】气质有偏还算小病，心术不正才大病。

童心、俗态，此二者士人之大耻也。二耻不脱，终不可以入君子之路。

【译文】内心幼稚、仪态庸俗是读书人的大耻辱。不摆脱它们，就永远不能成为君子。

习威仪容止，甚不打紧，必须是瑟僩[①]中发出来，才是盛德光辉。那个不严厉，不放肆？庄重不为矜持，戏谑不为媟嫚，惟有道者能之，惟有德者识之。

【注释】①瑟僩：语出《诗经·卫风·淇奥》："瑟兮僩兮，赫兮咺兮。"指庄重威严、光明显耀。

【译文】练习外在的行为仪态，不是要紧的事，重要的是怎么使这种仪态从中正平和的内心中自然发出来的，才是盛德光辉。人哪有不严厉、不放肆的？庄重而不矜持，说笑而不轻慢，只有有道的人才能做到，只有有德的人才能识别。

容貌要沉雅自然，只有一些肤浅之色、作为之状，便是屋漏少工夫。

【译文】容貌要沉雅自然，只要有一点儿肤浅做作的表现，就是缺少慎独的功夫。

德不怕难积，只怕易累。千日之积不禁一日之累，是故君子防所以累者。

【译文】德不怕难积，只怕易损。积累了千日也禁不起一日的损害，所以君子要预防会损德的因素。

枕席之言，房闼之行，通乎四海。墙卑室浅者无论，即宫禁之深严，无有言而不知、动而不闻者。士君子不爱名节则已，如有一毫自好之心，幽独言动可不慎与？

【译文】枕席之间说的话，寝室里做的事，大家都会知道。墙卑室浅的人家且不说，即使是戒备森严的皇宫，也没有不被别人知道的言行。士君子不爱惜名节就算了，只要有一点儿自爱之心，独处时的言行能不谨慎吗？

富以能施为德，贫以无求为德，贵以下人为德，贱以忘势为德。

【译文】富而能布施为有德；贫而不求人为有德；贵而能卑下为有德；贱而不附势为有德。

入庙不期敬而自敬，入朝不期肃而自肃，是以君子慎所入也。见严师则收敛，见狎友则放恣，是以君子慎所接也。

【译文】进入寺庙，没想到要恭敬，也自然会有恭敬的样子；进入朝堂，没想到严肃，自然就会有严肃的样子；因此君子对进入的地方要谨慎。看见严厉的老师会收敛，看见亲昵的朋友会放恣，因此君子接交人时要谨慎。

《氓》之诗，悔恨之极也，可为士君子殷鉴，当三复[①]之。唐诗有云：“雨落不上天，水覆难再收。”又近世有名言一偶云：“一失脚为千古恨，再回头是百年身。”此语足道《氓》诗心事，其曰“亦已焉哉”，所谓“何嗟及矣”，无可奈何之辞也。

【注释】①三复：指反复多次。

【译文】《诗经》中《氓》这首诗，表达了极其悔恨的心情，可以作为士君子的借鉴，应经常诵读。唐诗有这样的诗句：“雨落不上天，水覆难再收。”近世也有名言：“一失脚为千古恨，再回头是百年身。”这些足以解释《氓》的意思。诗中有“亦已焉哉”，以及人们常说的“何嗟及矣”，都是无可奈何的话。

平生所为，使怨我者得以指摘，爱我者不能掩护，此省身之大惧也，士君子慎之。故我无过而谤语滔天不足惊也，可谈笑而受之。我有过而幸不及闻，当寝不贴席、食不下咽矣。是以君子贵“无恶于志”[①]。

【注释】①无恶于志：语出《中庸》第三十三章：“故君子内省不疚，无恶于志。”指问心无愧。

【译文】平生所做的事，使恨我的人可以拿来指责我，而爱我的人却不能用来掩护自己，这是修身最可怕的事，士君子要特别注意。我没过失而到处都是诽谤的话，也不用吃惊，依然可以谈笑自如；我有过失别人还不知道，就要寝不贴席、食不下咽了。因此士君子最重要的是“无恶于志”。

谨言慎动，省事清心，与世无碍，与人无求，此谓小跳脱。

【译文】谨言慎动，省事清心，与世无碍，与人无求，这叫小脱离。

身要严重，意要安定，色要温雅，气要和平，语要简切，心要慈祥，志要果毅，机要缜密。

【译文】身要庄重，意要安定，容色要温雅，气息要和平，言语要简切，内心要慈祥，意志要果敢刚毅，做事要缜密。

善养身者，饥渴、寒暑、劳役、外感屡变，而气体若一，未尝变也。善养德者，死生、荣辱、夷险、外感屡变，而意念若一，未尝变也。夫藏令之身至发扬时而解㑊①，长令之身至收敛时而郁阏，不得谓之定气。宿称镇静，至仓卒而色变；宿称淡泊，至纷华而心动，不得谓之定力。斯二者皆无养之过也。

【注释】①解㑊（xiè yì）：身体不舒服又没病。

【译文】善于保养身体的人，在饥渴、寒暑、劳役及外环境经常变化的情况下，气息和身体也是合一不变的。善于养德的人，在生死、荣辱、夷险及对外的感触经常变化的情况下，意念也始终如一没有丝毫改变。那些身体在冬天舒适，到了春天会不适应的人和在夏天安然无恙，到秋天时就感到抑郁堵塞的人，不能称作有定气。一向号称镇静，仓促之时就改了面色；一向号称淡泊，纷华来时就心动的人，不能称作有定力。这两种人都是修养不够的。

里面要活泼，于规矩之中无令怠忽；外面要摆脱，于礼法之中无令矫强。

【译文】内心要活泼，在规矩中不要怠惰大意；外面要摆脱，在礼法内不要虚伪、勉强。

四十以前养得定，则老而愈坚；养不定，则老而愈坏。百年实难，是以君子进德修业贵及时也。

【译文】四十岁以前修养得定，则老而愈坚；修养不定，则老而愈坏。得此人身很不容易，所以君子要及时进德修业。

涵养如培脆萌，省察如搜田蠹，克治如去盘根。涵养如女子坐幽闺，省察如逻卒缉奸细，克治如将军战勃敌。涵养用“勿忘勿助”[①]工夫，省察用“无怠无荒”[②]工夫，克治用“是绝是忽”[③]工夫。

【注释】①勿忘勿助：语出《孟子·公孙丑上》："必有事焉而勿正，心勿忘，勿助长也。"指不要忘记，也不要执着。②无怠无荒：语出《尚书·大禹谟》："无怠无荒，四夷来王。"指怠惰荒废。③是绝是忽：语出《诗经·大雅·皇矣》。指绝灭。

【译文】做涵养功夫如培育脆弱的萌芽，做省察功夫如搜寻田里的蠹虫，做克治功夫如砍掉盘根错节。涵养功夫如女子坐在幽深的闺房，省察功夫如巡逻士兵缉拿奸细，克治功夫如将军战强敌。涵养要"勿忘勿助"，省察要"无怠无荒"，克治要"是绝是忽"。

世上只有个道理是可贪可欲底，初不限于取数之多。何者？所性分定原是无限量底，终身行之不尽，此外都是人欲，最不可萌一毫歆羡心。天之生人各有一定底分涯，圣人制人各有一定底品节，譬之担夫欲肩舆，丐人欲鼎食，徒尔劳心，竟亦何益？嗟夫！篡夺之所由生，而大乱之所南起，皆耻其分内之不足安，而惟见分外者之可贪可欲故也。故学者养心先要个知分，知分者，心常宁，欲常得。所欲得，自足，以安身利用。

【译文】世上只有大道天理没有限定数量，可以多贪多得一些，。为何呢？你的天性与本源一体，广大无边，若与天地谐行，终身都用之不尽，其余都是人欲，最不可生出一毫歆羡的人欲之心。上天生人各有一定的分涯，圣人制人各有一定的品节，譬如担夫想要乘坐肩舆，乞丐想要钟鸣鼎食，只是白费心思，想着分外的东西，对自己有什么益处呢？唉！篡夺的产生，大乱的兴起，都是因为不安于分内所有，而想得到分外的东西。所以学者修养心性先要知分，知道分，就会知足安定下来，想要的常常都能得到。得到了能知足，就可以安身利用了。

心术以光明笃实为第一，容貌以正大老成为第一，言语以简重真切为第一。

【译文】心术以光明笃实为第一，容貌以正大老成为第一，说话以简重真切为第一。

学者只把性分之所固有，职分之所当为，时时留心，件件努力，便骎骎[1]乎圣贤之域。非此二者，皆是外物，皆是妄为。

【注释】①骎骎（qīn）：马速行貌，引申为疾速。

【译文】学者只要把天性中所固有的，职分中所当做的，时时留心，件件努力，便能很快地进入圣贤的行列。除此二者，都不重要，都是妄为。

进德莫如不苟，不苟先要个耐烦。今人只为有躁心而不耐烦，故一切苟且。卒至破大防而不顾，弃大义而不为。其始皆起于一念之苟也。

【译文】修德没有比不马虎草率更重要的了，不马虎先要有个耐烦。今人内心躁动，没有耐心，所以一切都很苟且。最终破坏了大防而不顾，舍弃了大义而不为。都是起于一念之苟。

不能长进，只为“昏弱”两字所苦。昏宜静以澄神，神定则渐精明；弱宜奋以养气，气壮则渐强健。

【译文】不能长进，是因为“昏弱”。昏沉迷惑了，就要安静下来以定神，神定了就会逐渐精明；衰弱了，应该奋力养气，气壮了身体就逐渐强健。

一切言行只是平心易气就好。

【译文】一切言行只是平心静气就好。

恣纵既成，不惟礼法所不能制，虽自家悔恨亦制自家不得。善爱人者无使恣纵，善自爱者亦无使恣纵。

【译文】肆意放纵成了习惯，不只礼法限制不住他，就是自己万分悔恨，诱惑来了也约束不住自己。爱人，就不要使他肆意放纵；自爱，也不要自我放纵。

天理与人欲交战时，要如百战健儿，九死不移，百折不回，其奈我何？如何堂堂天君[①]，却为人欲臣仆？内款受降？腔子中成甚世界？

【注释】①天君：指心。

【译文】天理和人欲交战时，要如百战健儿，九死不移，百折不回，人欲动摇不了我。为什么光明正大的心，要投降做人欲的臣仆？这样内心成了个什么世界？

有问密语者，嘱曰：“望以实心相告。”余笑曰：“吾内有不可瞒之本心，上有不可欺之天日。在本人有不可掩之是非，在通国有不容泯之公论。一有不实，自负四愆矣[①]，何暇以貌言诳门下哉！”

【注释】①愆（qiān）：过失。

【译文】有人问我有什么不可外传的话，并嘱咐说：“希望能诚心地说出来。”我笑着说：“我内有不可自欺的本心，上有不可欺瞒的天日。在本人有不可掩盖的是非，在国家有不容泯灭的公论。有一句虚假，就会犯瞒心、欺天、掩非、藐视公论，哪里有空闲说假话呢！”

士君子澡心浴德，要使咳唾为玉、便溺皆香，才见工夫圆满。若灵台中有一点污浊，便如瓜蒂藜芦入胃，不呕吐尽不止，岂可使一刻容留此中耶？夫如是，然后溷厕可沉，缁泥可入。

【译文】士君子洗心修德，要使咳唾为玉、便溺为香，功夫才得圆满。如果心灵上有一点儿污浊，就如把瓜蒂藜芦吃下肚，不吐尽不会停止，胃里哪能容下它呢？只有修养到这种程度，才能入浊世而不被污染。

与其抑暴戾之气，不若养和平之心；与其裁既溢之恩，不若绝分外之望；与其为后事之厚，不若施先事之薄；与其服延年之药，不若守保身之方。

【译文】与其抑制暴戾的脾气，不如修养平和的心性；与其裁减多施的恩惠，不如断绝分外的妄想；与其事后给予优厚的报偿，不如事先给予小的帮助；与其服益寿延年的药，不如遵守保身的方法。

猥繁拂逆生厌恶心，奋宁耐[①]之力；柔艳芳浓生沾惹心，奋跳脱之力；推挽冲突生随逐心，奋执持之力；长途末路生衰歇心，奋鼓舞之力；急遽疲劳生苟且心，奋敬慎之力。

【注释】①宁耐：忍耐。

【译文】遇到繁琐不合心意的事时，会产生厌恶心，这时要有忍耐力；遇到柔艳芳浓的事时，会想去沾惹，这时要有超脱的心力；遇到推挽冲突的事时，容易随波逐流，这时要有固守的心力；长途末路时，会想懈怠停歇，这时要有振奋鼓舞的心力；特别疲劳时，容易苟且马虎，这时要提起严肃慎重的心力。

进道入德，莫要于有恒。有恒则不必欲速，不必助长，优优渐渐自到神圣地位。故天道只是个恒，每日定准是三百六十五度四分度之一，分毫不损不加，流行不缓不急，而万古常存，万物得所。只无恒了，万事都成不得。余最坐此病[①]。古人云："有勤心，无远道。"只有人胜道，无道胜人之理。

【注释】①坐：患。

【译文】进道入德，关键在持之以恒。有恒则不必欲速，不必助长，悠悠渐渐自然能入圣贤之境。所以天道只是个恒，每天定准是三百六十五度四分度之一，分毫不损不加，流行得不缓不急，而万古常存，万物得所。只要没了恒，万事都成不了。我最容易失去恒心。古人云："有勤快的心，就没有远的路。"只有人胜道，没有道胜人之理。

士君子只求四真：真心、真口、真耳、真眼。真心无妄念，真口无杂语，真耳无邪闻，真眼无错识①。

【注释】①这是学术转变的标志之一。吕坤认为，世道及人心偏离了正道，而负有救世责任的讲学家却非伪即腐。伪者，言行不一也；腐者，无实用也。因此必须另寻救世途径。他开出的药方是求真、实用，既吸收儒、释、道、法的思想，又有他个人人生经验的总结。既要匡正时弊，又要救治人心。

【译文】读书人要做到四真：真心、真话、真听、真看。有了真心就不会虚妄，说真话就不会口无遮拦，真听就不会听邪曲的言论，真看就会明辨事物。

愚者人笑之，聪明者人疑之。聪明而愚，其大智也夫。《诗》云："靡哲不愚①。"则知不愚非哲也。

【注释】①靡哲不愚：语出《诗经·大雅·抑》："人亦有言，靡哲不愚。"比喻任何人都会有过失。

【译文】愚蠢人遭耻笑，聪明人被怀疑。聪明而愚，大智之人。《诗》说：“靡哲不愚。”可知不愚就不是有智慧的人。

以精到之识，用坚持之心，运精进之力，便是金石可穿，豚鱼可格[1]，更有甚么难做之事功、难造之圣神？士君子碌碌一生，百事无成，只是无志。

【注释】①豚鱼可格：语出《易经·中孚卦》：“豚鱼吉，利涉大川，利贞。”意为豚鱼都会受到感化而信服。

【译文】以精到的见识，坚之以恒的心，精进的勇力，就是金石也可以穿透，豚鱼也能受到感化，还有什么难做的事、难达的神圣境界呢？士君子碌碌一生，百事无成，只因无志。

其有善而彰者，必其有恶而掩者也。君子不彰善以损德，不掩恶以长慝[1]。

【注释】①慝（tè）：邪恶之念。

【译文】有善就喜欢张扬的人，必然有恶就会掩藏。君子不显善以损德，不掩恶以增错。

余日日有过，然自信过发吾心如清水之鱼，才发即见，小发即觉，所以卒不得遂其豪悍至流浪不可收拾者，胸中是非原先有以照之也。所以常发者何也？只是心不存，养不定。

【译文】我天天都有过失，然而当它们从我心中产生时就如清水中的游鱼，一出来就会看见，刚萌芽就发觉，所以最终不会顺从豪悍之性，泛滥开来，这是因为心中有是非标准可以分辨。但是又经常有过失，这是为什么呢？因为心不存、养不定。

才为不善，怕污了名儿，此是徇外心。苟可瞒人，还是要做。才为不善，怕污了身子，此是为己心。即人不知，或为人疑谤，都不照管。是故欺大庭易，欺屋漏①难；欺屋漏易，欺方寸难②。

【注释】①屋漏：指独处。②方寸：指心。

【译文】做了不善的事，就害怕玷污名声，这是徇外心。如果可以瞒住外人，还是会做恶。做了不善的事，就怕玷污了自己的身体，这是为己心。即使人家不知道，或者被人怀疑诽谤，都不会理会。所以欺骗大众容易，欺骗自己难；欺骗自己容易，欺骗良心难。

吾辈终日不长进处，只是个“怨尤”两字，全不反己。圣贤学问只是个自责自尽，自责自尽之道原无边界，亦无尽头，若完了自家分数，还要听其在天。在人不敢怨尤，况自家举动又多鬼责人非底罪过，却敢怨尤邪？以是知自责自尽底人决不怨尤，怨尤底人决不肯自责自尽。吾辈不可不自家一照看，才照看便知天人待我原不薄恶，只是我多惭负处。

【译文】我辈一直不长进的原因，就在总是怨尤，而不反省自己。

圣贤学问只是自责自尽，自责自尽的功夫原本就没有边界，也无尽头，如果尽了自己的本分，还要听从天意安排。对别人不敢怨尤，况且自己也还有鬼责人非的过失，哪敢怨尤呢？因此知道自责自尽的人决不怨尤，怨尤的人决不肯自责自尽。吾辈不可不反求诸己，反省才知老天和别人待我都不薄，也不恶，而我却有很多愧对他们的地方。

果是瑚琏[①]，人不忍以盛腐殠；果是荼蓼[②]，人不肯以荐宗祊[③]。履也，人不肯以加诸首；冠也，人不忍以藉[④]其足。物犹然，而况于人乎？荣辱在所自树，无以致之，何由及之？此自修者所当知也。

【注释】①瑚琏：瑚、琏皆为古代祭祀时盛粟稷的器皿，后常比喻有才能、能担大任者。②荼蓼：荼，苦菜。蓼，辛辣的野菜。③宗祊（bēng）：宗庙。④藉：践踏，凌辱。

【译文】果真是贵重的瑚琏，人们不忍心用它来盛腐臭的东西；果真是荼和蓼那样的野草，人们不肯用它来祭祀宗庙。鞋子，人不肯把它放在头上；帽子，人不忍把它踩在脚下。对于物品都是如此，何况是人呢？是荣还是辱，在于自己平时的建树，没有招致荣或辱，怎么会得到荣辱呢？这是进行自我修养的人应当知道的。

无以小事动声色，亵大人之体。

【译文】不要因为小事就大动声色，以免损毁了德行。

立身行己，服人甚难也。要看甚么人不服，若中道君子不服，当早夜省惕。其意见不同，性术各别，志向相反者，只要求我一个是也，不须与他别白理会。

【译文】立身行己，要使人信服最难。但要看什么人不服，如果是遵行中道的君子不服，就应当早晚反省哪里不对。如果是意见不同，性格、术业有别，或是志向相反而引起的不认同，只要我无愧于心，就不必和他辩白理会。

其恶恶不严者，必有恶于己者也；其好善不亟者，必无善于己者也。仁人之好善也，不啻口出，其恶恶也，“迸诸四夷，不与同中国”[①]。孟子曰：“无羞恶之心，非人也。”则恶恶亦君子所不免者。但恐为己私作恶，在他人非可恶耳。若民之所恶而不恶，谓为民之父母，可乎？

【注释】①“迸诸四夷”句：语出《大学》。意为恨不得把恶丢到边荒之地去，不让它们留在中国。

【译文】对恶行不太讨厌的人，自己必有恶行；对善行的向往不强烈的人，自身必有不善之行。仁人好善，不只停留在口头；仁人恶恶，“迸诸四夷，不与同中国”。孟子说：“无羞恶之心，非人也。”讨厌恶行是君子必有的。但就怕为了私利而讨厌恶行，而在他人看来这个行为却不恶，如果对民众所厌恶的你不厌恶，那怎么能做民之父母呢？

世人糊涂，只是抵死没自家不是，却不自想我是尧、舜乎？

果是尧、舜，真是没一毫不是。我若是汤、武，未反之前[①]也有分毫错误，如何盛气拒人，巧言饰己，再不认一分过差耶？

【注释】①未反之前：《孟子·尽心下》：“尧、舜，性者也；汤、武，反之也。”指商汤、周武王通过修身，返回本性而成为圣人。

【译文】世人真糊涂，总是拼命为自己辩护，认为自己全都对，却不想一想：我是尧、舜吗？如果是尧、舜，就没有丝毫不是。如果我是商汤、周武，在他们没成圣人之前也是有错误的，那为何还要盛气拒人，巧言饰己，而不认一分错呢？

“懒散”二字，立身之贼也。千德万业，日怠废而无成；千罪万恶，日横恣而无制，皆此二字为之。西晋仇礼法而乐豪放，病本正在此。安肆日偷[①]，安肆，懒散之谓也，此圣贤之大戒也。甚么降伏得此二字？曰“勤慎”。勤慎者，敬之谓也。

【注释】①安肆日偷：出自《礼记·表记》指安于放恣，日日苟且偷懒。

【译文】“懒散”是立身的大敌。千德万业，一日日地怠废而无成就；千罪万恶，一天天地横恣而无节制，都由此而生。西晋时，士人抗拒礼法喜爱豪放，病根就在这里。安于放肆、日日怠惰，安肆，说的就是懒散，这是成圣作贤的大戒。怎么降伏它呢？就是“勤慎”。勤慎，就是敬。

不难天下相忘，只怕一人窃笑。夫举世之不闻道也久矣，而闻道者未必无人。苟为闻道者所知，虽一世非之可也；苟为闻道者所笑，虽天下是之，终非纯正之学。故曰众皆悦之，其为士者笑之，有识之君子必不以众悦博一笑也。

【译文】让天下人忘记不难，只怕有人窃笑。举世不闻道已经很长时间了，但是未必没有人闻道。如果被闻道的人认同，那么世上所有人都非议我也没关系；如果被闻道的人耻笑，那么即便天下人都赞同你，也终究学问不纯。所以说，有识之人必然不会做让众人开心却被士人耻笑的事情。

以圣贤之道教人易，以圣贤之道治人难。以圣贤之道出口易，以圣贤之道躬行难。以圣贤之道奋始易，以圣贤之道克终①难。以圣贤之道当人易，以圣贤之道慎独难。以圣贤之道口耳易，以圣贤之道心得难。以圣贤之道处常易，以圣贤之道处变难。过此六难，真到圣贤地步。区区六易，岂不君子路上人？终不得谓笃实之士也。

【注释】①克终：坚持到底。

【译文】把圣贤的道理讲给别人听容易，用来治理人就难了。将圣贤的道理说出来容易，身体力行就难了。以圣贤之道为准则，奋发起来容易，坚持到底就难了。用圣贤之道要求别人容易，要求自己就难了。说说听听圣贤之道，满足口耳的好奇很容易，要要体悟到心里就难了。以圣贤之道应对日常生活容易，应付变局困局就难了。能过此六难，就真正达到圣贤之境。做到那简单的六易，难道不是与君子同行？但终究称不上在踏实实践。

山西臬司书斋[1]，余新置一榻，铭于其上。左曰："尔酣余梦，得无有宵征露宿者乎？尔炙重衾，得无有抱肩裂肤者乎？"古之人卧八埏[2]于襁褓，置万姓于衽席，而后爽然得一夕之安。呜呼！古之人亦人也夫！古之民亦民也夫！右曰："独室不触欲，君子所以养精；独处不交言，君子所以养气；独魂不着碍，君子所以养神；独寝不愧衾，君子所以养德。"

【注释】①臬（niè）司：明代设置提刑按察司，主管一省司法刑狱和官吏考核之事。②八埏（yán）：指八方的意思。

【译文】我任山西按察使时，书斋中新放了一张床榻，我写了座右铭挂在两边。左边是："尔酣余梦，得无有宵征露宿者乎？尔炙重衾，得无有抱肩裂肤者乎？"意思是，你鼾声大作睡得很香时，有没有想过世上还有无走夜路、宿街头的人？你盖着厚被子睡觉，有没有想过世上还有无冻得抱肩裂肤的人？古代当官的把百姓安置到温暖舒适的地方安居后自己才能安然入睡。唉！古代做官的也是人啊！古代的民众也是民啊！右边是："独室不触欲，君子所以养精；独处不交言，君子所以养气；独魂不着碍，君子所以养神；独寝不愧衾，君子所以养德。"意思是：独居一室时不动欲望，君子就可以养精；独处时不找人说话，君子就可以养气；魂灵不被纷扰阻碍，君子就可以养神；独寝不愧被褥，君子就可以养德。

慎者之有余足以及人，不慎者之所积不能保身。

【译文】谨慎的人能有多余的送给别人，不谨慎的人所积存的不足以保存自身。

近世料度人意，常向不好边说去，固是衰世人心无忠厚之意。然士君子不可不自责，若是素行孚人，便是别念头，人亦向好边料度，何者？所以自立者足信也。是故君子慎所以立。

【译文】近世的人常把别人往不好的那边去想，这是处于衰世人心不忠厚的缘故。然而士君子不可不自责，如果是平日就树立了诚信，就算有不好的念头，人们也会向好的方面去猜测，为什么呢？你自己建立的诚信使别人相信而已。所以君子对日常的言行要非常慎重。

人不自爱，则无所不为；过于自爱，则一无可为。自爱者先占名，实利于天下国家而迹不足以白其心则不为；自爱者先占利，有利于天下国家而有损于富贵利达则不为。上之者，即不为富贵利达，而有累于身家妻子则不为。天下事待其名利两全而后为之，则所为者无几矣。

【译文】人不自爱，会无所不为；过于自爱，则一无作为。自爱的人最珍惜名声，凡是有利于天下国家，却不足以展示他高尚精神的事就不做；自爱的人也爱利，凡是有利于天下国家，却有损富贵利达的事就不做。好一点儿的，不在乎个人的富贵利达，但遇到有累于身家妻子的事时，就不会做。如果只做名、利两全的事，那么天下能做的事没多少了。

与其喜闻人之过，不若喜闻己之过；与其乐道己之善，不若乐道人之善。

【译文】与其喜欢听别人的过失，不如喜欢听自己的过失；与其乐于说自己的优点，不如乐于说别人的优点。

要非人，先要认底自家是个甚么人；要认底自家，先看古人是个甚么人。

【译文】要指责别人，先要认清自己怎么样；要认清自己，先看古人是怎么样的。

口之罪大于百体，一进去百川灌不满，一出来万马追不回。

【译文】言语的罪过大于身体，吃进去百川灌不满，说出来万马追不回。

家长不能令人敬，则教令不行；不能令人爱，则心志不孚。

【译文】家长不能令人敬，教令就行不通；不能令人爱，心志就不能让人信服。

自心得者，尚不能必其身体力行，自耳目入者，欲其勉从而强改焉，万万其难矣。故三达德[①]不恃[②]知也而又欲其仁，不恃仁也而又欲其勇。

【注释】①三达德：语出《中庸》："知、仁、勇三者，天下之达德也。"②恃：依靠。

【译文】内心体悟所得，尚且不能完全做到，耳目所得，想要做到且坚决改变，更是万分困难。所以智、仁、勇这三种品德，不仅要智还要有仁，不仅要仁还要有勇。

合下作人自有作人底道理，不为别个。

【译文】现在做人自有做人的道理，不为了别的。

认得真了，便要不俟[①]终日，坐以待旦，成功而后止。

【注释】①俟（sì）：等待。

【译文】认得真切了，志向明确了，就要不待终日，坐以待旦，成功了才停止。

人生惟有说话是第一难事。

【译文】如何说话是人生第一难事。

或问修己之道，曰：无“鲜克有终”[①]。问治人之道，曰：“无忿疾于顽”[②]。

【注释】①鲜克有终：出自《诗经·大雅·荡》，指有始无终。②“无忿疾”句：语出《尚书·君陈》，意为不要用愤怒的态度去激怒不明事理的顽固之人。

【译文】有人问修身之道，我说：不要有始无终。有人问治人之道，我说：不要激怒愚昧的人。

人生天地间，要做有益于世底人。纵没这心肠、这本事，也休作有损于世底人。

【译文】人在世间，要做有益于世界的人。即使没有这个心和本事，也不要做有害世界的人。

说话如作文，字字在心头打点过，是心为草稿而口誊真也。犹不能无过。而况由易之言，真是病狂丧心者！

【译文】说话如作文，字字在心里考虑过，是心为草稿而嘴巴誊写出来。这样也仍然不能避免说错话。更不用说随便说话，真是丧心病狂了！

心不坚确，志不奋扬，力不勇猛，而欲徙义改过，即使千悔万悔，竟无补于分毫。

【译文】内心不确定，志气不奋扬，力量不勇猛，而想做到徙义改过，就算千悔万悔，也无一点用处。

人到自家没奈自家何时，便可恸哭。

【译文】人到自己对自己也无可奈何的时候，便可恸哭。

福莫美于安常，祸莫危于盛满。天地间万物万事，未有盛满而不衰者也。而盛满各有分量，惟智者能知之。是故卮以一勺为盛满，瓮以数石为盛满。有瓮之容，而怀勺之惧，则庆有余矣。

【译文】安于平常是最美的福报，满是最危险的祸端。世间万物万事，没有满而不衰的。而满有各自不同的分量，只有智者才知晓。酒杯以一勺为满，瓮以数石为满。有瓮的容量，而怀着勺的畏惧，那就该庆贺了。

祸福是气运，善恶是人事，理常相应，类亦相求。若执福善祸淫之说而使之不爽，而为善之心衰矣。大段气运只是偶然，故善获福、淫获祸者半，善获祸、淫获福者亦半，不善不淫而获祸获福者亦半。人事只是个当然，善者获福，吾非为福而修善；淫者获祸，吾非为祸而改淫。善获祸而淫获福，吾宁善而处祸，不肯淫而要福。是故君子论天道不言祸福，论人事不言利害。

自吾性分当为之外，皆不庸[1]心，其言祸福利害，为世教发也。

【注释】①庸：同“用”。

【译文】祸福是气运，善恶是人事，为善得福，为恶得祸，这天理是常常应验的。但是执着于此，希望一丝不差地获得果报的话，那善心就会衰减。大致地说，气运只是偶然，因此做善事得福、做恶事得祸的人有一半；做善事得祸、做恶事得福的人有一半；善恶都没做而得祸或得福的人也有一半。人事是当然，做善事得福，我并不是为了得福而修善；做恶事得祸，我不是为了避祸而改恶。如果作善得祸作恶得福，我宁愿做前者，而不愿是后者。因此君子只论天道不讲祸福，只论人事不讲利害。只尽自己的本分，不问其他，讲祸福利害，只是为了教化民众。

自天子以至于庶人，未有无所畏而不亡者也。天子者上畏天，下畏民，畏言官于一时，畏史官于后世。百官畏君，群吏畏长吏，百姓畏上，君子畏公议，小人畏刑，子弟畏父兄，卑幼畏家长。畏则不敢肆而德以成，无畏则从其所欲而及于祸。非生知安行[1]之圣人，未有无所畏而能成其德者也。

【注释】①生知安行：语出《中庸》：“生而知之”“安而行之”，简称“生知安行”，指一出生就懂得大道，并能从容安然地遵循大道生活。

【译文】从天子到平民百姓，没有无所畏惧地放纵恣肆而不灭亡的。天子上畏天，下畏民，畏言官于当时，畏史官于后世。百官畏君，群吏畏长吏，百姓畏上级，君子畏公议，小人畏刑罚，子弟畏父兄，卑幼畏家长。畏则不敢放肆，就能成就道德；无畏则随心所欲，就会引来祸殃。非生而知之、安而行之的圣人，没有不是战战兢兢而能成就德行的。

物忌全盛，事忌全美，人忌全名。是故天地有欠缺之体，圣贤无快足之心。而况琐屑群氓，不安浅薄之分，而欲满其难厌之欲，岂不妄哉！是以君子见益而思损，持满而思溢，不敢恣无涯之望。

【译文】物忌全盛，事忌全美，人忌全名。因此天地有欠缺之处，圣人不追求完美。何况普通人，不安于浅薄的性分，却想满足无止境的贪欲，这不是妄想吗！因此君子遇见多就想着减少，满了就想着会溢出来，不敢放纵非分之欲。

静定后看自家是甚么一个人。

【译文】静定以后再看看自己是什么样的人。

少年大病，第一怕是气高。

【译文】年轻人的毛病，第一就是气高。

余参政东藩①日，与年友张督粮临碧在座。余以朱判封，笔浓字大，临碧曰："可惜！可惜！"余擎笔举手曰："年兄此一念，天下受其福矣。"判笔一字，所费丝毫朱耳，积日积岁，省费不知几万倍。充用朱之心，万事皆然。天下各衙门积日积岁，省费又不知几万倍。且心不侈然自放，足以养德；财不侈然浪费，足以养福。不但天物不宜暴殄[2]，民膏不宜慢弃而已。夫事有重于费者，过费不为奢；省有不废事者，过省不为吝。余在抚院日，不俭于纸而戒示吏书片纸皆使有用。比见富贵家子弟用财货如泥沙，长余之惠既不及人，有用之物皆弃于地，胸中无不忍一念，口中无可惜二字。人或劝之，则曰：“所值几何？”余尝号为沟壑之鬼，而彼方侈然自快，以为大手段不小家势。痛哉！儿曹志之。

【注释】①参政东藩：吕坤在明神宗万历十六年曾任济南道参政。②暴殄（tiǎn）：灭绝，残害。

【译文】我在山东任参政时，与和我同年登科的友人张临碧督粮坐在一起。我用朱砂写的“判”字，色浓字大，临碧说：“字写得又浓又大，耗费了朱砂，可惜！可惜！”我拿着笔举起手说：“年兄的这一个念头，使天下人得福。”“判”这一个字，只费去一点点朱砂，但累日积年，省下来的和花费掉的相比不知要达到几万倍。把节省朱砂的用心扩展开来，万事都是如此。天下各衙门成年累月积累起来，省和费又不知相差几万倍。况且心不放逸，不追求奢侈，还足可以养德；财不浪费，又可养福。不只是天物不宜暴殄，民膏不宜丢弃浪费的道理。如果事情需要多花钱，那么这时多花费一些也不为多；如果节省并不影响事情的成功，那么多节省一些也不为吝啬。我在抚察院的时候，对用纸并不吝啬，但告诫文书要使每一张纸都物尽其用。常见富家子弟用财如泥沙，有多余的又不送给别人，有用的东西都弃掷于地，心中竟没有一点儿不忍心，嘴上也从不说可惜。有人劝他们，他们就说："这能值几个钱？"我曾经把他们称作沟壑之鬼，而他们却以浪费为乐，认为这是大气派而不是小家子气。真让人痛心啊！儿孙们要谨记。

言语不到千该万该，再休开口。

【译文】不到不得不说时，绝不开口。

今人苦不肯谦，只要拿得架子定，以为存体。夫子告子张从政，以无小大、无众寡、无敢慢为不骄。而周公为相，吐握[①]、下白屋[②]，甚者父师有道之君子，不知损了甚体？若名分所在，自是贬损不得。

【注释】①吐握：指吐哺握发。《史记·鲁周公世家》："周公戒伯禽曰：我文王之子，武王之弟，成王之叔父，我于天下亦不贱矣。然我一沐三捉发，一饭三吐哺，起以待士，犹恐失天下之贤人。子之鲁，慎无以国骄人。"意为周公为了招募贤士而不顾自己，正在吃饭时，多次吐掉口中的食物跑出来，正在沐浴时，多次握住头发跑出来。②白屋：古代平民住的不施彩的房屋。

【译文】今人苦于不肯谦逊，以为把架子端定了，就是保住了体面。孔子告诉子张从政的道理：无论权势大小，人口多少，都不要怠于政事，这就是不骄。周公为相时，不顾自己正在吃饭、沐浴，都要跑出来，接待贤士。还到平民家中去走访，甚至以道德高尚的人为父师；这样做又损害了什么体面？只要名分到了那个地位，是贬损不了的。

过宽杀人，过美杀身。是以君子不纵民情，以全之也；不盈己欲，以生之也。

【译文】太宽厚了也能杀人，太美丽了也会招来杀身之祸。因此君子不过分地宽容民情，是为了保全百姓；不过分地满足自己的欲望，是为了让百姓生活幸福。

闺门之事可传，而后知君子之家法矣；近习之人起敬，而后知君子之身法矣。其作用处，只是“无不敬[1]”。

【注释】①无不敬：语出《礼记·哀公问》。

【译文】闺门里的事都不怕说出来，这就是君子的家法；亲近的人对你尊敬，就知道君子的身法了。修养的方法，只是“无不敬”。

宋儒纷纷聚讼语且莫理会，只理会自家，何等简径。

【译文】不要去理会宋儒争论纷纷的言论，只看好自己，这是何等的捷径。

各自责则天清地宁，各相责则天翻地覆。

【译文】每人都反求诸己就天清地宁，都互相指责就会吵得天翻地覆。

不逐物[1]是大雄力量，学者第一功夫全在这里做。

【注释】①逐物：追逐物欲。

【译文】不追逐物欲是大力量，学者的首要功夫全在这里做。

手容恭，足容重，头容直，口容止，坐如尸，立如斋，俨若思。目无狂视，耳无倾听。此外景也。外景是整齐严肃，内景是斋庄中正，未有不整齐严肃而能斋庄中正者。故检束五官百体，只为收摄此心。此心若从容和顺于礼法之中，则曲肱指掌[1]，浴沂行歌[2]，吟风弄月，随柳傍花，何适不可？所谓登彼岸无所事筏也。

【注释】①曲肱指掌：语出《论语·述而》："饭疏食饮水，曲肱而枕之，乐亦在其中矣。"肱，胳膊。弯着胳膊当作枕头枕着睡觉。《论语·八佾》："或问禘之说。子曰：不知也。知其说者之于天下也，其如示诸斯乎？指其掌。"朱熹集注："指其掌，弟子记夫子言此而自指其掌，言其明且易也。"②浴沂行歌：语出《论语·先进》，孔子问弟子各自的志向，曾点说希望能在暮春时，浴乎沂，风乎舞雩，咏而归，得到了孔子的称赞。

【译文】手的姿势恭敬，足的姿势稳重，头的姿势端直，口的姿势静止，坐的姿势如受祭的神主，站立的姿势如斋戒之时，神态庄重如思考之时，目不狂视，耳不倾听。这是外在表现。外表整齐严肃的，内心才会庄严中正，没有外表不整齐严肃而内心能庄严中正的。因此检查约束五官和身体，是为了收束这个易动的心。如果心从容和顺，符合礼的要求，那么曲肱而卧，指掌而谈，在沂水沐浴时边走边唱，吟风弄月，随柳傍花，到什么地方去不可以呢？这就是所谓的到达彼岸就不需要船了。

天地位，万物育[①]，几千年有一会，几百年有一会，几十年有一会，故天地之中和甚难。

【注释】①“天地位”句：语出《中庸》：“喜怒哀乐之未发谓之中，发而皆中节谓之和。中也者，天下之大本也；和也者，天下之达道也。致中和，天地位焉，万物育焉。”

【译文】天地各安其位，则万物生生不息，这就是中庸了，这种情况可能几千年出现一次，可能几百年出现一次，也可能几十年出现一次，所以说天地达到中和很难。

敬对肆而言，敬是一步一步收敛向内，收敛至无内处，发出来自然畅四肢，发事业，弥漫六合。肆是一步一步放纵外面去，肆之流祸不言可知。所以千古圣人只一“敬”字为允执[①]底关捩子[②]。尧“钦明”“允恭”，舜“温恭允塞”，禹之“安汝止”[③]，汤之“圣敬日跻”[④]，文之“懿恭”，武之“敬胜”，孔子之“恭而安”，讲学家不讲这个，不知怎么做工夫。

【注释】①允执：即“允执厥中”。出自《尚书·大禹谟》：“人心惟危，道心惟微，惟精惟一，允执厥中。”②关捩（liè）子：关键处。③安汝止：语出《尚书·益稷》：“禹曰：安汝止。”即谨慎你所在之位的意思。④圣敬日跻：语出《诗经·商颂·长发》："汤降不迟，圣敬日跻。"孔颖达疏："圣明恭敬之德日升而不退也。"

【译文】敬是对肆而言的，敬是一步一步向内收敛，收敛到无处再收的时候，发出来自然四肢畅快，事业发达，弥漫六合。肆是一步一步向外放纵，肆造成的祸害不言可知。所以千古以来的圣人只把一个"敬"字作为持守中道的关键。尧"钦明""允恭"，舜"温恭允塞"，禹"安汝止"，商汤"圣敬日跻"，周文王"懿恭"，周武王"敬胜"，孔子"恭而安"，讲学家如果不讲这个，就不知修身的工夫如何做。

窃叹近来世道，在上者积宽成柔，积柔成怯，积怯成畏，积畏成废；在下者积慢成骄，积骄成怨，积怨成横，积横成敢，吾不知此时？台体当何如反也。"体面"二字，法度之贼也。体面重，法度轻；法度弛，纪纲坏。昔也病在法度，今也病在纪纲。名分者，纪纲之大物也。今也在朝，小臣藐大臣；在边，军士轻主帅；在家，子妇蔑父母；在学校，弟子慢师，后进凌先进。在乡里，卑幼轧尊长，惟贪肆是恣，不知礼法为何物。渐不可长，今已长矣。极之必乱，必亡，势已重矣，反已难矣。无识者犹然甚之，奈何！

【译文】我感叹当今的世道，在上位的人，宽厚得过分便成了柔弱，柔弱得过分便成了怯懦，怯懦得过分便成了畏惧，畏惧得过分就废坏了政事；在下面的人，慢惰积累成骄傲，骄傲积累成怨恨，怨恨积累成蛮横，蛮横积累成肆无忌惮，我不知当国家到了这种程度，还如何反转局面。"体面"这两个字，是法度的大敌。把它看得重了，法度就会被轻视；法度松弛，就会败坏纲纪。过去的问题是法度不明，现在是纲纪败坏。名分，是维护纲纪的关键。现在在朝廷，小臣藐视大臣；在边境，兵士轻视主帅；在家庭，儿子媳妇不尊敬父母；在学校，学生轻慢老师，后进欺凌先进。在乡里，卑幼欺侮尊长，只知贪婪放肆，不知礼法为何物。这些现象在初始时就不能让它滋长，可现在已经不可抑制了。到了极点就必然生乱灭亡，这种趋势已经很严重了，很难扭转过来了。没有见识的人还要助推这种趋势，有什么办法呢！

祸福者天司[①]之，荣辱者君司之，毁誉者人司之，善恶者我司之。我只理会我司，别个都莫照管。

【注释】①司：掌控。

【译文】祸福是由天掌握的，荣辱是由国君掌握的，毁誉是由他人掌握的，善恶是由我自己掌握的。我只管好自己能掌控的事，别的都不去管。

吾人终日最不可游游荡荡，做空躯壳。

【译文】我们最不该做的是终日游游荡荡，像个空壳子。

业有不得不废时，至于德，则自有知以至无知时，不可一息断进修之功也。

【译文】事业有不得不废止的时候，至于德行修养，则是贯穿一生，不可一息间断的进修之功。

清无事澄，浊降则自清；礼无事复，己克则自复。去了病便是好人，去了云便是晴天。

【译文】没别的办法让浊水变清，除非浊物沉至水底；没有别的办法使礼法修明，只有约束自己礼法才能修明。去掉了病便是好人，没有云彩便是晴天。

七尺之躯，戴天履地，抵死不屈于人。乃自落草以至盖棺，降志辱身，奉承物欲，不啻奴隶。到那魂升于天之上，见那维皇上帝，有何颜面？愧死！愧死！

【译文】七尺的身躯，顶天立地，至死不屈服于人。但是从出生到盖棺，降低了志向辱没了高贵的身份，做了物欲的奴隶。到那灵魂升天时，有何颜面去见皇天上帝？真是羞愧死了！羞愧死了！

受不得诬谤，只是无识度。除了当罪临刑，不得含冤而死，须是辨明。若诬蔑名行，闲言长语，愈辨则愈加，徒自愤懑耳。不若付之忘言，久则明也得，不明也得，自有天在耳。

【译文】受不了诬蔑诽谤，只是见识不高，度量不大。除非被判死刑，需要辨白，不能含冤而死。如果是污蔑名声行为的闲言碎语，则愈辩愈多，只能白白增加愤懑。不如忘记它们，时间长了，水落石出，也好，不能澄清也好，自有上天看在眼里。

作一节之士，也要成章，不成章便是“苗而不秀”[①]。

【注释】①苗而不秀：出自《论语·子罕》，秀：庄稼吐穗开花。指庄稼出了苗而没有抽穗。后世常指资质虽好，但没有成就。

【译文】秉持一种节操，也要有成就，不然便是“苗而不秀”。

不患无人所共知之显名，而患有人所不知之隐恶。显名虽著远迩，而隐恶获罪神明。省躬者惧之。

【译文】不怕没有显赫的名声，只怕有人所不知的隐秘罪恶。显赫的名声使你远近闻名，但隐秘的罪过使你得罪神明。修养身心的人应该有畏惧之心。

蹈邪僻则肆志抗颜，略无所顾忌；由义礼则羞头愧面，若无以自容。此愚不肖之恒态，而士君子之大耻也。

【译文】做歪门邪道的事时肆意妄为，毫无顾忌；而依礼义做事就羞头愧面，好像无地自容的样子。这是愚蠢无能之人的常态，而士君子深以为耻。

物欲生于气质。

【译文】物欲是从气质中产生的。

要得富贵福泽，天主张，由不得我；要做贤人君子，我主张，由不得天。

【译文】要不要富贵福泽，由天主宰，由不得我；要不要做贤人君子，由我主宰，由不得天。

为恶再没个勉强底，为善再没个自然底。学者勘破此念头，宁不愧奋？

【译文】做坏事不需要别人强迫就会自己去做，做善事倒没有主动、自然地去做的。认识到这一点，学者能不努力奋发吗？

不为三氏奴婢，便是两间翁主。三氏者何？一曰气质氏，生来气禀在身，举动皆其作使，如勇者多暴戾，懦者多退怯是已。二曰习俗氏，世态既成，贤者不能自免，只得与世浮沉，与世依违，明知之而不能独立。三曰物欲氏，满世皆可嬖之物，每日皆殉欲之事，沉痼流连，至死不能跳脱。魁然七尺之躯，奔走三家之门，不在此则在彼。降志辱身，心安意肯，迷恋不能自知，即知亦不愧愤。大丈夫立身天地之间，与两仪参，为万物灵，不能挺身自竖，而倚门傍户于三家，轰轰烈烈，以富贵利达自雄，亦可怜矣。予即非忠臧义获[1]，亦豪奴悍婢也，咆哮跳踯，不能解粘去缚，安得挺然脱然独自当家为两间一主人翁乎！可叹可恨。

【注释】①忠臧义获：指忠义的奴仆。

【译文】不当三氏的奴仆，就是天地间的主人。三氏是哪三个？第一是气质，每个人生下来就有禀赋气质，后天的一举一动都是它在指使，比如勇敢的人大多暴戾，软弱的人大多退怯。第二是习俗，世间的风俗、环境，贤者也不能避免，只能与世沉浮，与世依违，明明知道该如何做却不能独立。第三叫物欲，满世界都是能使你滞留的东西，每天都跟随着欲望做事，以致于沉溺流连，至死不能逃脱。魁伟的七尺身躯，每天都奔走在这三家之间，不在这家就在那家。贬抑志气，辱没身份，心安意肯，迷恋不能自知，即使知道也不懊悔发愤。大丈夫立身天地间，与天地并列，是万物之灵，不能挺身自立却要靠着三家生存，以富贵利达为荣，闹哄哄的一生，也太可怜了。我即使不是忠仆义隶，也要成为豪奴悍婢，只会叫嚷却裹足不前，不能解脱身上的束缚，哪能成为超然独立的天地间的主人呢！真是可叹可恨啊！

自家作人，自家十分晓底，乃虚美熏心，而喜动颜色，是谓自欺。别人作人，自家十分晓底，乃明知其恶，而誉侈口颊，是谓欺人。二者皆可耻也。

【译文】心里怎么想，自己十分清楚，却要虚伪地美化自己，还喜形于色，这是自欺。别人的为人，自己十分清楚，却明知其恶，还要赞赏他，这叫欺人。两种做法都是可耻的。

“知觉”二字，奚翅[①]天渊。致了知才觉，觉了才算知，不觉算不得知。而今说疮痛，人人都知，惟病疮者谓之觉。今人为善去恶不成，只是不觉，觉后便由不得不为善不去恶。

【注释】①奚翅：同“奚啻”，何止。

【译文】“知”“觉”二字，岂只是天壤之别。有了知才能觉，觉了才算有知，不觉算不得有知。人人都知道长疮疼，但只有长了疮的人才能觉到疼。现在的人不努力为善去恶，只因为还不觉悟，觉悟以后便会主动为善去恶。

顺其自然，只有一毫矫强，便不是；得其本有，只有一毫增益，便不是。

【译文】所谓顺其自然，只要有一点儿勉强，便不能叫顺其自然；所谓得其本有，只要有一毫增益，便不能叫得其本有。

度之于长短也，权[①]之于轻重也，不爽毫发，也要个掌尺提秤底。

【注释】①权：秤。

【译文】尺子丈量长短，秤称量轻重，即使分毫不差，也要有个掌尺提秤的人。

四端自有分量，扩充到尽处，只满得原来分量，再增不得些子。

【译文】仁、义、礼、智这四种德的端绪，即恻隐之心、羞恶之心、辞让之心、是非之心，它们自有分量，扩充到尽头，只能充满原来固有的分量，再增加一点儿也不可能。

见义不为，立志无恒，只是肾气不足。

【译文】见义不为，立志无恒，只因肾气不足。

过也，人皆见之，乃见君子[①]。今人无过可见，岂能贤于君子哉？缘只在文饰弥缝上做工夫，费尽了无限巧回护，成就了一个真小人。

【注释】①“过也”句：语出《论语·子张》：“君子之过也，如日月之食焉。过也，人皆见之；更也，人皆仰之。’”

【译文】有了过错，人人都能看见，这样的人才是君子。现在的人，人们看不到他的过错，难道他比君子还好吗？只因他费尽心机地文过饰非，百般地掩盖回护，成了为一个真正的小人。

自家身子，原是自己心去害他，取祸招尤，陷于危败，更不干别个事。

【译文】自己的身体，是被自己的心伤害的，取祸招怨，陷于危败，与别人无关。

“六经”“四书”，君子之律令。小人犯法，原不曾读法律。士君子读圣贤书，而一一犯之，是又在小人下矣。

【译文】“六经”“四书”，是君子的法律。小人犯法，因为他不懂法。士君子读圣贤书，而又一一违犯圣贤的教导，这种人连小人也不如。

慎言动于妻子、仆隶之间，检身心于食息起居之际，这工夫便密了。

【译文】和妻子、奴仆相处时谨言慎行，在饮食起居时检点身心，这样的工夫就严密了。

休诿罪于气化，一切责之人事；休过望于世间，一切求之我身。

【译文】不要把罪过推给造化，一切都从人事上找原因；不要对世人要求过高，一切都反求诸己。

常看得自家未必是，他人未必非，便有长进。再看得他人皆有可取，吾身只是过多，更有长进。

【译文】常看到自己未必都正确，他人未必都错时，便是有了长进。再看到他人皆有可取之处，自己过错太多，就是更有长进了。

理会得“义”“命”两字，自然不肯做低人。

【译文】只要理解了“义”与“命”，自然不肯做个低贱的人。

稠众中一言一动，大家环向而视之，口虽不言，而是非之公自在。果善也，大家同萌爱敬之念；果不善也，大家同萌厌恶之念。虽小言动，不可不谨。

【译文】稠人广众中的一言一动，都被大家听着看着，口虽不说，心里却是明白的。你的言行确实好，大家会同生爱敬的念头；如果不好，大家就生出厌恶的念头。因此，即使微小的言行，也不可不慎。

或问：“傲为凶德，则谦为吉德矣？”曰：“谦真是吉，然谦不中礼，所损亦多。在上者为非礼之谦，则乱名分、紊纪纲，久之法令不行。在下者为非礼之谦，则取贱辱、丧气节，久之廉耻扫地。君子接人未尝不谨饬，持身未尝不正大。有子曰：‘恭近于礼，远耻辱也。’①孔子曰：‘恭而无礼则劳②。’又曰：‘巧言令色足恭，某亦耻之③。’曾子曰：‘胁肩谄笑，病于夏畦④。’君子无众寡，无小大，无敢慢，何尝贵傲哉？而其羞卑佞也又如此，可为立身行己者之法戒。”

【注释】①“有子曰”句：语出《论语·学而》。意谓态度态度恭敬合于礼，就远离了侮辱侮辱。②恭而无礼则劳：语出《论语·泰伯》。意谓只注重容色的端庄，却不知礼，就会劳倦。③“巧言”句：语出《论语·公冶长》。意谓花言巧语、谄媚的容貌，却摆出十足的恭顺，我也认为可耻。④“胁肩”句：语出《孟子·滕文公下》。意谓耸起两肩，费劲地摆着笑脸讨好，比夏天在菜地里干活还要累。

【译文】有人问：“骄傲是凶德，那么谦逊就是吉德吗？”我说：“真谦逊就是吉，如果谦逊得不合礼，那么损失也多。在上位的人谦逊得不合礼时，就会乱名分、紊纪纲，时间长了，法令就无法推行。在下位的人谦逊得不合礼法时，就会自取贱辱、丧失气节，久而久之，廉耻扫地。君子和人来往未尝不谨饬，持身未尝不正大。有子说：‘恭近于礼，远耻辱也。’孔子说：‘恭而无礼则劳。’又说：‘巧言令色足恭，某亦耻之。’曾子说：‘胁肩谄笑，病于夏畦。’君子不论人数多寡、权力大小，都不敢怠慢，何尝会摆出高贵骄傲的样子呢？谦卑佞巧也是同样的可耻，这点可以作为立身修德者的戒律。”

凡处人，不系确然之名分，便小有谦下不妨。得为而为之，虽无暂辱，必有后忧。即不论利害，论道理，亦云居上不骄，民可近不可下。

【译文】与人相处，如果没有确定的名分之别，那么稍微谦下一点也没什么关系。但是凡可以表示谦下时即表谦下，虽暂时不会受辱，却必有后忧。即使不谈利害，只从道理来讲，居上位者不可骄纵，民可以亲近他，但不可以表示谦下。

只人情世故熟了，甚么大官做不到？只天理人心合了，甚么好事做不成？

【译文】人情世故熟悉了，什么大官做不到？天理人心合一了，什么好事做不成？

士君子常自点检，昼思夜想，不得一时闲，却思想个甚事？果为天下国家乎？抑为身家妻子乎？飞禽走兽，东骛西奔，争食夺巢；贩夫竖子，朝出暮归，风餐水宿，他自食其力，原为温饱，又不曾受人付托，享人供奉，有何不可？士君子高官重禄，上藉之以名分，下奉之以尊荣，为汝乎？不为汝乎？乃资权势而营鸟兽市井之图，细思真是愧死。

【译文】当官的人应常常自我检点：每天昼思夜想，不得一点儿闲暇，都在想些什么？真是为了天下国家吗？还是为了身家妻子呢？那飞禽走兽，东驰西奔，争食夺巢；那贩夫竖子，朝出暮归，风餐露宿，他们自食其力，是为了生存，他们不曾受人托付，又没有享受供奉，只为了自己，这有什么不可以呢？但当官者高官重禄，上面给你名分，下面给你尊荣，这是为你呢？还是不为你呢？你还要凭借权势像鸟兽和市井小人那样经营自己的私利，细想真是惭愧死了。

古者乡有缙绅[①]，家邦受其庇荫，士民视为准绳。今也乡有缙绅，增家邦陵夺劳费之忧，开士民奢靡浮薄之俗。然则乡有缙绅，乡之殃也，风教之蠹也。吾党可自愧自恨矣！

【注释】①缙绅：指官宦的装束，亦作官宦的代称。

【译文】古代乡里出了当官的，家乡受其庇荫，士民视为榜样。现在乡里出了当官的，只会增加凌夺劳费的忧患，开启士民奢靡浮薄的习俗。所以缙绅成了家乡的祸殃，成了风俗教化的蠹虫。我们这些为官的人真应该感到惭愧和悔恨啊！

俗气入膏肓，扁鹊不能治。为人胸中无分毫道理，而庸调卑职、虚文滥套认之极真，而执之甚定，是人也，将欲救药，知不可入。吾党戒之。

【译文】俗气进入了膏肓，扁鹊也无法医治。作为人，胸中没有分毫的天道正理，却对那些庸调卑职、虚文滥套极为认真、极力坚守，这种人，想救也救不了。我们应引以为戒。

士大夫居乡，无论[1]大有裨益，只不违禁出息、倚势侵陵、受贿嘱托、讨占夫役，无此四恶，也还算一分人。或曰："家计萧条，安得不治生？"曰："治生有道，如此而后治生，无势可藉者死乎？"或曰："亲族有事，安得不伸理？"曰："官自有法，有讼必藉请谒，无力可通者死乎？"士大夫无穷饿而死之理，安用寡廉丧耻若是？

【注释】①无论：不论，不用说。

【译文】官员们住在家乡，不要说给家乡作贡献，只要不违禁索要高利息，不倚势侵凌，不受贿嘱托，不讨占夫役，没有这四恶，也还算是人。有人说："家计萧条，怎能不经营产业呢？"我说："经营产业要遵循正道，如果凭借权力来经营产业，无权势的平民就只好去死吗？"还有人说："亲族遇到冤屈，怎能不为他伸理？"我说："官府自有法令，如果打官司要靠关系，那没关系可走的人就都得死吗？"当官的没有穷死饿死的，怎能这样寡廉鲜耻呢？

学者视人欲如寇仇，不患无攻治之力。只缘一向姑息他如骄子，所以养成猖獗之势，无可奈何。故曰识不早，力不易也。制人欲，在初发时极易剿捕，到那横流时，须要奋万夫莫当之勇，才得济事。

【译文】如果学人把人欲看做仇敌，就不愁没有克服的力量。只因一向如对待骄子般姑息人欲，才积累成了猖獗的情势，无可奈何。如果不早认识到这点，就不会坚定地去制服。克制人欲，在初发时极易剿捕；等到欲望横流时，必须有万夫不当之勇，才能成功。

宇宙内事，皆备此身，即一种未完，一毫未尽，便是一分破绽；天地间生，莫非吾体，即一夫不获，一物失所，便是一处疮痍。

【译文】宇宙万事万物，都在我身，一种未完，一毫未尽，便是一分破绽；天地间的生灵，都与我同体，一人没有收获，一物不得其所，便是一处疮痍。

克一分、百分、千万分，克得尽时，才见有生真我；退一步、百步、千万步，退到极处，不愁无处安身。

【译文】克己的工夫，克一分、百分、千万分，克得尽时，才看到真我；谦退的修养，退一步、百步、千万步，退到极处，不愁无处安身。

事到放得心下，还慎一慎何妨？言于来向口边，再思一步更好。

【译文】事情做到了能放下心来，再慎一慎何妨？话到了口边，再想一想更好。

万般好事说为，终日不为；百种贪心要足，何时是足？

【译文】说要做万般好事，但终日一件不做；百种贪心都想满足，何时是足？

回着头看，年年有过差；放开脚行，日日见长进。

【译文】回过头看，年年有过错；放开腿前行，日日见长进。

难消客气[①]衰犹壮，不尽尘心老尚童。

【注释】①客气：宋儒以心性为本体，以发于血气的生理之性为客气。

【译文】血气不消衰犹壮，尘心不尽老尚童。

但持铁石同坚志，即有金刚不坏身。

【译文】但持铁石同坚志，即有金刚不坏身。

问 学

【题解】此章共84则。主要讲吕坤的学术宗旨，即学问与事功并重。吕坤认为，学习的内容是孔、孟之学，目的是成就尧、舜那样的功业。平时就要学习修身、齐家、治国平天下的道理，当有机会从政时，这些知识就可以应用。如果平时不好好学习，事到临头胡乱应付，学习就没有用处了。学问还必须相互讲论、质辩。不要认为自己的意见都正确，也不要害怕与别人辩论。学习还须虚心，志要大，心要虚。

学必相讲而后明，讲必相直而后尽。孔门师友不厌穷问极言，不相然诺承顺，所谓审问明辨也。故当其时，道学大明，如拨云披雾，白日青天，无纤毫障蔽。讲学须要如此，无坚自是之心，恶人相直也。

【译文】学问必须相互讲述然后才能明白，讲述必须相互质疑辩论然后才能弄清是非。孔门师友询问、讨论问题喜欢穷根究底，不轻易同意或顺从对方的意见，这就是所说的“审问明辨”的真正含义。所以，他们所处的时代，先圣之学大放光彩，好比拨开云雾，只见白日青天，没有丝毫的障碍遮蔽。讲论学问就要这样，不要固执地认为自己的意见就是正确的，也不要害怕别人质疑。

“熟思审处”，此四字德业之首务；“锐意极力”，此四字德业之要务；“有渐无已”，此四字德业之成务；“深忧过计”，此四字德业之终务。

【译文】反复思考、谨慎对待，这是成就品德学业的首要；锐意进取、竭尽全力，这是成就品德学业的重要条件；循序渐进、坚持不懈，这是成就品德学业的关键；深思熟虑、反复琢磨，这是成就品德学问的最终保证。

静是个见道底妙诀，只在静处潜观，六合中动底机括都解破，若见了。还有个妙诀以守之，只是一，一是大根本，运这一，却要因时通变。

【译文】心静才是寻找道体的秘诀，只有在静中潜心观察，世上各种事物运行的奥秘才能被解开，就好像看到了一样。还有一个妙诀要遵守它，这个妙诀就是一，一是个根本，利用这个一还要根据时势灵活变通。

学者只该说下学，更不消说上达。其未达也，空劳你说；其既达也，不须你说。故“一贯”惟参、赐可语，又到可语地位才语，又一个直语之，一个启语之，便见孔子诲人之妙处。

【译文】做学问的人劝学，只应该说学习从一般的知识、道理学起，不用说通达那些高深的道理。如果没有通晓那些高深的道理，不管怎么说别人也听不懂；如果他人已经通晓了那些高深的道理，不用去你宣扬，别人也就知道了。所以孔子历来只与曾参和子贡谈论“我道一以贯之”这句话，而且是到了可以和他们谈论的时候才谈论的，和曾参谈论的时候是直接说的，而和子贡谈论的时候却采用了启发式的方法。由此可以看出孔子因材施教的巧妙之处。

读书人最怕诵底是古人语，做底是自家人。这等读书，虽闭户十年，破卷五车，成甚么用？

【译文】读书人最怕的是：读的是古人语，做的是另一套。这样读书，即使闭门十年，读破五车书，又有什么用？

能辨真假，是一种大学问。世之所抵死奔走者，皆假也。万古惟有真之一字磨灭不了，盖藏不了。此鬼神之所把握，风雷之所呵护。天地无此不能发育，圣人无此不能参赞。朽腐得此可为神奇，鸟兽得此可为精怪。道也者，道此也；学也者，学此也。

【译文】能辨别真假是一种大学问。世上的人拼命为自己所追求的，实际上都是虚假的。万古只有“真”这个字磨灭不了，掩盖不了。“真”是鬼神掌握、风雷呵护的东西。天地如果没有“真”就不能发育万物，圣人如果没有“真”就不能参赞造化。腐朽的东西得到“真”可变为神奇，鸟兽得到“真”可以变为精怪。我们平常所说的道，就是这个

“真”；要学习的，也就是这个“真”。

或问：“孔子素位而行，非政不谋，而儒者著书立言便谈帝王之略，何也？”曰：“古者十五而入大学，修齐治平，此时便要理会，故陋巷而问为邦，布衣而许南面①。由、求之志富强，孔子之志三代，孟子乐‘中天下而立，定四海之民’，何曾便到手？但所志不得不然。所谓‘如或知尔，则何以哉’②，要知‘以’个甚么。‘苟有用我者，执此以往’，要知‘此’是甚么。‘大人之事备矣’③，要知‘备’个甚么。若是平日如醉梦，一不讲求，到手如痴呆，胡乱了事。如此作人，只是一块顽肉，成甚学者！即有聪明材辨之士，不过学眼前见识，作口头说话，妆点支吾，亦足塞责。如此作人，只是一场傀儡，有甚实用？修业尽职之人，到手未尝不学，待汝学成，而事先受其敝，民已受其病，寻又迁官矣。譬之饥始种粟，寒始纺棉，怎得奏功？此凡事所以贵豫④也。”

【注释】①“布衣”句：出自《论语·雍也》，孔子称赞出身低贱的学生冉雍，有做君王的才能。②如或知尔，则何以哉：语出《论语·先进》意谓如果有人了解你们，那你们怎么办呢。③“大人”句：语出《孟子·尽心上》：“居仁由义，大人之事备矣。”意为君子的所有言行，都从仁义出发。④豫：语出《中庸》：“凡事预则立，不预则废。”指事先准备。

【译文】有人问：“孔子不当官，做教育，他安于本分行事，只要事关教化他就参与谋划，而儒者著书立说谈的却是帝王治国的大略，这不是儒者本分，为何要谈呢？”我说：“古人十五岁入大学，学习修身、齐家、治国、平天下的道理，因此身居陋巷也懂得治国之道，像冉雍这样的一介平民也被孔子称赞有做帝王的潜力。孔子弟子子路和冉求的志向是使国家富强，孔子的志向是向夏、商、周三代看齐，孟子向往‘中天下而立，定四海之民’，这些愿望何曾达到？但志向要树立起来。孔子问弟子：‘如或知尔，则何以哉。’要知道‘以’个什么。又说‘苟有用我者，执此以往’，要知道‘此’是什么。孟子说‘大人之事备矣’，要知道‘备’个什么。若是平日如醉梦，什么也不学，遇到事情如痴呆一样，胡乱了事。如此做人，与一块顽肉无异，还算什么学者！即使是聪明有才能的人，也只不过学一些世俗的见识，嘴上说一说，装装有修养的样子，应付一下局面。如此做人，只是演了一场傀儡戏，有什么实用？修业尽职的人，遇到任何事物都要学习，如果等学成了再做事，事情早就办不成了，人民也会因此受害，不久你又改任他职了。这就好比饿了才去种粟，寒冷才去纺棉一样，怎能有功效？任何事都贵在预先做好准备。”

不由心上做出，此是喷叶学问；不在独中慎起，此是洗面工夫，成得甚事？

【译文】做任何事，不从本心上发出，就如同种树只浇叶子；在独处时不谨慎，就如同沐浴只洗脸，表面功夫，能成就什么事业？

“尧、舜事功，孔、孟学术”，此八字是君子终身急务。或问：“尧、舜事功，孔、孟学术，何处下手？”曰：“以天地万物为一体，此是孔、孟学术；使天下万物各得其所，此是尧、舜事功，总来是一个念头。”

【译文】“尧、舜事功，孔、孟学术”，这是君子生命中最重要的事。有人问：“要达到这样，从何处下手？”我说：“以天地万物为一体，是孔、孟学术；使天下万物各得其所，是尧、舜事功。总的说来就是一个念头。”

上吐下泻之疾，虽日进饮食，无补于憔悴；入耳出口之学，虽日事讲究，无益于身心。

【译文】如果患了上吐下泻的病，即使每天照样吃饭，也改变不了憔悴消瘦的面容；学习若是只过耳目，学过了就忘，就算天天读书，对自己的身心也没有半点儿好处。

天地万物只是个“渐”，理气原是如此，虽欲不渐不得。而世儒好讲一“顿”字，便是无根学问。

【译文】天地万物都是渐渐形成的，理和气原本就是这样，即使想快也是难以办到的。但世上的读书人都喜欢讲一个“顿”字，那只不过是没有根底的学问罢了。

只人人去了我心，便是天清地宁世界。

【译文】只要人人去了小我私心，便是天清地宁世界。

塞乎天地之间，尽是浩然[1]了。愚谓根荄须栽入九地之下，枝梢须插入九天之上，横拓须透过八荒之外，才是个圆满工夫、无量学问。

【注释】①浩然：里指孟子所谓的至大至刚的浩然之气。

【译文】充塞天地之间的，都是浩然之气。我认为这股气的根须栽入九地之下，枝梢须高插九天之上，横拓须透过八荒之外，才是个圆满功夫、无量学问。

我信得过我，人未必信得过我，故君子避嫌。若以正大光明之心，如青天白日；又以至诚恻怛之意，如火热水寒，何嫌之可避？故君子学问，第一要体信，只信了，天下无些子事。

【译文】我信得过自己，别人未必信得过我，所以君子要避嫌。但如果能以青天白日般的正大光明之心处事，又以火热水寒般至诚同情之意待人，还有什么嫌疑可避的呢？所以君子做学问，第一重要的是要体现诚信。只要做到了诚信，天下自会太平无事。

要体认，不须读尽古今书，只一部《千字文》①，终身受用不尽。要不体认，即《三坟》②以来卷卷精熟，也只是个博学之士，资谈口，侈文笔，长盛气，助骄心耳。故君子贵体认。

【注释】①《千字文》：南朝梁萧衍命周兴嗣编写的一本儿童读物，用了一千个不同的字。②《三坟》：远古时代的书籍。另一种说法是指伏羲、黄帝写的书。

【译文】做学问贵在领悟与认识，不必去读尽古今所有的书籍，只要读一部《千字文》，就能让自己终身受益。如果不去体会和认识，就算把《三坟》以来的每一卷书都背的滚瓜烂熟，充其量也只算是博学的人，只能是供人谈资、浪费文笔、增添盛气、助长骄傲自满之心而已。所以君子做学问贵在领悟与认识。

悟者吾心也，能见吾心，便是真悟。

【译文】能回归本体，明此心，证此性，便是真悟。

“明理省事”，此四字学者之要务。

【译文】明白天理，懂得处事，是学者的要务。

今人不如古人，只是无学无识。学识须从三代以上来，才正大，才中平。今只将秦、汉以来见识抵死与人争是非，已自可笑，况将眼前闻见，自己聪明，翘然不肯下人，尤可笑也。

【译文】今人无学无识，不如古人必须从夏、商、周三代以上的东西学起，才能正大、中平。现在只用秦、汉以来的见识与人争是非。这已经很可笑了，况且只凭眼前的一点儿见闻和那点小聪明，还不肯向人求教，尤其可笑。

学者大病痛只是器度小。

【译文】气度小是学者的大毛病。

识见议论最怕小家子势。

【译文】识见、议论最怕没气象。

默契[①]之妙，越过“六经”千圣，直与天谈，又不须与天交一语，只对越[②]仰观，两心一个耳。

【注释】①默契：心灵相通。②对越：对扬。

【译文】默契的美妙，越过了“六经”和千圣，直接与天连接，不需要讲一句话，只须仰观上天，便两心相印。

学者大病痛，只是器度小。识见议论，最怕小家子势。

【译文】求学的人最大的毛病就是器量太小。议论事物，发表见解，最怕气量狭小。

学者只是气盈，便不长进。含六合如一粒，觅之不见；吐一粒于六合，出之不穷，可谓人人矣。而自处如庸人，初不自表异；退让如空夫，初不自满足，抵掌攘臂而视世无人，谓之以善服人则可。

【译文】求学的人只要气盛，便不会有长进。如果含纳天地六合如含一粒米，却寻觅不见；吐出一粒米到天地六合中，又出之不穷，这样的人可以称得上是大人了。然而自处时同普通人一样，起初并没显示出和别人有什么不同；退让时好像一个腹中空空无任何学识的人，开始时也没有自满自足的表现，却抵掌攘臂而视世无人，这样的人只能说他是以善服人。

心术、学术、政术，此三者不可不辨也。心术要辨个诚伪，学术要辨个邪正，政术要辨个王伯。总是心术诚了，别个再不差。

【译文】心术、学术、政术，这三者不可不分辨清楚。心术要辨别出是真诚还是虚伪，学术要辨别出是邪说还是正理，政术要辨别出是个王道还是霸道。总之，如果心术是真诚的，其他的也不会出现什么差错。

圣门学问心诀，只是不做贼就好。或问之，曰："做贼是个自欺心、自利心，学者于此二心一毫摆脱不尽，与做贼何异？"

【译文】圣门学问的心法，只是不做贼。有人问什么意思，我说："做贼是自欺心、自利心，学者对此二心有一毫摆脱不尽，与做贼有什么不同呢？"

脱尽"气习"二字，便是英雄。

【译文】除尽“气习”，就是英雄。

理以心得为精，故当沉潜，不然耳边口头也。事以典故为据，故当博洽，不然臆说杜撰也。

【译文】道理只有从心中体会出来才精确，所以应当潜心沉思。不然，只不过是听到说了而已。做事要以典故为依据，所以应当做到识见广博。不然，只不过是随心所欲地杜撰。

天是我的天，物是我的物，至诚所通，无不感格，而乃与之扞隔抵牾，只是自修之功未至。自修到格天动物处，方是学问，方是工夫。未至于此者，自愧自责不暇，岂可又萌发出个怨尤的意思？

【译文】天是我的天，物是我的物，只要用至诚之心去感通，无不为之感通。而有的人却与天和物格格不入、互相抵触，这是因为自我修养的功夫还不够。自我修养到能感动天地万物的程度，才是真正的学问，才是真正的功夫。还没有达到这个程度的，自愧、自责还来不及，怎么还能萌发出怨天尤人的意念呢？

世间事，无巨细，都有古人留下底法程①。才行一事，便思古人处这般事如何；才处一人，便思古人处这般人如何。至于起居言动语默，无不如此，久则古人与稽②，而动与道合矣。其要在存心，其工夫又只在诵诗读书时便想曰：此可以为我某事之法，可以药我某事之病。如此则临事时触之即应，不待思索矣。

【注释】①法程：法则。②稽：相合。

【译文】世间的事情，无论大小，都有古人留下来的法则。每做一事，都要想想如果来古人处理会怎样做；每与人相处，都要想想古人会怎样与他相处。至于起居言动语默，无不如此，日久就会与古人相合，与道相合。做到这点，主要在用心，平日诵诗读书时就要留心：这一点可以作为我干某件事的方法，这一点可以医治我在某件事上的毛病。如此做下去，遇事时马上会想起这些教导，不需要花时间思索了。

扶持资质，全在学问，任是天资近圣，少此二字不得。三代而下无全才，都是负了在天底，欠了在我底，纵做出掀天揭地事业来，仔细看他，多少病痛！

【译文】保持天资、品格，全在于学问。即使你天资接近圣人，也少不了学问这两个字。三代以后没有全才，都是亏负了天生的资质，亏欠了自我品格的修养，纵然做出惊天动地的事业来，仔细一看，他身上的毛病又有多少！

劝学者歆[1]之以名利，劝善者歆之以福祥，哀哉！

【注释】①歆（xīn）：喜爱、羡慕。

【译文】以名利引诱人努力学习；以福祥劝人努力向善的，真是可悲啊！

道理书尽读，事务书多读，文章书少读，闲杂书休读，邪妄书焚之可也。

【译文】道理书要尽读. 事务书要多读，文章书要少读，闲杂书不要读，邪妄书就烧了吧。

君子知其可知，不知其不可知。不知其可知则愚，知其不可知则凿。

【译文】君子知道可以知道的，不知其不可以知道的。不知道可以知晓的就是愚昧，知道不可知晓的就是穿凿附会。

余有责善之友，既别两月矣，见而问之曰："近不闻仆有过？"友曰："子无过。"余曰："此吾之大过也。有过之过小，无过之过大。何者？拒谏自矜而人不敢言，饰非掩恶而人不能知，过有大于此者乎？使余即圣人也则可，余非圣人而人谓无过，余其大过哉！"

【译文】我有一个引导我向善的朋友，分别了两个月，见面后我问他："近来听说过我的过失吗？"友人说："没有。"我说："这就是我的大过啊！有过失的过小，无过失的过大。为什么这么说呢？拒谏自矜而别人不敢说，饰非掩恶而人们不知道，过失还有比这更大的吗？假使我是圣人就罢了，我不是圣人还没有过失，那么我的错就大了啊！”

工夫全在冷清时，力量全在浓艳时。

【译文】冷清寂寞时可看出一个人的修养功夫，红火热闹时可看出一个人克己的功力。

万仞峻增而呼人以登，登者必少。故圣人之道平，贤者之道峻。穴隙迫窄而招人以入，入者必少。故圣人之道博，贤者之道狭。

【译文】山高峻险拔，如果招呼大家去攀登，攀登的人一定很少。所以圣人的道路平坦，贤者的道路艰险。洞穴的通道非常狭窄，如果招呼人们进去，进去的人一定很少。所以圣人的道路宽广，贤者的道路狭窄。

以是非决行止，而以利害生悔心，见道不明甚矣。

【译文】用是非来决定行动与停止，却因利害关系而后悔，这样也太不明白道了。

自天子以至于庶人，自尧、舜以至于途之人，必有所以汲汲皇皇[①]者，而后其德进、其业成。故曰鸡鸣而起，舜、跖之徒皆有所孳孳也。无所用心，孔子忧之曰：“不有博弈者乎？”惧无所孳孳者，不舜则跖也。今之君子纵无所用心而不至于为跖，然饱食终日，惰慢弥年，既不作山林散客，又不问庙堂急务，如醉如痴，以了日月。《易》所谓“君子进德修业，欲及时也”，果是之谓乎？如是而自附于清品高贤，吾不信也。孟子论历圣道统心传，不出“忧勤惕励”[②]四字，其最亲切者，曰“仰而思之，夜以继日，幸而得之，坐以待旦”[③]，此四语不独作相，士农工商皆可作座右铭也。

【注释】①汲汲皇皇：急切、紧张貌。②忧勤惕励：语出《孟子·离娄下》，意为要经受忧愁劳苦，心存戒惧。③“仰而思之“句”：语出《孟子·离娄》意思是，仰起头思考，白天想不明白，夜里接着想；想通了，就坐等天亮后去实行。

【译文】自天子以至于平民，自尧、舜以至于路人，必然有为了目标而努力追求的，这样德业才能长进，事业才有成就。所以鸡鸣而起，舜、跖之类的人都朝着这个目标孳孳努力着。对任何事都没有兴趣的人，孔子也忧虑地说：“玩玩掷彩下棋也比闲着好啊！”担心这些无所事事的人，成不了舜便会成为跖。现在的君子，纵然无所用心也不至于成为跖一类的人，但是饱食终日，惰慢终年，既不做山林散客，又不问朝廷急务，如醉如痴，空度岁月。《易》说“君子进德修业，欲及时也”，就是说这种人。他们还自认为清品高贤，我是不相信的。孟子论述历代圣人道统的传承，不出“忧勤惕励”这四个字，他最恳切的教导是“仰而思之，夜以继日，幸而得之，坐以待旦”。这四句话不仅对做宰相的，即使对士农工商之人，都可以视为座右铭。

怠惰时看工夫，脱略时看点检，喜怒时看涵养，患难时看力量。

【译文】在懈怠懒惰时可看出一个人修持的工夫，放任轻慢时可看出一个人省察的功夫，高兴或恼怒时可看出一个人的涵养，处忧患艰难时可看出一个人的力量。

今之为举子文者，遇为学题目，每以知行作比，试思知个甚么，行个甚么。遇为政题目，每以教养作比，试问做官养了那个，教了那个。若资口舌浮谈以自致其身，以要国家宠利，此与诓骗何异？吾辈宜惕然省矣！

【译文】现在做应举文章的人，遇到为学的题目，每每以知行来对比，试想你应该知个什么，行个什么。遇到为政的题目，每以教养作比，试问你做官养了哪个，教了哪个。如果靠口舌浮谈取得官位，博取国家的信任和利益，这与诓骗有什么不同？我们应猛然醒悟啊！

圣人以见义不为属无勇，世儒以知而不行属无知；圣人体道有三达德，曰：智、仁、勇；世儒曰知行只是一个。不知谁说得是？愚谓自道统初开，工夫就是两项，曰“惟精”，察之也；曰“惟一”，守之也。千圣授受，惟此一道。盖不精则为孟浪之守，不一则为想象之知。曰“思”曰“学”，曰“致知”曰“力行”，曰“至明”曰“至健”，曰“问察”曰“用中”，曰“择乎中庸，服膺勿失”，曰“非知之艰，惟行之艰”，曰“非苟知之，亦允蹈之”，曰“知及之，仁守之”，曰“不明乎善，不诚乎身”。

【译文】圣人认为见义不为是不勇敢，世上的儒者认为知而不行是无知；圣人体察之后认为道有三种大的品质，叫做智、仁、勇；世上的儒者认为知和行是同一种事物。不知道究竟是谁说得对呢？我以为自从道传播以来，修道的功夫就有两项，一个是“惟精”，讲的是体察，一个是“惟一”，讲的是固守。几乎所有的圣人所传授坚持的，都是这个原则。如果不精心辨察那就是鲁莽放肆，不专一就是凭空想象的知。这就是《论语》所说的“思考”和“学习”，《大学》所说的“通达道理”和《中庸》所说的“亲身实践”“达到明辨”和“力争完善”“虚心询问，用心体察”和“不偏不倚，坚持中庸”“服膺中庸可避免过失”，《尚书》所说的“要懂得认识并不难，只有行动才难”，《论语》所说的“不要以为有了认识就可以满足，应该不断进取”“既然具备了认识，就应该坚持不变”，《孟子》所说的“要知道没有明察仁善，自身就到不了真诚境地”的道理。

自德性中来，生死不变；自识见中来，则有时而变矣。故君子以识见养德性。德性坚定则可生可死。

【译文】从德性中生发出来的，无论生死都不会改变；从识见中生发出来的，有时会改变。所以君子要用识见来修养德性。德性坚定了，才能经得起生死的考验。

“昏弱”二字，是立身大业障，去此二字不得，做不出一分好人。

【译文】昏庸懦弱是立身的大障碍，不去掉它，做不出一分好人。

学问之功，生知圣人亦不敢废。不从学问中来，任从有掀天揭地事业，都是气质作用。气象岂不炫赫可观？一入圣贤秤尺，坐定不妥贴。学问之要如何？随事用中而已。

【译文】做学问，就算是生而知之的圣人也不敢荒废。假如不是从学问出发，就算干出了惊天动地的事业，也只不过是气质的作用。伟大的事业怎么会不夺目耀眼呢？但只要一用圣贤的标准来衡量，就肯定还有不妥之处。学问的核心是什么呢？那就是无论什么事都应该坚守中庸之道。

学者，穷经博古。涉事筹今，只见日之不足，惟恐一登荐举，不能有所建树。仕者，修政立事，淑世安民，只见日之不足，惟恐一旦升迁，不获竟其施为。此是确实心肠、真正学问，为学为政之得真味也。

【译文】求学的人，要通读经书、博览古籍、涉足世事、筹划时务，只感到时间紧迫不够用，只担心一旦被举荐做官，不能有所建树。为官的人，要治理政务、树立政绩、改造世风、安定百姓，只担心时间紧迫不够用，只担心一旦升迁，不能够完成自己的事业。这才是实在的心肠，这才是真正的学问，这才算体会到了为学为政的真正意味。

进德修业在少年，道明德立在中年，义精仁熟在晚年。若五十以前德性不能坚定，五十以后愈懒散，愈昏弱，再休说那中兴之力矣。

【译文】提升品德、钻研学业在少年时期，明白道理、成就道德在中年时期，精通义理、谙熟仁道在晚年时期。如果五十岁以前还不能使自己的德性坚定，五十岁以后就会更加懒惰散漫，更加昏聩、懦弱，哪还有什么由衰弱到振奋的力量？

世间无一件可骄人之事。才艺不足骄人，德行是我性分事，不到尧、舜、周、孔，便是欠缺，欠缺便自可耻，如何骄得人？

【译文】世上没有一件事可以让人骄傲自大。才华技艺不值得骄傲，道德品性是我本性中应该具备的，不达到尧、舜、周公、孔子的境界，就是在德行上有欠缺，有欠缺自己就该感到羞愧，哪还有什么值得骄傲的呢？

有希[1]天之学，有达天之学，有合天之学，有为天之学。

【注释】①希：仰慕。

【译文】有仰慕上天，欲修养到最高境界的希天之学；有明了天理，乐天知命的达天之学；有合于天道的合天之学；有替天行道的为天之学。

圣学下手处是无不敬，住脚处是恭而安。

【译文】圣学下手做工夫，从恭敬心开始，落脚处是恭敬安详。

小家学问不可以语广大，溷[1]障学问不可以语易简。

【注释】①溷（hùn）：混乱。

【译文】小家子气的学问，不能与之讨论广大的天理；混乱的学问，不能与之讨论平易简明的道理。

天下至精之理、至难之事，若以潜玩沉思求之，无厌无躁，虽中人以下，未有不得者。

【译文】天下最精辟的道理，最艰难的事情，如果能够进行深入地研究、认真地思考，不厌倦、不急躁，即使这个人的资质在中等人以下，没有得不到的。

为学第一工夫，要降得浮躁之气定。学者万病，只个静字治得。

【译文】做学问最重要的工夫，就是要戒除掉浮躁之气。学者身上的种种弊病，只要一个静字，便能医治所有。

学者万病只一个“静”字治得。

【译文】学者的各种毛病，只要做到“静”就可医治。

学问以澄心为大根本，以慎口为大节。

【译文】学问以静为大根本，说话以谨慎为大节。

读书能使人寡过，不独明理。此心日与道俱，邪念自不得乘之。

【译文】读书不只是能使人明白道理，还能使人少犯错误。每天心中所想的都能和道相符，邪恶的念头自然不能乘隙而入。

“无所为而为”①，这五字是圣学根源，学者入门念头就要在这上做。今人说话，第二三句便落在“有所为”上来，只为毁誉利害心脱不去，开口便是如此。

【注释】①无所为而为：语出《论语·卫灵公》。指不为某功利目的做事，也指圣人德盛，下民自然受其感染而被教化。

【译文】“无所为而为”，是圣学的根源，学者一入门，就要在这里参悟。现在的人没有脱掉毁誉利害之心，一开口便说到“有所为”上来了。

己所独知，尽是方便；人所不见，尽得自由。君子必兢兢然细行必谨，小物不遗者，惧工夫之间断也，惧善念之停息也，惧私欲之乘间也，惧自欺之萌蘖也，惧一事苟而其余皆苟也，惧闲居忽而大庭亦忽也。故广众者幽独之证佐，言动者意念之枝叶。意中过、独处疏，而十目十手能指视之者①，枝叶证佐上得之也，君子奈何其慢浊②？不然苟且于人不见之时，而矜持于视尔友之际，岂得自然？岂能周悉？徒尔劳心，而慎独君子已见其肺肝矣。

【注释】①十目十手能指视之者：语出《大学》：“十目所视，十手所指，其严乎！”指指一个人的言行会受到大众监督，若有过失，会被大家指责。②慢浊：态度冷淡、内心不清澈。

【译文】只有自己知道，便听任自便；别人看不见便放任自流。君子在这种时候也要兢兢业业，谨小慎微，不能疏忽，这是害怕功夫会间断，善念会停止，私欲会乘隙而入，自欺会产生，一事随便其余的事也跟着随便，闲居时疏忽，到了大众面前也会疏忽。所以说，众人面前如何表现，独处时就如何表现；一言一行，都内心的展露。想法上的过失，独处时的放任，通过在众人面前的言行被大家看到，这就是从外显的佐证和枝叶上去看一个人隐蔽时的真实样子，君子怎能不严格要求自己呢？在人看不见的时候随随便便，在和朋友相处时怎能自然地做到矜持有礼。周到圆满呢？白费伪装的心力罢了，那些严格慎独的君子早已把你看透了。

古之学者在心上做工夫，故发之外面者为盛德之符；今之学者在外面做工夫，故反之于心则为实德之病。

【译文】古代求学的人，注重在内心的修养上下工夫，所以体现在外表上的同他具有的高尚品德相符合；现在求学的人，只是在表面上下工夫，同他内心所想的完全相反，因而有损于德行。

事事有实际，言言有妙境，物物有至理，人人有处法，所贵乎学者学此而已。无地而不学，无时而不学，无念而不学，不会其全、不诣其极不止，此之谓学者。今之学者果如是乎？留心于浩瀚博杂之书，役志于靡丽刻削之辞，耽心于凿真乱俗之技，争胜于烦劳苛琐之仪，可哀矣！而醉梦者又贸贸昏昏，若痴若病，华衣甘食而一无所用心，不尤可哀哉？是故学者贵好学，尤贵知学。

【译文】件件事中都有实情，句句话中都蕴含着妙境，每个事物中都包含着至理，任何人都有与人相处的方法，学者最可贵的，就是能学这些而已。没有一个地方不在学，没有一个时刻不在学，没有一个念头不在学，不全部学会、不达到顶点不停止，这才叫学者。现在的学者果真能做到这样吗？他们留心于浩瀚、繁多、芜杂的书籍，用心于靡丽、雕琢、险僻的文辞，沉迷于穿凿附会、以假乱真、扰乱世俗的技巧，争胜于烦劳、苛刻、琐碎的仪式，真是可悲啊！而那些处于醉梦之中的人又贸贸昏昏、若痴若病，华衣甘食，而对什么事都无所用心，不是更可悲！所以学者所贵的是好学，尤其可贵的是知道该学什么。

天地万物，其情无一毫不与吾身相干涉，其理无一毫不与吾身相发明。

【译文】天地万物之情，分分毫毫都与我息息相关；天地万物之理，没有一毫不对我有启发。

凡字不见经传，语不根义理，君子不出诸口。

【译文】凡字不见于经传，语不遵循义理，君子就不说出口。

古之君子病其无能也，学之；今之君子耻其无能也，讳之。

【译文】古代的君子怕自己没能力，就努力学习；现在的君子耻于自己无能，不学反而想办法掩饰。

无才无学，士之羞也；有才有学，士之忧也。夫才学非有之为难，而降伏之难。君子贵才学以成身也，非以矜己也；以济世也，非以夸人也。故才学如剑，当可试之时一试，不则藏诸室，无以炫弄，不然，鲜不为身祸者。自古十人而十，百人而百，无一幸免，可不忧哉？

【译文】无才无学，是读书人的耻辱；有才有学，是读书人的忧患。想要拥有才学不是难事，驾驭才学才是难事。君子所贵的是使才学能够成就自身，而不是用来炫耀自己；是为了匡时济世，而不是用来夸耀于人。所以说才学如剑，在可用的时候要用，不用的时候就藏在剑鞘中，不要炫弄，不然，很少有不成为自身祸患的。自古以来，那些爱炫耀自己才学的人，十人中有十人，百人中有百人，无一人可以侥幸免除祸患，这难道不让人担忧吗？

人生气质都有个好处，都有个不好处。学问之道无他，只是培养那自家好处，救正那自家不好处便了。

【译文】每个人生下来以后都有好的地方，也都有不好的地方。做学问的方法没有别的什么，只是培养自身那些好的地方，纠正弥补自身不好的地方就可以了。

道学不行，只为自家根脚站立不住。或倡而不和，则势孤；或守而众挠，则志惑；或为而不成，则气沮；或夺于风俗，则念杂。要挺身自拔，须是有万夫莫当之勇，死而后已之心。不然，终日三五聚谈，焦唇敝舌，成得甚事？

【译文】道德学问不能推行，只是因为自己的脚跟站立不稳。或者因为自己提倡而无人应和，就会势单力孤；或者因为自己坚守而众人阻挠，就会意志昏惑；或是因为努力去做没有成功，就会灰心丧气；或者因为受风俗影响，就会产生杂念。要想挺身自拔，必须要有万夫莫当之勇，死而后已之心。不然，整天只是三五人在一起聚谈，即使谈得唇焦舌敝，又能成就什么事业呢？

役一己之聪明，虽圣人不能智；用天下之耳目，虽众人不能愚。

【译文】只用一己之聪明，即使是圣人，智慧也不够用；借助天下人的耳目，即使是普通人，也不会被愚弄。

涵养不定底，自初生至盖棺时凡几变，即知识已到，尚保不定毕竟作何种人。所以学者要德性坚定，到坚定时，随常变、穷达、生死只一般，即有难料理处，亦自无难。若平日不遇事时，尽算好人，一遇个小小题目，便考出本态，假遇着难者、大者，知成个甚么人？所以古人不可轻易笑，恐我当此，未便在渠上也。

【译文】涵养没有形成的人，不知道从生到死会发生多少变化，即使是已经具备了一定的知识，也无法保证最终会成为什么样的人。所以学者的德行修养一定要稳定。只有自己的涵养稳定了，就会把正常和变化、贫困和发达、生存和死亡都看得很平常，就算碰到意料之外的事情，也不会觉得有多难。假如平常没有遇到什么事的时候还是个好人，一旦碰上一个小小的麻烦就露出了本来面目，如果碰上大事、难事，那又将会变成什么样的人？所以古人不会轻易地嘲笑别人，就是因为恐怕自己在遇到这些情况的时候，未必就会比人家做得好。

屋漏之地可服鬼神，室家之中不厌妻子，然后谓之真学、真养。勉强于大庭广众之中，幸一时一事不露本象，遂称之曰贤人君子，恐未必然。

【译文】简陋的房屋却可以使鬼神信服，在家中不厌烦妻子儿女，这才算是真正有学问、真正有修养。如果在大庭广众之中，勉强凭借一时一事侥幸没有露出本来面目，就称之为贤人、君子，恐怕未必是这样的。

这一口呼吸去，万古再无复返之理。呼吸暗积，不觉白头。静观君子，所以抚髀而爱时也。然而爱时不同，富贵之士叹荣显之未极，功名之士叹事业之未成，放达之士恣情于酒以乐余年，贪鄙之士苦心于家以遗后嗣。然犹可取者，功名之士耳。彼三人者，何贵于爱时哉？惟知道君子忧年数之日促，叹义理之无穷，天生此身无以称塞，诚恐性分有缺不能全归，错过一生也，此之谓真爱时。所谓此日不再得，此日足可惜者，皆救火追亡之念，践形尽性之心也。呜呼！不患无时，而患弃时。苟不弃时，而此心快足。虽夕死何恨？不然，即百岁，幸生也。

【译文】这一口呼吸过后，万古以来也不会有再返回来的道理。每天一呼一吸，不断地积累，不觉头发就白了。所以冷静地观察这一现象的君子，会拍着大腿感叹时光的易逝而爱惜时光。然而爱惜时光是各不相同的，富贵之士感叹荣华显贵没能达到极点，功名之士感叹事业还没有成就，放达之士纵情于美酒以乐余年，贪鄙之士苦心经营家业以留给子孙。这里尚可取的，只有功名之士而已。其他的三种人，他们的爱惜时光又有什么可贵的呢？只有求道的君子忧虑年岁一天天过去，感叹义理的无穷无尽，上天生下自己的身体没有使义理充塞，唯恐性分有所欠缺不能全部归还上天，而错过了一生。这才叫真正爱惜时光。平时所说的此日不再得，此日足可惜的话，都是勉励人要有救火追亡般的紧迫感，要有尽力体现人的天赋资质、修养完满心性的意念。啊！不要忧虑时光不多而要担心浪费时光。如果不浪费时光而心情愉快满足，即使晚上就死，又有什么遗憾呢？不然，即使活一百岁，也是苟且偷生。

身不修而惴惴焉，毁誉之是恤；学不进而汲汲焉，荣辱之是忧，此学者之通病也。

【译文】不加强自身的修养，整天惴惴不安，只为个人的毁誉而担心；不努力求学，成天急切奔忙，只为个人的荣辱而忧心。这是求学人的通病。

冰见烈火，吾知其易易也。然而以炽炭铄坚冰，必舒徐而后尽；尽为寒水，又必待舒徐而后温；温为沸汤，又必待舒徐而后竭。夫学岂有速化之理哉？是故善学者无躁心，有事勿忘从容以俟之而已。

【译文】当坚冰遇到烈火，我们都知道它很容易就融化了。然而用热炭来融化坚冰，就必须要慢慢地进行；等到坚冰完全融化成水以后，必须要经过缓慢的过程而逐渐加温；温水沸腾以后，又必须经过缓慢的过程才能蒸发熬干。那么做学问怎么会有速成的道理呢？因此，善于学习的人不要急于求成，遇到事情不要忘记从容淡定，要循序渐进地积累知识。

学问大要，须把天道、人情、物理、世故识得透彻，却以胸中独得中正底道理消息之。

【译文】学问的大要，须把天道、人情、物理、世故认识得透彻，还要用胸中独得的中正道理来消化它。

与人为善，真是好念头。不知心，无理路者，淡而不觉；道不相同者，拂而不入。强聒杂施，吾儒之戒也。孔子启愤发悱，复三隅，中人以下不语上，岂是倦于诲人？谓两无益耳。故人声不烦奏，至教不苟传。

【译文】和别人友善相处，这的确是一个好想法。可是那些不懂得人情世故的人，总是觉察不到这些；道不相同的人，根本就听不进去。强迫别人听从并且实施多种手段，这是儒家应该引以为戒的。孔子提倡"不愤不启，不悱不发，举一隅不以三隅反则不复也。"意思是在他想明白的时候再去开导他，在他想说话的时候再去启发他，教授给他知识就要求他能够举一反三。"中人以下，不可以不语上也"，意思是对于智力在中等水平以下的人就不传授给他高深的学问，孔子这样做难道是对于教导别人感到厌倦吗？只是认为如果不这样的话，就会对双方都没有好处。所以美妙的音乐不怕重复演奏，深奥的教义也不能随随便便地传授给别人。

罗百家者，多浩瀚之词；工一家者，有独诣之语。学者欲以有限之目力，而欲竟其津涯；以鲁莽之心思，而欲探其蕴奥，岂不难哉？故学贵有择。

【译文】涉猎百家学说的人，说起话来大多是滔滔不绝；专心钻研一家学说的人，往往会得出自己独到的见解。那些做学问的人想凭借自己有限的精力，博采众长穷尽所有的学说；以一种鲁莽急躁的心态，来探究各种学说中所蕴藏的奥妙，岂不是很困难吗？所以，做学问的人贵在对于学习的内容有所选择。

讲学人不必另寻题目，只将“四书”“六经”发明，得圣贤之道，精尽有心得，此心默契千古，便是真正学问。

【译文】讲学人不必另寻题目，只要阐明“四书”“六经”的要义，得圣贤之道，对广大精微的义理有真实体会，心能与古人相契合，便是真正的学问。

善学者如闹市求前，摩肩踵足，得一步便紧一步。

【译文】善于学习的人，如同在摩肩接踵的闹市中前行，一步一步紧紧跟随。

有志之士要百行兼修，万善俱足。若只做一种人，硁硁[①]自守，沾沾自多，这便不长进。

【注释】①硁硁（kēng）：语出《论语·子路》：“言必信，行必果，硁硁然小人哉！”指固执不化。

【译文】有志之士要百行兼修，万善俱足。如果只做一种人，顽固自守，沾沾自喜，就是不长进。

《大学》一部书，统于“明德”[①]两字；《中庸》一部书，统于“修道”[②]两字。

【注释】①明德：语出《大学》：“大学之道，在明明德，在亲民，在止于至善。”指体悟到本心天性，明心见性。②修道：语出《中庸》：“天命之谓性，率性之谓道，修道之谓教。”

【译文】《大学》这部书，主要讲“明德”的心法；《中庸》这部书，主要讲“修道”的行法。

学识一分不到，便有一分遮障，譬之掘河分隔，一界土不通，便是一段流不去，须是冲开，要一点碍不得。涵养一分不到，便有一分气质，譬之烧炭成熟，一分木未透，便是一分烟不止，须待灼透，要一点烟也不得。

【译文】学问有一分不到位，就会有一分障碍，就好比是挖河分界，只要有一段界土没有挖开，水就流不过去，要想让水流过去，就要一儿点障碍也没有。人的涵养功夫只要有一分欠缺，就会有那么一点气质，就好像把木头烧成炭，只要木头有一点还没烧透，就会不停地冒烟，必须要等到木头完全烧透了，不冒一丝烟了才行。

除了“中”字，再没道理；除了“敬”字，再没学问。

【译文】除了“中”，再无道理可讲；除了“敬”，再无学问可做。

心得之学，难与口耳者道。口耳之学，到心得者前，如权度之于轻重短长，一毫掩护不得。

【译文】心得之学，很难与口耳之学的人说。口耳之学的人，到心得之学的人面前，如同用秤和尺来衡量轻重短长一样，一毫也遮掩不住。

学者只能使心平气和，便有几分工夫。心平气和人遇事却执持担当，毅然不挠，便有几分人品。

【译文】学者只要能心平气和，就有了几分功夫。心平气和的人遇事敢于执守担当，毅然不屈，便是有了几分人品。

学莫大于明分。进德要知是性分，修业要知是职分，所遇之穷通要知是定分。

【译文】为学没有比明白本分更重要的了。要知进德是本性分内的事，修业是职业分内的事，穷通是上天定数分内的事。

一率作[1]则觉有意味，日浓日艳，虽难事，不至成功不休；一间断则渐觉疏离，日畏日怯，虽易事，再使继续甚难。是以圣学在无息[2]，圣心曰不已。一息一已，难接难起，此学者之大惧也。余平生德业无成，正坐此病。《诗》曰："日就月将，学有缉熙于光明[3]。"吾党日宜三复之。

【注释】①率作：全心全意地去做。②无息：指不间断。③"日就月将"句：语出《诗经·周颂·敬之》："维予小子，不聪敬止。日就月将，学有缉熙于光明。佛时仔肩，示我显德行。"指日有所就，月有所进，逐渐达到光明的境地。

【译文】一心一意地去做，就觉到意味，兴趣也日益浓厚，事虽难，不到成功不停止；一间断就日渐疏远，信心日减而畏怯日增，事虽易，要继续下去很难。所以圣人的学问在不间断，圣人的用心在不停止。一断一停，就难接续，这是学人最害怕的。我平生德业无成，原因就在此处。《诗经》说："日就月将，学有缉熙于光明。"对，我们每天都应复习这句话。

尧、舜、禹、汤、文、武全从"不自满假"四字做出[1]。至于孔子，平生谦退冲虚、引过自责，只看着世间有无穷之道理，自家有未尽之分量，圣人之心盖如此。孟子自任太勇，自视太高，而孜孜向学，欿欿自谦之意似不见有[2]。宋儒口中谈论都是道理，身所持循亦不着世俗，岂不圣贤路上人哉？但人非尧、舜，谁无气质稍偏、造诣未至、识见未融、体验未到、物欲未忘底过失？只是自家平生之所不足者再不肯口中说出，以自勉自责；亦不肯向别人招认， 以求相劝相规。所以自孟子以来，学问都似登坛说法，直下承当，终日说短道长，谈天论性，看着自家便是圣人，更无分毫可增益处。只这见识，便与圣人作用已自不同，如何到得圣人地位？

【注释】①不自满假：即不自满自大。《尚书·大禹谟》："克勤于邦，克俭于家，不自满假。"满，盈。假。大。②欿欿（kǎn）：不自满。

【译文】尧、舜、禹、汤、周文王、周武王的事业全是从"不自满假"中做出来的。至于孔子，一生都是谦退冲虚、引过自责，只看到世间有无穷的道理，自己有未尽的义务，圣人大都如此。孟子自任太勇，自视太高，学习也是孜孜不倦，但似乎没有见到自谦的想法。宋儒说的都是道理，行的也是不沾世俗，难道不是圣贤路上的人吗？但人非尧、舜，谁没有气质稍偏、造诣未至、识见未通、体验未到、物欲未忘的过失？只是不肯招认自己平生不足的地方，以便自勉自责；又不肯向人承认，以求得别人的相劝相规。所以自孟子以来，做学问的人都好像登坛说法的布道者一样，终日说短道长，谈天论性，看自己便是圣人，没有哪里需要增益。仅是这种见识，就与圣人的作为不同了，如何能做到圣人？

性躁急人，常令之理纷解结；性迟缓人，常令之逐猎追奔。推此类，则气质之性无不渐反。

【译文】性情急躁的人，要常让他处理纷乱，解开纠结；性情迟缓的人，要常让他打猎，追逐奔跑。依此类推，则气质之性能渐渐改变。

恒言“平稳”二字极可玩，盖天下之事惟平则稳。行险亦有得底，终是不稳，故君子居易。

【译文】常说的“平稳”二字极可玩味，天下之事，只有平才能稳。走险路也能平安，但终是不稳，所以君子要安于平易。

二分，寒暑之中也，昼夜分停多不过七八日；二至，寒暑之偏也，昼夜偏长每每二十三日。始知中道难持，偏气易胜，天且然也。故尧、舜毅然曰“允执”，盖以人事胜耳。

【译文】春分和秋分，位于寒暑之中，昼夜时间相等的天数多不过七八天；夏至和冬至，位于寒暑之偏，夏至以后昼长夜短，冬至以后夜长昼短，偏向的天数常常有二十三天。以此可知，中道难以维持而偏气易胜，天气也是如此。所以尧、舜毅然地说“允执厥中”，即牢牢地把握中道，就是要以人为的努力战胜偏颇。

里面五分，外面只发得五分，多一厘不得。里面十分，外面自发得十分，少一厘不得。诚之不可掩如此夫！故曰“不诚无物”①。

【注释】①不诚无物：语出《中庸》：“诚者自成也，而道自道也。诚者物之终始，不诚无物。”意为不真诚，不从本心出发，就没有东西。

【译文】里面有五分，外面发出来也最多五分，一厘也不会多。里面有十分，外面自然也有十分，少一厘也不行。真实的东西分毫都不能掩饰！所以说"不诚无物"。

休蹑着人家脚跟走，此是自得学问。

【译文】不要人云亦云，跟着别人的走，这是自己体会出来的学问。

正门学脉切近精实，旁门学脉奇特玄远；正门工夫戒慎恐惧，旁门工夫旷大逍遥；正门宗指渐次，旁门宗指径顿；正门造诣俟其自然，旁门造诣矫揉造作。

【译文】正门的学脉切近精实，旁门的学脉奇特玄远；正门的功夫戒慎恐惧，旁门的功夫旷大逍遥；正门讲求逐级而上的次第，旁门讲求顿悟的捷径；正门的造诣自然而然，旁门的造诣矫揉造作。

或问："仁、义、礼、智发而为恻隐、羞恶、辞让、是非，便是天则否①？"曰："圣人发出来便是天则，众人发出来都落气质，不免有太过不及之病。只如好生一念，岂非恻隐？至以面为牺牲②，便非天则。"

【注释】①天则：天道，自然法则。《易经·乾卦》："乾元用九，乃见天则。"②牺牲：供祭祀用的纯色全体牲畜。

【译文】有人问："仁、义、礼、智发出来为恻隐之心、羞恶之心、辞让之心、是非之心，这些便是天理吗？”我说：“圣人发出来的是天性，普通人发出来的都落到了气质上，不免太过或不及。比如好生的念头，难道不是恻隐之心？但是盲目地为了不杀生而用面粉做猪羊等祭品，却破坏了意义重大的礼法，便是不合天理。”

学问，博识强记易，会通解悟难。会通到天地万物为一，解悟到幽明古今无间，为尤难。

【译文】学问，博识强记还算容易，要融会贯通，彻悟道理就难了。会通到天地万物为一，解悟到幽明古今无间，就难上加难。

强恕是最拙底学问[①]，“三近”人皆可行，下此无工夫矣。

【注释】①强恕：语出《孟子·尽心上》：“强恕而行，求仁莫近焉。”指努力去推己及人。

【译文】努力地实践推己及人，是最笨拙的学问。好学近乎知，力行近乎仁，知耻近乎勇，人人都可以做。除此以外就没有其他功夫了。

王心斋[①]每以乐为学，此等学问是不曾苦底甜瓜，入门就学乐，其乐也，逍遥自在耳，不自深造真积、忧勤惕励中得来。孔子之乐以忘忧，由于发愤忘食；颜子之不改其乐，由于博约克复[②]。其乐也，优游自得，无意于欢欣，而自不忧，无心于旷达，而自不闷。若觉有可乐，还是乍得心，着意学乐，便是助长心，几何而不为猖狂自恣也乎？

【注释】①王心斋：即王艮，字汝止，明代思想家，泰州学派的创始人。王艮强调学习的快乐，似乎是快乐教育。吕坤认为学习必须深造真积、忧勤惕励，发愤忘食，博约克复，乐是自然而来的。②博约克复：语出《论语》："博之以文，约之以礼，克己复礼。"

【译文】王艮提倡快乐学习，这样的学问是没有苦过的甜瓜，入门就学怎么快乐，真是逍遥自在啊，它没有过深入的学习、实实在在的积累和忧勤惕励的历练。孔子发愤忘食，最后才能乐以忘忧；颜子博文约己、克己复礼，才能居陋巷而不改其乐。这种快乐，优游自得不追求换了却自然无忧，不追求旷达却自然无苦闷。如果觉得有快乐可寻，那还是落在了求取之心里，有意识地学乐，便是拔苗助长的心态，长此以往，怎么会陷入猖狂自恣的状态呢？

余讲学只主六字，曰"天地万物一体"。或曰："公亦另立门户耶？"曰："否！只是孔门一个'仁'字。"

【译文】我讲学只围绕"天地万物一体"来讲。有人问："您这不是另立门户吗？"我说："不是的！这就是孔门的'仁'。"

无慎独工夫，不是真学问；无大庭效验，不是真慎独。终日哓哓，只是口头禅耳。

【译文】无慎独工夫，不是真学问；在大庭广众中表现不出效果，不是真慎独。终日哓哓不停地说慎独，只是口头禅。

体认要尝出悦心真味，工夫更要进到百尺竿头，始为真儒。向与二三子暑月饮池上，因指水中莲房以谈学问。曰：“山中人不识莲，于药铺买得干莲肉，食之称美。后入市买得久摘鲜莲，食之更称美也。”余叹曰：“渠食池上新摘，美当何如？一摘出池，真味犹漓。若卧莲舟，挽碧筒，就房而裂食之，美更何如！今之体认，皆食干莲肉者也。又如这树上胡桃，连皮吞之，不可谓之不吃，不知此果须去厚肉皮，不则麻口；再去硬骨皮，不则损牙；再去瓤上粗皮，不则涩舌；再去薄皮内萌皮，不则欠细腻。如是而渍以蜜，煎以糖，始为尽美。今之工夫，皆囫囵吞胡桃者也。如此体认，始为‘精义入神’[①]；如此工夫，始为‘义精仁熟’[②]。”

【注释】①精义入神：语出《易经·系辞下》，指研究微妙的义理而进入神妙的境界。②义精仁熟：语出《孟子·告子上》：“五谷者，种之美者也。苟为不熟，不如荑稗。夫仁亦在乎熟之而已矣。”

【译文】体认天理，要品到心中自然流露的快乐真味，修身工夫更要进到百尺竿头，才是真儒。有一次和几个学生在夏月下的池亭里饮酒，指着水中的莲蓬，谈论起了学问。一人说：“山中人不认识莲子，在药铺买了干莲肉，吃了还称赞味美。后来到市上买到摘下一段时间的鲜莲子，吃了认为味道更美。”我感叹地说：“他要是吃到池上新摘的莲子，不知要觉得多么美呢！一摘出池，真味就减少了。如果卧在采莲舟中，挽着莲蓬柄，剥出莲子而食，那又是何等的味美啊！现在人对学问的体认，与食干莲肉的人一样。又譬如这树上的胡桃，连皮吞食，不能说没吃，但他们不知道吃这种果实，须去掉厚皮，不然会麻嘴；再去掉硬壳，不然要损坏牙齿；再去掉瓤上的粗皮，不然涩舌；再去掉薄皮内的萌皮，不然不够细腻。这样剥完了，再用蜜淹渍，用糖煎，才算是真正味美了。现在做学问，就像囫囵吞胡桃。只有一层层细细地去体味，才算'精义入神'；这样的工夫，才算'义精仁熟'。"

上达无一顿底，一事有一事之上达，如洒扫应对、食息起居，皆有精义入神处。一步有一步上达，到有恒处，达君子到君子，达圣人到汤、武。圣人达尧、舜，尧、舜自视，亦有上达，自叹不如无怀、葛天之世矣[①]。

【注释】①无怀、葛天：远古时期部落名。相传其民安居乐业，鸡犬之声相闻，老死不相往来。

【译文】上达，没有一次性到位的，每件事都有它的上达，比如洒扫应对、食息起居，都有精义入神的境地。一步有一步的上达，到了恒常的状态，欲上达为君子就成为君子，欲达到圣人就达到商汤、周武王的境界。圣人会达到尧、舜的境界，尧、舜看自己，还可以上达，他们自叹不如远古无怀氏、葛天氏的时代。

学者不长进，病根只在护短。闻一善言，不知不肯问；理有所疑，对人不肯问，恐人笑己之不知也。孔文子不耻下问，今也耻上问。颜子以能问不能，今也以不能不问能。若怕人笑，比德山棒、临济喝[①]，法坛对众，如何承受？这般护短，到底成个人笑之人。一笑之耻，而终身之笑顾不耻乎？儿曹戒之。

【注释】①德山棒、临济喝：佛教禅宗的派别。用棒打或大喝一声的方式来启发学者。棒的施用始于唐代德山宣鉴，喝的施用始于临济义玄。

【译文】学者不长进，只因护短。听到一句善言，自己不懂也不肯问；有疑惑的道理，不肯请教，怕被人嘲笑无知。孔子不耻下问，现在的人耻于上问。颜渊道行很高，还要向不如自己的人请教，现在的人自己不如别人，还不愿向人请教。如果是怕人耻笑，等到挨了德山棒打、临济怒喝，在法坛上对众回答问题，将会如何承受呢？这样护短，终究会成为一个被人耻笑的人。以一笑为耻，终身被人耻笑难道不可耻吗？儿辈应以此为戒。

学问之道，便是正，也怕杂。不一则不真，不真则不精。入万景之山，处处堪游，我原要到一处，只休乱了脚；入万花之谷，朵朵堪观，我原要折一枝，只休花了眼。

【译文】学问之道，即使是正道，也怕杂。不一则不真，不真则不精。到万景之山去游览，每处都值得游玩，我只要到一处，不要乱了脚步；进入万花之谷，朵朵鲜花都值得观看，我只折一枝，不要看花了眼睛。

日落赶城门，迟一脚便关了，何处止宿？故学贵及时。悬崖抱孤树，松一手便脱了，何处落身？故学贵着力。故伤悲于老大，要追时除是再生；既失于将得，要仍前除是从头。

【译文】日落了，赶着要进城门，只迟了一步，门便关了，到何处去住宿？所以学贵及时。在悬崖上抱着一棵孤树，一松手便脱了，会落身到何处？所以学贵用力。到年岁大了才感到伤悲，想追回虚度的年华恐怕要等来生了；快得到时却没了，想继续就要从头开始。

学问要诀只有八个字：涵养德性，变化气质。守住这个，再莫向迷津[①]问渡。

【注释】①津：渡口。

【译文】学问要诀只有八个字：涵养德性，变化气质。守住这个，就不会迷失，再不必问路。

点检将来，无愧心，无悔言，无耻行，胸中何等快乐！只苦不能，所以君子有终身之忧。常[①]见王心斋《学乐歌》，心颇疑之，乐是自然养盛所致，如何学得？

【注释】①常：通“尝”，曾经。

【译文】检点自己的一生，无惭愧之心，无悔恨之言，无可耻之行，心中会何等快乐！只苦于做不到，这是君子的终身之忧。曾看到王艮的《乐学歌》，心中很是怀疑，快乐是修身有成后自然产生的心情，怎么能学来呢？

除不了“我”，算不得学问。

【译文】除不了小我之心，算不得学问。

“学问”二字原自外面得来。盖学问之理，虽全于吾心，而学问之事，则皆古今名物。人人而学，事事而问，攒零合整，融化贯串，然后此心与道方浃洽畅快。若怠于考古，耻于问人，聪明只自己出，不知怎么叫做学者。

【译文】“学问”原来就是从外面得来。学问的道理，虽然全在我心，但学问的事情，则都是古今名物。向每个人学习，遇每件事都问，攒零合整，融化贯通，然后此心与道才能融洽畅快。如果懒于考古，耻于问人，聪明只从自己心上出，怎么做学者呢。

圣人千言万语，经史千帙万卷，都是教人学好，禁人为非。若以先哲为依归，前言为律令，即一二语受用不尽。若依旧作世上人，或更污下，即将苍颉[1]以来书读尽，也只是个没学问底人。

【注释】①苍颉：又作“仓颉”，始创文字者。

【译文】圣人千言万语，经史千帙万卷，都是教人学好，禁人为非。如果以先哲为依归，以前代的言论为律令，即使是一两句也受用不尽。如果依旧做个普通人，或更低下，即使将苍颉以来的书都读遍，也只是个没学问的人。

万金之贾，货虽不售不忧；贩夫闭门数日，则愁苦不任矣。凡不见知而愠[①]，不见是而闷，皆中浅狭而养不厚者也。

【注释】①愠（yùn）：恼怒。

【译文】有万金财产的商人，即使货卖不出去也不会发愁；小贩几天不卖货，就愁苦不堪了。凡不被人了解就恼怒，不被人肯定就愁闷，都是因为肤浅狭隘，涵养不深厚。

善人无邪梦，梦是心上有底。男不梦生子，女不梦娶妻，念不及也。只到梦境，都是道理上做，这便是许大工夫，许大造诣。

【译文】善人无邪梦。梦是从心上发生的。男人不会梦到生小孩，女子不会梦见娶妻子，这是因为心中不会想到这些。如果在梦里的所作所为都能合道，便是了不起的工夫，很高的造诣。

天下难降伏、难管摄底，古今人都做得来，不谓难事。惟有降伏管摄自家难，圣贤做工夫只在这里。

【译文】天下难降伏、难管摄的事情，古今人都做成功了，这不是难事。只有降伏、管摄自己最难，圣贤的工夫正是做在这里。

吾友杨道渊常自叹恨，以为学者读书，当失意时便奋发，曰“到家却要如何”。及奋发数日，或倦怠，或应酬，则曰“且歇下一时，明日再做”。“且”“却”二字循环过了一生。予深味其言。士君子进德修业皆为“且”“却”二字所牵缚，白首竟成浩叹。果能一旦奋发有为，鼓舞不倦，除却进德是毙而后已工夫，其余事业，不过五年七年，无不成就之理。

【译文】我的友人杨道渊经常叹息：学者读了书后，在失意时懂得奋发，常常说“到家要如何去做”。可奋发了几天，倦怠了，或忙于应酬，又会给自己开解“且歇一歇，明天再做”。就这样，他们在“且”和“却”的循环中过了一生。我对他的话深以为然。士君子进德修业都被“且”“却”牵缚，等老了只能空悲叹。如果一旦奋发，便孜孜不倦，除了修养品德是死而后已的工夫，其余的事业，坚持五年七年，没有不成功的道理。

君子言见闻，不言不见闻；言有益，不言无益。

【译文】君子谈所见所闻的事，不谈没看见没听到的事；谈有益的事，不谈无益的事。

对左右言，四顾无愧色；对朋友言，临别无戒语，可谓光明矣，胸中何累之有？

【译文】对身边人所说的话，可以不愧于四周没有听到的人；对朋友说的话，没有不可告人的，临别没有告诫友人要保密，这样可以说是光明正大了，心中还有什么牵累呢？

学者常看得为我之念轻，则欲念自薄，仁心自达。是以为仁功夫曰“克己”，成仁地位曰“无我”。

【译文】学者能看轻为我的念头，欲念自然淡薄，仁心自然显发。因此做仁的功夫是“克己”，成仁的境界是“无我”。

天下事皆不可溺，惟是好德欲仁不嫌于溺。

【译文】天下事都不可沉溺于其中，唯有好德欲仁不怕过分沉溺。

把矜心要去得毫发都尽，只有些须意念之萌，面上便带着。圣贤志大心虚，只见得事事不如人，只见得人人皆可取，矜念安从生？此念不忘，只一善便自足，浅中狭量之鄙夫耳。

【译文】要把自满的心去除得一毫都没有，只要萌发一点儿，就会显露在脸上。圣贤志大心虚，只看见事事不如人，人人皆可取，自夸的念头怎会产生呢？这个念头不忘，只一善便自我满足，就成了心胸浮浅气量狭小的庸人。

师无往而不在也，乡国天下古人师善人也，三人行则师恶人矣。予师不止此也，鹤之父子，蚁之君臣，鸳鸯之夫妇，果然[1]之朋友，乌之孝，驺虞[2]之仁，雉之耿介，鸠之守拙，则观禽兽而得吾师矣。松柏之孤直，兰芷之清芳，苹藻之洁，桐之高秀，莲之淄[3]泥不染，菊之晚节愈芳，梅之贞白，竹之内虚外直、圆通有节，则观草木而得吾师矣。山之镇重，川之委曲而直，石之坚贞，渊之涵蓄，土之浑厚，火之光明，金之刚健，则观五行而得吾师矣。鉴之明，衡之直，权之通变，量之有容，概之平，度之能较短长，箑[4]之卷舒，盖之张弛，网之纲纪，机之经纶[5]，则观杂物而得吾师矣。嗟夫！能自得师，则盈天地间皆师也。不然尧、舜自尧、舜，朱、均[6]自朱、均耳。

【注释】①果然：同"猓然"，长尾猿。②驺虞：同"驺吾"，一种义兽，有至信之德则应之。③淄（zī）：通"缁"，黑色。④箑（shà）：扇子。⑤经纶：整理蚕丝，理出的丝绪叫经，编丝成绳叫纶，引申为治理国家。⑥朱、均：指尧的儿子丹朱和舜的儿子商均。因两人都不肖，不足以授天下，所以最后尧授位给了舜，舜授位给禹。

【译文】老师无处不在，乡国天下古人之中，都有老师，三人同行，恶人也可以是老师。我的老师还不只这些，鹤的父子相亲，蚂蚁的君臣有别，鸳鸯的夫妇恩爱，猓然的朋友义气，乌鸦的孝敬母亲，驺虞的仁信，雉的耿介，鸠的守拙，禽兽中也有老师。松柏的孤直，兰芷的清香，苹藻的洁，梧桐的高秀，莲花出污泥而不染，菊花到晚秋季节更幽香，梅花的贞白，竹子的内虚外直、圆通有节，草木中也有老师。山岳的镇重，河川既曲折又直流而下，石的坚贞，渊的涵蓄，土的浑厚，火的光明，金的刚健，观察五行，也可以找到老师。镜子的明亮，秤杆的平直，秤砣的变通，量的有容，概的平，度的能测量短长，扇子的舒开卷合，盖子的揭开合上，网上的总纲，织机上的经纶，各种物品都是老师。唉！能自己去观察体会，则天地之间都是老师。不然的话，生来是尧、舜的禀性，就是尧、舜；生来是不肖的丹朱、商均，就只能不肖到底了。

圣贤只在与人同欲恶。“己欲立而立人，己欲达而达人”[①]“我不欲人之加诸我也，吾亦欲无加诸人”[②]，便是圣人。“能近取譬”，“施诸己而不愿，亦勿施于人”，便是贤者。专所欲于己，施所恶于人，便是小人。学者用情，只在此二字上体认，最为吃紧，充得尽时，六合都是一个，有甚人己。

【注释】①“己欲立”句：出自《论语·雍也》：“夫仁者，己欲立而立人，己欲达而达人。能近取譬，可谓仁之方也已。”意为，想自己站得住，就要帮助大家一起站住，想自己过得好，也要帮助大家一起过得好。凡事就近以自己作比，推己及人，就是实行仁的方法。②“我不欲”句：语出《论语·公冶长》，意为我不愿别人加在我头上的事，我也不想加给别人。

【译文】圣贤的好恶与普通人相同。“己欲立而立人，己欲达而达人”“我不欲人之加诸我也，吾亦欲无加诸人”，这样便是圣人。“能近取譬”“施诸己而不愿，亦勿施于人”，这样便是贤者。自己喜欢的都留给自己，自己厌恶的都给别人，这就是小人。学者最要紧的就是在“欲”和“恶”上用心体认，把心扩展到尽头时，与天地四方合为一体，还有什么别人自己的分别。

人情只是个好恶，立身要在端好恶，治人要在同好恶。故好恶异，夫妻、父子、兄弟皆寇仇；好恶同，四海、九夷、八蛮皆骨肉。

【译文】人情只是喜好与厌恶，立身的要点明辨好恶，管理人的要点是与人同好恶。好恶不同，夫妻、父子、兄弟都可能成为寇仇；好恶相同，四海、九夷、八蛮之人都可以成为骨肉同胞。

“好学近乎知，力行近乎仁，知耻近乎勇”，有志者事竟成，那怕一生昏弱。“内视之谓明，反听之谓聪，自胜之谓强”[①]，外求则失愈远，空劳百倍精神。

【注释】①“内视之”句：出自《史记·商君列传》。意为，能反观自己就是明，能听取他人意见就是聪，能战胜自己就是强。

【译文】“好学近于智，力行近于仁，知耻近于勇”，有志者事竟成，哪怕生来昏弱的人也能成功。“内视之谓明，反听之谓聪，自胜之谓强”，向外寻求，离道就越来越远，拜拜耗费百倍精神。

寄讲学诸友云：白日当天，又向蚁封寻爝火[①]；黄金满室，却穿鹑结[②]丐藜羹。

【注释】①爝（jué）火：小火。②鹑结：鹑鸟的尾秃，如缝补的衣服，故以鹑结比喻破旧不堪的衣服。

【译文】寄给讲学的诸位友人：白日当天，却向黑暗的蚁穴寻小火；黄金满室，却穿褴褛的衣衫乞讨粗劣的食物。

岁首桃符[①]：新德随年进，昨非与岁除。

【注释】①桃符：古人在新年时，于门旁设两块桃木板，上面画着郁垒、神荼的神像以压邪，后演变为春联。

【译文】新年对联：品德随着新年的到来而日日长进，昨日的过错随着旧年的过去而清除。

纵作神仙，到头也要尽；莫言风水，何地不堪埋？

【译文】即使做了神仙，也有到头日子；何必讲求风水，哪里不能埋人？

卷三 射之集

卷 三

应 务

【题解】此章共183则。应务，就是如何做好自己所承担的事务。此章内容极其丰富，包含了吕坤在从政以及处理日常事务中体会到的各种真知灼见。对当今的人也有很好的借鉴意义。

吕坤讲了很多经验和方法。比如：做事要有预见性、计划性、要与人合作，要善于了解人情；对人情物理了解得透彻，事事都能办成；做事要度德量力，又要审势择人；要能机不可失，时不再来，关键是克服拖拉的习惯。讲话的艺术体现在用委婉的语气把正确的道理表达出来等等，他还指出“谋天下之事”要选好人，要用有智慧、干练的，能破除困局的人；昏暗、优柔、刚愎之人，皆不可与谋天下之事。遇到事情有四点必须注意：机遇要果断地抓住，不要绵软；坚守执行的时候要坚忍耐心，不要半途而废；治事的智谋要深沉，最怕的是浅陋；应变要机警，最怕的是迟缓。此篇内容都是吕坤平生的实践所得，仔细品读，定能增加人生智慧。

闲暇时留心不成，仓卒时措手不得。胡乱支吾，任其成败，或悔或不悔，事过后依然如昨。世之人如此者，百人而百也。“凡事预则立”，此五字极当理会。

【译文】闲暇时不留心，一遇到匆忙的事情就不能应对自如。胡乱应付，支吾搪塞，不管事情是成功还是失败。有的会后悔，有的根本就不知道后悔，事情过后依然如故。世上这种不注意总结经验教训的人太多了。“凡事都要预先有所准备才能成功”，这个道理是应当认真理会的。

道眼在是非上见，情眼在爱憎上见。物眼无别白[1]，浑沌而已。

【注释】①别白：分辨。

【译文】能否分辨真伪，在是非问题上可以看出来；是否有深情，在爱憎上可以显现出来。被物欲蒙蔽的双眼不能分辨黑白，只是一片混沌模糊。

实见得是时，便要斩钉截铁，脱然爽洁。做成一件事，不可拖泥带水，靠壁倚墙。

【译文】确实看明白了，就要斩钉截铁、爽快麻利地做。做成一件事，不可拖泥带水，靠壁倚墙。

人定真足胜天，今人但委于天，而不知人事之未定耳。夫冬气闭藏不能生物，而老圃能开冬花，结春实；物性蠢愚不解人事，而鸟师能使雀弈棋，蛙教书。况于能为之人事，而可委之天乎？

【译文】人的力量真的足以胜过上天，但现在的人却把自己的命运托付给上天，而不知道人为的努力可以改变事情的成败。冬天气候寒冷，植物不能生长，但老园丁却能使花在冬天开放，春天结出果实；动物本性愚蠢不懂人事，但训鸟师能使雀鸟下棋，使青蛙教书。何况可以依靠人为的努力从而取得成功的事情，怎么能托付给上天呢？

责善要看其人何如，其人可责以善，又当自尽长善救失之道，无指摘其所忌，无尽数其所失，无对人，无峭直，无长言，无累言。犯此六戒，虽忠告，非善道矣。其不见听，我亦且有过焉，何以责人？

【译文】劝人向善，要看这个人本身怎么样，如果这个人可以劝他向善，就应当不断完善我们使他向善改过的方法，不要指责他忌讳的事，不要把他的过错一个不漏地都说出来，不要当着别人的面来指责他，不要过分地严峻刚直，不要长篇大论，不要喋喋不休。犯了这六戒，即使是忠告，也不是好的方法。如果对方不愿听，我本身肯定也有过错，怎能怪罪别人呢？

余行年五十，悟得“五不争”之味。人问之，曰：“不与居积人争富，不与进取人争贵，不与矜饰人争名，不与简傲人争礼，不与盛气人争是非。”

【译文】我五十岁时，悟出了“五不争”的道理。有人问什么是“五不争”，我说：“不与积聚产业的人争富，不与追求功名的人争贵，不与喜欢自我夸耀的人争名，不与简慢狂傲的人争礼节，不与盛气凌人的人争是非。”

众人之所混同，贤者执之；贤者之所束缚，圣人融之。

【译文】众人分辨不清的东西，贤者可以分辨出来；贤者受束缚的东西，圣人可以融化它。

做天下好事，既度德量力，又审势择人。“专欲难成，众怒难犯”①，此八字者，不独妄动人宜慎，虽以至公无私之心行正大光明之事，亦须调剂人情，发明事理，俾大家信从，然后动有成，事可久。盘庚迁殷，武王伐纣，三令五申，犹恐弗从。盖恒情②多暗于远识，小人不便于己私，群起而坏之，虽有良法，胡③成胡久？自古皆然，故君子慎之。

【注释】①“专欲”句：语出《左传》襄公十年：“众怒难犯，专欲难成。合二难以安国，危之道也。”意为，不能触犯众怒，也不能不考虑别人的想法，只做自己想要的事。②恒情：常情。③胡：怎么。

【译文】要做天下的好事，既要度德量力，又要审势择人。“专欲难成，众怒难犯”是说，不仅妄动的人要慎重，即使以至公无私的心去做正大光明的事，也需要调和人情，讲明事理，使人家信服听从，然后事情才能做成维持长久。盘庚迁殷、武王伐纣前，无不是三令五申，就怕民众反对。远见卓识常常被只看眼前利益的人之常情所遮掩，小人遇到不利于自己的事，就会跳起来破坏，虽有好方法，怎能成功？怎能长久？自古以来都是如此，所以君子要慎重。

辨学术，谈治理，直须穷到至处，让人不得。所谓“宗庙朝廷便便言”者[①]，盖道理古今之道理，政事国家之政事，务须求是乃已。我两人皆置之度外，非求伸我也，非求胜人也，何让人之有？只是平心易气，为辨家第一法，才声高色厉，便是没涵养。

【注释】①宗庙朝廷便便言：语出《论语·乡党》。便便，明辩之意。

【译文】辨别学术，谈论治国的道理，必须穷究到底，不能谦让。孔子“宗庙朝廷便便言”者，就是这个做法，道理是古今以来的道理，政事是国家的政事，务须求个正确的方向才能停止。我们辩论的双方都要放下自己的名利，不是为了证明自己，也不是为了胜过别人，哪里需要谦让呢？态度平心静气，是辩论首先要注意的，一有声高色厉的表现，就有失涵养。

五月缫丝，正为寒时用；八月绩麻，正为暑时用；平日涵养，正为临时用。若临时不能驾驭气质、张主物欲，平日而曰“我涵养”，吾不信也。夫涵养工夫岂为涵养时用哉？故马蹶而后求辔，不如操持之有常；辐折而后为轮，不如约束之有素。其备之也若迂，正为有时而用也。

【译文】五月缫丝，正是为了在天气寒冷的时候能够派上用场；八月纺麻，正是为了在天气炎热的时候能够派上用场；平日修养，是为了在有事的时候能够派上用场。如果在有事的时候不能驾御自己的气质，主宰物欲，平日却说“我有涵养”，这样的话我是不相信的。涵养的功夫难道就是为了涵养而涵养吗？在马踢了人之后才给它加上辔头和嚼子，不如平时多加训练；辐条折断了才去修车轮子，不如平时就好好保养。准备的很充分，正是为了在必要的时候能够派上用场啊。

肤浅之见，偏执之说，傍经据传，也近一种道理，究竟到精处，都是浮说彼辞。所以知言必须胸中有一副极准秤尺，又须在堂上，而后人始从。不然，穷年聚讼，其谁主持耶？

【译文】那些肤浅的见解，偏执的言论，依据经典的传注，似乎也有一些道理，但如果深入研究，却都是肤浅的说法和偏颇的言论。所以能说出有远见的话语，必须是胸中有一副极准的秤尺，又能在大庭广众下检验，这样人们才会相信听从。不然的话，即便终年辩论，又有谁来判定是非呢？

纤芥，众人能见，置纤芥于百里外，非骊龙[①]不能见。疑似，贤人能辨，精义而至入神，非圣人不能辨。夫以圣人之辨语贤人，且滋其惑，况众人乎？是故微言[2]不入世人之耳。

【注释】①骊龙：黑色的龙。②微言：含蓄而精妙的言论。

【译文】细微的东西，大家都能看见，但是把它放到百里之外，除非骊龙，谁也看不见。似是而非的事情，贤人能辨别；精辟入神的义理，只有圣人才能分辨出来。将圣人能辨明的事情告诉贤人，将会增添贤人的惑乱，何况对于众人呢？因此精微的言论不必讲给普通人听。

理直而出之以婉，善言也，善道也。

【译文】委婉地表达直接明了的道理，就是善言，也是善于讲话。

“因”之一字，妙不可言，因利者无一钱之费，因害者无一力之劳，因情者无一念之拂，困言者无一语之争。或曰：“不几于徇乎？”曰：“此转人而徇我者也。”或曰：“不几于术乎？”曰：“此因势而利导者也。”故惟圣人善用因，智者善用因。

【译文】“因”这个字，真是妙不可言。依靠利益的人不用花一分钱，依靠害处的人不用费一点力，依据感情的人没有一个念头会违背他人之意，顺着别人的话说就不会与他人有争执。有人说：“这不是近于屈从他人的行为吗？”回答说：“这样正是让别人来顺从我的方法。”有人说：“这不是近于权术吗？”回答说：“这是因势利导的方法。”所以，只有圣人善于用“因”，只有智者才善于用“因”。

处世常过厚无害，惟为公持法则不可。

【译文】处世时经常宽厚一些没什么妨害，但秉公执法时不能这样。

天下之物，纡徐柔和者多长，迫切躁急者多短。故烈风骤雨，无祟朝之威；暴涨狂澜，无三日之势。催拍促调，非百板之声；疾策紧衔，非千里之辔。人生寿夭祸福，无一不然，褊急者可以思矣。

【译文】天下的事物，纡徐柔和的大多存在得长久，迫切躁急的大多会很短暂。所以暴风骤雨，不会持续一个早晨；惊涛骇浪，不会维持三天的强势。繁音急弦，不是长时间演奏的音乐；用力地鞭打、拉紧衔勒，不是对付千里马的办法。人生的寿夭祸福，没有不是这样的，那些性情急躁的人应该想想这个道理。

干天下事无以期限自宽，事有不测，时有不给，常有余于期限之内，有多少受用处！

【译文】无论做什么事，不要以规定的期限较长来宽慰自己。因为事情有难以预料的变化，时间也有不足的，如果能在限期之内做到留有余地，就会有许多益处！

将事而能弭，当事而能救，既事而能挽，此之谓达权，此之谓才。未事而知其来，始事而要其终，定事而知其变，此之谓长虑，此之谓识。

【译文】将要发生的事能够平息，正在发生的事能够补救，发生以后的事能够挽回，这叫做通权达变，这就是才能。事情还未来临时能预知它会到来，刚开始时能估计到它的结果，已经确定了的能知道它的变化，这叫做长虑，这就是识见。

凡祸患，以安乐生，以忧勤免；以奢肆生，以谨约免；以觖望生，以知足免；以多事生，以慎动免。

【译文】所有的祸患都是由于安逸享乐而产生，由于忧思、勤奋而得以免除；由于奢侈、任意妄为而产生，由于谨慎、自制而得以免除；由于贪得无厌而产生，由于知足而得以免除；由于多事而产生，由于慎重行事而得以免除。

任难任之事，要有力而无气；处难处之人，要有知而无言。

【译文】担当难以胜任的事，要有力而无气恼；与难以相处的人相处，要有智慧，少说话。

撼大摧坚，要徐徐下手，久久见功。默默留意，攘臂极力，一犯手自家先败。

【译文】撼动强大的，摧毁坚固的东西，要慢慢地下手，时间长了就有效果了。平时关注着它，不要因为急功近利而使用蛮力急切地去做，刚一动手而自己就已经先失败了。

昏暗难谕之识，优柔不断之性，刚愎自是之心，皆不可与谋天下之事。智者一见即透，练者触类而通，困者熟思而得，三者之所长，谋事之资也，奈之何其自用也！

【译文】昏昧不合常理的见识，优柔寡断的性格，刚愎自用的心肠，这种人不能与之商量天下大事。有智慧的人一看就透彻，练达的人触类旁通，困惑的人熟思后明白，这三种人的长处，正可用来谋划事情，怎能只靠自己谋事呢！

事必要其所终，虑必防其所至，若见眼前快意便了，此最无识。故事有当怒，而君子不怒；当喜，而君子不喜；当为，而君子不为，当已，而君子不已者。众人知其一，君子知其他也。

【译文】做事必须考虑到最终的结果，思虑必须防止会发生的事情。如果只看到眼前痛快就行了，这是最没有见识的。所以事情有当愤怒而君子不愤怒的，有当高兴而君子不高兴的，有当做而君子不做的，有当停止而君子不停止的。这是因为一般的人只知道某个方面，而君子知道其他方面。

柔而从人于恶，不若直而挽人于善。直而挽人于善，不若柔而挽人于善之为妙也。

【译文】柔和地跟随别人作恶，不如直率地把人拉到往善的方向。直率地拉别人向善，不如柔和地拉着别人从善为妙。

激之以理法，则未至于恶也，而奋然为恶；愧之以情好，则本不徙义也，而奋然向义。此游说者所当知也。

【译文】用道理和律法来激发他，也许本来还不至于作恶，他却可能会因此而奋然地作恶；用感情来使他感到愧悔，那么他也许本来不准备徙义向善，却可能因此而奋然徙义向善。对于这种情况，劝说别人的人是应该了解的。

善处世者，要得人自然之情。得人自然之情，则何所不得？失人自然之情，则何所不失？不惟帝王为然，虽二人同行，亦离此道不得。

【译文】善处世的人，要知道人的自然常情。能明白人之常情，则什么都能得到。远离了人的自然之情，则什么都会失去。不仅帝王是这样，即使二人同行，也不离这个道理。

"察言观色[①]，度德量力[②]"，此八字处世处人一时少不得底。

【注释】①察言观色：语出《论语·颜渊》："夫达也者，质直而好义，察言而观色，虑以下人。"察言观色在这里是个正面词汇，意为要了解人的心态，考虑别人的感受，但必须要"质直而好义"，不是人云亦云。②度德量力：指要考虑自己的能力和德行是否能担当得起。

【译文】"察言观色，度德量力"，是为人处世一刻也不能少的。

人有言不能达意者，有其状非其本心者，有其言貌诬其本心者。君子观人，与其过察而诬人之心，宁过恕以逃人之情。

【译文】人有时词不达意，其行为并非出自于内心，其言谈并非发自于内心。君子看人，与其过分精明而误解别人，不如过分宽厚而不察别人的用心。

人情，天下古今所同。圣人防其肆，特为之立中以的之。故立法不可太激，制礼不可太严，责人不可太尽，然后可以同归于道。不然，是驱之使畔也。

【译文】在人情世故方面，古今都是相同的。圣人为了防止人们太过放肆，就特意确立了个中正来作为标准。所以立法不能过于偏激，礼数不能太过严厉，责备别人不能太苛刻，这样，才可以使民众听从。否则，就有可能驱使民众离经叛道。

天下之事，有速而迫之者，有迟而耐之者，有勇而劫之者，有柔而折之者，有愤而激之者，有喻而悟之者，有奖而歆之者，有甚而淡之者，有顺而缓之者，有积诚而感之者。要相机因时，舛施未有不败者也。

【译文】天下的事情，有迅速而急迫的，有迟缓而须等待的，有靠勇敢而取得的，有借助柔和的方法而使人折服的，有需用愤怒的办法而激发起来的，有需要通过启发而使人醒悟的，有用奖励的办法而使人羡慕的，有通过过分的办法反而使人淡薄的，有用顺从的办法而变得缓和的，有通过积累诚意而感化人的。运用这些方法的关键在于把握机会顺应时势，错误地施行没有不失败的。

论眼前事，就要说眼前处置，无追既往，无道远图。此等语虽精，无裨见在也。

【译文】议论眼前的事，就要说眼下怎么办，不要追究以前怎么样，也不要计划以后怎么样。就算说得再精辟，也无补于现在。

我益智，人益愚；我益巧，人益拙。何者？相去之远而相责之深也。惟有道者，智能谅人之愚，巧能容人之拙，知分量不相及而人各有能不能也。

【译文】我越是有智慧，显得他人越愚蠢；我越是灵巧，显得他人越笨拙。为什么呢？相差太远而责望太深的缘故。只有道德修养高的人，自己有智慧却能体谅他人的愚蠢，自己灵巧却能容忍他人的笨拙。因为他们知道每个人的天分力量各不相同，而每个人又各有所长各有所短。

天下之事，只定了便无事。物无定主而争，言无定见而争，事无定体而争。

【译文】天下的事情，只要确定了便没事了。物品没有主人就会发生争夺，言说没有定论就会发生争吵，事情没有定好安排就会发生争执。

至人无好恶，圣人公好恶，众人随好恶，小人作好恶。

【译文】至人没有好恶，圣人以公众的好恶为自己的好恶，普通人随大流，小人则作一套自己的好恶。

仆隶下人昏愚者多，而理会人意，动必有合，又千万人不一二也。居上者往往以我责之，不合则艴然[①]怒，甚者继以鞭笞。则彼愈惶惑，而错乱愈甚，是我之过大于彼也。彼不明而我当明也。彼无能事上，而我无量容下也；彼无心之失，而我有心之恶也。若忍性平气，指使而面命之，是两益也。彼我无苦，而事有济，不亦可乎？《诗》曰："匪怒伊教[②]。"《书》曰："无忿疾于顽[③]。"此学者涵养气质第一要务也。

【注释】①艴（fú）然：形容恼怒的样子。②匪怒伊教：语出《诗经·鲁颂·泮水》："载色载笑，匪怒伊教。"意为鲁僖公没有怒气，和颜悦色，于是有所教化。③无忿疾于顽：出自《尚书·君陈》。意为对那些愚顽的人，要教育他们不要愤怒，也不要摆出疾恶如仇的样子。

【译文】多数仆隶下人都昏愚，而能明白主人的心意，做到主人心里去的，千万人中不会有一二人。居上位的人往往以自己的要求来责备他，不合心意就勃然大怒，甚至鞭打惩罚。这样，仆隶下人就更加惶恐惑乱，错得也更多，这是主人的过错大过了仆人。仆隶不明白的事我应当明白。仆隶没有能力，而主人也没有度量；仆隶的过失是无心，主人却是是有意干恶事。如果耐着性子，心平气和地把指令讲清，那么双方都得益。主仆都不再苦恼，事情又能办好，这样不是很好吗？《诗经》说："匪怒伊教。"《尚书》说："无忿疾于顽。"这是修养气质的第一要务。

或问："士大夫交际，礼与？"曰："礼也。古者睦邻国有享礼，有私觌[1]，士大夫相见各有所贽[2]，乡党亦然，妇人亦然，何可废也？"曰："近者严禁之，何也？"曰："非禁交际，禁以交际行贿赂者也。夫无缘而交，无处而馈，其馈也过情，谓之贿可也。岂惟严禁，即不禁，君子不受焉。乃若宿在交知，情犹骨肉，数年不见，一饭不相留，人情乎？数千里来，一揖而告别，人情乎？则彼有馈遗，我有赠送，皆天理人情之不可已者也。士君子立身行己，自有法度，绝人逃世，情所不安。余谓秉大政者贵持平，不贵一切。持平则有节，一切则愈溃，何者？势不能也。"

【注释】①私觌（dí）：指奉使外国而以私人身份见其国君或同僚之间非公事相见。②贽（zhì）：见面时送的礼品。

【译文】有人问："士大夫交际，要送礼吗？"我说："要送。古代友邦之间有享礼，也有以私人名义拜访时的礼品。士大夫相见，都带着见面礼，同乡、妇女之间也是这样，怎么能够废除呢？"又问："近来为什么严禁赠送礼品呢？"我说："这不是禁止交际，是禁止以交际为由来行贿。那种没有理由的交往，没有必要的馈赠，礼品贵重超过了情理，这就是贿赂。这种一定要严禁。即使不禁，君子也不会接受。至于多年的知心好友，情同骨肉，数年不见，相见时不留人家吃一顿饭，这合乎人情吗？远道而来，作一揖就算告别，合乎人情吗？那么他有礼物给我，我有物品送他，这都是天理人情。士君子立身行事，自有法度，拒绝别人，脱离世情，心会不安。我认为执掌大权的人贵在公平，不要不分情况一律禁止。公平了，事情就有节度；不论什么事都一刀切，只会越来越糟。为什么呢？因为形势不允许这样。"

古人爱人之意多，今日恶人之意多。爱人，故人易于改过而视我也常亲，我之教常易行。恶人，故人甘于自弃而视我也常仇，我之言益不入。

【译文】古人爱别人的心意多，现在的人厌恶别人多。爱人，所以对方就容易改过，看见我也很亲近，我的教化很有效果。恶人，所以对方就自暴自弃，把我视为仇家，我的话他更加听不进去。

观一叶而知树之死生，观一面而知人之病否，观一言而知识之是非，观一事而知心之邪正。

【译文】观察一片树叶就可以知道一棵树是死还是生，观察一个人的面色就可以知道这个人是否有病，听一个人讲的一句话就可以知道这个人的认识是否正确，看一个人所做的一件事就可以知道这个人的心术是邪还是正。

论理要精详，论事要剀切，论人须带二三分浑厚。若切中人情，人必难堪，故君子不尽人之情，不尽人之过。非直远祸，亦以留人掩饰之路，触人悔悟之机，养人体面之余，亦天地涵蓄之气也。

【译文】论理要精僻详尽，论事要跟事理相合，论人要带有二三分浑厚之心。如果说中了内心的真情，他人必定难堪。所以君子不会把他人的内情完全说穿，不会尽数他人的过失。这不只是为了远离祸患，也是为了给他人留下掩饰的余地，触发他人的悔悟之心，维护他人做人的体面，这也是天地涵养蓄积万物的气量。

“父母在难，盗能为我救之，感乎？”曰：“此不世之恩也，何可以弗感？”“设当用人之权，此人求用，可荐之乎？”曰：“何可荐也？天命有德，帝王之公典也，我何敢以私恩奸之！”“设当理刑之职，此人在狱，可纵之乎？”曰：“何可纵也？天讨有罪，天下之公法也，我何敢以私恩散之！”曰：“何以报之？”曰：“用吾身时，为之死可也；用吾家时，为之破可也；其他患难，与之共可也。”

【译文】问：“父母在危难之中，强盗替我把他们救了出来，要感谢他吗？”我说：“这是世上罕见的大恩，怎么能不感谢呢？”问：“如果有了用人的权力，强盗来求个职位，可以推荐他吗？”我说：“怎么能推荐呢？任用有德的人是帝王的公典，我怎敢以私恩来破坏它！”问：“假如你负责管理刑狱，而这个强盗关在狱中，可以放他出来吗？”我说：“怎么能放呢？讨伐有罪的人是天下的公法，我怎敢以私恩来破坏它！”问：“那用什么方法来报答他呢？”我说：“如果需要我的命，可以为他去死；如果需要我的财产，可以为他破家也；其他患难，可以与他共承担。”

凡有横逆来侵，先思所以取之之故，即思所以处之之法，不可便动气。两个动气，一对小人，一般受祸。

【译文】每当有横暴的行为来侵犯时，先要想想招惹这种横暴行为的原因，然后再思考处理的办法，切不可一下就生气发怒。如果双方都动气，那两个就都是小人，都一样遭祸。

喜奉承是个愚障。彼之甘言、卑辞、隆礼、过情，冀得其所欲，而免其可罪也。而我喜之、感之，遂其不当得之欲，而免其不可已之罪。以自蹈于废公党恶之人咎，以自犯于难事易悦之小人。是奉承人者智巧，而喜奉承者愚也。乃以为相沿旧规，责望于贤者，遂以不奉承恨之，甚者罗织而害之，其获罪国法圣训深矣。此居要路者之大戒也。虽然，奉承人者未尝不愚也，使其所奉承而小人也则可，果君子也，彼未尝不以此观人品也。

【译文】喜欢被人奉承是愚蠢的障碍。他的甜言蜜语、谦卑的说法、隆重的礼节、过分亲密的感情，是希望得到他想得到的东西而免去他可能受到的责罚。而我却喜欢这些、为之感动，满足他不该得到的欲望，免去他不可饶恕的罪过，使自己犯下败坏原则偏袒恶人的大错，使自己成为不会处事容易被讨好的小人。这是奉承人的聪明，也是喜欢被奉承的人的愚蠢之处。还要以这种沿袭下来的旧习俗来责备和怨恨贤明的人，因为对方不奉承就怨恨他，甚至编造罪名来陷害他，这样做，不仅违背国家的法律、连圣人的教诲违背了。这一点是身居要位的人应该引以为戒的。虽然如此，奉承人的人也未尝不是愚蠢的，如果他奉承的对象是小人还好，如果恰好碰上的是个正人君子，君子未尝不会从你的奉承中看出你的人品来。

疑心最害事。二则疑，不二则不疑。然则圣人无疑乎？曰：圣人只认得一个理，因理以思，因理以行，何疑之有？贤人有疑，惑于理也；众人多疑，惑于情也。或曰：不疑而为人所欺，奈何？曰：学到不疑时自然能先觉，况不疑之学，至诚之学也，狡伪亦不忍欺矣。

【译文】疑心最能坏事。有模棱两可的情况就会产生怀疑，没有模棱两可的情况就不会产生怀疑。然而圣人就不会有疑心吗？回答说：圣人只认得一个理，用理来思考，按理来行动，又有什么可怀疑的呢？贤人有疑心，是在道理方面有疑惑；普通人有疑心，是在感情方面有疑惑。有人说：如果不怀疑有可能会被人欺骗，该怎么办呢？回答说：学习到了不产生怀疑的时候，自然能发现别人是否在欺骗你，况且学会了不怀疑的学问，就是至诚的学问，即使是狡猾虚伪的人也不忍心欺骗你了。

以时势低昂理者，众人也；以理低昂时势者，贤人也；推理是视，无所低昂者，圣人也。

【译文】因时势的变化而对理进行褒贬，这是普通人的做法；以理来判断时势的好坏，这是贤人的做法；只看道理而没有任何褒贬，这是圣人的做法。

贫贱以傲为德，富贵以谦为德，皆贤人之见耳。圣人只看理当何如，富贵贫贱除外算。

【译文】贫贱时以傲为德，富贵时以谦为德，这都是贤人的见识。圣人只按天理行事，不管什么富贵贫贱。

成心者，见成之心也。圣人胸中洞然清虚，无个见成念头，故曰绝四[①]。今人应事宰物都是成心，纵使聪明照得破，毕竟是意见障。

【注释】①绝四：语出《论语·子罕》："子绝四：毋意，毋必，毋固，毋我。”指不凭空猜测，不绝对肯定，不固执拘泥，不自以为是。

【译文】成心，就是现成的想法。圣人胸中清彻虚无，没有一个现成的念头，所以说绝四。现在的人面对事务都是固定的一套，即使聪明能变通，毕竟还有固化的思维模式成为障碍。

凡听言，先要知言者人品，又要知言者意向，又要知言者识见，又要知言者气质，则听不爽矣。

【译文】凡是听别人讲话，先要了解这个人的人品，又要知道他说话的意图，又要知道他的识见，还要知道他的气质涵养，这样就不会有什么差错了。

不须犯一口说，不须着一意念，只恁真真诚诚行将去，久则自有不言之信。默成之孚，薰之善良，遍为尔德者矣。碱蓬生于碱地，燃之可碱；盐蓬生于盐地，燃之可盐。

【译文】不用说任何话，不必有任何念头，只要真真诚诚地做下去，时间长了，自然能不说话就可以取得别人的信任，树立自己的信誉。用善良的美德来感化别人，人们就会普遍具有善良的美德。碱蓬生长在碱地，燃烧后就可以生成碱；盐蓬生长在盐地，燃烧后就可以生成盐。所说的就是这个道理。

世人相与，非面上则口中也。人之心固不能掩于面与口，而不可测者，则不尽于面与口也。故惟人心最可畏，人心最不可知，此天下之陷阱，而古今生死之衢也。余有一拙法，推之以至诚，施之以至厚，持之以至慎，远是非，让利名，处后下，则夷狄鸟兽可骨肉而腹心矣。将令深者且倾心，险者且化德，而何陷阱之予及哉？不然，必予道之未尽也。

【译文】人与人相处，不是表现在脸上就是表现在语言上。人的内心固然不能被表情和语言所掩饰，但深不可测的也不只是表情和语言啊。所以说，人的内心是最可怕的，人的内心是最不可知的，它是天下的陷阱，从古至今生死的关口。我有一个笨方法：用至诚之心待人，用至厚之情待人，用谨慎之心待人，远离是非，谦让名利，甘于处在低下和落后的地位，这样的话，即使是夷狄鸟兽也可以变成骨肉之亲和心腹之人了。将使城府深的人能真心相处，让险恶的人被道德感化，还有什么陷阱等着我呢？如果不能达到这种境界，是因为我的修养不够高啊。

处世只一“恕”字，可谓以己及人，视人犹己矣。然有不足以尽者。天下之事，有己所不欲而人欲者，有己所欲而人不欲者，这里还须理会，有无限妙处。

【译文】为人处世讲究一个“恕”字，就是所谓的推己及人，站在对方的角度去想事情。但是还有“恕”不能发挥作用的地方。天下的事，有自己不想要而别人想要的，有自己想要而别人不想要的。这些还需要慢慢体会，自有无限的妙处。

宁开怨府，无开恩窦。怨府难充而恩窦易扩也，怨府易闭而恩窦难塞也，闭怨府为福而塞恩窦为祸也。怨府一仁者能闭之，恩窦非仁、义、理、智、信备不能塞也。仁者布大德不干小誉，义者能果断不为姑息，礼者有等差节文，不一切以苦人情，智者有权宜运用，不张皇以骇闻听，信者素孚人，举措不生众疑。缺一必无全计矣。

【译文】宁愿开一个众怨所归的怨府，也不要开一个胡乱施恩的洞。怨府难以填满，而恩洞容易扩大；怨府容易关闭，而恩洞难以堵塞；关闭了怨府能带来福分，而堵塞了恩洞会招来祸殃。怨府只要具有仁的美德的人就可以关闭，恩洞须由仁、义、礼、智、信全备的圣贤来堵塞。有仁德的人宣施大德不求小誉，讲义气的人果断不姑息，遵循礼法的人有等差节制，不会违背人情地一刀切，有智慧的人能变通，不会张皇来骇人听闻，讲信用的人向来被人信服，他提出的办法不会被怀疑。五种品德缺了一种，就想不出万全之计。

君子与小人共事必败，君子与君子共事亦未必无败，何者？意见不同也。今有仁者、义者、礼者、智者、信者五人焉，而共一事，五相济则事无不成，五有主则事无不败。仁者欲宽，义者欲严，智者欲巧，信者欲实，礼者欲文。事胡以成？此无他，自是之心胜，而相持之势均也。历观往事，每有以意见相争至亡人国家，酿成祸变而不顾，君子之罪大矣哉！然则何如？曰：“势不可均，势均则不相下，势均则无忌惮而行其胸臆。三军之事，卒伍献计，偏稗谋事，主将断一，何意见之敢争？然则善天下之事，亦在乎通者当权而已。”

【译文】君子与小人共事必然会失败，而君子与君子共事也未必就不会失败，这是为什么呢？意见不同的缘故。现在有仁者、义者、礼者、智者、信者这样五个人，他们五个人共同办一件事，如果五个人相互帮助，那么事情没有办不成的；如果五个人各有自己的主张，那么事情就没有不失败的。仁者想宽，义者想严，智者想巧，信者想实，礼者想文饰，事情怎么能办得好呢？这其中的原因没有别的，只是因为都强烈认为自己是正确的，而又势均力敌。分析一下古代的事，有很多都因为意见不同而导致国破家亡，酿成祸变而不顾的，君子有很大的罪啊！那应该怎么办才好呢？我认为：“势力不可以均衡，势力均衡就会不相上下，势力均衡就会肆无忌惮的实行心中的想法。军队中的事情，士兵献计，偏将副将谋划策略，主将最后做出决断，哪敢再提出意见争论呢？既然这样，要想治理好天下，也就在于让通达事理的人当权罢了。”

万弊都有个由来，只救枝叶，成得甚事？

【译文】所有弊端都有个来头，只救枝叶，能成什么事？

与小人处，一分计较不得，须要放宽一步。

【译文】和小人相处，一分也计较不得，必须要放宽一步。

处天下事，只消得“安详”二字，虽兵贵神速，也须从此二字做出。然安详非迟缓之谓也，从容详审，养奋发于凝定之中耳。是故不闲则不忙，不逸则不劳。若先怠缓，则后必急躁，是事之殃也。十行九悔，岂得谓之安详？

【译文】处理天下的事，只需要“安详”二字。即使兵贵神速，也须要从这两字做起。但安详不是迟缓的意思，而是从容镇定、精详周密，在凝定之中养护奋发的精神的意思。因此，不安闲就不会忙碌，不安逸就不会劳累。如果先懈怠迟缓，那么以后必定焦急浮躁，这是事情成功的祸殃。十次行动九次都会后悔，怎能叫做安详呢？

果决人似忙，心中常有余闲；因循人似闲，心中常有余累。君子应事接物，常赢得心中有从容闲暇时便好。若应酬时劳扰，不应酬时牵挂，极是吃累底。

【译文】果断的人看起来忙碌，实际上内心却有余暇和空闲。迟延拖拉的人看起来悠闲，实际上却很劳累。君子待人处事，能做到胸中从容闲暇就好，否则就会吃苦受累。如果应酬时疲劳不堪，不应酬时又牵挂不已，是非常累的。

为善而偏于所向，亦是病。圣人之为善，度德量力，审势顺时，且如发棠不劝，非忍万民之死也，时势不可也。若认煞民穷可悲，而枉己徇人，便是欲矣。

【译文】做善事而偏袒于自己喜欢的一方，这也是一种毛病。圣人做善事，总是会量力而行，审时度势，比如孟子不再劝齐王发放棠邑这个地方的粮仓去救济贫民百姓，这样做并不是忍心让老百姓饿死，而是时势不允许他这样做。如果固执地认定老百姓穷困是非常可怜的，就委屈自己答应别人的要求，这就成了个人私欲了。

分明不动声色济之有余，却露许多痕迹，费许大张皇，最是拙工。

【译文】不动声色就能轻而易举办成的事，却露出许多痕迹，白白虚张声势，最是笨拙。

天下有两可之事，非义精者不能择；若到精处，毕竟止有一可耳。

【译文】对于无可无不可的事，非精于此事的人不能选择；如果精到了极致，就只有一种选择。

圣人处事，有变易无方底，有执极不变底，有一事而所处不同底，有殊事而所处一致底，惟其可而已。自古圣人，适当其可者，尧、舜、禹、文、周、孔数圣人而已。当可而又无迹，此之谓至圣。

【译文】圣人处理事情，有容易变化没有方略的，有执着不变的，有对于同一件事的处理方法不同的，有对于不同的事而处理方法是相同的，总之，只要行得通就可以了。自古以来圣人能够做到恰如其分的，只有尧、舜、禹、周文王、周公、孔子等几位圣人而已。能够把事情做得恰到好处而又不露痕迹，这样的人就是至圣了。

圣人处事，如日月之四照，随物为影；如水之四流，随地成形，己不与也。

【译文】圣人处理事情，如日月照耀四方，不同的东西被照出不同的影子；如水流向四方，随着地势形成不同的形状，但自己却不参与其中。

使气最害事，使心最害理。君子临事，平心易气。

【译文】意气用事最能坏事，使用心计最能害理。君子临事，平心易气。

昧者知其一而不知其二，见其所见而不见其所不见，故于事鲜克有济。惟智者能柔能刚，能圆能方，能存能亡，能显能藏。举世惧且疑，而彼确然为之，卒如所料者，见先定也。

【译文】昏聩愚昧的人只知其一而不知其二，只知道自己能够看到的，而不知道还有许多自己看不到的事物，所以他们做事情很少有获得成功的。只有智慧的人能柔能刚、能圆能方、能存能亡、能显能藏。所有的人都感到恐惧而又怀疑的事情，而他们却认为是正确的，而最终果然和他预料的一样，这是有先见之明。

字到不择笔处，文到不修句处，话到不检口处，事到不苦心处，皆谓之自得。自得者，与天遇。

【译文】写字到了不择笔的程度，写文章到了不需要修饰句子的程度，说话到了不用想就能说的程度，做事到了不须煞费苦心就可以办好的程度，这都叫做自得。自得，就是达到了与天合一的程度。

无用之朴，君子不贵。虽不事机械变诈，至于德、慧、术知，亦不可无。

【译文】无用的朴实，君子不以为贵。虽然君子不用机巧变诈的手段，但德、慧、术、知，也不可不知。

神清人无忽语，机活人无痴事。

【译文】头脑清晰的人没有疏忽的语言，机敏灵活的人不干傻事。

非谋之难，而断之难也。谋者尽事物之理，达时势之宜，意见所到，不患其不精也。然众精集而两可，断斯难矣。故谋者较尺寸，断者较毫厘；谋者见一方至尽，断者会八方取中。故贤者皆可与谋，而断非圣人不能也。

【译文】谋划并不困难，而决断却不是一件容易的事。谋划的人能穷尽事物的各种道理，分析事情是否适合时宜，因而他的意见是非常精细的。然而，把众多精细的意见汇集在一起，就会模棱两可、难以决断。所以说谋划的人计较尺寸，决断的人计较毫厘；谋划的人对一方面的情况考虑得很详尽，决断的人在听取各方面的意见后做出正确的决断。因此，贤人都可以参与谋划，而决断非圣人不可。

人情不便处，便要回避。彼虽难于言，而心厌苦之，此慧者之所必觉也。是以君子体悉人情。悉者，委曲周至之谓也。恤其私、济其愿、成其名、泯其迹，体悉之至也，感人沦于心骨矣。故察言观色者，学之粗也；达情会意者，学之精也。

【译文】人之常情不便于让人知道的地方就要回避。对方虽然不便说出口，但是心中却很苦恼，有智慧的人对这点是必须觉察到的。因此君子体悉人情。悉，就是委曲周全的意思。顾虑到他的私心，帮助他实现心愿，使他成名，并且不留痕迹，这就是体悉到极点，而能让人刻骨铭心地感动了。因此说察言观色是初等的学问，达情会意才是精深的学问。

天下事只怕不认真，故依违观望，看人言为行止。认得真时，则有不敢从之君亲，更那管一国非之，天下非之。若做事先怕人议论，做到中间，一被谤诽，消然中止，这不止无定力，且是无定见。民各有心，岂得人人见识与我相同？民心至愚，岂得人人意思与我相信？是以做事，君子要见事后功业，休恤事前议论，事成后众论自息。即万一不成，而我所为者，合下便是当为也，论不得成败。

【译文】天下的事只怕不认真对待，所以才会产生观望的情绪，看别人的言行来行事。如果认真对待，就算是对于君王和父母的命令也可不从，更不会理会国人的非议，甚至是天下人的非议。如果做什么事都先去害怕别人的议论，做到了一半，一旦被人谤议，就会慢慢停止自己的行动，这不仅是没有定力的表现，更是没有主见的表现。每个人都有自己的想法，每个人怎么会都跟我有一样的想法呢？民众的思想往往是很愚钝的，怎么可能要求每个人都相信我所说的呢？做事情时，君子要看到事情完成以后的功业，不要去理会做事之前人们的议论，事情取得成功以后众人的议论自然就会停息。即便是万一事情没有取得成功，而我所做的，原本也全都是应当做的，是不能用成败来衡量的。

审势量力，固智者事，然理所当为而值可为之地，圣人必做一番，计不得成败。如围成不克[①]，何损于举动，竟是成当堕耳。孔子为政于卫，定要下手正名，便正不来，去卫也得，只是这个事定姑息不过。今人做事只计成败，都是利害心害了是非之公。

【注释】①围成不克：成，春秋时鲁邑。鲁定公十三年夏，孔子为了剥夺季孙氏、叔孙氏、孟孙氏在鲁国的非法政权，还政于鲁定公，想堕毁他们的私邑，将堕孟孙氏的成邑时，守着成邑领地的公敛处父不同意堕成，于是十二月，鲁定公发兵围成，但未能攻下。

【译文】审势量力，固然是智者所为，但遇到应当做的事，又出现了好的时机，那么圣人就不必计较太多，必然要出来干一番事业。比如孔子想毁掉三都，于是包围了成邑，却没攻下来。虽然失败了，但是攻打是没错的，终究是要毁掉成邑的。如孔子到卫国去治理国政，一定先正定名分，如果正不了，离开卫国也可以，只是这个事不可不做。现在人做事只会计较成败，这都是计较利害的私心害了大是大非的公心。

或问："'虑以下人'①，是应得下他不？"曰："若应得下他，如子弟之下父兄，这何足道？然亦不是卑谄而徇人以非礼之恭，只是无分毫上人之心，把上一着、前一步，尽着别人占，天地间惟有下面底最宽，后面底最长。"

【注释】①虑以下人：语出《论语·颜渊》，指谦恭待人。

【译文】有人问："'虑以下人'是说要谦恭吗？"我说："如果应该谦恭，如子弟对待父兄，这是人之常情，还有什么好说的？但也不是卑贱地谄媚别人或不合礼节地屈服迎合别人，假装恭敬，只是没有分毫要居于人上的心，只是把上一着、前一步，让给别人去占，天地间唯有下面最宽，后面最长。"

士君子在朝则论政，在野则论俗，在庙则论祭礼，在丧则论丧礼，在边圉则论战守。非其地也，谓之羡谈。

【译文】在朝廷，士君子就谈论政治，在民间就谈论世间风俗，在庙堂就谈论祭祀的礼仪，置办丧事时就谈论丧礼，在边境就谈论战斗攻防。如果是在不适合的地方谈论这些事，就是在说多余的话。

处天下事，前面常长出一分，此之谓豫；后面常余出一分，此之谓裕。如此则事无不济，而心有余乐。若扣杀分数做去，必有后悔处。人亦然，施在我，有余之恩则可以广德；留在人，不尽之情则可以全好。

【译文】处理天下的事，在事前要尽可能地考虑周全一些，这就叫做未雨绸缪；在事后要经常留有可以回旋的余地，这就叫做应对裕如。如果这样办事的话，事情就没有不成功的，而且心中也会很快乐。假如分寸没有把握好，就必然会有后悔的时候。做人也是这个道理，施舍恩惠的权力掌握在我的手中，留有余地就可以广施恩德；恩情施加到别人身上，他们的感激不尽之情则可以使双方维持长久的友好感情。

非首任，非独任，不可为祸福先，福始祸端，皆危道也。士君子当人事时，先人而任，当知“慎果”二字；从人而行，当知“明哲”二字。明哲非避难也，无裨于事，而只自没耳。

【译文】不要首当其冲，也不要一个人独揽，不用首先考虑是福是祸，福祸的开始，都是危险的。士君子面对大事的时候，首先要有担当，应该知道“慎果”这两个字；跟随着别人去做，应该知道“明哲”这两个字。明哲不是为了避难，假如不知道明哲保身，不但对事情没有好处，反而会害了自己。

养态，士大夫之陋习也。古之君子，养德德成，而见诸外者有德容。见可怒则有刚正之德容，见可行则有果毅之德容。当言则终日不虚口，不害其为默；当刑则不宥小故[1]，不害其为量。今之人，士大夫以宽厚浑涵为盛德，以任事敢言为性气，消磨忧国济时者之志，使之就文法走俗状而一无所展布。嗟夫！治平之世宜尔，万一多故，不知张眉吐胆奋身前步者谁也？此前代之覆辙也。

【注释】①宥小故：原谅小过失。

【译文】修养表面的容态，是士大夫的陋习。古代的君子，养德德成，表现在外面就会有德容。见可怒之事则有刚正的德容，见可行之事则有果毅的德容。当说则终日不说虚言，这也不妨害他沉默的美德；处罚的时候不原谅小的过错，这也不妨害他宽容的美名。现在的人，士大夫以宽厚浑涵为有盛德，以任事敢言为有性气，这样就消磨了忧国济时者的志气，使他们屈于世俗的一套行事而才能无法施展。唉！治平之世还可以这样做，万一国家有难，不知张眉吐胆，敢于站出来扛事的人是谁？这是前代已有的教训。

处事先求大体，居官先厚民风。

【译文】处事先讲大体，为官先正民风。

临义莫计利害，论人莫计成败。

【译文】临义不要计较利害，论人不要计较成败。

一人覆屋以瓦，一人覆屋以茅，谓覆瓦者曰："子之费十倍予，然而蔽风雨一也。"覆瓦者曰："茅十年腐，而瓦百年不碎，子百年十更，而多以工力之费、屡变之劳也。"嗟夫！天下之患，莫大于有坚久之费，贻屡变之劳，是之谓工无用、害有益。天下之愚，亦莫大于狃[①]朝夕之近，忘久远之安，是之谓欲速成、见小利。是故朴素浑坚，圣人制物利用之道也。彼好文者，惟朴素之耻而靡丽夫易败之物，不智甚矣。或曰："靡丽其浑坚者可乎？"曰："既浑坚矣，靡丽奚为？苟以靡丽之费而为浑坚之资，岂不尤浑坚哉？是故君子作有益则轻千金，作无益则惜一介[②]。""假令无一介之费，君子亦不作无益，何也？""不敢以耳目之玩，启天下民穷财尽之祸也。"

【注释】①狃（niǔ）：拘泥。②介：同"芥"，细微。

【译文】一人用瓦做屋顶，另一人用茅草做屋顶，后者对前者说："你的费用是我的十倍，但是遮风蔽雨的效果是一样的。"用瓦的人说："茅草十年就腐烂了，而瓦百年也不会碎，你百年之内要换十次草，会增加费用和劳力。"啊！天下最大的祸患，就是不停的花费，不断变更的劳苦，无用之工害了有益之事。天下最愚蠢的，就是拘泥于眼前，而忘记长远，所谓欲速成、见小利。因此朴素浑坚，是圣人制物、用物的原则。那些喜欢文饰的人，觉得朴素丢脸，却迷恋浮华不实的东西，真是不明智了。有人问："奢华而又坚固耐用可以吗？"我说："既然坚固耐用，要奢华做什么？如果把奢华的费用拿来制造坚固耐用的物品，坚固耐用的东西不就更坚固了吗？因此君子制作有益的东西，费去千金也不怕；做无益的东西，费去一点儿也可惜。"又问："如果不用花费一分钱，君子也不会去做那些无益的东西，这怎么说呢？”我说：“不敢以这些耳目的玩好，招来民穷财尽的大祸。”

遇事不妨详问广问，但不可有偏主心。

【译文】遇事不妨详问广问，但不可偏离中道的做法。

轻信骤发，听言之大戒也。

【译文】轻易地相信别人的话而立马表示态度，是听者的大戒。

君子处事，主之以镇静有主之心，运之以圆活不拘之用，养之以从容敦大之度，循之以推行有渐之序，待之以序尽必至之效，又未尝有心勤效远之悔。今人临事，才去安排，又不耐踌肠，草率含糊，与事拂乱，岂无幸成？竟不成个处事之道。

【译文】君子做事情，要镇定有主见，要运用灵活的手段，修养从容敦厚宽大的气度，遵守循序渐进的次序，等待必然会得到的成效，但又不会因为心劳力拙而见效太慢会后悔。现在的人总是要事到临头了才去安排，又没有耐心从容等待，做起事来又草率含糊，事情混乱没有一定的次序，难道没有侥幸成功的吗？即使有，也不是处事的方法啊。

君子与人共事，当公人己而不私。苟事之成，不必功之出自我也；不幸而败，不必咎之归诸人也。

【译文】君子与他人一起共事时，应公正对待自己和他人而不应有私心。如果事情办成了，不要把功劳归于自己；如果不幸失败了，也不要把责任推给他人。

有当然，有自然，有偶然。君子尽其当然，听其自然，而不惑于偶然。小人泥于偶然，拂其自然，而弃其当然。噫！偶然不可得，并其当然者失之，可哀也。

【译文】世上的事情，有理所当然的，有自然而然的，有偶然发生的。君子做事，应尽力去做理所当然的事，任其自然而然的事发展，而不被偶然出现的事迷惑；小人拘泥于偶然出现的事，违背自然而然的事，抛弃理所当然做的事。唉！结果偶然出现的没能得到，理所当然得到的也被丢掉了，这真是可悲！

不为外撼，不以物移，而后可以任天下之人事。彼悦之则悦，怒之则怒，浅衷狭量，粗心浮气，妇人孺子能笑之，而欲有所树立，难矣。何也？其所以待用者无具也。

【译文】不因外界的影响而动摇心志，不为外物的诱惑而改变节操，这才可以担当天下的大任，干一番大的事业。见到别人高兴就高兴，见到别人发怒就发怒，内心浅薄，气量狭窄，粗心随意，心浮气躁，妇女小孩都会嘲笑他，这种人要想在事业上有所建树是很难的。为什么呢？就是因为他们不具备干大事业的素质。

“明白简易”，此四字可行之终身。役心机，扰事端，是自投剧网也。

【译文】“明白简易”，这四个字可以终身遵行。费尽心机，扰乱事端，是自投罗网。

水之流行也，碍于刚，则求通于柔；智者之于事也，碍于此，则求通于彼。执碍以求通，则愚之甚也，徒劳而事不济。

【译文】水在流动的时候，遇到坚硬的障碍物就会在松软的地方通过；有智慧的人做事，在一方面碰到阻碍就会设法从别的方面下手。执守障碍以求得畅通，是非常愚蠢的，其结果只能是徒劳无功，难以成事。

计天下人事，只在要紧处一着留心用力，别个都顾不得。譬之弈棋，只在输赢上留心，一马一卒之失浑不放在心下。若观者以此预计其高低，奕者以此预乱其心目，便不济事。况善筹者以与为取，以丧为得；善弈者饵之使吞，诱之使进，此岂寻常识见所能策哉？乃见其小失而遽沮挠之，摈斥之，英雄豪杰可为窃笑矣，可为恸惋矣。

【译文】考虑天下的大事，只需在紧要处专心用力就可以了，别的都不要管。譬如下棋，只在输赢上留心，丢失一马一卒不要放在心上。如果观棋的人用一马一卒的损失来预计胜负，下棋的人因他的预计而扰乱了心目便不会赢。何况善于筹划的人把给予当做获取，把丧失当做得到；善于棋道的人下了诱饵等对方上钩，引诱其前进，这岂能是一般见识所能策划的呢？如果因遭到小的失败就马上予以阻挠、抛弃，英雄豪杰可能会因此私下嘲笑，因此哀恸惋惜啊！

夫势，智者之所藉以成功，愚者之所逆以取败者也。夫势之盛也，天地圣人不能裁；势之衰也，天地圣人不能振，亦因之而已。因之中寓处之权，此善用势者也，乃所以裁之振之也。

【译文】势，智者凭借它而成功，愚者违逆它而失败。势盛的时候，天地圣人不能节制；势衰的时候，天地圣人不能使之振起，只能跟随它。在跟随大趋势的过程中用上权变之策，这就是善于用势的人，也是对势的节制或振起。

士君子抱经世之具，必先知“五用”，“五用”之道未得而漫尝试之，此小丈夫技痒童心之所为也，事必不济。是故贵择人。不择可与共事之人，则不既[①]厥[②]心，不堪其任，或以虚文相欺，或以意见相倾，譬以玉杯付小儿而奔走于崎岖之峰也。是故贵达时。时者，成事之期也。机有可乘，会有可际，不先不后，则其道易行。不达于时，譬投种于坚冻之候也。是故贵审势。势者，成事之藉也。登高而招，顺风而呼，不劳不费而其功易就。不审于势，譬行舟于平陆之地也。是故贵慎发。左盼右望，长虑却顾，实见得利矣，又思其害；实见得成矣，又虑其败，万无可虞则执极而不变。不慎所发，譬夜射仪的也。是故贵宜物。夫事有当蹈常袭故者，有当改弦易辙者，有当兴废举坠者，有当救偏补敝者，有以小弃大而卒以成其大者，有理屈于势而不害其为理者，有当三令五申者，有当不动声色者。不宜于物，譬苗莠兼存而玉石俱焚也。嗟夫！非有其具之难，而用其具者之难也。

【注释】①既：尽。②厥：其。

【译文】士君子抱经世之才，必须先知道“五用”，如果不知道就轻易尝试去做事，就成了不知深浅的小丈夫技痒，事情必定不能成。“五用”第一为择人。不认真选好共事者，就不会尽心，就不堪其任，或以虚文相欺，或以意见相倾，这就好比把玉杯交给小孩，让他在崎岖的山路上奔跑一样。第二“用”为达时。时，是事情成功的时机。时机有可乘，机会有可遇，不先不后，事情就容易成功。不选择好时机，就如在冬天播种。第三为审势。势，是事情成功的依靠。登高招手，顺风呼喊，不费力气事情就办成了。不审势，就如在陆上行舟。第四为慎发。左盼右望，瞻前顾后做长远打算，看到利处，又考虑到害处；看到成功的机会，又考虑到失败的可能，直到万无一失就抓住不再改变。不慎而发，就如黑夜射箭一样。第五为宜物。事情实施时会有很多情况：有因袭旧例的，有应当改弦易辙的，有应当废兴举坠的，有应当救偏补敝的，有因小弃大而最终成就大业的，有理屈于势而不害其为理的，有应当三令五申的，有应当不动声色的。不宜于物，就好比良苗和杂草同时保留或玉石俱焚一样。唉！具有才干不是难事，而运用才干才是难事。

腐儒之迂说，曲士[1]之拘谈，俗子之庸识，躁人之浅见，谲者[2]之异言，憸夫[3]之邪语，皆事之贼也，谋断家之所忌也。

【注释】①曲士：孤陋寡闻，拘泥于一节之人。②谲（jué）者：怪异的人。③憸（xiān）：奸邪。

【译文】腐儒的迂阔说教，曲士固执不知变通的言论，俗人的平庸见识，躁人的肤浅见解，诡诈人的奇言异说，奸邪人的邪妄之语，都是事败的祸根，这是谋断者要忌讳的。

智者之于事，有言之而不行者，有所言非所行者；有先言而后行者，有先行而后言者；有行之既成而始终不言其故者。要亦为国家深远之虑，而求以必济而已。

【译文】智慧的人做事，有只说而不做的，有说和做不一致的；有先说而后做的，有先做而后说的；有已经做完而始终不说其原因的。总的来说，都是为国家深谋远虑，希望成功罢了。

善用力者就力，善用势者就势，善用智者就智，善用财者就财，夫是之谓乘。乘者，知几之谓也。失其所乘，则倍劳而力不就；得其所乘，则与物无忤，于我无困，而天下享其利。

【译文】善于用力的就靠力气，善于用势的就顺势，善于用智的就多用智慧，善于用财的就趋向于用财，这就是所谓的乘。乘，就是能预知事物。失去了所乘的东西，就会加倍费力却不能获得成功；借助自己擅长的东西，就不会与事物相违背，对自己来说也没有什么困难，而天下人都能够从中得到利益。

凡酌量天下人事，全要个融通周密，忧深虑远。营室者之正方面也，远视近视，曰有近视正而远视不正者；较长较短，曰有准于短而不准于长者；应上应下，曰有合于上而不合于下者；顾左顾右，曰有协于左而不协于右者。既而远近长短上下左右之皆宜也，然后执绳墨、运木石、鸠器用，以定万世不拔之基。今之处天下事者，粗心浮气，浅见薄识，得其一方而固执以求胜。以此图久大之业，为治安之计难矣。

【译文】凡考虑天下的大事，一定要融通周密、深谋远虑。这就像建造房子的人测量房子位置正不正一样，要从远处看看，再从近处看看，这是因为有的从近处看是正的而从远处看就不正了；准确测量东西的长短，是因为有的短一点儿就合适而长一点儿就不合适了；观察一下是该上还是该下，是因为有的适合于向上而不适合于向下；看看左看看右，是因为有往左一点儿就协调，往右一点儿就不协调的。这样做了以后，远近长短上下左右都合适了，然后拿起绳墨、运来木石、准备器具，打下坚固的地基。现在的人处理天下大事，心浮气躁，见识短浅，只认识到一个方面就想取得成功。用这样的办法想成就宏图大业，使国家长治久安，是很难成功的。

字经三书，未可遽真也；言传三口，未可遽信也。

【译文】字经过三次摹写，就失去了原来的气象；话经过三人口传，就不可马上相信。

巧者，气化之贼也，万物之祸也，心术之蠹也，财用之灾也，君子不贵焉。

【译文】投机取巧，是一气变化的危害，是万物的祸端，是人心的蠹虫，是财富的灾殃，君子不以取巧为贵。

君子之处事有真见矣，不遽行也，又验众见，察众情，协诸理而协，协诸众情、众见而协，则断以必行。果理当然，而众情、众见之不协也，又委曲以行吾理，既不贬理，又不骇人，此之谓理术。噫！惟圣人者能之，猎较之类是也。

【译文】君子处理事情时有真知灼见，也不会立即去做，要看众人的意见，体察众人的情绪，理顺各种事理，使众人的情绪和见解和谐，然后才可以决定付诸实际行动。果真是理应去做的，但众人的情绪和众人的见解还没有协调，就要委婉地按照自己认定的道理去做。这样既不违犯常理，又不使人们感到惊讶，这就叫做理术。噫！只有圣人才能这样，道理与古时打猎争夺猎物用来祭祀大体类同。

干天下大事，非气不济。然气欲藏不欲露，欲抑不欲扬。掀天揭地事业，不动声色，不惊耳目，做得停停妥妥，此为第一妙手，便是入神[1]。譬之天地，当春夏之时，发育万物，何等盛大流行之气？然视之不见，听之不闻，岂无风雨雷霆？亦只时发间出，不显匠作万物之迹，这才是化工。

【注释】①入神：达到神妙的境界。

【译文】做大事，没有浩然气概就不能成功。但是气欲藏不欲露，欲抑不欲扬。做掀天揭地的事业，不动声色，不惊耳目，做得停停妥妥，最为高妙，这就是入神。就像天地运行，春夏之时，发育万物，是何等盛大的气在流行？然而人们视之不见，听之不闻，难道就没有风雨雷霆？也只是时发间出而已，不显露出斧凿匠作的痕迹，才是造化之工。

疏于料事，而拙于谋身，明哲者之所惧也。

【译文】预料事情疏漏而不周详，又不善于为自身谋划，这是明哲的人所畏惧的。

实处着脚，稳处下手。

【译文】在实处下脚，在稳处下手。

姑息依恋，是处人大病痛，当义处，虽处骨肉，亦要果断。鲁莽径直，是处事大病痛，当紧要处，虽细微亦要检点。

【译文】无原则地宽容和恋恋不舍，是与人相处时的大缺点。在大义面前，即使是骨肉亲情也要果断行事。鲁莽轻率、直来直去，是处理事情的大缺点。在紧要关头，即使是很细小的事也要加以检点。

正直之人，能任天下之事，其才其守，小事自可见。若说小事且放过，人事到手才见担当，这便是饰说，到人事定然也放过了。松柏生，小便直，未有始曲而终直者也。若用权变时，另有较量，又是一副当说话。

【译文】正直的人能担当天下的大事。他的才能、操守在小事上就会表现出来。如果说小事暂且放过，面临大事时才见胆识，这便是文饰的话，这样的人遇到大事时必然承担不了。松柏还是小树时就是直的，没有开始弯曲而最终是挺直的。如果是运用权变之术，那得用别的标准来衡量，就另当别论了。

无损损，无益益，无通通，无塞塞，此调天地之道，理人物之宜也。然人君自奉无嫌于损损，于百姓无嫌于益益；君子扩理路无嫌于通通，杜欲窦无嫌于塞塞。

【译文】不要在减少的情况下再减少，不要在增加的基础上再增加，不要在通畅时再加通畅，不要在堵塞时再增加堵塞，这是协调天地的办法，为人处世也应这样。但是国家的君主对自己的日常供应不要怕减少再减少，对百姓的利益不要怕增加再增加；君子开通道路不要怕通了又通，杜绝欲望不要怕堵了再堵。

事物之理有定，而人情意见千歧万径。吾得其定者而行之，即形迹可疑，心事难白，亦付之无可奈何。若惴惴畏讥，琐琐自明，岂能家置一喙哉？且人不我信，辩之何益？人若我信，何事于辩？若事有关涉，则不当以缄默妨大计。

【译文】事物的道理是有定数的，而且每个人的想法也不一样。我按照一定的道理去做事，即使形迹可疑，心思难以表白，也没有办法。如果老是怕别人说闲话，总想为自己辩白，怎么能到每家都说一通呢？何况如果别人不相信我，自我辩解又有什么用呢？如果别人相信我，哪里又用得着自我辩解呢？但如果事情还涉及到别人，就不应当保持沉默以免耽误了大事。

处人、处己、处事，都要有余，无余便无救性，此里甚难言。

【译文】对人、对己、对事都要留有余地，不留余地就难以补救，这个道理很难说得清楚明白。

悔前莫如慎始，悔后莫如改图，徒悔无益也。

【译文】与其对前面所做的事后悔，不如在开始做的时候就采取慎重态度；与其事后后悔，不如改变做法以求进展。仅仅是后悔什么用处也没有。

居乡而囿于数十里之见，硁硁然守之也，百攻不破。及游大都，见千里之事，茫然自失矣。居今而囿于千万人主见，硁硁然守之也，百攻不破。及观《坟》《典》。见千万年之事，茫然自失矣。是故囿见不可狃，狃则狭，狭则不足以善天下之事。

【译文】居住在乡间而拘泥于数十里的见闻，固执地遵守着它，对其他的意见根本都听不进去。等到游历了大都市，看到了千里之外的事情，就会茫然若失了。生活在今天而拘泥于千万人的见解，固执地遵守着这些，对其他的见解都不屑一顾。等到读了《三坟》《王典》这些古人的经典，看到千万年之前的事，又会茫然若失了。所以说不可拘泥于浅陋的见闻，拘泥就显得狭隘，狭隘就不足以干好天下的事。

事出于意外，虽智者亦穷，不可以苛责也。

【译文】意料之外的事情，就是智者也没办法，对这种情况不能苛责。

天下之祸，多隐成而卒至，或偶激而遂成。隐成者贵预防，偶激者贵坚忍。

【译文】天下的灾祸，大多是暗中滋长而突然发作的，或者是由于偶然的刺激突然爆发的。对于暗中滋长的祸事贵在平时的预防，对于偶然激发的祸事贵在意志的坚忍。

当事有四要：际畔要果决，怕是绵；执持要坚耐，怕是脆；

机括要深沉，怕是浅；应变要机警，怕是迟。

【译文】做事时要做到四要：关键时要果断，怕的是拖沓；做时要坚韧，怕的是脆弱；心机要深沉，怕的是浅露；应变要机警，怕的是迟疑。

君子动人事，十利而无一害，其举之也必矣。然天下无十利之事，不得已而权其分数之多寡，利七而害三，则吾全其利而防其害，又较其事势之轻重。亦有九害而一利者，为之，所利重而所害轻也，所利急而所害缓也，所利难得而所害可救也，所利久远而所害一时也。此不可与浅见薄识者道。

【译文】君子干大事，如果有十利而无一害，他必然决定干。然而天下无十利之事，不得已只好权衡利害的多少，如果利占七分害占三分，那么我就尽力地保全其利而防备其害。还有通过比较事情形势的轻重后，即使有九害而只有一利，也要干的。所以要干，是因为利比较重，而害比较轻；利能很快得到，而害发生得缓慢；利难以得到，而害还可以挽救；利能延续久远，而害只是暂时的。这些都不能和见识浅薄的人谈论。

当需莫厌久，久时与得时相邻。若愤其久也而决绝之，是不能忍于斯须而甘弃前劳，坐失后得也。此从事者之大戒也。若看得事体审，便不必需，即需之久，亦当速去。

【译文】凡是值得去做的事就不要怕花费长久的工夫，时间长了自然就离成功不远了。如果因为害怕时间用得久而不去做，这是不能忍受一会的工夫从而甘愿放弃前面的劳苦，白白失去了后来即将得到的东西。这是干大事的人应该引以为戒的。如果看清了事物本身不一定非做不可，即便已经做了很长的时间，也应当马上就放弃。

朝三暮四[①]，用术者诚诈矣。人情之极致，有以朝三暮四为便者，有以朝四暮三为便者，要在当其所急。猿非愚，其中必有所当也。

【注释】①朝三暮四：故事出自《庄子·齐物论》："狙公赋芧（xù），曰：'朝三而暮四。'众狙皆怒。曰：'然则朝四而暮三。'众狙皆悦。"比喻使用诈术行骗，后比喻反复无常。

【译文】使用朝三暮四的诈术，这种人诚然是在行骗。但人情各有不同，有的喜欢早晨得到三个、晚上得到四个，有偏爱早晨得到四个、晚上得到三个，主要看他当时的需要。猿猴也不愚蠢，使用朝三暮四的方法，其中必有符合它们需求的道理。

天下之祸非偶然而成也，有辏合，有搏激，有积渐。辏合者，杂而不可解，在天为风雨雷电，在身为多过，在人为朋奸，在事为众恶遭会，在病为风寒暑湿，合而成痹。搏激者，勇而不可御，在天为迅雷大雹，在身为忿狠，在人为横逆卒加，在事为骤感成凶，在病为中寒暴厥。积渐者，极重而不可反，在天为寒暑之序，在身为罪恶贯盈，在人为包藏待逞，在事为人敝极坏，在病为血气衰羸、痰火蕴郁，奄奄不可支。此三成者，理势之自然，天地万物皆不能外。祸福之来，恒必由之。故君子为善则籍众美，而防错履之多，奋志节而戒一朝之怒，体道以终身，孜孜不倦，而绝不可长之欲。

【译文】天下的所有祸事的形成都不是偶然的，有各种原因聚集凑合形成的，有突然爆发的，有逐渐积累而成的。各种原因聚集凑合而成的，原因复杂，没有办法解释，在天上表现为风、雨、雷、电的形成，在自身就表现为许多过失，在人与人之间就是朋比为奸，在事情上就会表现为各种邪恶都聚集在一起，在病痛上就表现为风、寒、湿、暑，集合而形成了瘫痹之症。突然爆发而成的，来势凶猛，不可阻挡，在自然之中就表现为迅雷、大风、冰雹，在自身就表现为暴戾、愤恨，在人与人之间就表现为突然飞来的横祸，在事情上就表现为骤然发生的凶事，在疾病上就表现为中暑、受寒、突然昏厥。逐渐积累而成的，天长日久，积重难返，在自然中表现为寒暑四季的更替，在自身表现为恶贯满盈，在人与人之间表现为包藏祸心等待得逞，在事情上表现为极大的弊病，在病痛中表现为血气衰弱、痰火蕴积，奄奄待毙。以上三方面，都是道理和形势发展的必然结果，天地万物都不例外。祸福的到来，都是这些原因造成的。因此君子为善就应该多做好事，来防止犯过多错，振奋志向和节操，戒掉一时的冲动，用一生来体会其中的道理，孜孜不倦地学习，一定要杜绝那些不可滋长的欲望。

再之略不如一之详也，一之详不如再之详也，再详无后忧矣。

【译文】两次都简略不如一次的详审，一次的详审不如两次都详审。两次都详审，就没有后顾之忧了。

有余，当事之妙道也。故万无可虑之事备十一，难事备百一，大事备千一，不测之事备万一。

【译文】留有余地，是处事的妙道。因此万无一失的事要防备十分之一的差错可能性，难事要防备百分之一的差错可能性，大事要防备千分之一的差错可能性，不测之事要防备万分之一的差错可能性。

在我有余，则足以当天下之感；以不足当感，未有不困者。识有余，理感而即透；才有余，事感而即办；力有余，任感而即胜；气有余，变感而不震；身有余，内外感而不病。

【译文】给自身留有余地，就足以应对天下之事，而以不足来应对天下之事，没有不困厄的。识见有余，遇理即透；才能有余，遇事能办；力量有余，任事能成；气概有余，遇到变化也不会震惊；健康有余，内外交感也不会生病。

语之不从，争之愈勮，名之乃惊。不语不争，无所事名，忽忽冥冥，吾事已成，彼亦懵懵。昔人谓不动声色而措天下于泰山，予以为动声色则不能措天下于泰山矣。故曰："默而成之，不言而信，存乎德行。"

【译文】在言语上别人不听从自己，就会争论得越来越激烈，如果最后定一个事名，对方才会感到惊慌。不讲话也不争论，不贪图名声，不动声色的，自己的事情已经办成了，而别人还不知道是怎么回事。从前欧阳修说过，不动声色就把天下治理得如泰山一样的安定。我认为动声色就不能把天下治理得如泰山般安定。所以说："在静默之中就把事情做成，不说话就能够使人们信服，这都存在于自身的德行之中。"

天下之事，在意外者常多。众人见得眼前无事，都放下心，明哲之士只在意外做工夫，故每万全而无后忧。

【译文】天下之事出于意料之外的很多。普通人见眼前无事就放心了，而明哲之士却注重在防止意外上下工夫，所以他们做事常常万无一失而没有后顾之忧。

不以外至者为荣辱，极有受用处，然须是里面分数足始得。今人见人敬慢，辄有喜愠心，皆外重者也。此迷不破，胸中冰炭一生。

【译文】不以从外界所得到的作为荣或辱的标准，这是非常有益的，但这需要自己内心具有相当的修养才行。现在的人，见到别人对自己恭敬或傲慢，心里就产生欢喜或恼怒，这都是看重来自外界的荣辱。不破除这种迷惑，心里一生都不会好受。

有一介必吝者，有千金可轻者，而世之论取与，动曰所直几何，此乱语耳。

【译文】有时对一芥之微的东西也要爱惜，有时千金贵重的东西也可以轻视，而世人动不动就以这东西值多少钱来权衡取还是给准，真是胡言乱语。

才犹兵也，用之伐罪吊民，则为仁义之师；用之暴寡凌弱，则为劫夺之盗。是故君子非无才之患，患不善用才耳。故惟有德者能用才。

【译文】运用才能和用兵打仗一样，如果用它讨伐暴君，慰问百姓，就是仁义之师；用它欺侮弱小，就是打劫的强盗。所以君子不怕没有才能，只怕自己不善于运用才能。因此只有有德行的人才善于运用自身的才能。

藏莫大之害而以小利中其意，藏莫大之利而以小害疑其心，此愚者之所必堕而智者之所独觉也。

【译文】隐藏着大害却以小利让其满意，隐藏着大利却以小害使其疑心，愚者必然会落入这种圈套，而智者却能看清其中的真假。

今人见前辈先达作事，不自振拔，辄生叹恨，不知渠当我时也会叹恨人否？我当渠时能免后人叹恨否？事不到手，责人尽易，待君到手时，事事努力，不轻放过便好。只任哓哓责人，他日纵无可叹恨，今日亦浮薄子也。

【译文】现在的人只看到前辈先达所做的事业，不能发奋努力，而是恨生不逢时，不知他们处于我这样的境地时，是否也会叹恨他人？我处于他们的时代能否免于后人的叹恨呢？自己没有接手某件事情的时候，要求别人怎么做很容易，等到自己遇到了这样的事，就应该竭尽全力，不要轻易放过才好。如果只知道喋喋不休地责备别人，即便将来没有让人叹恨的地方，今天也是个浅薄的人。

区区与人较是非，其量与所较之人相去几何？

【译文】总与人计较小是小非，他的度量和对方能相差多少？

无识见底人，难与说话；偏识见底人，更难与说话。

【译文】没有识见的人，难以与他说话；识见不正的人，更难与他说话。

两君子无争，相让故也；一君子一小人无争，有容故也。争者，两小人也。有识者奈何自处于小人，即得之未必荣，而况无益于得，以博小人之名，又小人而愚者。

【译文】两位君子之间不会互相争夺，这是因为他们互相谦让的缘故。一个君子一个小人之间也不会互相争夺，这是因为君子宽容大度的缘故。相互争夺的只会是两个小人。有见识的人怎么会把自己置于小人的境地呢？即使得到了自己想要的也未必光荣，况且取得没有任何益处。又落得个小人的名声，这又是小人中极为愚蠢的人。

方严是处人大病痛。圣贤处世离一温厚不得，故曰“泛爱众”，曰“和而不同”，曰“和而不流”，曰“群而不党”，曰“周而不比”，曰“爱人”，曰“慈祥”，曰“岂弟”，曰“乐只”，曰“亲民”，曰“容众”，曰“万物一体”，曰“天下一家，中国一人”。只恁踽踽凉凉，冷落难亲，便是世上一个碍物。即使持正守方，独立不苟，亦非用世之才，只是一节狷介之土耳。

【译文】方正严肃是与人相处的大毛病，圣贤处世离不开“温厚”这两个字。所以《论语·学而》说对人民要“博爱”，《论语·子路》说“和谐但不相同”，《中庸》说“和睦相处而不同流合污”，《论语·卫灵公》说“合群而不拉帮结派”，《论语·为政》说“广泛团结而不偏袒”，又说要“爱他人”，又说要“慈祥”，《诗经·小雅·青蝇》说要“和乐平易”，《诗经·周南·樛木》说要“快乐”，又说要“亲民”，要“对人宽容”，又说“万物一体”，又说“天下一家，中国一人”。如果只是孤独寂寞，对人冷漠难以亲近，便是世上一个碍事的东西，即使持正守方，独立不苟，也不是对社会有用的人，而只是一个拘谨自守、难于变通的人罢了。

谋天下后世事，最不可草草，当深思远虑。众人之识，天下所同也，浅昧而狃于目前。其次有众人看得一半者，其次豪杰之士与练达之人得其大概者，其次精识之人有旷世独得之见者，其次经纶措置、当时不动声色后世不能变易者，至此则精矣，尽矣，无以复加矣，此之谓大智，此之谓真才。若偶得之见，借听之言，翘能自喜而攘臂直言天下事，此老成者之所哀，而深沉者之所惧也。

【译文】谋划天下以及世间的事，最不可草率行事，而应该深谋远虑。一般人对事物的认识大致都是相同的，愚昧浅薄而又只顾眼前的利益。其次是众人之中能看清事情一半的人。其次就是一些英雄豪杰之士与洞明练达之人能看清事情的大概。再其次就是对事物有独特认识的精识之人。再往后就是有能够筹划治理国家大策的人，在当时虽没有轰轰烈烈地表现，但这些大策在后世都不会改变。只有到了这种境界，才算是至精至纯，尽善尽美，无以复加了。这就叫做大智，这就叫做真才。如果是偶然得来的见识，道听途说之言，就沾沾自喜而对天下大事高谈阔论，这是老成的人感到悲哀的事、深沉的人感到可怕的事。

而今只一个“苟”字支吾世界，万事安得不废弛？

【译文】当今都用苟且的态度来维持这个世界，什么事情能不废弛？

天下事要乘势待时，譬之决痈，待其将溃，则病者不苦而痈自愈。若虺蝮毒人，虽即砭手断臂，犹迟也。

【译文】做天下大事要及时抓住有利的形势和时机，就好像治疗恶性的脓疮一样，如果等到它将要溃烂时再下手，患者就不会感到痛苦而脓疮也自然会痊愈。但如果是被毒蛇咬伤了，即便立刻就砍断受伤的手臂，也太迟了。

饭休不嚼就咽，路休不看就走，人休不择就交，话休不想就说，事休不思就做。

【译文】吃饭时不要不咀嚼就咽下去，走路时不要不看路就走，交朋友不要不加选择就与之结交，说话不要不经过大脑就说出来，做事不要不思考就去做。

参、苓、归、芪，本益人也，而与身无当，反以益病。亲厚恳切。本爱人也，而与人无当，反以速祸。故君子慎焉。

【译文】人参、茯苓、当归、黄芪，本来是对人有益的，但服食不当，反而添病。对人亲近、厚道、恳切，本来是爱人，但对象不当，反而会会祸患。君子对此要慎重。

两相磨荡，有皆损无俱全，特大小久近耳。利刃终日断割，必有缺折之时；砥石终日磨砻，亦有亏消之渐。故君子不欲敌人，以自全也。

【译文】两个物体相互摩擦碰撞，双方会都受到损害，不可能双方都完好无损，只是损害有大小、时间长短的区别而已。锋利的刀刃整天切割东西，必然会有缺折的时候；磨刀石终日被摩擦，也会渐渐地亏损消耗。所以君子不想与人为敌，就是为了保全自己。

见前面之千里，不若见背后之一寸。故达观非难，而反观为难；见见非难，而见不见为难。此举世之所迷，而智者之独觉也。

【译文】与其能够看到前面千里之外的事物，不如能够看到自己背后的一寸之遥的事物。所以说要做到评论别人并不难，而要做到反观自身就难了；看到能够看到的东西不难，而要看到不能看到的东西就难了。世上的人对于这一点都感到迷惑，只有智者才能体会得到。

誉既汝归[①]，毁将安[②]辞？利既汝归，害将安辞？功既汝归，罪将安辞？

【注释】①汝归：归于你。②安：怎么能够。

【译文】既然荣誉归了你，怎能避开诋毁呢？既然利益归了你，怎能逃避祸害呢？既然功劳归了你，怎能避免罪责呢？

上士会意，故体人也以意，观人也亦以意。意之感人也深于骨肉，意之杀人也毒于斧钺。鸥鸟知渔父之机，会意也，可以人而不如鸥乎？至于征色发声而不观察，则又在“色斯举矣”之下。

【译文】高明的人善于领会别人的意愿，所以能站在别人的角度体谅别人，体谅别人的意愿观察别人。用心意感动人可以深入骨髓，用心意杀人就比大刀斧子还要狠毒。海鸥能知道渔父的杀机，是领会了渔夫的意思，人怎么会还不如海鸥呢？至于对表现出来的迹象、颜色、声音、言论不注意观察，就不如《论语·乡党》所说的“看到人的脸色不善就振翅飞走的鸟”聪明了。

士君子要任天下国家事，先把本身除外。所以说“策名委质”，言自策名之后，身已非我有矣，况富贵乎？若营营于富贵身家，却是社稷苍生委质于我也，君之贼臣乎？天之僇民乎？

【译文】士君子要承担天下大事，就要先忘掉自身，所以《左传》说，一旦你的名字登记在政府的书策上，你的身体就不属于自己了，何况是富贵呢？如果只为了自己的荣华富贵，这就成了社稷苍生委身于我了，这是国君的贼臣，上天的罪人啊！

圣贤之量空阔，事到胸中如一叶之泛沧海。

【译文】圣贤之人有宽阔宏大的气量，无论任何事情到了心里都像漂浮在沧海之中的一叶小舟那样渺小。

圣贤处天下事，委曲纡徐，不轻徇一己之情，以违天下之欲，以破天下之防。是故道有不当直，事有不必果者，此类是也。譬之行道然，循曲从远，顺其成迹，而不敢以欲速适己之便者，势不可也。若必欲简捷直遂，则两京程途，正以绳墨，破城除邑，塞河夷山，终有数百里之近矣，而人情事势不可也。是以处事要逊以出之，而学者接物怕径情直行。

【译文】圣贤之人处理天下大事，往往采用迂回渐进的方法，不轻易滥用私情，而违背天下人的愿望，破坏天下的纲纪。因此走路有时候不一定非得走直路，办事也不一定非要取得成果，就是这个原因。比如走路，如果总是走曲折的道路而绕远，顺着前人踏出的道路走，不敢走适合自己的便捷的道路，这是形势所不允许的。如果一定要求简捷直达，那么从西京长安到东都洛阳，用绳墨直着量一量，拆毁城市，堵塞河流，夷平山脉，那就只有数百里的路程了，但这样做从人情上是根本办不到的。所以为人处世要谦逊、退让，而做学问的人，待人接物怕的就是直截了当。

热闹中，空老了多少豪杰；闲淡滋味，惟圣贤尝得出。及当热闹时，也只以这闲淡心应之。天下万事万物之理都是闲淡中求来，热闹处使用。是故静者，动之母。

【译文】名利场中，多少英雄豪杰虚度了时光，白白老去、；闲淡滋味，只有圣贤才能品味。热闹的时候，也只以这颗淡淡的心去应对。天下万事万物的道理都是从闲淡中体悟到，在热闹时才使用它。因此说静为动之母。

胸中无一毫欠缺，身上无一些点染，便是羲皇以上人，即在夷狄患难中，何异玉烛春台[①]上？

【注释】①玉烛春台：《尔雅·释天》："四时和，谓之玉烛。"引申为君主如果有美如宝玉的德行，就可以使得四季的气候得到调和。春台：在春日登临远眺的游览胜地。语出《老子》："众人熙熙，如享太牢，如登春台。"

【译文】如果心中没有一毫欠缺，身上没有点缺点，这便是伏羲氏以上的人，这种人即使处于夷狄或患难之中，也如同处于四时气候调和的境地，如同春日登临游览的胜地。

圣人掀天揭地事业只管做，只是不费力；除害去恶只管做，只是不动气；蹈险投艰只管做，只是不动心。

【译文】圣人只管做惊天动地的事业，只是不浪费任何气力；只管做除害去恶的事，只是不动任何火气；也只管做有艰难险阻的事情，只是不动任何心性。

圣贤用刚，只够济那一件事便了；用明，只够得那件情便了，分外不剩分毫。所以作事无痕迹，甚浑厚，事既有成，而亦无议。

【译文】圣贤使用刚毅，只要能够完成那件事就行了；使用洞明，只要明了那件事情就行了，至于分外的就不会剩下一分一毫。所以圣贤无论做什么事情都不露痕迹，非常浑厚自然，事情成功了也不会有任何异议。

圣人只有一种才，千通万贯，随事合宜。譬如富贵，只积一种钱，贸易百货都得。众人之才如货，轻縠[1]虽美，不可御寒；轻裘虽温，不可当暑。又养才要有根本，则随遇不穷；运才要有机括，故随感不滞；持才要有涵蓄，故随事不败。

【注释】①縠（hú）：有皱褶的纱。

【译文】圣贤只有一种才，这种才可以贯通千万事物，随事合宜。譬如富贵，只要积蓄钱就可以买百种货物。普通人的才能就如货物，轻柔的丝纱虽然很美，但不能御寒；轻软的毛皮衣服虽然温暖，但不能防暑。培养才能要从根本上着手，就会随遇不穷；运用才能要懂得关键处，就会随感不滞；守持才能要涵养不外露，这样就会随事不败。

坐疑似之迹者，百口不能自辨；狃一见之真者，百口难夺其执。此世之通患也。惟圣虚明通变吻合人情，如人之肝肺在其腹中，既无遁情，亦无诬执。故人有感泣者，有愧服者，有欢悦者。故曰惟圣人为能通天下之志。不能如圣人，先要个虚心。

【译文】如果处于被怀疑的境地，即使自己有一百张嘴也难以说清楚；如果只拘泥于一次看到的真实情况，有一百张嘴也难以说服他改变自己的看法。这是世人的通病。只有圣贤的能够明了通达符合人情，如同人的肝肺长在自己的腹中一般，既没有隐情，也没有诬陷固执。因此，有为之感动流泪的人，有为之心服口服的人，有为之快乐高兴的人。所以《周易》说“只有圣人能打通天下人的心志”。如果不能做到圣人那样，就先要做到谦虚。

圣人处小人，不露行迹，中间自有得已处。高崖陡堑，直气壮頄[①]，皆褊也。即不论取祸，近小丈夫矣。孟子见乐正子从王驩[②]，何等深恶！及处王驩[③]，与行而不与比，虽然，犹形迹矣。孔子处阳货，只是个绐[④]；处向魋[⑤]，只是个躲法。

【注释】①頄（kuí）：颧骨。②“孟子”句：语出《孟子·离娄上》。子敖（王驩）是齐宣王的宠臣，位高权重，但孟子认为他是小人，而孟子的学生乐正子和他相交深厚，因此当孟子见到他与子敖一起到齐国来，便十分不满。③及处王驩：语出《孟子·公孙丑下》孟子在齐国当客卿的时候，与王驩代表齐国去滕国吊丧，但一路上两人并不谈公事。公孙丑觉得很疑惑，就问孟子：“从职位来讲，您是卿，地位很高了；从路程来讲，往返齐国和滕国之间的路程并不近。但这一路上却不曾和王欢谈过公事，这是为什么呢？”孟子说：“关于祭祀的制度已经非常完备了，都各司其职已经在做了，我有什么可说的呢？”④绐（dài）：通“诒”，欺骗。⑤“处向魋（tuí）”句：语出《论语·述而》：“子曰：‘天生德于予，桓魋其如予何？’”桓魋，宋国（今河南商丘）司马向魋，是宋桓公后代，因此又叫桓魋。孔子去卫适陈，路经宋时，给弟子演习了周礼，这时桓魋砍倒大树，要杀孔子。孔子很镇定地说：“天生仁德给我，桓魋他能对我怎样？”

【译文】圣人和小人相处，要不露行迹，但过程中该停止时就要停止。来到高崖陡堑之上，还要显出毫不畏惧的样子，这也是气量狭小的表现。这样不仅会遭祸殃，而且这么做也只能算个小丈夫。孟子看见乐正子跟随王欢，是何等的不高兴啊！等到孟子和王欢在一起处时，只和他同行而不交好，虽然这样做没什么不对，但已露出形迹了。孔子和阳货相处，用了说谎的方法；和向魋相处，用了躲避的方法。

君子所得不同，故其所行亦异。有小人于此，仁者怜之，义者恶之，礼者处之不失体，智者处之不取祸，信者推诚以御之而不计利害，惟圣人处小人得当可之宜。

【译文】君子的修养和德行不同，因此他们的行为也会有所不同。比如现在有一个小人在这里，仁爱的人会怜悯他，讲求道义的人会厌恶他，讲求礼法的人和他相处会不失大体，明智的人和他相处不会为自己招惹祸端，讲究诚信的人用诚心来对待他而不计较利害关系，只有圣人才会恰当的和小人相处。

被发于乡邻之斗[①]，岂是恶念头？但类于从井救人矣。圣贤不为善于性分之外。

【注释】①“被发”句：出自《孟子·离娄下》：“今有同室之人斗者，救之，虽被发缨冠而救之，可也。乡邻有斗者，被发缨冠而往救之，则惑也。虽闭户，可也。”

【译文】头发也来不及梳理，就跑去解决乡邻之间的争斗，这难道是坏念头吗？但这和跳到井中去救人一样，是不能达到目的的。圣贤做善事也不做那些本分之外的事。

仕途上只应酬，无益人事，工夫占了八分，更有甚精力时候修正经职业？我尝自喜行三种方便，甚于彼我有益：不面谒人，省其疲于应接；不轻寄书，省其困于裁答；不乞求人看顾，省其难于区处。

【译文】在官场上如果只靠应酬，对为人处世没有什么好处。应酬的功夫占去了八分，还有什么精力去做正经事呢？我常常喜欢用以下三种方法处理，对于彼此都非常有好处。一是不亲自拜访人，省得别人疲于应接；二是不轻易给人写信，省得对方被回信的事所困扰；三是不乞求别人看护、照顾，省得对方有为难之处。

士君子终身应酬不止一事，全要将一个静定心，酌量缓急轻重为后先。若应穆箱情，处纷杂事，都是一味热忙，颠倒乱应，只此便不见存心定性之功、当事处物之法。

【译文】士君子一生需要应酬的不只是一件事，就全靠有一个静定的心态，要先分清事情的轻重。如果碰到错综复杂、难以处理的事务，如果只是一味的忙活，胡乱地应承，从这一点就看不到他有平心定性、妥善的处理事情的方法。

儒者先要个不俗，才不俗又怕乖俗。圣人只是和人一般，中间自有妙处。

【译文】儒者先要不俗，才不俗又怕标新立异。圣人和一般人一样，但其中自有高妙的地方。

处天下事，先把“我”字搁起，千军万马中，先把“人”字搁起。

【译文】处理天下大事的时候，要先把自己放在一边；拼死作战在千军万马之中的时候，要先把个人的性命放在一边。

处毁誉，要有识有量。今之学者，尽有向上底，见世所誉而趋之，见世所毁而避之，只是识不定。闻誉我而喜，闻毁我而怒，只是量不广。真善恶在我，毁誉于我无分毫相干？

【译文】对待别人的批评或称赞，要有见识和度量。现在做学问的人，只有向上的心思，看见别人的称赞就趋向它，看到别人的批评就躲开它，这样做只能说明他没有一定的见识。听到人家称赞我就高兴，听到人家批评我就发怒，只说明他的气量太窄。其实优点和缺点都客观存在于我的身上，别人的批评或称赞都和我又有什么关系呢？

某平生只欲开口见心，不解作吞吐语。或曰：“恐非‘其难其慎’之义。”予矍然惊谢曰：“公言甚是。但其难其慎在未言之前，心中择个是字才脱口，更不复疑，何吞吐之有？吞吐者，半明半暗，似于‘开成心’三字碍。”

【译文】我平生只想说开门见山的话，不会说吞吞吐吐的话。有人说："恐怕这不符合《尚书》所说的'要严谨要慎重'的意思。"我急忙惊讶地回答说："您说得很对。但要严谨慎重是指在没有说话之前，如果心里已经想好然后才开口，这就没有再需要怀疑的了，怎么会吞吞吐吐呢？说话吞吞吐吐的人，是因为他说话说一半藏一半，而不是以诚相待。"

接人要和中有介，处事要精中有果，认理要正中有通。

【译文】待人接物，要温和而有原则；处理事情，要精细而又果断；认识道理要不偏不倚，而又灵活多变。

天下之事，常鼓舞不见罢劳，一衰歇便难振举。是以君子提醒精神，不令昏眩；役使筋骨，不令怠惰，惧振举之难也。

【译文】做天下大事，要一鼓作气才不会出现停息劳累，一旦衰竭了就很难再振作起来。所以君子要时刻提起精神，不要头昏眼花；要经常活动筋骨，不要松懈懒惰，这是害怕将来再振举时会很困难。

实言、实行、实心，无不孚①人之理

【注释】①孚：使别人相信。

【译文】实言、实行、实心，没有不让人信服的道理。

当大事，要心神定，心气足。

【译文】大事当前，要心神定，心气足。

世间无一处无拂意事，无一日无拂意事，惟度量宽宏有受用处。彼局量褊浅者，空白懊恨耳。

【译文】世间无一处没有违背人心意的事，无一日没有违背人心意的事，只有度量宽大的人才能体会到益处。那些度量狭小的人，只会白白懊悔而已。

听言之道，徐审为先，执不信之心与执必信之心，其失一也。惟圣人能先觉，其次莫如徐审。

【译文】听别人说话的方法，最好先慢慢地思考，如果采用完全不信或是完全相信的态度，所犯的错误都是一样的。只有圣人对于别人所说的话能够先知先觉，其他的人都不如先慢慢地思考审视。

君子之处事也，要我就事，不令事就我；其长民也，要我就民，不令民就我。

【译文】君子做事，要主动去找事做，而不要等事情来找自己；君子管理民众，应该主动接近民众，而不要等民众来接近自己。

上智不悔，详于事先也；下愚不悔，迷于事后也。惟君子多悔。虽然，悔人事，不悔天命，悔我不悔人。我无可悔，则天也、人也，听之矣。

【译文】智慧的人做事不会后悔，这是因为他们事先已经做好了周密的准备；特别愚蠢的人做事也不会后悔，这是因为他们即使在事后也还处于迷惑的状态。只有君子做事经常会后悔。即便如此，君子是后悔没有尽到人事而不是抱怨上天；是后悔自己做得不够好而不是抱怨别人。如果我自己没有什么可值得后悔的，那么无论天命也罢、人事也好，我就都只是听之、任之而已。

某应酬时，有一大病痛，每于事前疏忽，事后点检，点检后辄悔吝；闲时慵懒，忙时迫急，迫急后辄差错。或曰："此失先后着耳。"肯把点检心放在事前，省得点检，又省得悔吝；肯把急迫心放在闲时，省得差错，又省得牵挂。大率我辈不是事累心，乃是心累心。一谨之不能，而谨无益之谨；一勤之不能，而勤无及之勤。于此心倍苦，而于事反不详焉。昏懦甚矣！书此以自让。

【译文】我在应酬事务的时候，有一个很大的毛病，做事之前总是疏忽大意，而在事后才自我检点，检点之后就会后悔；平常的时候懒惰，到了忙的时候才知道着急，着急了就容易出现差错。有人说："这是分不清事情轻重缓急的缘故。"如果能在事前准备好，就省去了事后的检点，又省得悔恨；把着急的心思放在空闲的时候，到忙的时候省得出现差错，又省得牵肠挂肚。大体说来，我们这些人不是因为事情而累心，而是被心拖累。在应该谨慎的地方不去谨慎，却在那些毫无益处的事情上谨慎；应该勤奋的时候不勤奋，却在来不及的时候才勤奋。因为这些才更加辛苦，做起事情来反而会不周全。这实在是昏懦得太厉害了！我记下这些用来提醒自己。

无谓人唯唯，遂以为是我也；无谓人默默，遂以为服我也；无谓人煦煦，遂以为爱我也；无谓人卑卑，遂以为恭我也。

【译文】不要看到别人对自己唯唯诺诺，就以为是赞成自己；不要看到别人沉默不语，就以为是佩服自己；不要看到别人温柔可亲，就以为是热爱自己；不要看到别人谦卑恭顺，就以为是尊敬自己。

事到手，且莫急，便要缓缓想；想得时，切莫缓，便要急急行。

【译文】事情来了，不要着急，先缓缓思考；想好了，切莫迟缓，立刻去实行。

我不能宁耐事，而令事如吾意，不则躁烦；我不能涵容人，而令人如吾意，不则谴怒。如是则终日无自在时矣。而事卒以偾，人卒以怨，我卒以损，此谓至愚。

【译文】我做事没有耐心而又总想让事情合乎我的心意，不然就急躁烦恼；我不能包容别人而又总想着让别人合乎我的心意，不然就谴责发怒。如果这样的话，就会整天都没有轻松自在的时候。而事情最终会失败，人们最终也会因此而对我产生怨恨，我最终也会因此而受到损害，这就叫做最大的愚蠢。

有由衷之言，有由口之言；有根心之色，有浮面之色。各不同也，应之者贵审。

【译文】有发自内心的话，也有随便说说的话；有发自内心的面貌，有只是浮在脸上的面貌。这些表现都是各不相同的，面对它们的人要善于仔细观察。

富贵，家之灾也；才能，身之殃也；声名，谤之媒也；欢乐，悲之藉也。故惟处顺境为难，只是常有惧心，迟一步做，则免于祸。

【译文】荣华富贵，有时候是一个家庭的灾害；才能出众，有时候会为自己带来灾祸；声誉名望，是产生诽谤的源泉；欢乐快意，有时候会产生悲哀。所以说，只有处在顺境的时候是难事，只要常怀恐惧之心，什么事情都要经过深思熟虑，迟一步去做，才能避免灾祸。

语云“一错二误”，最好理会。凡一错者必二误，盖错必悔怍，悔怍则心凝于所悔，不暇他思，又错一事。是以无心成一错，有心成二误也。礼节应对间，最多此失。苟有错处，更宜镇定，不可忙乱，一忙乱则相因而错者无穷矣。

【译文】常说“一错二误”，这话最好理解。凡一错者必有二误，因为错了必然会后悔惭愧，随后就沉浸在这种心情中，顾不上考虑别的事，于是又做错一件事。因此说无心造成了一个错误，有心又造成了第二个失误。礼节应对时，最容易出现这种失误。如果出错，更应该镇定，不可忙乱，一忙乱就会接连不断地出错。

中繁地，顽钝人，纷杂事，迟滞期，拂逆时，此中最好养火。若决裂愤激，悔不可言；耐得过时，有无限受用。

【译文】处于繁华热闹的地方，遇到愚蠢迟钝的人物，处理纷乱繁杂的事情，碰到迟缓延滞的期限，遭遇悖逆不顺的时势，这些境况是最容易使人产生火气的。如果用十分激愤的态度去对待，最后都会后悔；如果能够忍耐过去，就会获益匪浅。

当繁迫事，使聋瞽人；值追逐时，骑瘦病马；对昏残烛，理烂乱丝。而能意念不躁，声色不动，亦不后事者，其才器吾诚服之矣。

【译文】如果遇到繁乱紧迫的事情，使用的却是又聋又瞎的人；正赶上需要奋力追逐的时候，骑的却是又瘦又弱的马；对着昏暗残留的烛光，整理坏烂繁杂的东西。这时如果能够做到内心不烦躁，声色不动，而且不误事的人。他的才能和气量我就真心佩服了。

义所当为，力所能为，心欲有为，而亲友挽得回，妻孥劝得止，只是无志。

【译文】义所当为，能力也够，心里也想做，却经不住亲友和妻儿的劝阻，这只能说是无志。

妙处先定不得，口传不得。临事临时，相几度势，或只须色意，或只须片言，或用疾雷，或用积阴，务在当可。不必彼觉，不必人惊，却要善持善发，一错便是死生关。

【译文】处事的好办法不能预先确定下来，不能口头散播。要临事临时，审时度势，或是只需要用眼色示意，或是只需要几句话，或用疾雷般迅速的办法，或用暗中积累的办法，务必都要适当可行。不要让对方发觉，也不要惊扰别人，但一定要妥善掌握、妥善实行，这时，一旦出现错误，就会事关生死。

意主于爱，则诟骂朴击，皆所以亲之也。意主于恶，则奖誉绸缪，皆所以仇之也。

【译文】以爱为出来点，即便诟骂棒打，都是亲情。以恶为出发点的，即便奖誉殷勤都是恨意。

养定者上交则恭而不迫，下交则泰而不忽，处亲则爱而不狎，处疏则真而不厌。

【译文】那些修养高深的人，和比自己地位高的人交往恭敬而不窘迫，和比自己地位低的人交往安定而不忽视，和自己亲近的人相处慈爱而不狎昵，和关系疏远的人交往就真诚而不感到厌烦。

有进用，有退用；有虚用，有实用；有缓用，有骤用；有默用，有不用之用。此八用者，宰事之权也，而要之归于济义。不义虽济，君子不贵也。

【译文】有进用，有退用；有虚用，有实用；有缓用，有急用；有默用，有不用之用。这八种权用，是主宰事物者的权变之术，其主旨是为了要匡正正义。如果不合乎义，就算会有帮助，君子也不会认为它可贵。

责人要含蓄，忌太尽；要委婉，忌太直；要疑似，忌太真。今子弟受父兄之责也，尚有所不堪，而况他人乎？孔子曰："忠告而善道之，不可则止。"此语不止全交，亦可养气。

【译文】责备别人要含蓄，切忌太苛严；要委婉，切忌太直接；要模糊有度，切忌太真实。现在的孩子受到父亲兄长的责备，尚且还觉得受不了，何况是他人的责备呢？孔子说："对别人提出忠告要好好说，如果这样不奏效的话，就应该停止。"这样不只是可以保全交情，也可以用来涵养气质。

祸莫大于不仇人而有仇人之辞色，耻莫大于不恩人而诈恩人之状态。

【译文】祸莫大于不仇恨别人却表现出仇人般的言辞脸色，耻莫大于对人无恩却装出恩人的样态。

柔胜刚，讷止辩，让愧争，谦伏傲。是故退者得常倍，进者失常倍。

【译文】温柔的人能够战胜刚强的人，少言的人能够让雄辩的人停止说话，退让能够使争夺的人感到羞愧，谦逊能使傲慢的人折服。因此谦退的人常常能够得到更多，而争夺的人常常失去的更多。

余少时，曾泄当密之语，先君责之，对曰："已戒闻者，使勿泄矣。"先君曰："子不能必子之口，而能必人之口乎？且戒人与戒己孰难？小子慎之。"

【译文】我小时候，说了应当保密的话，父亲责备我，我说："我已告诫对方不要泄露给别人。"父亲说："你不能管住自己的口，还能管住别人的口吗？况且管住自己和管住别人哪个难？小孩子说话一定要谨慎。"

《中孚》[1]，妙之至也。格天动物不在形迹、言语、事为之末，苟无诚以孚之，诸皆糟粕耳，徒勤无益于义。鸟抱卵曰孚[②]，从爪从子，血气潜入，而子随母化，岂在声色？岂事造作？学者悟此，自不怨天尤人。

【注释】①《中孚》：《易经》中讲诚信的一个卦。②孚：同“孵”。

【译文】《易经·中孚》这一卦，非常妙。格天动物不表现在形迹、语言、做事这些末节上，如果不用内心的诚意来取信于人，那么形迹上的东西只是糟粕，白白辛苦又无益。鸟抱着卵叫“孚”，就像“孚”字，上面的“爪”抓着下面的“子”，血气潜入，子随母化，岂有声色？岂有造作？学者体悟到这点，自然就不会怨天尤人了。

应万变，索万理，惟沉静者得之。是故水止则能照，衡定则能称。世亦有昏昏应酬而亦济事，梦梦谈道而亦有发明者，非资质高，则偶然合也，所不合者何限。

【译文】应对时势的千变万化，探索天地间的一切道理，这些只有那些沉静的人才能够做得到。因此水面在静止的时候就能够映照出万物，秤在平衡的时候才能称量物品。世上也有一些浑浑噩噩而把事情办好了的人，也有一些夸夸其谈而有所阐明的人，这并不是因为他们的资质高，就是巧合罢了，但不凑巧的次数的就数不清了。

祸莫大于不体人之私而又苦之，仇莫深于不讳人之短而又讦之。

【译文】祸患没有比不体谅别人内心的隐私而又苦苦相逼更大的了，仇恨没有比不避讳指责别人的短处而又进行揭发攻击更深的了。

肯替别人想，是第一等学问。

【译文】肯替别人着想，是最高学问。

不怕千日密，只愁一事疏，诚了再无疏处。小人掩著，徒劳尔心矣。譬之于物，一毫欠缺，久则自有欠缺承当时；譬之于身，一毫虚弱，久则自有虚弱承当时。

【译文】不怕千日的谨慎缜密，只怕在一件事情上疏忽大意。只要心诚，就再也没有疏忽大意的地方。小人对于疏漏的地方总想掩饰起来了，最后就只能使自己白费心力而已。比如一件物品，只要有一丝一毫的欠缺，时间久了自然会有为这种欠缺承当责任的时候；比如一个人的身体，只要有丝毫的虚弱，时间久了自然会有为这种虚弱承担不好的结果的时候。

置其身于是非之外，而后可以折是非之中；置其身于利害之外，而后可以观利害之变。

【译文】将自己置身于是非之外，而后才可以对是非做出公正的判断；将自己置身于利害之外，而后才可以看清楚利害关系。

余观察晋中[1]，每升堂，首领官凡四人，先揖堂官，次分班对揖，将退，则余揖手，四人又一躬而行。一日三人者以公出，一人在堂，偶忘对班之无人，又忽揖下，起愧不可言，群吏忍口而笑。余揖手谓之曰："有事不妨先退。"揖者退，其色顿平。昔余令大同日[2]，县丞到任，余让笔揖手，丞他顾而失瞻，余面责簿吏曰："奈何不以礼告新官？"丞愧谢，终公宴不解容。余甚悔之。偶此举能掩人过，可补前失矣，因识之以充忠厚之端云。

【注释】①观察晋中：吕坤于明神宗万历十七年任山西按察使。②令大同日：吕坤于明神宗万历三年由襄垣调任大同。

【译文】我在晋中做按察使时，每次升堂，首领官共四人，他们先向堂官作揖，然后分班对揖，将退时，我拱手作揖，四人鞠一躬退出去。一天，三个人因公外出，只剩一个人，他忘了对班无人，像往常一样作揖行礼，起来以后愧不可言，群吏也掩口而笑。我想帮他缓解下尴尬，拱手作揖说："有事不妨先退。"他退下，脸色顿时平和下来。从前我任大同守令时，县丞到任，我让笔拱手作揖，县丞却看着别处，我于是当面斥责簿吏说："为什么不把礼节告诉新官？"县丞惭愧地谢罪，直到公宴结束面色都不自然。这件事让我很后悔。这次能遇到掩人过错的机会，是帮我弥补以前的过失了，所以记下来以充实忠厚的品德。

善用人底，是个人都用得；不善用人的，是个人用不得。

【译文】善于用人的人，认为人人都可以用；不善于用人的人，认为每个人都不能用。

以多恶弃人，而以小失发端，是藉弃者以口实，而自取不韪[①]之讥也。曾有一隶，怒挞人，余杖而恕之。又窃同舍钱，又杖而恕之，且戒之曰："汝慎，三犯不汝容矣。"一日在宴，醉而寝。余既行矣，而呼之不至，既至托疾，实醉也。余逐之。出语人曰："余病不能从，遂逐我。"人曰："某公有德器，乃以疾逐人耶？"不知余恶之也，以积愆[②]而逐之也。以小失，则余之拙也。虽然，彼藉口以自白，可为他日更主之先容，余拙何悔！

【注释】①不韪（wěi）：不正确。②愆：过错。

【译文】一个人作恶太多，却以小错为借口而不用他，反而是给那个人造谣的口实，自己也会被人误解和讥讽。曾有一仆隶，发怒打人，我打了他几杖后饶恕了他。他又偷同屋人的钱，我又打了他几杖后饶恕了他，并告诫他："你要小心，第三次再犯错误，我就把你赶走。"一天宴会时，他喝醉酒去睡觉。我要走了，叫他他不到，一会儿又假托有病，实际上是喝醉了。于是我驱逐了他。他出去以后对人说："我因为有病不能跟随，就被赶了出来。"别人说："吕公是有德行的人，怎能因仆人生病就把人赶走呢？"其实人们不知道是因他屡教不改，我才赶走他的。这次因小过就把他赶走，我做的太粗劣了。不过，他能以此来自我辩白，为找到新主人创造条件，那么我粗劣笨拙的行为就没什么可后悔的了！

手段不可太阔，太阔则填塞难完；头绪不可太繁，太繁则照管不到。

【译文】出手不可太阔绰，太阔则欲壑难填；做事头绪不可太繁，太繁则照管不周全。

得了真是非，才论公是非。而今是非不但捉风捕影，且无风无影，不知何处生来。妄听者遽信是实，以定是非。曰：“我无私也。”噫！固无私矣，《采苓》止棘、暴公《巷伯》，孰为辩之？

【译文】只有看清了真非好坏，才能公正地判断是非。而现在的人不但看不清是非对错，而且无风无影，不知道这些是非是如何产生的。而那些妄听的人又立刻信以为真，并且以此来判断是非，还要说：“我是没有私心的啊。”唉！固然是没有私心，《诗经》中《采苓》这一篇写晋献公听信谗言，《巷伯》这一篇写寺人孟子因为遭受谗言而最终被害，这些遭受谗言诽谤的人，谁来为他们辩护呢？

固可使之愧也，乃使之怨；固可使之悔也，乃使之怒；固可使之感也，乃使之恨。晓人当如是邪？

【译文】本来可以使他惭愧，却使他产生了怨恨；本来可以使他后悔，却使他产生了愤怒；本来可以使他感激，却使他产生了仇恨。明白人能把事办成这样吗？

不要使人有过。

【译文】不要让人有过错。

谦忍皆居尊之道，俭朴皆居富之道。故曰卑不学恭，贫不学俭。

【译文】谦虚忍让是居于尊位的处世之道，节俭朴素是居于富位的处世之道。所以地位卑下的不要学谦恭之态，贫贱的不要学俭朴之态。

豪雄之气，虽正多粗，只用他一分便足济事，那九分都多了，反以偾事矣。

【译文】豪雄的气概，虽正，但往往显粗，只使用其中的一分便足以成事，剩下的九分是多余了，用了反而会坏事。

君子不受人不得已之情，不苦人不敢不从之事。

【译文】君子不接受别人不得已之情，不强迫人做不敢不服从的事。

教人十六字：诱掖[1]、奖劝、提撕、警觉、涵育、薰陶、鼓舞、兴作。

【注释】①诱掖：引导和扶助。

【译文】教育十六字：诱掖、奖劝、提撕、警觉、涵育、熏陶、鼓舞、兴作。

水激逆流，火激横发，人激乱作，君子慎其所以激者。愧之则小人可使为君子，激之则君子可使为小人。

【译文】水一激就要逆流，火一激就要横发，人一激就要作乱，所以君子要谨慎对待有激发作用的事。使人惭愧，小人能变成君子；如果去激他，君子可以成为小人。

事前忍易，正事忍难；正事悔易，事后悔难。

【译文】事前忍耐容易，事情发生时忍耐就困难；事情发生时反悔容易，事后再反悔就难了。

说尽有千说，是却无两是。故谈道者必要诸一是而后精，谋事者必定于一是而后济。

【译文】尽管说法有许多种，但正确的道理却只有一个。因此谈论道理的人必须紧紧抓住一个正确的道理然后才能够精益求精，谋划事情的人必须确定出一个正确的方案然后才能获得最后的成功。

世间事各有恰好处，慎一分者得一分，忽一分者失一分，全慎全得，全忽全失。小事多忽，忽小则失大；易事多忽，忽易则失难。存心君子自得之体验中耳。

【译文】世间的各种事情都有其各自恰到好处的地方，遇到事情谨慎一分的就能收获一分，疏忽一分的就会失去一分，假如能够全都谨慎就会全部得到，而如果全都疏忽就只能是一无所获。在小事上，多会产生疏忽，就会因小失大；在容易的事上，多会产生疏忽，结果就会因为疏忽了容易的而将难得的也一并失去。留心的君子自然会从自身的实践中有所感悟。

到一处问一处风俗，果不大害，相与循之，无与相忤。果于义有妨，或不言而默默转移，或婉言而徐徐感动。彼将不觉而同归于我矣。若疾言厉色，是己非人，是激也，自家取祸不惜，可惜好事做不成。

【译文】到一个地方就要问这个地方的风俗，如果没有什么害处，要入乡随俗，不要相抵触。如果真的违背道义，或者不说话而默默地离开，或者婉言相劝使其慢慢被感化，对方就会在不知不觉中与自己想法相同了。如果疾言厉色，认为自己是对的而别人是错的，这是一种非常偏激的做法，自己会惹来祸端自然不用说，可惜的是好事也做不成了。

事有可以义起者，不必泥守旧例；有可以独断者，不必观望众人。若旧例当，众人是，莫非胸中道理而彼先得之者也。方喜旧例免吾劳，方喜众见印吾是，何可别生意见以作聪明哉！此继人之后者之所当知也。

【译文】事有为了义而做的，这时就不必拘泥于旧例；有可以独自决定的，就不必观望众人。如果旧例确实妥当，众人确实正确，只不过是我胸中的道理别人先明白罢了。这时该高兴旧例可以免去我思考的劳累，该高兴众见可以印证我想得正确，哪还要再生出其他想法自作聪明呢！这是继承事业的人应当知道的。

善用明者用之于暗，善用密者用之于疏。

【译文】做事喜欢光明磊落的人，要把自己的特点用在暗处；做事绵密细致的人，要用在容易疏漏的地方。

你说底是，我便从，我不是从你，我自从是，何私之有？你说底不是，我便不从，不是不从你，我自不从不是，何嫌之有？

【译文】你说得正确，我便听从，我不是听从你，是听从正确的意见，这有什么私心呢？你说得不对，我便不听从，不是不听从你，是不听从错误的观点，有什么嫌疑呢？

日用酬酢，事事物物要合天理人情。所谓合者，如物之有底盖，然方者不与圆者合，大者不与小者合，攲[1]者不与正者合。覆诸其上而不广不狭，旁视其隙而若有若无。一物有一物之合，不相苦窳[2]；万物各有其合，不相假借。此之谓天则，此之谓大中[3]，此之谓天下万事万物各得其所。而圣人之所以从容中，贤者之所以精一求，众人之所以醉心梦意错行乱施者也。

【注释】①攲（qī）：斜。②苦窳（yǔ）：粗糙质劣。③大中：从大本“中”而出，恰如其分。

【译文】日常生活与交往，事事物物要合天理人情。所谓合，就如同物品有底有盖，然而方的不会和圆的合，大的不会与小的合，斜的不与正的合。盖在上面不大不小，旁边看那缝隙若有若无。一物有一物之合，不相凑合；万物各有其合，不相假借。这叫做天则，这叫做大中，这叫做天下万事万物各得其所。这就是圣人能从容地行中道，贤人能追求惟精惟一，而众人则只会醉心梦意、错行乱施的原因。

事有不当为而为者，固不是；有不当悔而悔者，亦不是。圣贤终始无二心，只是见得定了，做时原不错，做后如何悔？即有凶咎，亦是做时便大拚[1]如此。

【注释】①拚（pàn）：舍弃，豁出去。

【译文】做了不该做的事，固然不对；后悔了不该后悔的，也不对。圣贤始终无二心，分析清楚决定好了，就去做，做的时候没错，事后有什么好后悔？即使有危险，做的时候也豁出去了。

心实不然而迹实然，人执其然之迹，我辨其不然之心，虽百口不相信也。故君子不示人以可疑之迹，不自诬其难辨之心。何者？正大之心，孚人有素；光明之行，无所掩覆也。傥有疑我者，任之而已，哓哓何为？

【译文】心中想的不是这样，而行迹表现出来的却是这样，人们抓住形迹指责我，我分辨不是这样的用心，真是百口莫辩。所以君子不示人以可疑之迹，不自诬其难辨之心。为什么呢？正大之心，平时就树立了信誉；光明之行，没什么可以掩盖。假如怀疑我，只能任他怀疑，何必还要辩解不休呢！

大丈夫看得生死最轻，所以不肯死者，将以求死所也。死得其所，则为善用死矣。成仁取义，死之所也，虽死贤于生也。

【译文】大丈夫把生死看得最轻，不愿意死，是为了找到一个可以为之死的事情。死得其所，就是善用死了。成仁取义，是应死之所，死比活着更有意义。

将祭而齐[①]，其思虑之不齐者，不惟恶念，就是善念也是不该动底。这三日里，时时刻刻只在那所祭者身上，更无别个想头，故曰“精白一心”[②]。才一毫杂，便不是精白；才二，便不是一心。故君子平日无邪梦，齐日无杂梦。

【注释】①齐：同“斋”，斋戒。②精白一心：纯净专一的内心。

【译文】祭祀前的斋戒，是心上的斋戒，不只恶念，就是善念也不该产生。这三天里，思虑时刻要在被祭者的身上，不要有别的想法，称作“精白一心”。只要有一毫杂念，便不是精白；有两个念头，便不是一心。所以君子平日无邪梦，斋日无杂梦。

彰死友之过，此是第一不仁。生而告之也，望其能改；彼及闻之也，尚能自白。死而彰之，夫何为者？虽实过也，吾为掩之。

【译文】宣扬死友的过错，这是第一等的不仁。生时告诉他，是希望他能改过；这时他还能听到，还可以表明态度。死了以后才揭发，是为了什么呢？虽然他实有过错，我也要为他遮掩。

争利起于人各有欲，争言起于人各有见。惟君子以淡泊自处，以知能让人，胸中有无限快活处。

【译文】争利起于人各有欲望，争言起于人各有见解。只有君子能淡泊自处，以智能让人，心中无限快乐。

吃这一箸饭是何人种获底？穿这一匹帛是何人织染底？大厦高堂如何该我住居？安车驷马如何该我乘坐？获饱暖之休，思作者之劳；享尊荣之乐，思供者之苦。此士大夫日夜不可忘情者也。不然，其负斯世斯民多矣。

【译文】吃的这碗饭是谁种收的？穿的这一匹帛是谁织染的？大厦高堂为何轮到我住？安车驷马为何是我乘坐？享受着饱暖的生活，应思劳作者的辛苦；享受尊荣的快乐，应思供给者的辛劳。这是士大夫日夜不可忘记的。不然，有负世界和百姓的就太多了。

只大公了，便是包涵天下气象。

【译文】只要大公无私了，就有包涵天下的气象。

“定”“静”“安”“虑”“得”[①]，此五字时时有，事事有，离了此五字，便是孟浪做。

【注释】①“定”“静”“安”“虑”“得”：出自《大学》：“知止而后有定，定而后能静，静而后能安，安而后能虑，虑而后能得。”

【译文】“定”“静”“安”“虑”“得”，这五个字时时有，事事有，离了这五个字，便是孟浪的做派。

公人易，公己难；公己易，公己于人难。公己于人易，忘人己之界而不知我之为谁难。公人处人，能公者也；公己处己，亦公者也。至于公己于人，则不以我为嫌，时当贵我富我，泰然处之，而不嫌于尊己；事当逸我利我，公然行之，而不嫌于厉民。非富贵我、逸利我也，我者，天下之我也。天下之名分纪纲于我乎寄，则我者名分纪纲之具也，何嫌之有？此之谓公己于人。虽然，犹未能忘其道未化也。圣人处富贵逸利之地而忘其身，为天下劳苦卑因而亦忘其身，非曰我分当然也，非曰我志欲然也。譬痛者之必呻吟，乐者之必谈笑，痒者之必爬搔，自然而已。譬蝉之鸣秋，鸡之啼晓，草木之荣枯，自然而已。夫如是，虽负之使灰其心，怒之使薄其意，不能也。况此分不尽，而此心少怠乎？况人情未孚，而惟人是责乎？夫是之谓忘人己之界而不知我之为谁。不知我之为谁，则亦不知人之为谁矣。不知人我之为谁，则六合混一而太和元气塞于天地之间矣。必如是而后谓之仁。

【译文】用公心待人易，用公心处己就难了；用公心处己易，把公己的方法公之于人就难了；把公己的事公之于人容易，忘记人己的界限而不知我是谁就难了。能以公心处人的人，是有公心的；能以公心处己的人，也是有公心的。至于把公心处己的情况公之于人，不怕别人对我有什么猜疑，时势使我富使我贵，我泰然处之，而不怕别人说我是为了自己的尊贵；事情使我安逸使我得利，我公然行之，也不怕有害民之嫌。这不是要富贵我、逸利我，因为我是天下的我。天下的名分纪纲寄托在我的身上，那我就成为名分纪纲的体现，还怕什么猜嫌呢？这就叫做公己于人。虽然如此，仍然不能忘记道行还未到化境。圣人处于富贵逸利之地而忘其身，为了天下劳苦卑困而忘其身，不说这是自己本分应该如此，也不说我的志向就是如此。圣人对此的态度就好比痛苦必然要呻吟，快乐必然要谈笑，痒了必然要挠搔，自然而已。就如蝉之鸣秋，鸡之啼晓，草木之荣枯，都是自然。能做到这一点，即使故意辜负他要使他灰心，激怒他要使他消沉，都是不可能的。况且本分还没尽到，怎能有稍许怠惰呢？人情还未信服，怎么能责备别人呢？这就叫做忘记了人己的界限而不知我是谁。不知我之为谁，也不知人之为谁了。不知人我之为谁，则天地合一而太和元气充塞于天地之间了。必须做到这样，才能叫做仁。

才下手，便想到究竟处。

【译文】才下手，便想到终了处（所谓彻上彻下）。

理、势、数皆有自然，圣人不与自然斗。先之不敢干之，从之不敢迎之，待之不敢奈之，养之不敢强之。功在凝精，不撄其锋；妙在默成，不揭其名。夫是，以理、势、数皆为我用而相忘于不争。噫！非善济天下之事者不足以语此。

【译文】理、势、数都有它的规律，圣人不与自然斗。顺着它而不去干涉它，跟从它而不拂逆它，等待它而不敢奈何它，养着它而不敢强迫它。功夫在于凝聚精华，而不能触犯它的锋芒；妙用在于默默成功，而不显露其名。这样把理、势、数都为我所用而相忘于不争。噫！除非善于成就天下大事的人，不能和他谈论这个道理。

心一气纯，可以格天动物，天下无不成之务矣。

【译文】心专一，气纯粹，可以感天动物，这样用心就没有做不成的事。

握其机使自息①，开其窍使自噭②，发其萌使自峥，提其纲使自张，此老氏之术乎？曰："非也。"二帝三王御世之大法不过是也。解其所不得不动，投其所不能不好，示其所不得不避，天下固有拼死而惟吾意指者，操之有要而掂掇[3]其心故也。化工无他术，亦只是如此。

【注释】①息：生长。②噭（jiào）：叫声。③掂掇（diān duo）：斟酌、估计。

【译文】掌握机要处使其自生，开启孔道使其发声，激发其芽生之力使其自长，抓住其纲领使其自张，这是老子的学说吗？我说："不是。"二帝三王治世之大法不过就是这些。解开不得不动的机要，满足不能不好的嗜欲，开示不得不避的灾祸，就会有誓死跟随我的人，这是因为掌握了他的要害，又能揣摩到他的心意。教化没有其他办法，只是这些而已。

对忧人勿乐，对哭人勿笑，对失意人勿矜。

【译文】对忧愁的人不要乐，对哭泣的人不要笑，对失意的人不要自夸。

"与禽兽奚择哉？于禽兽又何难焉[1]！"此是孟子大排遣。初爱敬人时，就安排这念头，再不生气。余因扩充排遣横逆之法，此外有十：一曰与小人处，进德之资也。彼侮愈甚，我忍愈坚，于我奚损哉！《诗》曰："它山之石，可以攻玉[2]。"二曰不遇小人，不足以验我之量。《书》曰："有容，德乃大。"三曰彼横逆者至，于自反而忠，犹不得免焉，其人之顽悖甚矣，一与之校，必起祸端。兵法云："求而不得者，挑也无应[3]。"四曰始爱敬矣，又自反而仁礼矣，又自反而忠矣，我理益直，我过益寡，其卒也，乃不忍于一逞以掩旧善而与彼分恶，智者不为。太史公曰："无弃前修而崇新过[④]。"五曰是非之心，人皆有之，彼固自昧其天而责我无已，公论自明，吾亦付之不辩。古人云："桃李无言，下自成蹊。"六曰自反无阙，彼欲难盈，安心以待之，缄口以听之，彼计必穷。兵志曰："不应不动，敌将自静。"七曰可避则避之，如太王之去邠；可下则下之，如韩信之胯下。古人云："身愈诎，道愈尊[⑤]。"又曰："终身让畔，不失一段[⑥]。"八曰付之天。天道有知，知我者其天乎！《诗》曰："投畀有昊[⑦]。"九日委之命。人生相与，或顺或忤，或合或离，或疏之而亲，或厚之而疑，或偶遭而解，或久构而危。鲁平公将出而遇臧仓[⑧]，司马牛为弟子而有桓魋，岂非命耶！十曰外宁必有内忧，小人侵陵则惧患防危、长虑却顾，而不敢侈然有肆心，则百祸潜消。孟子曰："出则无敌国外患者，国恒亡。"三自反后，君子之存心犹如此。彼爱人不亲、礼人不答而遽怒，与夫不爱人、不敬人而望人之爱敬己也，其去横逆，能几何哉！

【注释】①"与禽兽"句：语出《孟子·离娄下》意为经过三次自我反省后，对我依旧横蛮无理的人，同禽兽有什么区别？对于禽兽又有什么可以责备的呢？②"它山"句：语出《诗经·小雅·鹤鸣》。意为用别的山上的石头，打磨我的玉石。③"求而"句：指用和平的方式得不到的，用挑战的方式也不会得到。④"无弃"句：指不要丢弃过去的修养所得，增加新的过失。⑤"身愈诎"句：意为越是老老实实，道德就越高尚。⑥"终身"句：指终生都把田界让给他人（不与他人争），却一块土地都没失掉。⑦投畀有昊：语出《诗经·小雅·巷伯》 意为把他交给上天吧。⑧“鲁平公”句：出自《孟子·梁惠王下》。鲁平公准备去见孟子时，有一个叫臧仓的近臣诋毁孟子，使鲁君最终没有见成孟子。孟子把此视为天意，而非人为阻扰。

【译文】孟子说：“与禽兽奚择哉？于禽兽又何难焉！”这是孟子排遣愤懑的办法。当初以敬爱之心与人相处时，就存个这想法，便不再会有生气的事。除孟子讲的方法外，我再拓展十种化解愤懑的方法，：第一，与小人相处，是帮助我提升品德。他对我侮辱得愈厉害，我忍耐得愈坚定，这对我有什么损害呢！《诗经》说：“它山之石，可以攻玉。”第二，不遇小人，就验证不了我的真实气量。《尚书》说：“有容，德乃大。”第三，横逆者促使我自省，不断尽忠，仍然被无理地对待，只能说明那种人太顽固，不能和他较量，不然必起祸端。兵法说：“求而不得者，挑也无应。”第四，我以爱敬之心与他相处，又不断反躬自省，使自己的言行都符合仁义礼仪，使自己永远保守一颗忠心，这样我的言行就更符合天理，错误也更少，可是一时没忍住，与他较量起来，于是前功尽弃，还要和他共同承担错误，智者不这样做。太史公说：“无弃前修而崇新过。”第五，是非之心，人皆有之，他固然昧着良心指责我，但自有公论为我辨白，无需我多言。古人说：“桃李无言，下自成蹊。”第六，我反躬自问没什么错误，是他的欲望难以满足，我就只能安定下来听他说，他终究会黔驴技穷。兵法说：“不应不动，敌将自静。”第七，可以躲就躲开他，就如周朝的古公亶父为躲避戎狄的攻击离开邪地一样；可以退让就退让，如同韩信从侮辱他的人的胯下钻过去一样。古人说：“身愈诎，道愈尊。”又说：“终身让畔，不失一段。”第八，托付给上天。天道有知，了解我的不是还有天嘛！《诗经》说：“投畀有昊。”

第九，听凭命运的安排。人的相互往来，有时顺利有时忤逆，有时与人相合有时会背离，有时疏远了反而会更加亲近，有时厚待他反而会遭猜忌，有时偶然相遇而和解，有时长久结怨而有危险。鲁平公要出去会见孟子，受到臧仓的阻挡；司马牛是孔子的弟子，但他却有桓魋这样一个作乱的哥哥，难道这不是命运的安排吗！第十，外部安宁内部必生忧患，小人来侵扰，可以升起惧患防危、长虑却顾的忧患意识，不敢任意放纵，这样祸事就会化于无形。孟子说："出则无敌国外患者，国恒亡。"经过三次反省后，君子还要有这样的用心。那些因爱人而人不爱己、礼遇他人而他人不回敬自己而发怒的人，还有那些不爱人、不敬人，只希望别人爱他敬他的人，与蛮横之人差不多啊！

过责望人，亡身之念也。君子相与①，要两有退心，不可两有进心。自反者，退心也。故刚两进则碎，柔两进则屈，万福皆生于退反。

【注释】①相与：相互结交。

【译文】过度指责、苛求别人，会危害自己。君子和人结交，双方都要有退心，不能都是进心。反躬自省，就是退心。因此刚两进则碎，柔两进则屈，万福都生于退反。

施者不知，受者不知，诚动于天之南，而心通于海之北，是谓神应。我意才萌，彼意即觉，不俟出言，可以默会，是谓念应。我以目授之，彼以目受之，人皆不知，两人独觉，是谓不言之应。我固强之，彼固拂之，阳异而阴同，是谓不应之应。明乎此者，可以谈兵矣。

【译文】施予的不知道，接受的也不知道，诚意在天之南面一动，心就在海之北面应通，这叫神应。我的心念刚一萌发，对方就马上觉知到，还没说出来，就已默会，这叫念应。我用目光授意，他用目光接受，别人都未觉察，只有我二人独知，这叫不言之应。我固执地强逼他，他固执地反对，表面上意见不同，内心里却是相同的，这叫不应之应。明白这些，就可以谈论用兵之道了。

卑幼有过，慎其所以责让之者：对众不责，愧悔不责，暮夜不责，正饮食不责，正欢庆不责，正悲忧不责，疾病不责。

【译文】地位低、年龄小的人有过失，责备时要慎重：当着众人的面不责备，已经后悔惭愧了不责备，晚上不责备，正在吃饭时不责备，正在欢庆时不责备，正在悲伤时不责备，生病时不责备。

举世之议论有五：求之天理而顺，既之人情而安，可揆[①]圣贤，可质神明，而不必于天下所同，曰公论。情有所便，意有所拂，逞辩博以济其一偏之说，曰私论。心无私曲，气甚豪雄，不察事之虚实、势之难易、理之可否，执一隅之见，狃时俗之习，既不正大，又不精明，蝇哄蛙嗷，通国成一家之说，而不可与圣贤平正通达之识，曰妄论。造伪投奸，滃訾[②]诡秘，为不根之言，播众人之耳，千口成公，久传成实，卒使夷、由为庄蹻[③]、跖，曰诬论。称人之善，胸无秤尺，惑于小廉曲谨，感其煦意象恭[④]，喜一激之义气，悦一霎之道言，不观大节，不较生平，不举全体，不要永终，而遽许之，曰无识之论。呜呼！议论之难也久矣，听之者可弗察与？

【注释】①揆：度察。②滃訾（xì zǐ）：诋毁非议。③蹻（qiāo）：指庄蹻，楚庄王弟，为盗者。④象恭：貌似恭敬而心傲狠，比喻巨奸大恶。

【译文】举世的议论有五种：遵循天理，随顺人之常情，可以让圣贤来度量，可以请神明来评定，而不必让天下人都认同，这叫公论。所议论的事情对有些人有利，与有些人不合，却旁征博引，以激烈的辩说来成就其偏向性的议论，这叫私论。心无私心，气甚豪雄，却不观察事情的虚实、趋势的难易、理的可否，只是固执着一己之见，拘泥于当时的习俗，既不正大，又不精明，如蝇哄蛙叫，举国上下只通行一种论调，接受不了圣贤平正通达的见识，这叫妄论。造伪投奸，诋毁诽谤，隐秘难测，造不根之言，播众人之耳，千口传说，似成公论，长久传播，好像实事，从而使伯夷、许由这样的贤者被诬为庄蹻、盗跖那样的恶人，这叫诬论。称赞人家的好处，但心里没有是非标准，迷惑于小处的廉洁谨慎，感动于和乐的貌似恭敬，喜欢他一时激发的义气，悦服他一时合于道理的言论，不观大节，不察其平生为人，不看大局，不求长远，而马上称许，这叫无识之论。啊！议论之难辨，人们早就知道的了，听的人可以不明察吗？

简静沉默之人，发用出来不可当。故停蓄之水一决不可御也，蛰处之物其毒不可当也，潜伏之兽一猛不可禁也。轻泄骤举，暴雨疾风耳，智者不惧焉。

【译文】简静沉默的人，爆发起来不可阻挡。就像蓄积的水一决口不可抵挡，蛰伏动物的毒难以忍受，潜伏的野兽凶猛起来不可禁止。而轻易发出、骤然出现的东西，就像疾风暴雨，转眼即逝，有智慧的人是不怕的。

平居无事之时，则丈夫不可绳以妇人之守也；及其临难守死，则当与贞女列妇比节。接人处众之际，则君子未尝示人以廉隅[1]之迹也；及其任道徙义，则当与壮士健卒争勇。

【注释】①廉隅：棱角，比喻端方不苟的行为、品性。

【译文】平居无事时，不可用妇人的操守来衡量男子；当他临难赴死时，则应当与贞女烈妇比节。接人处众之际，君子未尝显出端方的品行；当他任道徙义时，则应当与壮士健卒争勇。

祸之成也，必有渐；其激也，奋于积。智者于其渐也绝之，于其积也消之，甚则决之。决之必须妙手，譬之疡然，郁而内溃，不如外决；成而后决，不如早散。

【译文】祸患的形成，必然是渐渐来的；它的激发，也源于长久的积累。有智慧的人要绝其渐，消其积，甚至要断其根。断决祸根必须妙手，譬如脓疮，养着它让它在内部化脓，还不如从外面切开它；形成了脓疮再动手术，不如在早期就散化掉。

涵养不定底，恶言到耳，先思驭气，气平再没错底；一不平，饶你做得是，也带着五分过失在。

【译文】涵养不稳定的人，听到恶言先想着控制好怒气，气平了就不会出错；气一不平，就算你做得对，也带着五分过失。

疾言遽色、厉声怒气，原无用处。万事万物只以心平气和处之，自有妙应。余褊，每坐此失，书以自警。

【译文】疾言遽色、厉声怒气，原本就没什么用处。万事万物只以心平气和处之，自然有好的反响。我这个人性情急躁，总是这点上犯错，写下来以自警。

尝见一论人者云："渠只把天下事认真做，安得不败？"余闻之甚惊讶，窃意天下事尽认真做去还做得不像，若只在假借面目上做工夫，成甚道理？天下事只认真做了，更有甚说？何事不成？方今大病痛，正患在不肯认真做，所以大纲常、正道理无人扶持，大可伤心。嗟夫！武子之愚[①]，所谓认真也与？

【注释】①武子之愚：出自《论语·公冶长》："宁武子邦有道则知，邦无道则愚。其知可及也。其愚不可及也。"朱熹注："宁武子，卫大夫，名俞。按《春秋传》，武子仕卫，当文公、成公之时。文公有道，而武子无事可见，此其知之可及也。成公无道，至于失国，而武子周旋其间，尽心竭力，不避艰险。凡其所处，皆智巧之士所深避而不肯为者，而能卒保其身以济其君，此其愚之不可及也。”

【译文】曾经听到一个喜欢评论的人说：“他只把天下事认真做，怎能不败？”我听后甚为惊讶，暗想天下事尽量认真去做还做得不像，若只在虚假表面上做功夫，成个什么道理？天下事真的认真去做了，还有什么可说，还有何事不成？现今的大毛病，就是不肯认真做，所以纲纪正道无人扶持，令人伤心至极。唉！宁武子的愚，是所谓的认真吗？

人人因循昏忽，在醉梦中过了一生，坏废了天下多少事！惟忧勤惕励之君子常自惺惺爽觉。

【译文】人人因循昏忽，在醉梦中过了一生，坏废了天下多少事！唯有时时警觉，勤于修身，心存戒惧的君子才是时刻醒觉。

明义理易，识时势难。明义理，腐儒可能；识时势，非通儒不能也。识时易，识势难。识时，见者可能；识势，非早见者不能也。识势而早图之，自不至于极重，何时之足忧？

【译文】明白义理容易，识时势难。弄明义理，腐儒也能做到；识时势，非学问通透、知识渊博者不能做到。识时易，识势难。识时，看到的人就可做到；识势，非有预见者不能做到。认清了势又能提早谋划，自然不会陷入极重的困境，更用不着去担忧时事了。

只有无迹而生疑，再无有意而能掩者，可不畏哉！

【译文】只有无迹生疑的人，没有心中有意却能掩饰起来的人，能不谨慎吗?

令人可畏，未有不恶之者，恶生毁。令人可亲，未有不爱之者，爱生誉。

【译文】令人害怕的人，也会被人痛恨，痛恨产生诽谤。让人可亲的人，没有不也会被人喜爱，喜爱就会称赞。

先事体怠神昏，事到手忙脚乱，事过心安意散，此事之贼也，兵家尤不利此。

【译文】事前体怠神昏，事来手忙脚乱，事过心安意散，这是做事的大害，尤其是对兵家。

善用力者，举百钧[①]若一羽；善用众者，操万旅若一人。

【注释】①钧：古代重量单位，三十斤曰钧。

【译文】善用力的人，举起百钧重的东西如托起一根羽毛；善于用人者，带领万旅之众如同领着一个人。

没这点真情，可惜了繁文侈费；有这点真情，何嫌于二簋一掬[①]。

【注释】①二簋（guǐ）一掬：形容饮食不丰盛。

【译文】如果没有真情，就可惜了繁文侈费的招待；只要有一点儿真情，即使只有两碗饭一杯水也不嫌少。

百代而下，百里而外，论人只是个耳边纸上，并迹而诬之，那能论心？呜呼！文士尚可轻论人乎哉？此天谴鬼责所系，慎之。

【译文】百代以后，百里以外，评论人只是凭传闻和文章，行迹也会被歪曲，这样还能讨论人的内心境界吗？唉！文士可以轻易地评论人吗？这是上天和鬼神都要谴责的事啊，一定要慎重。

或问："怨尤之念，底是难克，奈何？"曰："君自来怨尤，怨尤出甚底？天之水旱为虐，不怕人怨，死自死耳，水旱自若也。人之贪残无厌，不怕你尤，恨自恨耳，贪残自若也。此皆无可奈何者。今且不望君自修自责，只将这无可奈何事恼乱心肠，又添了许多痛苦，不若淡然安之，讨些便宜。"其人大笑而去。

【译文】有人问："怨天尤人的情绪，确实难以克服，怎么办呢？"我说："你从来只是怨天尤人，怨尤出什么来了？天不下雨，造成旱灾危害百姓。它不怕人怨，老百姓饿死就饿死，天照样干旱无雨。有的人贪得无厌，他不怕你恨，你恨就自己去恨吧，他照旧贪得无厌。这些都是没办法解决的事。现在不希望你自修自责，被这些事惹恼，搅乱了心境，还平添许多痛苦，不如淡然处之，活得舒心一些。”这人听完后大笑而去。

见事易，任事难。当局者只怕不能实见得，果实见得，则死生以之，荣辱以之，更管甚一家非之，一国非之，天下非之。

【译文】看事容易，做起来就难了。当事人只怕不能认识清楚，确然认清了，就不怕死生，不畏荣辱地做下去，管它什么一家的非议，一国的非议，天下人的非议。

人事者，事由人生也；清心省事，岂不在人？

【译文】人事，由人生出；清心省事，难道不在人为吗？

闭户于乡邻之斗，虽有解纷之智，息争之力，不为也，虽忍而不得谓之杨朱①。忘家于怀襄②之时，虽有室家之忧，骨肉之难，不顾也，虽劳而不得谓之墨翟③。

【注释】①杨朱：字子居，战国时魏人。后于墨翟，先于孟子，其说重在爱己，不以物累，不拔一毛以利天下。②怀襄：语出《尚书·尧典》：“汤汤洪水方割，荡荡怀山襄陵。”指洪水浸陵环绕，淹没了山陵。③墨翟：指墨子。墨子讲勤俭、兼爱。但朱熹认为：“墨子爱无差等，而视其至亲无异众人，故无父。无父无君，则人道灭绝，是亦禽兽而已。”

【译文】乡邻发生争斗，虽然有解决纠纷的智慧，有停止争斗的力量，也不管不问，闭户不出，虽有点儿忍心，也不能称作杨朱。为了解救洪水，而不管不顾家庭的忧患，骨肉至亲的危难，这样的人即使多么劳苦地在救灾，也不能称作墨翟。

流俗污世中真难做人，又跳脱不出，只是清而不激就好。

【译文】流俗污世中真难做人，又逃脱不了，只要自身清白，不再激起污泥浊水就好。

恩莫到无以加处，情薄易厚，爱重成隙。

【译文】恩情不要重到无可再加的程度，情薄容易加厚，爱太重了就容易产生怨恨。

欲为便为，空言何益？不为便不为，空言何益？

【译文】要做就做，光说空话有什么用？不做便不做，只说空话有什么用？

以至公之耳，听至私之口，舜、跖易名矣。以至公之心，行至私人之间，黜陟①易法矣。故兼听则不蔽，精察则不眩，事可从容，不必急遽也。

【注释】①黜陟（chù zhì）：指人才的贬斥和晋升。

【译文】以大公无私之耳，听那些私心很重的话，舜和跖就会互换。

以大公无私之心，走到那些私心很重的人中间，升降的标准就改变了。所以说兼听就不会被蒙蔽，精察就能看得清晰，事可以从容，就不必急遽。

某居官，厌无情者之多言，每裁抑之。盖无厌之欲，非分之求，若以温颜接之，彼恳乞无已，烦琐不休，非严拒，则一日之应酬几何？及部署日，看得人有不尽之情，抑不使通，亦未尽善。尝题二语于私署云：要说底尽着都说，我不嗔你；不该从未敢轻从，你休怪我。或曰："毕竟往日是。"

【译文】我居官时，讨厌那些虚伪不实之人的多言乱语，经常制止他们。对那些无止的欲望，非分的要求，如果以温和的态度对待，他们就恳求不已，繁琐不休，除非严厉地拒绝，否则一天的应酬何时休止？直到在部里做官的时候，才看到人家还有没讲完的情况，如果不让他说完，觉得也不太好。曾经在私宅题写两句话：要说的尽着都说，我不嗔你；不该从未敢轻从，你休怪我。有人说："还是以前做得对。"

同途而遇，男避女，骑避步，轻避重，易避难，卑幼避尊长。

【译文】同路相遇，男的要让女的，骑马的要让步行的，负担轻的要让负担重的，腿脚灵活的人要让行走不便的，卑幼要让尊长。

势之所极，理之所截，圣人不得而毫发也。故保辜[①]以时刻分死生，名次以相鳞分得失。引绳之绝，堕瓦之碎，非必当断当敝之处，君子不必如此区区也。

【注释】①保辜：古代刑律规定，凡打人致伤，若伤者在期限内因伤致死，则以死论罪；不死，以伤论罪，叫“保辜”。《唐律疏义·斗讼》：“诸保辜者，手足殴伤人限十日，以他物殴伤人者二十日，以刃及汤火伤人者三十日，折跌支体及破骨者五十日。”

【译文】判断时势的极点、事理的区分，圣人不能不在毫发之间斟酌。所以“保辜”的法条，用时限来判断是否属于死罪；而排列名次，相挨着的就分出了前后得失。至于牵引的绳子断了，掉下来的瓦碎了，就不必以它们是在何处断的、碎的为标准来划分了，君子不必对这种事情计较得那么细致。

制礼法以垂万世绳天下者，须是时中之圣人斟酌天理人情之至而为之。一以立极，无一毫矫拂[①]心，无一毫惩创心，无一毫一切心。严也而于人情不苦，宽也而于天则不乱，俾天下肯从而万世相安，故曰：“礼之用，和为贵[②]。”“和”之一字，制礼法时，合下便有，岂不为美？《仪礼》不知是何人制作，有近于迂阔者，有近于迫隘者，有近于矫拂者，大率是个严苛繁细之圣人所为，胸中又带个惩创矫拂心而一切之。后世以为周公也，遂相沿而守之，毕竟不便于人情者，成了个万世虚车。是以繁密者激人躁心，而天下皆逃于阔大简直之中；严峻者激人畔心，而天下皆逃于逍遥放恣之地。甚之者乃所驱之也。此不可一二指。余读《礼》，盖心不安而口不敢道者不啻百余事也，而宋儒不察礼之情，又于节文[③]上增一重锁钥，予小子何敢言？

【注释】①矫拂：拂逆，违背，纠正。②“礼之用”二句：语出《论语·学而》，意为礼仪制度的功用在于实现内外和谐。③节文：礼节仪式。

【译文】制定礼法，是为了匡正人的性情和言行，在此基础上形成良好的社会风俗，并一直流传下去。礼法制定者必须是行中道的圣人，他依照天理人情来确定礼仪等级、规范。立极于中道，与天谐行，没有想要纠正谁或拂逆谁，惩罚谁或伤害谁的意思，又不一概而论。严格，又通情达理；宽容，又不违背自然法则，使人们乐于遵从，万世相安，所以说：“礼之用，和为贵。”制定礼法时，就有“和”的效用，岂不好吗？《仪礼》不知是什么人制定的，有迂阔的地方，有狭隘的地方，有纠正、拂逆的地方，大概是个严苛繁细的圣人制定的，心里有惩罚、纠正的思想而一概而论。后世以为是周公制定的，就沿袭了下来，毕竟不通达人情，于是成了虚设。繁琐细密的东西激发人的躁心，人们就趋向于阔大简直；严苛峻刻的东西激发人的叛心，人们就趋向于逍遥放任。更严重的，简直是逼着人们叛离。《仪礼》中这样的问题不止一二处。我读《礼》，心里觉得不对又不敢说的不只百余事，而宋儒不察礼的真实用意，还要在礼节仪式上增加一层枷锁，我作为后生小子，又怎么敢说呢？

礼无不报，不必开多事之端；怨无不酬，不可种难言之恨。

【译文】礼尚往来，没有不回报的礼，但是不必开多事之端；怨恨也有回报，但不可种下难言之恨。

舟中失火，须思救法。

【译文】船上着火，要想救火的办法。

象箸夹冰丸，须要夹得起。

【译文】用象牙筷子夹冰丸，要夹得起来。

相嫌之敬慎，不若相忘之怒詈[①]。

【注释】①詈（lì）：骂。
【译文】互相厌恶的人表面上相互尊敬，不如相忘以至于怒骂。

士君子之相与也，必求协诸礼义，将世俗计较一切脱尽。今世号为知礼者，全不理会圣贤本意，只是节文习熟，事体谙练，灿然可观，人便称之，自家欣然自得，泰然责人。嗟夫！自繁文弥尚而先王之道湮没，天下之苦相责，群相逐者，皆末世之靡文也。求之于道。十九不合。此之谓习尚。习尚坏人，如饮狂泉。

【译文】士君子相交，必须合乎礼义，远离世俗的那一套规则。现在号称知礼的人，全不理会圣贤的本意，只是熟习一些礼节仪式，办事老练，看着很能干，人们便称赞他，自己也欣然自得，泰然责备别人。唉！自从繁琐的礼仪增加，先王之道湮没，天下苦苦地相互责难，群起而追求的东西，都是国家到了末日的那一套虚伪繁琐的形式。用道理一衡量，十有九不相符合，这叫做习尚。习尚对人的危害，如饮狂泉之水。

学者处事处人，先要识个礼义之中。正这个中正处，要析之无毫厘之差，处之无过不及之谬，便是圣人。

【译文】学者为人处世，要先明白礼义所蕴含的中道之理。在这个中正的立极之处，要体悟得不差毫厘，处理时不要犯过之和不及的错误，这便是圣人。

当急遽冗杂时，只不动火，则神有余而不劳，事从容而就理。一动火，种种都不济。

【译文】当急遽冗杂时，只要不动火，就能做到神有余而不劳，事从容而合于理。一动火，各种事都办不成。

予平生处人处事，激切之病十居其九，一向在这里克，只恁消磨不去。始知不美之质变化甚难，而况以无恒之志、不深之养，如何能变化得？若志定而养深，便是下愚也移得一半。

【译文】我平生处人处事，十有九次会犯急躁毛病，一直在这方面克制自己，总是失败。以此知道要改变不美的品质很难，加上没有恒心，修养不深。怎么能成功呢？如果志愿坚定，修养深厚，就是下愚之人也能改正一半。

予平生做事发言，有一大病痛，只是个“尽”字。是以无涵蓄，不浑厚，为终身之大戒。

【译文】我平生做事发言，有一个大毛病，就是“尽”，不留余地。不懂得涵养，不浑厚，这是终身的大戒。

凡当事，无论是非邪正，都要从容蕴藉①。若一不当意便忿恚②而决裂之，此人终非远器。

【注释】①蕴藉：同“薀籍”“酝籍”，宽和、涵容。②忿恚（huì）：愤怒，怨恨。

【译文】凡遇事，无论是非邪正，都要从容宽和。如果稍不合意就愤怒，一刀两断，那这个人终究不会有远大的前途。

以激而发者，必以无激而废，此不自涵养巾来，算不得有根本底学者。涵养中人，遇当为之事，来得不陡，若懒若迟，持得甚坚，不移不歇。彼攘臂抵掌而任天下之事，难说不是义气，毕竟到尽头处不全美。

【译文】激发出来的东西，必然会因动力的消失而停止，它不是从涵养中来的，这算不得有根本的学者。有涵养的人，遇到应当做的事，自然会去做，貌似很懒很迟缓，但坚持得很坚决，不移不歇。那些振臂抵掌说能担当天下大事的人，难说没有义气，但毕竟很难走到尽头。

天地万物之理，皆始于从容而卒于急促。急促者尽气也，从容者初气也。事从容则有余味，人从容则有余年。

【译文】天地万物的道理，都始于从容，败于急促。急促是结束时的气，从容是开始、初生时的气。做事从容就会有回旋的余地，做人从容就会长寿。

凡人应酬多不经思，一向任情做去，所以动多有悔。若心头有一分检点，便有一分得处。智者之忽固不若愚者之详也。

【译文】普通人在应酬时大都不加思考，一向随意去做，所以常有悔心。如果心中多一点儿思考，就能多一些受益。有智慧，但是疏忽，不如愚笨之人多加思考。

日日行不怕千万里，常常做不怕千万事。

【译文】日日前行不怕千万里路，常常去做不怕千万种事。

事见到无不可时便斩截做，不要留恋。儿女子之情不足以语办大事者也。

【译文】事情到了不做不行的时候，就要斩钉截铁地去做，不要留恋。那些儿女之情动摇不了办大事的人。

断之一事，原谓义所当行。却念有牵缠，事有掣碍，不得脱然爽洁。才痛煞煞下一个“断”字，如刀斩斧齐一般，总然只在大头脑处成一个“是”字，第二义都放下，况儿女情、利害念，那顾得他？若待你百可意、千趁心，一些好事做不成。

【译文】断定要去做的事，是义所当为。但思想有牵挂、事情有阻碍，不能脱离干净。才痛快地下一个“断”字，如刀斩斧齐一般，总的看来，是要在大处成一个“是”字，其他的都放下，哪顾得上儿女情、利害念？若等你百可意、千趁心才去干，那就一样好事也干不成了。

先众人而为，后众人而言。

【译文】做事要先于众人，说话要后于众人。

在邪人前发正论，不问有心无心，此是不磨之恨。见贪者谈廉道，已不堪闻；又说某官如何廉，益难堪；又说某官贪，愈益难堪；况又劝“汝当廉”，况又责汝如何贪，彼何以当之？或曰：“当如何？”曰：“位在，则进退在我，行法可也。位不在，而情意相关，密讽可也。若与我无干涉，则钳口①而已。礼入门而问讳，此亦当讳者。”

【注释】①钳口：不讲话。

【译文】在邪人面前发正论，不论有心无心，他都会痛恨你。见贪者谈廉洁，贪者已不爱听；又说某官如何廉洁，贪者更难堪；又说某官如何贪，贪者愈加难堪；何况再劝他“你应当廉洁”，再责备他为什么这样贪婪，贪者如何承担得了？有人问：“那该怎么办呢？”我说：“如果你在位上，就可以自己决定用不用他，按原则办事就可以了。如果你没有官职，和贪者关系比较好，那可在私下里劝导他。如果贪者与你毫无关系，就不要说话。礼中有入门问讳一条，这是应当避讳的。”

天下事最不可先必而豫道之，已定矣，临时还有变更，况未定者乎？故宁有不知之名，无贻失言之悔。

【译文】做事最不可先保证能做到，还要到处声张出来，已经定下来的事，临时还会有变，何况未定的事呢？因此宁有不知之名，无贻失言之悔。

举世嚣嚣兢兢不得相安，只是抵死没自家不是耳。若只把自家不是都认，再替别人认一分，便是清宁世界，两忘言矣。

【译文】举世争吵不停，不能相安，只不过是坚信自己没错，如果能认错，再替别人承担一分，便是清宁世界，双方都不会再争了。

人人自责自尽，不直四海无争，弥宇宙间皆太和之气矣。

【译文】人人自责自尽，不只是四海无争，整个宇宙间都会一片和气。

担当处都要个自强不息之心，受用处都要个有余不尽之意。

【译文】担当的地方要有个自强不息之心，受用的地方都要有个有余不尽之意。

只一个耐烦心，天下何事不得了？天下何人不能处？

【译文】只要有耐心，什么事干不好？什么人不能相处？

规模先要个阔大，意思先要个安闲，古之人约己而丰人，故群下乐为之用，而所得常倍。徐思而审处，故己不劳而事极精详。“褊急”[①]二字，处世之大碍也。

【注释】①褊急：器量狭小且性格急躁。

【译文】心胸要阔大，心念要安闲，古人约束自己而宽以待人，部下都愿意为他效力，所以收获常常加倍。不紧不慢地思考再审慎地处理，自己不辛苦且事情也办得极妥当。“褊急”，是处世的大碍。

凡人初动一念是如此，及做出来却不是如此，事去回顾又觉不是如此，只是识见不定。圣贤才发一念，始终如一，即有思索，不过周详此一念耳。盖圣贤有得于豫养，故安闲；众人取办于临时，故眩惑。

【译文】人初动念头是如此，做出来却不是如此，事完后一回顾又觉不是如此，这都是识见不定的缘故。圣贤有了一念，就始终如一，就算有思索，也是为了使这个念头更加周详。圣贤一直在修养身心，所以安闲；众人在临时的慌乱中左思右想，所以昏惑。

处人不可任己意，要悉人之情；处事不可任己见，要悉事之理。

【译文】处人不要顾自己的想法，要体谅别人的情；处事不可一意孤行，要全面地看清事理。

天下无难处之事，只消得两个“如之何”；天下无难处之人，只消得三个“必自反”①。

【注释】①自反：语出《孟子·离娄下》：“有人于此，其待我以横逆，则君子必自反也。”指自我反省。

【译文】天下没有难处理的事，只需要问两个“怎么办”；天下没有难相处的人，只需要三次反躬自问。

人情要耐心体他，体到悉处，则人可寡过，我可寡怨。

【译文】别人的心情要耐心体会，体会到无微不至处，就看到别人没什么过错，我也会少抱怨别人。

事不关系都歇过，到关系时悔之何及？事幸不败都饶过，到败事时惩之何益？是以君子不忽小，防其败也；不恕败，防其再也。

【译文】事情和自己无关时都不理会，到有关系时，后悔有什么用呢？事情侥幸不失败也不去细察反省，到失败时再惩罚有什么用呢？因此君子不疏忽小事，以防失败；失败了吸取教训，防止再次失败。

人只是怕当局，当局者之十，不足以当旁观者之五。智虑以得失而昏也，胆气以得失而夺也，只没了得失心，则志气舒展。此心与旁观者一般，何事不济？

【译文】人就怕身当其事，十个当事人，也抵不上五个旁观者看得清楚。智慧的发用会受到得失之心的影响，胆量也会因此丧失，只要丢掉了得失心，志气就能舒展。如果用旁观者的心态处事，何事不成功？

世道、人心、民生、国计，此是士君子四大责任。这里都有经略，都能张主，此是士君子四大功业。

【译文】世道、人心、民生、国计，是士君子的四大责任。在这四方面能有想法并实践出来，就是士君子的功业。

情有可通，莫于旧有者过裁抑，以生寡恩之怨；事在得已，莫于旧无者妄增设，以开多事之门。若理当革、时当兴，合于事势人情，则非所拘矣。

【译文】情理要能通达，对旧的东西不必过分裁抑，以免生寡恩之怨；做事要懂得止，不要随便增设原来没有的东西，以免开多事之门。如果按理当革，于时当兴，合于事势人情，则不要拘泥这些。

毅然奋有为之志，到手来只做得五分；确然矢不为之操，到手来只守得五分。渠非不自信，未临事之志向虽笃，既临事之力量不足也。故平居观人以自省，只可信得一半。

【译文】毅然奋有为之志，最终只成功五分；确然守不为之操，最终只守住五分。他不是不自信，而是没遇事时志向笃定，遇事时却力量不足。所以平时看人也要自省，只可相信一半。

办天下大事，要精详，要通变，要果断，要执持。才松软怠弛，何异虎头蛇尾？除天下大奸，要顾虑，要深沉，要突猝，要洁绝，才张皇疏慢，是撄[①]虎鬒[②]龙鳞。

【注释】①撄：触。②鬒（zhěn）：虎头上的毛。

【译文】办大事，要精详，要通变，要果断，要执持。一旦松软怠弛，就会虎头蛇尾。除天下大奸，要多考虑，要深沉，要突然果决，要利落干净，一旦虚张声势疏忽迟疑，就是拔虎须逆龙鳞，后果严重。

利害死生间有毅然不夺之介，此谓大执持。惊急喜怒事无卒然遽变之容，此谓真涵养。

【译文】在利害死生之时，有毅然不变的操守，是谓大执持。遇到惊急喜怒之事，无猝然遽变的面容，是谓真涵养。

力负丘山未足雄，地负万山，此身还负地。量包沧海不为大，天包四海，吾量欲包天。

【译文】力气大到可以背起丘山，也不足以称雄，大地担负着万山，我身还要担负起大地。量大足以包容沧海也不为大，天能包容四海，吾量欲包容天。

天不可欺，人不可欺，何处瞒藏些子？性分当尽，职分当尽，莫教欠缺分毫。

【译文】天不可欺，人不可欺，哪里可以藏得住？性分当尽，职分当尽，不要欠缺分毫。

何是何非，何长何短，但看百忍之图。不喑不瞽，不痴不聋，自取一朝之忿。

【译文】什么为是什么为非，什么是长什么是短，只看百忍之图。不哑不盲，不痴不聋，自取一朝之忿。

植万古纲常，先立定自家地步；做两间事业，先推开物我藩篱。

【译文】要建立万古纲常，先立定自己的内心；做天地间事业，先推开物我之分的藩篱。

捱不过底事，莫如早行；悔无及之言，何似休说。

【译文】早晚要做的事，不如早做；悔无及之言，不如不说。

苟时不苟真不苟，忙处无忙再无忙。

【译文】苟且时不苟且是真不苟且，忙碌处不忙碌就再无忙碌。

《谦》六爻[①]，画画皆吉；“恕”[②]一字，处处可行。

【注释】①《谦》六爻：指《谦卦》六个爻的爻辞。②恕：指“己所不欲，勿施于人”的恕道。

【译文】《谦》卦六个爻的爻辞，都是吉利的；推己及人的“恕”道，处处可行。

才逢乐处须知苦，既没闲时那有忙？

【译文】欢乐时要知道苦，没闲时哪有忙？

生来不敢拂吾发，义到何妨断此头。

【译文】身体发肤受之父母，生来不敢动一根头发；但为了伸张正义，砍掉脑袋又何妨。

量嫌六合隘，身负五岳轻。

【译文】气量比宇宙还要大，担负着五岳那样的重也嫌轻。

休买贵后贱，休逐众人见。

【译文】不要买先贵后贱的东西，也不要盲目地从众。

难乎能忍，妙在不言。

【译文】最难的是忍耐，有妙的是不说。

休忙休懒，不懒不忙。

【译文】不要太忙乱，也不要太懒惰，不懒才能不忙。

养 生

【题解】此章共15则，主要讲了养生知识，特别提到了养德的重要性。寡欲、食淡、清心、省事，是无价之药，不名之医。吕坤指出：天地间害人的，就是贪多。让人想多要的，就是美。美味、美声、美官、美室、美田、美寝、美言、美事、美景、美趣，这些都是灾祸的媒介。养生需修身养性，做仁者、默者、拙者，才是顺应天道的活法。

夫水遏之，乃所以多之；泄之，乃所以竭之。惟仁者能泄，惟智者知泄。

【译文】流动的水，堵塞它，它就会聚积更多；疏泄它，它就会流走枯干。只有仁者能够疏泄恰到好处，只有智者知道如何疏泄。

天地间之祸人者，莫如多；令人易多者，莫如美。美味令人多食，美色令人多欲，美声令人多听，美物令人多贪，美官令人多求，美室令人多居，美田令人多置，美寝令人多逸，美言令人多入，美事令人多恋，美景令人多留，美趣令人多思，皆祸媒也。不美则不令人多。不多则不令人败。予有一室，题之曰“远美轩”，而扁其中曰“冷淡”。非不爱美，惧祸之及也。夫鱼见饵不见钩，虎见羊不见阱，猩猩见酒不见人，非不见也。迷于所美而不暇顾也。此心一冷，则热闹之景不能入；一淡，则艳冶之物不能动。夫能知困穷、抑郁、贫贱、坎坷之为详，则可与言道矣。

【译文】天地间害人的，就是“多”；让人想多要的，就是“美”。美味让人多吃，美色让人多欲，美声让人多听，美物让人多贪，美官让人多求，美室让人多居，美田让人多置，美寝让人多逸，美言让人多听，美事让人多恋，美景让人多留，美趣让人多思，这些都是灾祸的媒介。不美则人不会多要，不多则不会带来灾祸。我有一室，题名为“远美轩”，其中有一匾题“冷淡”二字。我不是不爱美，而是害怕灾祸临头。鱼只看见鱼饵而看不见鱼钩，虎只看见羊而看不见陷阱，猩猩只看见酒而看不见人，不是真看不见，而是因为迷于自己喜欢的东西无暇顾及其余。人心只要一冷，那么热闹之景就不能进入；只要一淡，那么艳冶之物就不能使我动心。如果能认识到困穷、抑郁、贫贱、坎坷是吉祥，那么就可以和他谈道了。

以肥甘爱儿女而不思其伤身，以姑息爱儿女而不恤其败德，甚至病以死，患大辟而不知悔者，皆妇人之仁也。噫！举世之自爱而陷于自杀者，又十人而九矣。

【译文】拿美味的食品让儿女吃而想不到会伤害他们的身体，姑息溺爱儿女而不怕他们败坏品德，甚至生病而死，犯下杀头的大罪而不知悔恨，这都是妇人之仁。唉！举世之人因过分自爱而陷于自杀的，十人中有九人啊!

五闭，养德养生之道也。或问之:“视、听、言、动、思将不启与?”曰:“常闭而时启之，不弛于事可矣，此之谓夷、夏关。”

【译文】耳、目、口、心、四肢都处于封闭的状态，是养德养生之道。有人问:“视、听、言、动、思都不开启吗?”回答说:“经常关闭而有时开启，只要不使事情荒废懈怠就可以了。这是夷、夏的区别。”

今之养生者，饵药、服气、避险、辞难、慎时、寡欲，诚要法也。嵇康[①]善养生，而其死也却在所虑之外。乃知养德尤养生之第一要也。德在我，而蹈白刃以死，何害其为养生哉?

【注释】①嵇康:人名，三国时代的人。著名的“竹林七贤”之一，讲求养生服食之道。

【译文】现在养生的人，服药、练气、逃避危险、躲开危难、慎时、寡欲，确实是重要的方法。不过，嵇康是善于养生的人，但他的死却出乎意料之外。由此可知，养德是养生中第一重要的。如果我有很高的品德，即使被刀枪杀死，怎能说没有养生呢?

愚爱谈医，久则厌之。客言及者，告之曰:“以寡欲为四物[①]，以食淡为二陈[②]，以清心省事为四君子[③]。无价之药，不名之医，取诸身而已。”

【注释】①四物：指四物汤，用当归、川芎、白芍药、熟地黄四味药配成，有调经补血的功效。②二陈：指二陈汤，成分为半夏、陈皮、茯苓、炙甘草、生姜、乌梅等，有燥湿化痰，理气和中的功效。③四君子：指四君子汤，成分有人参、炙甘草、茯苓、白术等，有益气健脾的功效。

【译文】我爱谈医，时间长就厌烦了。客人问养生，我就告诉他们："以寡欲为四物汤，以食淡为二陈汤，以清心省事为四君子汤。无价之药，不名之医，从自身寻找就可以了。"

仁者寿，生理完也；默者寿，元气定也；拙者寿，元神固也。反此皆夭道也，其不然，非常理耳。

【译文】仁厚的人长寿，是因为天性保全得好；沉默的人长寿，是因为元气安定；愚拙的人长寿，是因为元神牢固。与此相反的都是夭折之道，如果不是这样，就不符合天理。

盗为男戎，色为女戎。人皆知盗之劫杀为可畏，而忘女戎之劫杀。悲夫！

【译文】盗贼就像拿着凶器的男人，美色就像带着暗器的女人。每个人都知道盗贼杀人劫物是多么可怕，却并不知道美色也照样可以劫财杀人。实在是可悲呀！

太朴[①]，天地之命脉也，太朴散而天地之寿夭可卜矣。故万物蕃则造化之元精耗散。木多实者根伤，草出茎者根虚，费用广者家贫，言行多者神竭，皆天道也。老子受用处②，尽在此中看破。

【注释】①太朴：元气。②“老子”句：老子主张自然无为，不言寡欲。

【译文】元气，是天地的命脉，根据元气耗散的程度，就可以推测天地的寿命。万物繁茂，造化的元气元精就会耗散。树木果实多了就会伤根，草长出茎叶根就虚弱，花费多家就贫穷，言行多精神就会衰竭，这都是夭折之道。老子提倡无为，就是看到了这些道理。

饥寒痛痒，此我独觉，虽父母不之觉也；衰老病死，此我独当，虽妻子不能代也。自爱自全之道，不自留心，将谁赖哉？

【译文】饥寒痛痒，这只有自己才能感觉到，即使父母也不能察觉；衰老病死，只有自己担当，即使妻子儿女也不能代替。自爱自全的方法，如果自己不留心，还将依赖什么人呢？

气①有为而无知，神有知而无为，精者无知无为，而有知有为之母也。精，天一也，属水②，水生气；气，纯阳也，属火，火生神；神，太虚也，属无，而丽③于有。精盛则气盛，精衰则气衰，故甑涸而不蒸。气存则神存，气亡则神亡，故烛尽而火灭。

【注释】①气：《服气经》：“道者，气也。保气则得道，得道则长存。神者，精也。保精则神明，神明则长生。”②“天一也”句：河图中，天数1、3、5、7、9，与地数2、4、6、8、10，阴阳相合而化生出金、木、水、火、土五行。其中，最早出现的天数1与地数6合化为水，此象也预示着水是最初出现的五行之象。③丽：附。

【译文】气有作为而无知觉，神有知觉而无作为，精无知觉无作为，但它是有知有为之本。精为天一，属水，水生气；气为纯阳之性，属火，火生神；神为太虚，属无，而附丽于有。精盛则气盛，精衰则气衰，就如蒸锅中的水干了就不会冒出蒸气。气存则神存，气亡则神亡，就如蜡烛烧尽了火就熄灭。

气只够喘息底，声只够听闻底，切莫长余分毫，以耗无声无臭之真体①。

【注释】①真体：指元气。

【译文】气只用于呼吸，声只用于听闻，切不要多余分毫，来消耗无声无臭的真体。

语云：“纵欲忘身。”“忘”之一字最宜体玩。昏不省记谓之忘，欲迷而不悟，情胜而不顾也。夜气清明时，都一一分晓，着迷处，便思不起。沉溺者可以惊心回首矣！

【译文】俗话说：“纵欲忘身。”“忘”这个字最应玩味。昏惑记不住为忘，迷在欲望里不醒觉，感情强烈了而顾不上其他事情。夜气清明时，件件记得清楚，着迷时，便想不起来。沉溺其中者应该惊心回首啊！

在篋香韫[①]，在几香损，在炉香烬。

【注释】①韫（yùn）：蕴藏，包含。

【译文】在盒子里的香蕴藏得很好，在几案上的香容易折损，在炉里的香容易烧尽。

书室联：曙枕酣余梦，旭窗闲展书。

【译文】书室联：天亮了仍在枕上惬意地酣睡，太阳升起了在窗下闲适地看书。

全本全注全译

呻吟語

（下）

〔明〕吕坤 撰

中华文化讲堂 注译

吴江波 修订

团结出版社

图书在版编目(CIP)数据

呻吟语 / (明) 吕坤撰 ; 中华文化讲堂注译.
— 北京 : 团结出版社, 2016.11
(谦德国学文库)
ISBN 978-7-5126-4590-5

①呻… Ⅱ. ①吕… ②中… Ⅲ. ①人生哲学—中国—明代
Ⅳ. ①B248.92

中国版本图书馆CIP数据核字(2016)第266652号

出版: 团结出版社
(北京市东城区东皇城根南街84号 邮编: 100006)
电话: (010) 65228880 65244790 (传真)
网址: www.tjpress.com
Email: 65244790@163.com
经销: 全国新华书店
印刷: 大厂回族自治县德诚印务有限公司

开本: 148×210 1/32
印张: 30.5
字数: 485千字
版次: 2017年5月 第1版
印次: 2022年9月 第4次印刷

书号: 978-7-5126-4590-5
定价: 88.00元 (全二册)

卷四　御之集

卷 四

天 地

【题解】此章共70则，是吕坤根据自己的认识体会，讲述天地的生成、特性、变化。吕坤在这里论述的是自然之天，不带有任何人格意志，但天地又是不可知的，我们想要了解天地，就要探究天地所生万物。地道好生，凡物有根、有种必然让它生长，尽到地、物的力量，所以叫坤，称母。风霜雨雪、水火只是尽其性能。它们在不足的时候就会屏住气息而收藏其作用，有余的时候则猖狂地任意尽其性能；它们相逢，强者就取胜，有如两军交战，分出胜负才会结束。因此，天气久阴，说明雨在主宰，日月难以发出光明；天气久旱，说明风在主宰，云雨难以润泽土地。至于水火霜雪，都是如此。这些现象是阴阳造成的，阴阳又是自然形成的。没有任何神秘色彩，风雨雷电，天人关系都是自然现象，这在科学不昌明的时代是一种极大地进步。

湿温生物；湿热长物；燥热成物；凄凉杀物；严寒养物。湿温，中和之气也；湿热，蒸发之气也；燥热，燔灼之气也；凄凉，杀气，阴壮而阳微也；严寒，敛气，阴外激而阳内培也。五气惟严寒最仁。

【译文】气候湿润温暖，万物出生；湿润炎热，万物生长；干燥炎热，万物成熟；凄冷，万物死亡；严寒，万物得到养护。温暖湿润，是中和的气；湿润炎热，是蒸发的气；干燥炎热，是燃烧的气；凄凉，是肃杀的气，阴盛阳衰；严寒，是收敛的气，阴气在外滋生而阳气在内培育。五种气只有严寒最温和。

浑厚，天之道也，是故处万物而忘言①。然不能无日月星辰以昭示②之，是寓③精明于浑厚之中。

【注释】①忘言：典出《庄子·外物》："言者所以在意，得意而忘言。"指无须用言语来表达。②昭示：明示。③寓：寄。

【译文】浑厚，是上天的运行之道，所以万物身处其中而难以表述。然而也不能没有日月星辰来把天道显发出来，这就是要将精明寄寓在浑厚之中的道理。

精存则生神①，精散则生形。太乙②者，天地之神也；万物者，天地之形也。太乙不尽而天地存，万物不已而天地毁，人亦然。

【注释】①精：精气。神：精神。②太乙：同"太一"，指形成天地万物的元气。《礼记·礼运》孔颖达疏:“大一(同“太一”)者,谓天地未分混沌之元气也。”

【译文】精气聚集就会产生精神,精气离散就会生成形体。太一,是天地的精神;万物,是天地的形体。太一精气不消失天地就会存在,万物生长不停止天地就会毁灭,人也是这样。

天地只一个光明,故不言而人信。

【译文】天地只是一个光明,所以不用依靠语言而人们就会相信。

天地不可知也,而吾知天地之所生。观其所生,而天地之性情形体俱见之矣。是故观子而知父母,观器而知模范。天地者,万物之父母而造物之模范也。

【译文】天地深不可测,但我知道天地间所生长出来的东西。观察它们,天地的性情和形体就都看见了。由此可知,观察子女就能了解他的父母,观察器物就能知道模具。天地就是孕育万物的父母,是造物的模子。

天地之气化,不齐,而死于齐。故万物参差,万事杂揉,势固然耳。天地亦主张不得。

【译文】天地间气的变化,万物产生时是参差不齐的,整齐则会死亡。所以,万物有差别,万事错综交织,是势的必然产物,天地也不能自作主张。

观七十二候[①]者，谓物知时，非也，乃时变物耳。

【注释】①七十二候：中国最早的结合天文、气象、物候知识指导农事活动的历法。源于黄河流域，完整记载见于公元前2世纪的《逸周书·时训解》。以五日为候，三候为气，六气为时，四时为岁，一年二十四节气共七十二候。各候均以一个物候现象相应，称候应。其中植物候应有植物的幼芽萌动、开花、结实等；动物候应有动物的始振、始鸣、交配、迁徙等；非生物候应有始冻、解冻、雷始发声等。七十二候候应的依次变化，反映了一年中气候变化的一般情况。

【译文】观察七十二个节候的变化，就认为万物明了了时节，实际不是这样的，而是时节使万物变化。

天地盈虚消息[①]是一个套子，万物生长收藏是一副印板。

【注释】①盈虚消息：消：消减；息：增长；盈：充满；虚：空虚。指事物的盛衰变化或行为的出处进退，典出《易经·剥卦》。

【译文】天地万物的盛衰变化有固定的模式，万物的生长收藏也是一成不变的。

天积气所成，自吾身以上皆天也。日月星辰去地八万四千里，囿于积气中，无纤隔微障、彻地光明者，天气清甚，无分毫渣滓耳，故曰太清[①]。不然虽薄雾轻烟，一里外有不见之物矣。

【注释】①太清：天空。《后汉书•卷四九•仲长统传》：“敖翔太清，纵意容冶。”唐孟浩然《临洞庭上张丞相》：“八月湖水平，涵虚混太清。”也作“太虚”“泰清”。

【译文】天是气积聚形成的，我身体以上的部分都是天。日月星辰距离地面八万四千里，萃聚在积气之中，没有丝毫的阻隔，到处都是光明的，天气非常轻清，没有丝毫的渣滓，所以叫太清。否则，即使只是薄雾轻烟，一里以外就会有看不见事物了。

地道，好生之至也。凡物之有根种者，必与之生。尽物之分量，尽己之力量。不至寒凝枯败不止也。故曰坤，称母。

【译文】大地之道，是非常喜欢生长万物的，只要是有根的事物，一定会让它不断生长。把物的分量完全发挥出来，用尽自己的力量，不到天气严寒、万物枯败的时候就不会停止。所以把地叫做坤，称为母。

四时惟冬是天地之性，春夏秋皆天地之情，故其生万物也，动气多而静气少。

【译文】四季中只有冬季是天地之性，春夏秋都是天地之情，天地之性静，天地之情动，所以天地生万物，动气多而静气少。

万物得天地之气以生。有宜温者，有宜微温者，有宜太温者，有宜温而风者。有宜温而湿者，有宜温而燥者。有宜温而时风时湿者。何气所生，则宜何气，得之则长养，失之则伤病。气有一毫之爽，万物阴受一毫之病。其宜凉、宜寒、宜暑，无不皆然。飞潜动植，蠛蠓之物，无不皆然。故天地位则万物育，王道平则万民遂。

【译文】万物得天地之气而生长，有适宜温暖的，有适宜微温的，有适宜热一点温度的，有适宜有风的温暖的，有适宜温暖而湿润的，有适宜温和而干燥的，有适宜温和而又有时有风有时湿润的。什么气出生的就适宜什么气，得到这种气就会生长保养，失去就会受伤生病。气有一毫的差失，万物就会不知不觉受一些病。宜凉、宜寒、宜暑之物没有不是这样的。飞禽走兽、水生、动物、植物、昆虫等类都是如此。所以，天地守好自己的本位，万物就会生长发育，王道得到实行，万民就会遂顺。

六合[①]中洪纤动植之物都是天出气、地出质，熔铸将出。都要消磨无迹，还他故物。不怕是金石，也要归于无，盖从无中生来，定要都归无去。譬之一盆水，打搅起来大小浮沤[②]以千万计，原是假借成底，少安静时还化为一盆水。

【注释】①六合：指上下和东南西北。典出《庄子·齐物论》："六合之外，圣人存而不论；六合之内，圣人论而不议。"后指天地、宇宙或天下、人世间。②浮沤（ōu）：水面上的泡沫。因其易生易灭，常比喻变化无常的世事和短暂的生命。

【译文】宇宙中大大小小的动植物都是由天上的气和地上的质熔化后铸造出来的。都要磨灭得毫无痕迹，回到它原来的状态。即使是坚固的金石，最终也要归于空无，因为是从无中生出来的，一定要归于空无中去。譬如一盆水，搅动起来大大小小的泡沫数以千万计，原来都是借助搅动形成的，等水平静时还是一盆水。

先天[①]立命[②]处，是万物自具底，天地只是个生息培养。只如草木原无个生理，天地好生，亦无如之何。

【注释】①先天：天地之初，宇宙本体。②立命：修身养性以奉天命。

【译文】天地之初能够成为生命的，是万物本身具有的东西，天地只是起生殖蕃息的作用。比如草木，如果原本没有生长的契机，那么即使天地好生，也没有办法。

天地间万物都是阴阳两个共成底。其独得于阴者，见阳必避，蜗牛壁藓[①]之类是也。其独得于阳者，见阴必枯，夏枯草[②]之类是也。

【注释】①藓：隐花植物的一类，茎叶很小，没有根，生在阴湿的地方。②夏枯草：植物名。唇形科夏枯草属，多年生草本植物。高三十余公分。茎方形不分枝，叶长、卵形、对生，二者皆有毛茸。于六月间开花，花呈穗状、花冠呈唇形，为淡紫色或白色。可入药，制为利尿剂，亦具降血压效用。

【译文】天地间的万物都是由阴阳两方面构成的。那些独得于阴的事物，见到阳必然会躲避，蜗牛壁藓就是这类。那些独得于阳的事物，见到阴必然会枯萎，夏枯草就是这类。

阴阳合时只管合，合极则离；离时只管离，离极则合。不极则不离不合，极则必离必合。

【译文】阴阳聚集时只管聚集，聚集到极点就会离散；离散时只管离散，离散到极点就会聚集。不到极点就会不离不合，达到极点就会必离必合。

定则水，燥则火，吾心自有水火。静则寒，动则热，吾身自有冰炭。然则天地之冰炭谁为之？亦动静为之。一阴生①而宇宙入静，至十月闭塞而成寒；一阳生②而宇宙入动，至五月薰蒸而成暑。或曰："五月阴生矣，而六月大暑。十一月阳生矣，而十二月大寒，何也？"曰："阳不极则不能生阴，阴不极则不能生阳，势穷则反也。微阴激阳则阳不受激而愈炽，微阳激阴则阴不受激而愈溢，气逼则甚也。至七月、正月则阴阳相战，客不胜主，衰不胜旺，过去者不胜方来，故七月大火③西流而金渐生水，正月析木④用事而木渐生火。盖阴阳之气续接非直接，直接则绝。父母死而子始生，有是理乎？渐至非骤至，骤至则激。五谷⑤种而能即熟，有是理乎？二气万古长存，万物四时咸遂，皆续与渐为之也。惟续故不已，惟渐故无迹。"

【注释】①一阴生：夏至后白天渐短，古代认为是阴气初动，所以夏至又称"一阴生"。②一阳生：冬至后白天渐长，古代认为是阳气初动，故冬至又称"一阳生"。③大火：星名，指大火星，即荧惑星。二十八星宿中的心宿星若西落，则时序迈入秋季。典出《诗经·国风·豳风·七月》："七月流火，九月授衣。一之日觱发，二之日栗烈；无衣无褐，何以卒岁？"④析木：星次名，十二星次之一。与二十八宿相配为尾、箕两宿。为植物劈开甲壳冒而出来之意，正月是植物破甲而出的一个月份，为孟春，所以叫析木。⑤五谷：泛指各种主要的谷物，有两种最主要的说法：一种指稻、黍、稷、麦、菽；另一种指麻、黍、稷、麦、菽。两者的区别是：前者有稻无麻，后者有麻无稻。古代经济文化中心在黄河流域，稻的主要产地在南方，而北方种稻有限，所以"五谷"中最初无稻。

【译文】定则为水，燥则为火，我心中自有水火。静则为寒，动则为热，我身上自有冰炭。然而天地的冰炭又是谁造成的呢？也是动静导致的。夏至阴气初动而宇宙入静，到十月就会阻塞不通而成寒；冬至阳气初动而宇宙入动，到五月就会熏灼蒸腾而成暑。有人问："五月阴气初动，六月却大暑；十一月阳气初动，十二月却大寒，这是为什么呢？"回答说："阳不到极点则不能生阴，阴不到极点则不能生阳，情势到了极点就会走向相反的方向。没有阴去激发阳，阳就不会受激而愈发炽烈；没有阳激发阴，阴就不会受激而愈发满溢，阴阳二气驱逐就更为厉害了。到了七月、正月，阴阳交战，客气不能胜过主气，衰落不能胜过旺盛，过去不能胜过将来，所以七月荧惑星向西落金就会逐渐生水，正月析木星次当值时木就会逐渐生火。因为阴阳之气是续接而不是直接的，直接就会断绝。父母死后孩子才出生，有这样的道理吗？阴阳之气是渐渐来的，不是骤然来的，骤然到来就会被激发。五谷种下后马上就能成熟，有这样的道理吗？阴阳二气千秋万代永远存在，万物四时都顺遂，这都是连续不断与渐渐变化造就的。只有连续才能不断，只有渐进才能没有痕迹。"

既有个阴气，必有聚结，故为月。既有个阳气，必有精华，故为日。晦是月之体，本是纯阴无光之物，其光也映日得之，客也，非主也。

【译文】既然有个阴气，必然有聚结，所以就成了月亮。既然有个阳气，必然有精华，所以就有了太阳。晦暗是月亮的本来状态，是纯阴无光的东西，它的光是通过日光映照得来的，是客，不是主。

天地原无昼夜，日出而成昼，日入而成夜。星常在天，日出而不显其光，日入乃显耳。古人云："星从日生。"细看来，星不借日之光以为光。嘉靖壬寅日食，既满天有星。当是时，日且无光，安能生星之光乎？

【译文】天地间原本不分昼夜，太阳出来就有了昼，太阳落下就有了夜。星星经常出现在天上，太阳出来就看不到它的光，太阳落下它的光亮就显现出来了。古人说："星光是从日光产生。"仔细观察来看，星星并不是借太阳光来发光的。嘉靖二十一年间发生日食的时候，却有满天星星，可当时太阳一点光都没有，怎么能让星星发光呢？

水静柔而动刚；金动柔而静刚；木生柔而死刚；火生刚而死柔；土有刚有柔，不刚不柔。故金、木、水、火皆从钟焉。得中故也，天地之全气也。

【译文】水静止的时候是柔的，流动的时候是刚的；金流动的时候是柔的，静止的时候是刚的；木存活的时候是柔的，枯死以后是刚的；火燃烧的时候是刚的，熄灭的时候是柔的；土有刚有柔，而又不刚不柔，所以金、木、水、火都归于土。因为土得到中道的缘故，天地之气它都具备了。

嘘气自内而之外也，吸气自外而之内也。天地之初，嘘为春，嘘尽为夏，故万物随嘘而生长。天地之初，吸为秋，吸尽为冬，故万物随吸而收藏。嘘者上升，阳气也，阳主发。吸者下降，阴气也，阴主成。嘘气温，故为春夏。吸气寒，故为秋冬。一嘘一吸，自开辟以来，至混沌[1]之后，只是这一丝气，有毫发断处，万物灭，天地毁。万物，天地之子也，一气生死，无不肖之。

【注释】①混沌：民间传说中指盘古开天辟地之前元气未分、天地模糊一团的状态。

【译文】嘘气是从内向外呼出，吸气是自外向内吸进。天地开始的时候，嘘气为春季，嘘尽为夏季，因此万物随着嘘气而生长。天地开始的时候，吸气为秋季，吸尽为冬季，因此万物随吸气而收藏。嘘气上升，是阳气，阳气主生发。吸气下降，是阴气，阴气主收成。嘘气温，所以为春夏。吸气寒，所以为秋冬。一嘘一吸，从天地开辟以来，到天地恢复为混沌状态之后，只是这一丝气，假使有丝毫断绝的地方，万物就要死亡，天地就要毁灭。万物，是天地的儿子，气的嘘吸以及生死的道理，都和天地的道理相似。

风惟知其吹拂而已，雨惟知其淋漓而已，雪惟知其严凝而已，水惟知其流行而已，火惟知其燔灼而已。不足则屏息而各藏其用，有余则猖狂而各恣其性。卒然而感则强者胜，若两军交战，相下而后已。是故久阴则权在雨，而日月难为明；久旱则权在风，而云雨难为泽，以至，水火霜雪莫不皆然。谁为之？曰：阴阳为之。阴阳谁为之？曰：自然为之。

【译文】风只是吹拂而已，雨只是淋漓而已，霜雪只是严凝而已，水只是流动而已，火只是燃烧而已。它们不充足的时候就会屏住气息而不发挥它们的作用，多余的时候就会猖狂地发挥它的性能。它们突然接触，强的一方便会胜利。有如两军交战，分出胜负后才结束。因此，长时间阴天，说明雨在主宰，日月很难照亮天空；天气久旱，说明风在主宰，而云雨不能润泽土地。至于水、火、霜、雪没有不是这样的。这是谁造成的呢？是阴阳。阴阳是怎么形成的？是自然形成的。

阴阳征应，自汉儒穿凿附会，以为某灾祥应某政事，最迂。大抵和气致祥，戾气致妖，与作善降祥，作恶降殃，道理原是如此。故圣人只说人事，只尽道理，应不应、在我不在我都不管。若求一一征应，如鼓答桴[①]，尧、舜其犹病矣。大致气数有一定的，有偶然的，天地不能违，天地亦顺之而已。旱而雩[②]，水而禜[③]，彗孛[④]而禳[⑤]，火而祓[⑥]，日月食而救，君子畏天威谨天戒当如是尔。若云随祷辄应，则日月盈亏岂系于救不救之间哉？大抵阴阳之气，一偏必极，势极必反。阴阳乖戾而分，故孤阳亢而不下阴，则旱无其极。阳极必生阴，故久而雨。阴阳和合而留故淫，阴升而不舍阳，则雨无其极。阴极必生阳，故久而晴。草木一衰不至遽茂，一茂不至遽衰。夫妇朋友失好不能遽合，合不至遽乖。天道、物理、人情自然如此，是一定的。星殒、地震、山崩、雨血、火见、河清，此是偶然底。吉凶先见，自非常理。故臣子以修德望君，不必以灾异恐之。若因灾而惧，固可修德，一有祥瑞，便可谓德已足而罢修乎？乃若至德回天，灾祥立应，桑榖[7]枯、彗星退、冤狱释而骤雨，忠心白而反风，亦间有之，但曰必然事，吾不能确确然信也。

【注释】①桴（fú）：击鼓的槌。②雩（yú）：古代为求雨而举行的一种祭祀。③禜（yíng）：古代一种祭拜日月、星辰、山川、风雨等的祭祀，以祈求消灾除祸。《说文解字·示部》："禜，设绵蕝为营，以禳风雨雪霜水旱疠疫于日月星辰山川也。"④彗孛（bèi）：彗星和孛星。孛，古人指光芒四射的一种彗星。旧谓彗孛出现是灾祸或战争的预兆。《晋书·天文志》："孛亦彗属，偏指曰彗，芒气四出曰孛。"古人以为彗星出现不祥，故祷之，以求免灾。⑤禳（ráng）：祭名。祈祷消除灾殃、去邪除恶之祭。⑥祓（fú）：古代用斋戒沐浴等方法除灾求福。《左传·昭公十八年》："祓禳于四方，振除火灾，礼也。"⑦桑榖（gǔ）：《尚书·咸有一德》："伊陟相太戊，亳有祥，桑榖共生于朝。"孔颖达疏："桑、榖二木，共生于朝。朝非生木之处，是为不善之征。"古时以桑、榖二木共生于朝为不祥。

【译文】阴阳的预兆，经过汉代腐儒的牵强解释杜撰，将上天出现某种祸福的征兆对应在某件政事上，这是最迂腐的。大体说来，平和融洽的气氛可招致吉祥，乖戾凶暴的气氛可招致妖凶，这与行善可获天佑，行恶会被降灾的道理是一样的。因此圣人只谈人事，只尽道理，应不应，应在我身上不应在我身上，都不去理会。如果强求一一对应，像用鼓槌打鼓，鼓就响起来那样，尧、舜也做不到。仔细说来，气数有一定的，有偶然的，天地不能违背，也只能顺应而已。天旱求雨，水涝祭神，彗星出现就祈祷免祸，火灾发生就祈求保佑，发生日食月食就想办法挽救，君子畏惧上天的威严，谨慎地对待上天的警示，应当是这样。如果说祈祷就能应验，那日月的盈亏不就关联在救与不救之间了吗？大体说来，阴阳之气，一旦偏颇必会到达极点，到达极点必然又要返回。阴阳不协调就要分离，因此，阳气上升而不下降与阴气相合，天气就会一直干旱。阳气上升到极点，阴气必然会出现，所以天旱的时间久了就会下雨。阴阳会合而滞留形成大片的阴云，阴气上升而不和阳气分离，雨就会下个不停。阴气达到极点必然有阳气出现，所以下雨的时间长了就会转晴。草木一旦枯萎就不会突然茂盛，茂盛时也不会突然枯萎。夫妇朋友感情失和不会突然和好，感情和好也不会突然失和。天道、物理、人情生来就是如此，是有一定的。星殒、地震、山崩、雨血、火星出现、黄河水清，这都是偶然的。吉凶的征兆预先就能显现，这不符合常理。所以臣子应该盼望君主修养德行，不要以灾异来恐吓他。如果因为有了灾害而心生畏惧，固然可以促使修养德行，但一旦有祥瑞，就可以认为德行已足而停止修养德行吗？至于高尚的德行扭转天意，灾害和祥瑞立即得到征应，象征灾难的生于朝廷的桑、穀二木枯死、彗星消失、冤狱得到平反，上天就突然下雨，忠心得以剖白而风向发生变化，这种事情也偶尔会有，但如果说必然会发生这样的事，我不能确切的相信这一点。

气化无一息之停，不属进就属退。动植之物，其气机亦无一息之停，不属生就属死，再无不进不退而止之理。

【译文】阴阳之气化生万物没有一刻停止，不属于进就属于退。动植物的生机也没有一刻停止，不属于生就属于死，没有不进不退而停止的道理。

形生于气，气化没有底，天地定然没有；天地没有底，万物定然没有。

【译文】形体产生于气，气的变化没有的，天地定然没有；天地没有的，万物定然没有。

生气醇浓浑浊，杀气清爽澄澈；生气牵恋优柔，杀气果决脆断；生气宽平温厚，杀气峻隘凉薄。故春气絪缊，万物以生；夏气熏蒸，万物以长；秋气严肃，万物以入；冬气闭藏，万物以亡。

【译文】生气是醇浓浑浊的，杀气是清爽澄澈的；生气是优柔而缠绵的，杀气是果决而脆断的；生气是宽平而温厚的，杀气是冷峻狭隘而凉薄的。所以春气温柔而和暖，万物得以萌生；夏气灼热蒸腾，万物得以生长；秋气冷峻肃杀，万物得以成熟丰收；冬气闭塞藏匿，万物逐步消亡。

一呼一吸，不得分毫有余，不得分毫不足；不得连呼，不得连吸。不得一呼无吸，不得一吸无呼。此盈虚之自然也。

【译文】呼气与吸气，不可以多一点，也不能少一点；不能连续呼气，也不能连续吸气，不能只呼气不吸气，也不能只吸气不呼气。这是天地盈虚的自然法则。

水，质也，以万物为用；火，气也，以万物为体。及其化也，同归于无迹。水性徐，火性疾。故水之入物也，因火而疾。水有定气，火无定气。放火附刚则刚，附柔则柔。水则入柔不入刚也。

【译文】水是一种质体，对万物起作用；火是一种气，是万物的本体。水与火相会融合，则两者都化为无踪无影。水性缓和，火性迅急，所以水进入到物体内如果遇到火就会发生变故。水有定气，火没有定气，因此火遇着刚就刚，遇着柔就柔，而水却是能进入柔的地方而不能进入刚的地方。

阳不能藏，阴不能显。才有藏处，便是阳中之阴；才有显处，便是阴中之阳。

【译文】阳是不能潜藏的，阴是不能显现的。阳刚有潜藏的地方，便是阳中之阴；阴刚有显现的地方，便是阴中之阳。

水能实虚，火能虚实。

【译文】水能充满虚空，火能虚空实满。

乾坤是毁底，故开辟后必有混沌；所以主宰乾坤是不毁底，故混沌还成开辟。主宰者何？元气[1]是已。元气亘[2]万亿岁年终不磨灭，是形化气化之祖也。

【注释】①元气：大化之气，天地未分前的混沌之气。《汉书·卷二一·律历志上》："太极元气，函三为一。"②亘：空间和时间上延续不断。

【译文】天地是会毁灭的，所以天开地辟以后必然又会回到混沌的状态；用来主宰天地的东西是不会毁灭的，所以混沌状态以后还会变成天开地辟的状况。主宰的是谁呢？是元气罢了。元气从古至今直到亿万年始终不会随着时间的推移消失，它是形体变化和阴阳二气变化的根源。

天地全不张主，任阴阳；阴阳全不摆布，任自然。世之人趋避祈禳徒自苦耳。其夺自然者，惟至诚。

【译文】天地完全不主宰什么，任凭阴阳的变化；阴阳完全不操控什么，任其自然发展。因而，世人趋吉避凶、祈禳求福，只会白白费力了。能够胜过自然的，只有至诚之心。

天地发万物之气，到无外处止；收敛之气，到无内处止。不至而止者，非本气不足则客气相夺也。

【译文】天地生发万物之气，扩散到无处扩散的地方才停止；天地收敛万物之气，聚结到无处聚结的地方才停止。没达到这种程度就停止的原因，不是本气不足就是外来邪气侵犯的结果。

静生动长，动消静息。息则生，生则长，长则消，消则息。

【译文】动静会形成生长消息。停息则出生，出生则成长，成长后则会消减，消减后则会停息。

万物生于阴阳，死于阴阳。阴阳于万物原不相干，任其自然而已。雨非欲润物，旱非欲熯[①]物，风非欲挠物，雷非欲震物。阴阳任其气之自然，而万物因之以生死耳。《易》称“鼓之以雷霆，润之以风雨”[②]，另是一种道理。不然是天地有心而成化也。若有心成化，则寒暑灾祥得其正乃见天心矣。

【注释】①熯（hàn）：干燥，热。②鼓之以雷霆，润之以风雨：典出《易经·系辞上》：“鼓之以雷霆，润之以风雨。日月运行，一寒一暑。”

【译文】万物由阴阳二气化生而成，又死于阴阳二气的变化。阴阳二气原本与万物各不相干，只是任由事物本来性质自然发展。雨水不是想滋润万物，干旱不是想燥热万物，狂风不是想搅动万物，暴雷不是想震颤万物。阴阳任由气本来的性质自然发展，而万物凭借阴阳以生死。《周易》记载的“鼓之以雷霆，润之以风雨”，又是另一种道理。否则，就变成天地有意识地化生万物了。如果是有意识地化生万物，那么气候冷热、吉凶祸福的发生就该正当其时，这样才能看出上天的意志。

天极从容，故三百六十日为一嘘吸；极次第，故温暑凉寒不蓦越而杂至[①]；极精明，故昼有容光之照而夜有月星；极平常，寒暑旦夜、生长收藏万古如斯而无新奇之调；极含蓄，并包万象而不见其满塞；极沉默，无所不分明而无一言；极精细，色色象象条分缕析而不厌其繁；极周匝[②]，疏而不漏；极凝定，风云雷雨变态于胸中、悲欢叫号怨德于地下而不恶其扰；极通变[③]，普物因材，不可执为定局；极自然，任阴阳、气数、理势之所极所生而己不与；极坚耐，万古不易而无欲速求进之心、消磨曲折之患；极勤敏，无一息之停；极聪明，亘古今无一人一事能欺罔之者；极老成，有亏欠而不隐藏；极知足，满必损、盛必衰；极仁慈，雨露霜雪无非生物之心；极正直，始终计量，未尝养人之奸、容人之恶；极公平，抑高举下，贫富贵贱一视同仁；极简易，无琐屑曲局示人以繁难；极雅淡，青苍自若更无炫饰；极灵爽，精诚所至，有感必通；极谦虚，四时之气常下交；极正大，擅六合之恩威而不自有；极诚实，无一毫伪妄心、虚假事；极有信，万物皆任之而不疑。故人当法天。人，天所生也，如之者存，反之者亡，本其气而失之也。

【注释】①蓦（mò）越：指跨越。②周匝：周到、周密。③通变：典出《易经·系辞上》：“极数知来之谓占，通变之谓事。”指通权达变。

【译文】天极其舒缓不紧迫，因此三百六十日为一嘘吸；天极有次序，因此炎热寒冷不会跨越而杂乱的到来；天极其纯洁光亮，因此白天有透过光线的阳光照耀而夜间有月亮星星；天极其平常，因此寒暑旦夜、生长收藏，万古如此而没有新颖奇妙的调整；天极其含蓄，内容丰富，应有尽有而看不到满塞；天极其沉默的，样样分明而不发一言；天极其精细，品类繁多、条理清晰而不嫌麻烦；天极其周密，简要而不遗漏；天极其凝定，风云雷雨在胸中改变原来的形态、悲欢呼号、感戴抱怨在地下而不怕烦忧；天极其通变，所有的物品都根据材用，不固执于定局；天极其自然，任凭阴阳、气数、理势所极所生而不干预；天极其坚固耐久，万古不变而没有一味求快求进之心，没有消磨、曲折之患；天极其勤劳聪敏，没有一刻停止；天极其聪明，从古至今没有一人一事可以欺骗蒙蔽它；天极其老练成熟，有亏欠而不隐藏；天极其知足，满必损、盛必衰；天极其仁慈，降下雨露霜雪都是生成万物之心；天极其正直，始终在计算度量，不曾养人之奸、容人之恶；天极其公平，抑高举下，贫富贵贱一视同仁；天极其简易，没有琐细零碎、枉邪不正之事，不向人表现出繁难之状；天极其雅淡，青苍之色一样自然如常，更无盛妆；天极其灵爽，精诚所至，有感必通；天极其谦虚，四时之气常下交；天极其正大，独揽上下四方的恩威而不据为己有；天极其诚实，没有丝毫的伪妄心、虚假事；天极其有信用，任凭万物发展而不疑。所以人应当效法天。人，是上天所生，顺天者存，逆天者亡，推究原因是失去了禀受到的上天元气。

春夏后，看万物繁华，造化有多少淫巧，多少发挥，多少张大。元气安得不斫丧[①]？机缄[②]安得不穷尽？此所以虚损之极成否塞[③]，成混沌也。

【注释】①斫（zhuó）丧：摧残，伤害。②机缄：指推动事物发生变化的力量。亦指气数，气运。《庄子·天运》："天其运乎，地其处乎，日月其争于所乎？孰主张是？孰维纲是？孰居无事推而行是？意者其有机缄而不得已邪？"③否塞：闭塞不通。

【译文】春夏之后，看那万物繁华的景象，自然的创造化育有多少浮华纤巧，有多少发挥，有多少张大。元气怎能不伤耗？气运怎能不穷尽？这就是虚损到了极点就变得闭塞不通的原因，成为模糊一团的状态。

形者，气之橐囊也。气者，形之线索也。无形，则气无所凭藉以生；无气，则形无所鼓舞以为生。形须臾不可无气，气无形则万古依然在宇宙间也。

【译文】形，就是气的橐囊；气，就是形的线索。无形，气就没有什么凭借可以生成；无气，形就没有鼓舞来生长了。形一刻也不能没有气，气没有形的话可以亘古不变地存在于宇宙之中。

要知道，雷霆霜雪都是太和[①]。

【注释】①太和：亦作"大和"。阴阳会合，冲和之气。典出《易经·乾卦·彖辞》："乾道变化，各正性命，保合太和，乃利贞。"朱熹注："太和，阴阳会和，冲和之气也。"

【译文】要知道，雷霆霜雪也都是天地间的冲和之气。

浊气醇，清气漓；浊气厚，清气薄；浊气同，清气散；浊气温，清气寒；浊气柔，清气刚；浊气阴，清气阳；浊气丰，清气啬；浊气甘，清气苦；浊气喜，清气恶；浊气荣，清气枯；浊气融，清气孤；浊气生，清气杀。

【译文】浊气是醇的，清气是漓的；浊气是厚重的，清气是稀薄的；浊气是聚合的，清气是离散的；浊气是温暖的，清气是寒冷的；浊气是柔和的，清气是刚硬的；浊气属阴，清气属阳；浊气丰厚，清气吝啬；浊气是甘甜的，清气是清苦的；浊气是喜悦的，清气是厌恶的；浊气是繁茂的，清气是枯萎的；浊气是融合的，清气是孤独的；浊气能生发，清气肃杀。

“一阴一阳之谓道”①，二阴二阳之谓驳②。阴多阳少、阳多阴少之谓偏。有阴无阳、有阳无阴之谓孤。一阴一阳，《乾》《坤》两卦，不二不杂，纯粹以精，此天地中和之气，天地至善也。是道也，上帝降衷③，君子衷之，是故继之即善，成之为性，更无偏驳，不假修为，是一阴一阳属之君子之身矣，故曰“君子之道”。“仁者见之谓之仁，智者见之谓之智”，此之谓偏。“百姓日用而不知”，此之谓驳。至于孤气所生，大乖常理。孤阴之善，慈悲如母，恶则阴毒如虺④。孤阳之善，疾恶如仇，恶则凶横如虎。此篇夫子论性纯以善者言之，与“性相近”也稍稍不同⑤。

【注释】①一阴一阳之谓道：典出《易经·系辞上》："一阴一阳之谓道，继之者善也，成之者性也。"②驳：驳杂，庞杂。③降衷：施善，降福。典出《尚书·汤诰》："惟皇上帝，降衷于下民，若有恒性。"孔安国传："皇天上帝，天也。衷，善也。"④虺（huǐ）：古书上说的一种毒蛇。⑤性相近：《论语·阳货》："子曰：'性相近也，习相远也。'"

【译文】"一阴一阳之谓道"，二阴二阳叫作驳。阴多阳少、阳多阴少叫作偏。有阴无阳、有阳无阴叫作孤。一阴一阳，《乾》《坤》两卦，不二不杂，纯粹以精，这是天地间的中和之气，是天地间极完美的。这个道，是上帝降下来的善性，君子接受了上帝降下来的善性，所以继承下来就是善，成就它的就是性，没有偏离，不依靠修养，因此说一阴一阳之道归于君子，所以称为"君子之道"。"仁者见之谓之仁，智者见之谓之智"，这叫偏颇。"百姓日用而不知"，这叫庞杂。至于单独的气所生出的东西，非常违背常理。孤阴之善，慈悲时像母亲，恶毒起来则如毒蛇。孤阳之善，痛恨坏人、坏事如同仇敌，凶恶起来则如老虎。孔子在此篇纯粹的以善论性，与"性相近"的看法稍有不同。

天地万物只是一个渐，故能成，故能久。所以成物悠者，渐之象也；久者，渐之积也。天地万物不能顿也，而况于人乎？故悟能顿，成不能顿。

【译文】天地万物都是渐渐形成的，只有这样才能够形成，才能持久。事物形成之所以悠远，这是渐进的表现；之所以长久，这是渐进的积累。天地万物尚且不能片刻而成，更何况于人呢？因此说思想道理可以有所顿悟，而事物的形成却不是一时之事。

盛德莫如地，万物于地，恶道无以加矣。听其所为而莫之憾也，负荷生成而莫之厌也。故君子卑法地，乐莫大焉。

【译文】世上没有比地更为广博的了，万物生长于土地，恶的行为无法加在它的身上。任凭万物自身作为而不去动摇它，承受着万物成长壮大而不厌恶它。所以君子效法地的谦卑，没有比这更快乐的了。

日正午，月正圆，一呼吸间耳。呼吸之前，未午未圆；呼吸之后，午过圆过。善观中者，此亦足观矣。

【译文】日正当午，月亮正圆，只是呼吸之间的事。呼吸之前，日还未午，月还未圆；呼吸之后，日已过午，月已过圆。善于观察“中”的人，从这就足以观察到了。

中和之气，万物之所由以立命①者也，故无所不宜。偏盛之气，万物之所由以盛衰者也，故有宜有不宜。

【注释】①立命：修身养性以奉天命。

【译文】中正平和之气，是万物赖以存在的根本，所以无不适宜。偏盛之气，是引起万物盛衰的原因，所以有时适宜，有时不适宜。

禄位名寿、康宁顺适、子孙贤达，此天福人之大权也，然尝轻以与人。所最靳而不轻以与人者，惟名。福善祸淫之言，至名而始信。大圣得大名，其次得名，视德无分毫爽者。恶亦然。禄、位、寿、康在一身，名在天下；禄、位、寿、康在一时，名在万世。其恶者备有百福，恶名愈著；善者备尝艰苦，善誉日彰。桀、纣、幽、厉之名，孝子慈孙百世不能改。此固天道报应之微权也。天之以百福予人者，恃有此耳。彼天下万世之所以仰慕钦承、疾恶笑骂，其祸福固亦不小也。

【译文】禄位名寿、康宁顺适、子孙贤达，这些都是上天造福万民的权力，有时轻易地就赐予人。上天最吝惜而从不轻易给予人的，就只有名声。说行善降福、为害降殃的话，要从名声上来看就让人相信。大圣人得到大名声，得到名声差一点儿的，与他的德行丝毫不差。德行恶劣的人也是如此。禄、位、寿、康都集中于某个人身上，他就会名满天下；禄、位、寿、康只拥有一时，名声就会流传千古。德行恶劣的人享有百福，则恶名更加昭著；德善者备尝艰辛万苦，名誉就会更加彰显。夏桀王、商纣王、周幽王、周厉王，这些人的坏名声，即便到了百年之后他的孝子贤孙也不能改变。这就是天道报应的权力。上天能赐百福给人类，正是依靠这一点。如果一个人能得到天下万世的仰慕、钦承或痛恶、笑骂，他得到的福或祸也就不少了。

以理言之，则当然者谓之天，命有德讨有罪，奉三尺无私是已；以命言之，则自然者谓之天，莫之为而为，莫之致而至，定于有生之初是已；以数言之，则偶然者谓之天，会逢其适，偶值其际是已。

【译文】从道理上来说，理所当然的事称为天，就如同命令有德的人讨伐有罪的人，只能依照铁面无私的法律去执行；从命来说，自然的事称为天，不想做而做了，不想来却来了，这种事是在出生的时候就已经定下来了；以气数来讲，偶然的事称为天，恰好遇到它，偶然有这样的际遇罢了。

造物之气有十：有中气，有纯气，有杂气，有戾气，有似气，有大气，有细气，有闲气，有变气，有常气，皆不外于五行①。中气，五行均调精粹之气也，人得之而为尧、舜、禹、文、周、孔，物得之而为麟凤之类是也。纯气，五行各具纯一之气也，人得之而为伯夷、伊尹、柳下惠，物得之而为龙虎之类是也。杂气，五行交乱之气也。戾气，五行粗恶之气也。似气，五行假借之气也。大气，旁薄浑沦②之气也。细气，纤蒙浮渺之气也。闲气，积久充溢会合之气也。变气，偶尔遭逢之气也。常气，流行一定之气也。万物各有所受以为生，万物各有所属以为类，万物不自由也，惟有学问之功变九气以归中气。

【注释】①五行：水、火、木、金、土五种物质。我国古代视为构成万物的基本元素。五者相生相克，使宇宙万物运行变化，形成各种现象。《孔子家语·卷六·五帝》："天有五行，水、火、金、木、土，分时化育，以成万物。"②浑沦：宇宙形成前万物形质混合不分明的状态。《列子·天瑞》："浑沦者，言万物相浑沦而未相离也。"也作"混沦"。

【译文】造物之气有十种：有中气，有纯气，有杂气，有戾气，有似气，有大气，有细气，有闲气，有变气，有常气，都不出木、火、土、金、水这五行之外。中气，是五行中均衡协调的精粹之气，人得到中气，就会成为唐尧、虞舜、大禹、周文王、孔子那样的圣人；动物得到中气，就是麒麟、凤凰之类的瑞兽。纯气，是五行各自具有的纯一之气，人得到纯气，就会成为伯夷、伊尹、柳下惠一类的贤人；动物得到纯气，就是龙、虎之类的动物。杂气，是五行交乱之气。戾气，是五行粗恶之气。似气，是五行假借之气。大气，是磅礴浑沦之气。细气，是纤蒙浮渺之气。闲气，是积久充溢会合之气。变气，是偶尔遭逢之气。常气，是流行一定之气。万物各自禀受某种气形成生命，又因气各有所属成为某类人或物，万物的这种禀受不是由自己决定的，只有通过学问的成就才能改变九气归入中气。

火性发扬，水性流动，木性条畅，金性坚刚，土性重厚，其生物也亦然。

【译文】火性发扬，水性流动，木性条畅，金性坚刚，土性重厚，它们生成的物质，性质也和五行一样。

太和在我，则天地在我，何动不臧？何往不得？

【译文】冲和之气集中在我的身上，那么天地就包容在我的胸中，哪个行动不是善的？到何处不会成功？

弥六合皆动气之所为也，静气一粒伏在九地之下以胎之。

故动者静之死乡，静者动之生门。无静不生，无动不死。静者常施，动者不还。发大造之生气者，动也，耗大造之生气者，亦动也。圣人主静以涵元理，道家主静以留元气。

【译文】整个天地间都有动气在运动，一粒静气是孕育在九地之下的小胚胎。所以说，动是静的死地，静是动的生门。没有静则万物不生，没有动则万物不死。经常处于静，动者不会回来。使天地之间生气发扬宏大的是动气，使天地之生气消耗的也是动气。所以圣人主张静默来涵养元理，道家主张静来保持元气。

万物发生，皆是流于既溢之馀；万物收敛，皆是劳于既极之后。天地一岁一呼吸，而万物随之。

【译文】万事万物生长发育，都是开始于满溢之后；万事万物的收敛，都是处在极度疲劳之后。天地每年变化发展，万物也随它变化。

天地万物，到头来皆归于母，故水、火、金、木有尽而土不尽。何者？水、火、金、木，气尽于天，质尽于地，而土无可尽。故真气无归，真形无藏，万古不可磨灭，灭了更无开辟之时。所谓混沌者，真气与真形不分也，形气混而生天地，形气分而生万物。

【译文】天地间的万物，到头来都要回归到它出生的地方，所以水、火、金、木有尽头而土没有尽头。为什么呢？水、火、金、木，他们的气到了尽头归于天，质到了尽头归于地，而土没有尽头。所以真气不会回归，真形无处收藏，万古不可磨灭，灭了就没有创始的时候了。所谓的混沌，指的是真气与真形模糊不分，真气与真形混合就产生了天地，真气与真形分开就产生了万物。

天欲大小人之恶，必使其恶常得志。彼小人者，惟恐其恶之不遂也，故贪天祸以至于亡。

【译文】上天想要增大小人的恶名，必然使他的恶行常常得逞。那小人又只怕自己的恶行不能实现，所以就会遭受上天降下的祸殃，以至于灭亡。

自然谓之天，当然谓之天，不得不然谓之天。阳亢必旱，久旱必阴，久阴必雨，久雨必晴，此之谓自然。君尊臣卑，父坐子立，夫唱妇随，兄友弟恭，此之谓当然。小役大，弱役强，贫役富，贱役贵，此之谓不得不然。

【译文】天然称为天，应当这样称为天，不得不这样也称为天。阳盛到了极点天气必然干旱，长久的干旱天气必然要阴，长久的阴天必然要下雨，长期下雨天气必然会转晴，这就称为自然。君上尊贵，臣下卑贱，父亲坐着，儿子站立，妻子顺从丈夫，兄长友爱弟弟，弟弟恭敬兄长，这叫作应当这样。小的被大的役使，弱的被强的役使，贫的被富的役使，贱的被贵的役使，这称为不得不这样。

心就是天，欺心便是欺天，事心便是事天，更不须向苍苍上面讨。

【译文】心就是天，欺心就是欺天，侍奉心就是侍奉天，不需要向无边无际的上苍去寻找。

天者未定之命，命者已定之天。天者大家之命，命者各物之天。命定而吉凶祸福随之也，由不得天，天亦再不照管。

【译文】天就是没有确定的命，命就是已经确定的天。天就是大家的命，命就是各种生物的天。命已经确定了，吉凶祸福就跟随而来，这时就由不得天了，天也不再照管了。

天地万物只是一气聚散，更无别个。形者气所附，以为凝结；气者形所托，以为运动。无气则形不存，无形则气不住。

【译文】天地万物只是一团气的聚散，没有别的。形体是气所依附的，依靠气凝结而成；气依托于形体，依靠形体来运动。没有气形体就不能存在，没有形体气就不能停歇。

天地既生人、物，则人、物各具一天地，天地之天地由得天地，人、物之天地由不得天地。人各任其气质之天地至于无涯，梏其降衷之天地①几于澌尽，天地亦无如之何也已。其吉凶祸福率由自造，天何尤乎而怨之？

【注释】①降衷之天地：《尚书·汤诰》："惟皇上帝，降衷于下民。若有恒性，克绥厥猷惟后。"即指义理之性，义理之性则为至善。

【译文】天地已经生了人、物，那么人、物也就各自具有了一个天地。天地的天地可以由天地做主，人、物的天地由不得天地做主。人即使任由自身气质的天地扩充到无穷尽，约束自身施善的天地消磨殆尽，天地对此也只能无可奈何罢了。人的吉凶祸福都是由于自己造成的，天有什么过失而要抱怨天呢？

吾人浑是一天，故日用起居食息，念念时时事事，便当以天自处。

【译文】我们浑然是一团天地之气，所以平时的起居饮食作息，每一个念头、时时刻刻、每一件事，都要以天自持。

朱子云：天者，理也。余曰：理者，天也。

【译文】朱熹说：天是理。我说：理是天。

有在天之天，有在人之天。有在天之先天，太极[①]是已；有在天之后天，阴阳五行是已。有在人之先天，元气元理是已；有在人之后天，血气心知[②]是已。

【注释】①太极：古代哲学家称最原始的混沌之气。谓太极运动而分化出阴阳，由阴阳而产生四时变化，继而出现各种自然现象，是宇宙万物之原。②知：同“智”，智慧。

【译文】有在天之天，也有在人之天。在天之先天，指的是太极；在天之后天，指的是阴阳五行。在人之先天，指的是元气、元理；在人之后天，指的是血气心智。

问：“天地开辟之初，其状何似？”曰：“未易形容。”因指斋前盆沼，令满贮带沙水一盆，投以瓦砾数小块，杂谷豆升许，令人搅水浑浊，曰：“此是浑沌未分之状，待三日后再来看开辟。”至日而浊者清矣，轻清上浮。曰：“此是天开于子[①]。沉底浑泥，此是地辟于丑。”中间瓦砾出露，此是山陵。是时谷豆芽生，月余而水中小虫浮沉奔逐，此是人与万物生于寅。彻底是水、天包乎地之象也。地从上下，故山上锐而下广，象量谷堆也。气化日繁华，日广侈，日消耗，万物毁而生机微，天地虽不毁，至亥而又成混沌之世矣。

【注释】①子：子及下文之丑、寅、亥等，指十二时辰，用于计时，以地支表示生成之顺序。邵雍曾说：“天开于子，地辟于丑，人生于寅。”（引自蔡元定《皇极经世指要》附录）并说三者各相隔万余年。朱熹也如此说。元儒吴澄说：“当子会之中，轻清之气腾上，有日有月，有星有辰，日、月、星、辰四者成象而共为天……故曰天开于子。……当丑会之中……水、火、土、石四形而共为地，故曰地辟于丑。……当寅会之中，两间人物始生，故曰人生于寅也。”（《宋元学案补遗》）吕坤采用了“天开于子”等说法，而舍弃臆断内容，把天、地、人的形成置于实验、观察之中。

【译文】有人问:“天地开辟之初,它的形状像什么呢?”我说:“不容易描述。”就指着屋斋前低洼的盆地,让人装满了带沙子的水,又往里面放了几块小瓦砾,搀杂了一升左右谷子、豆子,让人把水搅浑浊,说:“这就是混沌未分时的状态,等三日以后再来看天地开辟之初的状态。”三天过后,浑浊的水已经变清了,轻而清澈的水浮在上面,这就相当于子时开天的情状。浑浊的泥沙之物沉在盆底,这就相当于丑时辟地的情状。中间露出来的瓦砾就是是山陵。这时谷、豆发芽,又过了一个多月,水中就会生出小虫浮沉奔逐,这就相当于寅时人和万物出生时的情状。从头到尾,是一幅水、天包着地的景象。地是从上到下的,所以山上尖锐而山下宽广,像一个谷堆。阴阳之气化生万物日益繁盛、广侈,又一天天消耗,于是万物逐渐走向毁灭而生机日益微弱,天地虽然不会毁灭,但到到亥时又成了个混沌世界了。

雪非薰蒸之化也,天气上升,地气下降,是干涸世界矣。然阴阳之气不交则绝,故有留滞之余。阴始生之,嫩阳往来交结,久久不散,而迫于严寒,遂为雪、为霰[①]。白者,少阴之色也,水之母也,盛则为雪,微则为霜。冬月片瓦半砖之下着湿地皆有霜,阴气所呵也,土干则否。

【注释】①霰(xiàn):雨点遇冷空气凝成的雪珠,降落时呈白色不透明的小冰粒,常呈球形或圆锥形,多降于下雪之前。

【译文】雪不是由于热气充溢上升变化来的,天气上升,地气下降,就变成干涸的世界了。然而阴阳之气不相交就会断绝,所以就会有留滞下来多余的气。阴气刚刚生出,嫩阳就去和它往来交接,长久不消散，而受迫于严寒，就形成了雪和霰。白色，是少阴之色，是水的根源，多则成雪，少则为霜。冬天在片瓦半砖之下接近湿的地方都会有霜，这是由阴气呵出来的，土干就不会形成。

两间气化，总是一副大蒸笼。

【译文】天地间气的变化，好像一副大蒸笼。

天地之于万物，因之而已[①]，分毫不与焉。

【注释】①因：顺应。

【译文】天地对于万物，只是顺应而已，分毫不参与、干涉。

世界虽大，容得千万人忍让，容不得一两个纵横。

【译文】世界很大，容得下千万人忍让，容不得一两个人放肆，没有顾忌。

天地之于万物，原是一贯。

【译文】天地对于万物，向来都是如此。

轻清之气为霜露，浓浊之气为云雨。春雨少者，薰蒸之气未浓也。春多雨则泄夏之气，而夏雨必少；夏多雨者，薰蒸之气有余也。夏少雨则积气之余，而秋雨必多，此谓气之常耳。至于有霪潦[①]之年，必有亢阳之年，则数年总计也。蜀中之漏天[②]，四时多雨；云中之高地，四时多旱；吴下之水乡，黄梅[③]之雨为多，则四方互计也。总之，一个阴阳，一般分数，先有余则后不足，此有余则彼不足，均则各足，是谓太和。太和之岁，九有[④]皆丰。

【注释】①霪（yín）潦：久雨成涝。②漏天：在今四川省雅安县境。其地多雨，故称。③黄梅：即黄梅天，春末夏初，梅子成熟的季节。此时江南一带雨水极多，空气潮湿，衣物极易发霉。④九有：九州，借指全中国。《诗经·商颂·玄鸟》："方命厥后，奄有九有。"传："九有，九州也。"有，通"域"，"九有"即九域，亦即九州。

【译文】轻清之气变为霜露，浓浊之气变为云雨。春雨少，是因为熏蒸之气不足的缘故。春天多雨则会泄漏夏天之气，到夏天雨水必定会少；夏天多雨，是因为熏蒸之气有余的缘故。夏天少雨，那么夏气就会积蓄有余，到秋天雨水必定会多，这就叫作气有一定的规律。有久雨成涝的年份，就必定会有旱灾之年，这是从数年总计来说的。蜀地的漏天，四季多雨；云中高原地带，四时多干旱；吴地水乡，黄梅时节下雨最多，这是根据四方对比着来衡量的。总之，天地之间只有一个阴阳，是同样的分数，先有余则后不足，此有余则彼不足，保持均衡就会各自都充足，这就叫作冲和之气。天地冲和之气的年份，天下九州都会丰收。

冬者，万物之夜，所以待劳倦养精神者也。春生、夏长、秋成，而不培养之以冬，则万物之灭久矣。是知大冬严寒，所以仁万物也。愈严凝则愈收敛，愈收敛则愈精神，愈精神则生发之气愈条畅。譬之人须要安歇，今夜能熟睡，则明日必精神。故曰：冬者万物之所以归命也。

【译文】冬季，是万物的黑夜，等待疲劳的人用来休息调养精神的季节。春生、夏长、秋成，而不在冬季以适宜的条件促使其发生、成长和繁殖，那么万物早就毁灭了。因此知道隆冬严寒，是用来仁惠万物的。越是严寒就越是收敛，越是收敛就会越显得精神，越是精神万物的生长发育之气就越是繁衍茂盛。比如人要就寝，今夜能熟睡，那么明天必定有精神。所以说：冬季是万物生命回归的季节。

世 运

【**题解**】此章共21则。主要探讨世道好坏的原因，指出世道的各种现象，以及如何改变。儒家喜欢回头看，总觉得今不如昔，而且用理想的古代，表明自己的社会理想。吕坤也摆脱不了这一思维模式。他认为：三皇时代是道德世界，五帝时代是仁义世界，三王时代是礼义世界，春秋时期是威力世界，战国时期是智巧世界，汉代以后是权势与财利世界。这是一种深刻观察，虽说也是回头看，但对封建制度作了深刻批判。他向往三王五帝时代的政治，对当时明代的世风民态非常不满。他批评做官的人，读书的人，上层社会的女子，败坏世教的人，并指出改变的方法关键在于改变官风。

势之所在，天地圣人不能违也。势来时即摧之，未必遽坏；势去时即挽之，未必能回。然而圣人每与势忤，而不肯甘心从之者，人事宜然也。

【**译文**】势存在的时候，天地和圣人也不能违背。势来的时候即使去摧毁它，也不能马上毁坏；势去的时候即使想挽回它，也未必能挽回。然而圣人每次都与势相对抗而不甘心顺从，那是他们认为谋事在人。

世人贱老，而圣王尊之；世人弃愚，而君子取之；世人耻贫，而高士清之；世人厌淡，而智者味之；世人恶冷，而幽人宝之；世人薄素，而有道者尚之。悲夫！世之人难与言矣。

【译文】世俗的人轻视老人，可是圣王尊重他们；世俗的人抛弃愚笨的人，可是君子收留他们；世俗的人以贫穷为耻，可是品德高尚的人却崇尚贫穷；世俗的人讨厌淡味，可是有智慧的人喜欢品尝淡味；世俗的人厌恶冷清，而喜欢幽静的人把它当宝；世俗的人鄙薄平常的东西，而有道的人崇尚平常的东西。可悲啊！很难和世俗的人讲清楚。

坏世教①者，不是宦官宫妾，不是农工商贾，不是衙门市井，不是夷狄②。

【注释】①世教：指当世的正统思想、正统礼教。一般皆指儒教。②夷狄：古称东方部族为夷，北方部族为狄；常用以泛称除华夏族以外的各族。亦指边远少数民族地区。

【译文】败坏社会教化的人，不是宦官宫妾，不是农民、工人和商人，不是衙门中的官吏、市井中的百姓，也不是边境地区的少数民族。

古昔盛时，民自饱暖之外无过求，自利用之外无异好，安身家之便而不恣耳目之欲。家无奇货，人无玩物。余珠玉于山泽而不知宝，赢茧丝于箱箧而不知绣。偶行于途而知贵贱之等，创见于席而知隆杀①之理。农于桑麻之外无异闻，士于礼义之外无羡谈，公卿大夫于劝课训迪之外无簿书②。知官之贵而不知为民之难，知贫之可忧而不知人富之可嫉。夜行不以兵，远行不以糇[3]。施人者非欲其我德，施于人者不疑其欲我之德。欣欣浑浑[4]，其时之春乎，其物之胚蘖[5]乎？吁！可想也已。

【注释】①隆杀：犹尊卑、厚薄、高下。②簿书：官署中的文书簿册。即官方文书的统称。③糇（hóu）：干粮。④欣欣：喜悦貌。浑浑：浑厚质朴貌。⑤蘖（niè）：树木砍去后从残存茎根上长出的新芽，泛指植物近根处长出的分枝。

【译文】往昔繁荣兴盛的时候，人们在衣食充足之外不会过分地求取，在自己应用以外没有其他的爱好，只求自身和家庭安定方便，不放纵耳目声色的欲望。家中没有珍奇少见的物品，人们没有供玩赏的器物。多余的珠玉遗留在山泽之中不懂得宝贵，赢余的蚕丝放在大小箱子中不知道纺织。偶然行走在路途上才知道贵贱有等级，初次在筵席上才知道丰盛和俭薄的道理。农民于种植桑麻之外听不到不同的见闻，读书人除礼义之外不会谈论多余的话题，公卿大夫除了鼓励农民耕种纳税、教诲启迪民众以外没有其他官方的文书。知道当官尊贵而不知为民艰难，知道贫穷让人发愁而不知嫉妒富人。夜间行走不需要带兵器，行走远路不需要带干粮。对别人施以恩惠并不想让别人报答，接受恩惠的人也不会疑虑对方想要报答。这时的人都高高兴兴，浑厚朴实。这个时期大概就相当于季节中的春天，属于万物孕育生长的时期吧？唉！真让人向往啊！

伏羲以前是一截世道，其治任之而已，己无所与也。五帝[1]是一截世道，其治安之而已，不扰民也。三王[2]是一截世道，其治正之而已，不使纵也。秦以后是一截世道，其治劫之而已，愚之而已，不以德也。

【注释】①五帝：上古传说中的五位圣王。因出自传说，故说法不尽相同，通常指黄帝、颛顼、帝喾、唐尧、虞舜。②三王：夏、商、周三代开国君王。一说夏禹、商汤、周文王；亦说夏禹、商汤、文王、武王。

【译文】伏羲氏以前是一类社会风气，其治理国事只是听凭民众按自己的意愿行事而已，一切都不干涉。五帝时代是一类社会风气，其治理国事只是使民众安定生活而已，不去扰民。三王时期是一类社会风气，其治理国事只是使民众按正道而行而已，不使其放纵。秦以后是一类社会风气，其治理国事只是劫掠民众，愚弄民众而已，不用道德来治理。

世界一般是唐、虞时世界，黎民一般是唐、虞时黎民，而治不古若，非气化之罪也。

【译文】世界还是唐尧、虞舜时一样的世界，黎民还是唐尧、虞舜时一样的黎民，而社会的治理却不如古代，这不是阴阳之气化生万物的罪过。

终极与始接，困极与亨[1]接。

【注释】①亨：通达，顺利。

【译文】终了与开始相接，困顿与亨通相接。

三皇[1]是道德世界，五帝是仁义世界，三王是礼义世界，春秋是威力世界，战国是智巧世界，汉以后是势利世界。

【注释】①三皇：一指历史时期，即三皇时代；二为人物合称，是古代中国传说中的三个杰出部落首领，后世尊为皇，先秦时期三皇的神属性更高于人属性，三皇皆有天帝属性，后世更多被记载为人类始祖。

【译文】三皇时代是道德世界，五帝时代是仁义世界，三王时代是礼义世界，春秋时期是畏服强力世界，战国时期是机谋与巧诈世界，汉代以后是权势与财利世界。

士鲜衣美食，浮谈怪说，玩日愒时，而以农工为村鄙；女傅粉簪花、冶容学态、袖手乐游，而以勤俭为羞辱；官盛从丰供、繁文缛节、奔逐世态，而以教养为迂腐。世道可为伤心矣。

【译文】读书人穿着鲜艳的衣服，吃着美味的食物，谈论时事，日日游玩，虚度时光，而认为农民工匠的劳作粗俗鄙陋；女子敷粉戴花，化妆媚态，袖手乐游，而把勤俭当做羞辱；官吏随从很多，供给丰盛，繁文缛节，追逐世态，却认为有教养是迂腐。这样的世道真让人伤心啊！

喜杀人是泰，愁杀人也是泰。泰之人昏惰侈肆。泰之事废坠宽罢，泰之风纷华骄蹇。泰之前如上水之篙，泰之世如高竿之顶，泰之后如下坂之车。故否可以致泰，泰必至于否。故圣人忧泰不忧否。否易振，泰难持。

【译文】让人喜欢得要命的是安逸顺泰，让人愁得要命的也是安逸顺泰。处在安逸顺泰中的人昏庸懒惰而又奢侈放肆。安逸顺泰的事容易废弃沉坠，松懈罢怠。安逸顺泰的风气纷华骄蹇。安逸顺泰之前好比逆水行舟，安逸顺泰的世道好比高竿的顶端，安逸顺泰之后就像下坡的车子不能阻挡。所以说否可以达到泰，泰也可以达到否。因此，圣人忧虑泰而不忧虑否，因为否容易振作，而泰却难以维持久远。

世之衰也。卑幼贱微气高志肆而无上，子弟不知有父母，妇不知有舅姑，后进不知有先达，士民不知有官师，郎署不知有公卿，偏稗军士不知有主帅。目空空而气勃勃，耻于名义而敢于陵驾。呜呼！世道至此，未有不乱不亡者也。

【译文】世道衰败了，卑贱、年幼、低微的人都趾高气扬，毫无顾忌，目无尊长。子女不知道孝敬父母，媳妇不知道处理舅姑的关系，后学者不知道有先贤圣达，士卒民众不懂尊重长官和师长，郎署不知道尊重公卿，偏副将和小卒不懂得尊重主帅。目空一切而野心勃勃，把名分与礼义当做耻辱，大肆地凌驾其上。唉！世道混乱到这种地步，哪里有不混乱、不危亡的呢？

节文度数，圣人之所以防肆也。伪礼文不如真爱敬，真简率不如伪礼文。伪礼文犹足以成体，真简率每至于逾闲；伪礼文流而为象恭滔天，真简率而为礼法扫地。七贤八达，简率之极也。举世牛马而晋因以亡。近世士风崇尚简率，荡然无检，嗟嗟！吾莫知所终矣。

【译文】礼节尺度，是圣人们用来防范别人放肆的。虚情假意的礼节不如真心实意地敬爱别人，而简单草率的礼节却又不如虚假的礼节。虚伪的礼节可以使人有体统，而简单草率的礼节却带来闲散；虚伪礼节的流传使这种现象蔚然成风，简单草率的礼节却使礼法的尊严扫地。所谓的七贤八达，都达到了简朴率直的典范。全国的人都像牛马一样没有礼法，晋国才会灭亡。现在的世人崇尚简单率直成风，放荡不能自我检讨。唉！我真不知道最后的结果将会是怎么样的。

天下之势，顿可为也，渐不可为也。顿之来也骤，骤多无根；渐之来也深，深则难撼。顿着力在终，渐着力在始。

【译文】天下的形势，突然发生的问题，可以想法挽救；渐渐产生的，就没法挽救。突然发生的问题来得快，没有太深的根底；逐渐来的问题根底深厚，根底深厚的就难以动摇。对待突然发生的事情，处理时在结果上用力；对逐渐加深的问题，在开始时就要有所行动。

造物有涯而人情无涯。以有涯足无涯，势必争。故人人知足则天下有馀。造物有定而人心无定，以无定撼有定，势必败。故人人安分则天下无事。

【译文】创造事物有限度，人的欲望没有限度，以有限的东西来满足无限的欲望，那一定会出现争夺。因此每个人都知足了天下就会有剩余。造物有定数而人心不安定，以不安定的人心来摇撼有定的造物，一定会失败。所以人人安分守己，天下就会无事。

天地有真气，有似气，故有凤凰则有昭明[①]，有粟谷则有稂莠[②]。兔葵似葵，燕麦似麦，野菽似菽，槐蓝似槐之类。人亦然，皆似气之所钟也。

【注释】①昭明：从上下文意看，当指一种与凤凰相似的鸟。②稂（láng）莠（yǒu）：莠，狗尾草；稂属莠类，二者皆形似禾苗而无实，为有损于禾苗生长的野草。

【译文】天地之间有真气，有似气，所以有凤凰就有和凤凰相似的昭明鸟，有粟谷就有和粟谷相似的杂草。兔葵像葵，燕麦像麦，野菽像菽，槐蓝像槐，都是相似的情况。人也是这样，都是由于聚结了似气的缘故。

六合是个情世界，万物生于情死于情。至人无情，圣人调情，君子制情，小人纵情。

【译文】六合是个感情的世界，万物生于情死于情。至德之人没有感情，圣人调节自己的感情，君子抑制自己的感情，小人放纵自己的感情。

变民风易，变士风难；变士风易，变仕风难。仕风变，天下治矣。

【译文】改变民众的风气容易，改变读书人的风气难；改变读书人的风气容易，改变官员的风气难。官员的风气改变了，天下就得到治理了。

古之居官也，在下民身上做工夫；今之居官也，在上官眼底做工夫。古之居官也尚正直，今之居官也尚縠阿。

【译文】古代做官的人，在治理百姓方面下工夫；现在做官的人在迎合上司上下功夫。古代做官的人崇尚正直，如今做官的人崇尚依附、随从。

任侠气质皆贤者也，使入圣贤绳墨，皆光明俊伟之人。世教不明，纪法陵替[①]，使此辈成此等气习，谁之罪哉？

【注释】①陵替：败坏。多指纲纪废弛，尊卑失序。典出《左传·昭公十八年》："于是下陵上替，能无乱乎？"

【译文】能见义勇为的人都是贤者，假使遵循圣贤的规矩法度，用圣贤的标准修养自身，就都会成为光明、俊秀雄伟的人。如今社会的教化不明，纲纪法度废弛，上下尊卑失序，使这些人养成了这种坏的习性，是谁的过失呢？

世界毕竟是吾儒世界，虽二氏[①]之教杂出其间，而纪纲法度、教化风俗，都是二帝三王[②]一派家数。即百家并出，只要主仆分明，所谓元气充实，即风寒入肌，疮疡在身，终非危症也。

【注释】①二氏：指佛、道二教。②二帝三王：二帝指唐尧、虞舜。三王指夏、商、周三代的开国君主夏禹、商汤、周文王、周武王。

【译文】这世界毕竟还是我儒家的世界，虽然佛、道二教也搀杂其间，但社会上的纪纲法度、教化风俗，都还是尧、舜二帝和夏禹、商汤、周文王三王一派的礼数。即使百家同时出现，但只要主次分明，即所谓的元气充实，即使风寒袭入肌表，痈疽疔疖等体表疾患长在身上，终究不是危险的症候。

一种[1]不萌芽，六尘[2]不缔构，何须度万众成罗汉[3]三千？九边无夷狄，四海无奸雄，只宜销五兵[4]铸金人[5]十二。

【注释】①种：即种子，佛教用语。佛教一些宗派，以植物种子能产生相应的果实，比喻本识中储藏有产生世界上一切事物的因素。②六尘：尘，指接触的对象。佛教将心和感官接触的对象分成色、声、香、味、触、法（指心所对的境）六尘。若任由眼、耳、鼻、舌、身、意追逐六尘，六尘六根相接，产生种种嗜欲，心就会充满著烦恼。③罗汉：即阿罗汉，佛教的果位。为梵语arahan的音译。意为杀贼、应供、不生。在早期佛教，阿罗汉是究竟的解境界，与佛果无别，但大乘佛教兴起后，将阿罗汉贬低，视为小乘的最高果位而已，其上还有菩萨和佛陀的果位。④五兵：五种兵器。指戈、殳、戟、酋矛、夷矛。《周礼·夏官·司兵》："掌五兵五盾"汉·郑玄注："五兵者，戈、殳、戟、酋矛、夷矛也。"⑤金人：金属铸成的人像。

【译文】如果一粒种子不萌芽，六尘不产生烦恼，那又何必度化万众成三千罗汉？九边没有敌人，四海没有奸雄，只需要销熔天下的兵器铸成十二个铜人。

圣 贤

【题解】 此章共78则。主要论述的是吕坤的圣贤观。他把圣人分为性之圣人，即天生的圣人；反之圣人，即依靠后天修养而成的圣人。吕坤对圣人的看法与历代的思想家有两点不同，第一，吕坤认为圣人是无私的，不是无欲的，第二，吕坤认为，即使是圣人，也需要学习。圣人有圣人的积累，这哪是儒者所能知道的呢？圣人有功于天地，只在“人事”这两个字上。圣人只要求尽到人为的努力而不讲天命，并不是不知道回天无力，而是因为人事必须这样做，而顾不上计较成败。圣人也带一些气质，但不坠入气质之性中。贤人的性格不是浑厚便是耿直方正，这就是沾染了气质的色相。圣人不带风土气习，贤人生于燕赵之地则慷慨激昂，生于吴越之地则宽厚温柔，这就是沾染了风土气习。

孔子是五行造身，两仪[①]成性。其余圣人，得金气多者则刚明果断，得木气多者则朴素质直，得火气多者则发扬奋迅，得水气多者则明彻圆融，得土气多者则镇静浑厚，得阳气多者则光明轩豁，得阴气多者则沉默精细。气质[②]既有所限，虽造其极，终是一偏底圣人。此七子者，共事多不相合，共言多不相入，所同者大根本、大节目耳。

【注释】①两仪：指天、地。②气质：气指阴阳二气，质指木、火、土、金、水五行，由气与质合成人的气质之性。

【译文】孔子禀受木、火、土、金、水五行的气质，由天、地两仪生成他的性情。其余的圣人，得金气多的就严明果断，得木气多的就朴素正直，得火气多的就发扬奋迅，得水气多的就明了圆通，得土气多的就镇静淳朴，得阳气多的就光明开朗，得阴气多的就沉默细心。气质已经有所限制，即使修养到完美的境界，终究还是偏于某一方面的圣人。这七种人，他们在一起做事，大多不会相互投合；在一起谈话，见解大多不会相同，相同的只是大根本、大原则而已。

孔颜穷居，不害其为仁覆天下，何则？仁覆天下之具在我，而仁覆天下之心未尝一日忘也。

【译文】孔子、颜回生活穷困，而不因此妨碍他们给天下施行仁爱，为什么呢？因为施行仁爱的本领在自己，而且他们仁爱天下的心没有一天忘记。

圣人不落气质。贤人不浑厚便直方，便着了气质色相，圣人不带风土。贤人生燕赵则慷慨，生吴越则宽柔，就染了风土气习。

【译文】圣人的言行举止不受气质限制。贤人表现出的不是雄浑厚道就是率直大方，都是将气质体现在本人的行为举止上，圣人则不沾染地方风俗。出生在燕、赵之地的贤人豪侠慷慨，生长在吴、越之地的贤人则宽容柔和，这都是染上了地方风气习俗。

性之圣人，只是个与理相忘，与道为体，不待思，惟横行直撞，恰与时中吻合。反之，圣人常常小心，循规蹈矩，前望后顾，才执得中字。稍放松，便有过、不及之差。是以希圣君子心上无一时任情恣意处。

【译文】心性生来就符合圣人之道的，只是让自己的个性和道不相冲而相融，能和道融为一体，不需要考虑，只管大胆地横冲直撞，也刚好和中庸之道相吻合。与这相反，需要依靠后天修养而成圣人时时刻刻小心谨慎，按规矩行事，前后环顾，才能够达到中庸的境地。如果稍有放松，便会有超过或者达不到的差错。所以那些希望达到圣人境界的君子，心中没有一刻有肆意纵情的邪念。

圣人一，圣人全。一则独诣其极，全则各臻其妙。惜哉！至人有圣人之功而无圣人之全者，囿于见也。

【译文】圣人专一不二，就能达到道德完备。专一不二可以有精深的独到造诣，德才兼备就能领略各处的精妙。真可惜呀！有一定境界的人，有圣人一般的功业，却没有圣人那样完备的道德，是他们被自己的见识束缚住了啊。

所贵乎刚者，贵其能胜己也，非以其能胜人也。子路不胜其好勇之私，是为勇字所伏，终不成个刚者。圣门称刚者谁？吾以为恂恂之颜子，其次鲁钝之曾子而已。馀无闻也。

【译文】性格刚毅之所以可贵，在于能用刚毅来战胜自己，而不是用它来战胜别人。子路不能战胜自身好勇的特点，反被勇字所折服，最后也没能成为刚毅的人。圣人的弟子里谁能够称得上刚毅的人呢？我认为是忠信诚实的颜渊，其次是笨拙迟钝的曾参了。其他人就没有听说过了。

天下古今一条大路，曰大中至正①，是天造地设底。这个路上，古今不多几人走，曰尧、舜、禹、汤、文、武、周、孔、颜、曾、思、孟。其余识得底，周、程、张、朱，虽走不到尽头，毕竟是这路上人。将这个路来比较古今人，虽伯夷、伊、惠，也是异端，更那说那佛、老、杨、墨、阴阳、术数诸家。若论个分晓，伯夷、伊、惠是旁行底，佛、老、杨、墨是斜行底，阴阳、星数是歧行底，本原处都从正路起，却念头一差走下路去，愈远愈谬。所以说异端，言本原不异，而发端异也。何也？佛之虚无，是吾道中寂然不动差去；老之无为，是吾道中守约施博差去；为我，是吾道中正静自守差去；兼爱，是吾道中万物一体差去；阴阳家，是吾道中敬授人时差去；术数家，是吾道中至诚前知差去。看来大路上人，时为佛，时为老，时为杨，时为墨，时为阴阳、术数，是合数家之所长。岔路上人，佛是佛，老是老，杨是杨，墨是墨，阴阳、术数是阴阳、术数，殊失圣人之初意。譬之五味不适均，不可以专用也；四时不错行，不可以专令也。

【注释】①大中至正：中，与中国之中同义，意为中央、核心；大中至正释义为：博大、核心达到正统的学问。典出东汉王逸《楚辞章句·卷一》："皇舆宜安行于大中至正之道，而当幽昧险隘之地则败绩矣。"后有明·王守仁《传习录·上卷》："不知先生居夷三载，处困养静，精一之功，固已超入圣域，粹然大中至正之归矣。"学生徐爱引言部分，意指先生经过三年静思、专研，豁然明白博大、本质的正统学问。

【译文】天下古今的一条大路，叫作大中至正，这条路是天然所成就的。践行在这条路上的，古今只有不多的几个人，他们是唐尧、虞舜、夏禹、商汤、周文王、周武王、周公、孔子、颜渊、曾参、子思、孟子。其余认识这条大路的，有周敦颐、程颢、程颐、张载、朱熹，虽然不能走到尽头，但他们毕竟是这条路上的人。用这条路来比较一下古今的人，即使是伯夷、伊尹、柳下惠，也是异端，更不要说那佛、老、杨朱、墨翟、阴阳、术数各家了。如果逐个分析明白，伯夷、伊尹、柳下惠是在道路旁行走的，佛、老、杨朱、墨翟是侧着道路行走的，阴阳、星术是偏离道路行走的，原本的出发点都是从正路开始的，却因为念头一差走下路去，便愈远愈错。所以说他们是异端，指的是本源不异，出发以后就不同了。为什么这么说呢？佛教的虚无，是从儒家的寂然不动偏离出去的；老子的无为，是从儒家的守约施博偏离出去的；杨朱的为我，是从儒家的正静自守中偏离出去的；墨子的兼爱，是从儒家的万物一体中偏离出去的；阴阳家，是从儒家的敬授人时偏离出去的；术数家，是从儒家的至诚前知偏离出去的。看来在大路上的人，时而为佛，时而为老，时而为杨朱，时而为墨翟，时而为阴阳家，时而为术数家，这是综合了众家的优势。而岔路上的人，佛就只是佛，老就只是老，杨朱就只是杨朱，墨翟就只是墨翟，阴阳家、术数家就只是阴阳家、术数家，大大背离了圣人原先的意愿。就好比酸苦甘辛咸这五味没有调好，不能享用；又好比春夏秋冬四季错杂在一起到来，不能成为季节。

圣人之道不奇，才奇便是贤者。

【译文】圣人之道平常而不奇特，能力奇特便是贤人。

战国是个残酷底气运、巧伪底世道。君非富强之术不讲，臣非功利之策不行。六合正气独钟在孟子身上，故在当时疾世太严，忧民甚切。

【译文】战国时代是个残酷的气运、虚伪不实的世道。君上只重视富强的方法，臣下只实行功利的计谋。上下四方的正气唯独钟情在孟子身上，所以他在当时非常憎恶世俗，深切地关心百姓疾苦。

“清”“任”“和”“时”①，是孟子与四圣人议定底谥法②，“祖述尧、舜，宪章文、武，上律天时，下袭水土”③，是子思作仲尼底赞语。

【注释】①“‘清’‘任’‘和’‘时’”句：典出《孟子·万章下》：“孟子曰：伯夷，圣之清者也；伊尹，圣之任者也；柳下惠，圣之和者也；孔子，圣之时者也。”②谥法：按死者行迹立号之法，以表彰其行为事迹。上古有号无谥，周初始制谥法，至秦废。汉复其旧，历代因之，至清止。③祖述尧、舜，宪章文、武，上律天时，下袭水土：典出《中庸·第三十章》。朱熹注："祖述者，远宗其道。宪章者，近守其法。律天时者，法其自然之运。袭水土者，因其一定之理。"

【译文】"清""任""和""时"，是孟子根据伯夷、伊尹、柳下惠、孔子这四位圣人的行迹议定的称号。"祖述尧、舜，宪章文、武，上律天时，下袭水土"，这是子思赞美孔子的言语。

圣贤养得天所赋之理完，仙家养得天所赋之气完，然出阳脱壳，仙家未尝不死，特留得此气常存。性尽道全，圣贤未尝不死，只是为此理常存。若修短[①]存亡，则又系乎气质之厚薄，圣贤不计也。

【注释】①修短：长短。指人的寿命。

【译文】圣贤把上天赋予他们的理修养得完全，仙家把上天赋予他们的气修养得完全，然而仙家即使修得出阳脱胎，也未尝能不死，只是留得上天赋予他们的气常存罢了。圣贤只能做到尽自己的本性使天道更为完备，圣贤也未尝能不死，只是上天赋予他们的理常存罢了。至于寿命的长短、生命的存亡，又在于气质的厚薄，圣贤是不放在心上的。

贤人之言视圣人未免有病，此其大较耳。可怪俗儒见说是圣人语，便回护其短而推类以求通；见说是贤人之言，便洗索其疵而深文以求过。设有附会者从而欺之，则阳虎优孟皆失其真，而不免徇名得象之讥矣。是故儒者要认理。理之所在，虽狂夫之言，不异于圣人。圣人岂无出于一时之感，而不可为当然不易之训者哉？

【译文】贤人所讲的话对于圣人来说不免会有缺点，这是从整体上来讲的。奇怪的是那些庸俗的读书人，一听说是圣人所讲的话，就会竭力回避维护他的错误，还妄加推测让它通达正确；一旦听说是贤人说的话，就想尽办法来吹毛求疵，并且旁征博引来证明它的错误。假如有的人喜欢附会蒙骗别人，以为阳虎貌似孔子、优孟貌似孙叔敖就以貌取人，这就难免会认错人而受到别人的耻笑。所以作为读书人应该认清事理。有力的地方，就算是狂人胡言乱语，也不会比圣人所讲的逊色。圣人难道就没有因一时感慨而说出的话，而不能当做千古不变的训诫的言论了吗？

尧、舜功业如此之大，道德如此之全，孔子称赞不啻口出。在尧、舜心上有多少缺然不满足处，道原体不尽，心原趁不满，势分不可强，力量不可勉，圣人怎放得下？是以圣人身囿于势分力量之中，心长于势分力量之外，才觉足了，便不是尧、舜。

【译文】尧、舜的功业如此之大，道德如此之全，孔子口中不停的称赞他们。但是在尧、舜的心中还有不少对自己感到不满意的地方，道原本是体会不尽的，心原本也是不会满足的，有时是权势地位不允许，有时是力量不够，圣人怎能完全满足呢？因此圣人只能是身处权势地位、力量之中，而心向往于权势地位、力量之外，觉得满足，便不是尧、舜。

伊尹看天下人无一个不是可怜底，伯夷看天下人无一个不是可恶底，柳下惠看天下人无一个不是可与底。

【译文】伊尹看天下人没一个不是可爱的，伯夷看天下人没一个不是可恶的，柳下惠看天下人没一个不是可以交往的。

浩然之气[①]，孔子非无，但用底妙耳。孟子一生受用全是这两字。我尝云孟子是浩然之气，孔子是浑然之气。浑然是浩然底归宿，浩然是浑然底作用。惜也！孟子未能到浑然耳。

【注释】①浩然之气：典出《孟子·公孙丑上》："'敢问夫子恶乎长？'曰：'我知言，我善养吾浩然之气。''敢问何谓浩然之气？'曰：'难言也，其为气也，至大至刚，以直养而无害，则塞于天地之间。其为气也，配义与道；无是，馁也。是集义所生者，非义袭而取之也。'"浩然之气为正气，正大刚直的精神。

【译文】浩然之气，孔子不是没有，只是使用得巧妙罢了。孟子一生受用的全是"浩然"二字。我曾说，孟子是浩然之气，孔子是浑然之气。浑然是浩然的归宿，浩然是浑然的作用。可惜啊！孟子未到达浑然的境界呀。

圣学专责人事，专言实理。

【译文】圣人的学说只要求尽人力所能做的事，只讲真实的道理。

二女试舜[①]，所谓"书不可尽信"[②]也。且莫说玄德[③]升闻，四岳[④]共荐，以圣人遇圣人，一见而人品可定，一语而心理相符，又何须试？即帝艰知人，还须一试，假设舜不能谐二女，将若之何？是尧轻视骨肉，以二女为市货也，有是哉？

【注释】①二女试舜：《史记·五帝本纪》："舜年二十以孝闻，三十而帝尧问可用者，四岳咸荐虞舜，曰：'可。'于是尧乃以二女妻舜以观其内，使九男与处以观其外。"②书不可尽信：典出《孟子·尽心下》："尽信书，则不如无书。"③玄德：高深、幽潜而不著于外的德性。④四岳：相传为唐尧臣、羲和四子。分管四方的诸侯，所以叫四岳。汉孔安国，宋孔平仲，明杨慎均以四岳为一人。

【译文】史书记载，尧把自己的两个女儿嫁给舜，用来考验他处理家庭事务的能力。这就是人们常说"书不可尽信"。且不说尧早已知晓舜内在的德性，分管四方的诸侯共同推荐，退一步说，圣人遇到圣人，一见面就可看清对方的人品，一开口心意就能相通，又哪里需要试验呢？即使尧不善于体察人的品性，还需要试验，假设舜不能与尧的两个女儿和谐相处，又该怎么办呢？用两个女儿考验舜，是尧轻视自己的至亲骨肉，把她们作为交换条件了，能有这样的事吗？

自古功业，惟孔、孟最大且久。时雍①风动②，今日百姓也没受用处。赖孔、孟与之发挥，而尧、舜之业至今在。

【注释】①时雍：亦作"时邕""时雝""时廱"。指时世安定太平。②风动：如风鼓动。比喻应和声极广。

【译文】自古以来的功勋事业，只有孔子、孟子最大并且长久。尧、舜时代天下太平安定，教化所及，如风鼓动，四方响应，如今的百姓却没有得到那样的益处。依赖孔、孟把尧、舜的功业阐发出来，而使得尧、舜的成就流传至今。

尧、舜、周、孔之道如九达[1]之衢，无所不通；如代明之日月，无所不照。其余有所明必有所昏，夷、尹、柳下惠昏于清、任、和，佛氏昏于寂，老氏昏于啬，杨氏昏于义，墨氏昏于仁，管、商昏于法。其心有所向也，譬之鹘鸼[2]知南；其心有所厌也，譬之盍旦[3]恶夜。岂不纯然成一家人物？竟是偏气。

【注释】①九达：指四通八达的道路。②鹘（gǔ）鸼（zhōu）：鸟名。似山雀而小，短尾，青黑色，多声。又名“鸠”“鹘鸠”“鸣鸠”“鹘雕”“鹘嘲”。③盍旦：鸟名。《礼记·坊记》：“《诗》云：‘相彼盍旦，尚犹患之。’”郑玄注：“盍旦，夜鸣求旦之鸟也。”

【译文】尧、舜、周公、孔子之道如四通八达的大道，各方面都通达；如同轮流照耀的日月，没有哪里照耀不到。其余的人，有清楚的地方也有惑乱的地方，伯夷、伊尹、柳下惠惑乱于清、任、和，佛氏惑乱于寂，老氏惑乱于啬，杨朱惑乱于义，墨翟惑乱于仁，管仲、商鞅惑乱于法。他们的心里都有所偏向，好比鹘鸼只知南方；他们的心里都有厌恶的事情，好比盍旦鸟嫌恶黑夜。难道他们不是纯粹代表一家的人物吗？我看这终究是偏气。

尧、舜、禹、文、周、孔，振古圣人，无一毫偏倚。然五行所钟，各有所厚。毕竟各人有各人气质。尧敦大之气多，舜精明之气多，禹收敛之气多，文王柔嘉之气多，周公文为之气多，孔子庄严之气多。熟读经史自见。若说天纵圣人，如太和元气流行略不沾着一些四时之气，纯是德性，用事不落一毫气质，则六圣人须索一个气象无毫发不同方是。

【译文】尧、舜、禹、文、周、孔，自古以来的圣人，没有一丝一毫的偏倚之处。然而五行所赋予人的，各有各的得天独厚的地方。毕竟每个人都有自己的气质。尧的敦厚宏大之气较多，舜的精明洞达之气较多，禹的内敛蕴含之气较多，周文王的柔和美好之气较多，周公的文章作为之气较多，孔子的庄严之气较多，熟读经史典籍就会发现。如果说天道操纵圣人，如同天地之间元气的流行那样，一点也不沾染四季之气，纯粹是以德性来用事，行事不受一点气质的影响，那么这六位圣人就应该是同一个气象，没有任何不同的地方才对。

读书要看圣人气象性情。《乡党》见孔子气象十九。至其七情，如回非助我。牛刀割鸡，见其喜处；由之瑟，由之使门人为臣，怃然于沮溺之对，见其怒处；丧予之恸，获麟之泣，见其哀处；侍侧言志之问，与人歌和之时，见其乐处；山梁雌雉之叹，见其爱处；斥由之佞，答子贡“君子有恶”之语，见其恶处；周公之梦，东周之想，见其欲处。便见他发而皆中节处。

【译文】读书要能够看到圣人的气象性情。读《论语·乡党》篇，对孔子的景况情态可以看出十之八九。至于孔子的喜、怒、哀、乐、爱、恶、欲这七情，如孔子说“回也，非助我者也”。又说“割鸡焉用牛刀”，可以看出孔子高兴的情态；“由之瑟，奚为于丘之门”“子路使门人为臣”“夫子怃然曰：‘鸟兽不可与同群，吾非斯人之徒与而谁与？’”这些地方可以看出孔子发怒的情态；颜渊死后，孔子的悲恸，鲁哀公时，打猎捕获了麒麟，孔子为麒麟哭泣，这些可以看出孔子悲哀的情态；弟子在孔子的身边侍奉他时，孔子让他们每个人都谈谈自己的志向，别人唱歌，孔子相和的时候，可以看到孔子欢乐的神态；孔子赞叹山梁上雌野鸡的美丽，可以看出他喜爱时的神态；孔子斥责子路是佞人，回答子贡关于君子是否有厌恶之情的话，可以看出他厌恶的神态；孔子梦见周公，向往东周时代，可以看出他的心愿之所在。这些可以看出孔子所发出的情感都合乎节度。

费宰之辞①，长府之止②，看闵子③议论，全是一个机轴④，便见他和悦而净。处人论事之法，莫妙于闵子，天生底一段中平之气。

【注释】①费宰之辞：《论语·雍也》：“季氏使闵子骞为费宰。闵子骞曰：‘善为我辞焉。如有复我者，则吾必在汶上矣。’”朱熹注：“闵子骞，孔子弟子，名损。……闵子不欲臣季氏，令使者善为己辞。言若再来召我，则当去之齐。”②长府之止：《论语·先进》：“鲁人为长府。闵子骞曰：‘仍旧贯，如之何？何必改作？’子曰：‘夫人不言，言必有中。’”朱熹注：“长府，藏名。藏货财曰府。为，盖改作之。”“言不妄发，发必当理，惟有德者能之。”③闵子：名损，字子骞。春秋时期鲁国人，孔丘弟子，为七十二贤之一。以孝闻名，为二十四孝之一，孔子称赞说：“孝哉，闵子骞！人不间于其父母昆弟之言”。④机轴：本指弩牙和车轴。比喻重要、关键的地位。

【译文】闵子骞让人为他辞去费宰的职务，禁止长府改变以前的做法，从这两件事可以看出闵子的议论，都是从重点发出的，即以和颜悦色的态度达到规劝的目的。为人处世的方法，没有比闵子再巧妙的了，是天生的一段中正平和之气。

圣人妙处在转移人不觉。贤者以下便露圭角[①]，费声色做出来，只见张皇。

【注释】①圭角：圭的棱角。泛指棱角、锋芒。《礼记·儒行》“毁方而瓦合”句，唐孔颖达《正义》：“圭角谓圭之锋锷有楞角，言儒者身恒方正，若物有圭角。”

【译文】圣人的妙处在于转移了而人们却没有发觉。贤人以下便会露出棱角，费心费力做出来，只看见惊恐慌乱。

或问：“孔孟周流，到处欲行其道，似技痒底？”曰：“圣贤自家看底分数真，天生出我来，抱千古帝王道术，有旋乾转坤手段。只兀兀家居，甚是自负，所以遍行天下以求遇夫可行之君。既而天下皆无一遇，犹有九夷、浮海之思，公山、佛肸之往。夫子岂真欲如此？只见吾道有起死回生之力，天下有垂死欲生之民。必得君而后术可施也。譬之他人孺子入井，与己无干，既在井畔，又知救法，岂忍袖手？”

【译文】有人问：“孔子、孟子周游各地，到处想推行他们的主张，好像是技痒难忍似的，是这样吗？”回答说：“圣贤把自己应该做的本分之事看得很真切，认为老天把自己生下来，怀有千古辅佐帝王之术，有扭转乾坤的本事，如果只是静静地在家中坐着，就辜负了这身才能，因此才走遍天下希望遇到能够施行其道的君主。但普天之下却没有遇到一个这样的君主，因此有了远走九夷、乘船渡海的想法，还想到叛臣公山弗扰和佛肸那里去。难道真心想到那里去吗？只是认为自己的治国之道有起死回生的力量，天下到处都是垂死挣扎的百姓，而只有受到君主的重用，这些治国之道才能施行。这就好像是别人的孩子掉入了井中，本来与自己无关，既然就在井边，又知道挽救的办法，怎么能够忍心不管呢？”

明道答安石，能使愧屈①；伊川答子由，遂激成三党②。可以观二公所得。

【注释】①“明道”二句：明道，程颢号。安石，王安石。《宋元学案·明道学案》：“王安石执政，议更法令，言者攻之甚力。先生（程颢）被旨赴中堂议事，安石方怒言者，厉色待之。先生徐曰：‘天下事非一家私议，愿平气以听。’安石为之愧屈。”②“伊川”二句：伊川，程颐号。子由，苏辙字。疑子由当为子瞻，子瞻为苏轼字。《宋元学案·伊川学案》：“神宗丧未除，冬至百官表贺，先生（程颐）言：‘节序变迁，时思方切，乞改贺为慰。’既除丧，有司请开乐置宴，先生又言：‘除丧而用吉礼，当因事用乐。今特设宴，是喜之也。’吕申公、范尧夫入侍经筵，闻先生讲说，退而叹曰：‘真侍讲也！’士人归其门者甚盛，而先生亦以天下自任，议论褒贬，无所顾避。方是时，苏子瞻轼在翰林，有重名，一时文士多归之。文士不乐拘检，迂先生所为，两家门下迭起标榜，遂分党为洛、蜀。”又《宋史·道学传一》载：“苏轼不悦于颐，颐门人贾易、朱光庭不能平，合攻轼。”《宋元学案·苏氏蜀学略》载：“苏东坡轼策馆职，为朱光庭所论，轼亦乞补郡，争辩不已。先生（吕陶）言：'台谏当殉至公，不可假借事权以报私隙。议者皆谓轼尝戏薄程颐，光庭乃其门人，故为报怨。'"以上三则史料，均为颐、轼交恶，不谓子由。又据载：宋哲宗时，"吕公著独当国，群贤咸在朝，不能不以类相从，遂有洛党、蜀党、朔党之语。洛党以颐为首，而朱光庭、贾易为辅。蜀党以苏轼为首，而吕陶等为辅。朔党以刘挚、梁焘、王岩叟、刘安世为首，而辅之者尤众。"（《宋史纪事本末·洛蜀党议》）

【译文】王安石执政时，议论更改法令，有的大臣反对此事，王安石刚要发怒，脸色很难看，程颢说："天下事非一家私议，愿平气以听。"王安石听了羞愧而屈服。程颐以天下为己任，议论褒贬，无所顾虑，与苏轼政见不同，遂分为三个党派。由此可以看出程颢、程颐二人修养的差别。

休作世上另一种人，形一世之短。圣人也只是与人一般，才使人觉异样，便不是圣人。

【译文】不要做世上的另一种人，因为自己显示出世上其他人的短处。圣人也只是和普通人一样，刚使人觉出异样，便不是圣人。

平生不作圆软态，此是丈夫。能软而不失刚方之气，此是大丈夫。圣贤之所以分也。

【译文】一生也没有表现出圆滑软弱的态度，这是丈夫。能够柔和又不失刚直方正的气概，这是大丈夫。圣人和贤人的区别也就在这里了。

圣人于万事也，以无定体为定体。以无定用为定用。以无定见为定见。以无定守为定守。贤人有定体，有定用，有定见，有定守。故圣人为从心所欲，贤人为立身行己，自有法度。

【译文】圣人对于世上的事情，以没有定体当做定体，以没有定用当做定用，以没有定见当做定见，以没有定守当做定守。而贤人有定体，有定用，有定见，有定守。所以，圣人做事随心所欲，贤人做事立身行己，都有自己的法度。

圣贤之私书，可与天下人见；密事，可与天下人知；不意之言，可与天下人闻；暗室之中，可与天下人窥。

【译文】圣贤人的私人书信，可以拿给天下所有的人去看；隐秘的事情，可以让天下所有的人都知道；无心的言论，可以拿来让天下所有人去听；在暗室之中的一举一动，可以让天下所有人去窥探。

好问、好察时，着一“我”字不得，此之谓能忘。执两端时，着一“人”字不得，此之谓能定。欲见之施行，略无人己之嫌，此之谓能化。

【译文】喜好提问，善于观察，不带有个人的意见，这就叫做能忘。执两端而用中的时候，不要考虑别人的看法，这就叫做能定。把自己的主张付诸行动时，没有为人为己的嫌疑，这就叫做能化。

无过之外更无圣人，无病之外更无好人。贤智者于无过之外求奇，此道之贼也。

【译文】在没有过错的人以外去寻找圣人，是找不到的；在没有病的人以外去寻找好人，是找不到的。贤人智士在没有过失的人以外去寻求奇人，这是对道的伤害。

积爱所移，虽至恶不能怒，狃于爱故也：积恶所习，虽至感莫能回，狃于恶故也。惟圣人之用情不狃。

【译文】自己长期以来所深爱的人，即使非常坏也不会发怒，这是因为习惯了爱的缘故；自己长期憎恶的人，即便是用真情感动，也无法改变对他的厌恶，这是因为习惯于痛恨厌恶的缘故。只有圣人在用情时不受约束。

圣人有功于天地，只是人事二字。其尽人事也，不言天命。非不知回天无力，人事当然，成败不暇计也。

【译文】圣人对天地的功劳，只体现在“人事”这两个字上面。努力做事，不说天命。这并非是不知道回天无力，而是因为人事必须要求这样做，没工夫去计较成败得失罢了。

或问：“狂者动称古人，而行不掩言[①]，无乃行不顾言乎？孔子奚取焉？”曰：“此与行不顾言者人品悬绝，譬之于射，立拱把[2]于百步之外，九矢参连，此养由基[3]能事也。孱夫[4]拙射，引弦之初，亦望拱把而从事焉，即发不出十步之远，中不近方丈之鹄[5]，何害其为志士？又安知日关弓、月抽矢，白首终身，有不为由基者乎？是故学者贵有志，圣人取有志。狷者[6]言尺行尺，见寸守寸，孔子以为次者，取其守之确而恨其志之隘也。今人安于凡陋，恶彼激昂，一切以行不顾言沮之[7]，又甚者以言是行非谤之，不知圣人岂有一蹴可至之理？希圣人岂有一朝径顿之术？只有有志而废于半途，未有无志而能行跬步[8]者。”或曰：“不言而躬行何如？”曰：“此上智也。中人以下须要讲求博学、审问、明辨，与同志之人相砥砺奋发，皆所以讲求之也，安得不言？若行不顾言，则言如此，而行如彼，口古人，而心衰世，岂得与狂者同日语哉？”

【注释】①“狂者”句：《论语·子路》：“子曰：‘不得中行而与之，必也狂狷乎？狂者进取，狷者有所不为也。’”《孟子·尽心下》：“（万章）问曰：‘敢问何如斯可谓狂矣？’曰：‘如琴张、曾皙、牧皮者，孔子之所谓狂矣。’‘何以谓之狂也？’曰：‘其志嘐嘐然，曰：“古之人，古之人。”夷考其行而不掩焉者也。’”朱熹注：“狂者，志极高而行不掩。”行不掩，行为做不到。②拱把：拱，两手合围。把，一手所握。拱把表示物体不粗。《孟子·告子上》：“拱把之桐梓，人苟欲生之，皆知所以养之者。”③养由基：春秋时楚大夫。善射箭。射击相距百步的柳叶，百发百中。④孱（chán）夫：懦弱的人。⑤鹄（gǔ）：射箭的靶子。⑥狷者：《论语·子路》：“狂者进取，狷者有所不为也。”朱熹注：“狷者，知未及而守有余。”旧注又称“狷者守节无为”。⑦沮：阻止。⑧跬

（kuǐ）步：亦作“蹞步”。半步，跨一脚。

【译文】有人问：“志向高远的人动不动就讲古人如何如何，而自己说出的话却不一定能够做到，这难道不是言行不相符吗？孔子为什么还对这种人有所肯定呢？”回答说：“这种人和言行不相符之人的人品截然不同，比如射箭，把靶子立在百步之外，九箭连发都能射中靶心，这是养由基擅长的本事。如果是一个身体虚弱而又不善射箭的人，开始拉弓的时候，他也希望能射中靶子，可是射程不到十步远，一丈见方大的靶子也射不中，哪里有损他想射中靶心的志向呢？如果他日日张满弓、月月射箭，终身训练到头发变白的时候，又怎知他不会成为养由基那样的神射手呢？因此学者贵在有志向，圣人赞许有志的人。拘谨自守的人说多少就做多少，见识有多少就坚守多少，孔子认为这种人是次一等的，认为他们可取的地方是坚持操守，遗憾的是志向不够远大。现在的人习惯于平庸浅陋，厌恶他人奋发昂扬，说他们是言行不相符来阻止他们，甚至诽谤他们言是行非，却不知圣人哪有轻而易举就能修炼成的道理呢？想要成为圣人哪有一个早晨忽然就会成功的方法呢？只有有志的人可能会半途而废，无志的人连半步也迈不出去。”又问：“不依靠语言，只是身体力行怎么样？”回答说：“这只有具有高度智慧的圣哲才能做到。中等以下的人必须要讲求广泛学习、仔细询问、辨别清楚，与志向相同的人相互勉励振作，这都是用来修习研究的，怎能不依靠语言呢？如果是言行不相符，说的是一套，行的是另一套，口中谈的是古人，心中想的是衰乱的时代，这种人怎能与志向高远，勇于进取的人相提并论呢？”

君子立身行已有法度，此有道之言也。但法度自尧、舜、禹、汤、文、武、周、孔以来只有一个。譬如律令一般，天下古今所共守者。若家自为律，人自为令，则为伯夷、伊尹、柳下惠之法度。故以道为法度者，时中之圣；以气质为法度者，一偏之圣。

【译文】君子立身处世有自己的尺度和准则，这是很有道理的话。但是，法度自尧、舜、禹、汤、周文王、周武王、周公、孔子以来，就只有一个。就好比法令、条文，是古今天下的人所共同遵守的东西。假如各家都自订法律，每个人都有各自的法令，那就是伯夷、伊尹、柳下惠他们那些人的法度了。因此说，把道当做法度的人，是任何时候都能按道理来行事的“时中之圣”人；把气质当做法度的人，就是偏向一方的圣者。

圣人是物来顺应，众人也是物来顺应。圣人之顺应也，从廓然大公来。故言之应人如响，而吻合乎当言之理；行之应物也，如取诣宫中，而吻合乎当行之理。众人之顺应也，从任情信意来。故言之应人也，好莠自口，而鲜与理合；事之应物也，可否惟欲，而鲜与理合。君子则不然，其不能顺应也，不敢以顺应也，议之而后言，言犹恐尤也；拟之而后动，动犹恐悔也。却从存养省察来。噫！今之物来顺应者，人人是也，果圣人乎？可哀也已！

【译文】圣人是事物来临了就顺应着行事，普通人也是事物来临了就顺应着行事。圣人的顺应行事，是从廓然大公出发的，因此回答应承别人的问话时，应答得如同炮响，又合乎应当说的道理；行为举止适应事物，好比从宫中取来各种物品，且又符合当行之理。而众人的顺应，却是从任情随意中来的。因此应答别人的话时就好话丑话胡说乱道，很少与道理相吻合；行为举止适应事物，是否合适也是随心所欲的，且很少与理相适应。君子就不是这样，不能顺应的时候，就不敢去顺应它，讨论了之后才敢说，说了之后却仍怕有错；计划好了之后才行动，就是行动开始了仍担心会后悔。这一切都是从修养和省察中得来的。唉！如今事情来临而顺应的人，人人都能做到，都能成为圣人吗？那真是可悲呀！

圣人与众人一般，只是尽得众人底道理；其不同者，乃众人自异于圣人也。

【译文】圣人与众人是一样的。圣人只是完全明白了众人的道理；不同的是，众人自己要表现得和圣人不同。

天道以无常为常，以无为为为。圣人以无心为心，以无事为事。

【译文】自然规律是以时常变动为常，以无所作为为作为的。圣人是以没有存心为心，以没有变故为事的。

万物之情，各求自遂者也；惟圣人之心，则欲遂万物而忘自遂。

【译文】万物的情感，都是希望自己的愿望得到实现；只有圣人的心意，是希望万物的愿望实现，而忘记实现自己的愿望。

为宇宙完人甚难。自初生以至属纩，彻头彻尾无些子破绽尤难。恐亘古以来不多几人。其余圣人都是半截人。前面破绽，后来修补。以至终年晚岁，才得干净，成就了一个好人，还天付本来面目。故曰汤、武反之也。曰反，则未反之前便有许多欠缺处。今人有过便甘自弃，以为不可复入圣人境域。不知盗贼也许改恶从善。何害其为有过哉？只看归宿处成个甚人。以前都饶得过。

【译文】做一个没有缺点的完人非常困难，要想从降生到死亡不犯一点儿过错那就更难了，恐怕从古到今也找不出几个这样的人来。除了这以外的圣人，都是半截的圣人。前半生所犯的错误，留待后半生来修正补过，等到了晚年，才清清白白，成为一个好人，恢复本来的样子。因此说，商汤、周武王也是返璞归真才成为圣人的。所谓返璞归真，就是说在没有返归之前就有许许多多的过失和错误。如今的人有了一点过错便自暴自弃，认为再也不能修养到圣人的境界，却不知道连盗贼都允许其改过自新，有了一点儿过失又有什么可怕的呢？只需看看最后的结果是变成一个什么样的人，以前的过错都是可饶恕的。

圣人低昂气化，挽回事势，如调剂气血，损其侈不益其强，补其虚不甚其弱。要归于平而已。不平则偏，偏则病，大偏则大病，小偏则小病。圣人虽欲不平，不可得也。

【译文】圣人参与气化，挽回时势，如同调剂气血，减损其多余的地方而不使其更强，补充其虚弱的地方而不让他更加虚弱，主要的目的就在于求得平衡。不平衡就会出现偏差，出现偏差就会犯错，出现大偏差就会犯大错，出现小偏差就会犯小错。圣人即便想不求得平衡，也是无法做到的。

圣人绝四。不惟纤尘微障无处着脚，即万理亦无作用处。所谓顺万事而无情也。

【译文】圣人克服了自身的四种毛病，这就是无意、无必、无固、无我。做到了这些，不仅纤尘微障无处落脚，即使是万事万理也不能起作用。这就是所说的顺应万事而不带有个人的私情。

圣人胸中万理浑然，寂时则如悬衡鉴[①]，感之则若决江河，未有无故自发一善念。善念之发，胸中不纯善之故也。故惟有旦昼之梏亡[②]，然后有夜气[③]之清明。圣人无时不夜气，是以胸中无无，故自见光景。

【注释】①衡鉴：即衡器和镜子。衡可以量轻重，镜可以照美丑，均指辨别是非丑恶的尺度。②旦昼之梏（gù）亡：《孟子·告子上》："其日夜之所息，平旦之气，其好恶与人相近也者几希，则其旦昼之所为，有梏亡之矣。"朱熹注："梏，械也。……言人之良心虽已放失，然其日夜之间，亦必有所生长。故平旦未与物接，其气清明之际，良心犹必有发见者。但其发见至微，而旦昼所为之不善，又已随而梏亡之。"孙奭疏："梏，手械也。利欲之制善，使不得为，犹梏之制手也。"朱熹解释"梏亡"，是指善的行为的亡失。吕坤则相反，专指用强制克服掉不善的行为。③夜气：儒家谓晚上静思所产生的良知善念。平旦清明之气。自入夜至于平旦，因人未与外界事物接触，故而产生清明纯净之气，此时良知最易呈现。

【译文】圣人的胸中所有的道理都混在一起，寂静的时候如同秤和镜悬挂在高处，感动的时候则如江河决堤，不会没有缘故自己生发一个善念。善念的生发，是因为胸中还不是纯善的缘故。因此只有白天不使夜间、平旦发出来的善念和清明之气消亡，然后才可以保持住夜气的清澈明净。圣人无时不处于清澈明净的夜气之中，因此胸中连空虚无有也没有，所以自然能看清各种景象。

法令所行，可以使土偶奔趋①；惠泽所浸，可以使枯木萌蘖；教化所孚②，可以使鸟兽伏驯；精神所极，可以使鬼神感格③，吾必以为圣人矣。

【注释】①土偶："土"原作"士"，据文意改。亦称"土偶人""土禺人""土耦人"。泥塑的人像。土偶奔趋，形容法令作用之大。②孚：为人所信服。③感格：感于此而达于彼。

【译文】法令颁行，可以使土制的泥偶遵照执行；恩泽滋润，可以使枯木萌发新芽；教化孚育，可以使鸟兽驯服；精神所感，可以使鬼神感通，能做到这些的，我认为一定是圣人。

圣人不强人以太难，只是拨转他一点自然底肯心。

【译文】圣人不会勉强别人做做不到的事，只是调转一点儿他肯于自我努力的心。

参赞化育①底圣人，虽在人类中，其实是个活天，吾尝谓之人天。

【注释】①参赞化育:《中庸·第二十二章》:“惟天下至诚,为能尽其性;能尽其性,则能尽人之性;能尽人之性,则能尽物之性;能尽物之性,则可以赞天地之化育;可以赞天地之化育,则可以与天地参矣。”朱熹注:“赞,犹助也。”

【译文】参与谋划、协助天地化生养育万物的圣人,虽然生活在人类当中,其实是一个活着的天,我曾称他为人天。

孔子只是一个通,通外更无孔子。

【译文】孔子只是一个贯通,除贯通外就没有孔子了。

圣人不随气运走,不随风俗走,不随气质走。

【译文】圣人不会随着气数和命运走,不会随着风尚习俗走,不会随着风度秉性走。

圣人平天下不是夷山填海,高一寸还他一寸,低一分还他一分。

【译文】圣人治理天下不是像削平大山、填平大海那样,高一寸就削掉一寸,低一分就补上一分。

“圣而不可知之之谓神”[①],不可知,可知之祖也。无不可知,做可知不出;无可知,则不可知何所附属?

【注释】①“圣而”句：《孟子·尽心下》：“……充实而有光辉之谓大，大而化之之谓圣，圣而不可知之之谓神。”朱熹注：“程子曰：圣不可知，谓圣之至妙，人所不能测。非圣人之上，又有一等神人也。”意谓圣德到了神妙不可知的境界叫作神。

【译文】“圣而不可知之之谓神”，不可知，是可知之祖。没有不可知，就不能做到可知；没有可知，那么不可知在何处附设呢？

只为多了这知觉，便生出许多情缘，添了许多苦恼。落花飞絮岂无死生，他只恁委和委顺而已。或曰：“圣学当如是乎？”曰：“富贵贫贱、寿夭宠辱，圣人未尝不落花飞絮之耳，虽有知觉心，不为知觉苦。”

【译文】只是因为有了这知觉，世人就生出了很多情缘，增添了许多苦恼。落花飞絮哪能没有生死，它只是随顺自然的安排而已。有人问：“圣人的主张也应当这样吗？”回答说：“对于富贵贫贱、寿夭宠辱，圣人也只是顺应自然的来去而已，虽然有知觉心，却不会被知觉心所烦扰。”

圣人心上再无分毫不自在处。内省不疚，既无忧惧；外至之患，又不怨尤。只有一段不释然，却是畏天命悲人穷也。

【译文】圣人心上再没有丝毫不自在的地方。自我观察反省后而不感到有所愧疚，就没有忧愁恐惧；外面来了祸患，又不怨恨责怪。圣人只有一件事不能放宽胸怀，那就是敬畏天命、悲悯民众的穷困。

定、静、安、虑[1]，圣人无一刻不如此。或曰：“喜、怒、哀、乐到面前何如？”曰：“只恁喜、怒、哀、乐，定、静、安、虑胸次无分毫加损。”

【注释】①定、静、安、虑：典出《大学·第一章》：“大学之道，在明明德，在亲民，在止于至善。知止而后有定，定而后能静，静而后能安，安而后能虑，虑而后能得。”

【译文】《大学》中说的定、静、安、虑，圣人没有一刻不是这样。有人问：“喜、怒、哀、乐来到面前会怎么样呢？”回答说：“只是任凭喜、怒、哀、乐，圣人定、静、安、虑的胸襟不会有分毫的增加或减少。”

有相予者，谓面上部位多贵，处处指之。予曰：“所忧不在此也，汝相予一心要包藏得天下理，相予两肩要担当得天下事，相予两脚要踏得万事定，虽不贵，予奚忧？不然予有愧于面也。”

【译文】有个给我相面的人，说我的脸上有很多贵相，并一处一处指出来。我说：“我所忧虑的不在这里，你如果能相出我这颗心中能包藏住天下的道理，相出我的两肩能担当起天下的大事，相出我的两脚能在万事面前站得坚定，即使不会富贵，我有什么值得忧愁的呢？否则我就就愧对我这张脸了。”

物之入物者染物，入于物者染于物。惟圣人无所入，万物亦不得而入之。惟无所入，故无所不入；惟不为物入，故物亦不得而离之。

【译文】一种事物进入另一种事物中，就会沾染另一种事物的习气，进入的事物会被另一种事物所沾染。唯有圣人不会去沾染任何东西，万物也不能沾染圣人。所以只有无所入，才能无所不入；只有不被物入，所以物也不能离开。

人于吃饭穿衣，不曾说我当然不得不然，至于五常百行，却说是当然不得不然，又竟不能然。

【译文】人对于吃饭穿衣，从来没有说我当然不得不这样做，但对于仁、义、礼、智、信这五常和自己的各种品行，却说是当然不能不这样做，可是终究又不能这样做。

孔子七十而后从心①，六十九岁未敢从也。众人一生只是从心，从心安得好？圣学战战兢兢只是降伏一个“从”字，不曰“戒慎恐惧”②，则曰“忧勤惕励”③，防其从也。岂无乐时？乐也只是乐天。众人之乐则异是矣。任意若不离道，圣贤性不与人殊，何苦若此？

【注释】①“孔子”句：《论语·为政》：“子曰：吾十有五而志于学，三十而立，四十而不惑，五十而知天命，六十而耳顺，七十而从心所欲，不逾矩。”②戒慎恐惧：《中庸·第一章》：“道也者，不可须臾离也，可离非道也。是故君子戒慎乎其所不睹，恐惧乎其所不闻。”③忧勤惕励：忧愁劳苦，心存戒惧。《易经·乾卦》：“君子终日乾乾，夕惕若厉，无咎。”

【译文】孔子说他七十岁以后才能够做到从心所欲，任何念头也不会越出法度，六十九岁还不能做到随心所欲。普通人一生只是从心所欲，从心所欲怎能学好呢？圣人的学问戒惧谨慎只是为了克服一个“从”字，不是说要“戒慎恐惧”，就是说要“忧勤惕励”，为的是要防止从心所欲。难道没有快乐的时候？乐也只是乐于顺应天命。而普通人的快乐则和圣人不同。如果能做到任随其意又不离开道，圣贤的本性和普通人一样，何苦还要如此修养克制呢？

日之于万形也，鉴之于万象也，风之于万籁①也，尺度权衡之于轻重长短也，圣人之于万事万物也，因其本然，付以自然，分毫我无所与焉，然后感者常平，应者常逸。喜亦天，怒亦天，而吾心之天如故也。万感劻勷②，众动轇轕③，而吾心之天如故也。

【注释】①万籁（lái）：籁，孔窍所发出来的声音。万籁泛指自然界的各种声音。②劻（kuāng）勷（ráng）：急迫不安的样子。③轇（jiāo）轕（gé）：纵横交错貌。

【译文】日光对于各种形体，镜子对于各种景象，风对于各种声音，尺度权衡对于轻重长短，圣人对于万事万物，依顺它们的本性，交付于自然，分毫不加以干预，然后感动的常常平静，响应的常常安闲。喜悦也自然，愤怒也自然，而我心中的自然依然如故。各种事物因感动而急迫不安，各种躁动矛盾纵横交错，但我心中的自然依然如故。

平生无一事可瞒人，此是大快乐。

【译文】一生没有一件事隐瞒他人，这是很大的快乐。

尧、舜虽是生知安行[①]，然尧、舜自有尧、舜工夫学问。但聪明睿智千百众人，岂能不资见闻、不待思索？朱文公[②]云：“圣人生知安行，更无积累之渐[③]。”圣人有圣人底积累，岂儒者所能测识哉？

【注释】①生知安行：“生而知之”“安而行之”之省。后人概括为生知安行。古以为圣人方能具有的资质。典出《中庸·第二十章》：“或生而知之，或学而知之，或困而知之，及其知之一也；或安而行之，或利而行之，或勉强而行之，及其成功一也。”朱熹注：“不思而得，生知也。不勉而中，安行也。”②朱文公：即朱熹，字元晦，又字仲晦，号晦庵，晚称晦翁，谥文，世称朱文公。③“朱文公云”以下二句：典出《论语·为政》“吾十有五而志于学”章之朱熹注。其文曰：“愚谓圣人生知安行，固无积累之渐，然其心未尝自谓已至此也。是其日用之间，必有独觉其进而人不及知者。故因其近似以自名，欲学者以是为则而自勉，非心实自圣而姑为是退托也。后凡言谦辞之属，意皆仿此。”吕坤对此持异议。

【译文】尧、舜虽然是生而知之、安而行之的圣人，然而尧、舜自有尧、舜的功夫学问。但是他们的聪明睿智超过普通人千百倍，怎么能不依靠见闻，不经过思索呢？朱文公说：“圣人生知安行，更无积累之渐。”圣人有圣人的积累，这哪是儒者所能推测知悉的呢？

圣人不矫[①]。

【注释】①矫：故意违背人情以示高异。

【译文】圣人不会故意违背人情以显高明。

圣人一无所昏。

【译文】圣人没有任何昏惑的地方。

孟子谓文王“取之而燕民不悦，则勿取”[①]，虽非文王之心，最看得时势定。文王非利天下而取之，亦非恶富贵而逃之，顺天命之予夺，听人心之向背，而我不与焉。当是时，三分天下才有其二，即武王亦动手不得。若三分天下有其三，即文王亦束手不得。《勺》之诗[②]曰：“遵养时晦，时纯熙矣，是用大介。”天命人心，一毫假借不得。商家根深蒂固，须要失天命人心到极处；周家积功累仁，须要收天命人心到极处。然后得失界限决绝洁净，无一毫粘带，如瓜熟自落，栗熟自坠，不待剥摘之力。且莫道文王时动得手，即到武王时，纣又失了几年人心，武王又收了几年人心，《牧誓》《武成》[③]取得何等费唇舌？《多士》《多方》[④]守得何等耽惊怕？则武王者生摘劲剥之所致也。又譬之疮落痂，鸡出卵，争一刻不得。若文王到武王时定不犯手，或让位微、箕[⑤]，为南河、阳城之避[⑥]，徐观天命人心之所属，属我我不却之使去，不属我我不招之使来，安心定志，任其自去来耳。此文王之所以为至德。使安受二分之归，不惟至德有损，若纣发兵而问叛人，即不胜，文王将何辞？虽万万出文王下者，亦不敢安受商之叛国也。用是见文王仁熟智精，所以为宣哲之圣也。

【注释】①“孟子谓”句：《孟子·梁惠王下》：“齐人伐燕，胜之。宣王问曰：或谓寡人勿取，或谓寡人取之。以万乘之国伐万乘之国，五旬而举之，人力不至于此。不取，必有天殃。取之，何如？孟子对曰：取之而燕民悦，则取之。古之人有行之者，武王是也。取之而燕民不悦，则勿取。古之人有行之者，文王是也。以万乘之国伐万乘之国，箪食壶浆，以迎王师，岂有他哉？避水火也。如水益深，如火益热，亦运而已矣。”②《勺》之诗：即《诗经·周颂·酌》。朱熹注：“酌，即勺也。”原诗为：“于铄王师，遵养时晦。时纯熙矣，是用大介。我龙受之，蹻蹻王之造。载用有嗣，实维尔公允师。”朱熹释此诗曰：“此亦颂武王之诗。言其初有于铄之师而不用，退自循养，与时皆晦。既纯光矣，然后一戎衣而天下大定。”所引诗意谓退而养精蓄锐，等待时机，时机成熟，一戎衣天下就可大定。③《牧誓》《武成》：皆《尚书·周书》篇名。《牧誓》，武王伐纣战于牧野时的誓言。《武成》，《书序》云：“武王伐殷，往伐归兽，识其政事，作《武成》。”从此二篇可见取得天下的不易。④《多士》《多方》：皆《尚书·周书》篇名。《多士》《书序》：“成周既成，迁殷顽民；周公以王命告，作《多士》。”《多方》《书序》：“成王归自奄，在宗周诰庶邦，作《多方》。”孔安国传：“周公归政之明年，淮夷、奄又叛，鲁征淮夷，作《费誓》。王亲征奄，灭其国，五月还至镐京。”⑤微、箕：即微子、箕子。微子，周代宋国的始祖。名启，殷纣王的庶兄，封于微（今山东梁山西北）。因见纣淫乱将亡，数谏，纣不听，遂出走。箕子，名胥余，殷商末期人，是文丁的儿子，帝乙的弟弟，纣王的叔父，官太师，封于箕，在商周政权交替与历史大动荡的时代中，因其道之不得行，其志之不得遂，“违衰殷之运，走之朝鲜”，建立朝鲜，其流风遗韵，至今犹存。⑥南河、阳城之避：《史记·五帝本纪》：“尧崩，三年之丧毕，舜让辟丹朱于南河之南。诸侯朝觐者不之丹朱而之舜，狱讼者不之丹朱而之舜，讴歌者不讴歌丹朱而讴歌舜。舜曰‘天也’，夫而后之中国践天子位焉。”又载：“三年丧毕，禹亦乃让舜子，如舜让尧子。”正义曰：“禹居洛州阳城者，避商均，非时久居也。”

【译文】孟子说“取之而燕民不悦，则勿取”，这话虽然不一定出自周文王的本心，但对时势却看得很清楚。文王不是贪图天下之王的地位才去攻取，也不是厌恶富贵而要逃避，只是顺应天命的给予和剥夺，听从人心的拥护与反对，而自己却不参与其中。在当时，如果三分天下才有二分，即使是武王也不敢开始动作。如果三分天下有其三，文王也不会停止动作。《诗经·周颂·酌》记载：“遵养时晦，时纯熙矣，是用大介。”上天的意志、人的情感，一毫也不能借助别的。商朝根基牢固,不可动摇，必须要丧失天命人心到极处；周朝积累德行与仁义，必须聚拢天命人心到极处。然后得失的界限才能坚决清楚，没有一丝一毫的黏连牵挂，如同瓜熟后瓜蒂自然脱落、栗子熟了自然掉下来一样，用不着人去剥去摘。且不说文王时能不能动手，即使到了武王的时候，商纣王又丧失了几年人心，武王又聚拢了几年人心，《尚书》中《牧誓》《武成》二篇，记载武王欲伐纣时，费了多少唇舌去动员百姓？《多士》《多方》两篇记载守业的情况，又是何等的担惊受怕？这都是由于武王在时机还未成熟时生摘硬剥地去攻打商纣的结果。又好比疮痂脱落，母鸡下蛋，一刻也急不得。如果文王处于武王的时代一定不会开始动作，或者会让位给微子、箕子，像舜、禹那样，自己避居到南河、阳城，慢慢地观察天命人心的归属，属我我不推却让它失去，不属我我也不招揽让它到来，只是安下心来，任由它自去自来而已。这就是文王被称为有盛大德性的原因。假使文王安心接受那二分人心的归向，不只有损自己盛大的德性，如果殷纣王出兵讨伐叛变的人，即使不胜，文王怎能推脱叛变的罪名呢？即使是比文王相差万倍的人，也不敢安然接受背叛商朝的罪名。由此可见周文王的仁熟智精，这就是他被称为明智圣人的原因。

汤祷桑林①，以身为牺②，此史氏之妄也。按汤世十八年旱，至二十三年祷桑林，责六事③，于是旱七年矣天乃雨。夫农事冬旱不禁三月，夏旱不禁十日，使汤待七年而后祷，则民已无孑遗④矣，何以为圣人？即汤以身祷而天不雨，将自杀与，是绝民也；将不自杀与，是要⑤天也。汤有一身，能供几祷？天虽享祭，宁欲食汤哉？是七年之间，岁岁有旱，未必不祷；岁岁祷雨，未必不应。六事自责，史臣特纪其一时然耳。以人祷，断断乎其无也。

【注释】①汤祷桑林：汤逢大旱，自以身为牺牲，祷于桑山之林以祈雨。表示商汤仁德爱民。语本《吕氏春秋·顺民》："昔者，汤克夏而正天下，天大旱，五年不收，汤乃以身祷于桑林……用祈福于上帝，民乃甚说，雨乃大至。"②牺：古代称做祭品用的纯色牲畜。此指汤以身为祭品。③责六事：相传商初天下大旱，汤曾祷于桑林，以六事自责。《荀子·大略》："汤旱而祷曰：政不节与？使民疾与？何以不雨至斯极也。宫室荣与？妇谒盛与？何以不雨至斯极也。苞苴（指贿赂。杨倞注："货贿必以物苞裹，故总谓之苞苴。"）行与？谗夫兴与？何以不雨至斯极也。"④孑（jié）遗：残留，独存。⑤要：胁迫，要挟。

【译文】史书记载，商汤曾在桑林中祈雨，以自身为祭品，求天降雨，这是史书记载的错误。根据记载商汤十八年时天旱，到二十三年时，汤才在桑林中祈祷，责备自己犯了六种错误，这是旱了七年天才下雨。农业生产，冬旱经不住三个月，夏旱经不住十天，假使汤等旱了七年才去祈祷，那百姓就剩不了多少，他怎么能称得上圣人呢？如果汤以身为祭而天不下雨的话，他这是要自杀，是自绝百姓；如果不自杀，是要挟上天。商汤只有一具躯体，能供几次祈祷呢？天虽然愿意享受祭祀，难道会想享用汤吗？这七年之间，年年有旱灾，汤未必不是年年祈祷；岁岁祈雨，上天未必都不回应。以六事自责的事，可能只是史官记载某一次祈祷的事迹罢了。以身为祭祈雨，绝对是没有的事。

伯夷见冠不正，望望然去之，何不告之使正？柳下惠见袒裼、裸裎[①]，而由由与偕，何不告之使衣？故曰不夷不惠[②]，君子居身之珍也。

【注释】①袒裼（xī）、裸裎（chéng）：袒裼，亦作“襢裼”。脱去上衣，裸露肢体。裸裎，不穿衣服，光著身体。皆脱衣露体意。②不夷不惠：殷末伯夷，坚持不仕周朝；春秋鲁国人柳下惠，三次被罢官而不去。不夷不惠意指不学伯夷也不学柳下惠。谓行事持平而不偏激。

【译文】伯夷看到一个人的帽子戴得不正，看一看就离开了，为什么不告诉他让他要戴正呢？柳下惠见一位女子赤身露体，还怡然自得地与她待在一起，为什么不告诉让她要穿上衣服呢？所以说不学伯夷也不学柳下惠，是君子立身处世的要道。

亘古五帝、三王不散之精英铸成一个孔子，余者犹成颜、曾以下诸贤，至思、孟而天地纯粹之气索然一空矣。春秋、战国君臣之不肖也，宜哉！后乎此者无圣人出焉，靳[1]孔、孟诸贤之精英而未尽泄与？

【注释】①靳：吝惜，不肯给予。

【译文】从古至今五帝、三王不散的精华铸成一个孔子，剩余的精华之气又成就了颜子、曾子以下的诸位贤人，到子思、孟子时，天地间的纯粹之气就完全没有了。春秋、战国时期，君臣品行不良，也与这种情况相符！从此以后就没有圣人出现，难道是上天吝惜生成孔、孟诸贤的精华之气而不让它发散吗？

周子谓："圣可学乎？曰无欲[1]。"愚谓圣人不能无欲，七情中合下有欲。孔子曰："己欲立欲达[2]。"孟子有云："广土众民，君子欲之[3]。"天欲不可无，人欲不可有。天欲，公也；人欲，私也。周子云"圣无欲"，愚云："不如圣无私。此二字者，三氏之所以异也[4]。"

【注释】①"圣可学乎"二句：典出周敦颐《通书·圣学》："'圣可学乎？'曰：'可。'曰：'有要乎？'曰：'有。''请闻焉。'曰：'一为要，一者无欲也。'"周子即周敦颐，字茂叔，号濂溪，宋营道楼田堡(今湖南道县)人。北宋著名哲学家，是学术界公认的理学派开山鼻祖。②己欲立欲达：典出《论语·雍也》："子曰：……夫仁者，己欲立而立人，己欲达而达人。"③"广土"二句：典出《孟子·尽心上》："广土众民，君子欲之，所乐不存焉。中天下而立，定四海之民，君子乐之，所性不存焉。"。④"三氏"

句：三氏各有所主，道主虚，佛主空，儒主有。

【译文】周子说："圣人可以学习吗？要学的重要一点，就是没有世俗的欲望。"我认为圣人不能无欲，七情中当初就包含"欲"这一情。孔子说："己欲立欲达。"孟子说："广土众民，君子欲之。"天欲不可无，人欲不可有。天欲是公，人欲是私。周子说"圣人没有世俗的欲望"，我说："不如说圣人没有私心。无欲还是无私，正是用来区别儒、道、释三家不同的地方。"

圣人没自家底见识。

【译文】圣人没有自家的见识。

对境忘情，犹分彼我，圣人可能入尘不染，则境我为一矣。而浑然无点染，所谓"入水不溺，入火不焚"，非圣人之至者不能也。若尘为我役，化而为一，则天矣。

【译文】面对美妙的情境忘了自己的存在，尚且能分出哪是尘境哪是自我。圣人能够做到身入尘境而不沾染，那就是境我为一了。而又浑然一体，没有任何沾染，这就是所谓的"入水不溺，入火不焚"，不是至高的圣人是做不到的。如果凡尘能受我役使，尘我化而为一，就是天了。

圣人学问只是人定胜天①。

【注释】①人定胜天：典出《逸周书·文传》："兵强胜人，人强胜天。”人的智慧和力量可以战胜自然。

【译文】圣人的学问只是人为的力量，能够克服自然阻碍，改造环境。

圣人之私，公；众人之公，私。

【译文】圣人的私，也是为公；众人的公，也是为私。

圣人无夜气。

【译文】圣人不需要修养清明纯净之气。

“衣锦尚䌹”[①]，自是学者作用，圣人无尚。

【注释】①衣锦尚䌹（jiǒng）：同“衣锦褧（jiǒng）衣”。典出《诗经·国风·硕人》：“硕人其颀，衣锦褧衣。”又《诗经·郑风·丰》：“裳锦褧裳，衣锦褧衣。叔兮伯兮，驾予与归。”。《中庸·第三十三章》：“《诗》曰‘衣锦尚䌹’，恶其文之著也。”朱熹注：“尚，加也。古之学者为己，故其立心如此。尚䌹故暗然，衣锦故有日章之实。”䌹，罩在外面的单衣。

【译文】锦衣外面再套上麻纱单罩衣，以掩盖其华丽，这是为己学者的做法，圣人不会在锦衣外再穿单衣。

圣王不必天而必我，我之天定，而天之天随之。

【译文】德才超群的帝王不要求天一定要帮助自己，却要求自己一定要做到，只有自己做到了，那么天之天也会顺从他。

生知[1]之圣人不长进。

【注释】①生知：谓不待学而知之。语本《论语·季氏》：“生而知之者上也。”

【译文】天生的圣人不会长进。

学问到孔子地位，才算得个通，通之外无学问矣。

【译文】学问做到了孔子那样的地步，才算贯通了，贯通之外就没有学问了。

圣人尝自视不如人，故天下无有如圣人者，非圣人之过虚也。四海之广，兆民之众，其一才一智未必皆出圣人下也。以圣人无所不能，岂无一毫之未至？以众人之无所能，岂无一见之独精？以独精补未至，固圣人之所乐取也。此圣人之心日歉然不自满足，日汲汲然不已于取善也。

【译文】圣人自己看待自己常常不如普通人，所以天下没有比得上圣人的人，这不是圣人过分谦虚。四海如此广大，百姓如此众多，人们的一才一智未必都在圣人之下。认为圣人无所不能，难道圣人极小的也能做到？认为普通人一点本领也没有，难道普通人没有一个独特精辟的见解？用独特精辟的见解来补充不能做到的，这是圣人乐于采取的。

这是圣人之心每天感到不满足，每天都努力求取，不断学习他人长处的原因。

圣人不示人以难法，其所行者，天下万世之可能者也；其所言者，天下万世之可知者也。非圣人贬以徇人也，圣人虽欲行其所不能，言其所不知，而不可得也。道本如是其易知易从也。

【译文】圣人不告诉人难行的办法，圣人推行的，都是天下万世能够做到的办法；圣人所说的，都是天下万世可以理解的言论。这不是圣人有意贬低自己来曲从别人，圣人即使想实行别人难以做到的事，说别人难以理解的话也做不到。因为天下的道理本来就是这样容易理解、容易遵行的。

品 藻

【题解】此章共174则。品藻，就是品评鉴定人的道德境界。吕坤在这一章就是讲述品评人的等级的标准和各种方法。我们生活在社会上，一生都要和人打交道，如何识别人、结交人，是非常重要的事，吕坤用他从政和生活的经验，讲了他品评人的一些方法。他用君子、小人、善人、众人等分类的方法，把人分为九等。我们日常与人相处，用吕坤讲的标准来看人，就知道哪些人可以接近，哪些人必须远离。用人品来观察人，吕坤概括为五品：这就是高、正、杂、庸、下。吕坤还说："一切人为恶犹可言也，惟读书人不可为恶；读书人为恶，更无教化之人矣。一切人犯法犹可言也，做官人不可犯法；做官人犯法，更无禁治之人矣。"这种观察似乎说出了贯穿古今的一个道理。掌权人的邪正，对世道的影响极大。更进一步提出"天地间惟道贵，天地间人惟得道者贵"的命题，展示出道德平等观。

独处看不破，忽处看不破，劳倦时看不破，急遽仓卒时看不破。惊忧骤感时看不破，重大独当时看不破，吾必以为圣人。

【译文】一个人，如果他独处的时候人看不透，悠闲自在的时候不人看不透，疲劳倦怠时人看不透，着急仓促时人看不透，吃惊紧张时人看不透，独当大事时人也无法理解，我一定会认为他是圣人。

圣人做出来都是德性，贤人做出来都是气质，众人做出来都是习俗，小人做出来都是私欲。

【译文】圣人做的都是德行的表现，贤人做的都是气质的表现，众人做的都是习俗的表现，小人做的都是私欲的表现。

汉儒杂道，宋儒隘道。宋儒自有宋儒局面，学者若入道，且休着宋儒横其胸中，只读“六经”“四书”而体玩之，久久胸次自是不同。若看宋儒，先看濂溪、明道①。

【注释】①濂溪：湖南省道县水名。宋理学家周敦颐世居溪上。周晚年移居江西庐山莲花峰下，峰前有溪，因取旧居濂溪以为水名，并自以为号，世称濂溪先生。明道：即程颢（hào），字伯淳，学者称明道先生。

【译文】汉儒使道杂驳，宋儒使道狭隘。宋儒自有宋儒的局面，学者如果要学习道艺，暂且不要把宋儒的主张放在胸中，只要读“六经”“四书”而仔细体会玩味，时间长了胸怀自然不同。如果要学习宋儒，应该先学习周敦颐、程颢二先生。

一种人难悦亦难事，只是度量褊狭，不失为君子，一种人易事亦易悦。这是贪污软弱，不失为小人。

【译文】有一种人难以使他高兴，也难以同他共事，只是因为心胸狭小，不能说不是君子；有一种人容易共事，也容易使他高兴，但贪婪软弱，不能说不是小人。

为小人所荐者辱也，为君子所弃者耻也。

【译文】受到小人的举荐是羞耻的，被君子遗弃是可耻的。

小人有恁一副邪心肠，便有一段邪见识；有一段邪见识，便有一段邪议论；有一段邪议论，便引一项邪朋党，做出一番邪举动。其议论也，援引附会，尽成一家之言，攻之则圆转迁就而不可破。其举动也，藉善攻善，匿恶济恶，善为骑墙[①]之计。击之则疑似牵缠而不可断，此小人之尤而藉君子之迹者也，此藉君子之名而济小人之私者也，亡国败家，端是斯人。若明白小人，刚戾小人，这都不足恨，所以《易》恶阴柔。阳只是一个，惟阴险伏而多端，变幻而莫测，驳杂而疑似。譬之光天化日，黑白分明，人所共见；暗室晦夜，多少埋伏，多少类象，此阴阳之所以别也。虞廷黜陟[②]，惟曰幽明，其以是夫！

【注释】①骑墙：南北朝时，有一僧名为阿专师，常来往于宴会、游戏场所。后因故得罪人，被追捕而骑坐在墙上，等确定对方真要抓他时，才以杖击墙升上数十仞避之。见《太平广记·卷九一·阿专师》。后用以比喻对两方面都讨好，立场不明，态度模棱两可。②虞廷黜（chù）陟（zhì）：《尚书·舜典》："三载考绩，三考，黜陟幽明。"孔安国传："三年有成，故以考功，九岁则能否、幽明有别，黜退其幽者，升进其明者。"虞廷亦作"虞庭"。指虞舜的朝廷。相传虞舜为古代的圣明之主，故亦以"虞廷"为

"圣朝"的代称。黜陟，指官职的升迁或降黜。

【译文】小人有怎样的一副邪心肠，便有一些邪见识；有一些邪见识，便有一番邪议论；有一番邪议论，便会招引一项邪派别，做出一番邪举动。小人的言论，硬把不相干的事物凑合在一起，最终形成他个人的见解，反驳他，他就东拉西扯，也反驳不倒。他的举动，是借善攻善，隐逆恶行，相助作恶，善只是他模棱两可的计策。攻击他，这些事又似是而非、牵扯纠缠而难以决断，这是小人中比较突出的借用君子行迹的人，这是借用君子之名来成就小人的私利的人，亡国败家，应该是这些人造成的。比如那些明明白白的小人、刚愎乖戾的小人，这些人都还不够可恨，所以《易经》最厌恶阴柔。阳只是一个，唯有阴险隐藏在里边又有多种情况，变化难以预测，交杂混乱而处于似是似非之间。比如在光天化日之下，黑白分明，人人都能看得见；而在暗室黑夜之中，有多少埋伏，多少形象类似，这就是用来区别阴阳的。舜在决定官吏升降的时候，退其幽深的，升其光明的，大概就是由于这个原因吧！

富于道德者不矜事功，犹矜事功，道德不足也；富于心得者不矜闻见，犹矜获见，心得不足也。文艺自多，浮薄之心也；富贵自雄，卑陋之见也。此二人者，皆可怜也。而雄富贵者更不数于丈夫。行彼其冬烘盛大之态，皆君子之所欲呕者也。而彼且志骄意得，可鄙孰甚焉！

【译文】富于德行的人不会夸耀自己的功劳，如果仍然夸耀自己的功劳，是道德修养还不够；富于心得的人不会夸耀自己的见闻，如果仍然夸耀自己的见闻，是心得不足的缘故。具有文艺的才能就非常自负，这是轻浮浅薄之心；有钱有势就自命不凡，是卑鄙浅陋的见识。这两种人都是可怜虫。而因为有钱有势就傲视他人的人就不属于大丈夫之列了。这种人的那种糊涂迂腐端着架子的神态，君子见了就感到恶心呕吐了，而他却还是洋洋自得，还有比这更为可鄙的人吗？

士君子[①]在尘世中摆脱得开，不为所束缚；摆脱得净，不为所污蔑，此之谓天挺人豪。

【注释】①士君子：周制，“士”指州长、党正，“君子”指卿、大夫和士。故后以士君子称上流社会的人。《礼记·乡饮酒义》：“乡人士君子，尊于房中之间。”唐孔颖达《正义》：“士，州长党正也；君子，谓卿大夫士也。”

【译文】士君子在尘世中能摆脱得开，不为世俗之态所束缚；摆脱得净，不受世俗之人的毁谤、损伤，这叫作天生卓越超拔的人中豪杰。

藏名远利，夙夜汲汲乎实行者，圣人也。为名修，为利劝，夙夜汲汲乎实行者，贤人也。不占名标，不寻利孔，气昏志惰，荒德废业者，众人也。炫虚名，渔实利，而内存狡狯之心，阴为鸟兽之行者，盗贼也。

【译文】隐藏美，名远离利益，日夜都在踏实做事的人，这些是圣人。为修美名，为得利益，日夜都在实实在在做事情的人，这些是贤人。不懂得争名求利，昏昏沉沉思想懒惰，荒废道德功业的人，这些是普通人。炫耀虚名，谋取实利，而心怀狡黠的心，私下做一些禽兽不如的事情的人，这些人是盗贼。

圈子里干实事，贤者可能；圈子外干大事，非豪杰不能。或曰："圈子外可干乎？"曰："世俗所谓圈子外，乃圣贤所谓性分内也。人守一官，官求一称，内外皆若人焉，天下可庶几矣，所谓圈子内干实事者也。心切忧世，志在匡时，苟利天下，文法[1]所不能拘；苟计成功，形迹所不必避，则圈子外干大事者也。识高千古，虑周六合，挽末世之颓风，还先王之雅道，使海内复尝秦汉以前之滋味，则又圈子以上人矣。世有斯人乎？吾将与之共流涕矣。乃若硁硁狃众见，惴惴循弊规，威仪文辞灿然可观，勤慎谦默居然寡过，是人也，但可为高官耳，世道奚赖焉？"

【注释】①文法：古时指法令条文。

【译文】在圈子里干实事，一般贤良的人都能做到；圈子外干大事，必须是英雄豪杰。有人问："圈子外的大事可以干吗？"回答说："世俗所说的圈子外，就是圣贤所说的本性内。一个人担任了官职，能够尽到职守，这样的人到处都可找到，天下差不多都是这样的人，这就是所说的在圈子内干实事的人。心意真切地为时世忧虑，下定决心匡正时弊，如果是对天下人有利的事，法令条文也不能限制；如果为了成功，动作举止也不避讳，这就是圈子外干大事的人。见识高明超千古，考虑周到满天下，扭转末世败坏的风俗，回归先王的忠厚之道，使海内之人又能体会到秦汉以前世道的滋味，这又是圈子以上的人了。世上还有这样的人吗？我将要和他们一起为现今的世道而痛哭。至于浅陋固执地拘泥于众人的意见，忧惧戒慎地遵循有害的旧规，表面看起来仪态庄严、辞令动听，成绩卓著，谦抑静默、勤勉谨慎，居然能够少犯错误，这种人，只可以担任高官，世道的治理怎能依靠他们呢？”

达人落叶穷通，浮云生死。高士睥睨[1]古今，玩弄六合。圣人古今一息，万物一身。众人尘弃天真，腥集世味。

【注释】①睥（pì）睨（nì）：斜着眼睛看人，表示傲然轻视或不服气的意思。也作“俾倪”。

【译文】通达事理的人看待贫困显达，如同深秋的落叶，任其自然；对待生死，如同天上浮云，任其飘浮。品行高尚的君子傲视古今，玩弄宇宙。圣人看待古今如一呼一吸的瞬间，看待万物如与自己合为一体。普通人抛弃天真，争相追逐功名宦情。

阳君子取祸，阴君子独免；阳小人取祸，阴小人得福；阳君子刚正直方，阴君子柔嘉温厚；阳小人暴戾放肆，阴小人奸回智巧。

【译文】具有阳刚之气的君子容易遭到祸殃，阴柔的君子却能幸免；阳刚的小人容易遭到祸殃，阴柔的小人却能得福；阳刚的君子刚正方直，阴柔的君子温厚沉稳；阳刚的小人暴戾放肆，阴柔的小人奸诈狡猾。

古今士率有三品：上士不好名，中士好名，下士不知好名。

【译文】古今的士人大体可分为三等：上士不追求虚名，中士追求虚名，下士不知道追求虚名。

上士宜道德，中士重功名，下士重辞章，斗筲之人重富贵。

【译文】上等的读书人看重道德，中等的人看重功名，下等的人看重辞章，才识浅薄、气量狭小的人看重富贵。

人流品格，以君子小人定之。大率有九等：有君子中君子，才全德备，无往不宜者也。有君子，优于德而短于才者也。有善人，恂雅温朴，仅足自守，识见虽正，而不能自决；躬行虽力，而不能自保。有众人，才德识见俱无足取，与世浮沉，趋利避害，禄禄风俗中无自表异。有小人，偏气邪心，惟己私是殖，苟得所欲，亦不害物。有小人中小人，贪残阴狠，恣意所极，而才足以济之，敛怨怙终，无所顾忌。外有似小人之君子，高峻奇绝，不就俗检。然规模弘远，小疵常颖，不足以病之。有似君子之小人，老诈浓文，善藏巧借，为天下之大恶，占天下之大名，事幸不败，当时后世皆为所欺，而竟不知者。有君子小人之间，行亦近正而偏，语亦近道而杂，学圆通便近于俗，尚古朴则入于腐，宽便姑息，严便猛鸷。是人也，有君子之心，有小人之过者也，每至害道，学者戒之。

【译文】人的品格，以君子小人来评定，大概可以分为九等：有君子中的君子，他们德才兼备，没有什么做不到的。有君子，道德方面高尚而才能有所欠缺。有善人，温和娴雅，只能够做到自守，思想虽然中正，然而却不能自我决断，虽然认真去做，但是却不能自保。有普通人，才能、品德、见识都没有可取之处，与世事沉浮，趋利避害，在禄禄的风俗之中没有什么突出之处。有小人，心思不正，只想着自己的利益，偶尔得到自己想要的东西，也不会构成什么伤害。有小人中的小人，贪婪残忍、阴险狠毒，恣意妄为，然而其才能足以做到，对于别人的怨恨，无所顾忌。有外表像小人的君子，他们高峻奇绝，不随流俗。然而其胸襟宽阔宏大，常犯一些小错误，但不足以之为病。有外表好像是君子的小人，奸诈善辩，善于伪装自己，做天底下十恶不赦的大恶，却占尽天底下的美名，自己的所作所为侥幸没有失败，当时的人和后世的人都被他蒙蔽欺骗而不知道。有处于君子与小人之间的人，他们的行为近于中正而有所偏差，言语近于正道而驳杂，他们的学问圆通却近于世俗，崇尚古朴又落入陈腐，宽容就会变得姑息，严厉就会变成猛鸷。这种人，有君子的用心，小人的过错的人，往往会迫害正道，学者要以之为戒。

有俗检，有礼检。有通达，有放达。君子通达于礼检之中，骚士放达于俗检之外。世之无识者专以小节细行定人品，大可笑也。

【译文】有以世俗来约束自己的，有以礼法来约束自己的。有通情达理，有豪放豁达。君子通情达理在礼法的约束之中，风雅之士豪放豁达于礼法的约束之外。世上没有见识的人专门以无关大体的细小行为来评定人品，实在是太可笑了。

上才为而不为，中才只见有为，下才一无所为。

【译文】有才能的人做了好像没有做，中等才能的人只知道做，下等才能的人什么也做不了。

心术平易，制行诚直，语言疏爽，文章明达，其人必君子也。心术微暖，制行诡秘，语言吞吐，文章晦涩，其人亦可知矣。

【译文】心术平和简易，行为诚恳正直，语言直率爽朗，文章明白晓畅，这样的人一定是君子。心术隐微暖昧，行为诡秘，语言吞吞吐吐，文章晦涩难懂，这种人也就可想而知了。

有过不害为君子。无过可指底，真则圣人，伪则大奸。非乡愿[①]之媚世，则小人之欺世也。

【注释】①乡愿：乡中外貌忠厚老实，讨人喜欢，实际上却不能明辨是非的人。“愿”文献异文作“原”。《论语·阳货》：“子曰：‘乡原，德之贼也。’”。

【译文】有过失的人，不妨碍他成为君子。没有过失可以指摘，真正没有过失的就是圣人，伪装出来的就是大奸大恶之人。如果不是像乡愿那样的求悦于世人，就是像小人那样的欺骗世人。

从欲则如附膻，见道则若嚼蜡，此下愚[①]之极者也。

【注释】①下愚：极愚笨的人。《论语·阳货》：“唯上知与下愚不移。”

【译文】随顺自己的私欲就如同依附有膻腥气味的东西，见到道义则味如嚼蜡，这是愚蠢到极点的人。

有涵养人，心思极细。虽应仓卒，而胸中依然暇豫，自无粗疏之病。心粗便是学不济处。

【译文】有涵养的人，心思细密。即使事出仓促，但心中依然有时间来做准备，自然就没有粗心疏忽的弊病。粗心疏忽就是学问不足的表现。

功业之士，清虚者以为粗才，不知尧、舜、禹、汤、皋、夔、稷、契[1]功业乎？清虚乎？饱食暖衣而工骚墨之事[2]、话玄虚之理，谓勤政事者为俗吏，谓工农桑者为鄙夫，此敝化之民也，尧、舜之世无之。

【注释】①皋：皋陶（又称“咎繇”），传说为舜时主管刑狱之臣。夔：舜时乐官。稷：舜时农官。契：舜时主管教化之官。事见《尚书·尧典》。②骚墨之事：即骚人墨客之事，如登高临文、对景赋诗的风流雅事。文章体现实学精神，重事功，亲实践，这是一种非常可贵的思想，说明作者已从理学转向实学。

【译文】对于建功立业的人，清静虚无的人认为他们是粗俗之才，不知尧、舜、禹、汤、皋、夔、稷、契这些人，是属于建功立业的人？还是清静虚无的人？衣食充足而从事吟诗作赋、高谈玄远虚无哲理的人，称努力于政事的人为才智凡庸的官吏，说从事农业生产的人是见识浅薄的人，这是一些败坏风化的人，尧、舜时代没有这样的人。

观人括以五品：高、正、杂、庸、下。独行奇识曰高品，贤智者流。择中有执曰正品，圣贤者流。有善有过曰杂品，劝惩可用。无短无长曰庸品，无益世用。邪伪二种曰下品，慎无用之。

【译文】看人可以从以下五方面看，就是高、正、杂、庸、下。具有独行奇识的人是高品，这是贤能智慧的人。处理任何事物都合乎中道而又有所执持是正品，这是圣贤一类的人物。有善行善德也有过失的人是杂品，这类人，通过鼓励、惩戒还可以任用。没有短处也没有长处就是庸品，对社会没有作用。奸邪、虚伪的人为下品，对这类人一定要谨慎，千万不要任用。

气节信不过人。有出一时之感慨，则小人能为君子之事。有出于一念之剽窃，则小人能盗君子之名。亦有初念甚力，久而屈其雅操，当危能奋，安而丧其平生者。此皆不自涵养中来。若圣贤学问，至死更无破绽。

【译文】在危难或紧急时表现出来的气概和节操，不能完全让人相信。因为小人有时出于一时的感慨，小人也能做出君子的事情。有出于一时的剽窃的念头，小人就会盗用君子的名义。也有当初的念头很好，也很努力，但时间长了这种努力就松懈了，危难时能够奋起，而在安定中丧失了平生的志向。这些人的气概和节操都不是从长期的修养中得来的。至于圣贤的学问，至死也不会出现破绽。

无根本底气节，如酒汉殴人，醉时勇，醒时索然无分毫气力。无学问底识见，如庖人炀灶[①]，面前明，背后左右无一些照顾。而无知者赏其一时，惑其一偏，每击节叹服，信以终身。

吁！难言也。

【注释】①炀（yáng）灶：在灶前烤火，遮蔽灶的火光，后面的人无从见之。语本《战国策·赵策三》："日并烛天下者也，一物不能蔽也；若灶则不然，前之人炀，则后之人无从见也。"比喻佞幸专政，蒙蔽国君的贤明。《韩非子·内储上》："夫灶，一人炀焉，则后人无从见矣。"

【译文】缺乏根本的气概和节操，就如同醉汉打架，醉时勇敢而有力，醒了以后就胆怯而没有丝毫力气了。没有学问的见识，就如同厨师在灶前烤火，面前是明亮的，背后左右一点儿也照不到。而无知的人赞赏那一时的行动，迷惑于那片面的学问，每每拍手赞叹佩服，还以为是毕生的气节呢。唉！真是难以言表。

众恶必察，是仁者之心。不仁者闻人之恶，喜谈乐道；疏薄者闻人之恶，深信不疑。惟仁者知恶名易以污人，而作恶者之好为诬善也。既察为人所恶者何人，又察言者何心，又察致恶者何由，耐心留意，独得其真。果在位也，则信任不疑；果不在位也，则举辟[①]无贰；果为人所中伤也，则扶救必力。呜呼！此道不明久矣。

【注释】①举辟：举荐征召。

【译文】众人都厌恶他，一定要考察，这就是仁德之人的用心。无仁德之人听说他人的坏话，就喜欢说，乐意谈论；疏陋浅薄的人听说他人的坏话，就非常相信，不会怀疑。唯有仁德之人知道丑恶的名声容易玷污他人，而作恶的人又喜欢诬蔑好人。所以仁者首先要了解被别人说坏话的是什么人，又要分析说坏话的人是何用心，又要调查为什么会被人说坏话，耐心留意地调查分析，得出正确的结论。被中伤的人如果在官位上，则对他信任不疑；不在官位上，则竭力举荐，没有二心；确实是被人中伤，则全力辅佐匡救。唉！这个道理已经很久没人知道了。

党锢[①]诸君只是褊浅无度量，身当浊世，自处清流，譬之泾渭，不言自别。正当遵海滨而处，以待天下之清也。却乃名检自负，气节相高，志满意得，卑视一世而践踏之，讥谤权势而狗彘之，使人畏忌。奉承，愈炽愈骄。积津要[②]之怒，溃权势之毒，一朝而成载胥之凶[③]，其死不足惜也。《诗》称“明哲保身[④]”，孔称“默足有容”“免于刑戮”[⑤]，岂贵货清市直，甘鼎镬如饴哉？申、陈二子得之郭林宗[⑥]几矣，“顾”“厨”“俊”“及”[⑦]吾道中之罪人也，仅愈于卑污耳。若张俭则又李膺、范滂之罪人[⑧]，可诛也夫！

【注释】①党锢：禁止诽谤宦官的党人出任官职，并限制其与人交往，禁锢终身。所谓“锢”就是终身不得做官。《后汉书·卷六七·党锢传·序》：“中平元年，黄巾贼起，中常侍吕彊言于帝曰：‘党锢久积，人情多怨。若久不赦宥，轻与张角合谋，为变滋大，悔之无救。’”也作“党禁”。②津要：比喻显要的地位。《晋书·卷七三·庾亮传·史臣曰》：“是以厚赠琼瑰，罕升津要。”③载胥之凶：指遭受胥吏的杀戮。胥，古代官府中的小吏。④明哲保身：《诗经·大雅·烝民》：“既明且哲，以保其身。”哲，智也。⑤孔：指孔子。默足有容：典出《中庸·第二十七章》：“国有道其言足以兴，国无道其默足以容。”默，沉默。容，自容其身免无祸患。免于刑戮:《论语·公冶长》:“子谓南容:‘邦有道,不废;邦无道,免于刑戮。’”南容,孔子弟子。⑥申:古国名。此指申地,即今陕西、山西一带。陈:古国名。此指陈地,亦指今山西一带。二子:指申、陈二地的学子。郭林宗:名泰,字林宗,东汉太原介休(今山西介休)人。东汉末为太学生首领,博通典籍,善谈论,与河南尹李膺友善。不就官府供召,回归故里,闭门教授生徒,名震京师。虽善品题海内人士,但不为危言核论,故党锢时独免于难。以上可参见《后汉书·郭符许列传》。⑦“顾”“厨”“俊”“及”:即指“八顾”“八厨”“八俊”“八及”,东汉党锢时对名士的称号。事见《后汉书·党锢列传》:“自是正直废放,邪枉炽结,海内希风之流,遂共相标榜,指天下名士,为之称号。上曰‘三君’,次曰‘八俊’,次曰‘八顾’,次曰‘八及’,次曰‘八厨’,犹古之‘八元’‘八凯’也。窦武、刘淑、陈蕃为‘三君’。君者,言一世之所宗也。李膺、荀翌、杜密、王畅、刘祐、魏朗、赵典、朱宇为‘八俊’。俊者,言人之英也。郭林宗、宗慈、巴肃、夏馥、范滂、尹勋、蔡衍、羊陟为‘八顾’。顾者,言能以德行引人者也。张俭、岑晊、刘表、陈翔、孔昱、苑康、檀敷、翟超为‘八及’。及者,言其能导人追宗者也。度尚、张邈、王考、刘儒、胡毋班、秦周、蕃向、王章为‘八厨’。厨者,言能以财救人者也。”⑧张俭则又李膺、范滂之罪人:张俭,字符节,东汉高平(今山东邹城)人。初为山阳东部督邮,因劾宦官侯览及其家人的罪恶,为太学生所景仰。后党锢祸起,他只得逃亡。据《后汉书·党锢列传》:“俭得亡命,困迫遁走,望门投止,莫不重其名行,破家相容。……其所经历,伏重诛者以十数,宗亲并皆殄灭,郡县为之残破。”吕坤批评他,也是指他贻祸他人这一点。李膺,字符礼,东汉颍川襄城(今属河南)人。桓帝时为司隶校尉,与郭泰等结交,反对宦官专权,太学生称为“天下模楷李元礼”。延熹九年,被诬为诽谤朝廷，逮入狱，释放后禁锢终身。灵帝立，又起用为长乐少府，后又被废。据《后汉书·党锢列传》载：“后张俭事起，收捕钩党，乡人谓膺曰：‘可去矣。’对曰：‘事不辞难，罪不逃刑，臣之节也。吾年已六十，死生有命，去将安之？’乃诣诏狱。考死，妻子徙边，门生、故吏及其父兄，并被禁锢。”范滂，字孟博，东汉汝南征羌（今河南漯河郾城）人。初为请诏使，迁光禄勋主事。后为汝南太守宗资属吏，抑制豪强，反对宦官，延熹九年，与李膺等一起被捕入狱，次年释放还乡。后张俭乡人朱并上书告发，再度被逮，死狱中。时年三十三。李膺、范滂都因张俭案而死，所以吕坤认为张俭为李膺、范滂之罪人。

【译文】因议论朝政而被诬为朋党遭受禁锢的诸位君子，只是一些心地狭窄、见识浅薄，没有度量的人；自身处在乱世，以品行高洁自持，就如同泾河水浊、渭河水清一样，不用说明就能分别。这些君子应当隐居在近海的地方，以等待天下清明。但他们却自以为有名声有操守，互相推崇志气和节操高尚，实现志向，心满意足，鄙视世上的一切恶人恶行，想把他们都踩踏在脚下，讥议毁谤居高位有势力的人，把他们看作猪狗，他们的做法使人畏惧顾忌。人们谄媚讨好他们，而他们的气势也越来越炽盛，激发了当权者早就积蓄在心中的愤怒，发泄出来，党锢的君子一下子就遭受胥吏的杀戮或流放，他们的死，并不值得可惜。《诗经》记载“明哲保身”，孔子说“默足有容”“免于刑戮”，怎能为了博取清白正直的名声，而甘心遭受鼎镬煮人的酷刑呢？能像申、陈二地的学子得到郭林宗这样高尚之士教诲的人太少了，“八顾”“八厨”“八俊”“八及”，这些东汉时期的天下名士，都是儒家的罪人，他们仅比卑鄙肮脏的人高出一点儿而已。像张俭，则又是使李膺和范滂受害的罪人，真该杀啊！

问：“严子陵[1]何如？”曰：“富贵利达之世不可无此种高人。但朋友不得加于君臣之上，五臣[2]与舜同僚友，今日比肩，明日北面[3]而臣之，何害其为圣人？若有用世之才，抱忧世之志，朋时之所讲求，正欲大行竟施以康天下，孰君孰臣正不必尔。如欲远引高蹈，何处不可藏身？便不见光武[4]也得。既见矣，犹友视帝而加足其腹焉，恐道理不当如是。若光武者，则大矣。”

【注释】①严子陵：即严光，东汉初会稽余姚（今属浙江）人，又名遵，字子陵。少曾与光武帝刘秀同学，有高名。刘秀即位后，严光改名隐君。刘秀派人觅访，征召到京，夜与之同床而眠，严加足刘秀腹上。任为谏议大夫，不受，归隐于富春山。事见《后汉书·隐逸传》。②五臣：《论语·泰伯》：“舜有臣五人而天下治。”五臣，指禹、稷、契、皋陶、伯益为舜之五臣。参见《史记·五帝本纪》。③北面：古时臣子面向北方朝见天子，故以北面代替臣子的地位。《韩非子·有度》：“贤者之为人臣，北面委质，无有二心。”④光武：即汉世祖光武皇帝刘秀，字文叔，南阳郡蔡阳县人，出生于陈留郡济阳县(今河南兰考)，东汉开国皇帝，庙号世祖、谥号光武皇帝。

【译文】有人问：“严子陵这个人怎么样？”回答说：“富贵显达的时代，不能没有这种品德高尚的隐士。但朋友的关系不可高于君臣之上，舜的五位大臣和舜原本为共事的人，今天和舜地位相等，明日就面向北方朝见天子，这哪里妨碍他们成为圣人呢？如果有为世所用的才能，胸怀为世事忧虑的志向，作为朋友时所讲论的道理，正好大力推行，以致天下太平，谁为君谁为臣，不必去计较。如想隐居避世，何处不可藏身？即使不去见光武帝也可以。已经见了，仍然以朋友来看待光武帝，还把脚放在光武帝的肚子上，道理上恐怕就说不过去了。像光武帝这样，胸怀可以说够开阔的了。”

见是贤者就着意回护，虽有过差，都向好边替他想。见是不贤者，就着意搜索，虽有偏长，都向恶边替他想。自宋儒以来，率坐此失，大段都是个偏识见，所谓好而不知其恶，恶而不知其美者①。惟圣人便无此失，只是此心虚平。

【注释】①好而不知其恶，恶而不知其美者：《大学》：“故好而知其恶，恶而知其美者，天下鲜矣。”

【译文】见是贤人，就多方刻意袒护，即使有过错，也都替他向好的一边想。见是不贤的人，就用心寻求他的过错，即使有某方面的特长，也替他向坏的一边想。从宋代的儒者以来，大都犯此毛病，大部分都是由于有个偏识见，所谓的喜欢他却不知道他的不足，不喜欢他却不知道他的优点。只有圣人才没有这样的过失，这是因为圣人的心是谦虚平允的。

蕴藉之士深沉①，负荷之士弘重②，斡旋③之士圆通，康济之士精敏④。反是皆凡才也，即聪明辩博无补焉。

【注释】①蕴藉：含蓄不外露。南朝梁·沈约《伤庾杲之》诗：“蕴藉含文雅，散朗溢风飚。”也作“酝借”“韫藉”。②弘重：弘大庄重。③斡旋：居中周旋、调解。④康济：安民济众。《尚书·蔡仲之命》：“康济小民，率自中。”

【译文】含蓄宽容的人沉着稳重，担负重任的人弘大庄重，调解周旋的人通达灵活，安民济众的人精细敏捷。与此相反的都是平凡普通的人，即使聪明博学、有辩才，也对事情无所裨益。

君子之交[1]怕激，小人之交怕合。斯二者，祸人之国，其罪均也。

【注释】①君子之交：《庄子·山木》：“君子之交淡若水，小人之交甘若醴。”

【译文】君子之间的交往怕偏激，小人之间的交往怕苟合。这二者，害人害国，罪过是一样的。

圣人把得定理，把不得定势。是非，理也；成败，势也。有势不可为而犹为之者，惟其理而已。知此，则三仁[1]可与五臣比事功，孔子可与尧、舜较政治。

【注释】①三仁：指殷代的微子、箕子、比干三位贤人。三人劝谏纣王，不被采纳，微子离去，箕子被贬为奴隶，比干遭到杀害，俱以仁德见称于世。典出《论语·微子》：“微子去之，箕子为之奴，比干谏而死。孔子曰：‘殷有三仁焉。’”

【译文】圣人能把持住理，把持不住势。是非，是理；成败，是势。有势不可为而仍要为之的，只是因为合乎道理而已。知道了这一点，那么殷代的三位贤人微子、箕子、比干就可以与舜的五名大臣禹、稷、契、皋陶、伯益比量为国勤奋努力工作的功勋，孔子就可以和尧、舜比量治理国家施行的措施。

未试于火皆纯金也，未试于事皆完人也。惟圣人无往而不可。下圣人一等，皆有所不足，皆可试而败。夫三代[①]而下人物岂甚相远哉？生而所短不遇于所试，则全名定论，可以盖棺。不幸而偶试，其所不足则不免为累。夫试不试之间，不可以定人品也。故君子观人不待试而人物高下、终身事业不爽分毫，彼其神识自在世眼之外耳。

【注释】①三代：亦作“三朝”，指夏、商、周。《论语·卫灵公》：“斯民也，三代之所以直道而行也。”邢昺疏：“三代，夏、殷、周也。”

【译文】没有经过火烧的考验都可以说成是纯金，没有经历事情的考验都可以说成是完人。只有圣人无论到哪里，没有不可以的。比圣人低一等的，都有不足的地方，都可能在考验中失败。三代以后的人物到如今难道是很久远的吗？他们活着的时候，短处没有遇到考验，就可以保全名声，在死后做出确定的论断。不巧而遇到考验，他难免会被不足的地方拖累。在考验和不考验之间就不能确定人品了。因此君子观察人，不经过考验，就能把人物的高下和终身事业看得分毫不差，他们的慧眼神识自然在世人的眼光之外了。

世之颓波[①]，明知其当变，狃于众皆为之而不敢动；事之义举，明知其当为，狃于众皆不为而不敢动，是亦众人而已。提抱[②]之儿得一果饼未敢辄食，母尝之而后入口，彼不知其可食与否也。既知之矣，犹以众人为行止，可愧也夫。惟英雄豪杰不徇习以居非，能违俗而任道，夫是之谓独复[3]。呜呼！此庸人智巧之士所谓生事而好异者也。

【注释】①颓波：向下流的水势，比喻衰颓的世风或事物衰落的趋势。②提抱：养育、照顾，借指婴幼儿。③独复：指特立独行而从道者。《易经·复卦·六四》："中行，独复。"《象》曰："'中行独复'，以从道也。"

【译文】世风衰颓，明明知道应当改变，但习惯了大家都是那样做的而不敢改动；正义的举动，明明知道应当作，但习惯了大家都不去做而不敢去做，这样的人也只是普通人罢了，怀抱中的婴幼儿得到一个果饼不敢擅自食用，母亲尝了后才敢入口，这是因为他不知果饼是否能吃。已经知道能吃，仍然要根据众人然后自己做决定，真让人感到羞愧。只有英雄豪杰能不依从习俗而处于被人非议的位置，能违反世俗而担当重任，他们是特立独行而从道的人。唉！这就是见识浅陋、机谋巧诈的人所谓的制造事端又喜好标新立异的人。

士气不可无，傲气不可有。士气者，明于人己之分，守正而不诡随[1]。傲气者，昧于上下之等，好高而不素位。自处者每以傲人为士气，观人者每以士气为傲人，悲夫！故惟有士气者能谦己下人，彼傲人者昏夜乞哀[2]或不可知矣。

【注释】①诡随：不顾是非而妄随人意。②昏夜乞哀：《孟子·离娄下》"齐人有一妻一妾章"赵岐曰："言今之求富贵者，皆以枉曲之道，昏夜乞哀以求之，而以骄人于白日，与斯人何以异哉！"就是说的求富贵情况。但有些表面傲气的人何尝不是如此。这里把士气与傲气做了一个区分。指出士气"能谦己下人"而傲气者则好高轻人，但背地里是另一套。

【译文】读书人的节操不可以没有，但是骄傲的神态不可以有。读书人的节操，指的是明白自己与他人的名位，恪守正道而不欺诈虚伪。骄傲的神态，指的是不明上下的等级，好高位而不愿居于常位。对待自己每每以高傲自负、轻视他人为读书人的节操，观察他人则每每以读书人的节操为高傲自负、轻视他人，可悲啊！因此只有真正具有读书人节操的人能克己自谦、居于人下，那些高傲自负、轻视他人的人，可能会在黑夜乞求别人的哀怜，也未可知。

体解神昏，志消气沮，天下事不是这般人干底。攘臂抵掌[①]，矢志奋心，天下事也不是这般人干底。干天下事者，智深勇沉，神闲气定。有所不言，言必当；有所不为，为必成。不自好而露才，不轻试以幸功。此真才也，世鲜识之。近世惟前二种人，乃互相讥，识者胥[②]笑之。

【注释】①攘（rǎng）臂抵（zhǐ）掌：攘臂，指捋起袖子，露出胳膊。表示振奋。语出《老子》："上礼为之而莫之应，则攘臂而扔之。"抵掌，指击掌，鼓掌。形容欢畅无拘束。②胥：都，皆。《诗经·小雅·角弓》："尔之教矣，民胥效矣。"

【译文】身体懈怠，神志昏迷，志气消沉，气势馁弱，天下事不是这种人干的。捋袖鼓掌，发誓奋发，天下事也不是这种人干的。干天下事的人，智谋勇气完备周密、神气悠闲安静。他们轻易不开口，一开口就得体切中要点；轻易不做事，做了就必然会成功。不自以为美好而显露自己的才能，不轻易尝试以求侥幸成功。这才是真才，世人很少能够识别。

近代只有前两种人，他们互相讥讽，有见识的人都讥笑他们。

贤人君子，那一种人里没有？鄙夫小人，那一种人里没有？世俗都在那爵位上定人品，把那邪正却作第二着看。今有仆隶乞丐之人，特地做忠孝节义之事，为天地间立大纲常，我当北面①师事之，环视达官贵人似俯首居其下矣。论到此，那富贵利达与这忠孝节义比来岂直太山②鸿毛哉？然则匹夫匹妇未可轻，而下士寒儒其自视亦不可渺然小也。故论势分，虽抱关之吏亦有所下以伸其尊；论性分，则尧、舜与途人可揖让于一堂。论心谈道，孰贵孰贱？孰尊孰卑？故天地间惟道贵，天地间人惟得道者贵。

【注释】①北面：弟子行敬师之礼。旧日老师的座位是坐北朝南，学生北面受教，以示尊敬。②太山：典出《孟子·梁惠王上》，即泰山。

【译文】贤人和君子，在哪一种人里没有？鄙夫和小人，在哪一种人里没有？世间一般的习俗都通过封爵职位来评定人品，却把邪正看在第二位。现在如果有奴仆乞丐这样的人，专做忠孝节义的事情，为天地间确立大纲常，我应该把他们当作老师来侍奉，环视周围的达官贵人似应低头甘居其下。说到这里，可知那富贵显达和忠孝节义相比，岂只是鸿毛与泰山之差呢？那么普通的男女百姓不可轻视，而浅俗的人、贫寒的读书人也不要小看自己。因此从地位上来看，即使是守城门的小吏也有使人居下而伸展其尊严之处；从性分上来看，那尧、舜也可以和陌生人在一个屋中作揖谦让。在一起倾心交谈、谈说义理，又有谁贵谁贱？谁尊谁卑呢？因此天地间只有道贵，天地间的人只有得道者贵。

山林处士[①]，常养一个傲慢轻人之象，常积一腹痛愤不平之气，此是大病痛。

【注释】①处士：本指有才德而隐居不仕的人，后亦泛指未做过官的士人。也称为“处子”。

【译文】幽居的隐士，常养成一个傲慢轻视人的形象，常积成一肚子愤慨不平的怨气，这是大毛病。

好名之人，充其心，父母兄弟妻子都顾不得，何者？名无两成，必相形而后显。叶人证父攘羊[①]，陈仲子恶兄受鹅[②]，周泽奏妻破戒[③]，皆好名之心为之也。

【注释】①“叶人”句：《论语·子路》：“叶公语孔子曰：‘吾党有直躬者，其父攘羊，而子证之。’孔子曰：‘吾党之直者异于是。父为子隐，子为父隐，直在其中矣。’”攘，盗。②“陈仲子”句：《孟子·滕文公下》：“仲子，齐之世家也。兄戴，盖禄万钟。以兄之禄为不义之禄而不食也，以兄之室为不义之室而不居也，避兄离母，处于於陵。他日归，则有馈其兄生鹅者，己频顣曰：‘恶用是鶂（yì）鶂者为哉？’他日，其母杀是鹅也，与之食之。其兄自外至，曰：‘是鶂鶂之肉也。’出而哇之。以母则不食，以妻则食之；以兄之室则弗居，以於陵则居之。是尚为能充其类也乎？若仲子者，蚓而后充其操者也。”③“周泽”句：《后汉书·儒林列传》：“周泽字稚都，北海安丘人也……十二年，以泽行司徒事，如真。泽性简，忽威仪，颇失宰相之望。数月，复为太常。清絜循行，尽敬宗庙。常卧疾斋官，其妻哀泽老病，窥问所苦。泽大怒，以妻干犯斋禁，遂收送诏狱谢罪。当世疑其诡激。”

【译文】爱好虚名的人，名誉充塞其心，连父母、兄弟、妻子、儿女都不能顾及，为什么呢？名誉不能双方都得到，必须相比才能显示出来。《论语》记载，叶地的一个人证明他的父亲偷了人家的羊；《孟子》记载，陈仲子反对兄长接受别人送的鹅；《后汉书》记载，周泽向皇帝奏报妻子干犯皇帝的斋禁；这都是因为有追求虚名之心才做出这样的事。

世之人常把好事让与他人做，而甘居己于不肖，又要掠个好名儿在身上，而诋他人为不肖。悲夫！是益其不肖也。

【译文】世上的人常常把好事让给他人做，而自己甘心处于不正派的位置；可是又要抢个好名声，从而诋毁他人不正派。可悲啊！这是更增加了他的不正派。

理圣人之口易，理众人之口难。圣人之口易为众人，众人之口难为圣人。岂直当时之毁誉，即千古英雄豪杰之士、节义正直之人，一人议论之家，彼臧此否[①]，各骋偏执，互为雌黄[②]，譬之舞文吏出入人罪，惟其所欲求，其有大公至正之见，死者复生而响服者几人？是生者肆口而死者含冤也。噫！使臧否人物者而出于无闻之士，犹昔人之幸也。彼擅著作之名号，为一世人杰，而立言不慎，则是狱成于廷尉，就死而莫之辩也，不仁莫大焉。是故君子论人，与其刻也，宁恕。

【注释】①臧否（pǐ）：赞扬与批评。②雌黄：古人常用雌黄涂改文字，故称乱改、乱说为妄下雌黄和信口雌黄。

【译文】调理圣人的口容易，调理众人的口困难。圣人之口容易变为众人之口，众人之口难以变成圣人之口。不只是当时之人的毁谤和赞誉，即使是千古英雄豪杰之士、节义正直的人，一旦被人议论，这个赞扬那个批评，各自放任偏重于一边的执着，彼此乱说，譬如那些通过玩弄法令条文的方法来给人定罪的官吏，只是根据自己的需求来解释法令条文，这种人中有完全秉公、毫不偏心的见解，如今死者复生，对他的判决表示心服口服的，能有几个人呢？这样做只能使活着的人议论纷纷而死去的人含冤九泉而已。唉！假使褒贬品评人物的人是些无名之辈，还是被品评者的幸事。那些享有文名、为一世人杰的人，如果著书立说不谨慎，那就如同刑狱经廷尉审讯一样，被审的人到死也无法辩白，无仁厚德行没有比这个再大的了。因此君子评论人，与其苛刻，不如宽恕。

正直者必不忠厚，忠厚者必不正直。正直人植纲常，扶世道；忠厚人养和平，培根本。然而激天下之祸者，正直之人；养天下之祸者，忠厚之过也。此四字兼而有之，惟时中[①]之圣。

【注释】①时中：典出《易经·蒙卦·彖传》：“蒙，亨。以亨行，时中也。”“中”就是孔子讲的中庸之道，指的是在天地自然之道的正中运行，既不太过，又无不及。“时”是指与时势一致。

【译文】正直的人必定不忠厚，忠厚的人必定不正直。正直的人能够培植纲常、扶助世道；忠厚的人可以滋养和平、培育根本。然而激起天下祸端的人，是正直的人；纵容天下祸害的人，是忠厚的人。能同时具备“正直”“忠厚”这四字，只有立身行事合乎时宜，无过与不及的圣人才能做到。

露才是士君子大病痛，尤莫甚于饰才[①]。露者不藏其所有也，饰者虚剽其所无也。

【注释】①饰才：装作有才能的样子。

【译文】显露自己的才能，是士君子的大毛病，但不比假装有才更严重。显露自己的才能只是不掩藏自己所具有的，假装有才能是用虚假的办法来显示自己所没有的东西。

士有三不顾：行道济时人顾不得爱身，富贵利达人顾不得爱德，全身远害人顾不得爱天下。

【译文】读书人有三个顾不得：推行王道仁教的人顾不得贪生怕死，追求富贵显达的人顾不得爱德，促使自身远离祸害的人顾不得爱天下。

其事难言而于心无愧者，宁灭其可知之迹，故君子为心受恶，太伯[①]是已。情有所不忍而义不得不然者，宁负大不韪之名，故君子为理受恶，周公[②]是已。情有可矜而法不可废者，宁自居于忍[③]以伸法，故君子为法受恶，武侯[④]是已。人皆为之而我独不为，则掩其名以分谤，故君子为众受恶，宋子罕[⑤]是已。

【注释】①太伯：古公亶父子。《史记·周本纪》：“古公有长子曰太伯，次曰虞仲。太姜生少子季历，季历娶太任，皆贤妇人，生昌，有圣瑞。古公曰：‘我世当有兴者，其在昌乎？’长子太伯、虞仲知古公欲立季历以传昌，乃二人亡如荆蛮，文身断发，以让季历。”②周公：周武王之弟，名旦，亦称叔旦，因采邑在周，称为周公。《史记·周本纪》：“成王少，周公恐诸侯畔周，公乃摄行政当国。管叔、蔡叔群弟疑周公，与武庚作乱，畔周。周公奉成王命，伐诛武庚、管叔，放蔡叔。”③忍：狠心，硬着心肠。④武侯：即诸葛亮，封武乡侯。治蜀、治军以法。事见《三国志·蜀书·诸葛亮传》。⑤宋子罕：即司城子罕，名乐喜。《左传·襄公十五年》：“宋人或得玉，献诸子罕，子罕弗受。献玉者曰：‘以示玉人，玉人以为宝也，故敢献之。’子罕曰：‘我以不贪为宝，尔以玉为宝。若以与我，皆丧宝也，不若人有其宝。’”又《左传·襄公十七年》：“宋皇国父为大宰，为平公筑台，妨于农功。子罕请俟农功之毕，公弗许。筑者讴曰：‘泽门之皙（指面白的皇国父），实兴我役。邑中之黔（指面黑的子罕），实慰我心。’子罕闻之，亲执扑（竹鞭）以行（巡行督察）筑者，而抶（鞭打）其不勉者。曰‘吾侪小人，皆有阖庐，以辟燥湿寒暑。今君为一台，而不速成，何以为役？’讴者乃止。或问其故。子罕曰：‘宋国区区，而有诅有祝，祸之本也。’”

【译文】事情难以用语言表达而心中毫无愧色，宁可消掉可能会被人知道的痕迹，所以有德行的人会为了隐藏内心的事而蒙受恶名，周代古公亶父的儿子太伯就是这样的人。感情有所不忍而道义不得不这样做，宁可担当大不是的名声，所以有德行的人会因为坚持真理而蒙受恶名，周公就是这样的人。情理上可以怜悯而法理不可以废黜，宁可以狠心之名自处而伸张法理，所以有德行的人会因依法办事而蒙受恶名，诸葛亮就是这样的人。大家都去做而只有我不去做，宁可为掩盖自己的美名而分担诽谤，所以有德行的人会因为保护众人而蒙受恶名，宋国的子罕就是这样的人。

“不欲为小人，不能为君子，毕竟作甚么人？”曰：“众人。”既众人，当与众人伍矣，而列其身名于士大夫之林，可乎？故众人而有士大夫之行者荣，士大夫而为众人之行者辱。

【译文】“既不想当小人，又不能成为君子，究竟想做个什么人呢？”回答说：“想做个普通人。”既然是个普通人，就应当与普通人为伍，却又想排列声望于士大夫之中，可以吗？因此说，普通人而有士大夫的品行是光荣的，而士大夫只有普通人的品行是耻辱的。

天之生人，虽下愚亦有一窍之明，听其自为用而极致之，亦有可观，而不可谓之才。所谓才者，能为人用，可圆可方，能阴能阳，而不以己用者也。以己用皆偏才也。

【译文】上天让人降生在世上，即使是最愚笨的人，也会让他有一个心窍的光明，听凭他自己运用发挥到极点，也值得欣赏，但不能称为才。所谓才，指的是能被别人运用，可圆可方，能阴能阳，而不是为了自己使用。为了自己使用的都是偏才。

心平气和而有强毅不可夺之力，秉公持正而有圆通不可拘之权，可以语人品矣。

【译文】心平气和而又具有刚强坚定不可夺的力量，主持公道、正义而又有通达灵活不可拘的变通，这种人可以说是有人的品格。

从容而不后事，急遽而不失容，脱略而不疏忽，简静而不凉薄，真率而不鄙俚，温润而不脂韦①，光明而不浅浮，沉静而不阴险，严毅而不苛刻，周匝而不烦碎，权变而不谲诈，精明而不猜察，亦可以为成人②矣。

【注释】①脂韦：脂油及软皮。形容油滑、柔弱。典出《楚辞·屈原·卜居》："将突梯滑稽，如脂如韦以洁楹乎？"后比喻阿谀或圆滑。②成人：德才兼备的人。《论语·宪问》："子路问成人。子曰：'若臧武仲之知，公绰之不欲，卞庄子之勇，冉求之艺，文之以礼乐，亦可以为成人矣。'曰：'今之成人者何必然？见利思义，见危授命，久要不忘平生之言，亦可以为成人矣。'"

【译文】从容而不耽误事情，急遽而不改变神色，洒脱而不粗心大意，简静而不冷淡薄情，坦率直爽而不粗俗，温柔润泽而不圆滑，光明而不浅薄轻浮，沉静而不阴险，严正刚毅而不苛刻，周密而不繁琐，随机应变而不欺诈，精明而不揣测，这样的人就是德才兼备的成熟之人了。

厚德之士能掩人过，盛德之士不令人有过。不令人有过者，体其不得已之心，知其必至之情而预遂之者也。

【译文】恩德深厚之士能够掩饰别人的过失，品德崇高之士不让人出现过失。不让人出现过失的人，能体会别人不得已的心情，知道别人不得不那样做的心情，而预先顺遂他的心愿。

烈士死志，守士死职，任士死怨，忿士死斗，贪士死财，躁士死言。

【译文】志向高远的人为志向而死，尽忠职守的人为职守而死，有才能的人为怨愤而死，愤怒怨恨的人为争斗而死，贪求无度的人为财而死，急躁喧嚷的人为言而死。

知其不可为而遂安之者，达人智士之见也。知其不可为而犹极力以图之者，忠臣孝子之心也。

【译文】明知做不到于是就安于现状，这是通达事理、有才智之士的见识。明知做不到却仍要努力去做，这是忠臣孝子的用心。

无识之士有三耻：耻贫、耻贱、耻老。或曰："君子独无耻与？"曰："有耻。亲在而贫，耻。用贤之世而贱，耻。年老而德业无闻，耻。"

【译文】没有见识的人有三耻：以贫穷、卑贱、年老为耻。有人问："君子难道没有感到羞耻的事情吗？"回答说："有感到羞耻的事。父母还健在时而自己贫穷，感到羞耻。处于任贤用能的世道而地位卑贱，感到羞耻。年老而德行功业不为人所知，感到羞耻。"

初开口便是煞尾语，初下手便是尽头着，此人大无含蓄，大不济事，学者戒之。

【译文】刚一开口说话就是结束语，刚下手做就是尽头处，这种人太不含蓄，太不能成事，学者应警惕犯这种毛病。

一个俗念头，一双俗眼目，一口俗话说，任教聪明才辩，可惜错活了一生。

【译文】一个人如果总是一个俗念头，一双俗眼目，一口俗话说，任凭他再聪明机辩，也是可惜错活了一生。

或问："君子小人，辩之最难。"曰："君子而近小人之迹，小人而为君子之态，此诚难辩。若其大都，则如皂白不可掩也。君子容貌敦大老成，小人容貌浮薄琐屑。君子平易，小人跷蹊①。君子诚实，小人奸诈。君子多让，小人多争。君子少文，小人多态。君子之心正直光明，小人之心邪曲微暧。君子之言雅淡质直、惟以达意，小人之言鲜秾柔泽、务于可人。君子与人亲而不昵，直谅②而不养其过；小人与人狎而致情，谀悦而多济其非。君子处事可以盟天质日，虽骨肉而不阿；小人处事低昂世态人情，虽昧理而不顾。君子临义，慷慨当前，惟视天下国家人物之利病，其祸福毁誉了不关心；小人临义，则观望顾忌，先虑爵禄身家妻子之便否，视社稷苍生漫不属己。君子事上礼不敢不恭，难使枉道；小人事上身不知为我，侧意随人。君子御下防其邪，而体其必至之情；小人御下遂吾欲，而忘彼同然之愿。君子自奉节俭恬雅，小人自奉汰侈弥文。君子亲贤爱士，乐道人之善；小人嫉贤妒能，乐道人之非。如此类者，色色顿殊。孔子曰：‘患不知人[3]。’吾以为终日相与，其类可分，虽善矜持，自有不可掩者在也。”

【注释】①跷蹊：亦作“蹺蹊”“跷奇”“跷欹”。奇怪，可疑。②直谅：正直、诚信。《论语·季氏》：“友直、友谅、友多闻，益矣。”③患不知人：《论语·学而》：“子曰：‘不患人之不己知，患不知人也。’”

【译文】有人问：“君子和小人，最难区分。”回答说：“君子有近似小人的行迹，而小人却装出君子的形态，这确实难以分辨。若说个大概，就如同黑白一样不能掩盖。君子的容貌敦厚宽大、老练成熟，小人的容貌轻佻不朴实。君子谦逊和蔼，小人难以探测。君子诚实，小人奸诈。君子多谦让，小人多争持。君子少掩饰，小人多虚伪。君子之心正直光明，小人之心邪曲微暧。君子之言高尚淡雅、朴实正直，只求表明自己的意思；小人之言鲜艳浓重、柔和润泽，务求能适合别人的心意。君子和人交往亲近而不狎昵，正直诚实而不助长别人的过错；小人和人交往亲近不庄重而致情，谄媚讨好而助长别人的错误。君子处事可以盟誓天日，即使是骨肉至亲也不会偏袒；小人处事随着世态人情变化，即使不明事理也不理会。君子面对大义，志气昂扬向前，只看对天下国家人民事物是否有利，对自身的祸福毁誉丝毫不放在心上；小人面对大义，则是迟疑不决、顾虑畏忌，首先考虑对爵禄身家妻子是否有利，而把社稷苍生丝毫不放在心上。君子事奉尊长，礼节不敢不恭敬，但难以让他做违背正道的事；小人事奉尊长，身不知为我，只是一味顺从上司。君子治理下级，防止其走邪路，而能体察他内心应有的感情；小人治理下级，只是按照自己的欲望，却忘记了他们也有相同的愿望。君子自身日常生活节俭恬淡素雅，小人自身日常生活骄奢夸饰。君子亲近贤人、爱护有才德的人，乐意说人的优点；小人嫉妒比自己有才德的人，爱说别人的缺点。诸如此类，样样不同。孔子说：'患不知人。'我认为终日相处，就能够分辨出是君子还是小人，小人虽然善于文饰，却也有掩藏不住的地方。"

今之论人者，于辞受，不论道义，只以辞为是，故辞宁矫廉[①]而避贪爱之嫌。于取与，不论道义，只以与为是，故与宁伤惠而避吝啬之嫌。于怨怒，不论道义，只以忍为是，故礼虽当校而避无量之嫌。义当明分，人皆病其谀，而以倨傲矜陵为节概。礼当持体，人皆病其倨，而以过礼足恭为盛德。惟俭是取者，不辩礼有当丰。惟默是贵者，不论事有当言。此皆察理不精，贵贤知而忘其过者也。噫！与不及者诚有间[②]矣，其贼道[③]均也。

【注释】①矫廉：假装廉洁。②间：距离，引申为差别。③贼道：损害仁义之道。

【译文】现在评论人物，对于别人赠送的东西是推辞还是接受，不看是否合乎道义，只认为推辞不受就是对的，因此宁愿不合情理地推辞不受来假装廉洁，也要避免贪恋的嫌疑。对于收取还是给予，也不论是否合乎道义，只认为给予是对的，因此宁愿显示大方，也要避免吝啬的嫌疑。对于怨恨和忿怒，也不管是否合乎道义，只以忍耐为正确，因此按理应当计较的事也不计较，而要避免没有度量的嫌疑。根据道义应当明辨本分，人们都责备奉承别人是不好的，于是就以傲慢自大、夸耀凌人为志节气概。按照礼应该自尊得体，人们都责备高傲自大是不好的，于是就以过度的礼节和谦恭为崇高的品德。认为只有节俭才是可取的，就不分辨按照礼节有时应该丰盛。认为只有沉默才是可贵的，就不论有的事应当开口。这些都是对于是否合理认识不清，以有贤德才智为可贵而忘记他们已超过了界限。唉！超过与不及确实有差别，但对道的危害却是一样的。

狃浅识狭闻，执偏见曲说，守陋规俗套，斯人也，若为乡里常人不足轻重，若居高位有令名[①]，其坏世教不细。

【注释】①令名：美名。

【译文】拘泥于贫乏的见识，固执于偏见、邪曲之说，遵守恶劣的惯例、世俗的礼节，这种人，如果是乡下的普通人，还不足以影响事物的轻重分量，如果身居高位又有好名声，那对社会教化的损害肯定不小。

以粗疏心看古人亲切之语，以烦躁心看古人静深之语，以浮泛心看古人玄细之语，以浅狭心看古人博洽之语，便加品骘[①]，真孟浪人也[②]。

【注释】①品骘（zhì）：评定，论定高低。②孟浪：疏略，轻率。

【译文】用粗疏心去看古人亲切的语言，用烦躁心去看古人沉静深邃的语言，用浮泛心去看古人深微的语言，用浅狭心去看古人博大合理的语言，这样随便就加以品评，实在是个鲁莽轻率的人啊！

文姜与弑桓公[①]，武后灭唐子孙[②]，更其国庙，此二妇者，皆国贼也，而祔[③]葬于墓，祔祭于庙，礼法安在？此千古未反一大案也。或曰："子无废母之义。"噫！是言也，闾阎市井儿女之识也。以礼言，三纲之重，等于天地，天下共之。子之身，祖庙承继之身，非人子所得而有也。母之罪，宗庙君父之罪，非人子所得而庇也。文姜、武后，庄公、中宗[4]安得而私之以情？言弑吾身者与我同丘陵，易吾姓者与我同血食[5]，祖、父之心悦乎？怒乎？对子而言，则母尊；对祖、父而言，则吾母臣妾也。以血属而言，祖、父我同姓，而母异姓也。子为母忘身可也，不敢仇；虽杀我可也，不敢仇。宗庙也，父也，我得而专之乎？专祖、父之庙以济其私，不孝；重生我之恩而忘祖、父之仇，亦不孝。不体祖、父之心，强所仇而与之共土同牢，亦不孝。二妇之罪当诛，吾为人子，不忍行，亦不敢行也。有为国讨贼者，吾不当闻，亦不敢罪也。不诛不讨，为吾母者逋戮[6]之元凶也。葬于他所，食于别宫，称后夫人而不系于夫，终身哀悼以伤吾之不幸而已。庄公、中宗皆昏庸之主，吾无责矣。吾恨当时大臣陷君于大过而不顾也。或曰"'葬我小君文姜'[7]，夫子既许之矣，子何罪焉？"曰："此胡氏[8]失仲尼之意也。仲尼盖伤鲁君臣之昧礼而特著其事以示讥尔。曰'我'，言不当我而我之也。曰'小君'，言不成小君而小君之也，与历世夫人同书而不异其词，仲尼之心岂无别白至此哉？不然姜氏会齐侯，每行必书其恶，恶之深如此，而肯许其为'我小君'耶？"或曰："子狃于母重而不敢不尊，臣狃于君命而不敢不从，是亦权变之礼耳。"余曰："否！否！宋桓夫人出耳[9]，襄公立而不敢迎其母，圣人不罪襄公之薄恩而美夫人之守礼。况二妇之罪弥漫宇宙，万倍于出者。臣子忘祖、父之重而尊一罪大恶极之母以伸其私，天理民彝灭矣。道之不明一至是哉？余安得而忘言。”

【注释】①“文姜”句：文姜，鲁桓公夫人，齐僖公女。桓公与文姜如齐，文姜兄襄公与文姜私通，桓公怒，文姜告襄公，襄公杀桓公。事见《左传·桓公十八年》。桓公，鲁桓公，姬姓，名允，鲁惠公之子，鲁隐公之弟。②“武后”句：武后，武则天，唐高宗后。弘道元年中宗即位，她临朝称制。次年，废中宗，立睿宗。载初元年废睿宗，改国号为周，称圣神皇帝，大杀唐宗室。③祔（fù）：合葬。后“祔”字为祭名，指奉新死者的木主于祖庙与祖先的木主一起祭祀。④庄公：鲁庄公，姬姓，名同，文姜之子。中宗：唐中宗李显，武则天之子。⑤血食：受享祭品。古代杀牲取血以祭，故称。⑥逋（bū）戮：逃避杀戮。逋，逃。戮，杀。⑦葬我小君文姜：典出《春秋经·庄公二十二年》：“癸丑，葬我小君文姜。”孔子作《春秋》，故说“夫子既许之矣”。小君，诸侯的妻子。⑧胡氏：指胡安国，字康侯，宋崇安人，经学家，官至中书舍人兼侍讲。王安石废弃《春秋》，胡安国以为其乃先圣传心之要典，故仍潜心研究二十年。谥文定。著有《春秋传》《资治通鉴举要补遗》等。⑨宋桓夫人出：宋桓夫人，为卫文公妹，宋桓公之妻，宋襄公之母。宋桓公夫人出归卫国，襄公立，夫人思之而义不可往。一般认为《诗经·卫风》中的《河广》之诗是宋桓夫人思宋之作。

【译文】鲁桓公的夫人文姜参与杀害鲁桓公；皇后武则天杀了不少李唐的子孙，还更改了国号和宗庙，这两个妇人，都是危害国家的奸贼，但是死后还与丈夫合葬在一起，一起祭祀于祖庙，这样做礼法安在？这是千古以来没有推翻过来的一个大案。有人说：“没有儿子废除母亲的道理。”唉！说出这种话，是民间市井儿女的见识。以礼来说，君为臣纲、父为子纲、夫为妻纲，这三纲的分量，等于天地，天下要共同遵守。人子之身，是要承继祖庙的，不是人子自己所独有的。母亲的罪过，是对宗庙君父犯了罪，不是人子所能庇护的。对于文姜、武后，鲁庄公、唐中宗怎么能以私人感情来庇护她们呢？如果说杀我的人可以和我合葬在一个墓穴，更改我国号的人可以与我同享庙祭，祖先和父亲的心里会高兴呢？还是会发怒呢？对于儿子来说，母亲是值得尊重的；对祖宗和父亲来说，我的母亲只是臣妾。从血缘关系而言，祖宗、父亲是和我同姓的亲人，而母亲则是异姓。儿子为了母亲可以置生死于度外，不敢与母亲为仇；即使母亲杀了儿子也是可以的，儿子也不敢与母亲为仇。但是对于宗庙的事，父亲的事，我能擅专做主吗？以个人的感情来决定祖宗和父亲的事，这是不孝；只看重母亲生我的恩情而忘记了祖宗、父亲的仇恨，也是不孝。不体恤祖宗、父亲的心，强使他们与仇人共穴合葬、共享祭祀，也是不孝。按这两个妇人的罪行，应当诛杀，但作为人子，不忍心这样做，也不敢这样做。有人为了国家而讨伐我的母亲，我不应当过问这件事，也不敢怪罪他们。如果过问此事却对讨贼者不诛不罚，就会成为帮助讨伐我母亲罪犯的元凶。所以只能将母亲安葬在别的地方，在那里祭祀她，称作后或夫人，而不将她与丈夫合葬，终生都哀悼她，为我的不幸伤心而已。鲁庄公、唐中宗都是昏庸的君主，我不责备他们。我恼恨的是当时的大臣使国君陷于大的过错中却不管不顾。有人问："《春秋》记载：'葬我小君文姜'，孔子都认可的事，你为什么还要责怪呢？"我回答说："这是胡安国误解了孔子的意思。孔子是忧伤鲁国君臣不懂礼数，因而特意这样写，用来表示讽刺的。称'我'，是说不配当我的小君，才用了'我'字。称'小君'，是说称不起是小君，才用了'小君'，如果用与历代夫人同样的称呼而不改变，难道孔子的内心不能分辨是非到了如此地步了吗？事实并非如此，文姜每次和齐侯相会，每写到这些，孔子必书写她的恶行，孔子对文姜的厌恶如此深切，难道肯称许她为‘我小君’吗？”又问：“有时儿子拘泥于对母亲的尊重，而不敢不尊重；臣子拘泥于国君的命令，而不敢不服从，这也是权变的礼节。”我说：“不是这样的！不是这样的！宋桓夫人被赶出了国门，她的儿子宋襄公继承了王位也不敢把她接回来，圣人不责备宋襄公的刻薄寡恩，却赞美他能够遵守礼制。况且文姜和武则天这两个妇人的罪恶遍布宇宙，比宋桓夫人的被休严重一万倍。臣子如果忘记了祖先、父亲的分量而尊崇一个罪大恶极的母亲，用来顺从自己的私心，连天理人伦都没有了。大道的混乱已到了这种地步了吗？我怎么能不把这个道理讲出来呢？”

平生无一人称誉，其人可知矣。平生无一人诋毁，其人亦可知矣。大如天，圣如孔子，未尝尽可人意。是人也，无分君子、小人皆感激之，是在天与圣人上，贤耶？不肖耶？我不可知矣。

【译文】一生没有一个人称赞的人，这个人的人品就可知了。一生没有一个人诋毁的人，这个人的人品也可知了。广大如天，圣明如孔子，都不能尽合人意；而一个人，无论君子或小人都感激他，这个人就在天和圣人之上了，这种人是贤呢？还是不贤呢？我就不知道了。

寻行数墨[①]是头巾见识，慎步矜趋是钗裙[②]见识，大刀阔斧是丈夫见识，能方能圆、能大能小是圣人见识。

【注释】①寻行（háng）数墨：寻行，一行行地读；数墨，一字字地读。指读书时拘泥于一字一句的钻研，而不求义理的融会贯通。典出《景德传灯录·卷二十九·志公和尚大乘赞十首之九》：“口内诵经千卷，体上问经不识；不解佛法圆通，徒劳寻行数墨。”②钗裙：本意为妇女的钗子和裙子，也称裙钗。古时借指为妇女。以物指人。

【译文】只会诵读文句而不能理解义理，这是书生的见识；谨慎地走路、拘谨地快行，这是妇女的见识；办事决断有魄力，这是大丈夫的见识；能方能圆、能大能小，这是圣人的见识。

春秋人，计可否，畏礼义，惜体面。战国人，只是计利害，机械变诈，苟谋成计得，顾甚体面，说甚羞耻。

【译文】春秋时期的人，要考虑一件事是否可行，又敬畏礼义，还要顾及体面。战国时期的人，只是计算利害，诡变巧诈，计谋如能得成，哪还顾什么体面，说什么羞耻呢。

太和中发出，金石可穿，何况民物？有不孚格[①]者乎？

【注释】①孚格：信通。

【译文】阴阳会合发出来的冲和之气，金石都可以穿透，何况人民、万物呢？人民、万物受到阴阳会合、冲和之气的感通，能不信服吗？

自古圣贤孜孜汲汲，惕励忧勤，只是以济世安民为己任，以检身约己为先图，自有知以至于盖棺，尚有未毕之性分，不了之心缘。不惟孔、孟，虽佛、老、墨翟、申、韩，皆有一种毙而后已念头，是以生不为世间赘疣[①]之物，死不为幽冥浮荡之鬼。乃西晋王衍[②]辈一出，以身为懒散之物，百不经心，放荡于礼法之外，一无所忌。以浮谈玄语为得圣之清，以灭理废教为得道之本，以浪游于山水之间为高人，以衔杯于糟曲之林为达士。人废职业，家尚虚无。不止亡晋，又开天下后世登临题咏之祸，长惰慢放肆之风，以至于今。追原乱本，盖开衅于庄、列[③]，而基恶于巢、由[④]，有世道之责者宜知所戒矣。

【注释】①赘（zhuì）疣（yóu）：皮肤上长的肉瘤。此指多余无用的东西。②王衍：字夷甫，西晋人，王祥之孙。时人称其风姿高彻，如瑶林琼树。以清谈著称，官至尚书令、太尉。西晋亡，投降石勒，后被石勒所杀。据《晋书·王衍列传》载："衍初好论纵横之术，故尚书卢钦举为辽东太守，不就。于是口不论世事，唯雅咏玄虚而已。……衍既有盛才美貌，明悟若神，常自比子贡。兼声名藉甚，倾动当世。妙善玄言，唯谈老、庄为事。……累居显职，后进之士，莫不景慕放效。选举登朝，皆以为称首。矜高浮诞，遂成风俗焉。"又载王衍自己在临刑前说："呜呼！吾曹虽不如古人，向若不祖尚浮虚，勠力以匡天下，犹可不至今日。"③庄、列：庄子、列子。庄子名周，战国时宋国蒙人，曾为蒙漆园吏，故亦称"蒙吏""蒙庄""蒙叟"。尝隐居南华山，故唐玄宗天宝初年，追号为南华真人，称其书为南华经。人生观崇尚自然无为，逍遥自得；政治观归于无为而治。与老子并为道家思想的宗师，著有《庄子》。列子名咧寇，又名列御寇，战国时郑国圃田人，著有《列子》，其学说本于黄帝老子，归同于老、庄。创立了先秦哲学学派贵虚学派（列子学）。是介于老子庄子之间道家学派承前启后的重要传承人物。④巢、由：巢父、许由。《史记·伯夷列传》正义引皇甫谧《高士传》云："许由字武仲。尧闻致天下而让焉，乃退而遁于中岳颍水之阳、箕山之下隐。尧又召为九州岛长，由不欲闻之，洗耳于颍水滨。时有巢父牵犊欲饮之，见由洗耳，问其故。对曰：'尧欲召我为九州岛长，恶闻其声，是故洗耳。'巢父曰：'子若处高岸深谷，人道不通，谁能见子？子故浮游，欲闻求其名誉，污吾犊口。'牵犊上流饮之。许由殁，葬此山，亦名许由山。"

【译文】自古以来，圣贤之人勤勉努力不懈怠，心存儆惕而自我激励，忧虑勤劳，只是以拯救时世、安定百姓为己任，以检点自身、约束自己为首务，从有知觉到身故不停地努力，尚有未能完满的本性分内之事，没有了结的内心愿望。不只是孔子、孟子，即使是佛、老、墨翟、申不害、韩非，也都有一种到死后方才停息的念头，因此活着时不致成为世间多余的无用之物，死了以后不致成为阴间飘荡的鬼。自从西晋王衍之辈出现，认为身体是懒散之物，做任何事都随意不留心，任意妄为于礼法之外，没有任何畏惧。以为空谈玄远虚无之语就是得到了圣人清高的品德，以为灭理废教就是得到了道的根本，以为漫游于山水之间就是高人，以为无节制地狂饮就是不同凡俗的人。使得人人荒废职业，家家崇尚虚无。这种风气，不仅使晋朝灭亡了，而且开启了天下后世游览山水、咏诗题句的祸害，滋长了懒惰懈怠、放纵任意的风气，以至到如今。追究混乱的根本，祸端开始于庄子、列子，最早基于巢父与许由，对世道负有责任的人，应该知道有所戒惧。

微子抱祭器归周[①]，为宗祀也。有宋之封，但使先王血食，则数十世之神灵有托。我可也，箕子[②]可也，但属子姓者一人亦可也。若曰事异姓以苟富贵而避之嫌，则浅之乎其为识也。惟是箕子可为夷、齐[3]，而《洪范》之陈[4]，朝鲜之封[5]，是亦不可以已乎？曰："系累之臣，释囚访道，待以不臣之礼，而使作宾，固圣人之所不忍负也。此亦达节之一事，不可为后世宗臣藉口。"

【注释】①"微子"句：《史记·宋微子世家》："微子开者，殷帝乙之首子而帝纣之庶兄也。纣既立，不明，淫乱于政，微子数谏，纣不听。……遂亡。……周武王伐纣克殷，微子乃持其祭器造于军门，肉袒面缚，左牵羊，右把茅，膝行而前以告。于是武王乃释微子，复其位如故……周公既承成王命诛武庚，杀管叔，放蔡叔，乃命微子开代殷后，奉其先祀。作《微子之命》以申之，国于宋。"微子，周代宋国的始祖，名启（一作开），商纣王庶兄。②箕子：商代贵族，纣王叔父。纣淫泆，箕子谏，不听，乃被发佯狂而为奴。武王克殷，访问箕子，封箕子于朝鲜。事亦见《史记·宋微子世家》。③夷、齐：伯夷、叔齐。伯夷，子姓，墨胎氏，名允，商末孤竹国人，商纣王末期孤竹国君长子，是殷商时期契的后代。叔齐，子姓，墨胎氏，名致，字公达，商末孤竹国(今河北卢龙西)君第三子。武王灭商后，兄弟二人逃到首阳山(今唐山市滦县)，不食周粟，饥饿而死。事见《史记·伯夷列传》。④《洪范》之陈：《洪范》《尚书》篇名。传说为箕子所作，以此向周武王陈述天地之大法。近人疑为战国时人伪托之作。⑤朝鲜之封：武王克殷，访问箕子，封箕子于朝鲜。事亦见《史记·宋微子世家》。

【译文】微子在殷纣灭亡之后，抱着祖庙的祭器归顺了周武王，是为了祖宗有人祭祀。微子被封到宋地，使殷商已逝的君主有人祭祀，那么数十世的神灵就有了托身之地。这样做，微子可以，箕子也可以，凡是殷商帝王家族同姓的任何人都可以。如果说微子事奉异姓是为了贪图富贵，避免嫌疑，这样的见识就太浅薄了。唯有箕子，本来可以像伯夷、叔齐那样逃避深山，但他写了《洪范》，向周武王陈述天地之大法，被封到朝鲜，是不是也有不可以停止隐衷呢？回答说："拘囚的异国臣子，被释放后，国君向他询问治国之道，不以臣礼相待，而是作为宾客以礼相待，原本是圣人不忍心辜负这种善心美意。这也是不拘常规而合乎节义的事情，但不应该成为后世同宗大臣归服他朝的借口。"

无心者公，无我者明。当局之君子不如旁观之众人者，有心、有我之故也。

【译文】没有用心，就会公平；不存成见，就能明察。即使当事人是君子，也不如旁观的普通人看得清楚明白，这是因为有存心、有自我的缘故。

君子豪杰战兢惕励[①]，当大事勇往直前；小人豪杰放纵恣睢，拼一命横行直撞。

【注释】①战兢惕励：《诗经·小雅·小旻》："战战兢兢，如临深渊，如履薄冰。"后来成为一种人生态度。讲的是时时小心谨慎的样子。《易经·乾卦》："九三，君子终日乾乾，夕惕若厉，无咎。"也是说平日小心谨慎的意思。

【译文】君子中的豪杰，战战兢兢，心存戒惧，遇到大事能勇往直前；小人中的豪杰，任性妄为，放任自得，遇事拼着性命胡乱的四处冲撞。

老子犹龙[1]不是尊美之辞，盖变化莫测，渊深不露之谓也。

【注释】①犹龙：《史记·老子韩非列传》：“孔子去，谓弟子曰：‘……吾今日见老子，其犹龙邪！’”本意为老子之道深邃如龙之不可见。

【译文】称老子为犹龙，不是过分赞美的言辞，指的是老子之道如龙之变化不可测，深厚而不显露。

乐要知内外。圣贤之乐在心，故顺逆穷通[1]随处皆泰。众人之乐在物，故山溪花鸟遇境才生。

【注释】①穷通：困厄与显达。《庄子·让王》：“古之得道者，穷亦乐，通亦乐，所乐非穷通也。”

【译文】快乐要知道分个内外。圣贤的快乐在内心，因此无论是顺境还是逆境，是困厄还是显达，任何时候都态度镇定，神色自若。普通人的快乐在外物，因此遇到山溪花鸟这样的美景才会产生。

可恨读底是古人书，作底是俗人事。

【译文】令人遗憾啊！有人虽然读的是古人书，做的却是俗人事。

言语以不肖而多；若皆上智人，更不须一语。

【译文】没有才能的人话就多；如果是具有高度智慧的圣哲，根本不用说一句话。

能用天下而不能用其身，君子惜之。善用其身者，善用天下者也。

【译文】能够利用天下的人才、事物，却不能很好地利用自身的才能，君子为这样的人感到惋惜。只有善于运用自己才能的人，才能好好利用天下的人才、事物。

粗豪人也自正气，但一向恁底[1]便不可与入道。

【注释】①恁底：亦作“恁的”“恁地”，如此、这样之意。

【译文】粗犷豪放的人也自有他的正气，但如果向来如此，就不能领悟真理。

学者不能徙义改过，非是不知，只是积慵久惯，自家由不得自家，便没一些指望。若真正格致[1]了，便由不得自家，欲罢不能矣。

【注释】①格致：《大学》：“欲诚其意者，先致其知。致知在格物。物格而后知至，知至而后意诚，意诚而后心正，心正而后身修，身修而后家齐，家齐而后国治，国治而后天下平。”文中“格致”就是指格物穷理，推进自己的知识。道理真懂了，知识积累多了，就会克服“积慵久惯”。

【译文】学者见义不能改变意念、改正过失，不是不知道该如何做，只是因为长期懒散而成了习惯，自己也由不得自己，这样的人便没有一点儿指望了。如果真正懂得了格物致知的道理，便会不由自主地努力向善，即使想要停止也不能够。

孔、孟以前人物，只是见大，见大便不拘挛。小家势人，寻行数墨，使杀了，只成就个狷者。

【译文】孔子、孟子以前的人物，是从大处着眼，从大处着眼便不会拘泥。那种小家子气的人只是拘泥于成见而不善于变通，即使杀身致死，也只是个胸襟狭隘，性情急躁的人。

终日不歇口，无一句可议之言，高于缄默者百倍矣。

【译文】从早到晚不停地说话，没有一句话可以让人非议，这比闭口不谈要高出百倍。

越是聪明人，越教诲不得。

【译文】越是聪明的人，越是难以教诲。

强恕①须是有这恕心才好，勉强推去，若视他人饥寒痛楚漠然通不动心，是恕念已无，更强个甚？还须是养个恕出来，才好与他说强。

【注释】①强恕：《孟子·尽心上》："反身而诚，乐莫大焉；强恕而行，求仁莫近焉。"孙爽疏："言勉强以忠恕之道而行之，以求仁之术最近。"这里强调人必须先有恕心、恕念，才能努力推行恕道。

【译文】勉力推行恕道的前提是这人具有推己及人的恕心，如果勉强让他去做，他对别人的饥寒痛苦都漠然不视，毫不动心，这是已经没有了恕的念头，再勉强他做什么呢？还是要先培养出推己及人的恕心，才好再去勉强他。

盗莫大于瞒心昧己，而窃劫次之。

【译文】最奸诈的事莫过于违背自己的良心，有意去做坏事，而抢劫和偷窃还比这差一等的。

明道[①]受用处阴得之佛、老，康节[②]受用处阴得之庄、列，然作用自是吾儒，盖能奴仆四氏[③]而不为其所用者。此语人不敢道，深于佛、老、庄、列者自默识得。

【注释】①明道：即程颢，字伯淳，学者称明道先生。②康节：即邵雍，字尧夫，谥康节。③四氏：指佛、老、庄、列。

【译文】程颢的学问暗中受益于佛、老，邵雍的学问暗中受益于庄子、列子，然而从功用上看，自然还是儒学，他们二人是能运用佛、老、庄、列而又不会为这四家所利用的人。这样的话别人不敢说，对佛、老、庄、列了解深刻的人自会暗中记住这一点。

乡原是似不是伪，孟子也只定他个“似”字[①]。今人却把“似”字作“伪”字看，不惟欠确，且末减[②]了他罪。

【注释】①“孟子”句：事见《孟子·尽心下》：“万子曰：‘一乡皆称原人焉，无所往而不为原人，孔子以为“德之贼”，何哉？’曰：‘非之无举也，刺之无刺也，同乎流俗，合乎污世。居之似忠信，行之似廉絜，众皆悦之，自以为是，而不可与入尧、舜之道，故曰“德之贼”也。’”乡原，即“乡愿”。指乡里中言行不一、伪善欺世的人。引申为见识浅陋、胆小无能之人，.今多作“伪君子”之代称。“原”(愿)，谨慎，善良。②末减：典出《左传·昭公十四年》：“(叔向)三数叔鱼之恶，不为末减。”谓从轻论罪或减刑。

【译文】乡里言行不一、伪善欺世的人表现得与忠厚老实相似，而不是伪装成忠厚老实，孟子也只是给他定个“似”字。现在的人却把“似”字看作“伪”字，不只不够确切，而且也减轻了伪君子的罪责。

不当事不知自家不济。才随遇长，识以穷精，坐谈先生，只好说理耳。

【译文】不遇事不知道自己的不足。才能随着遇到的事情多了而增长，见识随着深入研讨而精进，坐着空谈大道理的先生，只是喜欢空谈而已。

沉溺了，如神附，如鬼迷，全由不得自家，不怕你明见真知，眼见得深渊陡涧，心安意肯底直前撞去。到此翻然跳出，无分毫粘带，非天下第一大勇不能。学者须要知此。

【译文】沉溺其中，如同神灵附体，有如鬼迷心窍，完全由不得自己，哪怕你有正确而透彻的见解，眼看前面是深渊陡涧，也心甘情愿地直向前行。如果到了这种程度，还能很快而彻底跳出，没有分毫的黏连牵挂，不是天下第一等的大勇不能做到。学者必须要知道这个道理。

巢父、许由，世间要此等人作甚？荷蒉、晨门、长沮、桀溺[①]，知世道已不可为，自有无道则隐一种道理。巢、由一派有许多人，皆污浊尧、舜，哕吐[②]皋、夔，自谓旷古高人，而不知不仕无义，洁一身以病天下，吾道之罪人也。且世无巢、许，不害其为唐、虞；无尧、舜、皋、夔，巢、许也没安顿处，谁成就你个高人？

【注释】①荷蒉、晨门、长沮、桀溺：荷蒉、晨门、长沮、桀溺，皆为隐士。《论语·宪问》："子击磬于卫，有荷蒉而过孔氏之门者，曰：'有心哉，击磬乎！'既而曰：'鄙哉，硁硁乎！莫己知也，斯已而已矣。深则厉，浅则揭。'子曰：'果哉！末之难矣。'"朱熹注："荷，担也。蒉，草器也。此荷蒉者，亦隐士也。"又《论语·宪问》："子路宿于石门，晨门曰：'奚自？'子路曰：'自孔氏。'曰：'是知其不可而为之者与？'"朱熹注："晨门，掌晨启门，盖贤人隐于抱关者也。"《论语·微子》："长沮、桀溺耦而耕，孔子过之，使子路问津焉。长沮曰：'夫执舆者为谁？'子路曰：'为孔丘。'曰：'是鲁孔丘与？'曰：'是也。'曰：'是知津也。'问于桀溺，桀溺曰：'子为谁？'曰：'为仲由。'曰：'是鲁孔丘之徒与？'对曰：'然。'曰：'滔滔者天下皆是也，而谁以易之？且而与其从辟人之士也，岂若从辟世之士哉？'耰而不辍。子路行以告。夫子怃然曰：'鸟兽不可与同群，吾非斯人之徒与而谁与？天下有道，丘不与易也。'"②哕（yuě）吐：鄙视。

【译文】巢父、许由，世间要这样的人做什么呢？《论语》中记载的荷蒉、晨门、长沮、桀溺这些人，知道世道已不可改变，本身还体现了一种无道则隐的道理。巢父、许由这一派隐士中，有许多人认为尧、舜是卑劣龌龊的，认为皋、夔是肮脏的，自认为是旷世高人，而不知道在不讲正义的时代不去做官改变天下，只知洁身自好，这是儒道的罪人。况且世上没有巢父、许由这样的人，不妨害世道成为唐尧、虞舜的太平盛世；如果没有尧、舜、皋、夔这样的圣贤来治理天下，巢父、许由连个安顿的地方都没有，哪能成就你这个旷世高人？

而今士大夫聚首时，只问我辈奔奔忙忙、熬熬煎煎，是为天下国家，欲济世安民乎？是为身家妻子，欲位高金多乎？世之治乱，民之死生，国之安危，只于这两个念头定了。嗟夫！吾辈日多而世益苦，吾辈日贵而民日穷，世何贵于有吾辈哉！

【译文】现在士大夫聚会的时候，应该问一问：我们这些人成天奔奔忙忙、熬熬煎煎，到底是为了天下国家，想拯救时世，安定百姓呢？还是为了自身家庭、妻子儿女，想位高钱多呢？世道的安定与动乱，百姓的生存或死亡，国家的平安与危险，就系在这两个念头上。唉！我们这类人如果一天天增加，世人就会越加困苦；我们这类人如果一天天的富贵，百姓就会越来越穷困，世上有了我们这些人又有什么作用呢？

只气盛而色浮，便见所得底浅。邃养之人安详沉静，岂无慷慨激切、发强刚毅时？毕竟不轻恁底。

【译文】只是争强好胜而脸上又露出轻薄的神色，由此便可以看出他的修养是浮浅的。学养精深的人举止安详沉静，难道他们没有情绪激动昂扬、奋发刚毅的时候吗？毕竟他们轻易不会这样做。

以激为直，以浅为诚，皆贤者之过。

【译文】认为过分直率是正直，认为浮浅是诚恳，这都是贤者的过失。

评品古人，必须胸中有段道理，如权平衡直[1]，然后能称轻重。若执偏见曲说，昧于时不知其势，责其病不察其心，未尝身处其地，未尝心筹其事，而曰某非也，某过也，是瞽指星，聋议乐，大可笑也。君子耻之。

【注释】①权衡：称量物体轻重的器具。权，称锤；衡，称杆。

【译文】评论古人的高低，自己心中必须要有一番道理，如同称锤那样平，称杆那样直，然后才能称量物体的轻重。如果坚持的是不公平的见解、偏于一方的言论，看不清时势，只是责备其缺点却不考察其用心，未能从别人的处境着想，又未能在思想里筹划其事，却评论这个非，那个错，这就如同盲人手指天上的星星，聋人谈论音乐，未免太可笑了。君子认为这样做是可耻的。

小勇噭躁[1]，巧勇色笑[2]，大勇沉毅，至勇无气。

【注释】①噭（jiào）躁：声音激越而嘈杂。②色笑：典出《诗经·鲁颂·泮水》："载色载笑，匪怒伊教。"郑玄笺："和颜色而笑语，非有所怒，于是有所教化也。"指和颜悦色的态度。

【译文】匹夫之勇呼号急躁，巧勇脸色和蔼喜悦，大勇沉着坚毅，至勇无声无息。

为善去恶是趋吉避凶，惑矣，阴阳异端之说也。祀非类之鬼，禳自致之灾，祈难得之福，泥无损益之时日，宗趋避之邪术，悲夫！愚民之抵死而不悟也。即悟之者，亦狃天下皆然而不敢异，至有名公大人尤极信尚。呜呼！反经以正邪慝[①]，将谁望哉？

【注释】①"反经"句：《孟子·尽心下》："君子反经而已矣。经正，则庶民兴；庶民兴，斯无邪慝矣。"朱熹注："反，复也。经，常也，万世不易之常道也。"邪慝（tè），奸恶。

【译文】认为向善而去除邪恶就是趋吉避凶，这种看法太糊涂了，这实际上是阴阳异端的有害学说。祭祀与自己不同族类的鬼，祈祷消除自己招致的灾祸，祈求获得难以得到的福分，泥守不能增减的固定时日，尊崇所谓能够趋吉避害的邪术，可悲啊！愚昧无知的人至死也不能醒悟。即使醒悟了，也拘泥于天下人都那样做而不敢有所改变，甚至那些有名望的权贵尤其相信尊崇这一套。唉！恢复常道，改正邪恶的做法，又能指望谁呢？

夫物，愚者真，智者伪；愚者完，智者丧。无论人，即乌之反哺，雉之耿介，鸤鸠均平专一，雎鸠和而不流，雁之贞静自守，驺虞之仁，獬豸之秉正嫉邪，何尝有矫伪哉[①]？人亦然，人之全其天者，皆非智巧者也。才智巧则其天漓矣，漓则其天可夺。惟愚者之天不可夺，故求道真，当求之愚；求不二心之臣以任天下事，亦当求之愚。夫愚者何尝不智哉？愚者之智，纯正专一之智也。

【注释】①“乌之反哺”八句：此数句专讲鸟兽之德。吕坤曾著《无如》，有《兽类》《禽类》卷，专讲各种禽兽类的德行。云：“兽四足而走，在地成形。五脏六腑，耳目口鼻，有肖人者，其性情视人犹近。鸟林栖而天行，性情益远于人矣。然而五常百行，或得其一焉者，今古称之。如凤之为瑞，鹤之为清，慈乌之母子，鸿雁之夫妇，雉之耿介，鹭之修洁，鸤鸠之专一纯朴，皆德鸟也。”又云：“天之生人，最为灵秀。至于兽，则称蠢矣。嗟嗟，言何容易哉！龙神兽，麟瑞兽，鹰直兽，驺虞仁兽，狻猊无畏兽，此兽中贤圣也。”鸤鸠，典出《诗经·曹风·鸤鸠》：“鸤鸠在桑，其子七兮。淑人君子，其仪一兮。”鸤鸠，指布谷鸟。据说布谷鸟哺喂众小鸟，早晨从上而下，晚上从下而上，平均如一。雎鸠，典出《诗经·周南·关雎》：“关关雎鸠，在河之洲。”雎鸠，一种水鸟。生有定偶。驺（zōu）虞，典出《诗经·召南·驺虞》：“彼茁者葭，壹发五豝，于嗟乎驺虞！彼茁者蓬，壹发五豵，于嗟乎驺虞！”驺虞，传说中的瑞兽名。白虎黑纹，尾比躯长，不食生物。也称为“驺牙”“驺吾”。獬（xiè）豸（zhì），古代传说中的异兽。形似牛，一说似羊，独角，能分辨曲直，见人打斗时，会用角触理亏的人。

【译文】那些生物，愚蠢的真诚，聪明的虚伪；愚蠢的能保全自己，聪明的容易失去性命。不用说人类，即使乌鸦的反哺，野雉的刚正不阿，鸤鸠的公允专一，雎鸠的不随便附和，大雁的操守坚正，驺虞的仁爱，獬豸的持心公正、憎恨邪恶，哪里是掩饰真情伪装出来的呢？人也是这样，人能够保持其天性的，都不是机巧诈伪的人。刚运用机巧诈伪就远离了天性，远离天性，先天具有的善性就会改变。只有愚者的善性不会改变，所以，如果真心求道就应当向那些愚者学习；寻求那些没有二心的大臣来担当天下的大事，也应当寻求愚者。那些愚者哪里没有智慧呢？愚者的智慧，是纯正不邪、专一不乱的智慧。

面色不浮，眼光不乱，便知胸中静定，非久养不能。《礼》曰：“俨若思，安定辞[①]。”善形容有道气象矣。

【注释】①“俨若思”二句：典出《礼记·曲礼上》。俨若思，郑玄注：“俨，矜庄貌。人之坐思，貌必俨然。”安定辞，郑玄注：“审言语也。”即思考时面容庄重，说话时言语谨慎。

【译文】面色不浮，眼光不乱，就能知道胸中是平静安定的，不是长期的修养是不能做到。《礼记》记载：“俨若思，安定辞。”算是善于描绘那些道德高尚之人的神情形象了。

于天理汲汲者，于人欲必淡。于私事耽耽者，于公务必疏。于虚文烨烨者，于本实必薄。

【译文】努力追求天理的人，对人的本能欲望必然淡薄。沉溺于私事的人，对公务必然疏离。崇尚不切实用节仪的人，对本来的真实含义必然不会用心。

圣贤把持得“义”字最干净，无分毫“利”字干扰。众人才有义举，便不免有个“利”字来扰乱，“利”字不得，便做“义”

字不成。

【译文】圣贤对“义”字控制得最为干净，没有分毫“利”字来干扰。普通人才有义举，便不免有个“利”字来扰乱，得不到“利”字，便做不成“义”字。

道自孔、孟以后，无人识三代以上面目，汉儒无见于精，宋儒无见于大。

【译文】对于道，从孔子、孟子以后，就没有人认清夏、商、周三代以前的面目，汉儒没有看到它的精微之处，宋儒没有看到它的博大之处。

有忧世之实心，泫然欲泪；有济世之实才，施处辄宜。斯人也，我愿为曳履执鞭。若聚谈纸上微言，不关国家治忽[①]，争走尘中众辙；不知黎庶死生，即品格有清浊，均于宇宙无补也。

【注释】①治忽：亦作“治曶”。谓治理与怠忽，引申为国家治理与荒乱。典出《尚书·益稷》：“予欲闻六律五声八音，在治忽，以出纳五言。”孔传：“言欲以六律和声音，在察天下治理及忽怠者。”一说“忽”读为“滑”，义为“乱”。“治忽”即“治乱”。

【译文】有为时世忧虑的真心，不禁泫然欲泪；有救助世人的真才，实施辄宜。这种人，我情愿为他提鞋执鞭。如果只是聚在一起谈论书本上精妙的言论，不关心国家是治理还是荒乱，争着按众人的脚印走，不知黎民的生死，这种人不论品格的优劣，都对世事没有补益。

安重深沉，是第一美质。定天下之大难者，此人也；办天下之大事者，此人也。刚明果断次之。其他浮薄好任，翘能自喜，皆行不逮者也。即见诸行事，而施为无术，反以偾事，此等只可居谈论之科耳。

【译文】安详沉着稳重，是第一等美好的品质。平定天下大难的，是这种人；办天下大事的，是这种人。严明果敢决断，是第二等美好的品质。其他例如轻薄勇于任事，夸耀才能沾沾自喜，都是行动跟不上的人。即使能见之于行动，但由于行动无方，反而会败坏事情，这些人只是会谈论而已。

任有七难：繁任要提纲挈领，宜综核之才。重任要审谋独断，宜镇静之才。急任要观变会通，宜明敏之才。密任要藏机相可，宜周慎之才。独任要担当执持，宜刚毅之才。兼任要任贤取善，宜博大之才。疑任要内明外朗，宜驾驭之才。天之生人，各有偏长，国家之用人，备用群长。然而投之所向辄不济事者，所用非所长，所长非所用也。

【译文】天下有七种难于担当的重任：任务繁重要用能抓住重点大纲，综核能力之才。任务重大要用谋划周密、独自决断，镇静之才。任务紧急要用观变融会贯通，明敏之才。任务秘密要用藏匿才智相可，周密谨慎之才。任务独立要用独自担当、坚持不懈，刚毅之才。任务兼顾要委用德才兼备取善，博大之才。疑难任务要用内心光明正大、聪明外露，有驾驭能力之才。上天生人，各有所长，国家用人，要任用有各种专长的人才。然而任用以后不能把事情办成功，是由于所用非所长，所长非所用。

操进退用舍之权者要知大体，若专以小知观人，则卓荦[①]奇伟之士都在所遗。何者？敦大节者不为细谨，有远略者或无小才，肩钜任者或无捷识。而聪明才辩敏给圆通之士、节文习熟闻见广洽之人，类不能裨缓急之用。嗟夫！难言之矣。士之遇不遇，顾上之所爱憎也。

【注释】①卓荦（luò）：亦作“卓跞”。卓越，突出。

【译文】掌握任用和罢免大权的人要识大体，如果专以小智小识来观察他人，那么卓绝出众、雄伟不凡的人才都会被遗漏。为什么呢？注重修养高尚节操的人不拘泥细微末节，有远见卓识的人或没有小才，肩负重任的人或缺少敏捷的识见能力。而那些具有聪明才辩且敏捷圆通的人，礼节仪式习熟、见闻广博的人，紧急时都不堪任用。唉！实在是难以表达啊。读书人能不能遇到赏识的人，都要看居上位者的爱憎了。

居官念头有三用：念念用之君民，则为吉士；念念用之套数，则为俗吏；念念用之身家，则为贼臣。

【译文】做官的人，他们的念头有三个用处：每个念头都用在君上和百姓的身上，就是贤人；每个念头都用在日常的俗套上，就是庸俗的官吏；每个念头都用在自身和家庭上，就是乱臣贼子。

小廉曲谨之士，循途守辙之人，当太平时使治一方、理一事，尽能奉职。若定难决疑，应卒蹈险，宁用破绽人，不用寻常人。虽豪悍之魁，任侠之雄，驾御有方，更足以建奇功，成大务。噫！难与曲局者道。

【译文】小事上廉洁谨慎，遵守规矩的人，在太平年代让他治理一个地方，办一件事情，能尽心尽力地忠于职守。如果是平定祸乱，解决疑难，应对突发事件，从事危险的事，宁可任用有缺点的人，也不用这种寻常人。有毛病的人，虽然是强横勇猛的人，是狂放豪侠之士，如果指挥得当，更足以建立奇功，成就大事。唉！这点难以和那些墨守成规、没有远见的人说。

圣人悲时悯俗，贤人痛世嫉俗，众人混世逐俗，小人败常乱俗。呜呼！小人坏之，众人从之，虽悯虽疾，竟无益矣。故明王在上则移风易俗。

【译文】圣人哀伤怜悯时下的习俗，贤人憎恶不合理的社会习俗，普通人扰乱时世、追逐习俗，小人败坏习俗。唉！小人败坏世俗，普通人追随世俗，即使哀怜、痛恨，但是始终没有益处。所以圣明的君主治理国家才会转移风气，改变习俗。

观人只谅①其心，心苟无他，迹皆可原。如下官之供应未备，礼节偶疏，此岂有意简傲乎？简傲上官以取罪，甚愚者不为也。何怒之有？供应丰溢，礼节卑屈，此岂敬我乎？将以悦我为进取之地也，何感之有？

【注释】①谅：体谅。

【译文】观察人，只要体谅他的用心，如果用心无害，那么其他问题都可以原谅。比如下级官吏对上级的侍奉不够完备，礼节偶有疏忽，这哪是有意要简忽傲慢呢？因简忽傲慢上级官员而获罪，再愚蠢的人也不会这样做。对这样的人，有什么可发怒的呢？对上级官吏供应丰富，礼节谄媚、卑躬屈膝，这难道是为了表示尊敬吗？只是想通过讨好上级进而希望得到提拔罢了，有什么可感动的呢？

今之国语乡评，皆绳人以细行。细行一亏，若不可容于清议。至于大节，都脱略废坠，浑不说起。道之不明亦至此乎？可叹也已！

【译文】如今朝野之中对人的评价，都只是注重细微小节。细微小节一旦有所缺损，就会被社会上公正的议论所不容。至于高尚的节操，即使轻慢败坏，全不提不说。道的不明已到这种地步了吗？实在是让人可哀可叹啊！

凡见识出于道理者第一，出于气质者第二，出于世俗者第三，出于自私者为下。道理见识可鉴天地，可质鬼神，可推四海，可达万世。正大公平，光明易简，此尧、舜、禹、汤、文、武、周、孔相与授受者是也。气质见识，仁者谓之仁，智者谓之智。刚气多者为贤智、为高明，柔气多者为沉潜、为谦忍。夷、惠、伊尹、老、庄、申、韩各发明其质之所近是已。世俗见识狃于传习之旧，不辨是非，安于耳目之常，遂为依据，教之则藐不相入，攻之则牢不可破，浅庸卑陋而不可谈王道。自秦汉唐宋以来，创业中兴往往多坐此病。故礼乐文章因陋就简，纪纲法度缘势因时，二帝三王①旨趣漫不曾试尝，邈不入梦寐，可为流涕者。此辈也，己私见识利害荣辱横于胸次，是非可否迷其本真，援引根据亦足成一家之说，附会扩充尽可眩众人之听。秦皇本游观也，而托言巡狩四岳；汉武本穷兵也，而托言张皇六师②。道自多歧，事有两端，善辩者不能使服，不知者皆为所惑。是人也，设使旁观，未尝不明，惟是当局，便不除己。其流之弊，至于祸国家、乱世道而不顾，岂不大可忧、大可惧哉！故圣贤蹈险履危，把自家搭在中间；定议决谋，把自家除在外面，即见识短长不敢自必，不害其大公无我之心也。

【注释】①二帝三王：二帝指帝尧、帝舜。三王指夏商周三代的开国君主禹、汤、文、武王。②六师：周天子所统六军之师。典出《尚书·康王之诰》："张皇六师，无坏我高祖寡命。"曾运干正读："六师，天子六军。周制一万二千五百人为师。"后以为天子军队之称。

【译文】凡是见识从道理中来的，为第一；从气质中来的，为第二；从世俗中来的，为第三；出于自私的目的，为最下。道理见识可以让天地鉴察，可以请鬼神辨别，可推广于四海，可传之于万世。正大公平，光明平易简约，尧、舜、禹、汤、周文王、周武王、周公、孔子传授的就是这类见识。从气质中得来的见识，仁者称之为仁，智者称之为智。阳刚之气多的就是贤智、高明之见，柔和之气多的就是秉气深沉、谦忍之见。伯夷、柳下惠、伊尹、老子、庄子、申不害、韩非创造性的阐发他们各自的气质形成的主张就接近这种见识。世俗见识拘泥于流传学习的旧套，不辨是非，安于日常的见闻，以此作为依据，传授其他的道理则轻视不能彼此投合，批评它则却又牢固而不能破坏动摇，浅陋平庸不能与之谈论实行王道的道理。从秦汉唐宋以来，开创基业和重新振作的君主多犯有这个毛病。因此礼节音乐、文章任其简陋、不求改进，典章法度沿袭遵循当时的情势，对二帝三王的治国之道一点儿也不愿尝试，梦中都不会想一想，真可让人为之伤心流泪。这种人，把自己的浅见和利害荣辱放在心中，而对是非可否则认识不清，引证根据也足成为一家之说，牵强凑合扩充还能迷惑众人的耳目。秦始皇本来是游玩观览，却借口是巡行四方；汉武帝本来是滥用武力，却借口是为了壮大天子的军队。道路本来就有歧路，事物本来就有两端，即使善辩者也不能使人信服，不知内情就会被迷惑。这种人，如果是个旁观者，未尝看不清楚，只因是当局者，就不能不考虑自己。这样做相沿下来的弊端，导致祸乱国家、世道，他们却不管不顾，这不是太让人担忧、恐惧了吗！因此圣贤之人，置身于危险之境，把自己搭在中间；设谋用计的时候，把自身利益排除在外，即使不能肯定他们的见识是否正确，但是也不妨害他们有一颗大公无我的心。

凡为外所胜者，皆内不足也；为邪所夺者，皆正不足也。二者如持衡然，这边低一分，那边即昂一分，未有毫发相下者也。

【译文】凡是被外物战胜，内在都有不足的地方；凡是被邪枉改变，合于道义的方面都有所不足。这双方就如同用秤称物一样，这边低一分，那边就高一分，不会 有分毫差错。

善为名者，藉口以掩真心；不善为名者，无心而受恶名。心迹之间，不可以不辨也，此观人者之所忽也。

【译文】善于为自己博取好名声的人，会以种种借口掩饰自己的真实想法；不善于为自己博取好名声的人，会因为无意而蒙受恶名。所以，一个人的内心和行为到底如何，不可不分辨清楚，这是观察人的时候容易忽视的地方。

自中庸之道①不明，而人之相病无终已。狷介之人病和易者为熟软，和易之人病狷介者为乖戾。率真之人病慎密者为深险，慎密之人病率真者为粗疏。精明之人病浑厚者为含糊，浑厚之人病精明者为苛刻。使质于孔子，吾知其必有公案矣。孔子者，合千圣于一身，萃万善于一心，随事而时出之，因人而通变之，圆神不滞，化裁②无端。其所自为，不可以教人者也，何也？难以言传也；见人之为，不以备责也，何也？难以速化也。

【注释】①中庸之道：典出《论语·雍也》："中庸之为德也，其至矣乎。"指不偏不倚，折中调和的处世态度。②化裁：典出《易经·系辞上》："是故形而上者谓之道，形而下者谓之器，化而裁之谓之变。"孔颖达疏："化而裁之谓之变者，阴阳变化而相裁节之谓之变也。"谓随事物变化而相裁节。后多指教化裁节。

【译文】自从中庸之道不明，人与人之间的相互指责就没完没了。正直孤傲的人指责平易谦和的人为谄谀逢迎，平易谦和的人指责正直孤傲的人为乖悖违戾。诚实爽快的人指责谨慎细致的人为深沉阴险，谨慎细致的人指责诚实爽快的人为疏略不精细。精干聪明的人指责纯朴老实的人为含混不清，纯朴老实的人指责精干聪明的人为刻薄严厉。如果向孔子请教，我知道一定会有公平的判断。孔子这个人，合千圣于一身，集万善于一心，随事的变化而提出见解，因人的不同而变通方法，圆通巧妙而不拘泥，教化裁节各种事物。自己的所作所为，又不能教给别人，为什么呢？因为难以用言语表达出来；看到别人的所作所为，又不求全责备，为什么呢？因为知道难以使别人迅速变化。

观操存在利害时，观精力在饥疲时，观度量在喜怒时，观存养在纷华时，观镇定在震惊时。

【译文】观察一个人能否执持心志，要在涉及利害的时候；观察一个人的精力，要在饥饿疲乏的时候；观察一个人的度量，要在或喜或怒的时候；观察一个人的存心养性，要在繁华兴盛的时候；观察一个人是否镇定，要在震惊的时候。

人言之不实者十九，听言而易信者十九，听言而易传者十九。以易信之心，听不实之言，播喜传之口，何由何跖[①]？而流传海内，记载史册，冤者冤，幸者幸。呜呼！难言之矣。

【注释】①由：许由。跖：盗跖。

【译文】别人的言论，不符合实际的有十分之九；听人言论而轻易相信的有十分之九；听后又轻易传播的人有十分之九。以轻易相信的心去听不符合实际的言论，再从喜欢传话的人嘴里传播出来，被传者是许由还是盗跖？而这些话流传到四海之内，记载在史册，被冤枉的受冤，侥幸者幸运。唉！真是难说啊。

孔门心传，惟有颜子一人，曾子便属第二等。

【译文】孔子门下得到孔子世代相传学说的，只有颜渊一人，曾子就属于第二等了。

名望甚隆，非大臣之福。如素行无愆[①]，人言不足仇也。

【注释】①愆（qiān）：过失。

【译文】名声威望盛大，并非是大臣的福气。如果平时的行为没有过失，对人们的议论不必理会。

尽聪明底是尽昏愚，尽木讷[①]底是尽智慧。

【注释】①木讷：质朴而不善言辞。《论语·里仁》："子曰：'君子欲讷于言而敏于行。'"《论语·学而》："子曰：'君子食无求饱，居无求安，敏于事而慎于言，就有道而正焉，可谓好学也已。'"

【译文】聪明到顶了，也就是糊涂愚蠢到家了；迟钝朴实到头了，也就是智慧绝顶了。

透悟天地万物之情，然后可与言性。

【译文】能够透彻地领悟天地万物的思想情感，然后才可以和他谈论习性。

僧道、宦官、乞丐，未有不许其为圣贤者。我儒衣儒冠且不类儒，彼顾得以嗤之，奈何以为异类也而鄙夷之乎？

【译文】僧人、道士、宦官、乞丐，没有不许他成为圣贤的。我们读书人穿戴着儒生的衣冠，却和儒家的主张背道而驰，僧道、宦官、乞丐当然可以耻笑我们，怎么能认为他们不是同类人而轻视他们呢？

盈山宝玉，满海珠玑，任人恣意采取，并无禁厉榷[①]夺。而束手裹足，甘守艰难，愚亦至此乎？

【注释】①榷（què）：专利，专卖。

【译文】遍山都是宝玉，满海都是珠宝，可以任人随意选取采用，并没有禁止也没有专卖收税。可是却束手裹足，甘守艰难而不取，愚蠢到这种程度了吗？

告子许大力量[①]，无论可否，只一个不动心。岂无骨气人所能？可惜只是没学问，所谓“其至尔力也”[②]。

【注释】①“告子”句：《孟子·公孙丑上》：“公孙丑曰：‘夫子加齐之卿相，得行道焉，虽由此霸王不异矣。如此，则动心否乎？’孟子曰：‘否。我四十不动心。’曰：‘若是，则夫子过孟贲远矣。’曰：‘是不难，告子先我不动心。’”朱熹注：“孟贲，勇士。告子，名不害。孟贲血气之勇，丑盖借之以赞孟子不动心之难。孟子言告子未为知道，乃能先我不动心，则此亦未足为难也。”②其至尔力也：《孟子·万章下》：“孟子曰：‘伯夷，圣之清者也；伊尹，圣之任者也；柳下惠，圣之和者也；孔子，圣之时者也。孔子之谓集大成。集大成也者，金声而玉振之也。金声也者，始条理也；玉振之也者，终条理也。始条理者，智之事也；终条理者，圣之事也。智，譬则巧也；圣，譬则力也。由射于百步之外也，其至，尔力也，其中，非尔力也。’”朱熹注：“此复以射之巧力，发明‘智’‘圣’二字之义，见孔子巧力俱全，而圣智兼备，三子则力有余而巧不足，是以一节虽至于圣，而智不足以及乎时中也。”只是依靠力量而已。

【译文】告子有这般大的力量，无论可否，只是一个不动心。这难道是没有骨气的人能做到的吗？可惜告子没有学问，他能够做到不动心，如孟子所说，只是“其至尔力也”。

千古一条大路，尧、舜、禹、汤、文、武、孔、孟由之。此是官路古路，乞人盗跖都有分，都许由，人自不由耳。或曰：“须是跟着数圣人走？”曰：“各人走各人路，数圣人者走底是谁底路？肯实在走，脚踪儿自是暗合。”

【译文】千古以来一条大路，尧、舜、禹、汤、周文王、周武王、孔子、孟子，都是走的这条路。这是一条官路、古路，乞丐、盗贼都有份儿，都可以走，只是有人不走罢了。有人问："必须跟着这几个圣人的脚迹走吗？"回答说："各人走各人的路，这几个圣人走的又是谁的路呢？如果肯实实在在地走，就会与圣人的脚迹恰巧相合。"

功士后名，名士后功，三代而下真功名之士绝少。圣人以道德为功名者也，贤人以功名为功名者也，众人以富贵为功名者也。

【译文】注重功绩的人把声名放在后边，注重声名的人把功绩放在后边，夏、商、周三代以后，真正注重功绩和声名的人很少。圣人是以道德为功业名声，贤人是以功名为功业名声，普通人是以富贵为功业名声。

建天下之大事功者，全要眼界大，眼界大则识见自别。

【译文】建立天下的大事业、大功绩的人，全靠眼界开阔，眼界开阔见识就自然与一般人不同。

谈治道，数千年来只有个唐、虞、禹、汤、文、武，作用自是不侔①。衰周而后直到于今，高之者为小康，卑之者为庸陋。唐、虞时光景，百姓梦也梦不着。创业垂统之君臣，必有二帝五臣②之学术而后可。若将后世眼界立一代规模，如何是好！

【注释】①侔（móu）：相等，齐。②二帝：指唐尧与虞舜。《尚书·大禹谟》："文命敷于四海，祗承于帝"唐孔颖达疏："此禹能以文德教命布陈於四海，又能敬承尧舜，外布四海，内承二帝，言其道周备。"五臣：指禹、稷、契、皋陶、伯益。阎若璩《四书释地·皋陶》:“舜五臣之中,禹为最,稷、契次之,皋陶次之,伯益又次之,此品第也。”

【译文】谈论治国之道,数千年来只有个唐尧、虞舜、夏禹、商汤、周文王、周武王,他们的作为自然是各不相同。自从周朝衰微之后直到现在,高明的君王可以使国家达到小康,低劣的则是一些平庸浅陋之辈。唐尧、虞舜时的景象,百姓连做梦也梦不着。要想成为开创基业并将基业留传后代子孙的君臣,必须具有二帝五臣的学术才有可能。如果按照后世眼界建立一种规模、格局,如何是好呢!

一切人为恶犹可言也,惟读书人不可为恶;读书人为恶,更无教化之人矣。一切人犯法犹可言也,做官人不可犯法;做官人犯法,更无禁治之人矣。

【译文】任何人作恶,都还可以说道,只有读书人不可作恶;读书人作恶,就没有教导感化别人的人了。任何人犯法,都还可以说道,只有有官位的人不可犯法;有官位的人犯法,就没有去制止管理的人了。

自有书契①以来,穿凿附会、作聪明以乱真者不可胜纪。无知者藉信而好古之名,以误天下后世苍生,不有洞见天地万物之性情者出而正之,迷误何有极哉?虚心君子宁阙疑可也。

【注释】①书契:文字。《经典释文》:“书者,文字。契者,刻其木而书其侧。”《易经·系辞下》:“上古结绳而治,后世圣人易之以书契。”

【译文】自有文字以来,凭空杜撰,随意牵合,自以为聪明,擅作主张，用假的去冒充混杂真的事情不能完全计算。无知的人借用相信并爱好古旧历史知识的名义，贻误天下后世百姓，如果没有能够透彻了解天地万物性情的人出来纠正，迷惑贻误哪有终止的时候呢？所以虚心的君子宁肯把疑难问题留着，不做主观推论。

君子当事，则小人皆为君子，至此不为君子，真小人也。小人当事，则中人皆为小人，至此不为小人，真君子也。

【译文】君子掌权的时候，那么小人也都会成为君子，到这时还不能成为君子的话，那就是真正的小人了。小人掌权的时候，那么平常人也变成了小人，到这时还不变成小人的话，那就是真正的君子了。

小人亦有好事，恶其人则并疵[1]其事；君子亦有过差，好其人则并饰其非。皆偏也。

【注释】①疵：通“訾”。挑剔，非议，诋毁。

【译文】小人有时也会做好事，厌恶他的为人，就非议他做的好事也是坏事；君子有时也会犯错，喜欢他的为人，就掩饰他的错误。这两种态度都是偏颇的。

无欲底有，无私底难。二氏能无情欲而不能无私。无私无欲，正三教之所分也。此中最要留心理会，非狃于闻见章句之所能悟也。

【译文】可以没有世俗的欲望，要做到没有私心就难了。释、道二家，可以做到没有感情，没有世俗的欲望，却不能做到没有私心。没有私心，没有世俗的欲望，正是儒、释、道这三教的分水岭。对这点一定要用心领会，这不是拘泥于所见所闻和寻章摘句的人所能领悟的。

道理中作人，天下古今都是一样；气质中作人，便白千状万态。

【译文】按照道理做人，天下古今的人都是一样的；听凭气质做人，便会表现出千状万态。

论造道①之等级，士不能越贤而圣，越圣而天。论为学之志向，不分士圣贤便要希天②。

【注释】①造道：指提高品德修养，达到道的境界。②希天：仰慕上天。谓使道德、修养等达到最高的境界。周敦颐《通书·志学》："圣希天，贤希圣，士希贤。"注："希，望也。字本作'睎'。"

【译文】衡量通达其道的等级，士人不能越过贤人而成为圣人，不能越过圣人而达到最高的境界。若论为学的志向，则不分士人、圣人、贤人，都要向达到天的境界努力。

颜渊①透彻，曾子②敦朴，子思③缜细，孟子豪爽。

【注释】①颜渊：即颜回(公元前521年—公元前481年)，曹姓，颜氏，名回，字子渊，鲁国都城人(今山东曲阜市)，居陋巷(今山东省曲阜市旧城内的陋巷街，颜庙所在之地)尊称“复圣”“颜子”，春秋末期鲁国思想家，儒客大家，孔门七十二贤之首。是孔子最得意的门生。孔子对颜回称赞最多，赞其好学仁人。②曾子：即曾参，姒姓，曾氏，名参(学术界有两种说法，一读shēn，一读cān)，字子舆，鲁国南武城(今山东平邑，一说山东嘉祥)人。倡导以“孝恕忠信”为核心的儒家思想，“修齐治平”的政治观，“内省慎独”的修养观，“以孝为本”的孝道观，至今仍具有极其宝贵的社会意义和实用价值。曾子参与编制了《论语》、撰写《大学》《孝经》《曾子十篇》等作品。在儒学发展史上占有重要的地位，后世尊为“宗圣”，成为配享孔庙的四配之一，仅次于“复圣”颜渊。③子思：即孔伋，字子思，鲁国人，孔子的嫡孙、孔子之子孔鲤的儿子。受教于孔子的高足曾参，孔子的思想学说由曾参传子思，子思的门人再传孟子。后人把子思、孟子并称为“思孟学派”，因而子思上承曾参，下启孟子，在孔孟“道统”的传承中有重要地位。《史记·孟子荀卿列传》称孟子求学于子思的门人，《孟子题辞》则称孟子是子思的学生。子思在儒家学派的发展史上占有重要的地位，他上承孔子中庸之学，下开孟子心性之论，被追封为“述圣公”，后人由此而尊他为“述圣”。

【译文】颜渊显明通彻，曾参敦厚朴实，子思缜密细致，孟子豪迈爽直。

多学而识，原是中人以下一种学问。故夫子自言“多闻择其善而从之，多见而识之”[①]，教子张“多闻阙疑”，“多见阙殆”[②]，教人“博学于文”[③]，教颜子“博之以文”[④]。但不到一贯[⑤]地位，终不成究竟[⑥]，故顿、渐两门[⑦]，各缘资性。今人以一贯为入门，上等天资自是了悟，非所望于中人，其误后学不细。

【注释】①“多闻”二句：语见《论语·述而》。意谓多听，选择其中好的接受；多看，全记在心里。②“教子张”二句：典出《论语·为政》：“子张学干禄。子曰：‘多闻阙疑，慎言其余，则寡尤；多见阙殆，慎行其余，则寡悔。言寡尤，行寡悔，禄在其中矣。’”多闻阙疑，多听，有怀疑的地方加以保留。多见阙殆，多看，有怀疑的地方加以保留。子张：即颛孙师，字子张，孔门弟子之一。春秋末陈国阳城（今河南登封）人。出身微贱，且犯过罪行，经孔子教育成为“显士”。虽学干禄，未尝从政，以教授终。孔子死后，因与曾子、颜路的理解不同，被迫离开鲁国，独立招收弟子，宣扬儒家学说，是“子张之儒”的创始人。子张之儒列儒家八派之首。③“教人”句：典出《论语·颜渊》：“子曰：‘博学于文，约之以礼，亦可以弗畔矣夫！’”博学于文，广泛地学习古代文献。④“教颜子”句：典出《论语·子罕》：“颜渊喟然叹曰：‘仰之弥高，钻之弥坚；瞻之在前，忽焉在后。夫子循循然善诱人，博我以文，约我以礼，欲罢不能。既竭吾才，如有所立卓尔。虽欲从之，末由也已。’”博之以文，用各种文献来丰富自己的知识。⑤一贯：典出《论语·里仁》：“子曰：‘参乎，吾道一以贯之！’曾子曰：‘唯。’子出。门人问曰：‘何谓也？’曾子曰：‘夫子之道，忠恕而已矣。’”⑥究竟：终极，穷极。⑦顿、渐两门：原是佛教用语，这里指两种修养方法。顿，即顿悟，指无需长期修习，一旦把握佛教“真理”，即可突然觉悟。渐，即渐悟，与顿悟相对，指需经长期修习才能达到佛教的觉悟。

【译文】多学习，而且要牢记，原本是普通人以下之人的一种学问。所以孔子说自己是“多闻择其善而从之，多见而识之”，教导子张“所闻阙疑”“多见阙殆”。教导人们要“博学于文”，教导颜渊“博之以文”。但不能达到用仁、恕贯穿到底的地步，始终没有到达极点，所以顿悟和渐悟两种修习方法，需根据各人的资质性情。现在的人把用一种道理贯穿于万事万物之中的方法作为入门的学问，具有上等资质的人还可以领悟，但对中等资质的人就不能抱这样的希望，这样做，就会贻误后学不浅。

无理之言不能惑世诬人，只是他聪明才辩附会成一段话说，甚有滋味。无知之人欣然从之，乱道之罪不细。世间此种话十居其六七，既博且久，非知道之君子孰能辨之！

【译文】没有道理的话不能蛊惑世人，只是因他聪明、有才智机辩，牵强凑合成一种说法，很有滋味。如果无知的人非常喜悦地顺从，胡说的罪过不小。世间这样的话十占六七，议论的内容广博而且流传得长久，不是通晓天地之道的君子，谁能辨别清楚呢！

间中都不容发，此智者之所乘，而愚者之所昧也。

【译文】距离十分相近，中间不能容纳一丝毫发，但智者能利用这个间隙，而愚者却昏昧不知。

明道在朱、陆①之间。

【注释】①明道：程颢。朱：朱熹。陆：陆九渊。朱主“性即理”，陆主“心即理”。

【译文】程颢的学说在朱熹和陆九渊的主张之间。

明道不落尘埃[①]，多了看释、老。伊川[②]终是拘泥，少了看庄、列。

【注释】①不落尘埃：指具有空明脱俗之处。②伊川：即程颐，字正叔，洛阳伊川（今河南洛阳伊川县）人，世称伊川先生，出生于湖北黄陂，北宋理学家和教育家。为程颢之胞弟。程颐与其胞兄程颢同学于周敦颐，共创"洛学"，为理学奠定了基础，世称"二程"。

【译文】程颢远离尘俗，是对佛教、老子的学说看得比较多。程颐终究还有些拘泥，是由于庄子、列子的学说看得少了一些。

迷迷易悟，明迷难醒。明迷愚，迷明智。迷人之迷，一明则跳脱；明人之迷，明知而陷溺。明人之明，不保其身；迷人之明，默操其柄。明明可与共太平，明迷可与共忧患。

【译文】糊涂人的迷惑容易醒悟，明白人的迷惑难以醒悟。明白人的迷惑是愚蠢的，糊涂人的明白是明智的。糊涂人的迷惑，一旦明白，就会从迷惑中跳出来；明白人的迷惑，明知迷惑在，却还要陷入其中。明白人的明，不能保全自己；糊涂人的明，能够自己操纵命运的权柄。明白人懂得了可以共享太平，糊涂人明白了可以共度忧患。

巢、由、披、卷、佛、老、庄、列[①]，只是认得"我"字真，将天地万物只是成就我。尧、舜、禹、汤、文、武、孔、孟，只是认得"人"字真，将此身心性命只是为天下国家。

【注释】①巢由：巢父和许由的并称。相传皆为尧时隐士，尧让位于二人，皆不受。《汉书·薛方传》："尧舜在上，下有巢由。"披：披衣，亦作"被衣"，传说尧时贤人。《庄子·知北游》："啮缺问道乎被衣，被衣曰：'若正汝形，一汝视，天和将至；摄汝知，一汝度，神将来舍。德将为汝美，道将为汝居。汝瞳焉如新生之犊，而无求其故。'言未卒，啮缺睡寐，被衣大说，行歌而去之。"卷：善卷，传说古代隐者。《庄子·让王》："舜以天下让善卷，善卷曰：'余立于宇宙之中，冬日衣皮毛，夏日衣葛絺。春耕种，形足以劳动；秋收敛，身足以休食。日出而作，日入而息，逍遥于天地之间而心意自得。吾何以天下为哉！悲夫，子之不知余也。'遂不受，于是去而入深山，莫知其处。"又见《荀子·成相》。《吕氏春秋·下贤》作"善绻"。

【译文】巢父、许由、披衣、善卷、佛、老、庄、列，只是对"我"字认得真，把天地万物都用来成就我。尧、舜、禹、汤、周文王、周武王、孔子、孟子，只是把"人"字认得真，把自己的身心性命都用于天下国家。

闻毁不可遽信，要看毁人者与毁于人者之人品。毁人者贤，则所毁者损；毁人者不肖，则所毁者重。考察之年，闻一毁言如获拱璧①，不暇计所从来，枉人多矣。

【注释】①拱璧：两手合抱的大块璧玉。比喻非常珍贵的宝物。

【译文】听到说人坏话，不可马上相信，要看看说人坏话的人和被说坏话的人人品如何。如果说人坏话的人是贤者，那么被说坏话的人应该受到贬损；如果说人坏话的人不贤，那么被说坏话的人就应被尊重。考察官吏的时候，听说别人的坏话，便如同得到了珍贵的宝物，没有时间考虑这话从何而来，这样，受冤枉的人就多了。

是众人即当取其偏长，是贤者则当望以中道。

【译文】如果只是普通人，就要吸取他偏长的方面；如果是贤人，就希望他做事合乎中庸之道。

士君子高谈阔论，语细探玄，皆非实际，紧要在适用济事。故今之称拙钝者曰不中用，称昏庸者曰不济事。此虽谚语口头，余尝愧之。同志者盍亦是务乎？

【译文】士君子不着边际地大发议论，言语细密，探微钩玄，都不切实际，紧要的是能合于应用，能有益于事。因此现今把反应迟钝的人称作不中用，把昏庸的人称作不济事。这虽然是口头谚语，我曾经对此感到愧疚。志向相同的人为什么不朝这方面努力呢？

秀雅温文，正容谨节，清庙明堂①所宜。若蹈汤火，衽金革②，食牛吞象之气，填海移山之志，死孝死忠，千捶百折，未可专望之斯人。

【注释】①清庙：即太庙，指古代帝王的宗庙。明堂：古代帝王宣明政教、举行大典的地方。②衽（rèn）金革：以兵器、甲胄为卧席。形容时刻保持警惕，随时准备迎敌。《礼记·中庸》："衽金革，死而不厌，北方之强也。"孔颖达疏："衽，卧席也；金革，谓军戎器械也……以甲铠为席，寝宿于中。"

【译文】秀丽雅致、温和文雅，仪态端庄、敬慎守法，适宜在宗庙和宣明政教的明堂任职。若是奋不顾身，不避艰险，时刻保持警惕，随时准备迎敌，具有食牛吞象的豪迈气概，怀有移山填海的远大志向，为忠孝而献身，遭受众多磨难曲折，就不能把希望寄托在这类人身上了。

不做讨便宜底学问，便是真儒。

【译文】不研究谋求自身利益的学问，就是真正的儒者。

千万人吾往，赫杀老子，老子是保身学问。①

【注释】①老子是保身学问：老子主张自然无为，以柔胜刚。

【译文】面对千万人的阻拦，我也义无反顾地前往，就会吓死老子，因为老子的学问是要保全自己。

亲疏生爱憎，爱憎生毁誉，毁誉生祸福。此智者之所耽耽注意，而端人正士之所脱略而不顾者也。此个题目，考人品者不可不知。

【译文】亲近或者疏远，就会产生爱憎之情；有了爱憎之情，就会产生非议或赞扬；有了非议或赞扬，就可能招致祸福。这是智者非常注意的，而正直的人对此却轻慢不以为意。这个问题，考察人品的人不可不知道。

精神只顾得一边，任你聪明智巧，有所密必有所疏。惟平心率物，无毫发私意者，当疏当密，一准于道，而人自相忘。

【译文】一个人的精神只能顾到一头，任凭你如何聪明智巧，有亲密必定会有疏远。只有用心公平，依循事物的规律，不搀杂一点儿个人的私意，应当疏远或者亲密，都以道为标准，自然会人我彼此忘却。

读书要看三代以上人物是甚学识、甚气度、甚作用。汉之粗浅便着世俗，宋之局促便落迂腐，如何见三代以前景象？

【译文】读书要看三代以上人物是什么学识、什么气度、什么作用。汉代学者学识浅显便沾染了世俗气，宋代学者拘谨不自然便沾染了迂腐气，怎能看到三代以前的景象呢？

真是真非，惟是非者知之，旁观者不免信迹而诬其心，况门外之人，况千里之外、百年之后乎？其不虞之誉①，求全之毁②，皆爱憎也，其爱憎者皆恩怨也。故公史易，信史难。

【注释】①不虞之誉：意料不到的声誉。②求全之毁：典出《孟子·离娄上》："有不虞之誉，有求全之毁。"指一心想保全声誉，反而受到了毁谤。

【译文】真实的是非，只有处于是非之中的人才能知道，旁观者不免只相信一些行迹而使他的心受到诬枉，何况是门外的人，更何况远在千里之外、百年之后的人呢？那些意想不到的赞扬，求全的责备，都是由爱憎之情生发出来的，他们的爱憎都是由于当时的恩怨造成的。因此，著作一部官方的史书比较容易，撰写一部真实可靠的史书就困难了。

或问：“某公如何？”曰：“可谓豪杰英雄，不可谓端人正士。”问：“某公如何？”曰：“可谓端人正士，不可谓达节通儒。”达节通儒乃端人正士中豪杰英雄者也。

【译文】有人问：“某公怎么样？”回答说：“此人可以说是英雄豪杰，不能说是正直的人。”又问：“某公如何？”回答说：“此人可说是正直的人，不能说是知识渊博、明智达理的人。”知识渊博、明智达理的人是正直之士中的英雄豪杰。

名实如形影，无实之名，造物所忌。而矫伪者贪之，暗修者避之。

【译文】名称和实际如同形体和身影，没有实际的名声，连造物主也会忌讳。但那些矫饰虚伪的人却贪图它，而闭门修养的人却避开它。

遗葛牛羊，亳众往耕[①]，似无此事。圣人虽委曲教人，未尝不以诚心直道交邻国。桀在则葛非汤之属国也，奚问其不祀？即知其无牺牲矣，亳之牛羊岂可以常遗葛伯耶？葛岂真无牛羊耶？有亳之众自耕不暇，而又使为葛耕，无乃后世市恩好名沾沾煦煦者之所为乎？不然葛虽小，亦先王之建国也，宁至无牛羊粢盛哉？即可以供而不祭，当劝谕之矣，或告之天子以明正其罪矣，何至遗牛羊往为之耕哉？可以不告天子而灭其国，顾可以不教之自供祭事而代之劳且费乎？不然是多彼之罪而我得以藉口也，是伯[②]者假仁义济贪欲之所为也。孟子此言其亦公刘、太王好货色之类与[③]？

【注释】①“遗葛牛羊”二句：《孟子·滕文公下》：“孟子曰：‘汤居亳，与葛为邻，葛伯放而不祀。汤使人问之曰：“何为不祀？”曰：“无以供牺牲也。”汤使遗之牛羊，葛伯食之，又不以祀。汤又使人问之曰：“何为不祀？”曰：“无以供粢盛也。”汤使亳众往为之耕，老弱馈食。葛伯率其民，要其有酒食黍稻者夺之，不授者杀之。有童子以黍肉饷，杀而夺之。《书》曰“葛伯仇饷”，此之谓也。为其杀是童子而征之，四海之内皆曰：“非富天下也，为匹夫匹妇复仇也。”汤始征，自葛载，十一征而无敌于天下。’”②伯：古同“霸”，古代诸侯联盟的首领。③“孟子”句：事见《孟子·梁惠王下》：“王曰：‘寡人有疾，寡人好货。’对曰：‘昔者公刘好货。……故居者有积仓，行者有裹囊也，然后可以爰方启行。王如好货，与百姓同之，于王何有？’王曰：‘寡人有疾，寡人好色。’对曰：‘昔者太王好色，爱厥妃。……当是时也，内无怨女，外无旷夫。王如好色，与百姓同之，于王何有？’”

【译文】《孟子》一书记载：商汤把牛羊送给邻国的葛伯，并派亳地的百姓为他耕田种谷，以便作为祭品用来祭祀。历史上恐怕没有这样的事。圣人虽然善于通过曲折婉转的方法教导人，但没有不是以诚恳之心、正直之道结交邻国的。夏桀还在的时候，葛国不是商汤的属国，商汤怎么会过问葛伯不祭祀的事呢？即使知道葛伯没有祭祀的牛羊，亳地的牛羊难道能够经常送给葛伯吗？葛伯难道真的没有牛羊祭祀吗？亳地的百姓耕种自己的土地都没有时间，却又派他们去为葛伯耕种，这种事恐怕是后世那些通过小恩惠换得好名声就沾沾自喜的人做的吧？不然的话，葛国虽小，也是先王的封国，至于没有供祭祀用的牛羊谷米吗？既然有可供祭祀的祭品，葛伯不祭祀，商汤就应当规劝他，给他讲道理，或者禀告天子，让天子公开惩治他，何至于送给他牛羊、让老百姓去为他耕种呢？能够不禀告天子就消灭他的国家，难道不能教他自己准备祭品而要费钱费力去代劳吗？不然的话，这样做就是为了加重葛伯的罪名而使自己有了攻打他的借口，这是主张霸道的人借仁义之名而实现自己贪欲的所作所为。孟子的话，是把公刘、太王说成是好财好色之人同类的说法吗？

汉以来儒者一件大病痛，只是是古非今。今人见识、作为不如古人，此其大都。至于风会所宜，势极所变，礼义所起，自有今人精于古人处。二帝者，夏之古也；夏者，殷之古也；殷者，周之古也。其实制度文为三代不相祖述，而达者皆以为是。宋儒泥古，更不考古昔真伪，今世是非。只如祭祀一节，古人席地，不便于饮食，故尚簠、簋、笾、豆[①]，其器皆高。今祭古人用之，从其时也。子孙祭祖、考只宜用祖、考常用所宜，而簠、簋、笾、豆是设，可乎？古者墓而不坟，不可识也，故不墓祭。后世父母体魄所藏，巍然丘垅，今欲舍人子所睹记者而敬数寸之木[②]，可乎？则墓祭似不可已也。诸如此类甚多，皆古人所笑者也。使古人生于今，举动必不如此。

【注释】①簠（fǔ）：古代祭祀宴享时盛稻粱的器皿。簋（guǐ）：古代祭祀宴享时盛黍稷的器皿。笾（biān）：古代祭祀宴享时盛果脯等的竹编食器。豆：古代食器，初以木制，形似高足盘。②数寸之木：指木主，即供祭祀用的先人牌位。

【译文】汉代以来的读书人有一个大毛病，就是认为一切都是古代的好，现在的什么都比不上古代。现代人的见识、作为不如古代，这只是大概。至于风云际会时适宜的行动，形势发展到极点的变化，礼义的兴起，今人自有比古人精通的地方。尧、舜二帝的时代，对夏朝来说就是古代；夏朝，对殷朝来说就是古代；殷朝，对周朝来说就是古代。这些朝代实行的制度、法律条文，夏、商、周三代也不是完全效法前代，而通达的人认为他们的做法都是正确的。宋代的读书人拘泥于古代的成规，不知变通，更不考察往昔那些东西是真是伪，也不考察现在的做法是对是错。比如祭祀这件事，古人是席地而坐，饮食很不方便，所以推崇簠、簋、笾、豆这些器皿，这些器皿都是有高座的。现在祭祀古人仍用这种器皿，是顺从古代的习俗。子孙祭祀祖先只应当用那些祖先活着时常用的器皿就行了，而使用古代的簠、簋、笾、豆，行吗？古时候，死者只有埋葬的墓地而没有坟头，不能识别哪个是要祭祀的对象，所以不举行墓祭。后世在埋葬父母的地方堆一个高大的坟头，现在如果让子孙舍弃能够看到和能够识别的坟头上去祭祀，而去祭祀那数寸长的木神主牌位，这样做行得通吗？所以到墓地去祭祀的做法是不可以停止的。像这样的事例很多，都是古人感到可笑的事。假使古人生活在当代，他们的做法也会和古代不同。

儒者惟有建业立功是难事，自古儒者成名，多是讲学著述。人未尝尽试所言，恐试后纵不邪气，其实成个事功，不狼狈以败者，定不多人。

【译文】读书人只有建立功勋、成就大业是难事，自古以来，读书人得名于世，大多是由于讲学和著书立说。人们没有对完全试验自己的言论，恐怕试验以后纵然不是歪门邪道，真正能成就事功，又不狼狈失败的，也一定没有多少人。

而今讲学不为明道，只为角胜[1]，字面词语间拿住一点半点错，便要连篇累牍辩个足。这是甚么心肠？讲甚学问？

【注释】①角胜：争夺胜利。

【译文】如今讲学不是为了讲明道理，而是为了较量胜负，只要在字面词语之间抓住对方一星半点儿的错误，就长篇大论地辩个没完。这是什么心肠？讲的是什么学问？

得人不敢不然之情易，得人自然之情难。秦汉而后，皆得人不敢不然之情者也。

【译文】得到人们的不敢不然的感情容易，而得到人发自内心的自然感情就难了。秦汉以后，所得到的都是不敢不然的感情。

众人但于"义"中寻个"利"字，再没于"利"中寻个"义"字。

【译文】普通人只是想在"义"中找个"利"字，再没有从"利"中寻个"义"字的。

性分、名分不是两项，尽性分底不傲名分。召之见，不肯见之；

召之役，往执役之事。今之讲学者，陵犯名分，自谓高洁。孔子乘田、委吏，何尝不折腰屈膝于大夫之庭乎[1]？噫！道之不明久矣。

【注释】①“孔子”二句：《孟子·万章下》：“孔子尝为委吏矣，曰：‘会计当而已矣。’尝为乘田矣，曰：‘牛羊茁壮，长而已矣。’位卑而言高，罪也；立乎人之本朝而道不行，耻也。”朱熹注：“委吏，主委积之吏也。乘田，主苑囿刍牧之吏也。”委吏：指古代管理粮仓的小官。乘田：指春秋时鲁国主管畜牧的小吏。

【译文】性分和名分，即人的天性和地位身份，这二者不是两个东西，能尽到性分的人不以高傲的态度对待名分。处于上位者要召见，可以不去见；但召去服役，就要前往服役。现在讲学的人，侵犯了名分还自认为高洁。孔子担任乘田、委吏这样的小官时，未曾不在大夫庭前折腰屈膝呢？唉！道的不明也很久了。

中高第，做美官，欲得愿足，这不是了却一生事。只是作人不端，或无过可称，而分毫无补于世，则高第、美官反以益吾之耻者也。而世顾以此自多[1]，予不知其何心。

【注释】①自多：自满，自夸。犹言原来就多。

【译文】科举高中，担任位高禄厚之官，欲望实现，心满意足，这并不是了结了一生的事情。如果做人不正派，或者只是没有过错，但对世事丝毫没有补益，那么高中科举、高官厚禄反而只能增加耻辱而已。而世上人还因此而自夸，我不知他的心是什么样的。

隐逸之士只优于贪荣恋势人，毕竟在行道济时者之下。君子重之，所以羞富贵利达之流也。若高自标榜，尘视朝绅，而自谓清流，傲然独得，则圣世之罪人也。夫不仕无义，宇宙内皆儒者事，奈之何洁身娱己，弃天下理乱于不闻，而又非笑尧、舜、稷、契之俦哉？使天下而皆我也，我且不得有其身，况有此乐乎？予无用世具，行将老桑麻间，故敢云。

【译文】隐逸之士只优于贪求眷恋显贵权势的人，终究得排在推行自己的主张、济世救时的人之下。君子尊重隐逸之士，是要通过他们来羞辱那些富贵显达的人。如果隐逸之士自我标榜清高，蔑视朝廷大臣如尘土，自称清流，傲然自得，则是圣世中的罪人了。在不义的时代不出仕，可天底下都是儒者该管的事，怎么能洁身自乐、对天下的治乱不闻不问，还要嘲笑尧、舜、稷、契这类圣贤呢？如果天下都是隐逸的人，那么这些人连生活下去都不可能，更何况能有隐逸的快乐呢？我没有为世所用的才能，即将老死在故乡的田园中，所以才敢说这些话。

古之论贤不肖者，不曰“幽”“明”则曰“枉”“直”，则知光明洞达者为贤，隐伏深险者为不肖；真率爽快者为贤，斡旋转折者为不肖。故贤者如白日青天，一见即知其心事；不肖者如深谷晦夜，穷年莫测其浅深。贤者如疾矢急弦，更无一些回护；枉者如曲钩盘绳，不知多少机关。故虞廷曰“黜陟幽明”[①]，孔子曰“举直错枉”[②]。观人者之用明，舍是无所取矣。

【注释】①黜陟幽明：典出《尚书·舜典》。意为要提升那些光明的人，降黜那些幽暗的人。虞廷：亦作“虞庭”。指虞舜的朝廷。相传虞舜维古代的圣明之主，故亦以“虞廷”为“圣朝”的代称。②举直错枉：典出《论语·为政》：“哀公问曰：‘何为则民服？’孔子对曰：‘举直错诸枉，则民服；举枉错诸直，则民不服。’”意为举荐正直的人，舍弃邪曲之人。错，舍弃。

【译文】古代评论一个人是贤还是不肖，不是用“幽”“明”这两个字，就是用“枉”“直”这两个字，以此可知，光明、胸襟开阔磊落者为贤，潜藏、深沉阴险者为不肖；真诚坦率、爽快者为贤，曲折含蓄、转折者为不肖。因此贤人就如同白日青天，一见就知道他的心事；不肖者如深谷昏夜，毕生不能测其深浅。贤人如疾矢急弦，更无一点儿袒护；邪恶的人如曲钩盘绳，不知有多少心机。所以《尚书·舜典》说“黜陟幽明”，孔子说“举直错诸枉”，观察人的时候，要看一个人是否光明磊落，如果不光明磊落，就没什么可说的了。

品第大臣率有六等：上焉者宽厚深沉，远识兼照，造福于无形，消祸于未然，无智名勇功，而天下阴受其赐。其次刚明任事，慷慨敢言，爱国如家，忧时如病，而不免太露锋芒，得失相半。其次恬静逐时，动循故事[①]，利不能兴，害不能除。其次持禄养望，保身固宠，国家安危，略不介怀。其次贪功启衅，怙宠张威，愎是任情，扰乱国政。其次奸险凶淫，煽虐肆毒，贼伤善类，蛊惑君心，断国家命脉，失四海人望。

【注释】①故事：旧例、老规矩。

【译文】品评大臣的等级大概可分为六等：最上等的大臣宽厚深沉，见识深远，遍照天下，造福于无形，消祸于没形成的时候，没有智者的名声，也没有勇者的功劳，但天下都暗暗地受到他的恩惠。次一等大臣的严明担任事务，慷慨敢言，爱国如家，忧念时事如病，然而不免锋芒太露，这种人得失各半。再次一等大臣的恬适安静随时，行动遵循旧规，不能振兴利益，不能革除弊害。再次一等的大臣保持禄位，培养虚名，保全自身，巩固自己受宠的地位，国家安危，丝毫不放在心中。再次一等的大臣贪求事功而挑起争端，依仗恩宠，显示威风，固执己见，任意妄为，扰乱国家的政事。再次一等的大臣奸诈阴险，凶恶放荡，肆意残杀迫害他人，伤害善类，迷乱君心，断送国家命脉，失却四海众人的属望。

极宽过厚足恭曲谨之人，乱世可以保身，治世可以敦俗。若草昧经纶[①]，仓卒筹画，荷天下之重，襄[②]四海之难，永百世之休，旋乾转坤，安民阜[③]物，自有一等英雄豪杰，渠辈当束之高阁。

【注释】①草昧：指天地初开时的混沌状态，亦形容时世混乱黑暗。此处指后者。经纶：本指整理丝缕、理出丝绪和编丝成绳，引申为筹划治理国家大事。②襄：古同“攘”，扫除。③阜：丰厚、富有。

【译文】过于宽厚、过于谦恭、谨小慎微的人，乱世可以保全自身，治世可以使风俗敦厚。如果在时势混乱的情况下筹划治国的大计，在仓促之间谋划治国的措施，担负治理天下的重任，消除四海之内的灾难，永保百世的安宁，扭转乾坤，安抚百姓、丰富物产，自然需要一等一的英雄豪杰来担当，上面讲的那些人应当弃置不用了。

弃此身操执之常而以圆软沽俗誉，忘国家远大之患而以宽厚市私恩，巧趋人所未见之利，善避人所未识之害，立身于百祸不侵之地，事成而我有功，事败而我无咎，此智巧士也，国家奚赖焉！

【译文】抛弃了自己一贯的操守而以圆软的态度来猎取世俗的赞誉，忘记国家长远的祸患而以宽厚的态度来博取别人的感激，虚伪地追求他人未见的利益，擅长躲避他人不能识别的危害，在任何灾祸都不能侵犯的地方安身，事情成功而我有功劳，事情失败而我没有过失，这就是机谋巧诈之士，国家怎么能依赖这种人呢！

委罪掠功，此小人事。掩罪夸功，此众人事。让美归功，此君子事。分怨共过，此盛德事。

【译文】推卸自己的罪责，抢夺他人的功劳，这是小人做出来的事。掩盖自己的罪过，夸大自己的功劳，这是普通人常做的事。把美名让给别人，把功劳归于他人，这是君子常做的事。分担人们的怨恨，共同来承担过失，这是品德高尚的人才能做的事。

士君子立身难，是不苟；识见难，是不俗。

【译文】士君子立身最难做到的，就是不苟且；见识最难达到的，就是不庸俗。

十分识见人与九分者说，便不能了悟，况愚智相去不翅倍蓰[①]？而一不当意辄怒而弃之，则皋、夔、稷、契、伊、傅、周、召[②]弃人多矣。所贵乎有识而居人上者，正以其能就无识之人，因其微长而善用之也。

【注释】①不翅：不仅，不止。倍蓰（xǐ）：亦作“倍屣”。亦作“倍徙”。倍，一倍。蓰，五倍。倍蓰指由一倍至五倍，形容很多。②伊：指伊尹，名挚。商汤臣，佐汤伐夏桀，被尊为阿衡（相当后世宰相）。傅：指傅说。殷相，相传他曾筑城于傅岩，武丁访得，举以为相，从而出现了殷中兴的局面。周：即周公。召：即召公，姓姬，名奭。曾佐周武王灭商，成王时任太保，与周公一起辅佐成王。

【译文】有十分见识的人和有九分见识的人讲话，有九分见识的人就不能完全领悟，何况愚者和智者相差不止几倍呢？而别人一不符合你的心意，就愤怒的舍弃他们，那么皋陶、夔、后稷、契、伊尹、傅说、周公、召公舍弃的人就多了。可贵的是那些有见识而又居于上位的人，用其见识接近那些没有见识的人，并根据他们微小的长处而善于利用。

大凡与人情不近，即行能卓越，道之贼也。圣人之道，人情而已。

【译文】大抵上不合人之常情的人，即使行为能力卓越，也是败坏道的人。圣人的行为准则，就是合乎人情而已。

以林皋[1]安乐懒散心做官，未有不荒怠者。以在家治生营产心做官，未有不贪鄙者。

【注释】①林皋：林，泛指山林、林野；皋，泛指岸边，水旁陆地。

林皋，即指林野和水岸之地，泛指山野。

【译文】以隐居在山林水畔那种安宁和乐、懒惰散漫的心思来做官，政事没有不荒废懈怠的。以居家经营家业、积累财富的心思做官，没有不贪婪鄙陋的。

守先王之大防，不为苟且人开蹊窦[①]，此儒者之操尚也。敷[②]先王之道而布之宇宙，此儒者之事功也。

【注释】①蹊窦：指门径。蹊，小路。窦，小孔。②敷：通“布”。宣告，陈述。此指推广。

【译文】能够守住先王原则性的界限，不为苟且之人开门路，这是读书人的德操志尚。推广先王之道而遍布宇宙，这是读书人的事业和功绩。

士君子须有三代以前一副见识，然后可以进退古今，权衡道法，可以成济世之业，可以建不世之功。

【译文】士君子须要有三代以前的见识，然后才能够评论古今，衡量道理法度，才可以成就救济世人的功业，建立希世罕有的功绩。

矫激之人加卑庸一等，其害道均也。吴季札、陈仲子、时苗、郭巨[①]之类是已。君子矫世俗，只到恰好处便止，矫枉只是求直，若过直则彼左枉而我右枉也。故圣贤之心如衡，处事与事低昂，分毫不得高下，使天下晓然知大中至正[②]之所在，然后为不诡于道。

【注释】①吴季札：春秋时吴公子，吴王寿梦之季子，吴王传以位，辞不受，逃去。后封于延陵（今江苏常州），又称延陵季子。事见《史记·吴太伯世家》。陈仲子：战国时人，居於陵，又称於陵子终。楚王闻子终贤，欲聘之，子终谢而不许，与妻一起出逃为人灌园。时苗：《三国志·魏书·和常杨杜赵裴传》注："时苗字德胄，钜鹿人也。少清白，为人疾恶。……出为寿春令。……苗以初至往谒（蒋）济，济素嗜酒，适会其醉，不能见苗。苗恚恨还，刻木为人，署曰'酒徒蒋济'，置之墙下，旦夕射之。……又其始之官，乘薄軬（fàn）车，黄牸（zì）牛，布被囊。居官岁余，牛生一犊。及其去，留其犊，谓主簿曰：'令来时本无此犊，犊是淮南所生有也。'群吏曰：'六畜不识父，自当随母。'苗不听，时人皆以为激，然由此名闻天下。"郭巨：勾道兴《搜神记》："昔有郭巨者，字文气，河内人也。家贫，养母至孝。有一子，始二岁，与母急供养，拟埋子，掘地得金，子得存而未死。"②大中至正：中，与中国之中同义，意为中央、核心；大中至正释义为：博大、核心达到正统（的学问）。语见东汉王逸《楚辞章句》卷一，四部丛刊景明翻宋本："皇舆宜安行于大中至正之道，而当幽昧险隘之地则败绩矣。"后有明朝王守仁《传习录》上卷："不知先生居夷三载，处困养静，精一之功，固已超入圣域，粹然大中至正之归矣。"学生徐爱引言部分，意指先生经过三年静思、专研，豁然（粹然）明白博大、本质的正统学问。

【译文】违逆常情的人比浅薄平庸的人高出一等，但对道的危害却是一样的。吴季札、陈仲子、时苗、郭巨等人就是这样的。君子纠正世俗，恰到好处便停止，纠正偏邪只是为了求得中庸之道，若超过了直，那就是他向左弯曲而我向右弯曲了。因此圣贤的心如同秤一样，处理事情分量把握得准确，分毫没有差误，使天下人明确地知道核心正统的学问是什么，然后他们的作为才不违背道。

曲如炼铁钩，直似脱弓弦，不觅封侯贵，何为死道边。

【译文】曲而不折像锻炼的铁钩，直而不弯像射出的箭，并不是为了获得富贵官位，为什么不敢拼死寻道。

雅士无奇名，幽人绝隐慝。

【译文】高雅之士不会去猎取奇名，幽隐之人不会过隐居生活。

题汤阴庙①末联：千古形销骨已朽，丹心犹自血鲜鲜。

【注释】①汤阴庙：指岳王庙。汤阴，古称荡阴，今属河南，宋抗金英雄岳飞故里。

【译文】题汤阴庙末联：千古形销骨已朽，丹心犹自血鲜鲜。

寄所知①云：道高毁自来，名重身难隐②。

【注释】①所知：相识的人，要好的人。②“道高”二句：意谓学识道德高了诋毁之声自然来了，名声大了自身难以隐避。

【译文】寄友人：道高毁自来，名重身难隐。

卷五　书之集

卷五

治道

【题解】此章共324则。主要讲治国的道理和方法。这些道理和方法都基于吕坤的重民思想。他认为天下人的吃穿用都是靠这些人生产的，人们享受了他们的劳动成果，要想到他们劳作的辛苦。对民要有爱心，不要压榨和蹂躏他们，要让他们过上足衣足食的生活，这样国家才能安定。吕坤认为国君的设立，是为了让他遵照自然和人生的固有法则，来进行引导和裁制，使民众过上安定幸福的好日子，而不是让天下人供他一人享乐。吕坤还认为：宇宙有三纲，智巧者也不能逃离。这三纲就是王法、天理、公论。吕坤治国理想的概略蓝图，就是耕者有其田，民众受教育，官吏选贤者，中央大一统。总之，吕坤对治国之道论述的非常全面，对今天也有借鉴意义。

庙堂之上，以养正气为先；海宇之内，以养元气为本。能使贤人君子无郁心之言，则正气培矣；能使群黎百姓无腹诽之语，则元气固矣。此万世帝王保天下之要道也。

【译文】朝廷之内，应该以养正气为前提；四海之内，应该以养元气为根本。能够让贤人君子没有闷在心里的话，就是培育了正气；能够让黎民百姓心中没有怨言，元气就坚固了。这是历代帝王保持天下太平的要道啊！

六合之内，有一事一物相凌夺假借，而不各居其正位，不成清世界；有匹夫匹妇冤抑愤懑，而不得其分愿，不成平世界。

【译文】在天地四方之内，只要有一件事一件物互相欺凌、强夺、越位，而不能处在自己本来位置，整个世界就无法清静；只要有一个平民百姓心有冤屈压抑愤懑，而无法满足他们的愿望，就不能成为公平。

天下万事万物皆要求个实用。实用者，与吾身心关损益者也。凡一切不急之物，供耳目之玩好，皆非实用也。愚者甚至丧其实用以求无用。悲夫！是故明君治天下，必先尽革靡文，而严诛淫巧。

【译文】天下的万事万物都应该讲求实用。所谓实用，是与我的身心好坏相关的东西。凡是一切不急需的东西，只是提供耳目感官享受的玩物，都是不实用的。而那些愚蠢的人甚至抛弃实用的东西去追求不实用的东西。实在可悲啊！所以，贤明的君主治理天下，一定会先全部去掉繁文缛节，并严厉制裁追求奢淫巧取的人。

当事者若执一簿书[①]，寻故事，循弊规，只用积年书手也得。

【注释】①簿书：官署中的文书簿册。

【译文】当权的人如果只是固执的守着官署文书，沿着旧例，遵循错漏百出的陈规陋习，那么只需用一个担任抄写工作的书记员就行了。

兴利无太急，要左视右盼；革弊无太骤，要长虑却顾。

【译文】实行改革不要太着急，要仔细研究考察；革除弊端也不能太快，要从长计议。

苟可以柔道理，不必悻直也；苟可以无为理，不必多事也。

【译文】如果可以用柔和的方式来讲明道理，那就没有必要采取固执的态度；如果可以不需要做什么就能够讲明道理，那就没有必要再多事了。

经济之士一居言官[①]，便一建白[②]，此是上等人，去缄默保位者远。只是治不古若，非前人议论不精，乃今人推行不力。试稽旧牍[③]，今日我所言，昔人曾道否。若只一篇文章了事，虽奏牍如山，只为纸笔作孽障[④]，架阁上添鼠食耳。夫士君子建白，岂欲文章奕世[⑤]哉？冀[⑥]谏行而民受其福也。今诏令刊布遍中外，而民间疾苦自若[7]，当求其故。故在实政不行而虚文搪塞耳。综核不力，罪将谁归？

【注释】①经济之士：经世济民之士。言官：监官和谏官，古代并称台谏，通称言官。②建白：指提出意见或陈述主张。建，建议。白，说明。③稽：考查。牍：原指木简、书版，这里指文书。④孽障：罪恶。⑤奕世：累世，代代，一代接一代。指文章一代一代相传。⑥冀：希望。⑦自若：依旧，保持原样。

【译文】经世济民的人一旦当上言官，便向皇帝进言，这是上等的人，与那些闭口不言、只想保持俸禄官位的人大不相同。只是天下治理得不如古时候，并不是前人的见解不正确，而是现在人不尽全力推行。应该试着考查过去的文书档案，看我今天所说的，从前的人是否讲过。如果只是写一篇文章便算了事，即使书写的奏章堆积如山，也只不过是糟蹋纸笔，给架椸上的老鼠多放一些食物罢了。士君子向皇帝建言，难道只是想使文章代代相传吗？是希望进谏的事能够推行，而使老百姓得到好处。如今皇帝的诏书全国颁布，但是民间的疾苦仍和原来一样，我们应当找一下原因。我认为原因就在于官员不尽全力推行实用的措施，只是用一纸虚文来敷衍塞责罢了。对这种状况综合考察很不得力，这些罪责应归于谁呢？

为政之道，以不扰为安，以不取为与，以不害为利，以行所无事为兴废起弊。

【译文】做官的道理，应该以不扰民使民安乐，以不榨取民脂民膏为给予，以不祸害民众为利民，以不劳民伤财为兴利除弊。

从政自有个大体，大体既立。则小节虽抵牾，当别作张弛，以辅吾大体之所未备。不可便改弦易辙。譬如待民贵有恩，此大体也。即有顽暴不化者，重刑之，而待民之大体不变，待士有礼，此大体也。即有淫肆不检者，严治之，而待士之大体不变。彼始之宽也，既养士民之恶，终之猛也，概及士民之善，非政也，不立大体故也。

【译文】治理政事应该有个大的原则，大的原则定下来了，那么小节即使有不顺畅的地方，可以另外想办法，以弥补大的根本的不足，绝对不可轻易改弦易辙损害这个大的根本。譬如对待民众贵在有恩于民，这是大的根本。假如民众中有顽固暴戾不可教化的人，用重刑来处罚他，但对待民众的根本却并不会改变。对待士人也讲求礼节，这是大的根本。假如士人中有淫乱放肆而不检点的人，就应当严加惩治他，但对待士人的大的根本却并不改变。如果开始治理的时候很宽容，这就容易使读书人和民众养成许多恶习，最后又实行严政，结果伤及了读书人和民众中的好人，这不是好的治理原则，其原因就在于没有确立大的根本。

为政先以扶持世教为主。在上者一举措间，而世教之隆污、风俗之美恶系焉。若不管人体何如，而执一时之偏见，虽一事未为不得，而风化所伤甚大，是谓乱常之政。先王慎之。

【译文】处理政事应该先以教化社会民众为主要目的。位高的人的一举一动都关系着教化的兴衰、风俗的好坏。如果不考虑大体上来说应该怎样做，而只是固守一时的偏见，虽然不见得一件事也做不成，而对风化的破坏却是很大的，这就是扰乱纲常的政治。先王应谨慎对待。

人情之所易忽，莫如渐；天下之大可畏，莫如渐。渐之始也，虽君子不以为意。有谓其当防者，虽君子亦以为迂。不知其极重不反之势，天地圣人亦无如之奈何，其所由来者渐也。周郑交质[①]，若出于骤然，天子虽孱懦甚，亦必有恚心；诸侯虽豪横极，岂敢生此念！迨积渐所成，其流不觉至是。故步视千里为远，前步视后步为近。千里者，步步之积也。是以骤者，举世所惊；渐者，圣人独惧。明以烛之，坚以守之，毫发不以假借[②]，此慎渐之道也。

【注释】①周郑交质：《左传·隐公三年》："王贰于虢，郑伯怨王。王曰：'无之。'故周郑交质。王子狐为质于郑，郑公子忽为质于周。"质，留作保证的人质。②假借：容忍。

【译文】人之常情，容易被忽视的就是"渐"；天下最可怕的，就是"渐"。"渐"开始时，即使是君子也不在意。有人认为应当作些防备，即使是君子也认为这种说法不合时宜。却不知到了难以改变的地步，就算是天地圣人也没有办法，这是因为问题是渐渐积累起来的。春秋时期周王朝和郑国相互交换人质，如果发生得很突然，天子虽然十分怯懦软弱，但也会有怨恨之心；诸侯虽然极端强暴蛮横，怎敢生出这种念头！这种情况是渐渐积累形成的，不知不觉就到了这种地步。因此就走路来说，看那一千里的路程十分遥远，而前步看后步却是近的。千里的路程，是靠一步步走过来的。因此，对突然发生的事，举世都会感到震惊；对渐渐形成的事，只有圣人才会惧怕。对那些渐渐发生的事要明察审辨，坚决堵住小的缺口，对错误的东西没有一点有容忍，这就是谨慎对待“渐”的原则。

君子之于风俗也，守先王之礼而俭约是崇，不妄开事端以贻可长之渐。是故漆器不至金玉，而刻镂之不止；黼黻不至庶人，锦绣被墙屋不止。民贫盗起不顾也，严刑峻法莫禁也。是故君子谨其事端，不开人情窦而恣小人无厌之欲。

【译文】君子对待风俗，应该遵守先王的礼节而崇尚节俭，不乱开事端来造成渐渐滋长的弊病。因此漆器比不上金玉之器，就在上面雕刻花纹不止；有老百姓得不到的精美丝绸，却不加珍惜，拿它去披屋挂墙。民众贫穷盗贼蜂起没有人管，严刑峻法也不能禁止风俗的衰败。因此，君子要谨慎地对待事情的开端，不开启人的情欲，不放纵小人无法满足的欲望。

著令甲①者，凡以示天下万世，最不可草率，草率则行时必有滞碍。最不可含糊，含糊则行者得以舞文②。最不可疏漏，疏漏则出于吾令之外者无以凭藉，而行者得以专辄③。

【注释】①令甲：原指第一道诏令，法令的第一篇。后用为法令的通称。②舞文：玩弄法令条文为奸作弊。③专辄：专断，擅自裁决。

【译文】制定法令，大凡为了昭示天下而留传万世，最不能草率，如果草率推行时一定会阻碍不通。最不能含糊其辞，如果含糊其辞实行的人就会玩弄法令条文而违法乱纪。最不可疏忽遗漏，如果疏忽遗漏，那些在法令条文规定之外的事情，就依据法律条文，实行的人就会根据自己的意思专断擅行。

筑基树臬者，千年之计也；改弦易辙者，百年之计也；兴废补敝者，十年之计也。垩白黝青者，一时之计也。因仍苟且，势必积衰；助波覆倾，反以裕蛊。先天下之忧者，可以审矣。

【译文】打好基础，确定标准，这是千年的大计；改革变法，这是百年之计；兴废补敝，这是十年之计。在外面再涂上一层白色或青、黑色，这只是暂时的办法。沿袭旧规，苟且度日，形势必然会一天天衰败下去；推波助澜，反而纵容了小人，助长了坏事。对此，先为天下忧虑的人应该明察。

气运怕盈，故天下之势不可使之盈。既盈之势，便当使之损。是故不测之祸、一朝之忿，非目前之积也，成于势盈。势盈者，不可不自损；捧盈卮①者，徐行不如少挹②。

【注释】①卮（zhī）：古代盛酒的器皿。圆形。容量四升。②挹（yì）：舀，把液体盛出来。

【译文】命运气数害怕满盈，所以天下的形势不可使之满盈。到了满盈的状态，便应当使它降低减少。因此说突然发生的灾祸、一时激发的愤恨，都不是目前积累起来的，是事情发展到极点的结果。因此事情发展到满盈的状态，应该自我削减；捧着满杯酒的人，与其慢慢前行，还不如少盛一点。

微者正之，甚者从之，从微则甚，正甚愈甚。天地万物气化人事莫不皆然。是故正微从甚，皆所以禁之也，此二帝三王之所以治也。

【译文】纠正衰微，顺从极端，任凭事情衰微下去，事情就越来越坏；想纠正越变越坏的事，只能助长其发展。天地万物、气的变化、人情世事，莫不是这个道理。因此扶植那些衰微的事物、听任形势向坏的方面发展，都是应该禁止的，这是二帝三王能够使世道得到治理原因。

圣人治天下，常令天下之人精神奋发，意念敛束。奋发则万民无弃业，而兵食足、义气充。平居可以勤国，有事可以捐躯。敛束则万民无邪行，而身家重、名检修。世治则礼法易行，国衰则奸盗不起。后世之民怠惰放肆甚矣，臣民而怠惰放肆，明主之忧也。

【译文】圣人治理天下，常常使百姓精神奋发，思想意念收敛有所约束。精神奋发，那么百姓就不会荒废自己的事业，从而军饷充足，士气高涨，平时可以勤于国事，战争时为国捐躯。思想意念要有所约束则民众就会没有邪恶的行为，而看重国家事业、注重自身的道德修养。社会安定，国家的立法也就容易推行，即使国势衰微了，奸盗也不会出现。后世的民众精神懈怠懒惰过于放纵，臣子和民众也都怠惰放肆，这是英明君主所忧虑的。

能使天下之人者，惟神、惟德、惟惠、惟威[1]。神则无言无为而妙应如响，德则共尊共亲而归附自同。惠则民利其利，威则民畏其法。非是则动众无术矣。

【注释】①神：《易经·观卦》："圣人以神道设教而天下服矣。"作者是无神论者，但主张神道设教。《易经·系辞上》："阴阳不测之谓神。""知变化之道者，其知神之所为乎？"《易经·说卦传》："神也者，妙万物而为言者也。"这是对神的另外解释，是指变化神妙、不留痕迹的意思。理学家又以二气之良能解释鬼神。至于德、惠、威，即道德、利益、法制，都是治国不可缺少的东西。

【译文】能够支使天下人的，只有神、德、惠、威。神沉默无语也没有作为，但是奇妙的感应迅速；德是大家共同尊崇、亲近的东西，自然都愿意归附。恩惠能使民众得到利益，刑治则使民众害怕法律的制裁。除此以外，没有别的办法使民众听从你的指挥。

只有不容已之真心，自有不可易之良法。其处之未必当者，必其思之不精者也。其思之不精者，必其心之不切者也。故有纯王之心，方有纯王之政。

【译文】只要有不懈努力的真心，必然会有不可改变的好办法。处理得不恰当的事，必然是考虑得不够周详。考虑得不够周详，必然是用心不切合实际。因此只有具有纯粹实行王道的心，才会有纯粹实行王道的政治。

《关雎》是个和平之心，《麟趾》是个仁厚心。只将和平仁厚念头行政，则仁民爱物，天下各得其所。不然，《周官》法度以虚文行之，岂但无益，且以病民。

【译文】《诗经·周南》中的名篇《关雎》讲得只是个和平的心态，而《麟之趾》这篇讲得也就是个仁厚的存心。只要用和平的心态，仁厚的存心来治理国家，就会仁民爱物，庶民百工则会各司其职，天下也会长治久安。如果不能做到这些，仅把《周礼》当做虚文，不但对为政治国没有半点好处，反而会损害百姓。

“民胞物与”。子厚胸中合下有这段着痛着痒心，方说出此等语。不然，只是做戏的一般。虽是学哭学笑。有甚悲喜？故天下事只是要真。二帝三王亲亲、仁民、爱物，不是向人学得来，亦不是见得道理当如此。曰亲、曰仁、曰爱。看是何等心肠。只是这点念头恳切殷浓，至诚恻怛。譬之慈母爱子，由不得自家，所以有许多生息爱养之政。悲夫！可为痛哭也已。

【译文】“民胞物与”，天下的所有人都是同一父母（天地）所生的亲兄弟，其他的万物都是人类的朋友。意思就是把民众看成同胞，把事物看成朋友。只有内心怀有着这种关心人民痛痒的心的人，才能说出这样的话来。不然的话，就如同演戏一样，即使是学哭学笑，又有什么真正悲喜的感情呢？所以天下的事只要求真心去做。尧、舜二帝和夏禹、商汤、周文王这三王对周围的人亲近，对百姓仁爱，对万物博爱，不是学就学得来的，也不只是认为从道理上来讲就应该如此。称亲，称仁，称爱，看看这是什么样的心肠？只要这样的想法诚恳殷切，是真的为民众的疾苦感到忧伤。就好像慈母疼爱自己的子女，是出于本能，所以就有许多生存养护的办法。可悲啊！可以让人为之痛哭啊！

为人上者，只是使所治之民个个要聊生，人人要安分，物物要得所，事事要协宜，这是本然职分。遂了这个心，才得畅然一霎欢，安然一觉睡。稍有一民一物一事不妥贴，此心如何放得下。何者？为一郡邑长，一郡邑皆待命于我者也；为一国君，一国皆待命于我者也；为天下主，天下皆待命于我者也。无以答其望，何以称此职？何以居此位？夙夜汲汲图，惟之不暇。而暇于安富尊荣之奉，身家妻子之谋。一不遂心，而淫怒是逞耶？夫付之以生民之寄，宁为盈一己之欲哉？试一反思，更当愧汗。

【译文】做官的人，使自己所治理的民众个个都能维持生活，人人都能安守本分，物物都有自己的归宿，事事要协调适宜，是他们职责之内的事。只有做到了这些，才能畅快地欢乐一番，安然地睡上一觉。只要有一民一物一事没有安排妥当，心里怎么能放得下，为什么呢？这作为一个郡邑的领导，整个郡邑的人都听命于我的管理；作为一个国家的君王，全国的人都听命于我的管理；作为天下的君主，天下的人都听命于我的管理。不能满足民众的愿望，怎么能称职呢？怎么能坐在这个位置上呢？早晚努力想方设法实现它都怕来不及，哪有时间享受富贵尊荣？哪有时间去考虑身家妻子？哪能一不称心就暴怒呢？民众把生活希望寄托在我的身上，哪能只满足自己的私欲？这样一反思，就会羞愧得流汗。

王法上承天道，下顾人情，要个大中至正，不容有一毫偏重偏轻之制。行法者，要个大公无我，不容有一毫故出故入之心，则是天也。君臣以天行法，而后下民以天相安。

【译文】国家的法律要顺应天道，顾及人情，要大中至正，不能有一点厚此薄彼的制度。要大公无私，没有一点故意违背法令的想法，这就是上天的法则。君臣按照天道来执行法令，民众才能按照天道相安无事。

人情天下古今所同。圣人惧其肆，特为之立中以防之，故民易从。有乱道者从而矫之，为天下古今所难为之事，以为名高。无识者相与骇异之，崇奖之，以率天下。不知凡于人情不近者，皆道之贼也。故立法不可太激，制礼不可太严，责人不可太尽，然后可以同归于道。不然，是驱之使畔也。

【译文】古今人们的情理都是相同的，圣人怕人们肆无忌惮，特地制定了一个中道来防备，所以民众容易顺从。有扰乱中道的人强行改变它，做一些天下古今难以做到的事，借此抬高自己的名声。而那些没有见识的人就感到惊异，进行推崇、赞赏，想为天下人做表率。他们不知道凡是不符合人情的事，都是危害中道的。因此立法不可太偏激，制礼不可太严苛，责备人不可太详尽，然后才能同归于中道。不然，是逼迫民众叛乱啊！

振玩兴废用重典[①]，惩奸止乱用重典，齐众摧强用重典。

【注释】①重典：指重法，严厉的刑律。

【译文】振奋轻慢的人，兴复废毁的事物，要使用重法；惩治奸邪，镇压暴乱，要使用重法；整治民众，摧败强敌，要使用重法。

民情有五，皆生于便。见利则趋，见色则爱，见饮食则贪，见安逸则就，见愚弱则欺，皆便于己故也。惟便，则术不期工而自工；惟便，则奸不期多而自多。君子固知其难禁也，而德以柔之，教以谕之，礼以禁之，法以惩之。终日与便为敌，而竟不能衰止。禁其所便与强其所不便，其难一也。故圣人治民如治水。不能使不就下，能分之使不泛溢而已。堤之使不决。虽尧、舜不能。

【译文】有五种民情，都是因为便利自己才产生的。看见利益奔它而去，看见美色就爱慕，看见饮食就贪图，看见安逸就想享受，看见愚弱之人就欺侮，都是因为方便自己的嗜欲的缘故。只因方便有利，对那些权术不希望它玩弄得巧妙，但它自然会巧妙；只因为方便有利，不希望奸邪增多却自然会多。君子本来知道这些难以禁止，就用德来感化，用教育的方法来开导，用礼仪来禁止，用法律来惩治，整天与便利作斗争，竟然不能让它衰竭停止。禁止人们感到便利的东西与强迫不便利的东西，其困难程度是相同的。所以圣人像治水一样治理平民百姓，既然不能使水不向下流，就把它分流，避免它泛滥。建一道堤坝把水堵塞起来，不让它决堤，即使是尧、舜也做不到。

尧、舜无不弊之法，而恃有不弊之身，用救弊之人，以善天下之治，如此而已。今也不然，法有九利不能必其无一害，法有始利不能必其不终弊。嫉才妒能之人，惰身利口之士，执其一害终弊者讪笑之，谋国不切而虑事不深者从而附和之，不曰“天下本无事，安常袭故何妨”，则曰“时势本难为，好动喜事何益”。至大坏极弊，瓦解土崩而后付之天命焉。呜呼！国家养士何为哉？士君子委质[1]何为哉？儒者以宇宙为分内何为哉？

【注释】①委质：《史记·仲尼弟子列传》：“子路后儒服委质。”《索隐》引服虔注《左传》：“古者始仕，必先书其名于策，委死之质于君，然后为臣，示必死节于其君也。”

【译文】尧、舜也不是有毫无弊病的法令，只是依靠自己没有任何私念而又一心为民的心，任用纠正弊端的人，来管理好天下，只是如此而已。现在则不是这样，法令有九分益处，不能保证没有一分有害的地方；法令的开端是好的，也不能保证终了时没有弊病。妒忌才能比自己强的人，自身懒惰、口齿伶俐的人，抓住这一分有害的地方和终了时的弊病，就大肆嘲笑变革的人；而那些对国家的大策谋划得不切合实际，考虑事情又不周密的人，就附和着一起攻击，不是说“天下本无事，安常袭故何妨”，就是说“时势本难为，好动喜事何益”。直到法律弊端百出，坏到了极点，乃至整个形势完全不可收拾，这时又说是天命决定的。唉！国家供养官吏是为了什么呢？士君子归附朝廷又是为了什么呢？读书人把治理天下作为自己的责任，但又干了些什么呢？

官多设而数易，事多议而屡更，生民之殃未知所极。古人慎择人而久任，慎立政而久行。一年如是，百千年亦如是。不易代不改政，不弊事不更法。故百官法守一，不敢作聪明以擅更张；百姓耳目一，不至乱听闻以乖政令。日渐月渍，莫不遵上之纪纲法度以淑其身，习上之政教号令以成其俗。譬之寒暑不易，而兴作者岁岁有持循焉；道路不易，而往来者年年知远近焉。何其定静！何其经常！何其相安！何其易行！何其省劳费！或曰："法久而弊，奈何？"曰："寻立法之本意，而救偏补弊耳。善医者，去其疾不易五脏。攻本脏不及四脏；善补者，缝其破不剪余完，浣其垢不改故制。"

【译文】官员设立得多又经常变更，事情多次商议却经常更换，民众的灾难不知什么时候才能到头。古人谨慎地选择人才并长久地任用，慎重立法并使它长久通行。每一年都按照法令行事，千百年来都是如此。只要不改朝换代就不改变政令，不妨碍事情就不更改法律。因此百官都能遵守法令，不敢自作聪明而擅自更改；百姓听到的看到的都一样，不至于因为混淆视听而扰乱政令。天长日久，没有人不是遵守法令按照制度来办事，遵守上面的法令成为人们的习惯。就如同寒来暑往永不变，而耕作的人年年按季节劳作；就像道路不变更，而往来的人都知道道路的远近。这是多么的定静，多么的经常，多么的相安，多么的易行，多么的节省劳力费用！有人说："法令出现时间久了就会有弊端，应该怎么办呢？"回答说："只要找到确立法令的本意，去纠正偏离的地方，补修弊端就行了。善于治病的人，治好了病却不换五脏，治疗有病的器官却不碰其它四个器官；善于缝补的人，补好了破洞而不剪掉完好的地方，洗掉上面的污垢而用不着改换衣物的样式。”

圣明之世，情、礼、法三者不相忤也。末世情胜则夺法，法胜则夺礼。

【译文】政治清明的世道，情、礼、法这三者不是互相对立的。到了衰亡的世道，人情胜过了法律，法律就不起作用了；法胜过了礼，礼就不存在了。

汤、武之诰、誓[①]，尧、舜之所悲，桀、纣之所笑也。是岂不示信于民而自己之心乎？尧、舜曰：“何待哓哓[②]尔示民？民不忍不从。”桀、纣曰：“何待哓哓尔示民？民不敢不从。”观《书》之诰、誓而知王道之衰矣。世道至汤、武，其势必有桀、纣，又其势必至有秦、项、莽、操[③]也。是故维持世道者不可不虑其流。

【注释】①汤：商汤。武：周武王。诰：古代统治者一种训诫勉励的文告。此指《汤诰》《汤誓》。誓：表示决心依照说的话实行。此指《泰誓》。②哓哓：不厌其烦地说。③秦：秦始皇。项：项羽。莽：王莽。操：曹操。

【译文】商汤讨伐夏桀时动员民众诏告天下所作的《汤诰》《汤誓》以及周武王讨伐殷纣王时所发的誓言《泰誓》，如果尧、舜看到了会感到悲哀，桀、纣看到了会感到可笑。难道这不是为了取信于民而表明自己的心迹吗？尧、舜会说：“何必这样不厌其烦地劝说呢？民众不忍心不服从命令。”桀、纣会说：“何必要说这么多废话？民众不敢不服从。”看到《尚书》中的《汤诰》《汤誓》和《泰誓》，就可以知道王道当时已经衰微了。世道到了汤、武的时代，势必会出现桀、纣这样的人，再发展下去又必然会有秦始皇、项羽、王莽、曹操这样的人。因此维持世道的人不能不考虑世道的发展趋势。

圣人能用天下，而后天下乐为之用。圣人以心用天下，以形用心。用者，无用者也，众用之所恃以为用者也。若与天下竞智勇，角聪明，则穷矣。

【译文】圣人能发挥治理天下的作用，然后天下人才乐于为圣人所用。圣人用心来治理天下，以行为来为心所用。圣人的用，也就是不用，即不用自己亲自去做，而是作为众人的依靠来发挥作用的。如果是和天下的人斗智斗勇，角逐谁聪明，圣人就会力竭智穷。

后世无人才，病本只是学政不修。而今把作万分不急之务，才振举这个题目，便笑倒人。官之无良，国家不受其福，苍生且被其祸。不知当何如处？

【译文】后世缺乏人才，根本原因是不学习治理政事。而今把学习治理政事看作不紧急的事，才提出要重视学政，有些可笑。没有贤良的官员，国家不会得到他带来的福祉，老百姓也遭受他的灾祸。不知怎么处理这种情况啊？

圣人感人心，于患难处更验。盖圣人平日仁渐义摩，深恩厚泽入于人心者化矣。及临难处仓卒之际，何暇思图，拿出见成[1]的念头来，便足以捐躯赴义，非曰我以此成名也，我以此报君也，彼固亦不自知其何为而迫切至此也。其次捐躯而志在图报，其次易感而终难，其次厚赏以激其感。噫！至此而上下之相与薄矣，交孚之志解[2]矣。嗟夫！先王何以得此于人哉？

【注释】①见成：现成。②交孚：互相信任，意气相投。解：同“懈”。

【译文】圣人能感化人心，在患难的时候更能得到验证。这是因为圣人平日就以仁义之心感化教育百姓，他深厚的仁爱和恩惠早已深入融化于人心。等面临危难或紧急的事情，哪里需要时间再思考呢，只要拿出心中早有的现成念头来，便足以舍弃生命，奔赴大义，不会想到我要借以成名、我要以此来报答君王，他本来自己也不知道为什么要这么勇敢地去奔赴大义。其次一等的，舍弃生命是为了报答别人的恩惠；再次一等的，起初受到感动而奋起，但终不能坚持到底；又次一等的，只能用丰厚的奖赏才能激发他的感动。唉！到了这种地步，上下关系就淡薄了，彼此信任的感情也没有了。啊！先王是怎样做到使人义无反顾地舍弃生命，奔赴大义的呢？

圣人在上。能使天下万物各止其当然之所。而无陵夺假借之患，夫是之谓各安其分，而天地位焉；能使天地万物各遂其同然之情，而无抑郁倔强之态，夫是之谓各得其愿，而万物育焉。

【译文】圣人高高在上，能够使天下万物各自处在他应该处于的位置上，而没有欺压、掠夺、假借的祸患，这就叫做万物各自安守自己的本分，而天地也就能各安其位；能使天地万物都顺从自然的规律，而没有抑郁或倔强的情态，这就叫做使万物各得其所愿，而万物才能生长发育。

民情既溢，裁之为难。裁溢如割骈拇赘疣，人甚不堪。故裁之也欲令民堪，有渐而已矣。安静而不震激，此裁溢之道也。故圣王在上，慎所以溢之者，不生民情。礼义以驯之，法制以防之，不使潜滋暴决，此慎溢之道也。二者帝王调剂民情之大机也，天下治乱恒必由之。

【译文】民情超过限度了，再来裁减抑制是很困难的。裁减抑制过度的民情就像割掉多余的手指或赘瘤一样，人们是难以忍受的。所以，裁抑的方式要让民众能够承受，只有渐渐地减少才行。民众安静而不震惊激愤，这才是裁抑超过限度的东西的原则。所以圣明的君王在位时，谨慎对待过度的东西，不让民众产生不合法度的想法。用礼仪来驯化他们，用法制来防备它们，不让它暗中滋长突然爆发，这是谨慎对待过度的事情的原则。这两个原则是帝王调剂民情的关键所在，天下太平还是混乱都从此而来。

创业之君，当海内属目倾听之时，为一切雷厉风行之法。故令行如流，民应如响。承平日久，法度疏阔，人心散而不收，惰而不振，顽而不爽。譬如熟睡之人，百呼若聋；欠倦之身，两足如跛，惟是盗贼所追、水火所迫，或可猛醒而急奔。是以诏令废格，政事颓靡，条上者纷纷，申饬者累累，而听之者若周闻知，徒多书发之劳、纸墨之费耳。即杀其尤者一人，以号召之，未知肃然改视易听否。而迂腐之儒，犹曰宜崇长厚，勿为激切。嗟夫！养天下之祸，甚天下之弊者，必是人也。故物垢则浣，甚则改为；室倾则支。甚则改作。中兴之君，综核名实，整顿纪纲。当与创业等而后可。

【译文】开创基业的君主，处在被人盯着听着的时候，实行的一切法令雷厉风行，因此法令推行的顺畅，民众反映强烈。然而，太平的日子久了，法令制度就疏忽松懈了，人心涣散而不能凝聚，人们懒惰而不振奋，愚顽而不明智了。就如同熟睡中的人，怎么叫他都听不到，就像聋了一样；长久疲倦的身体，两条腿就像跛了一样。只有在被盗贼追赶、被洪水、大火所逼迫的时候，才能猛然醒来连忙逃走。因此诏令废弃搁置不用，政事颓废，上书言事的人陆续不断，君主告诫的文书也累累下达，而听到的人却置若罔闻，不过是没有意义的多次上书、下诏，白白地浪费纸墨罢了。即便杀了一个最顽顿、懒惰的人，以此来号令天下，也不知道能不能迅速改变人们的视听。而那些迂腐的儒生，还在说应该崇尚宽厚精神，不要激动急切。唉！养成天下的祸患、加重天下弊端的正是这种人啊。所以，物品污浊了就要洗涤，更严重的话就要更换；房屋倾斜了就要支撑起来，严重的话就应该重建。中兴的君主，应该综核名实，整顿纪纲，应该与创立基业的君主一样行事才可以。

先王为政，全在人心上用工夫。其体人心，在我心上用工夫。何者？同然之故也。故先王体人于我，而民心得，天下治。

【译文】古代的君王治理政事，全在人心上下工夫。他们体恤人心，全在自己的内心上下工夫。为什么呢？因为自己的心和别人的心都是一样的啊。所以古代的君王能像对待自己一样体恤民众，因而得到了民心，天下得到治理了。

天下之患，莫大于“苟可以”而止。养颓靡不复振之习，成亟重不可反之势，皆“苟可以”三字为之也。是以圣人之治身也，勤励不息。其治民也，鼓舞不倦。不以无事废常规，不以无害忽小失。非多事，非好劳也，诚知夫天下之事，廑未然之忧者尚多或然之悔；怀太过之虑者犹贻不及之忧；兢慎始之图者，不免怠终之患故耳。

【译文】天下的祸患，没有比“苟可以”更大的了。养成颓靡不振的习气，形成积重不能逆转的形势，都是“苟可以”这三个字所造成的。所以，圣人修养自己的身心，不停地勤奋努力。治理人民时，鼓舞勉励不知疲倦。不因为没事就废除常规，不因为没有害处就忽视小的过失。不是多事，也不是喜欢操劳，而是因为真正认识到天下的事，勤谨地对待未必出现的祸患，尚且还会有许多偶然产生的懊悔；怀着过分的忧虑还会有考虑不到的地方所产生的忧虑；在开始的时候就兢兢业业小心谨慎，还不免在结束的时候有因怠惰而产生的事故。

天下之祸，成于怠忽者居其半，成于激迫者居其半。惟圣人能销祸于未形，弭患于既著。夫是之谓知微知彰。知微者不动声色，要在能察几；知彰者不激怒涛，要在能审势。呜呼！非圣人之智，其谁与于此？

【译文】天下的祸患，一半是由懈怠疏忽造成的，一半是由偏激急迫造成的。只有圣人能够把祸患消灭于萌芽状态，让祸患开始出现让它停止。这就叫做知微知彰。知道微小的萌芽的人不动声色，关键在能察觉事物的征兆；看见彰显出来苗头的人而不去刺激它，重点在能审势度势。啊！如果不是具有圣人的智慧，谁又能够做到这一点呢？

精神爽奋，则百废俱兴；肢体怠弛，则百兴俱废。圣人之治天下，鼓舞人心，振作士气，务使天下之人如含露之朝叶，不欲如久旱之禾苗。

【译文】精神爽朗振奋，就能使百废俱兴，身体怠惰松懈，就会使百兴俱废。圣人治理天下，鼓舞人心，振作士气，一定是使天下的人像含着带着露水的叶子那样，而不像干旱已久的禾苗那样。

而今不要掀揭天地，惊骇世俗，也须拆洗[1]乾坤，一新光景。

【注释】①拆洗：把棉衣、棉被等拆开洗净，再缝上，以此比喻改造乾坤。

【译文】现在即使不做翻天覆地、惊世骇俗的事，也必须拆洗乾坤，使光景一新。

无治人则良法美意反以殃民，有治人则弊习陋规皆成善政。故有文、武之政，须待文、武之君臣。不然，青萍、结绿[1]非不良剑也，乌号、繁弱[2]非不良弓矢也，用之非人，反以资敌。予观放赈、均田、减粜、检灾、乡约、保甲、社仓、官牛八政而伤心焉。不肖有司，放流有余罪矣。

【注释】①青萍：剑名。《抱朴子·博喻》："青萍、豪曹，剡锋之精绝也。"结绿：用美玉装饰的剑。②乌号：良弓。《淮南子·原道训》："射者扞乌号之弓，弯棋卫之箭。"繁弱：亦良弓。《荀子·性恶》："繁弱、钜黍，古之良弓也。"

【译文】没有治理国家的人才，即使有良好的办法、美好的愿望，反而会给民众带来祸殃；如果有了治理国家的人才，即使是陈腐的规章习俗也能变成良好的政令。因此想要获得周文王、周武王那样清明的政治局面，必须有周文王、周武王时代治理国家的人才。青萍、结绿都是有名的宝剑，乌号、繁弱都是著名的良弓，如果没有合适的人使用，反而会帮助了敌人。我观察放赈、均田、减粜、检灾、乡约、保甲、社仓、官牛这八项本来对治国有利的政令得不到正确的施行，真为之伤心啊！对那些无德无能的有关官吏，判处他们流放的刑罚也抵偿不了他们的罪孽！

振则须起风雷之《益》[1]，惩则须奋刚健之《乾》[2]，不如是，海内大可忧矣。

【注释】①《益》：益卦。《易经·益卦·象》曰："风雷，益，君子以见善则迁，有过则改。"②《乾》：乾卦。《易经·乾卦·文言传》曰："大哉乾乎！刚健中正，纯粹精也。”

【译文】振奋，就要像《易经·益卦》所讲的那样如风雷迅起，迁善改过；惩戒，就要像《易经·乾卦》所讲的那样刚健奋发，纯粹中正，如果不是这样的话，天下就太让人忧虑了。

一呼吸间，四肢百骸无所不到；一痛痒间，手足心知无所不通，一身之故也。无论人生，即偶，提一线而浑身俱动矣，一脉之故也。守、令者，一郡县之线也；监、司者，一省路之线也；君、相者，天下之线也。心知所及，而四海莫不精神；政令所加，而万姓莫不鼓舞者何？提其线故也。令一身有痛痒而不知觉，则为痴迷之心矣；手足不顾，则为痿痹[1]之手足矣。三代以来，上下不联属久矣，是人各一身而家各一情也，死生欣戚[2]不相感，其罪不在下也。

【注释】①痿痹：肢体不能动作之病。②欣戚：亦作“欣慼”。喜乐和忧戚。

【译文】一呼一吸之间，气息就会流通到四肢百骸；身体的痛痒，手足心脑各个器官都会感知，这是因为肢体百骸、手足等器官都长在同一个身体上。不只是活生生的人，即使是木偶，提起一根线，全身都会动作，这是因为木偶是用一根线相连的缘故。郡守、县令，就是一郡一县之线；监、司，就是一省一路之线；君王、宰相，就是天下之线。他们的思虑所及，四海都会为之振奋；政令所到之处，百姓莫不鼓舞，这是为什么呢？是因为提起了线的缘故。如果自身有痛痒而不知，这就是得了痴呆症了；手足都不会动，就是得了痿痹病了。夏商周三代以后，上下不相连接已经很久了，都是人人各顾自身，而家家只有自己的情境，死生欢悲相互都不关心；造成这种情况，罪责不在下面的民众。

夫民怀敢怒之心，畏不敢犯之法，以待可乘之衅。众心已离，而上之人且恣其虐以甚之。此桀、纣之所以亡也。是以明王推自然之心，置同然之腹。不恃其顺我者之迹，而欲得其无怨我者之心。体其意欲而不忍拂，知民之心不尽见之于声色。而有隐而难知者在也。此所以固结深厚，而子孙终必赖之也。

【译文】民众内心怀有愤怒之心，但畏惧不敢触犯法律，因而等待适当的机会叛乱。民众的心已经分散，而当官的人还恣意、肆虐，加重人们的不满，这就是桀、纣走向灭亡的原因。因此，圣明的君主能够以自己出于自然的心情，体会别人同样的愿望。不只是看别人顺从我的外在表现，而是要努力得到他对我没有怨恨的真心。体会他的心意和愿望而不忍心去违背。知道人们内心的想法不表现在语言和容色上，而是有隐藏于内心，难以了解的思想。所以这样就能积累深厚的德行，从而让子孙后代依赖。

圣主在上，只留得一种天理民彝①经常之道在，其余小道曲说、异端横议，斩然芟除②，不遗余类。使天下之人易耳改目、洗心濯虑于一切乱政之术，如再生，如梦觉，若未尝见闻。然后道德一而风俗同，然后为纯王之治。

【注释】①天理：天道。民彝：人伦。旧指人与人之间相处的伦理道德准则。彝，常理。②芟（shān）除：除去、消灭。

【译文】圣明的君主在位，只留下天道人伦这永恒不变的大道，其余的传闻、邪曲之说、不符合正统的主张、恣意议论，断然铲除，不留一切不合乎天道人伦之类的有害学说。使天下人耳目一新，改换心思，从一切乱政之术中脱离出来，如同再生，如同从睡梦中醒来，如同从未听到、看到这些乱政之术一样。然后达到道德一致，风俗同一，最终成就纯粹的王业。

治世莫先无伪，教民只是不争。

【译文】治理国家没有比不虚伪更重要的了，教化民众只要做到不与民争就可以。

任是权奸当国，也用几个好人做公道，也行几件好事收人心。继之者欲矫前人以自高，所用之人一切罢去，所行之政一切更张。小人奉承以干进，又从而巧言附和，尽改良法而还弊规焉。这个念头为国为民乎？为自家乎？果曰为国为民，识见已自聋瞽；果为自家，此之举动，二帝三王之所不赦者也，更说甚么事业？

【译文】即便是权奸当道，也会任用几个好人假装公道，也会做几件好事来收买人心。后任的人想矫正前任的错误以显示自己的高明，把前任所任用的人全都免去，把前任推行的政令全都改变。小人阿谀奉承谋求职位，用花言巧语来附和，终止好的措施而恢复弊端旧规。

这样的念头是为国、为民还是为了自己呢？如果说是为国、为民，他的见识已经出了毛病；如果是为了自己，这样的举动，即便是尧、舜二帝和夏禹、商汤、周文王这三王也不会饶恕，还说什么建立丰功伟业呢？

圣人无奇名，太平无奇事，何者？皇锡此极①，民归此极，道德一，风俗同，何奇之有？

【注释】①锡：赐。极：标准。《尚书·洪范》："皇建其有极。"

【译文】圣人无出奇的名声，社会安定无奇怪的事情，为什么呢？上天赐予应该遵循的最高法则，民众都遵守这些法则，道德统一，风俗相同，有什么奇怪的呢？

势有时而穷。始皇以天下全盛之威力，受制于匹夫。何者？匹夫者，天子之所恃以成势者也。自倾其势，反为势所倾。故明王不恃萧墙之防御，而以天下为藩篱。德之所渐，薄海皆腹心之兵；怨之所结，衽席皆肘腋之寇。故帝王虐民是自虐其身者也，爱民是自爱其身者也。覆辙满前，而驱车者接踵，可恸哉！

【译文】权势也会有穷尽的时候。秦始皇以天下全盛的威力而受制于普通老百姓，这是为什么呢？普通百姓，本来是天子所赖成就权势的力量。自己倾覆了这些力量，反而被所依赖的力量倾覆。所以英明的君王不依靠宫墙的防御，而用百姓作为篱笆来防范。恩德到达的地方，即便是遥远的地方会有心腹之兵；怨仇相结的地方，即便是卧席之内也会成为心怀二心的贼寇。所以说，帝王虐待民众其实是在伤害自己，而爱护民众其实也是在爱护自己。路上全是翻了的车，但赶车过路的人还是接连不断，真可悲！

如今天下人，譬之骄子，不敢热气，唐突便艴[①]然起怒。缙绅，稍加综核则曰苛刻；学校，稍加严明则曰寡恩；军士，稍加敛戢[②]则曰陵虐；乡官，稍加持正则曰践踏。今纵不敢任怨，而废公法以市恩，独不可已乎？如今天下事，譬之敝屋，轻手推扶便愕然咋舌[③]，今纵不敢更张，而毁拆以滋坏，独不可已乎？

【注释】①唐突：冒犯，亵渎。艴（fú）然：怒貌。②敛戢：收敛约束。③愕然：惊慌貌。咋舌：形容不敢说话或说不出话。

【译文】现今天下的人，如同娇生惯养的孩子，不容许对他有一点儿冒犯，不然他就会勃然大怒。对官吏，稍加考核就被说成是苛刻；对学校，纪律稍微严明一些就被说成是寡恩；对兵士，稍加管束就被说成是凌虐；对乡官，稍加纠正就被说成是践踏。现在纵然不敢要求这些人做到任劳任怨，但让他们不废弃公法换取个人的恩惠总是可以的吧！如今天下的事情，好比已经破旧的房屋，轻轻用手推扶，都让人害怕得要命，现在纵然不能重新改建，但不再做毁坏它、增加它破损程度的事，总是可以的吧！

"公""私"两字，是宇宙的人鬼关。若自朝堂以至闾里，只把持得公字定，便自天清地宁，政清讼息。只一个私字，扰攘得不成世界。

【译文】公与私，是世界上分开人鬼的边界。如果从官吏到百姓，都能坚持一个公字，天地就会干净、安宁，政治也会清明没有诉讼。如果都只讲一个私字，世界就会乱的不成样子。

王道感人处，只在以我真诚恻怛之心，体其委曲必至之情。是故不赏而劝，不激而奋。出一言而能使人致其死命，诚故也。

【译文】王道感人的地方，就在于用自己真诚侧隐之心去体会民众内心曲折而不得已的情感。因此，即使没有奖赏也会努力做事，不用激励就会奋发向前。一句话就能使民众拼死效力为他拼命，这是真诚待人的结果。

人君者，天下之所依以忻戚者也。一念怠荒，则四海必有废弛之事；一念纵逸，则四海必有不得其所之民。故常一日之间，几运心思于四海，而天下海有君门万里之叹。苟不察群情之向背，而惟己欲之是恣。呜呼！可惧也。

【译文】君主，百姓所依托指望的人。一个念头懈怠玩忽了，天下就有荒废松弛的事；一个念头放纵安逸了，天下就有了无家可归的人。因此，在一天之内，多次为天下操心，而天下的人仍有离君主很远的感叹。如果还不去了解民情的向背，而只是放纵自己的私欲，唉！太可怕了。

天下之存亡系两字，曰"天命"[1]。天命之去就系两字，曰"人心"。

【注释】①天命：上天的意志。也指上天主宰众生命运。

【译文】国家的存亡维系在两个字上，叫作“天命”。天命的去留又维系在两个字上，叫作“人心”。

耐烦[①]则为三王，不耐烦则为五霸[②]。

【注释】①耐烦：忍住性子不急躁、不厌烦。②五霸：指诸侯中势力强大、称霸一时的人。五霸说法不一，通行说法指齐桓、晋文、秦穆、宋襄、楚庄五公。

【译文】能忍耐、不急躁就会成为三王，不能忍耐、急躁就只能成为五霸。

一人[①]忧则天下乐，一人乐则天下忧。

【注释】①一人：古称天子。亦为天子自称。

【译文】君王如果有忧患意识，天下百姓就会快乐；如果君王独自享受快乐，那么天下百姓就会忧愁。

圣人联天下为一身，运天下于一心。今夫四肢百骸、五脏六腑皆吾身也，痛痒之微，无有不觉、无有不顾。四海之痛痒，岂帝王所可忽哉？夫一指之疗如粟，可以致人之死命。国之存亡不在耳目闻见时，闻见时则无及矣。此以利害言之耳。一身麻木若不是我，非身也。人君者，天下之人君；天下者，人君之天下。而血气不相通，心知不相及，岂天立君之意耶？

【译文】圣人把天下与自己连为一体，一心关心天下的事情。四肢百骸、五脏六腑都是自己身体上的一部分，一丁点痛痒，不会没有感觉，不会不管。天下的痛痒，难道帝王就可以忽视了吗？一个指头上长了一粒粟米大的疮，就可以要人的命。一个国家的存亡不表现在能听见看见的事情上，等到听见看见时就晚了。这是从利害方面来说的。一个人身体麻木了，好像不是自己的身体了。君主，是天下人的君主；天下，是君主的天下。如果两者血脉不相通，心智不相连，这难道符合上天确立君主的本意吗？

无厌之欲，乱之所自生也；不平之气，乱之所由成也。皆有国者之所惧也。

【译文】君王没有节制的欲望，是产生混乱的根源；百姓愤愤不平的怨气，是混乱形成的原因。这都是统治国家的人应当惧怕的。

用威行法，宜有三豫，一曰上下情通，二曰惠爱素孚，三曰公道难容。如此，则虽死而人无怨矣。

【译文】用威势来推行法令，应该预先做好三种准备：一是上下感情相通，二是在平时恩惠仁爱，三是不容忍不公道的事情发生。做到这样，即便是死也没有怨恨了。

第一要爱百姓。朝廷以赤子相付托，而士民以父母相称谓。试看父母之于赤子是甚情怀，便知长民底道理。就是愚顽梗化之人，也须耐心渐渐驯服。王者必世而后仁。揣我自己德教有俄顷过化手段否？奈何以积习惯恶之人，而遽使之帖然我顺，一教不从，而遽赫然武怒耶？此居官第一戒也。有一种不可驯化之民，有一种不教而杀之罪。此特万分一耳。不可以立治体。

【译文】为官之道，第一是要爱护百姓。朝廷把民众付托给你，而民众把你称做父母，试看父母对待子女是用什么样的情感，就明白为官治理百姓的道理。即便是愚钝顽固不化的人，也必须要有耐心，要渐渐地使他驯服。实行王道的君主至少也得三十年才能使仁政大行于天下。考虑自己的德政教化是否有顷刻之间改正错误？怎么能使作恶成性的人马上就顺服于我呢，一次的教育不顺从就勃然大怒呢？这是做官的人首先要警戒的事。有一种不可训导教化的人，有一种不必教育就可杀头的罪行。但这种情况只有万分之一的可能，不能以此来决定国家的大政方针。

天下所望于圣人，只是个“安”字；圣人所以安天下，只是个“平”字。平则安[①]，不平则不安矣。

【注释】①平则安：《论语·季氏》：“丘也闻有国有家者，不患寡而患不均，不患贫而患不安。盖均无贫，和无寡，安无倾。夫如是，故远人不服，则修文德以来之。既来之，则安之。”这里提出一个均平、和合、安定问题。吕坤认为只有公平，才能安定。

【译文】天下人希望圣人能做到的，只是个“安”字；圣人用来安定天下的，只在于一个“平”字。公平就会安定，不公平就不会安定。

三军要他轻生，万姓要他重生。不轻生不能戡乱[1]，不重生易于为乱。

【注释】①戡乱：平定叛乱。典出南朝梁刘孝标《辩命论》：“而或者觏汤武之龙跃，谓戡乱在神功；闻孔墨之挺生，谓英睿擅奇响。”

【译文】对于军队，要让他们看轻生命；对于天下百姓，要让他们重视生命。将士不轻视生死就不能平定叛乱，百姓不重视生命就容易发生暴乱。

太古之世，上下相忘，不言而信。中古上下求相孚[1]，后世上下求相胜。上用法胜下，下用欺以避法。下以术胜上，上用智以防术。以是而欲求治，胡[2]可得哉？欲复古道，不如一待以至诚，诚之所不孚者，法以辅之，庶几[3]不死之人心尚可与还三代之旧乎！

【注释】①相孚：相互信任。孚，有诚信之意。②胡：怎么。③庶几：也许。表示希望或推测之辞。

【译文】上古时期，居于上位和处于下位的人都忘记了自己所处的地位，不用言语表达，人们就会相信。中古时期，居于上位和处于下位的人都相互诚信；后世上位和下位的人都想相互战胜。居上位的人用法来统治下民，居下位的民众用欺瞒的方法来躲避法律的制裁。居下位的人想尽方法来胜过居上位的人，居上位的人运用智巧来防备居下位人的对抗方法。这样做却想国家得到治理，怎么可能呢？想要恢复古代信实淳厚的道德风尚，不如用真挚诚恳的态度来对待一切，如果真挚诚恳还不能使人信服，再以法律辅助，或许那些还没有完全失望的人心可以恢复到三代的旧貌！

治道尚阳，兵道尚阴；治道尚方，兵道尚圆。是惟无言，言必行；是惟无行，行必竟。易简明达者，治之用也。有言之不必行者，有言之即行者，有行之后言者，有行之竟不言者，有行之非其所言者，融通变化，信我疑彼者，兵之用也。二者杂施，鲜不败矣。

【译文】治国之道崇尚阳，用兵之道崇尚阴；治国之道崇尚方正，用兵之道崇尚圆融。要么就不说话，说了就要实行；要么就不实行，实行了就要坚持到底。容易、简单、明白、畅达，是治国有用的方法。有说了不必做的，有说了马上做的，有先做后说的，有做了不说的，有做的和说的不一样的，法融会贯通，灵活变化，让我方的将士相信，而让敌人产生怀疑，这是用兵的方法。把治国和用兵的方法混合起来使用，很少有不失败的。

任人不任法，此惟尧、舜在上，五臣在下可矣。非是而任人，未有不乱者。二帝三王非不知通变宜民、达权宜事之为善也。以为吾常御天下，则吾身即法也，何以法为？惟夫后世庸君具臣之不能兴道致治，暴君邪臣之敢于恣恶肆奸也。故大纲细目备载具陈，以防检之，以诏示之。固知夫今日之画一，必有不便于后世之推行也，以为圣子神孙自能师其意。而善用于不穷，且尤足以济吾法之所未及。庸君具臣相与守之而不敢变，亦不失为半得。暴君邪臣即欲变乱，而弁髦之犹必有所顾忌。而法家拂士亦得执祖宗之成宪，以匡正其恶，而不苟从。暴君邪臣亦畏其义正事核也。而不敢遽肆，则法之不可废也，明矣。

【译文】使用人治而不使用法治，这只有尧、舜二帝在位，大禹、后稷、契、皋陶、伯益这五位贤臣在下辅佐才可以。如果不是使用人治，就没有不出乱子的。尧、舜二帝和夏禹、商汤、周文王这三王并非不知道通达权变对民众和治事都有好处，只是认为自己经常治理天下，自己就是法律，还制定法律干什么呢？但又怕后世的庸君和不称职的大臣不能治理好国家，暴君邪臣任意妄为，所以将法律的条目内容详细地记载了下来，以防备和检查这样的君臣，来公布世人。二帝和三王知道今天统一的法律，必定有不便于后世推行的地方，认为后世圣子贤孙一定能效法他们的本意而妥善地加以运用，并且补足原来法律没有涉及到的方面。那些庸君和不称职的臣子也能遵守而不敢改变，也算是达到了一半的目的。暴君邪臣即便想要篡改或废弃这些法律，必定还要有所顾忌。那些执法的人，也可以拿着祖宗制定的成法，来纠正恶行，不必苟且顺从。暴君邪臣也畏惧他们所说的正义，不敢任意妄为。法律不可废弛是很明显的。

善用威者不轻怒，善用恩者不妄施。

【译文】善用威严的人不轻易发怒，善用恩惠的人不胡乱施予。

居上之患，莫大于赏无功，赦有罪；尤莫大于有功不赏，而罚及无罪。是故王者任功罪，不任喜怒；任是非，不任毁誉。所以平天下之情，而防其变也。此有国家者之大戒也。

【译文】君主的祸患，没有比奖赏没有功劳的人，赦免有罪过的人更大的了；没有比有功的人得不到奖赏而无罪的人却受到了惩罚更大的罪过了。所以，君王只论功劳罪过，不论个人的喜怒行事；只看是非，不看人们的诲谤或赞誉。这是为了安抚天下人的心，防止他们生变。这是治理国家的人要引以为戒的。

事有知其当变而不得不因者，善救之而已矣。人有知其当退而不得不用者，善驭之而已矣。

【译文】事情有知道应当变更而不得不沿袭的，在善于挽救而已。人有知道应当罢免而不得不任用的，在善于驾驭而已。

下情之通于上也，如婴儿之于慈母，无小弗达。上德之及于下也。如流水之于间隙，无微不入。如此而天下乱亡者，未之有也。故壅蔽之奸，为亡国罪首。

【译文】民情能够传到君主那里，就好像婴儿和慈母之间一样，没有一件小事不被注意的。君主把恩德施于百姓，就像流水进入缝隙一样，无孔不入。做到这种程度，天下还混乱或灭亡的听说过，从来没有听说过。所以说，那些堵塞上下之间的德政言路的奸臣，是使国家灭亡的罪魁祸首。

不齐，天之道也，数之自然也。故万物生于不齐，而死于齐。而世之任情厌事者，乃欲一切齐之，是益以甚其不齐者也。夫不齐其不齐，则简而易治；齐其不齐，则乱而多端。

【译文】不整齐划一，是天的运行法则，是自然的变数。所以，万物在不齐中生长，而在整齐中灭亡。而世上任意妄为的人却想把一切都整齐划一，反而使得一切更加不齐了。以不同的方法对治不同的事物，就简单且容易治理；以统一的方法对治不齐的事物，就容易混乱多事。

宇宙有三纲，智巧者不能逃也。一王法，二天理，三公论。可畏哉！

【译文】宇宙有三种纲常，聪明灵巧的人也不能避免。一是王法，二是天理，三是公论。使人敬畏啊！

《诗》云：“乐只君子，民之父母①。”又曰：“岂弟君子，民之父母②。”君子观于《诗》而知为政之道矣。

【注释】①“乐只”二句：典出《诗经·小雅·南山有台》。《大学·第十一章》引此句，朱熹注：“只，语助词。言能絜矩而以民心为己心，则是爱民如子，而民爱之如父母矣。”意谓快乐的君子，民爱你如同父母。②“岂弟”二句：典出《诗经·大雅·泂酌》。意谓和乐平易的君子，民爱你如同父母。岂弟，同“恺悌”，和乐平易。

【译文】《诗经》记载：“乐只君子，民之父母。”又记载：“岂弟君子，民之父母。”君子通过阅读《诗经》，就可以知道为政之道了。

既成德矣，而诵其童年之小失；既成功矣，而笑其往日之偶败。皆刻薄之见也。君子不为。

【译文】已经成就了德业，还去说他小时候的小过失；已经成功，还去嘲笑他以前的偶然失败。都是刻薄的见解，君子是不会这样做的。

任是最愚拙人，必有一般可用，在善用之者耳。

【译文】即使是最愚蠢笨拙的人，也一定有可用之处，只在是否善于利用罢了。

公论，非众口一词之谓也。满朝皆非，而一人是，则公论在一。

【译文】所谓的公论，并不是大家都赞同的话。满朝的人都说错了，只有一个人说得对，那么这一个人所说的就是公论。

为政者非谓得行即行，以可行则行耳。有得行之势而昧可行之理，是位以济其恶也，君子谓之贼。

【译文】处理政事，不是说能够实行就实行，而是应该实行的时候才实行。有能够实行的形势而不明白应该实行的道理，处在这个官位上只会相助作恶，君子称这样的人为害事之贼。

使众之道，不分职守，则分日月。然后有所责成而上不劳，无所推委而下不奸。混呼杂命，概怒偏劳。此不可以使二人，况众人乎？勤者苦，惰者逸，讷者冤，辩者欺，贪者饱，廉者饥。是人也，即为人下且不能，而使之为人上。可叹也夫！

【译文】役使众人的方法，不是从每个人的职位上要求，而是限定完成工作的日期。然后才能督责他按时完成任务，而位高的人就不会劳累，做事的人也不会推委责任或耍奸滑。如果胡乱支使、乱下命令，对所有的人都发怒，只让一部分人劳累，这样做，连两个人都无法役使，何况很多人呢？让勤奋的人受苦，让懒惰的人安逸，让口讷的人受冤，让善辩的人欺骗，让贪婪的人饱食，让廉洁的人挨饿。这样的人，做一个下属都不称职，却让他居于人上管理政事，真是可叹啊！

世教不明，风俗不美，只是策励士大夫。

【译文】当世的正统思想不明，风俗不美，只应该督促勉励士大夫亲身体验，努力实行。

治病要择良医，安民要择良吏。良吏不患无人，在选择有法。而激劝有道耳。

【译文】治病要选择好的医生，安抚百姓要选择好官吏。不用担心没有好的官吏，只要选择的方法得当，再加以劝导就行了。

孔子在鲁，中大夫耳，下大夫僚侪也，而犹侃侃[①]。今监司[②]见属吏，煦煦[③]沾沾，温之以儿女子之情。才正体统，辄曰示人以难堪；才尚综核，则曰待人以苛刻。上务以长厚悦下官心，以树他日之桃李；下务以弥文涂上官耳目，以了今日之簿书。吏治安得修举？民生安得辑宁[④]？忧时者伤心恸之。

【注释】①侃侃：亦作“偘偘”。《论语·乡党》：“与下大夫言，侃侃如也。”朱熹注：“许氏《说文》：‘侃侃，刚直也。’”形容说话理直气壮，从容不迫。②监司：负有监察之责的官吏。汉以后的司隶校尉和督察州县的刺史、转动使、按察使、布政使等通称为监司。③煦（xù）煦：和悦惠爱貌。④辑宁：和睦安宁。

【译文】孔子在鲁国，身份只是个中大夫而已，和那些下大夫是同僚，与他们说话的时候刚直而有礼。现在监察的官员见了下属的官吏，温温和和，好像对待儿女的情态。刚一按规矩办事，就说让人难以忍受；刚想加以考核，就说待人刻薄严厉。居于上位的人努力做到恭谨宽厚以取悦下级，以便树立他将来的党羽；在下位的人以夸饰的文辞来迷惑上官的耳目，以完结每天文书规定的任务。这样做吏治怎能推行兴复？民生怎得和睦安宁？忧念时事的人真可为之伤心痛哭啊！

据册点选，据俸升官，据单进退，据本题覆，持至公无私之心，守画一不二之法，此守常吏部也。选人严于所用，迁官定于所宜，进退则出精识于抚按之外，题覆则持定见于科道之中，此有数吏部也。外而与士民同好恶，内而与君相争是非，铨注[1]为地方不为其人，去留为其人不为其出身[2]与所恃，品材官如辨白黑，果黜陟不论久新。任宇宙于一肩，等富贵于土苴[3]，庶几哉其称职矣。呜呼！非大丈夫孰足以语此？乃若用一人则注听宰执[4]口吻，退一人则凝视相公眉睫，藉公名以济私，实结士口而灰民心，背公市誉，负国殖身[5]，是人也，吾不忍道之。

【注释】①铨注：选拔登录官吏。②出身：指取得官位的途径，如科举、恩荫、吏员等。③土苴（jū）：渣滓，糟粕。比喻微贱的东西。犹土芥。④宰执：又称“宰执官”，指宰相等执掌国家政事的重臣。⑤殖身：树立。

【译文】根据考试名册点名选拔，任职期满按例升迁，根据考核的名单升职降职，根据文书的内容题写覆文，秉持大公无私之心，守护朝廷统一之法，这是遵守常法的吏部。选择官吏要根据需要严格选拔，晋升官职要选择合适的人，对官吏升降的精确判断不完全遵从巡抚、巡按的意见，题写覆文则回复自己明确的主张交付监察部门，这是不可多得的吏部。在朝廷之外与士大夫和读书人的好恶相同，在朝廷之内与君王和宰相争论是非，考选登录官吏是为地方选拔人才而不是为官吏个人，留任或免官是依据官吏本人的才德而不是取得官位的途径和有没有靠山，品评官吏的才能如同辨别黑白，确实应该升降，不论其任职时间的长短。吏部的官员要担当起这宇宙的大任，把富贵视若粪土，差不多就可算称职了。唉！不是有志气而勇敢刚毅的人，我能和谁说这些话呢？如果任用或罢黜一个官员，都只看宰相的脸色和意见行事，假借公家的名义以谋取个人私利，堵塞读书人的言路使民众灰心，违背公理，沽名钓誉，辜负国家，树立自身，对这种人，我不愿意评论他。

藏人为君守财，吏为君守法，其守一也。藏人窃藏以营私，谓之盗。吏以法市恩，不曰盗乎？卖公法以酬私德，剥民财以树厚交，恬然以为当然，可叹哉！若吾身家，慨以许人，则吾专之矣。

【译文】管理府库的人为国君守护财物，官吏为君主守护法律，他们守护的职责都是一样的。如果管理府库的人私自拿国库财物占为已有，这就叫做盗窃。官吏出卖国家的法律来换取别人的感恩之情，难道就不是盗窃吗？出卖国家的法律来换取私人的赞誉，剥夺民众的财产来结交党羽，还不以为然地认为这是理所当然的，真让人叹息啊！如果是我自己把身家性命都慷慨地许给了别人，那么我一定会专心致志地把应该做的事情做好。

弭盗之末务莫如保甲①，弭盗之本务莫如教养。故斗米十钱，夜户不闭，足食之效也。守遗待主，始于盗牛，教化之功也。夫盗，辱名也；死，重法也。而人犹为之，此其罪岂独在民哉？而惟城池是恃，关键是严，巡缉②是密，可笑也已。

【注释】①弭盗：止盗。保甲：宋王安石始创的一种户籍编制制度，以若干户编作一甲，若干甲编作一保，甲设甲长，保设保长，甲按人口出保丁，同保有犯法者，保丁检举，追捕。②巡缉：巡察缉捕。

【译文】消除盗贼的一般措施没有比设立保甲制度更好的了，消除盗贼的根本措施没有比加强教育和提供一定的生活条件更重要的了。因此当一斗米只要十个钱的时候，就能够做到夜间不须关门防窃贼，这是食粮丰足的结果。守着别人丢失的财物等待失主来领取的人，是原来偷过牛的人，这就是教育感化的功效。盗，是一个可耻的称谓；死，是很重的刑罚。但人还要去为盗，罪责难道都在民众的身上吗？只是依仗坚固的城池，严守关卡，加强巡察缉捕，认为这样可以消除盗贼，实在是太可笑了。

整顿世界，全要鼓舞天下人心。鼓舞人心，先要振作自家神气。而今提纲挈领之人，奄奄气不足以息，如何教海内不软手折脚、零骨懈髓底！

【译文】整顿世界，关键在于鼓舞天下人的心。而要鼓舞人心，首先要使自己振作起来。如今那些掌握大权的人，自己奄奄一息、毫无精神，怎能让天下的人不软手折脚、有气无力呢！

事有大于劳民伤财者，虽劳民伤财亦所不顾；事有不关利国安民者，虽不劳民伤财亦不可为。

【译文】事情有比劳役人民，损伤钱财还要大的，即使是劳役人民，损伤钱财也不顾忌；事情与利益国家，安定民众无关的，即使没有劳役人民，不损伤钱财也不可做。

足民，王政之大本。百姓足，万政举；百姓不足，万政废。孔子告子贡以“足食”。告冉有以“富之”。孟子告梁王以“养生、送死、无憾”。告齐王以“制田里、教树畜”。尧、舜告此无良法矣。哀哉!

【译文】让百姓丰衣足食,这是实行王政的根本。百姓丰衣足食,各种政事都能振举;百姓衣食不足,各种政事都会废怠。孔子告诉子贡为政之道是"给百姓充足的衣食",告诉冉有的是"要让百姓富足起来"。孟子告诉梁惠王要把让民众"养生、送死、没有遗憾"作为王政实行。告诉齐王要"制备田地、栽种树木饲养牲畜"。就算是尧、舜这样的圣明君主也没有其他的好办法。实在是可悲啊!

百姓只干正经事,不怕衣食不丰足。君臣只干正经事,不怕天下不太平。试问百司庶府[①],所职者何官?终日所干者何事?有道者可以自省矣。

【注释】①百司:各种执管政事的大臣、官员。庶府:指政府各部门。

【译文】百姓只干正经事,不怕衣食不丰足。君臣只干正经事,不怕天下不太平。试问朝廷大臣和管理各种事务的官府,你们担任的是什么官职?整天做了些什么事情?通达事理的人都可以自我反省了。

法至于平,尽矣。君子又加之以恕。乃知平者,圣人之公也;恕者,圣人之仁也。彼不平者,加之以深;不恕者,加之以刻,其伤天地之和多矣。

【译文】法律能够做到公平,就发挥到应有的作用了。而君子又在平等的基础上提倡宽容待人。知道公平，是圣人的平等心；懂得宽恕，是圣人的仁爱心。执法者不公平，又加重不公平的程度；不宽容，反而更加的苛刻，这样就会破坏天地之间的和谐气氛。

化民成俗之道，除却身教再无巧术，除却久道再无顿法。

【译文】教化民众、化成风俗的方法，除了以自己的行为举止为榜样再没有更巧妙的办法，除了长期倡导再没有使其骤变的方法。

礼之有次第也，犹堂之有阶，使人不得骤僭①也。故等级不妨于太烦。阶有级，虽疾足者不得阔步；礼有等，虽倨傲者不敢陵节。

【注释】①僭（jiàn）：超越本分，古代指地位在下的冒用在上的名义或礼仪、器物。

【译文】礼仪讲究等级，如同房屋有台阶一样，是为了让人不能突然超越。因此等级不妨制定得繁琐一些。台阶有级，即使走得快的人也不能大步向前；礼仪有次序等级，即使骄慢不恭的人也不敢做超越制度规定范围的事。

人才邪正，世道为之也；世道污隆①，君相为之也。君人者何尝不费②富贵哉？以正富贵人，则小人皆化为君子；以邪富贵人，则君子皆化为小人。

【注释】①污隆：升与降。常指世道的盛衰或政治的兴替。②不费：

不利用。费，用钱财。

【译文】人才的邪正，是世道造成的；世道的盛衰，是国君、国相造成的。为人君主何尝不愿把富贵给人呢？以正当的途径使人富贵，那么小人都会变成君子；以邪曲的途径使人富贵，那么君子都化为了小人。

满眼所见，世上无一物不有淫巧，这淫巧耗了世上多少生成底财货，误了世上多少生财底工夫。淫巧不诛而欲讲理财，皆苟且之谈也。

【译文】满眼所见，世上没有一件物件不是浮华纤巧的，这浮华纤巧耗费了世上多少人生产出来的财富，耽误了世上多少增加财富的工夫。浮华纤巧的东西不废除却想谈管理财务，都是得过且过的笑谈。

天地之财要看他从何处来，又看他归宿处。从来处要丰要养，归宿处要约要节。

【译文】社会中的物产资财要看从哪里得来的，又要看它用在了什么地方。物产的来源地方要使它丰富加以保护，使用时要节约俭省。

将三代以来陋习敝规一洗而更之，还三代以上一半古意，也是一个相业。若改正朔①，易服色，都是腐儒作用。葺倾厦②，逐颓波③，都是俗吏作用。于苍生奚补？噫！此可与有识者道。

【注释】①正朔：正：一年的开始。朔：一月的开始。古代改朝换代须重定正朔。后来通指帝王新颁的历法。②葺：原指用茅草覆盖房屋，这里指修理。倾厦：已经倾倒的屋厦。③逐：驱逐。颓波：向下奔流的水波。这里比喻正在衰败的风气。

【译文】把夏、商、周三代以来陈腐的规章习俗全部扫清更改，回复到三代以前一半的淳朴习俗，也算是宰相辅佐帝王成就的功业。至于改正历法，变换衣服的样式、颜色，这都是迂腐的读书人干的事。修葺倒塌的房屋，驱赶衰败的风气，都是才智平庸的官吏做的事。做这些事，对百姓有什么好处呢？唉！这些话只可以和有识见的人谈。

御戎之道，上焉者德化心孚。其次讲信修睦。其次远驾长驱。其次坚壁清野。其次阴符智运。其次接刃交锋。其下叩关开市。又其下纳币和亲。

【译文】抵御外族的办法，上策是用德行来感化他们。其次是讲究诚信维持友好关系。其次是把他们驱逐到很远的地方。其次是修筑坚固的城墙来坚持防守。其次是运用兵法谋略来抵制他们。其次是兵刃相见。下策是打开关门进行贸易往来。最下策是送给他们钱财妥协示好并和他们联姻。

为政之道。第一要德感诚孚。第二要令行禁止。令不行，禁不止，与无官无政同，虽尧、舜不能治一乡，而况天下乎？

【译文】为政之道，第一要用德来感化人、用诚心使人信服。第二要推行政令。有令不行、有禁不止，与没有官员和政府一样，即使是尧、舜也无法将一个乡治理好，何况整个国家呢？

防奸之法，毕竟疏于作奸主人。彼作奸者，拙则作伪以逃防。巧则就法以生弊，不但去害，而反益其害。彼作者十，而犯者一耳。又轻其罪以为未犯者劝。法奈何得行？故行法不严，不如无法。

【译文】防备奸邪的法律，终究会有疏漏不管用的时候。作奸犯科的人，笨一点儿的是制造假象来逃避防备，巧一点儿的是利用法律的疏漏多生事端，结果不但没消除祸害，反而增加了害处。作奸犯科的人有十个，而被抓到的罪犯却只有一个。又从轻处罚他的罪行，以此来规劝没有抓到的罪犯，法律怎么能执行好呢？所以说，如果执行法律不严厉，不如没有法律。

世道有三责：责贵、责贤、责坏纲乱纪之最者。三责而世道可回矣。贵者握风俗教化之权而首坏，以为庶人倡，则庶人莫不象之。贤者明风俗教化之道而自坏，以为不肖者倡，则不肖者莫不象之。责此二人，此谓治本。风教既坏，诛之不可胜诛，故择其最甚者以令天下，此谓治末。本末兼治，不三年而四海内光景自别。乃今贵者、贤者为教化风俗之大蠹，而以体面宽假①之，少严则曰苛刻以伤士大夫之体，不知二帝三王曾有是说否乎？世教衰微，人心昏醉，不知此等见识何处来？所谓淫朋比德②相为庇护以藏其短，而道与法两病矣，天下如何不敝且乱也！

【注释】①宽假：宽贷，宽容。②淫朋比德：《尚书·洪范》：“凡厥庶民，无有淫朋，人无有比德，惟皇作极。”蔡沈《集传》：“淫朋，邪党也。”亦谓勾结，朋比为奸。比德，指结党营私的行为。蔡沈《集传》：“比德，私相比附也。”

【译文】世道治理不好要责备三种人：责备贵人、贤人以及破坏纲纪最严重的人。谴责和处罚了这三种人，世道就可以扭转过来了。那些身处高位的贵人握有教化的权力却首先破坏教化，给普通人带了头，普通人没有不效法他们的。那些贤明的人本是倡明风俗教化的自己却去破坏，给那些不肖之徒做了倡导，不肖之徒没有不效法他们的。谴责这两种人，这是治本。风俗教化已经败坏，罚不胜罚，因此选择责罚破坏风俗教化最严重的人以号令天下，这叫作治末。本末兼治，不到三年，四海之内的风俗教化就会变成另一种景象了。现在贵人、贤人成了破坏风俗教化的大蛀虫，但为了维护他们的体面还要宽容他们，稍严一点儿则会被说成刻薄严厉，损害了士大夫的体面，不知二帝三王时代有没有这种说法？当世的正统思想衰微，人心神志不清，不知这种见识是从何处来的？这就是邪党互相勾结，串通一气，相互包庇来掩盖其罪责，世道与法律都被破坏了，天下怎能不衰败又混乱呢？

印书先要个印板真，为陶先要个模子好。以邪官举邪官，以俗士取俗士，国欲治，得乎？

【译文】印书先要印板清楚，制作陶器先要模子好。任用奸邪的官员举荐奸邪的官员，任用见识浅薄的人选拔见识浅薄的人，想把国家治理好，能做到吗？

不伤财，不害民，只是不为虐耳。苟设官而惟虐之虑也，不设官其谁虐之？正为家给人足，风移俗易，兴利除害，转危就安耳。设廉静寡欲，分毫无损于民，而万事废弛，分毫无益于民也，逃不得“尸位素餐①”四字。

【注释】①尸位素餐：谓居位食禄而不尽职。《论衡·量知》：“无道艺之业，不晓政治，默坐朝廷，不能言事，与尸无异，故曰‘尸位’。然则文吏，所谓‘尸位素餐’者也。”《诗经·魏风·伐檀》：“彼君子兮，不素餐兮。”后多指无功食禄。

【译文】不损害百姓的钱财，不伤害百姓，只是没有残暴地伤害百姓罢了。如果设置官职只考虑他们不残害民众就可以了，那么不设置官职又有谁去残害百姓呢？设置官职正是为了能使百姓生活富足，改变旧风俗，兴办有利的事情，清除有害的事情，由危险转为平安。假设官员只是谦逊沉静欲望少，分毫不损害百姓，但万事荒废懈怠，对百姓没有分毫的益处，逃不掉“尸位素餐”这四个字。

天地所以信万物，圣人所以安天下，只是一个“常”字。常也者，帝王所以定民志者也。常一定，则乐者以乐为常，不知德；苦者以苦为常，不知怨。若谓当然，有趋避而无恩仇。非有大奸巨凶不敢辄生餍①足之望、忿恨之心。何则？狃于常故也。故常不至大坏极敝，只宜调适，不可轻变。一变则人人生觊觎②心，一觊觎则大家引领垂涎，生怨起纷，数年不能定。是以圣人只是慎常，不敢轻变。必不得已，默变不敢明变，公变不敢私变，分变不敢溷[3]变。

【注释】①餍（yàn）足：满足。“餍”上疑脱一“无”字。②觊（jì）觎（yú）：非分的希望或企图。③溷（hùn）：混合。

【译文】天地能取信万物，圣人能安定天下的原因，就在于一个“常”字。常道，是帝王用来安定民心的。经常处于固定不变的环境中，快乐的人以为快乐是天经地义不会改变的，不会去感谢谁；痛苦的人以为痛苦是天经地义不可改变的，不会去怨恨谁。人们会把苦乐当作是天经地义的，虽有趋乐避苦的事出现，但不会感激谁、仇恨谁。不是大奸大恶之人不敢产生不满足的欲望、忿恨的情绪。为什么呢？只是习惯于常道罢了。因此常道如果没有坏到极点，只宜适当调节，不可轻易改变。一旦改变人人就会产生非分的企图，一旦有了非分的企图，那么大家就会伸着脖子、流着口水，心生怨恨、引起纷争，几年都不能安定。因此圣人只是慎重地对待常道，不敢轻易变更。万不得已的时候，也只是暗暗地改变，不敢明显地改变；公开地改变，不敢私底下改变；分步地改变，不敢混合地改变。

纪纲法度，整齐严密，政教号令，委曲周详。原是实践躬行，期于有实用，得实力。今也自贪暴者奸法，昏惰者废法，延及今日，万事虚文。甚者迷制作之本意而不知。遂欲并其文而去之。只今文如学校，武如教场，书声、军容，非不可观、可听，将这二途作养人用出来，令人哀伤愤懑欲死。推之万事，莫不皆然。安用缙绅簪缨塞破世间哉？明王不大振作，不苦核实，势必乱亡而后已。

【译文】国家的纲纪法度整齐严密，政教号令完备周详，本来要用于实践当中，希望有实际的效用，获得实际的效果。如今，贪婪残暴的人破坏法律，昏庸怠惰的人废弛法纪，时至今日，所有的法令规定都变成了一纸空文。甚至有的人连制定法令的意图都不清楚，就想把这些法令都废掉。现在，文的方面如学校，武的方面如教场，读书声和军容不是不可观、可听，只是通过这两个途径培养出来的人才，用出来时，真是令人哀伤愤懑欲死。以此来推断其他事情，全都是如此。那些权高位重的显贵之人充满了世间又有什么用呢？明君如果不努力振作，不多方面考察核实，必会延续到国家混乱灭亡才停止。

安内攘外之略，须责之将吏。将吏不得其人，军民且不得其所，安问夷狄？是将吏也，养之不善，则责之文武二学校；用之不善，则责吏兵两尚书。或曰：“养有术乎？”曰：“何患于无术？儒学之大坏极矣，不十年不足以望成材；武学之不行久矣，不十年不足以求名将。至于遴选于未用之先，条责于方用之际，综核于既用之后，黜陟于效不效之时。尽有良法，可旋至而立有验者。”

【译文】制定安内攘外的策略，必须责成那些将官去完成。将官选用不当的话，军民就不能有自己的归宿，还用去管蛮夷民族吗？对于将官，培养得不好就应该责备文武两个学校；用得不好就应该责备吏部、兵部的尚书。有人问：“有培养将官的办法吗？”回答说：“怎么会怕没有方法呢？儒学已经颓败到了极点，没有十年不足以培养成材；武学的废弛也已经很久了，没有十年不能得到名将。至于在没有任用之前谨慎选拔，在使用之际根据有关法令制度提出各种要求，在任用之后进行综合考核，有没有功劳政绩决定升迁或是罢免。这些好的方法是非常多的，还可以立刻就收到效果。”

而今举世有一大迷，自秦汉以来，无人悟得。官高权重，原是投大遗艰，譬如百钧重担，须寻乌获①来担；连云大厦，须用大木为柱。乃朝廷求贤才，藉之名器②以任重；非朝廷市私恩，假之权势以荣人也。今也崇阶重地，用者以为荣人，重以予其所爱，而固以吝于所疏，不论其贤不贤。其用者以为荣己，未得则眼穿涎流以干人，既得则损身镂骨以感德，不计其胜不胜。旁观者不论其官之称不称，人之宜不宜，而以资浅议骤迁，以格卑议冒进，皆视官为富贵之物，而不知富贵之也欲以何用。果朝廷为天下求人耶？抑③君相为士人择官耶？此三人者皆可怜也。叔季之世④，生人其识见固如此可笑也。

【注释】①乌获：战国时秦国力士。与任鄙、孟贲皆以勇力仕秦武王至大官。后也用作力士的通称。②名器：指等级、地位的爵号和车服仪制。犹大器。喻国家的栋梁。③抑：还是。④叔季之世：指国家衰乱将亡之时代。叔，指衰世。季，指将亡之世。

【译文】现在世上有一个大迷惑，从秦汉以来，就没人体悟到。地位高，权力大，原本是为了让他担当重大艰难的任务，就如同三千斤的重担，需要找乌获这样的大力士来承担；高耸入云的大厦，需要大木充当梁柱。这是朝廷寻求贤才，借授予品级、地位、爵号来委以重任；并不是朝廷为了换取私人的感激，借用权势来使人荣耀。现在高官重位授给某人，以为是为了使人荣耀，因此对所爱的人给以重用，而对疏远的人则小气吝啬，不管这人贤或不贤。被任用的人以为是为了使自己荣耀，没得到高官时则望眼欲穿、口流涎沫去求人，已得到高官时则刻骨献身感激恩德，不考虑自己能不能胜任。旁观的人不论当上高官的人称不称职，人选合适不合适，单纯地认为资历浅的就是升得太快，原来官位低的就是冒进，都把官位看作是富贵之物，而不知让当高官的人富贵是为了什么。这样做是朝廷为治理天下寻找人才呢？还是国君和国相为读书人选择官位呢？任用高官的人、被任用的人和旁观者，这三种人值得怜悯。到了一个朝代的末世，众人的见识竟然如此可笑。

汉始兴，郡守某者御州兵，常操之内免操二月，继之者罢操。又继之者常给之外，冬加酒银人五钱。又继之者加肉银人五钱。又继之者加花布银人一两。仓库不足，括税给之。犹不足，履亩加赋给之。兵不见德也而民怨。又继之者曰："加，吾不能；而损，吾不敢。"竟无加。兵相与鼓噪曰："郡长无恩。"率怨民以叛，肆行攻掠。元帝[1]命刺史按之，报曰："郡守不职[2]，不能抚镇军民而致之叛。"竟弃市[3]。嗟夫！当弃市者谁耶？识治体者为之伤心矣。

【注释】①元帝：即汉元帝刘奭，汉宣帝刘询与嫡妻许平君所生之子。②不职：不称职。③弃市：典出《礼记·王制》："刑人于市，与众弃之。"指受刑罚的人皆在街头示众，民众共同鄙弃之，后以"弃市"专指死刑。代指应受弃市之刑者。

【译文】汉朝刚建立的时候，某个郡守统率地方军队，在士兵规定的操练时间内免去了两个月操练的时间，继任的郡守又免去了操练。再继任的郡守在每个士兵规定的供给之外，每人冬天又增加酒银五钱。又继任的郡守再给每人增加肉银五钱。再继任的人又给每人增加花布银一两。仓库的银两不够，就用收税的办法来解决。仍然不够的话，就按亩增加田赋。士兵没有感恩戴德而老百姓却怨声载道。后来又继任的人说："再增加，我做不到；而减少，我也不敢。"最终没有增加。这时士兵就相互吵嚷着说："郡守对我们没有恩惠。"于是率领怨声载道的百姓发动叛乱，肆意袭击抢掠。汉元帝命令刺史去审查此事，刺史回报说："郡守不称职，不能安抚镇守军民而导致叛乱。"最后郡守被处死。唉！应该被处死的是谁呢？懂得治国要旨的人真为之伤心。

人情不论是非利害，莫不乐便己者，恶不便己者。居官立政，无论殃民，即教养谆谆，禁令惓惓，何尝不欲其相养相安、免祸远罪哉？然政一行，而未有不怨者。故圣人先之以躬行，浸之以口语，示之以好恶，激之以赏罚，日积月累，耐意精心，但尽薰陶之功，不计俄顷之效。然后民知善之当为，恶之可耻，默化潜移，而服从乎圣人。今以无本之令，责久散之民，求旦夕之效，逞不从之怒，忿疾于顽，而望敏德之治，即我且亦愚不肖者，而何怪乎蚩蚩之氓哉？

【译文】人之常情，无论是非厉害，没有不喜欢给自己带来方便的事情，讨厌使自己不便的事情。当官处理政事不应该祸害民众，即便是对他们谆谆教诲，苦口婆心的劝导，又何尝不是想让民众相安无事，免除灾祸，远离犯罪呢？然而政令一旦实行，就没有不会抱怨的人。因此，圣人推行政令之前会以身作则，用通俗易懂的语言去教诲他们，展示给他们哪些是好的行为，哪些是不好的行为，再用奖赏和惩罚来激励、劝勉他们，长时间耐心地进行教诲，尽自己最自大的努力去熏陶感化他们，不打算很快就见到效果。这样民众才知道好事是可以做的，坏事是非常可耻的，他们在潜移默化中就慢慢地服从圣人的教导了。如今没有任何依据的政令，强加于长期涣散的民众，还想着很快就收到成效，不服从就发怒，对那些顽顿愚鲁的人大发脾气，还希望天下快速得到德化的治理。殊不知，自己尚且还是愚昧缺少才能的人，又怎么能去责怪那些普通的民众呢？

嘉靖[①]间，南京军以放粮过期、减短常例，杀户部侍郎，散银数十万以安抚之。万历[②]间，杭州军以减月粮又给以不通行之钱，欲杀巡抚不果。既而军骄，散银万余乃定。后严火夫[③]夜巡之禁，宽免士夫而绳督市民，既而民变，杀数十人乃定。郧阳[④]巡抚以风水之故，欲毁参将公署为学宫，激军士变，致殴兵备副使几死，巡抚被其把持，奏疏上，必露章明示之乃得行。陕西兵以冬操太早，行法太严，再三请宽不从，谋杀抚按总兵，不成。论者曰："兵骄卒悍如此，奈何？"余曰："不然。工不信度而乱常规，恩不下究而犯众怒，罪不在军也。上人者体其必至之情，宽其不能之罪，省其烦苛之法，养以忠义之教，明约束，信号令，我不负彼而彼奸，吾令即杀之，彼有愧惧而已。鸟兽未必无知觉，而谓三军之士无良心，可乎？乱法坏政以激军士之暴，以损国家之威，以动天下之心，以开无穷之衅，当事者之罪不容诛矣。裴度所谓：‘韩弘舆疾讨贼，承宗敛手削地，非朝廷之力能制其死命，特以处置得宜，能服其心故耳。’⑤‘处置得宜’四字，此统大众之要法也。”

【注释】①嘉靖：明世宗朱厚熜年号。②万历：明神宗朱翊钧年号。③火夫：夜间提灯护送官员的差役。此时又增加守夜巡逻的任务，引起民众不满。④郧阳：府名。辖境相当今湖北郧阳、保康以西地区。⑤“裴度”六句：裴度此语见《资治通鉴》卷二百四十唐宪宗元和十三年裴度所上奏章。裴度，唐代河东闻喜（今属山西）人，由监察御史累迁御史中丞，后升为宰相，力主削除藩镇。晚年因宦官专权，辞官居洛阳。韩弘，唐匡城人，唐宪宗时，用兵淮西，韩弘为诸军行营都统使，吴元济平，以功加兼侍中。新、旧《唐书》未载他“舆疾讨贼”事，只说他有足疾。承宗，即王承宗，其父王士真为成德军节度使，恒、冀、深、赵、德、棣等州观察使。父死，王承宗总留后事，朝廷伺其变，累月不问。承宗惧，累上表陈谢，请割德、棣二州，朝廷始封，并以王承宗亲将授二州军政事，以分其权，承宗抗命。及吴元济平，裴度以辩士胁说，王承宗始献二州，并遣二子入侍，诏许其自新。事见《旧唐书》卷一四三、《新唐书》卷二一一。

【译文】嘉靖年间，因为给南京军发放粮饷超过了规定的期限、份额按常例又有短缺，判处户部侍郎死刑，发放数十万银两来安抚军士。万历年间，杭州军因为被减少了月粮，发放的又不是普遍应用的钱币，军士欲杀巡抚没有成功。不久军队骚动，发放了万余两银子才平静下来。后来增加了火夫巡夜的命令，对士大夫从宽或豁免而只是督正市民，不久百姓暴动，杀了数十人才平定下来。郧阳巡抚因风水的缘故，想拆毁参将的公署来修学宫，激起军士哗变，兵士殴打兵备副使几乎打死，巡抚被军士控制，向皇帝上奏书时，军士要求把奏章的内容公开宣读才允许送给朝廷。陕西的兵士因为冬天出操的时间太早，法规太严，再三请求放宽的建议没有被听从，就谋划刺杀抚按使和总兵，没有成功。评论这些事的人说："兵卒骄横凶悍到了如此程度，怎么办呢？"我说："你说得不对。工匠不按尺度办事就会破坏常规，只讲恩惠不追究大臣的过错而触犯众怒，罪责不在军士。居于上位的人能体谅军士必定会有的感情，宽恕其因不能做到而犯的过错，废除繁杂苛细的法规，用忠义进行教导，明确规约，申明号令，我不亏负他们而他们为非作歹，即使我下令杀死他们，他们也只有惭愧恐惧而已。鸟兽都未必无知觉，却说三军之士无良心，怎么可以呢？乱法坏政激起军士暴动，损害国家的威严，动摇天下人心，引发无穷事端，那些当权的人罪大恶极。裴度曾说：'韩弘带病讨贼，王承宗敛手交出管辖的土地，并非朝廷的力量能制其死命，只是因为处理得宜，能使其心服而已。''处置得宜'四个字，这是统率众人的要领心法。"

霸者，豪强威武之名，非奸盗诈伪之类。小人之情，有力便挟力，不用伪；力不足而济以谋，便用伪。若力量自足以压服天下，震慑诸侯，直恁做将去，不怕他不从，便靠不到智术上，如何肯伪？王霸以诚伪分，自宋儒始①，其实误在"五伯假之"②"以力假仁"二"假"字上③，不知这"假"字只是"借"字。二帝三王以天德为本，便自能行仁，夫焉有所倚？霸者要做好事，原没本领，便少不得借势力以行之，不然令不行，禁不止矣。乃是借威力以行仁义。故孟子曰："以力假仁者霸。"以其非身有之，故曰假借耳。人之服之也，非为他智能愚人，没奈他威力何，只得服他。服人者以强，服于人者以伪。管、商[④]都是霸佐，看他作用都是威力制缚人，非略人略卖人者，故夫子只说他“器小”[⑤]，孟子只说他“功烈如彼其卑”[⑥]。而今定公孙鞅罪，只说他惨刻[⑦]，更不说他奸诈。如今官府教民迁善远罪，只靠那刑威，全是霸道，他有甚诈伪？看来王霸考语[⑧]自有见成公案，曰以德以力所行底，门面都是一般仁义，如五禁之盟[⑨]，二帝三王难道说他不是？难道反其所为？他只是以力行之耳。“德”“力”二字最确，“诚”“伪”二字未稳。何也？王霸是个粗分别，不消说到诚伪上，若到细分别处，二帝三王便有诚伪之分，何况霸者？

【注释】①“王霸”二句：《孟子·公孙丑上》：“孟子曰：‘以力假仁者霸，霸必有大国。以德行仁者王，王不待大，汤以七十里，文王以百里。以力服人者，非心服也，力不赡也。以德服人者，中心悦而诚服也。如七十子之服孔子也。《诗》云：“自西自东，自南自北，无思不服。”此之谓也。’”朱熹注：“《诗经·大雅·文王有声》之篇。王霸之心，诚伪不同。故人所以应之者，其不同亦如此。”②五伯假之：典出《孟子·尽心上》：“孟子曰：‘尧、舜，性之也；汤、武，身之也；五霸，假之也。久假而不归，恶知其非有也。’”朱熹注：“归，还也。有，实有也。言窃其名以终身，而不自知其非真有。或曰：‘盖叹世人莫觉其伪者。’亦通。”③以力假仁：参见注①。④管：管仲，名夷吾，字仲，颍上（颍水之滨）人。春秋初期政治家。由鲍叔牙推荐，被齐桓公任命为卿，以“尊王攘夷”口号为号召，使齐国成为春秋时第一霸主。商：商鞅，姓公孙，称公孙鞅，又称卫鞅，战国卫人。初为魏相公叔痤家臣，后入秦，说秦孝公以强国之术，秦孝公六年，被任为左庶长，并开始变法，即有名的“商鞅变法”，奠定了秦国富强的基础。⑤“故夫子”句:《论语·八佾》:“子曰:‘管仲之器小哉!’或曰:‘管仲俭乎?’曰:‘管氏有三归,官事不摄,焉得俭乎?’曰:‘然则管仲知礼乎?’曰:‘邦君树塞门,管氏亦树塞门;邦君为两君之好,有反坫,管氏亦有反坫。管氏而知礼,孰不知礼也?’”⑥“孟子”句:《孟子·公孙丑上》:“公孙丑问曰:‘夫子当路于齐,管仲、晏子之功,可复许乎?’孟子曰:‘子诚齐人也,知管仲、晏子而已矣。或问乎曾西曰:“吾子与子路孰贤?”曾西蹴然曰:“吾先子之所畏也。”曰:“然则吾子与管仲孰贤?”曾西艴然不悦,曰:“尔何曾比予于管仲?管仲得君,如彼其专也;行乎国政,如彼其久也;功烈,如彼其卑也。尔何曾比予于是?”’曰:‘管仲,曾西之所不为也,而子为我愿之乎?’”⑦“而今”二句:《史记·商君列传》载商鞅事。司马迁评论说:“商君,其天资刻薄人也。”刘向《新序》云:“今商鞅内刻刀锯之刑,外深鈇钺之诛,步过六尺者罚,弃灰于道者被刑,一日临渭而论囚七百人,号哭之声动于天地,畜怨积仇比于丘山。所逃莫之隐,所归莫之容,身死车裂,灭族无姓,其去霸王之佐亦远矣。”⑧考语:对人的品德行为的评语。此指对王道、霸道的评语。⑨五禁之盟:《孟子·告子下》:“五霸,桓公(齐桓公)为盛。葵丘之会诸侯,束牲、载书而不歃血。初命曰:‘诛不孝,无易树子,无以妾为妻。’再命曰:‘尊贤育才,以彰有德。’三命曰:‘敬老慈幼,无忘宾旅。’四命曰:‘士无世官,官事无摄,取士必得,无专杀大夫。’五命曰:‘无曲防,无遏籴,无有封而不告。’曰:‘凡我同盟之人,既盟之后,言归于好。’今之诸侯,皆犯此五禁。”又《穀梁传·僖公九年》:“葵丘之盟,陈牲而不杀,读书加于牲上,壹明天子之禁,曰:‘毋雍泉,毋讫籴,毋易树子,毋以妾为妻,毋使妇人与国事。’”

【译文】霸,是豪强威武的称呼,不是指奸盗诈伪之类。小人的情态,有力量就依仗力量,不需要用诈伪;力量不足才借助智谋,就是用诈伪。如果强力足以制服天下、震慑诸侯,就会一直干下去,不怕对方不服从,用不上智慧谋略,如何肯用诈伪呢?王道、霸道用真诚、虚伪来区别，是从宋儒开始的，其实是错误在“五伯假之”和“以力假仁”这两个“假”字上，不知道这“假”字是“借”的意思。二帝三王以上天化育万物的恩泽为本，便自能实行仁政，哪还需要依靠别的手段呢？霸者要做好事，本身没什么本领，就需要借势力推行，不然就不能令行禁止了。这就是借助威力以行仁义。所以孟子说：“以力假仁者霸。”因为不是他自身有的，所以说假借。人们服从他的原因，不是因为他的智慧能愚弄人，而是对他的威力无可奈何，只得屈服他。使别人屈服依靠的是强力，屈服的人只是表面伪装出来的。管仲、商鞅都是辅佐霸主的，他们都是用威力来制服人，并不是抢掠钱财或掠卖人口，所以孔子只说他气量狭小，孟子只说他功绩那样卑微。而现在议定商鞅的罪过，只说他凶狠刻毒，而不说他奸诈。如今官府教导百姓向善而远离罪恶，只靠严厉执法，全是霸道，他有什么诈伪？看来对王道和霸道的评语自有现成的公案，二者的分别在于是以德推行还是以力推行，而门面上推行的都是仁义，如五霸之一的齐桓公在葵丘的一次盟会上订立了五条禁令，即使二帝三王在世难道能说他不对吗？难道会反对他的作为吗？他只不过是以力推行罢了。用“德”“力”二字区别王道、霸道最为准确，用“诚”“伪”二字不太妥当。为什么这样说呢？王、霸只是个粗略地分别，还说不到诚、伪上去，如果分到细微处，二帝三王便有诚、伪之分，何况霸主呢？

骤制则小者未必贴服。以渐则天下豪杰皆就我羁靮矣。明制则愚者亦生机械。默制则天下无智巧皆入我范围矣。此驭夷狄、待小人之微权。君子用之则为术知，小人用之则为智巧，舍是未有能济者也。或曰：“何不以至诚行之？”曰：“此何尝不至诚？但不浅露轻率耳。孔子曰：

'机事不密则害成。'此之谓与?"

【译文】如果突然去治服，即便是弱小的人也不会服帖。如果用渐进的方法，即便是天下豪杰也都会受我的约束。如果明着去治服，愚蠢的人也会反抗；如果暗中去治服，那么天下所有的没有智慧的人都会被我掌控。这是驾驭外族、对待小人的小权术，君子运用起来就是道术才智，小人运用就是机智巧诈，除此之外没有成功的方法。有人问："为什么不采用至诚之道呢？"回答说："这何尝不是至诚呢？只是不轻易显露罢了。孔子说：'机密的事如果不严密就会造成危害。'说的大概就是这种情况吧？"

迂儒识见看得二帝三王事功只似阳春雨露，妪煦可人，再无一些冷落严肃之气。便是慈母也有诃骂小儿时，不知天地只恁阳春成甚世界？故雷霆霜雪不备，不足以成天威怒；刑罚不用，不足以成治。只五臣①耳，还要一个皋陶；而二十有二人②，犹有四凶之诛③。今只把天德王道④看得恁秀雅温柔，岂知杀之而不怨便是存神过化⑤处。目下作用，须是汗吐下后服四君子、四物百十剂⑥，才是治体。

【注释】①五臣：《论语·泰伯》："舜有臣五人而天下治。"五臣指禹、稷、契、皋陶、伯益。皋陶主治刑狱。②二十有二人：《史记·五帝本纪》称舜封臣子二十二人而天下大治。③四凶之诛：指舜建议尧流放浑敦、穷奇、梼杌、饕餮四凶族。④天德王道：《荀子·不苟》："变化代兴，谓之天德。"指上天化育万物的恩泽。王道，实行仁政爱民而王天下之道。⑤存神过化：《孟子·尽心上》："夫君子所过者化，所存者神，上下与天地同流，岂曰小补之哉！”赵岐注：“过此世能化之，存在此国，其化如神。”朱熹注：“所过者化，身所经历之处，即人无不化，如舜之耕历山而田者逊畔，陶河滨而器不苦窳也。所存者神，心所存主处便神妙不测，如孔子之立斯立，道斯行，绥斯来，动斯和，莫知其所以然而然也。是其德业之盛，乃与天地之化同运并行，举一世而甄陶之，非如霸者但小小补塞其罅漏而已。此则王道之所以为大，而学者所当尽心也。”吕坤所讲的“存神过化”与朱熹说法不同。⑥四君子：即“四君子汤”。四物：指“四物汤”。

【译文】迂腐读书人的见识只看到二帝三王的事业像阳春雨露，和悦令人满意，没有一点儿冷落严肃之气。就算是慈母也有厉声责骂小儿的时候，不知天地只有温暖的春天会成个什么世界？因此没有雷霆霜雪，就不足以显示上天的威怒；不用刑罚，不足以治理国家。舜有五位大臣，还要有皋陶主持刑狱；舜封臣子二十二人，还流放了四凶。现在把上天化育万物的恩泽、仁政爱民看得那样秀雅温柔，岂知被杀而不怨便是圣贤的德行感化众人所起的作用。现在起作用的办法，必须是发汗、催吐、泻下以后再服四君子汤、四物汤百十剂，才是治病的良方。

三公①示无私也，三孤②示无党也，九卿③示无隐也。事无私曲，心无闭藏，何隐之有？呜呼！顾名思义，官职亦少称④矣。

【注释】①三公：辅佐国君掌握军政大权的最高官员。有以太师、太傅、太保为三公者，有以大司马、大司徒、大司空为三公者。②三孤：三公之副。少师、少傅、少保的合称。也称为“三少”。《尚书·周官》：“少师、少傅、少保，曰三孤。”③九卿：指中央政府九个高级官职。周代以少师、少傅、少保、冢宰、司徒、宗伯、司马、司寇、司空为九卿。此后历代都有九卿，但名称不尽一致。④少称：稍微称职。

【译文】三公表示无私，三孤表示不比附迎合，九卿是表示没有隐瞒。做事没有私心隐曲，心中没有不可告人的秘密，有什么可隐藏的呢？唉！观其名称就可推想其含义，这些官员也得稍微称职点儿吧。

要天下太平，满朝只消三个人，一省只消两个人。

【译文】要想天下太平，满朝只要三个官，一省只要两个官。

贤者只是一味[1]，圣人备五味。一味之人其性执、其见偏，自有用其一味处，但当因才器使耳。

【注释】①味：滋味。这里指旨趣、长处。

【译文】贤者只是一味，圣人备五味。一味之人性格固执、见解偏颇，自有能用到一味的地方，但应当根据才能使用而已。

天之气运有常。人依之以事作，而百务成；因之以长养，而百病少。上之政体有常，则下之志趋定，而渐可责成。人之耳目一，而因以寡过。

【译文】天的气运有一定的规律，人按照天的规律来办事，那么各种事务都可以做好；如果按照天的规律来休养生息，疾病就减少了。上面所实行的政令体制稳定有规律，下面人的心志就趋于稳定了，就渐渐可以在一些方面取得成功。人的认识统一了，就可以减少过失。

君子见狱囚而加礼焉，今以后皆君子人也，可无敬与？噫！刑法之设，明王之所以爱小人而示之以君子之路也。然则囹圄[1]者，小人之学校与！

【注释】①囹（líng）圄（yǔ）：同“囹圉”。监牢、监狱。

【译文】君子看到被监禁的犯人也会以礼相待，因为从今以后这些囚犯也都可能成为君子一样的人，能不礼敬吗？噫！设立刑法，是英明的君主用以表示爱护小人并给他们指出一条通向君子的道路的。那么说监狱，就是小人的学校啊！

小人只怕他有才，有才以济之，流害无穷。君子只怕他无才，无才以行之，斯世何补！

【译文】小人只怕他有才，有才能帮助他成事，留下无穷的祸患。君子只怕他没有才能，没有才能做事，对世界有什么补益！

事有便于官吏之私者，百世常行，天下通行。或日盛月新，至弥漫而不可救。若不便于己私，虽天下国家以为极，便屡加申饬，每不能行。即暂行亦不能久。负国负民，吾党之罪大矣。

【译文】对官吏私人有利的事，千百年也会盛行，全天下都能通行。甚至会一天天发展壮大起来，以至于充满整个世间而无药可救。如果是对于官吏自己不利的事，就算全世界都认为极其便利，屡加告诫要去实行，却也是每每不能通行。即便暂时得以执行了，也不会长久。辜负国家、辜负民众，这些官吏的罪责就大了。

恩威当使有余，不可穷也。天子之恩威止于爵三公、夷九族[①]，恩威尽而人思以胜之矣。故明君养恩不尽，常使人有余荣；养威不尽，常使人有余惧。此久安长治之道也。

【注释】①夷：灭。九族：泛指亲属。但“九族”所指，诸说不同。一说是上自高祖、下至玄孙，即玄孙、曾孙、孙、子、身、父、祖父、曾祖父、高祖父；一说是父族四、母族三、妻族二，父族四是指姑之子（姑姑的子女）、姊妹之子（外甥）、女儿之子（外孙）、己之同族（父母、兄弟、姐妹、儿女）；母族三是指母之父（外祖父）、母之母（外祖母）、从母子（娘舅）；妻族二是指岳父、岳母。

【译文】恩惠和威力的使用都应该留有余地，不可用尽。天子对臣子的恩赏最高可以授予三公的爵位，威严最厉害的可以诛灭九族。恩威用尽了，人们就会想方设法来胜过这些恩威。因此英明的君主保持恩德不用尽，常使人想得到余荣；保持威严不用尽，常使人感到还有余惧。这就是国家政局长期安定的道理。

封建[①]自五帝已然，三王明知不便，势与情不得不用耳。夏继虞[②]，而诸侯无罪，安得废之？汤放桀[③]，费征伐者十一国，余皆服从，安得而废之？武伐纣[④]，不期而会者八百，其不会者或远或不闻，亦在三分有二之数，安得而废之？使六国[⑤]尊秦为帝，秦亦不废六国，缘他不肯服，势必毕[⑥]六王而后已。武王之兴灭继绝[⑦]，孔子之继绝举废[⑧]，亦自其先世曾有功德，及灭之，不以其罪言之耳。非谓六师所移及九族无血食[⑨]者，必求复其国也。故封建不必是，郡县[⑩]不必非。郡县者无定之封建，封建者有定之郡县也。

【注释】①封建：古代帝王把爵位、土地赐给诸侯，在封定的区域内建立邦国称封建。②夏继虞：舜传位于禹。夏指夏禹，虞指虞舜。③汤放桀：《尚书·仲虺之诰》："成汤放桀于南巢。"汤，即商汤，商朝的建立者。桀，即夏桀，夏代最后的君主，被商汤打败，出奔而死，夏灭亡。④武伐纣：《史记·周本纪》："九年，武王上祭于毕。东观兵，至于盟津。……是时，诸侯不期而会盟津者八百诸侯。诸侯皆曰：'纣可伐矣。'……居二年，闻纣昏乱暴虐滋甚……于是武王遍告诸侯曰：'殷有重罪，不可以不毕伐。'……以东伐纣。"武，周武王。纣，殷纣王。⑤使：假使。六国：指战国时齐、楚、燕、韩、赵、魏六国。⑥毕：结束，终止。⑦"武王"句：《论语·尧曰》篇述周武王事曰："兴灭国，继绝世，举逸民，天下之民归心焉。"朱熹注："兴灭继绝，谓封黄帝、尧、舜、夏、商之后。"⑧"孔子"句：《中庸·第二十章》："哀公问政，子曰：'……继绝世，举废国，治乱持危，朝聘以时，厚往而薄来，所以怀诸侯也。'"⑨血食：古代杀牲取血，用以祭祀，故曰血食。此指祭祀其社稷。⑩郡县：指郡县制。秦始皇统一六国，分全国为三十六郡，为郡县制度之始。

【译文】分封诸侯、建立邦国从五帝时代就已经如此，三王明知不便于治理，但碍于情理和形势不得不这样做。夏禹继承虞舜，诸侯没有罪责，怎么能废除呢？商汤放逐夏桀，需要武力讨伐的只有十一个诸侯国，其余的都归顺了，怎么能废除呢？周武王讨伐商纣，没有约定日期来会盟的有八百个诸侯，没有参加会盟的诸侯，有的是由于道路遥远，有的是由于没有收到消息，参加会盟的诸侯占三分之二，怎么能废除呢？假使六国都尊奉秦国为帝，秦也不会废除六国，由于六国不肯归顺，秦国势必只能灭掉六国为止。周武王兴复已灭亡的诸侯国，为已衰败灭亡的贵族世家寻求继嗣，孔子兴复已灭绝的黄帝、尧、舜、夏、商的后代，也是因为其先世曾有功德，灭亡的时候，又不是根据实际的罪名来论处的。并不是被六军消灭以及九族都被杀掉无人祭祀的诸侯国，一定都要恢复。因此对封建制也不必说它一定正确，对郡县制也不必一概予以否定。郡县制就是没有固定下来的封建制，封建制就是固定下来的郡县制。

刑、礼非二物也，皆令人迁善而去恶也，故远于礼则近于刑。

【译文】刑罚、礼法不是两件东西，都是为了让人向善而远离恶，因此和礼仪距离远了和刑罚就接近了。

上德默成示意而已。其次示观动其自然。其次示声色。其次示是非，使知当然。其次示毁誉，使不得不然。其次示祸福。其次示赏罚。其次示生杀，使不敢不然。盖至于示生杀，而御世之术穷矣。叔季之世，自生杀之外无示也。悲夫！

【译文】上德之人，德化民众，国家便无为而治。其次要观察，按自然规律行事。其次以礼乐教化。其次让他们明辨是非，知道该怎么做。其次让他们知道荣辱、毁誉，使他们不得不这么做。其次让他们知道祸福的由来。其次是奖赏或惩罚。其次是表现生杀大权，使人们不敢不这样做。如果到了用生杀来约束治理民众的地步，那么治理天下的手段也就用尽了。在王朝的末世，除了生杀的手段就没有其它的了。真是可悲啊！

权之所在，利之所归也。圣人以权行道，小人以权济私。在上者慎以权与人。

【译文】权力所在的地方，也就是利益所归附的地方。圣人用权力来推行仁道，而小人用权力来为自己谋取私利。君主应该谨慎的把权力给予别人。

太平之时，文武将吏习于懒散，拾前人之唾余，高谈阔论，尽似真才。乃稍稍艰大事到手，仓皇迷闷，无一干济[①]之术。可叹可恨！士君子平日事事讲求，在在体验，临时只办得三五分，若全然不理会，只似纸舟尘饭[②]耳。

【注释】①干济：干练的办事能力。②纸舟尘饭：以纸作舟，以尘作饭，比喻以伪当真或毫无用处的东西。

【译文】社会安定的时期，文臣武将习惯于懒散，只是抄袭前人的言论见解，漫无边际地大发议论，好像具有真实的才能。刚遇到稍微艰难一点儿或大一点儿的事，便匆忙慌张、难以辨清，没有一点儿有成效的办法。真是可叹可恨啊！士君子平日事事修习研究，处处亲身体验，临事时只能办成个三五分，假如完全不认真学习、不亲身实践，这种人就如同纸做的船和尘土做的饭一样没有丝毫用处。

圣人之杀，所以止杀也。故果于杀而不为姑息，故杀者一二，而所全活者千万。后世之不杀，所以滋杀也。不忍于杀一二以养天下之奸，故生其可杀，而生者多陷于杀。呜呼！后世民多犯死，则为人上者，妇人之仁为之也。世欲治，得乎？

【译文】圣人主张利用杀戮的办法，是为了制止杀戮的发生。所以果断地处理杀戮而不无原则的宽恕，因为杀戮了一两个人，却保全了千万人的生命。后世主张不杀，却助长了杀人的事。不忍杀一两个人却姑息了天下的奸邪之人，因此让该杀的活下来，却让活着的许多人都陷入了被杀的危险。唉！后世的民众有很多犯了死罪，就是因为居于上位的人，以妇人之仁姑息了坏人而造成的。世道想得到治理，能做到吗？

天下事，不是一人做底，故舜五臣，周十乱，其余所用皆小德小贤，方能兴化致治。天下事，不是一时做底，故尧、舜相继百五十年，然后黎民于变。文、武、周公相继百年，然后教化大行。今无一人谈治道，而孤掌欲鸣；一人倡之，众人从而诋訾之；一时作之，后人从而倾圮之。呜呼！世道终不三代耶？振教铎以化，吾侪得数人焉，相引而在事权，庶几或可望乎？

【译文】天下的事情，不是一个人就可以完成的，所以舜有五位大臣辅佐他，周朝有十位经时治世的能臣，此外还有一些德行和才能都比较小的人，如此才能治理好整个天下。天下所有的事情，不是一时就能完成，所以尧、舜前后一百五十多年，黎民百姓的生存状况才得到了改变；周文王、周武王、周公前后又有一百年，教化才得以大行于天下。如今没有一个人谈论治国之道，却想要一个人办好所有的事情；一个人提倡，大家出来诽谤诋毁；一时完成了的事情，后人又将它倾覆推翻。唉！世道真的没有延续夏、商、周三代的教化吗？如果振兴教化来感化我们这些人，找一些志同道合的人来掌握教化的大权，也许多少还有些希望吧？

两精、两备、两勇、两智、两愚、两意，则多寡强弱在所必较[①]。以精乘杂，以备乘疏，以勇乘怯，以智乘愚，以有余乘不足，以有意乘不意，以决乘二三；以合德乘离心，以锐乘疲，以慎乘怠，则多寡强弱非所论矣。故战之胜负无他，得其所乘与为人所乘，其得失不啻百也。实精也，而示之以杂；实备也，而示之以疏；实勇也，而示之以怯；实智也，而示之以愚；实有余也，而示之以不足；实有意也，而示之以不意；实有决也，而示之以二三；实合德也，而示之以离心；实锐也，而示之以疲；实慎也，而示之以怠，则多寡强弱亦非所论矣。故乘之可否无他，知其所示，知其无所示，其得失亦不啻百也。故不藏其所示，凶也；误中于所示，凶也。此将家之所务审也。

【注释】①较：较量。

【译文】双方都精明、有准备、勇敢、有智慧、愚蠢、有意图，那么双方在多寡强弱方面必有一番较量。以精明对杂乱，以有备对粗疏，以勇敢对怯懦，以智慧对愚蠢，以有余对不足，以有意对不意，以决断对犹豫，以同德对异心，以锐健对疲惫，以谨慎对惰怠，那么双方谁强谁弱谁多谁寡自然不必说了。因此是否能战胜对方没有其他的方法，主要看能乘人之隙还是被人所乘，这样做得失相差不只百倍。实际很精明，却显示出杂乱的样子；实际已做好准备，却显示出疏忽的样子；实际很勇敢，却表现出怯懦的样子；实际很聪明，却显示出愚蠢的样子；实际有富余，却表现出不足的样子；实际有准备，却显示出没有准备；实际有决断，却显示出拿不定主意的样子；实际同心同德，却显示出离心离德的样子；实际兵力很精锐，却显示出疲劳的样子；实际很谨慎，却显示出松懈的样子，那么双方的强弱多寡也不必说了。能否做到利用对方的弱点没有其他的方法，主要应弄清他显示出来的是什么，而掩饰的又是什么，这样双方的得失相差就不只百倍了。因此不掩藏好所要掩饰的事情，是很危险的；误中了对方的圈套，以为他显示的就是真实的情况，也是很危险的。这是带兵的将领必须要仔细认真对待的事。

守令于民，先有知疼知热，如儿如女一副真心肠，甚么爱养曲成事业做不出。只是生来没此念头，便与说绽唇舌，浑如醉梦。

【译文】郡守县令对于自己的民众，首先要有一颗知疼知热、当成自己的儿女一样的真诚心肠，如果这样，还有什么爱护民族、扶养民众、艰难困苦的事业会做不成呢？只不过生来就没有这个念头，就算你磨破了嘴皮子，也像喝醉了酒在睡梦中一样。

兵、士二党，近世之隐忧也。士党易散，兵党难驯。看来亦有法处，我欲三月而令可杀，杀之可令心服而无怨，何者？罪不在下故也。

【译文】士兵和读书人这两类人，是近代潜藏的忧患啊！读书人容易离心离德，兵士难以驯服。看来也有办法改变这种状况，我可以在三个月内让他们听从号令，如不听从的，即使将他们处死也能让他们心服口服而无怨言，为什么呢？因为罪责不在下位的人。

或问宰相之道，曰："无私有识。"冢宰[①]之道，曰："知人善任使。"

【注释】①冢宰：指吏部尚书，掌管官吏的任免、考课、升降、调动等事务。

【译文】有人问当好宰相的办法，我回答说："没有私心而有见识。"又问当好吏部尚书的方法，我回答说："能鉴察他人的品行、才能，善于任用。"

当事者，须有贤圣心肠，英雄才识。其谋国忧民也，出于恻怛至诚；其图事揆策也，必极详慎精密、踌躇及于九有，计算至于千年。其所施设，安得不事善功成、宜民利国？今也怀贪功喜事之念，为孟浪苟且之图。工粉饰弥缝之计，以遂其要荣取贵之奸。为万姓造殃不计也，为百年开衅不计也，为四海耗不计也，计吾利否耳。呜呼！可胜叹哉！

【译文】当官掌权的人，要有圣贤一样的心肠和英雄一样的才识。他们为国家出谋划策为百姓担忧，都是出于至诚同情之心；谋划事情，计议策略，都会极其详细周密，反复地从多方面进行谋划思考，着眼到千秋万代以后的事业。如果这样，他们的行为又怎么不会使事情成功、有利于国家民众呢？如今他们只是贪功好事的念头，做放荡苟且偷安的图谋。忙于粉饰偷巧的心计，满足他追求荣华富贵的奸计。不考虑给百姓带来的灾祸，不顾给百年大计开启事端，不管耗费天下财力劳力，只考虑这样做对自己是否有利。唉！真让人感叹不尽啊！

为人上者最怕器局小、见识俗，吏胥舆皂尽能笑人，不可不慎也。

【译文】身居上位的人最怕度量小、见识俗，掌管簿书案牍的小吏与贱役、贱吏也都会嘲笑他人，所以不能不谨慎。

为政者立科条、发号令，宁宽些儿，只要真实行，永久行。若法极精密而督责不严，综核不至，总归虚弥，反增烦扰。此为政者之大戒也。

【译文】治理国政的人制定法令条文、发布号令，宁可宽松一些，只要能认真实行，永久执行。如果法令极其严密但是督察责罚不严，聚总考核不到，总归还是一纸虚文，这样做只会增添烦琐搅扰而已。这是执政者重要的鉴戒。

民情不可使不便，不可使甚便。不便则壅阏[1]而不通，甚者令之不行，必溃决而不可收拾。甚便则纵肆而不检，甚者法不能制，必放溢而不敢约束。故圣人同其好恶以体其必至之情，纳之礼法以防其不可长之渐，故能相安相习而不至于为乱。

【注释】①壅阏（è）：堵塞。

【译文】对于社会风气不可让它不便利，但又不能太便利。不便利就会壅塞不通，甚至法令不能实行，必定会溃决不可收拾。太便利就会放纵而不加约束，甚至法律都不能控制，必放溢而不敢约束。因此圣人和民众好恶相同，以体会民众不得已之情，并纳于礼法之中以防止那些不可滋长的错误苗头，因此能平安相处、互相沿袭而不至于为乱。

居官只一个快性，自家讨了多少便宜，左右省了多少负累，百姓省了多少劳费。

【译文】当官如果养成一个爽快利落的性格，自己得了多少方便，左右的人省了多少连累，百姓省了多少人力与财力。

自委质[①]后，终日做底是朝廷官，执底是朝廷法，干底是朝廷事。荣辱在君，爱憎在人，进退在我。吾辈而今错处把官认作自家官，所以万事顾不得，只要保全这个在，扶持这个尊。此虽是第二等说话，然见得这个透，还算五分人。

【注释】①委质：亦作“委挚”“委贽”。古时始仕，必先书其名于策，委死之质于君，表示必死之节，忠于国君。

【译文】自从献身朝廷以后，终日做的是朝廷的官，行使的是朝廷的法，干的是朝廷的事。得到的是光荣还是耻辱，权力在君；得到的是爱戴还是怨恨，在于别人；是勤于政务还是回家为民，这在于自己。我们这些当官的人现在错把这个官当作自家的官，因此万事都顾不得，只要保全这个官，维持这个尊严。这虽说是的第二等的话，然而对这点能看透彻，还算是道德修养合格的人。

铦矛而秫梃[①]，金矢而秸弓[②]，虽有《周官》之法度，而无奉行之人，典谟训诰[③]何益哉！

【注释】①“铦（xiān）矛”句：此句意为以高粱秆作锐利之矛的柄，比喻不相称。铦，锐利。梃，木棒。②“金矢”句：金属的箭头而用秸秆为弓，也比喻不相称，无用处。③典谟（mó）训诰：《尚书》中《尧典》《大禹谟》《汤诰》《伊训》等篇的并称。重要的典章制度及文告。《尚书》中就有此四种文告。典，是立国的基本原则；谟，即治国计划；训，即大臣的态度；诰，即国君的通告；誓，起兵文告；命，国君的命令。

【译文】锋利的矛而用秫秆做棍棒，金属的箭头而用秸秆做弓，虽然有《周礼》所规定的严谨准则，然而没有执行的人，这些典谟训诰又有什么用处呢！

二帝三王功业原不难做，只是人不曾理会，譬之遥望万丈高峰，何等巍峨，他地步原自逶迤，上面亦不陡峻，不信只小试一试便见得。

【译文】二帝三王的功业原本不难达到，只是人们没有去处置罢了，比如遥望万丈高峰，多么的高大雄伟，但登山的路原来是曲折宛转的，山上面也不陡峻，不信只要小试一下便可看到。

洗漆以油，洗污以灰，洗油以腻。去小人以小人，此古今妙手也。昔人明此意者几[1]，故以君子去小人，正治之法也。正治是堂堂之阵，妙手是玄玄[2]之机。玄玄之机，非圣人不能用也。

【注释】①几：少。②玄玄：深奥，神妙。

【译文】洗掉漆要用油，洗掉污要用灰，洗掉油要用肥厚油腻的东西。用小人除去小人，这是古今精妙的手法！从前人明白这个道理的很少，因此用君子去除小人，这是从正面治理的方法。正面治理是端正庄严的对阵，而妙手却能用深奥玄妙的时机。深奥玄妙的时机，非圣人不能运用。

吏治不但错枉[1]，去慵懦无用之人，清仕路之最急者。长厚者误国蠹民以相培植，奈何？

【注释】①错枉：《论语·为政》："举直错诸枉，则民服；举枉错诸直，则民不服。"即举荐正直的人，摒弃邪枉之人。错，通"措"，舍置也。枉，枉曲不正之人。

【译文】整顿吏治，不但要摈斥邪恶的人，罢免慵懒懦弱无用之辈，也是官场上最紧迫的事情。恭谨朴实的人扶植培养他们耽误国事，祸害人民，怎么办呢？

余佐司寇[1]日，有罪人情极可恨而法无以加者，司官曲拟重条，余不可。司官曰："非私恶也，以惩恶耳。"余曰："谓非私恶，诚然；谓非作恶，可乎？君以公恶轻重法，安知他日无以私恶轻重法者乎？刑部只有个'法'字，刑官只有个'执'字，君其慎之。"

【注释】①佐司寇：司寇的属官，司寇的副贰。《周礼·秋官》有大司寇，为六卿之一，掌理刑狱。后世称刑部尚书为“大司寇”，侍郎称为“少司寇”。

【译文】我在刑部任职的时候，有一名罪犯，案情极其令人愤恨而根据法律又不能再重判，主管官员要曲意律条拟判重罪，我认为不可这样做。主管官员说：“不是我个人憎恨他，而是为了惩戒恶人。”我说：“您说不是您个人憎恨他，事实确实如此；但说曲意重判不是作恶，可以吗？您因公众对他的憎恨就轻罪加重刑罚，怎知道他日不会以个人的憎恶而轻罪随意重判呢？刑部只有个‘法’字，刑官只有个‘执’字，请您慎重考虑一下。”

有圣人于此，与十人论争，圣人之论是矣。十人亦各是己论以相持，莫之能下。旁观者至，有是圣人者，有是十人者，莫之能定。必有一圣人至，方是圣人之论，而十人者、旁观者又未必以后至者为圣人，又未必是圣人之是圣人也。然则是非将安取决哉？《旻天》[①]诗人怨王惑于邪谋，不能断以从善。噫！彼王也未必不以邪谋为正谋、为先民之经、为大犹之程[②]，当时在朝之臣又安知不谓大夫为邪谋、为迩言[③]也？是故执两端而用中。必圣人在天子之位，独断坚持；必圣人居父师之尊，诚格意孚。不然人各有口，人各有心，在下者多指乱视，在上者蓄疑败谋，孰得而禁之？孰得而定之？

【注释】①《旻天》：指《诗经·小雅·小旻》。朱熹注：“大夫以王惑于邪谋，不能断以从善，而作此诗。言旻天之疾威，布于下土，使王之谋犹邪辟，无日而止。谋之善者则不从，而其不善者反用之，故我视其谋犹，亦甚病也。”②大犹：亦作“大猷”。谓治国大道。程：规矩，法式。③迩言：浅末之言。

【译文】有一个圣人在此，与十个人争辩是非曲直，圣人的意见是正确的。而十个人也各自认为自己的意见正确，争论不休，谁也不能说服谁。来了一些在旁观看的人，有的说圣人的意见正确，有的认为十人的意见正确，是非不能确定。必须再来一个圣人，才能肯定原来那个圣人的意见是正确的，但是那十个人和旁观者又未必认为后来的人就是圣人，又未必认为肯定圣人的意见的见解是正确的。那么用什么方法来判定是非呢？《诗经》中《小旻》就是诗人抱怨国君被阴谋所迷惑，不能判断是非而从善的诗篇。唉！诗中所说的国君未必不认为阴谋就是正谋、而把它作为古人遵守的法则、作为治国的大法，又怎知当时朝廷的官吏不认为大夫的主张是阴谋、是浅近的言语呢？因此处事要权衡两端而用中庸之道。只有圣人处在天子的位置，才能独断坚持；只有圣人居于父师之尊位，才能用诚意去感动。不然人各有口，人各有心，在下位的人胡乱指责、扰乱视听，在上位的人心生疑虑、败坏事情，谁能够禁止呢？谁来判定是非呢？

易衰歇而难奋发者，我也；易懒散而难振作者，众也；易坏乱而难整饬者，事也；易蛊敝而难久常者，物也。此所以治日常少而乱日常多也。故为政要鼓舞不倦，纲常张[①]，纪常理[②]。

【注释】①纲：事物的主体，指大纲要领。张：举，执持。②纪：法度，法纪。理：治理。

【译文】容易衰歇而难以奋发的，是自己；容易懒散而难以振作的，是众人；容易坏乱而难以整顿的，是各种事情；容易破敝而难以持久的，是各种物品。这就是治理之日常少而混乱之日常多的原因。所以处理政务要鼓舞不倦，纲要常张，纪要常理。

滥准、株连、差拘、监禁、保押、淹久、解审、照提，此八者，狱情之大忌也，仁人之所隐也①。居官者慎之。

【注释】①隐：怜悯。

【译文】随意批准立案、狱案牵连他人、随便派差役拘捕人犯、随便收监人犯、随便批准保押、任意延长拘禁时间、解押到别地去审理、没有凭证就提取犯人，这八条，是审理狱案重要的禁忌，有仁德的人都避免这样做。做官的人一定要慎重。

养民之政，孟子云："老者衣帛食肉，黎民不饥不寒①。"韩子云："鳏寡孤独废疾者皆有养也②。"教民之道，孟子云："使契为司徒，教以人伦，父子有亲，君臣有义，夫妇有别，长幼有序，朋友有信。放勋曰：'劳之来之，匡之直之，辅之翼之，使自得之，又从而振德之。'③"《洪范》④曰："无偏无陂，遵王之义；无有作好，遵王之道；无有作恶，遵王之路；无偏无党，王道荡荡；无党无偏，王道平平；无反无侧，王道正直。会其有极，归其有极。"予每三复斯⑤言，汗辄浃背；三叹斯语，泪便交颐⑥。嗟夫！今之民非古之民乎？今之道非古之道乎？抑世变若江河，世道终不可反乎？抑古人绝德后人终不可及乎？吾耳目口鼻视古人有何缺欠？爵禄事势视古人有何靳啬⑦？俾六合景象若斯，辱此七尺之躯，靦面⑧万民之上矣。

【注释】①“老者”二句：典出《孟子·梁惠王上》。②“鳏寡孤独”句：典出韩愈《原道》。③“使契为司徒……”十三句：典出《孟子·滕文公上》。朱熹注：“契，亦舜臣名也。司徒，官名也。人之有道，言其皆有秉彝之性也。然无教则亦放逸怠惰而失之，故圣人设官而教以人伦，亦因其固有者而道之耳。……放勋，本史臣赞尧之辞，孟子因以为尧号也。德，犹惠也。尧言，劳者劳之，来者来之，邪者正之，枉者直之，辅以立之，翼以行之，使自得其性矣，又从而提撕警觉以加惠焉，不使其放逸怠惰而或失之。盖命契之辞也。”④《洪范》：《尚书》篇名。⑤三：多次，再三。复：颂。斯：此。⑥颐：腮，下颌。⑦靳啬：吝惜啬刻。⑧靦（miǎn）面：面有愧色。

【译文】对于养育百姓的政治，孟子主张：“七十岁以上的老人有丝绵的衣服穿有肉吃，一般百姓不受冻挨饿。”韩愈主张：“鳏夫、寡妇、孤老、孤儿和残废有病的人都有人抚养。”对于教育百姓的方法，孟子说：“任命契这样的贤人担任司徒，教给人民行为的准则和人伦道理，使父子相亲，君臣有义，夫妇有别，长幼有序，朋友有信。尧说：‘督促他们，纠正他们，帮助他们，使他们各得其所，然后加以提携和教诲。’”《洪范》记载：“不偏不邪，遵从王的法则；不要有所偏爱，遵循王规定的道理；不要作恶，遵循王指出的道路；没有偏私不结私党，王的道路才能平坦；不要偏袒没有偏心，王的道路才能平易；不要反复无常不要偏斜不正，王的道路就会又正又直。天子聚合诸侯臣民要有法则，诸侯臣民归附天子也要有法则。”每当我诵习此言，便满身大汗；每次感叹此语，便泪流满面。唉！现在的民众难道和古代的民众不一样吗？现在的道理难道和古代不一样吗？还是世道的变化如长江大河一样，让人向往的世道终究不能再现呢？还是古人那高尚的道德后人终究达不到呢？我们的耳目口鼻比古人缺少了什么？爵禄事势比古人又吝惜啬刻多少？让天下成了这个样子，真是白白长了这七尺的身躯，面有愧色的处于万民之上啊！

智慧长于精神，精神生于喜悦，喜悦生于欢爱。故责人者，与其怒之也，不若教之；与其教之也，不若化之。从容宽大，谅其所不能而容其所不及，恕其所不知而体其所不欲，随事讲说，随时开谕。彼乐接引之诚而喜于所好，感督责之宽而愧其不材，人非木石，无不长进。故曰“敬敷五教在宽”①，又曰“无忿疾于顽”②，又曰“匪怒伊教”③，又曰“善诱人”④。今也不令而责之豫⑤，不言而责之意⑥，不明而责之喻⑦。未及令人，先怀怒意，梃诟恣加，既罪矣而不详其故。是两相仇、两相苦也，智者之所笑而有量者之所羞也。为人上者切宜戒之。

【注释】①敬敷五教在宽：典出《尚书·舜典》。意谓努力地宣传五常之教，在于宽厚。敷，布。五教，五常之教。②无忿疾于顽：典出《尚书·君陈》。意谓对那些愚顽不化的人不要愤怒憎恨。③匪怒伊教：典出《诗经·鲁颂·泮水》。意谓不是对人发怒，而是教导大家。④善诱人：《论语·子罕》：“颜渊喟然叹曰：‘仰之弥高，钻之弥坚。瞻之在前，忽焉在后。夫子循循然善诱人，博我以文，约我以礼。’”朱熹注：“循循，有次序貌。诱，引进也。”⑤豫：通“预”。先事为备。

【译文】智慧产生于精神，精神产生于喜悦，喜悦产生于欢爱。因此责备人的人，与其对别人发怒，不如去教育他；与其教育他，不如去感化他。要从容宽大，体谅他不能做到的而容忍他达不到的，宽恕他不知道的而体贴他不想做的，随事讲述解说，随时开导劝告。对方对你的诚心相待感到高兴，就会喜欢你所爱好的事；感念你对他督促责备的宽容，就会对自己不能成材而感到惭愧，人不同于没有感情的树木石头，没有不长进的。因此《尚书》说“敬敷五教在宽”，又说“无忿疾于顽”，又说“匪怒伊教”，又说“善诱人”。现在是没下命令就要求人先有准备，没有开口就要求人先要会意，没有明白告知就要求人先要明白。命令还未发出，先怀有怒意，任意打骂，对方已受到责难还不知什么原因。这种做法是使双方都互相仇视、给双方都带来痛苦，有智慧的人会觉得这样做很可笑，有度量的人认为这样做的人应感到羞愧。位居上位的人切记不要这样做。

德立行成了，论不得人之贵贱、家之富贫、分之尊卑。自然上下格心①，大小象指②。历山耕夫③有甚威灵气焰？故曰：“默而成之，不言而信，存乎德行④。”

【注释】①格心：正心。《礼记·缁衣》：“夫民教之以德，齐之以礼，则民有格心。”②象指：像指头一样听从使唤。③历山耕夫：指舜。《史记·五帝本纪》：“舜耕历山，历山之人皆让畔。”④“默而成之”三句：典出《易经·系辞上》。意谓默默地成功了，不说话别人就会相信，主要在于要有高尚的道德品行。

【译文】道德操守修养成功了，就不必再谈论人出身的贵贱、家庭的贫富、地位的尊卑。上下自然都能做到正心，大人小孩都听从你指挥。舜本来只是历山一个耕田的农夫，有什么声威气势呢？因此《易》记载:“默而成之,不言而信,存乎德行。”

宽人之恶者,化人之恶者也;激人之过者,甚人之过者也。

【译文】宽恕别人的错误,就是帮助别人改正错误;用激烈的态度对待别人的错误,就是要让别人再错上加错。

五刑[1]不如一耻,百战不如一礼,万劝不如一悔。

【注释】①五刑:古代五种轻重不等的刑罚。通常指殷周时期的墨、劓、剕、宫、大辟等五种刑罚。

【译文】用轻重不等的刑罚使人免于犯罪,不如让他懂得羞耻;通过多次作战使他屈服,不如教他礼节;万次劝勉,不如让他知道悔恨。

举大事,动众情,必协众心而后济。不能尽协者,须以诚意格之,恳言入之。如不格不入,须委曲以求济事。不然彼其气力智术足以撼众而败吾之谋,而吾又以直道行之,非所以成天下之务也。古之人神谋鬼谋,以卜以筮,岂真有惑于不可知哉?定众志也,此济事之微权也。

【译文】兴举大事,调动众人的情绪,必须众心协调一致才能成功。不能完全协调,就必须用诚意去感动他,用恳切的话语去劝说他。如果不能感动劝说,就必须通过宛转曲折的途径求得事情的成功。不然对方的气力智术足以感动众人来败坏我的计划,而我又以直道推行，这不是用来成就天下大事的办法。古代的人声称是神的意志、鬼的谋略，又用卜筮的办法来预测，难道真是因为迷惑于不可知的力量吗？这样是为了安定众人的意愿，使事情能够成功的微妙办法。

世间万物皆有所欲，其欲亦是天理人情。天下万世公共之心，每怜万物有多少不得其欲处。有余者，盈溢于所欲之外而死；不足者，奔走于所欲之内而死。二者均，俱生之道也。常思天地生许多人物，自足以养之，然而不得其欲者，正缘不均之故耳。此无天地不是处，宇宙内自有任其责者。是以圣王治天下，不说均就说平，其均平之术只是絜矩[①]，絜矩之方只是个同好恶[②]。

【注释】①絜（xié）：度量。矩：法度。《大学·第十一章》："所谓平天下在治其国者，上老老而民兴孝，上长长而民兴弟，上恤孤而民不倍。是以君子有絜矩之道也。"朱熹注："是以君子必当因其所同，推以度物，使彼我之间各得分愿，则上下四旁均齐方正，而天下平矣。"②同好恶：《大学·第十一章》："好人之所恶，恶人之所好，是谓拂人之性，菑（同"灾"）必逮夫身。"

【译文】世间的万物都有欲望，这些欲望都符合道德规范和人之常情。天下万世那些出于公心的人，每每怜悯万物有多少不能满足自己应有的欲望。欲望得到过分满足的，会因为欲望已经超出欲望之外而导致死亡；欲望得不到满足的，也会为了要满足欲望到处奔波而劳累抑郁致死。二者如果均平的话，便都可以很好地生存。我常想，天地生出这么多的人物，自然足以养育他们，然而欲望有许多不能满足的，正是因为不均的缘故。这里天地没什么错处，宇宙内自有应承担责任的人。因此圣王治理天下，不是说均就是说平，均平的办法要有法度，推行法度的办法就是要有个共同的好恶。

做官都是苦事，为官原是苦人，官职高一步，责任便大一步，忧勤便增一步。圣人胼手胝足[①]，劳心焦思，惟天下之安而后乐，是乐者，乐其所苦者也。众人快欲适情，身尊家润，惟富贵之得而后乐，是乐者，乐其所乐者也。

【注释】①胼（pián）手胝（zhī）足：手掌脚底生厚茧，形容劳累至极。

【译文】做官都是繁重费力的事情，为官原是劳苦的人，官职高一步，责任便大一步，忧虑勤劳便增一步。圣人辛勤劳作，担忧烦心，只有天下安定了才会快乐，这种快乐，是以苦为乐。普通人称心、顺适性情，自身尊贵、家室富有，只有得到富贵才能快乐，这种快乐，是以快乐为乐。

法有定，而持循之不易，则下之耳目心志习而上逸。无定，则上之指授口颊烦而下乱。

【译文】律法有明文规定，在执行和遵循时不加以改变，这样遵守的人就养成了习惯，那么上位者就省去了很多麻烦。律法没有明文规定，那么上位者就会每天忙于下达命令，不仅自己口舌烦乱，而且下位者也感到混乱。

世人作无益事常十九，论有益惟有暖衣、饱食、安居、利用[①]四者而已。臣子事君亲，妇事夫，弟事兄，老慈幼，上惠下，不出乎此。《豳风》一章[②]，万世生人之大法，看他举动，种种皆有益事。

【注释】①利用：物尽其用。《尚书·大禹谟》："正德、利用、厚生，惟和。"②《豳（bīn）风》一章：指《诗经·豳风·七月》，讲农事之全过程。

【译文】世上人所做的事，没有益处的常占十分之九，如果说是有益的事，只有暖衣、饱食、安居、利用四方面而已。臣子事奉君王和父母，妻子事奉丈夫，弟弟事奉兄长，老人慈爱孩子，上位者对下位者仁惠，都属于有益的事。《诗经·豳风》中的一章，说出了万世人生的基本法则，诗中所讲的种种举动，件件都是有益的事。

天下之事，要其终而后知君子之用心；君子之建立，要其成而后见事功之济否。可奈庸人俗识，谗夫利口，君子才一施设辄生议论，或附会以诬其心，或造言以甚其过，是以志趣不坚、人言是恤[①]者辄灰心丧气，竟不卒功。识见不真、人言是听者辄罢君子之所为，不使终事。呜呼！大可愤心矣。古之大建立者，或利于千万世而不利于一时，或利于千万人而不利于一人，或利于千万事而不利于一事。其有所费也似贪，其有所劳也似虐，其不避嫌也易以招摘取议。及其成功而心事如青天白日矣，奈之何铄金销骨之口夺未竟之施，诬不白之心哉？呜呼！英雄豪杰冷眼天下之事，袖手天下之敝，付之长吁冷笑，任其腐溃决裂而不之理，玩日愒月[②]，尸位素餐，而苟且目前以全躯保妻子者岂得已哉？盖惧此也。

【注释】①恤：忧虑。②玩日愒（kài）月：贪图安逸，虚度日月。愒，荒废。

【译文】天下的事，到最后才能知道君子的用心；君子的建立，要等事情完成以后才能看出成功与否。无奈庸人见识浅陋，谗夫口齿伶俐，君子才一开始行动他们就大加议论，或者用附会的办法来诬蔑君子的用心，或者用造谣的方法来夸大君子的过失，因此那些志向不坚定、忧虑他人言论的人就灰心丧气，事情最终不能成功。见识不真、专听闲言碎语的人就停止了君子的作为，事情不能完成。唉！真让人可气可恨啊。古时候建立大的功业，或许有利于千万世而不利于当时，有利于千万人而不利于某一人，有利于千万事而不利于某一事。耗费了很多钱财好像有人从中贪污，严格要求劳作的人近似于虐待，做事不避嫌疑也容易招来非议指责。等到成功，心事如青天白日一样，怎奈那些庸人谗夫用混淆视听的嘴来破坏那未完成的事业、诬蔑君子的难以辩白的心啊！唉！这使英雄豪杰冷眼旁观天下之事，袖手旁观天下一天天坏下去，只付以长声叹息和冷笑，任其腐溃决裂而不管，只是贪图安逸、荒废岁月，占着职位，不做事情，只顾眼前以保全自己和家庭，这样做难道是出于自己的真心吗？是不得已啊！就是害怕那些庸人谗夫的诽谤非议。

变法者变时势不变道，变枝叶不变本。吾怪夫后之议法者偶有意见，妄逞聪明，不知前人立法千思万虑而后决。后人之所以新奇自喜，皆前人之所以熟思而弃者也，岂前人之见不及此哉！

【译文】变法的人应该是改变时势不改变道理，改变枝叶而不改变根本。我诧异后世议论变法的人，偶尔有什么意见，就胡乱卖弄聪明，不知前人立法的时候是经过千思万虑才决定下来的。后人认为新奇而自以为得意的见解，都是前人经过深思熟虑而弃置不用的，哪里是前人的见解没有考虑到呢！

鳏寡孤独、疲癃残疾、颠连无告之失所者，惟冬为甚。故凡咏红炉锦帐之欢，忘雪夜呻吟之苦者，皆不仁者也。

【译文】老弱无依、衰老龙钟、身有残疾和穷困流浪、无处诉苦的失去安身之所的人，一到冬天更为难过。因此那些咏红炉锦帐之欢，忘记他人在雪夜中痛苦呻吟的人，都是没有仁德的人啊！

天下之财，生者一人，食者九人；兴者四人，害者六人。其冻馁而死者，生之人十九，食之人十一。其饱暖而乐者，害之人十九，兴之人十一。呜呼！可为伤心矣。三代之政行，宁有此哉！

【译文】天下的财物，开发的只有一个人，而吃用的却有九个人；兴办的只有四个人，破坏的却有六个人。天下的人由于寒冷饥饿而死的，十分之九是参加生产的人，十分之一是吃用的人。衣食充足而享乐的人，十之有九是破坏事情，只有十分之一是兴办事情。唉！真让人伤心啊。如果三代时的政令大行，难道会有这种事吗！

居生杀予夺之柄，而中奸细之术以陷正人君子，是受雇之刺客也。伤我天道，殃我子孙，而为他人快意，愚亦甚矣。愚尝戏谓一友人曰："能辱能荣，能杀能生，不当为人作荆卿[①]。"友人谢曰："此语可为当路药石[②]。"

【注释】①荆卿：指荆轲，战国卫人。为燕太子丹客，受命刺杀秦王（嬴政），不中，被杀。事见《史记·刺客列传》。②当路：身居要津。指掌握政权者。典出《孟子·公孙丑上》："夫子当路于齐，管仲、晏子之功，可复许乎？"药石：治病的药物和砭石（经磨制而成的尖石或石片）。

【译文】掌握着生存、杀害、给予、掠夺的大权，却中了奸细的阴谋而陷害了正人君子，这就是受人雇用的刺客啊！伤害天道，殃及子孙，而让他人称心如意，也太愚蠢了。我曾和一个朋友开玩笑说："能辱能荣，能杀能生，不当为人作荆轲。"友人回答说："这句话可以作为规劝掌握政权者改过向善的良言。"

秦家得罪于万世[①]，在变了井田[②]上。春秋以后井田已是十分病民了，但当复十一之旧，正九一之界，不当一变而为阡陌[③]。后世厚取重敛，与秦自不相干。至于贫富不均，开天下奢靡之俗，生天下窃劫之盗，废比闾族党[④]之法，使后世十人九贫，死于饥寒者多有，则坏井田之祸也。三代井田之法，能使家给人足、俗俭伦明、盗息讼简，天下各得其所。只一复了井田，万事俱理。

【注释】①"秦家"句：秦指战国时秦国。《汉书·食货志》载董仲舒疏："秦……用商鞅之法，改帝王之制，除井田，民得买卖。富者田连仟伯，贫者亡立锥之地。"②井田：古代的一种土地制度。以方九百亩的地为一里，划为九区，其中一百亩为公田，八家均私田百亩，同养公田。因形如井字，故称井田。《穀梁传·宣公十五年》："古者三百步为里，名曰井。井田者，九百亩。公田居一。"③阡陌：田间小路，用来区分田界，东西为阡，南北为陌。亦有南北为阡，东西为陌。④比闾族党：周代乡遂之行政区划。《周礼·地官·大司徒》:“令五家为比,使之相保;五比为闾,使之相受;四闾为族,使之相葬;五族为党,使之相救。”

【译文】秦朝被万世所责难的原因,只是由于改变了井田制。春秋时期以后井田制已经对民众十分有害了,但应该恢复十分收一的税制,而正定一分为公田、九分为私田的井田界限,不应当一下就变为开阡陌弃井田。后世苛细繁重的税捐,与秦朝并没有任何关系。至于贫富不均,开天下奢靡之俗,生天下窃劫之盗,废比闾族党之法,使后世十人九贫,多有死于饥寒者,则是破坏了井田制导致的祸患。三代时井田的方法,能使家家丰衣足食、习俗俭约伦常明净、平息争讼,天下人各个都得适当的安排。只要一恢复井田制,万事都会得到治理。

赦何为者?以为冤邪,当罪不明之有司;以为不冤邪,当报无辜之死恨。圣王有大庆,虽枯骨罔不蒙恩。今伤者伤矣,死者死矣,含愤郁郁莫不欲仇我者速罹于法以快吾心,而乃赦之,是何仁于有罪而不仁于无辜也。将残贼幸赦而屡逞,善良闻赦而伤心,非圣王之政也。故圣王眚灾宥过[1]不待庆时,其刑故也不论庆时,夫是之谓大公至正之道。而不以一时之喜滥恩,则法执而小人惧,小人惧则善良得其所。

【注释】①眚(shěng):同“省”,减省。宥:宽容,饶恕,原谅。

【译文】为什么要赦免呢?如果是因为冤枉,就应当惩罚那些审理案件昏庸的官吏;如果没有冤情,就应当为那些无辜者报仇雪恨。国君有大可庆贺的事,即使是枯骨也会蒙受恩惠。现在受伤的受伤,死的已死,怀着悲愤,都想使那些伤害自己的人很快受到法律的制裁,使我的心得到快慰，但是现在却赦免了那些罪人，为什么要对有罪的人仁慈而对无辜的人不仁德呢？让凶残暴虐的人侥幸赦免的愿望屡屡得逞，让善良的人听说赦免坏人就伤心痛苦，这不是圣王的政治。因此，圣王想要减轻因过失造成的灾害不要等待有喜庆的时候，在实行刑罚的时候也不论是否是喜庆的时候，这就叫作大公至正之道。不以一时的喜好而滥施恩惠，那么法令就会得到执行，小人就会害怕，小人害怕，那么善良的人就能安居乐业了。

庙堂之上聚议者，其虚文也。当路者持不虚之成心，循不可废之故事，特藉群在以示公耳。是以尊者嚅嗫[1]，卑者唯诺，移日而退。巧于逢迎者观其颐指[2]意向而极口称道，他日骤得殊荣；激于公直者知其无益有害而奋色极言，他日中以奇祸。

【注释】①嚅嗫：说话吞吞吐吐的样子。②颐指：不开口说话，只以面颊表情指使他人做事。典出《汉书》卷四十八《贾谊列传》。

【译文】朝廷聚集大臣来议论朝政，只是不切实用的仪节。掌握政权的人并不是真正虚心想听取意见，而是遵循不可废的旧例，只是借用众人之口来表示公正而已。因此处在高位的人欲言又止，处于下位的人一味附和顺从，拖了很长时间最后退席了事。巧于逢迎的人看国君的眼色行事，看国君赞同的则极口称道，他日骤然获得特殊的荣誉；公正耿直之人知道逢迎者说的话是无益有害的，就极力直言规劝，他日遭受料想不到的灾祸。

近世士风大可哀已。英雄豪杰本欲为宇宙树立大纲常、大事业，今也，驱之俗套，绳以虚文，不俯首吞声以从，惟有引身而退耳。是以道德之士远引高蹈，功名之士以屈养伸。彼在上者倨傲成习，看下面人皆王顺、长息[①]耳。

【注释】①王顺、长息：皆人名。《孟子·万章下》："费惠公曰：'吾于子思，则师之矣；吾于颜般，则友之矣；王顺、长息，则事我者也。'"

【译文】近世士大夫的风气真让人感到可悲啊。英雄豪杰本想为宇宙树立榜样、干一番事业，但是现在他们却被驱赶着干那些俗事，应付那些虚套，如果不俯首吞声服从，就只有抽身退走。因此有道德的人远离官场，隐居起来，想成就功名的人用弯曲来求得向前伸展。那些处于高位的人傲慢成为习惯，看下面的人都是王顺、长息一样顺从而没有任何意见的。

今四海九州之人，郡异风，乡殊俗，道德不一故也。故天下皆守先王之礼，事上接下，交际往来，揆事宰物[①]，率遵一个成法，尚安有诋笑者乎？故惟守礼可以笑人。

【注释】①揆事：管理、掌管事物。宰物：主宰事物，引申为从政治民，掌理万物。

【译文】如今天下的人，州郡风尚不同，乡县习俗有异，这是道德不统一的缘故。因此如果天下的人都遵守先王制定的礼法，事奉上级，接待下属，彼此往来，管理事物，从政治民，都遵循原先的法令制度，还会有人耻笑吗？因此说只有遵守礼教的人才可以笑话别人。

凡名器[①]服饰，自天子而下庶人而上，各有一定等差，不可僭逼。上太杀是谓逼下，下太隆是谓僭上。先王不裁抑以逼下也，而下不敢僭。

【注释】①名器：名号与车服仪制。奴隶社会与封建社会用以别尊卑贵贱的等级。典出《左传·成公二年》："唯器与名，不可以假人，君之所司也。"杜预注："器，车服；名，爵号。"名分器物。表示等级身份的规定和外在标志。

【译文】凡是名分器物服饰，从天子以下直到平民百姓，各自有一定的等级差别，不可越分胁迫君上。上位者过分降低等级叫作逼下；下位者过分超越等级叫作僭上。古代圣王不抑损以逼下，而下位者也不敢超越本分。

礼与刑二者常相资也，礼先刑后，礼行则刑措[①]，刑行则礼衰。

【注释】①措：弃置。

【译文】礼仪与刑罚二者是相辅相成的，先实行礼仪然后用刑罚，礼仪得到推行刑罚就会弃置不用，刑罚兴起礼仪就会衰微。

官贵精不贵多，权贵一不贵分。大都之内，法令不行，则官多权分之故也，故万事俱弛。

【译文】官吏讲求效率，不在于数量多少，权力讲求统一不适合分散。大概说来，法令不能推行，是因为官多权力分散的缘故，所以万事都会废弛。

名器于人无分毫之益，而国之存亡、民之死生于是乎系。是故衮冕非暖于纶巾[①]，黄瓦非坚于白屋[②]，别等威者非有利于身，受跪拜者非有益于己，然而圣王重之者，乱臣贼子非此无以防其渐而示之殊也。是故虽有大奸恶，而以区区之名分折之，莫不失辞丧气。吁！名器之义大矣哉！

【注释】①衮（gǔn）冕：衮衣和冠冕，古代帝王及大夫的礼服和礼帽。纶（guān）巾：古时用青丝带编织的头巾。②黄瓦：指帝王的宫殿。其屋顶用黄色琉璃瓦建成。白屋：古代平民的住屋，因其不施彩，故称。

【译文】名分器物对人没有丝毫实际使用价值，但是却关系着国家的存亡、百姓的生死。因此衮衣和冠冕不比青丝带编织的头巾暖和，黄色琉璃瓦的宫殿不比平民的砖瓦房坚固，区别等级威仪并不有利于自身，接受别人的跪拜也对自己没什么益处，然而德才超群的帝王重视这些，是因为没有这些就不能显示君王的特殊地位，以此可防患于未然，避免乱臣贼子的出现。因此那些罪大恶极的人虽然怀有强烈的野心，但因被一个小小的名分管束着，没有不言辞失当，精神颓丧的。吁！名分器物的意义实在是大啊！

今之用人，只怕无去处，不知其病根在来处。今之理财，只怕无来处，不知其病根在去处。

【译文】现在选用人才，只怕没有任用的地方，却不知病根在选取的地方。现在管理财物，只怕钱财没来处，不知病根在钱财的去处。

用人之道，贵当其才；理财之道，贵去其蠹。人君以识深虑远者谋社稷，以老成持重者养国脉，以振励明作者起颓敝，以通时达变者调治化，以秉公持正者寄钧衡①，以烛奸嫉邪者为按察，以厚下爱民者居守牧，以智深勇沉者典兵戎，以平恕明允者治刑狱，以廉静综核者掌会计，以惜耻养德者司教化，则用人当其才矣。宫妾无慢弃之帛，殿廷无金珠之玩，近侍绝贿赂之通，宠幸无不赀之赏②，臣工严贪墨③之诛，迎送惩威福之滥，工商重淫巧之罚，众庶谨僭奢之戒，游惰杜幸食之门，缁黄④示诳诱之罪，倡优⑤就耕织之业，则理财得其道矣。

【注释】①钧衡：钧，衡量轻重。衡，测量物体重量的器具。此处借此二物喻选拔和评量人才。②不赀（zī）之赏：意为奖赏无度。赀，计量。③贪墨：贪财好贿。墨，指不洁。诛：惩罚。④缁黄：僧人与道士。因僧侣穿黑衣，道士戴黄冠，故称。⑤倡优：娼妓及优伶的合称。倡，指乐人；优，指伎人。古本有别，后常并称。

【译文】选用人才的法则，贵在恰当使用其才能；管理财物的法则，贵在去掉蛀虫。国君任用谋虑深远的人为国家谋划，任用老成持重的人培养国家的命脉，任用奋勉实干的人振兴衰弱破败，任用通权达变的人治理国家、教化人民，任用主持公道，扶持正义的人选拔评量人才，任用洞察奸邪，憎恨邪恶的人担任按察之职，任用深爱百姓的人担任太守州牧，任用智勇深沉的人掌握武器军队，任用持平宽仁，严明恰当的人管理刑狱，任用谦逊沉静，聚总考核的人掌管会计，任用用重视耻辱，修养德行的人管理教化，这样就做到人尽其才了。宫中的婢女没有弃而不顾的布帛，宫廷没有金银珠宝等供玩赏的奇珍异宝，君王左右的侍从拒绝受贿帮人打通门路，宠信的人不会受到过度的赏赐，群臣百官贪财受贿会受到严厉惩治，迎来送往时官吏滥逞威福索取财物要加重惩处，工匠商人制造贩卖浮华纤巧的物品要受到重罚，普通百姓做出超越本分、奢侈的事要严加惩戒，游荡懒惰的人不劳而食要坚决杜绝，佛、道之徒蛊惑人心要严加追究，娼妓优伶要从事耕织之业，这样就找到管理财物的办法了。

古之官人也择而后用，故其考课①也常恕。何也？不以小过弃所择也。今之官人也用而后择，却又以姑息行之，是无择也，是容保②奸回③也。岂不浑厚？哀哉万姓矣！

【注释】①考课：考，就是考察自中央至地方各级官吏在其任职期间执行国家法令的具体表现；课，就是依照国家的行政计划进行督课。总体来的说，考课就是国家依照所颁布的法令和行政规则，在一定的年限内，对各级官吏进行考核，并依其不同表现，区别不同等级，予以升降赏罚。②容保：典出《易经·临卦》："君子以教思无穷，容保民无疆。"后因以"容保"谓宽容爱护。③奸回：亦作"姦回"。指奸恶邪僻的人或事。

【译文】古代任用官吏经过选拔以后才任命，因此在考核的时候常常比较宽容。为什么呢？这是由于不会因为一点儿小过失就否定经过选拔的人才。现在任命官吏是任用以后再加以选择，然而又用过于放纵的态度来对待他们的过失，这就相当于没有选择，是用宽容保护奸恶邪僻的人。这样做对官吏不是太宽厚了吗？百姓却太可悲了！

世无全才久矣，用人者各因其长可也。夫目不能听，耳不能视，鼻不能食，口不能臭，势也。今之用人不审其才之所堪，资格所及，杂然授之。方司会计，辄理刑名；既典文铨[①]，又握兵柄。养之不得其道，用之不当其才，受之者但悦美秩而不自量。以此而求济事，岂不难哉？夫公绰但宜为老而裨谌不可谋邑[②]，今之人才岂能倍蓰古昔？愚以为学校养士，科目进人，便当如温公条议[③]，分为数科，使各学其才之所近，而质性英发能备众长者，特设全才一科，及其授官，各任所长。夫资有所近，习有所通，施之政事，必有可观。盖古者以仕学为一事，今日分体用为两截。穷居草泽，止事词章；一入庙廊，方学政事。虽有明敏之才，英达之识，岂能观政数月便得每事尽善？不免卤莽施设，鹘突[④]支吾。苟不大败，辄得迁升。以此用人，虽尧、舜不治。夫古之明体也养适用之才，致君泽民之术固已熟于畎亩之中，苟能用我者，执此以往耳。今之学校，可为流涕矣。

【注释】①文铨：文士的选拔。铨，古代称量才授官，选拔官吏。②公绰：《论语·宪问》："孟公绰为赵魏老则优，不可以为滕薛大夫。"朱熹注："公绰，鲁大夫。赵魏，晋卿之家。老，家臣之长。大家势重，而无诸侯之事；家老望尊，而无官守之责。优，有余也。"裨谌：郑大夫。《左传·襄公三十一年》："裨谌能谋，谋于野则获（得所谋），谋于邑则否（不得所谋）。"③温公条议：温公，即司马光，北宋大臣，史学家，死后追封温国公。司马光为相时，曾上条议："欲乞朝廷设十科举士：一曰行义纯固可为师表科（有官、无官人，皆可举），二曰节操方正可备献纳科（举有官人），三曰智勇过人可备将帅科（举文、武有官人），四曰公正聪明可备监司科（举知州以上资序），五曰经术精通可备讲读科（有官、无官人，皆可举），六曰学问该博可备顾问科（同上），七曰文章典丽可备著述科（同上），八曰善听狱讼尽公得实科（举有官人），九曰善治财赋公私俱便科（同上），十曰练习法令能断请谳科（同上）。”（见《宋史·选举志六》）④鹘（hú）突：亦作“鹘鸼”。混乱、不清楚。

【译文】世上已经很久没有出现文武兼备的人才了，任用人才的人只要选用每人的长处就可以了。眼睛不能听，耳朵不能看，鼻子不能吃，嘴巴不能嗅，这是功能不同导致的。现在任用人才不考察他的才能能够胜任什么，只要达到一定的资格，就胡乱给予一个官职。正在掌管会计，又调去审理刑狱；既担当选拔文官的重任，又安排他掌握兵权。不用适当的方法培养，又不不能根据他的才能任用，被任用的人只是喜欢高官厚禄却不度量自己的能力能否胜任。这样想使事情成功，不是太难了吗？孟公绰适合担任卿相之家的总管，而裨谌则不适合管理行政，现在的人才难道还会比古代多出几倍吗？我认为学校培养人才，科举选拔人才，就应当按照司马温公上奏的条议，分为若干科，使他们各自学习与特长相近的科目，而天资特别聪明又身兼多种特长的，就专门设立全才科，等到授予官职的时候，各用其所长。学习的科目与资质相近，学习的又与未来的事业相通，然后把这些才能施展在政事上，必然会做出可观的成绩。古人把做官和学习作为一件事，现在把它分开成了两截。隐居不仕，居住在乡野，尚未为官的时候，只学习诗词文章；进入朝廷，当上官才开始学习政事。如此即使有聪明敏捷的才智，英明特达的见识，难道从政几个月就能把每件政事都做好吗？难免行动鲁莽，胡乱应付。如果不出现什么大错，还会得到升迁。用这种方法选用人才，即使是尧、舜也不能治理好天下。古代以讲明治世之道来培养合于应用的人才，对辅佐国君，使之成为圣明之主和施恩惠给百姓的方法，在身为乡野平民时就已经熟悉了，如果有能任用我的人，我就带着这项技能前往赴任。现在的学校，可以让人为之伤心落泪啊。

官之所居曰任，此意最可玩。不惟取责任负荷之义，任者，任也，听其便宜信任而责成也。若牵制束缚，非任矣。

【译文】官员所在的位置叫任，其中的含义最耐人寻味。不仅含有责任、负荷的意思，任，还有听任、信任的意思，即听任你依照合适的方法去做，信任你、责成你来完成。如果对所任者一味地牵制、束缚，就不叫任了。

厮隶之言直彻之九重①，台省以之为臧否②，部院以之为进退③，世道大可恨也。或讶之。愚曰：天子之用舍托之吏部，吏部之贤不肖托之抚按④，抚按之耳目托之两司⑤，两司之心腹托之守令⑥，守令之见闻托之皂快⑦，皂快之采访托之他邑别郡之皂快。彼其以恩仇为是非，以谬妄为情实，以前令为后官，以旧愆为新过，以小失为大辜⑧。密报密收，信如金石；愈伪愈详，获如至宝。谓夷、由污，谓蹻、跖廉，往往有之。而抚按据以上闻，吏部据以黜陟。一吏之荣辱不足惜，而夺所爱以失民望，培所恨以滋民殃，好恶拂人甚矣。

【注释】①厮隶：指下层之仆役，如皂快等。彻：达。九重：指宫禁，朝廷。②台省：指中央宰辅所居之地。汉代之“尚书”属少府，在宫禁台阁之中。当时称宫禁中为省中，故尚书省又有台省之称。唐高宗时以尚书省为中台，门下省为东台，中书省为西台，总称为台省，亦有合“三省”及御史台称台省者。臧否：好坏。③部院：六部和都察院。进退：指官阶的升降。④抚按：指巡抚。巡抚属都察院，负责监察风纪，参与考察官吏等事。⑤两司：即承宣布政使司和提刑按察使司。据《明史·职官四》："布政使掌一省之政，朝廷有德泽、禁令，承流宣播，以下于有司。凡僚属满秩，廉其称职、不称职，上下其考，报抚、按以达于吏部、都察院。""按察使掌一省刑名按劾之事，纠官邪，戢奸暴，平狱讼，雪冤抑，以振扬风纪，而澄清其吏治。"⑥守令：指府、州、县官。⑦皂快：指皂隶和快手。皂隶为衙门中的贱役，出司呵殿，入执刑杖侍立。快手为衙署中掌缉捕、行刑等职事的差役。⑧辜：罪。

【译文】奴仆的言语能一直上达到朝廷，台省的主管大臣把这些话作为考核官吏优劣的依据，部院的主管大臣以此作为部下官吏升降的标准，这样的世道太让人遗憾了。有人讶异我的说法。我说：天子把人员取舍的大权交给吏部，吏部把评定人才贤或不贤的权力交给巡抚，巡抚又把考察官吏政绩的权力交给布政司和按察司，两司又把内心想要了解的事情托付郡守、县令，郡守、县令又派皂吏和捕快去打探消息，此地的皂吏、捕快又托付其他郡邑的皂吏、捕快代为打探。这些皂吏、捕快以恩情和仇怨为标准来评论是非，把荒谬愚妄当作实际情形，把前任官吏做的事加到后任的头上，把以前的过失当作新犯的错误，把小失误说成大罪过。密报密收，听的人深信不疑；愈是虚假不实的情况报告得愈详细，听的人好像得到了最好的宝贝。说伯夷、许由是品德低下的人，庄蹻、盗跖是廉洁的人，往往出现这种情况。而巡抚根据这些谣传就向上报告，吏部就根据这些决定官吏的升降。官员个人的荣辱不值得惋惜，然而罢免了民众热爱的官吏导致百姓失望，培植他们痛恨的官吏使百姓遭殃，这与人们的好恶背离得太远了。

居官有五要：休错问一件事，休屈打一个人，休妄费一分财，休轻劳一夫力，休苟取一文钱。

【译文】做官要做到五要：不要问错一件事，不要严刑拷打一个人，不要胡乱耗费公家一分财物，不要轻易劳动一人的气力，不要随便收取一文钱。

吴越之战利用智，羌胡之战利用勇。智在相机，勇在养气。相机者务使鬼神不可知，养气者务使身家不肯顾，此百胜之道也。

【译文】春秋时期，吴越交战利用的是智慧，羌人和胡人打仗凭借的是勇敢。用智在于抓住时机，用勇在于培养勇气。选择时机即使是鬼神也不能让他们知道，培养勇气务必让他们不顾及身家性命，这就是百战百胜的方法。

兵以死使人者也。用众怒，用义怒，用恩怒。众怒仇在万姓也，汤、武之师是已。义怒以直攻曲也，三军缟素是已。恩怒感激思奋也，李牧①犒三军，吴起②同甘苦是已。此三者，用人之心，可以死人之身，非是皆强驱之也。猛虎在前，利兵在后，以死殴死，不战安之？然而取胜者幸也，败与溃者十九。

【注释】①李牧：战国时赵将。常年居雁门关以防备匈奴，匈奴十余年不敢犯边境。后大破秦军，以功封武安君。秦施反间于赵，李牧遭诬为谋反，被斩。秦遂灭赵国。事见《史记·廉颇蔺相如列传》：“李牧者，赵之北边良将也。常居代雁门，备匈奴。以便宜置吏，市租皆输入莫府，为士卒费。日击数牛飨士，习射骑，谨烽火，多间谍，厚遇战士。”②吴起：卫国左氏（今山东省菏泽市曹县，一说菏泽市定陶区）人，战国初期军事家、政治家、改革家，兵家代表人物。一生历仕鲁、魏、楚三国，通晓兵家、法家、儒家三家思想。因变法得罪贵族，遭杀害。他被后世称为武庙十哲，武庙七十二将之一。著有《吴子兵法》传世。事见《史记·孙子吴起列传》：“吴起者，卫人也，好用兵。……起之为将，与士卒最下者同衣食。卧不设席，行不骑乘，亲裹赢粮，与士卒分劳苦。卒有病疽者，起为吮之。卒母闻而哭之。人曰：‘子卒也，而将军自吮其疽，何哭为？’母曰：‘非然也。往年吴公吮其父，其父战不旋踵，遂死于敌。吴公今又吮其子，妾不知其死所矣。是以哭之。’”

【译文】士兵是以生命为代价而受人役使的人。可以用百姓对敌人的愤怒来激发他，可以用正义情感来激发他，可以用恩情来激发他。众怒就是万民都仇恨他，商汤、周武王的军队就是利用这点消灭敌人的。义怒就是以正义攻打不义，三军都穿着孝服报仇就是这种情况。恩怒就是因感恩图报而奋勇向前，李牧犒劳三军将士，吴起与士卒同甘共苦就是这样的。这三种情况，是打动士卒的心，可以使他们奋不顾身、视死如归，否则都是勉强驱赶他们上战场的做法。猛虎在前，锋利的武器在后，用死战来赶走死亡，不战怎么行呢？然而能以此取胜的，只是侥幸罢了，失败溃逃的情况十有其九。

寓兵于农，三代圣王行之甚好，家家知耕，人人知战，无论即戎，亦可弭盗，且经数十百年不用兵。说用兵，才用农十分之一耳。何者？有不道之国，则天子命曰："某国不道，某方伯连帅[①]讨之。"天下无与也，天下所以享兵农未分之利。春秋以后，诸侯日寻干戈，农胥[②]变而为兵，舍穑不事则吾国贫，因粮于敌则他国贫。与其农胥变而兵也，不如兵农分。

【注释】①方伯：一方诸侯之长。《礼记·王制》："千里之外设方伯。"连帅：十国诸侯之长。《礼记·王制》："十国以为连，连有帅。"后泛指地方长官。②胥：全、都。

【译文】把军队融入农民中的办法，三代时圣明的君王实行得很好，家家都知道耕种的重要，人人都明白战争的道理，不只可以抵御外族入侵，还可以消除盗贼，并且经历了数十百年不用兵的日子。如果进行战争，只用农民的十分之一而已。为什么呢？如果有不服从天子命令的诸侯国，天子只要下达一道命令说："某国不听从命令，某方伯连帅去讨伐他们。"天子及其他的诸侯国也不必参与，天下就可以享受兵农不分的好处。春秋以后，诸侯间的战争日益频繁，农夫都变成了专职的士兵，他们不种庄稼，国家就要贫穷，从敌国夺取粮食，那么其他国家的百姓也会贫困。这样看来，与其把农夫都变成士兵，不如把农夫和士兵分开。

凡战之道，贪生者死，忘死者生；狃胜者败[①]，耻败者胜。

【注释】①狃：贪图。

【译文】大凡作战的道理，过分眷恋生命就可能死亡，不怕死亡就可能生存；贪图胜利就可能失败，以失败为耻就可能胜利。

疏法胜于密心，宽令胜于严主。

【译文】疏略的法律胜过严密的心计，宽泛的律令胜过严厉的君主。

天下之事，倡于作俑[1]而滥于助波鼓焰之徒，至于大坏极敝，非截然毅然者不能救。于是而犹曰循旧安常，无更张以拂人意，不知其可也。

【注释】①作俑：制造殉葬的偶像。《孟子·梁惠王上》："仲尼曰：'始作俑者，其无后乎？'"后谓创始为作俑，一般用于贬义。俑，古代用来陪葬的木偶人或泥偶人。

【译文】天下的事情，由首开风气的人提倡而泛滥于从旁鼓动之徒，到极其衰败时，不是断然毅然的人不能挽救。这时还有人说要遵循旧规、安于现状，不要更改以免拂逆他人的心意，不知怎么可以这样做。

在上者能使人忘其尊而亲之，可谓盛德也已。

【译文】在上位的人能让人忘记他所处的尊位而亲近他，就可以说是品德高尚的人了。

因偶然之事，立不变之法；惩一夫之失，苦天下之人。法莫病于此矣。近日建白，往往而然。

【译文】因一件偶然的事情，而设立不变的法令；为惩戒一个人的过失，而使天下人受苦。法令的弊病没有比这个更大的了。近来有些人提出的建议，往往属于这一类。

礼繁则难行，卒成废阁①之书；法繁则易犯，益甚决裂之罪。

【注释】①废阁：亦作“废格”。废弃、搁置而不实施。

【译文】礼仪太繁琐就难以实行，最终会成为废弃不用的废书。法令太繁多就容易违犯，会使人犯更加严重的罪行。

为尧、舜之民者逸于尧、舜之臣，唐、虞世界全靠四岳、九官、十二牧①，当时君民各享无为之业而已。臣劳之系于国家也，大哉！是故百官逸则君劳，而天下不得其所。

【注释】①四岳、九官、十二牧：尧、舜时代官名。四岳，相传为唐尧臣、羲和的四子，分管四方诸侯。《尚书·尧典》：“帝曰：咨四岳，汤汤洪水方割，荡荡怀山襄陵。”九官，古传舜设置的九个大臣。即伯禹为司空，弃为后稷，契作司徒，皋陶作士，垂为共工，益作朕虞，伯夷作秩宗，夔为典乐，龙为纳言。十二牧，传说中舜时十二州之长官。参见《史记·五帝本纪》。

【译文】身为尧、舜时代的人民，比尧、舜时代的大臣要自在安逸，唐尧、虞舜时代全靠四岳、九官、十二牧这些官吏，当时的国君和百姓都安享无为而治、安居乐业的生活。大臣辛勤管理维系着国家的前途命运，真伟大啊！所以说，百官安逸国君就会劳累，而天下人还不能得到合适的安排。

治世用端人[①]正士，衰世用庸夫俗子，乱世用孅夫佞人[②]。孅夫佞人盛，而英雄豪杰之士不伸。夫惟不伸也，而奋于一伸，遂至于亡天下。故明主在上，必先平天下之情，将英雄豪杰服其心志，就我羁靮[③]，不蓄其奋而使之逞。

【注释】①端人：正直的人。②孅（xiān）夫佞人：奸邪谄媚的人。③羁靮（dí）：马络头与马缰绳，泛指驭马之物。喻束缚。

【译文】太平时代任用正直的人，衰乱的时代任用平庸的普通人，动荡不安的时代任用奸邪谄媚之徒。奸邪谄媚之徒兴盛，英雄豪杰之士就不能达到自己的意愿。因为不能达到自己的意愿，心中郁闷，奋而一伸，天下就会灭亡。因此英明的君主当政，必须先使天下人心情平和，使英雄豪杰有用武之地，来为我所用，不使他积蓄愤懑，以免他放任愤懑时带来亡国之祸。

天下之民皆朝廷之民，皆天地之民，皆吾民。

【译文】天下的百姓都是朝廷的百姓，都是天地的子民，都是我们的百姓。

愈上则愈聋瞽，其壅蔽者众也。愈下则愈聪明，其见闻者真也。故论见闻，则君之知不如相，相之知不如监司，监司之知不如守令，守令之知不如民。论壅蔽，则守令蔽监司，监司蔽相，相蔽君。惜哉！愈下之真情不能使愈上者闻之也。

【译文】越是处于上位的人越容易被蒙蔽，因为蒙蔽他的人太多了。越是处于下位的人越聪明，因为他的所见所闻真切。因此从见闻方面来说，国君不如国相知道得真切，国相不如监司知道得真切，监司不如郡守县令知道得真切，郡守县令不如百姓知道得真切。从欺骗方面来说，守令欺骗监司，监司欺骗国相，国相欺骗国君。真让人痛惜啊！越是下面的真情越不能使上边的人听到。

周公是一部活《周礼》[①]，世只有周公不必有《周礼》，使周公而生于今，宁一一用《周礼》哉？愚谓有周公虽无《周礼》可也，无周公虽无《周礼》可也。

【注释】①“周公”句：周公旦辅佐周成王治理天下，并制礼作乐。旧称《周礼》为周公所作，近人多持否定态度。

【译文】周公是一部活《周礼》，世上如果有了周公就不需要《周礼》了，如果周公生活在现在，《周礼》记载内容的能一一得到实行吗？我认为，有了周公即使没有《周礼》也可以，没有周公即使没有《周礼》也可以。

民鲜耻可以观上之德，民鲜畏可以观上之威，更不须求之民。

【译文】百姓缺少羞耻之心可以看出上位者的品德，百姓不知畏惧可以看出上位者的威信，不需要再到百姓中去调查了。

民情甚不可郁[①]也。防以郁水，一决则漂屋推山；炮以郁火，一发则碎石破木。桀、纣郁民情而汤、武通之，此存亡之大机也。有天下者之所夙夜孜孜者也。

【注释】①郁：郁结，堵塞。

【译文】不能让百姓的心向郁结压抑、堵塞不畅。用堤坝来堵塞洪水，堤坝一旦溃决就会漂屋推山；用爆竹来堵塞火，爆竹一炸就会碎石破木。桀、纣使压抑百姓的心向，商汤、周武王顺遂民意，这是生死存亡的关键。掌握天下的人应日夜勤勉不懈地关心这件事。

天之生民非为君也，天之立君以为民也，奈何以我病百姓？夫为君之道无他，因天地自然之利而为民开导撙节[①]之，因人生固有之性而为民倡率裁制之，足其同欲，去其同恶，凡以安定之使无失所，而后天立君之意终矣。岂其使一人肆于民上而剥天下以自奉哉？呜呼！尧、舜其知此也夫。

【注释】①撙（zǔn）节：约束，克制。

【译文】上天教养百姓并不是为了国君，设立国君却是为了百姓，怎么能因国君而使百姓受苦呢？君主遵循的原则没有其他，只要依照天地自然的有利条件开导和约束人民，遵照人生固有的人性倡导约束人民，满足人们共同的欲望，消除人们都厌恶的东西，使民众都能安定而没有人流离失所，这样上天设立国君的目的就达到了。哪是为了让一人站在民众头上恣意妄为，剥夺天下以供他自己享乐呢？唉！尧、舜大概是知道这些道理的君主吧。

三代之法，井田、学校，万世不可废。世官[1]、封建，废之已晚矣。此难与不思者道。

【注释】①世官：古代某官职由一族世代承袭。

【译文】三代的大法，井田制和建立学校，世世代代都不可废除。官吏世代承袭和分封诸侯，废除得太晚了。这一点难以和没有打算的人讨论。

圣王同民心而出治道，此成务者之要言也。夫民心之难同久矣。欲多而见鄙，圣王识度岂能同之？噫！治道以治民也，治民而不同之，其何能从？即从，其何能久？禹之戒舜曰："罔咈百姓以从己之欲。"[1]夫舜之欲岂适己自便哉？以为民也，而曰"罔咈"。盘庚之迁殷也，再四晓譬；武王之伐纣也，三令五申。必如此而后事克有济。故曰"专欲难成，众怒难犯"[2]。我之欲未必非，彼之怒未必是，圣王求以济事，则知专之不胜众也，而不动声色以因之，明其是非以悟之，陈其利害以动之，待其心安而意顺也，然后行之。是谓以天下人成天下事，事不劳而底[3]绩。虽然，亦有先发后闻者，亦有不谋而断者，亦有拟议已成，料度已审，疾雷迅电而民不得不然者。此特[4]十一耳、百一耳，不可为典则也。

【注释】①"禹之戒舜"二句：典出《尚书·大禹谟》。据该篇当作"舜之戒禹"。咈（fú），古同"拂"，违逆，乖戾。②专欲难成，众怒难犯：典出《左传·襄公十年》："子产曰：'众怒难犯，专欲难成，合二难以安国，危之道也。'"③底：古同"抵"，达到。④特：只，仅。

【译文】朕把觉得圣明的君王和百姓的心意相同，以此来制定治理国家的政策、措施，这些是成就治国大业的根本。然而百姓的心意难与君王相同，已经很久了。百姓的欲望多但是见识浅陋，圣王的见识器度怎能和他们相同呢？噫！治国之道就是为了治理百姓，治理百姓却与他们的欲望不相同，他们怎么能服从呢？即使服从，又怎么能持久呢？禹告诫舜说："罔咈百姓以从己之欲。"舜的欲望哪是为了按自己的方便行事呢？是为了百姓啊，而禹还要告诫他"罔咈"。盘庚迁殷时，一次又一次地告知百姓；周武王讨伐殷纣，再三叮咛告诫。必须如此事情才能成就。所以说"专欲难成，众怒难犯"。我的欲望未必不对，众人发怒未必正确，圣王为了能成事，知道只考虑自己的欲望不能使众人服从，于是首先只能不流露感情地依顺着他们，然后讲明是非使他们醒悟，陈说利害来打动他们，等待他们心情和顺，情意相协，然后再推行自己的主张。这叫作通过天下人成就天下事，不用劳累事情就会成功。即使这样，也有先把事情发动起来然后再告诉百姓的，也有不和百姓商量而自己决定的，也有已拟定好了意见，预想揣度得已很详细，以行动迅速，令人防备不及的方式实行而百姓也不得不如此的。这些情况只有十分之一、百分之一罢了，不可作为典章法则。

人君有欲，前后左右之幸也。君欲一，彼欲百，致天下乱亡。则一欲者受祸，而百欲者转事他人矣。此古今之明鉴，而有天下者之所当悟也。

【译文】国君有了欲望，这对他前后左右的人来说是"幸运"的事。国君有一个欲望，身边的人却有一百个欲望，以此导致天下的混乱灭亡。结果却是有一个欲望的人遭受祸殃，而有百种欲望的人又转而去侍奉新的主人了。这是古今明显的前例，可为今日所取法，拥有天下的人应该有所领悟。

“平”之一字极有意味，所以至治之世只说个天下平。或言：“水无高下，一经流注无不得平。”曰：“此是一味平了。世间千种人、万般物、百样事，各有分量，各有差等，只各安其位而无一毫拂戾[1]不安之意，这便是太平。如君说则是等尊卑、贵贱、小大而齐之矣，不平莫大乎是。”

【注释】①拂戾：违逆，不和顺。

【译文】“平”这个字极有意境趣味，所以安定昌盛、教化大行的时世只是说天下太平。有人说：“水无论从高处还是从低处流出来的，一旦流通贯注出来没有不平的。”我说：“这是一味地平了。世间有千种人、万般物、百样事，各有分量，各有差等，只要各自安于自己的位置而没有一毫违背不安的意思，这就是太平。像您所说就是尊卑、贵贱、小大都拉齐了，不平没有比这个更大的了。”

国家之取士[1]以言也，固将曰言如是行必如是也，及他日效用，举背之矣。今闾阎[2]小民立片纸，凭一人，终其身执所书而责之不敢二。何也？我之所言，昭然在纸笔间也，人已据之矣。吁！执卷上数千言，凭满闱[3]之士大夫且播之天下，视小民片纸何如？奈之何吾资之以进身，人君资之以进人，而自处于小民之下也哉？噫！无怪也，彼固以空言求之，而终身不复责券也。

【注释】①取士：选取士人，旧时指选取读书人出来做官。②闾阎：里巷内外的门，后多借指里巷。泛指民间，借指平民。③闱：科举时代称试院。

【译文】国家选用人才是根据他的文章，原本认为他在文章中是这样说的，行动必然如此，等到以后实际行动的时候，完全和他说的相反了。现在乡间的小民百姓立下一纸文书，以一个人为凭据，一生都按照文书的内容去执行而不违背。为什么呢？我说的话，已明明白白地写在纸上了，别人已经有凭据了。唉！读书人写在考卷上有数千字，借助满朝士大夫之口已传播到天下，这和小民的一纸文书相比孰轻孰重呢？为什么我依靠它使自身官阶地位升高，国君据此选我为官，而我却处于普通小民之下呢？唉！这并不奇怪，他本来就是以不切实际的话来求官的，因而一辈子都不用求取凭据了。

漆器之谏[1]，非为舜忧也，忧天下后世极欲之君自此而开其萌也。天下之势，无必有，有必文[2]，文必靡丽，靡丽必亡。漆器之谏，慎其有也。

【注释】①漆器之谏：《韩非子·十过》："尧禅天下，虞舜受之，作为食器，斩山木而财之，削锯修其迹，流漆墨其上，输之于宫，以为食器，诸侯以为益侈，国之不服者十三。"又《旧唐书·褚遂良传》曰："太宗问遂良曰：'舜造漆器，禹雕其俎，当时谏舜、禹者十余人。食器之间，苦谏何也？'遂良对曰：'雕琢害农事，纂组伤女工。首创奢淫，危亡之渐。漆器不已，必金为之；金器不已，必玉为之。所以诤臣必谏其渐，及其满盈，无所复谏。'太宗以为然。"②文：文饰。

【译文】舜用漆器作为食器，诸侯认为奢侈就进行劝谏，这并不是替舜忧虑，而是担忧为天下后世极端奢侈贪欲的君王开了头。天下的形势，没有的东西必然会有，有了必然要以纹彩修饰，以纹彩修饰必然奢华，奢华必然会导致国家灭亡。劝谏舜不要用漆器，是让人开始时就要谨慎。

矩之不可以不直方也，是万物之所以曲直斜正也。是故矩无言而万物则之，无毫发违，直方故也。哀哉！为政之徒言也。

【译文】规则、法度不能不公正端方，它是万物用来分别曲直邪正的。所以规则法度不发一言但万物以它为准则，不会有丝毫的违背，这是公正端方的缘故。可悲啊！处理政事只是说空话。

暑之将退也先燠[①]，天之将旦也先晦。投丸于壁，疾则内射，物极则反，不极则不反也。故愚者惟乐其极，智者先惧其反。然则否不害于极，泰极其可惧乎！

【注释】①燠（yù）：热，暖。

【译文】暑天将要退去时会先有一阵大热天气，天将要亮的时候先要昏暗一段时间。弹丸投向墙壁，速度太快就会反弹回来，事物发展到极限就会向相反的方面转化，不发展到极限就不会向相反的方向转化。因此愚蠢的人乐于事物发展到极限，有智慧的人害怕向相反的方面转化。然而坏恶到极点并没有妨害，安定平和到了极点实在是可怕呀！

余每食虽无肉味，而蔬食菜羹尝足。因叹曰："嗟夫！使天下皆如此而后盗可诛也。"枵腹菜色[①]，盗亦死，不盗亦死，夫守廉而俟死，此士君子之所难也。奈何以不能士君子之行而遂诛之乎？此富民为王道之首务也。

【注释】①枵（xiāo）腹：空腹。谓饥饿。菜色：因饥饿而营养不良的脸色。

【译文】我每天吃饭虽然没有肉，但素食、蔬菜羹是充足的。因此感叹说："唉！假使能让天下的人都和我一样，那么盗贼就可以消除了。"饿着肚子，面有菜色，当强盗会死，不当强盗也会死，遵守清廉而等死，士君子也难以做到。为什么拿士君子都做不到的事情要求百姓呢？因此使百姓富足是实行王道的首要事务。

穷寇不可追也，遁辞[①]不可攻也，贫民不可威也。

【注释】①遁辞：即"遁词"，理屈辞穷时，为逃避他人诘问，于是偏离主题，闪烁其辞。

【译文】走投无路的贼寇不可过分逼迫，支吾搪塞之言不可以指责，对生活贫苦的百姓不可使用威力。

无事时埋藏着许多小人，多事时识破了许多君子。

【译文】天下没有变故的时候隐藏着许多小人，天下多事故的时候识破了许多君子。

法者，御世宰物之神器，人君本天理人情而定之，人君不得与；人臣为天下万世守之，人臣不得与。譬之执圭捧节[1]，奉持惟谨而已。非我物也，我何敢私？今也不然，人藉之以济私，请托公行；我藉之以市恩，听从如响。而辩言乱政之徒又藉曰长厚、曰慈仁、曰报德、曰崇尊。夫长厚慈仁，当施于法之所不犯；报德崇尊，当求诸己之所得为，奈何以朝廷公法徇人情、伸己私哉？此大公之贼也。

【注释】①执圭：亦作“执珪”。以手持圭。圭，帝王、诸侯举行隆重仪式时所用的玉制礼器。节：出使的信物。

【译文】法律，是治理天下、掌理万物的神器，是国君根据天理人情制定的，国君不能干预；臣下为了天下万世而执行，臣下也不能干预。譬如以手持圭和手捧出使的信节，只能谨慎地奉行而已。不是我自己的东西，我怎敢据为私有呢？现在却不是这样，有人靠它来谋求私利，以私事相托公然进行；自己借它来取悦于人，对方立即加以回应。而用花言巧语、扰乱政治的人又借口要恭谨宽厚、慈善仁爱、报答恩德、尊重推崇。恭谨宽厚、慈善仁爱，应该对没犯法的人实行；报答恩德、尊重推崇，应该是自己本身的行为，怎能用朝廷制订的法律来曲从私情、报答私恩呢？这是损害公平无私的做法。

治世之大臣不避嫌，治世之小臣无横议。

【译文】太平时代大臣不避嫌疑，小臣不会恣意议论。

姑息之祸甚于威严，此不可与长厚者道。

【译文】过于放纵造成的祸害比威严造成的祸害更严重，这一点是不能与恭谨朴实的人谈论的。

卑卑世态，袅袅人情，在下者工不以道之悦，在上者悦不以道之工。奔走揖拜之日多，而公务填委[①]；简书[②]酬酢之文盛，而民事罔闻。时光只有此时光，精神只有此精神，所专在此，则所疏在彼。朝廷设官本劳己以安民，今也扰民以相奉矣。

【注释】①填委：纷集，堆积。②简书：秦汉以前无纸，古人将文字书写于竹简上，称为“简书”。后泛指文书、信函。

【译文】卑卑世态，袅袅人情，在下位的人以不正当的手段取悦上级，居上位的人喜欢不合道理的谄媚。四处奔波钻营的时日多，致使公务积压堆积；书信往来交际应酬的文字多，对民政不予关心。时光只有这么多，一个人的精力也只有这么多，对此事专心，就会对彼事疏忽。朝廷设置官职原本是为了让官员做事而安定百姓，现在则是骚扰百姓而让百姓来奉养他们。

天下存亡系人君喜好，鹤乘轩[①]，何损于民？且足以亡国，而况大于此者乎？

【注释】①鹤乘轩：《左传·闵公二年》：“狄人伐卫，卫懿公好鹤，鹤有乘轩者。将战，国人受甲者皆曰：‘使鹤，鹤实有禄位。余焉能战？’”轩，大夫车。比喻滥用官位，滥竽充数。

【译文】国君的喜好关系着天下国家的存亡，卫懿公喜欢白鹤，让鹤乘坐轩车，对百姓有什么损害呢？但这足以招致国家的灭亡，何况比这更严重的事情呢？

动大众，齐万民，要主之以慈爱，而行之以威严，故曰“威克厥爱”[①]，又曰“一怒而安天下之民”[②]。若姑息宽缓，煦煦沾沾，便是妇人之仁，一些事济不得。

【注释】①威克厥爱：典出《尚书·胤征》：“威克厥爱，允济。”孔安国传：“能以威胜所爱，则必有成功。”意谓能以威制伏所爱则必能成功。②一怒而安天下之民：典出《孟子·梁惠王下》：“《诗》云：‘王赫斯怒，爰整其旅。以遏徂莒，以笃周祜，以对于天下。’此文王之勇也。文王一怒而安天下之民。”

【译文】发动民众，整齐万民，要以慈爱为本，但实行时却要威严，因此说“威克厥爱”，又说“一怒而安天下之民”。如果过度地宽容、舒缓，温和慈惠、自得，就是施小惠而不识大体，一点儿事也不能成事。

为政以徇私、弭谤、违道、干誉[①]为第一耻。为人上者自有应行道理，合则行，不合则去。若委曲迁就，计利虑害，不如奉身而退。孟子谓枉尺直寻[②]，不可推起来。虽枉一寸，直千尺，恐亦未可也。或曰：“处君亲之际，恐有当枉处。”曰：“当枉则不得谓之枉矣，是谓权以行经，毕竟是直道而行。”

【注释】①干誉：典出《尚书·大禹谟》："罔违道以干百姓之誉。"后以"干誉"谓求取名誉。含贬义。②"孟子谓"句：《孟子·滕文公下》："陈代曰：'不见诸侯，宜若小然；今一见之，大则以王，小则以霸。且志曰"枉尺而直寻"，宜若可为也。'孟子曰：'昔齐景公田，招虞人以旌，不至，将杀之。志士不忘在沟壑，勇士不忘丧其元。孔子奚取焉？取非其招不往也。如不待其招而往，何哉？且夫枉尺而直寻者，以利言也。如以利，则枉寻直尺而利，亦可为与？'"朱熹注："枉，屈也。直，伸也。八尺曰寻。枉尺直寻，犹屈己一见诸侯，而可以致王霸，所屈者小，所伸者大也。"又说："此以下，正其所称枉尺直寻之非。夫所谓枉小而所伸者大则为之者，计其利耳。一有计利之心，则虽枉多伸少而有利，亦将为之邪？甚言其不可也。"

【译文】处理政事，以徇私舞弊、止息诽谤、违背正义、钓取名誉为第一等耻辱的事。居于上位的人自有应推行的道理，合乎道理就推行，不合乎道理就离开。如果屈身折节、曲意将就，计算利害，还不如保持自身高洁而辞官归田。孟子认为不能把屈一尺伸八尺作为原则推行开来。即使是一寸弯曲，而有千尺之伸，恐怕也不能做。有人说："处理君王和父母的事，恐怕有应当迁就的地方。"我说："如果应当迁就，就不能称作迁就了，这叫作通过权变的办法来执行常理，终究还是按直道走的。"

与其杀不辜，宁失不经"[①]，此舜时狱也。以舜之圣，皋陶之明，听比屋可封[②]之民，当淳朴未散之世，宜无不得其情者，何疑而有不经之失哉？则知五听之法[③]不足以尽民，而疑狱难决自古有之，故圣人宁不明也而不忍不仁。今之决狱辄耻不明而以臆度之见、偏主之失杀人，大可恨也。夫天道好生，鬼神有知，奈何为此？故宁错生了人，休错杀了人。错生则生者尚有悔过之时，错杀则我亦有杀人之罪。司刑[④]者慎之。

【注释】①"与其"二句：典出《尚书·大禹谟》："皋陶曰：'帝德罔愆，临下以简，御众以宽。罚弗及嗣，赏延于世。宥过无大，刑故无小。罪疑惟轻，功疑惟重。与其杀不辜，宁失不经。'"与其诛杀无辜的人，宁愿犯不合常规的错误。不经，不合常规。②比屋可封：典出《尚书·大传》："周人可比屋而封。"形容教化成就大，家家都有很高的德行，人人可以旌表。③五听之法：《周礼·秋官·小司寇》："以五声听狱讼，求民情：一曰辞听，二曰色听，三曰气听，四曰耳听，五曰目听。"④司刑：《周礼》秋官之属。掌五刑之法。见《周礼·秋官·司刑》。后泛指主管法律刑罚的官。

【译文】"与其杀不辜，宁失不经"，这就是舜时审理案件的原则。以舜的圣德，皋陶的明察，听理家家都有德行，人人可以表彰的民众，处于敦厚质朴没有消散的世道，应该没有蒙冤受屈的人，怎么还会怀疑有不合常规的事呢？由此可知，通过耳、目、语言、容色、口气这五方面来判断案情还是不够的，难以判决的疑案自古以来就存在，因此圣人宁愿存疑也不愿冤枉好人。现在判决狱讼担心别人说不能明察，就以主观猜测的看法、偏离事实的错误来杀人，实在是太可恨了。天理是爱惜生命不嗜杀的，鬼神也是有知的，为什么要这样做呢？因此宁可错判留下该杀者的生命，也不要错误地杀害无辜。错判使有罪者活下来，他尚且有悔改过失的时候；如果错杀了，那么自己也犯了杀人之罪。掌管刑狱的官员一定要慎重。

大纛高牙[①]，鸣金奏管，飞旌卷盖，清道唱驺[②]，舆中之人志骄意得矣。苍生之疾苦几何？职业之修废几何？使无愧于心焉，即匹马单车，如听钧天之乐[3]，不然是益厚吾过也。妇人孺子岂不惊炫，恐有道者笑之。故君子之车服仪从足以辨等威而已，所汲汲者固自有在也。

【注释】①大纛（dào）高牙：高位者的仪杖旗帜。形容声势显赫。也作“高牙大纛”。大纛，古代军队中的大旗。高牙，大将的牙旗。②唱驺（zōu）：旧时显贵出行，随从的骑卒在前面吆喝开道，令行人回避。驺，开道引马的骑卒。③钧天之乐：神话中天上的音乐。钧天，天之中央，上帝所居。

【译文】居高位者出行时，仪仗队高举大旗，敲锣吹奏乐器，旗帜飞扬，随从们在前面吆喝开道，坐在车辇中的人欲望满足踌躇得意。百姓生活上的困苦有多少？分内的废业兴复了多少？假使心中无愧，即使是单独一辆车，一匹马出巡，也像听天上的音乐一样快乐，不然只会增加自己的过错。妇女小孩遇到出巡的官怎能不惊叹炫惑，但这些耀武扬威的做法只会引起有道德的人的耻笑。因此君子的车舆服饰、仪仗随从只要能表示自己相应身份的威仪就可以了，应当努力追求的事情自然是有的。

徇情而不废法，执法而不病情，居官之妙悟也。圣人未尝不履正奉公，至其接人处事大段圆融浑厚，是以法纪不失而人亦不怨。何者？无躁急之心而不狃一切之术也。

【译文】曲从私情而不废弃律法，执行法律而不违背人情，这是做官要敏慧善悟的道理。圣人未尝不躬行正道、奉行公事，到了接人处事的时候主要的还是圆满融通、纯朴老实，因此不会触犯法纪，人们也不会有怨恨。为什么呢?因为圣人不会性情急躁而且又不拘泥于一概而论的道理。

“宽”“简”二字,为政之大体。不宽则威令严,不简则科条密。以至严之法绳至密之事,是谓烦苛暴虐之政也,困己扰民,明王戒之。

【译文】“宽”“简”这两个字,是处理政务的大原则。不宽那么威严的法令就会使人更加畏惧,不简那么众多的条目就会使人更觉繁细。用过于严密的法令来制裁极端繁细的事情,这就叫作繁杂苛细、凶恶残酷的政治,困扰自己、骚扰百姓,圣明的君王应该警惕。

世上没个好做底官,虽抱关之吏,也须夜行早起,方为称职。才说做官好,便不是做好官底人。

【译文】世上没有好做的官,即使是看守城门的小吏,也须要夜行早起,才能叫称职。只要说做官好,便不是做好官的人。

罪不当笞,一朴便不是;罪不当怒,一叱便不是。为人上者慎之。

【译文】罪行不应遭受鞭打的刑罚,一打就是不对;过错不应当受到怒斥,一斥责就是不对。处于上位的人一定要精谨慎。

君子之事君也，道则直身而行，礼则鞠躬而尽，诚则开心而献，祸福荣辱则顺命而受。

【译文】君子事奉国君，遵循原则要直道立身而行，遵守礼节要鞠躬而尽，真诚地敞开胸怀说明自己的意见，至于祸福荣辱则顺从天命。

弊端最不可开，弊风最不可成。禁弊端于未开之先易，挽弊风于既成之后难。识弊端而绝之，非知者不能；疾弊风而挽之，非勇者不能。圣王在上，诛开弊端者以徇天下，则弊风自革矣。

【译文】弊端最不可开，弊风最不可成。在弊端还没有开始的时候比较容易，在弊风已经形成之后就困难了。能看清弊端进而杜绝它，不是有智慧的人不能做到；痛恨弊风而想挽回它，不是有勇气的人不能做到。圣明的君王当政，诛杀首开弊端的人向天下人宣示，那么弊风自然就会革除了。

避其来锐，击其惰归①，此之谓大智。大智者不敢常在我。击其来锐，避其惰归，此之谓神武。神武者心服常在人。大智者可以常战，神武者无俟再战。

【注释】①“避其”二句：《孙子兵法·军争篇》：“故善用兵者，避其锐气，击其惰归，此治气者也。”

【译文】避开敌人士气旺盛向前进攻的时候，袭击疲惫后退的敌人，这叫作大智。这种大智的人常怀不敢之情。奋力攻击敌人士气旺盛向前进攻的时候，避开敌人疲惫后退的时候，这叫作神武。这种神武的用兵方法，常会使人心服。采用大智战法的人可以不断地战斗，采用神武战法的人不需要再战了。

御众之道，赏罚其小者，赏罚小，则大者劝惩。甚者，赏罚甚者，费省而人不惊。明者，人所共知。公者，不以己私。如是，虽百万人可为一将用，不然必劳、必费，必不行，徒多赏罚耳。

【译文】统治众人的方法，奖励小的功劳，处罚小的过失，那样人们就会勇立大功，力戒大过。突出的，要奖励特别突出，惩罚特别恶劣的，这样做，不管奖赏多高，惩罚多重，人们也不会惊骇。赏罚明令宣示，人们普遍都知道。赏罚出自公心，不以个人私欲为标准。像这样，即使是百万之众一个大将就可统率，不然必定会劳心费力，事情还不能成功，只会徒增赏罚的手段罢了。

为政要使百姓大家相安，其大利害当兴革者不过什一，外此只宜行所无事，不可有意立名建功以求烜赫[①]之誉。故君子之建白，以无智名勇功为第一。至于雷厉风行，未尝不用，譬之天道然，以冲和镇静为常，疾风迅雷间用之而已。

【注释】①烜（xuǎn）赫：声威盛大。

【译文】处理政事要使百姓都相安无事，对百姓有大利大害应当兴造改革，除旧布新的事情，只不过占十分之一，除此以外，只适宜按照常规行事，不可有意识地树立名声、建立功勋来博取显赫的荣誉。因此君子在有所建树的时候，以不显露自己有智谋的名声、勇敢作战立下的功劳为第一。至于果断有力、迅速的办法，也不是不用，只是像天道那样，以淡泊平和、镇静为常，至于猛烈迅速，只是偶尔使用而已。

罚人不尽数其罪，则有余惧；赏人不尽数其功，则有余望。

【译文】惩罚人的时候不要完全罗列出他的罪名，这样他心中还会怀有恐惧；奖赏人的时候不要完全列举出他的功劳，这样他还会怀有再次获得奖赏的希望。

匹夫有不可夺之志，虽天子亦无可奈何。天子但能令人死，有视死如饴者，而天子之权穷矣。然而竟令之死，是天子自取过也。不若容而遂之，以成盛德。是以圣人体群情，不敢夺人之志，以伤天下之心，以成己之恶。

【译文】平常人如果怀有不可改变的志向，即使是天子也没有办法。天子只是可以把人处死，如果有人把赴死当作享用糖浆而不害怕，那么天子的权力也就没有什么用了。如果最终把这人处死，这是天子自己招致过错。不如宽容他，让他实现自己的志向，以成就崇高的品德。因此圣人能体察众人的感情，不敢剥夺别人的志向，以伤害天下人之心，造成自己的错误。

临民要庄谨，即近习①门吏起居常侍之间，不可示之以可慢。

【注释】①近习：也作“近幸”。指帝王所亲幸的人。

【译文】治理百姓态度要庄重谨慎，即使是宠爱亲信的人、门下办事的人或经常在身边服侍的人。也不能表现出让他们可以怠慢的地方。

圣王之道以简为先，其繁者，其简之所不能者也。故惟简可以清心，惟简可以率人，惟简可以省人己之过，惟简可以培寿命之原，惟简可以养天下之财，惟简可以不耗天地之气。

【译文】德才超群的帝王治国的原则以简便为前提，做繁琐的事，只是因为不能简便，不得已而这么做。因此只有简便才可以清心，只有简便才可以率领他人，只有简便才可以减少自己和别人的过错，只有简便才可以延长寿命，只有简便才可以增长和积蓄天下的财富，只有简便才消耗消耗天地之气。

圣人不以天下易一人之命，后世乃以天下之命易一身之尊，悲夫！吾不知得天下将以何为也。

【译文】圣人不用天下来换取一个人的生命，后世的君王用天下人的性命换取一个人的尊贵，真可悲啊！我不知他得到天下到底是为了什么。

圣君贤相在位，不必将在朝小人一网尽去之，只去元恶大奸，每种芟其甚者一二，示吾意向之所在。彼群小众邪与中人之可善可恶者莫不回心向道，以逃吾之所去。旧恶掩覆不暇，新善积累不及，而何敢怙终[①]以自溺耶？故举皋陶，不仁者远；去四凶，不仁者亦远。

【注释】①怙（hù）终：恃奸而终不改悔。

【译文】圣明的君王、贤明的宰相掌理朝政，不必将朝廷中的小人一网打尽，只需要除掉罪大恶极的罪魁祸首，除掉各种奸人中最可恨的一二人即可，以表示圣明君主的意向所在。这样，那些小人、邪人以及中等人中可善可恶的人没有不改变心意、趋向良善，以逃避被驱逐的命运。这时他们掩盖旧的恶行，努力积累新的善事都来不及，哪里还敢倚仗奸邪而始终不改悔呢？因此任用了皋陶，不讲仁德的人就离开了；流放了四凶，不讲仁德的人也会远离。

有一种人，以姑息匪人[①]市宽厚名；有一种人，以毛举细故市精明名，皆偏也。圣人之宽厚不使人有所恃，圣人之精明不使人无所容，敦大中自有分晓。

【注释】①匪人：也称为“匪徒”“匪类”，即“非人”。这里指不能胜任其责或行为不正的人。

【译文】有一种人，以过度宽容不该宽容的人来博取待人宽大厚道的名声；有一种人，以一一列举细微琐碎的小事来换取精细的名声，这都是偏而不正的。圣人的宽大厚道，不会让人依仗着去做不该做的事；圣人的精细，不会使人感到不知如何是好，圣人在敦厚宽大中，透露着精明的智慧。

申、韩亦王道之一体，圣人何尝废刑名不综核？四凶之诛，舜之申、韩也；少正卯之诛[①]，侏儒之斩[②]，三都之堕[③]，孔子之申、韩也；

即雷霆霜雪，天亦何尝不申、韩哉？故慈父有梃诟，爱肉有针石。

【注释】①“少正卯”句：《史记·孔子世家》：“定公十四年，孔子年五十六。由大司寇行摄相事……于是诛鲁大夫乱政者少正卯。”②侏儒之斩：事亦见《史记·孔子世家》。鲁定公十年，齐景公、鲁定公会于夹谷，景公以宫中之乐，“优倡侏儒为戏”，“孔子曰：‘匹夫而营惑诸侯者罪当诛，请命有司。’有司加法焉，手足异处”。③三都之堕（huī）：《史记·孔子世家》载：“定公十三年夏，孔子言于定公曰：‘臣无藏甲，大夫毋百雉之城。’使仲由为季氏宰，将堕三都。”服虔曰：“三都，三家之邑也。”即季孙氏之费、叔孙氏之郈、孟孙氏之成。堕，同“隳”，毁坏。

【译文】申不害和韩非的学说也是以仁义治天下的一个方面，圣人何尝废除刑名之学而不聚总考核呢？诛灭四凶，就是舜的申、韩之术；诛杀少正卯，斩杀侏儒，毁灭三都，就是孔子的申、韩之术；即使是雷霆霜雪，又何尝不是上天的申、韩之术呢？慈父也会有棒打责骂儿女的时候，爱护身体也有用针石治病的方法。

三千三百[①]，圣人非靡文是尚，而劳苦是甘也，人心无所存属，则恶念潜伏；人身有所便安，则恶行滋长。礼之繁文，使人心有所用而不得他适也，使人观文得情而习于善也，使人劳其筋骨手足而不偷慢以养其淫也，使彼此相亲相敬而不伤好以起争也，是范身联世制欲已乱之大防也。故旷达者乐于简便，一决而溃之则大乱起。后世之所谓礼者则异是矣，先王情文废无一在，而乃习容止，多揖拜，姱[②]颜色，柔声气，工颂谀，艳交游。密附耳蹑足之语，极笾豆筐篚之费，工书刺候问之文[③]，君子所以深疾之，欲一洗而入于崇真尚简之归，是救俗之大要也。虽然，不讲求先王之礼而一入于放达，乐有简便，久而不流于西晋者几希[④]。

【注释】①三千三百：《中庸·第二十七章》："大哉圣人之道！洋洋乎！发育万物，峻极于天。优优大哉！礼仪三百，威仪三千，待其人而后行。"孔颖达疏："礼仪三百，《周礼》有三百六十官，言三百者，举其成数耳。威仪三千者，即《仪礼》行事之威仪，《仪礼》虽十七篇，其中事有三千。"②姱（kuā）：美丽，美好。③笾（biān）豆筐篚（fěi）：笾豆，古代祭祀及宴会时常用的两种礼器。竹制为笾，木制为豆。筐篚，盛物竹器。方曰筐，圆曰篚。刺：名片。④"久而"句：指会出现魏晋时轻礼法而求放达的局面。

【译文】礼仪三百，威仪三千，圣人并不是崇尚这些繁多复杂的条文，也不是想让人们劳累辛苦，而是因为人的思想没有地方依托，那么恶念就潜藏隐伏；人的身体有便利安适的地方，那么恶行就会滋长。礼仪繁多的条文，使人心归于礼而不会想其他的事情，使人看到礼的条文就想到应具有的感情，努力学习向善；使人手足筋骨劳累而不偷懒怠慢，不会养成放纵的毛病；使人们彼此相亲相敬而不伤和气以致引起争斗，这是约束个人、社会共同抑制不合理的欲望以及防止混乱的原则性界限。因此心胸豁达的人乐于简便，但界限一旦破坏，大骚乱就会发生。后世所谓的礼和上述的就不一样了，把先王礼的内容与形式全都荒废在一边，只是学习那些形容举止，增加作揖下拜的形式，修饰美丽的外表，装出轻柔的声气，精通颂扬奉承的技巧，让人十分羡慕朋友间的往来。踩脚、贴近耳朵说些悄悄密话，花费大量的财物用于祭祀和送礼，精通书信一类问候的文字。因此君子非常厌恶这一套，想革除这些而回归崇尚真情又注重简便实用中去，这是挽救习俗的重要关键。即使如此，如果不讲求先王的礼制而流入豪放豁达，乐于简便，时间长了少有不向西晋时名士不拘于礼法的情况转变。

在上者无过，在下者多过。非在上者之无过，有过而人莫敢言。在下者非多过，诬之而人莫敢辩。夫惟使人无心言，然后为上者真无过；使人心服，而后为下者真多过也。

【译文】上位者好像没有什么错误，下位者好像有许多错误。并不是上位者真的没有错误，而是他们有了过错别人也不敢说出来。也并不是说下位者就真的有很多错误，而是因为他们即使遭到诬蔑也不敢辩解。只有使人没有隐藏在心中不敢说的话，对上位者提不出意见，然后说明上位者真的没有过错；只有使人心服，指出下位者的过错，他们不再辩白，就说明下位者真有过错。

为政者贵因时。事在当因，不为后人开无故之端；事在当革，不为后人长不救之祸。

【译文】执掌国政的人贵在懂得沿袭和掌握时机。有的事应当沿袭不变的，可以不变，不要为后人开没有原因的起头；有的事应当革除的，一定要革除，不要为后人生出不可挽救的祸患。

夫治水者，通之乃所以穷之，塞之乃所以决之也。民情亦然。故先王引民情于正，不裁于法。法与情不俱行，一存则一亡。三代之得天下，得民情也；其守天下也，调民情也。顺之而使不拂，节之而使不过，是谓之调。

【译文】治理水患，疏通堵塞的水流才可以免除水灾，堵塞的办法只会造成提防崩溃洪水为患。百姓的心向也是这样。因此先王把百姓的心向引向纯正，不用法来裁治。法和情不能同时并行，一方面存在，另一方面就会灭亡。夏商周三代的君王能够得到天下，是顺应百姓心向的缘故；夏商周三代能守住天下，是能调节百姓心向的缘故。顺应而不拂逆，节制而不使其过分，这就叫作调节。

治道之衰，起于文法[①]之盛；弊蠹之滋，始于簿书之繁。彼所谓文法簿书者，不但经生黔首[②]懵不见闻，即有司专职，亦未尝检阅校勘。何者？千宗百架，鼠蠹雨浥[③]，或一事反复异同，或一时互有可否。后欲遵守，何所适从？只为积年老猾谋利市权之资耳，其实于事体无裨，弊蠹无损也。呜呼！百家之言不火而道终不明，后世之文法不省而世终不治。

【注释】①文法：各种法令条文。②经生：泛指研治经学的书生。黔首：指平民、百姓。③蠹（dù）：蛀蚀。浥（yì）：浸渍。

【译文】治国政策的衰败，源于法令条文太多；弊病的滋生，始于文书簿册太繁。那些所谓的法令条文、簿籍文书，不但研治经书的儒生和普通百姓懵懂不曾看见听说，即使专门担任职务的官吏也未尝去翻检阅读、核对比较。为什么呢？千万个卷宗、几百架文书，鼠虫啃咬、雨水浸淋，翻动查看不便；或者对一件事的结反反复复，看法不同；或者在同一时间，有人认为正确，有人就予以否定。后来想遵守的人，到底按照哪种意见去执行呢？最终只能成为多年居于此位的老奸巨猾之徒谋取私利、弄权的工具而已，实际上对政事没有益处，弊病也不能消除。唉！百家的学说如果不焚毁的话，治国政策最终也不会昌明；后世如果不减省法令条文，那么世道最终也不会得到治理。

六合都是情世界，惟朝堂官府为法世界，若也只徇情，世间更无处觅公道。

【译文】天地四方都是情的世界，只有朝堂官府是法的世界，如果朝堂官府也曲从私情、废弃律法，那么世间就没有地方能找到公道了。

进贤举才而自以为恩，此斯世之大惑也。退不肖之怨，谁其当之？失贤之罪，谁其当之？奉君之命，尽己之职，而公法废于私恩，举世迷焉，亦可悲矣！

【译文】举荐贤才而自以为对被举荐者有恩，这是当今世界很大的疑惑。如果以荐贤为有恩的话，那么罢免了不贤的人，谁来承当不贤者的怨恨呢？遗漏了贤人，谁来担当失贤的罪责呢？臣下接受了国君的命令，就应当尽力负起自己的职责，但让国家的法令废于私人的恩惠，对于此事举世都陷于迷惑之中，这种情况也太可悲了！

进言有四难：审人、审己、审事、审时。一有未审，事必不济。

【译文】向人提出意见有四难：审人难、审己难、审事难、审时难。四种情况有一种没有仔细思考，事情就必然不会成功。

法不欲骤变，骤变虽美，骇人耳目，议论之媒也。法不欲硬变，硬变虽美，拂人心志，矫抗之藉也。故变法欲详审，欲有渐，欲不动声色，欲同民心而与之反复其议论。欲心迹如青天白日，欲独任躬行，不令左右藉其名以行胸臆。欲明且确，不可含糊，使人得持两可以为重轻。欲着实举行，期有成效，无虚文搪塞，反贻实害。必如是而后法可变也。不然，宁仍旧贯而损益修举之。无喜事，喜事人上者之僇①也。

【注释】①僇（lù）：羞辱。

【译文】法令不能骤然改变，骤然改变虽然很好，但使人充满惊骇恐慌，就会成为人们议论的媒介。法令不能硬性改变，硬性改变虽然很好，但和人们的心意相违背，就会成为人们与众违异的借口。所以变法要经过详细审察，要渐渐改变，要不动声色地改变，要和百姓心意相通反复地商量议论。要心迹如青天白日一样没有夹杂私念，要能独自承担、亲身实行，不让身边的人假借自己的名义随心所欲地去做。要明白确定，不能言语不清，使人觉得两种可能都行，可以随意改变。要想切实实行，希望有成效，不能以不切实用的仪节敷衍了事，反而留下实害。必须这样，然后才可以变法。否则，宁愿依照旧法而稍加增损修改推行。不要喜欢多事，喜欢多事是居上位者的羞辱。

新法非十有益于前，百无虑于后，不可立也。旧法非于事万无益，于理大有害，不可更也。要在文者实之，偏者救之，敝者补之，流者反之，怠废者申明而振作之。此治体调停之中策，百世可循者也。

【译文】新法，如果不是比以前有十倍的好处，又百无一虑于以后，就不可以设立。旧法，如果不是对事情丝毫没有益处，对事理大有妨害，就不必要变更。主要是要充实原来文饰过多的地方，救正偏颇的地方，补正有弊病的地方，实行流于形式的方面，申明、振作懈怠荒废的方面。这是治国纲领、居间调解的中策，百代都可以遵循。

用三代以前见识而不迂，就三代以后家数而不俗，可以当国矣。

【译文】运用三代以前的见识而不迂阔，遵循三代以后的礼数而不庸俗，就可以主持国事。

善处世者，要得人自然之情。得人自然之情，则何所不得？失人自然之情，则何所不失？不惟帝王为然，虽二人同行，亦离此道不得。

【译文】善于应付世情的人，要了解和尊重人的自然之情。了解了人的自然之情，什么事情办不到呢？不了解人的自然之情，什么事情能办好呢？不只帝王是这样，即使两个人结伴而行，也不能离开这个道理。

夫坐法堂，厉声色，侍列武卒，错陈严刑，可生可杀，惟吾所欲为而莫之禁，非不泰然得志也。俄而有狂士直言正色，诋过攻失，不畏尊严，则王公贵人为之夺气。于斯时也，威非不足使之死也，理屈而威以劫之，则能使之死而不能使之服矣。大盗昏夜持利刃而加人之颈，人焉得而不畏哉？伸无理之威以服人，盗之类也，在上者之所耻也。彼以理伸，我以威伸，则彼之所伸者盖多矣。故为上者之用威，所以行理也，非以行势也。

【译文】坐在公堂上，说话时声音和脸色都很严肃，衙役围绕排列，刑具错杂陈列，可生可杀，随心所欲，任意而为而没人敢于禁止，不能不说是安然达到自己志愿的事。突然间有一个狂放不羁的人，言语正直，仪容严肃，谴责过错，攻击过失，不怕冒犯你的尊严，则王公贵人也会慑于声威而丧失勇气。在这时，用威权不是不能将他处死，但是不合道理却以威权来处置他，即使把他处死也不能使他心服。强盗黑夜拿着利刃架在别人的脖子上，人们能够不害怕吗？依仗不合道理的威势使人屈服，这是强盗一类的行为，上位者应该感到耻辱。对方申诉道理，我只施展威风，那他所依持的东西就有利得多了。因此上位者使用威势，是用来推行道理的，并不是为了显示权势。

"礼"之一字，全是个虚文，而国之治乱、家之存亡、人之死生、事之成败，罔不由之。故君子重礼，非谓其能厚生利用人，而厚生利用者之所必赖也。

【译文】"礼"这个字，本是个没有意义的仪节，但国家的治乱、家庭的存亡、人的死生、事情的成败，都和它有关。因此君子看重礼，并不是说它能直接使人民生活丰足、有利于百姓之用，但它却是达到这种境况必须依赖的东西。

兵革之用，德化之衰也。自古圣人亦甚盛德，即不过化存神，亦能久道成乎，使彼此相安于无事。岂有四夷不可讲信修睦作邻国耶？何至高城深池以为卫，坚甲利兵以崇诛？侈万乘之师，靡数百万之财以困民，涂百万生灵之肝脑以角力，圣人之智术而止于是耶？将至愚极拙者谋之，其计岂出此下哉！若曰无可奈何不得不尔，无为贵圣人矣。将干羽苗格、因垒崇降[①]，尽虚语矣乎？夫无德化可恃，无恩信可结，而曰去兵，则外夷交侵，内寇啸聚，何以应敌？不知所以使之不侵不聚者，亦有道否也？古称“四夷来王”[②]，八蛮[③]通道，越裳重译[④]，日月霜露之所照坠者莫不尊亲，断非虚语。苟于此而岁岁求之，日日讲之，必有良法，何至困天下之半而为此无可奈何之策哉！

【注释】①干羽苗格：《尚书·大禹谟》：“舞干羽于两阶，七旬有苗格。”干羽，干盾、羽扇，都是舞具。苗格，指三苗来归附。格，至。因垒崇降：《左传》僖公十九年：“宋人围曹，讨不服也。子鱼言于宋公曰：‘文王闻崇德乱而伐之，军三旬而不降。退修教而复伐之，因垒而降。’”杜预注：“崇，崇侯虎（纣之臣）。……垒，军垒。”②四夷来王：《尚书·大禹谟》：“无怠无荒，四夷来王。”四夷，指东夷、西戎、南蛮、北狄。孔安国传：“言天子常戒慎，无怠惰荒废，则四夷归往之。”③八蛮：指居西南部的少数民族。《周礼·夏官·职方氏》：“四夷、八蛮、七闽、九貉。”④越裳重译：《后汉书·南蛮西南夷列传》：“交阯之南有越裳国。周公居摄六年，制礼作乐，天下和平，越裳以三象重译而献白雉。”越裳，古南海国名。重译，翻译。

【译文】依靠战争解决问题，说明道德教化已经衰微了。自古以来的圣人，都是有崇高品德的，即使不是所经之处人人都被感化，也会因长期倡导德治，人们都心悦诚服，使彼此都能相安无事。哪有不能和四方少数民族讲究信用，睦邻修好做个友好邻邦的呢？何至于用坚固的防御来保卫，以精锐兵力来厮杀呢？调用万辆兵车的军队，耗费数百万的财物，使百姓穷困不堪，牺牲百万生灵的生命，圣人的智慧谋略难道就只是这样吗？即使和极为愚蠢粗鄙的人谋划，想出的计策难道会比这个更坏吗！如果说是因为没有办法，不得不这样做，那圣人就没什么可贵了。虞舜、夏禹时代，在庙堂上手执干盾、羽扇而舞蹈，三苗就来归服；周文王时，通过修养德行，只建筑了营周围的防御工事，崇侯虎就归降了，这些难道都是虚妄的话吗？如果不依靠道德教化，不靠恩德信义和人交接，而空谈去兵，那么外族迭相侵犯、国内变乱贼寇以呼啸声聚众集合，用什么人去抵抗敌人呢？不知有没有什么办法使外族不侵犯，国内盗贼不聚集呢？古代记载“四夷来王”，八蛮也来交往，越裳国也派来了翻译，日月所照之处、霜露所降之地，都互相尊重亲近，这绝对不是假话，都是由于修养德行所至。如果根据这个道理，岁岁探讨，日日讲求，那么必定会找到好的办法，何至于使天下一半的人力和财富受困于战争之中，而行此没有办法的策略呢！

事无定分则人人各诿其劳而万事废，物无定分则人人各满其欲而万物争。分也者，物各付物，息人奸懒贪得之心，而使事得其理、人得其情者也。分定，虽万人不须交一言。此修齐治平之要务，二帝三王之所不能外也。

【译文】事情没有确定的职责，就会人人推诿他该干的事情而使万事废怠；财物没有按一定的标准归属，就会人人都想满足自己的私欲而进行争夺。分，就是本该属于谁的东西就交给谁，平息人们奸懒贪得的欲望，从而使事情得到治理，人情得到满足。把职责、标准确定下来，即使处理万人之事也不需要说一句话。这是修身、齐家、治国、平天下重要的事务，古代的二帝三王也不能例外。

骄惯之极，父不能制子，君不能制臣，夫不能制妻，身不能自制。视死如饴，何威之能加？视恩为玩，何惠之能益？不祸不止。故君子情盛不敢废纪纲，兢兢然使所爱者知恩而不敢肆，所以生之也，所以全之也。

【译文】放纵专横到了极点，父亲管不住儿子，君王管不住大臣，丈夫管不住妻子，自身也不能自我克制。如果放纵专横到连死都不怕的地步，还有什么样的威势能管束他呢？如果把别人给予的恩惠视如儿戏，什么样的恩惠还能对他起作用呢？放纵专横的行为不遭遇灾祸就不会停止。因此君子对于感情至深的人也不敢废除法度，而是小心谨慎，使所爱的人知道受人家的恩惠而不敢放肆，这是让他很好地生存成长和保全的原因。

物理人情，自然而已。圣人得其自然者以观天下，而天下之人不能逃圣人之洞察；握其自然者以运天下，而天下之人不觉为圣人所斡旋。即其轨物所绳近于矫拂，然拂其人欲自然之私，而顺其天理自然之公。故虽有倔强锢蔽之人，莫不憬悟而驯服，则圣人触其自然之机而鼓其自然之情也。

【译文】事物的道理，人之常情，都是自然而然的。圣人能了解和得到这种自然的人情物理，并以此来观察天下的人，天下人都不能逃脱圣人透彻的观察；圣人掌握了这种自然的人情物理来治理天下，天下的人不知不觉就会按圣人的要求行动。即使圣人规范事物的准则近于矫情拂逆，但只是拂逆人的本能欲望方面自然的私情，而顺应天理方面自然的公理。因此，即使是那些倔强禁锢蔽塞的人，都觉悟而驯服，这是因为圣人触动了他们自然的枢纽，而鼓舞了他们自然的人情。

监司视小民蔼然，待左右肃然，待寮宷[①]温然，待属官侃然[②]，庶几乎得体矣。

【注释】①寮（liáo）宷（cǎi）：亦作“寮采”。官舍，引申为官员的代称。指僚属或同僚。②侃然：亦作“偘然”。和乐旷达貌。

【译文】负有监察之责的官吏，对小民百姓和蔼可亲，对待身边的人严肃谨慎而又符合礼法，对同僚温润和气，对属下的官吏和乐旷达，做到这些，差不多就可以言行举止恰如其分了。

自委质后，此身原不属我。朝廷名分，为朝廷守之，一毫贬损不得，非抗也；一毫高亢不得，非卑也。朝廷法纪为朝廷执之，一毫徇人不得，非固也；一毫任己不得，非葸[①]也。

【注释】①葸（xǐ）：害怕，畏惧。

【译文】自当了朝廷命官以后，这具躯体就不属于自己了。朝廷的官职、差事，要为朝廷守护，丝毫不能贬低损毁，这不是高傲；丝毫也不能高傲不屈，这不是自卑。朝廷的法律纲纪要为朝廷执掌，一毫也不能曲从他人，这不是固执；一毫也不能任凭自己的心意去做，这不是怯懦。

未到手时，嫌于出位[1]而不敢学；既到手时，迫于应酬而不及学。一世业官苟且，只于虚套搪塞，竟不嚼真味，竟不见成功。虽位至三公，点检真足愧汗。学者思之。

【注释】①嫌：避嫌。出位：越位，超越本分。

【译文】官职未到手时，怕有越出本分的嫌疑而不敢学习为政之道；官位已经到手以后，又忙于应酬而来不及学习。一世做官，只是得过且过，马虎草率，只用空洞的俗套来敷衍了事，竟不咀嚼真味，不见成功。这样的人即使位至三公，反省检查，也觉极为羞愧。学者应当反思这个问题。

今天下一切人、一切事，都是苟且做，寻不着真正题目。便认了题目，尝不着真正滋味，欲望三代之治甚难。

【译文】现在天下所有的人、所有的事，都是得过且过、马马虎虎地去做，找不到真正的主题意旨。即使找到了主题意旨，尝不到真正的滋味，强烈的向往达到三代时安定的政治局面是非常难的。

凡居官，为前人者，无干誉矫情，立一切不可常之法以难后人；为后人者，无矜能露迹，为一朝即改革之政以苦前人。此不惟不近人情，政体自不宜尔。若恶政弊规，不妨改图，只是浑厚便好。

【译文】大凡为官的人，作为前任，不要为了钓取名誉掩饰真情，设立暂时适宜但不可常行的法令使后人难以遵循；作为后任，也不要为了夸耀自己的才能表露自己的业绩，建立实行一个早晨就必须改革的制度来使前人难堪。这样不仅不符合人之常情，国家施政的要领也不适合这样做。如果是恶政弊规，不妨改变计划，只是要朴实雄厚便好。

将古人心信今人，真是信不过；若以古人至诚之道感今人，今人未必在豚鱼①下也。

【注释】①豚鱼：典出《易经·中孚》："中孚，豚鱼吉。"《象》曰："'豚鱼吉'，信及豚鱼也。"

【译文】用古人至诚的心来相信今人，实在是信不过；如果以古人至诚的道理来感化今人，今人未必在豚鱼之下。

泰极必有受其否者，否极必有受其泰者。故水一壅必决，水一决必涸。世道纵极，必有操切者出，出则不分贤愚，一番人受其敝。严极必有长厚者出，出则不分贤愚，一番人受其福。此非独人事，气数固然也。故智者乘时因势，不以否为忧，而以泰为惧。审势相时，不决裂于一惩之后，而骤更以一切之法。昔有猎者入山，见驺虞①以为虎也，杀之，寻复悔。明日见虎以为驺虞也，舍之，又复悔。主时势者之过于所惩也，亦若是夫。

【注释】①驺虞：古代神话传说中的仁兽。传说为“虎躯猊首，白毛黑纹尾巴很长的动物”。据说生性仁慈，连青草也不忍心践踏，不是自然死亡的生物不吃。

【译文】安定平和到了极点，必然会有闭塞不通的地方；闭塞不通到了极点，必然会有安定平和的时候。因此水一旦壅塞必然会溃决，水一旦溃决必然干涸。世道放纵到了极点，必然会有做事过于急躁勇猛的人出现，这种人一旦出现，其他人不论贤人、笨人，都会受到伤害。严厉到了极点，必然会有恭谨宽厚的人出现，这种人一旦出现，其他人不论贤人、笨人，都会接受降福。这不只是人世间的事使其如此，也是盛衰兴亡本该就如此。因此有智慧的人能够借着机会、趁着时势，不担忧闭塞不通，而畏惧安定平和。审察形势，观察时机，不能在惩戒之后又彻底决裂，骤然更改一切法令。从前有个猎人进山打猎，看到驺虞还以为是老虎，就把它杀了，不久就又后悔了。第二天看见老虎又以为是驺虞，而没有捕杀，又很后悔。掌握时势的人惩罚不当，也像这样。

法多则遁[1]情愈多。譬之逃者，入千人之群则不可觅，入三人之群则不可藏矣。

【注释】①遁：通“徇”，顺也。

【译文】法令越多隐情就会愈多。譬如一个逃跑的人，躲藏在千人之中则不可寻觅，躲藏在三人之中则隐藏不住。

兵，阴物也；用兵，阴道也，故贵谋。不好谋不成。我之动定敌人不闻，敌之动定尽在我心，此万全之计也。

【译文】战争，是暗中进行的事；调兵谴将，是忧凶之事，所以贵在善于谋划。不善于谋划就不能成功。不让敌人知道我方的动静，敌人的动静都在我的掌握之中，这才是万全之计。

取天下，守天下，只在一种人上加意念，一个字上做工夫。一种人是那个？曰“民”。一个字是什么？曰“安”。

【译文】夺取天下，守住天下，只需要在一种人身上用心思，只需要在一个字上做功夫。一种人是哪个？是“民”。一个字是什么？是“安”。

礼重而法轻，礼严而法恕，此二者常相权也。故礼不得不严，不严则肆而入于法；法不得不恕，不恕则激而法穷。

【译文】礼重法就会轻，礼严法就会宽，二者经常是相互调节的。因此礼不能不严，不严就会放纵而落入法网；法不能不宽，不宽就会激起民变而法也起不了作用。

夫礼也，严于妇人之守贞，而疏于男子之纵欲，亦圣人之偏也。今舆隶仆僮皆有婢妾娼女，小童莫不淫狎，以为丈夫之小节而莫之间。陵嫡失所，逼妾殒身者纷纷，恐非圣王之世所宜也，此不可不严为之禁也。

【译文】礼，对妇女保守贞节要求严格，而对男子放纵欲望要求疏松，这也是圣人的偏向。现在车夫奴仆都有婢妾娼女，小童都荒淫下流，认为这对男人来说是小节，不必过问。欺凌妻子，使其失去安身之处；威逼婢妾。使其丧失性命，这种事件不断发生，恐怕不是圣明君主治理的时代应该出现的，不能不严加禁止。

西门疆尹河西，以赏劝民。道有遗羊，值五百，一人守而待。失者谢之，不受。疆曰："是义民也。"赏之千。其人喜，他日谓所知曰："汝遗金，我拾之以还。"所知者从之，以告疆曰："小人遗金一两，某拾而还之。"疆曰："义民也。"赏之二金。其人愈益喜，曰："我贪，每得利则失名，今也名利两得，何惮而不为？"

【译文】西门疆担任河西尹，以奖赏来勉励百姓。道路上有人丢了一只羊，价值五百钱，有人看到了，就守着等待失主来认领。失主感激送给他礼品，捡到羊的人不接受。西门疆说："这是笃义之民。"就赏给他一千钱。这个人很高兴，有一天对他的朋友说："你假装遗失了金子，我拾到后还给你。"他的朋友听从了他的话，报告西门疆说："小人丢了一两金子，某人捡到还给了我。"西门疆说："这是笃义之民。"就赏给了他二两金子。假装拾金的人更为高兴，说："我这个人很贪心，每每获得了利益就丢了名声，现在名利双收，还有什么可担心而不去做的呢？"

笃恭之所发①，事事皆纯王②，如何天下不平？或曰："才说所发，不动声色乎？"曰："日月星辰皆天之文章，风雷雨露皆天之政令，上天依旧笃恭在那里。笃恭，君子之无声无臭也。无声无臭[③]，天之笃恭也。"

【注释】①"笃恭"句：《中庸·第三十三章》："是故君子笃恭而天下平。"朱熹注："笃，厚也。笃恭，言不显其敬也。笃恭而天下平，乃圣人至德渊微，自然之应，中庸之极功也。"②纯王：纯一王道。③无声无臭：没有声音，没有气味。《诗经·大雅·文王》："上天之载，无声无臭。"朱熹注："载，事。"孔颖达疏："上天所为之事，无声音无臭味，入耳不闻其音声，鼻不闻其香臭。"此段是解《中庸》末章的，可参看。

【译文】从笃厚恭敬的心中发出来的，事事都是纯粹王道，天下哪有不均平的呢？有人问："才说所发，能说不动声色吗？"回答说："日月星辰都是天的礼乐法度，风雷雨露都是天的政令，上天依旧笃厚恭敬地存在着。笃厚恭敬，是君子无声音无臭味的表现。无声音无臭味，就是上天的笃厚恭敬。"

君子小人调停，则势不两立，毕竟是君子易退，小人难除。若攻之太惨，处之太激，是谓土障狂澜，灰埋烈火[①]。不若君子秉成而择才以使之，任使不效，而次第裁抑之。我悬富贵之权而示之的，曰：如此则富贵，不如此则贫贱。彼小人者，不过得富贵耳，其才可以偾天下之事，亦可以成天下之功；可激之酿天下之祸，亦可养之兴天下之利。大都中人十居八九，其大奸凶极顽悍者亦自有数。弃人于恶而迫之自弃，俾[②]中人为小人，小小人为大小人，甘心抵死而不反顾者，则吾党之罪也。噫！此难与君子道。三代以还，覆辙一一可鉴。此品题人物者所以先器识也。

【注释】①埋：原作“理”，据《吕新吾全集》改。②俾（bǐ）：使。

【译文】为君子和小人平息争端，双方就会势不两立，最终还是君子容易退让，小人难以根除。如果对小人指责得太惨、处理得过激，这就叫作用土来阻挡巨大的波浪，用灰来埋藏猛烈的火。不如让君子主和，选择有才能的小人来任用，任用后如果没有成效，就降级使用。我高悬富贵的权柄作为标的，告诉他们说：如此则能取得富贵，不如此则会贫贱。那些小人，只不过为了获得富贵而已，他们的才干可以破坏天下的事，也可以成就天下的功业；激之可酿成天下之祸，养之可兴天下之利。大体说来，世人之中，中等的人十居八九，罪大恶极、蛮横强悍的人也是少数。如果别人有点儿恶行就丢弃不管，迫使他自暴自弃，就会使中人也变成小人，小小人变为大小人，而且会甘心坚持而不反悔，造成这种后果，就是我们这些人的罪过了。唉！这话难以和君子讲。三代以后，这样迫使小人自暴自弃、铤而走险的情况很多，一一可以作为借鉴。这是品评人物，确定其高下的人首先应当具备的气度与才识。

当多事之秋，用无才之君子，不如用有才之小人。

【译文】在国家不安定的时候，与其起用没有才能君子，不如起用有才能的小人。

肩天下之任者全要个气，御天下之气者全要个理。

【译文】肩负天下重任的人，全要有个气概；驾驭天下有气概的人，全要有个道理。

无事时惟有丘民好蹂践[1]，自吏卒以上，人人得而鱼肉之。有事时惟有丘民难收拾，虽天子亦无躲避处，何况衣冠[2]！此难与诵诗读书者道也。

【注释】①丘民：泛指百姓。《孟子·尽心下》："民为贵，社稷次之，君为轻。是故得乎丘民而为天子。"王夫之稗疏："丘民者，众民也。"②衣冠：搢绅、名门世族。

【译文】没有变故的时候，只有平民好践踏，从胥吏与衙役以上的人，人人都可以欺凌践踏他们。出现变故的时候，唯有平民难收拾，即使是天子也没有躲避的地方，何况是名门世族呢！这样的道理难以和只知诵读诗书的人谈论。

余居官有六自：簿赋均徭先令自审，均地先令自丈，未完令其自限，纸赎令其自催，干证[1]催词讼令其自拘，干证拘小事令其自处。乡约亦往往行得去，官逸而事亦理，久之可省刑罚。当今天下之民，极苦官之繁苛。一与宽仁，其应如响。

【注释】①干证：诉讼双方的证人。

【译文】我做官时，提倡六自：均衡徭役，降低赋税时，先让他自己审查应减免的数额；以地亩平均赋税时，先让他自己丈量自己的土地；没有交纳完的租税，让他自己限定期限；有契约的约定，让他自己去催办；诉讼的时候，让他自己找有关的证人；处理小事时，让他自己找证人处理。这样，乡里中掌理公共事务的人也往往推行得通，官府不用劳累事情就能处理好了，久而久之，可减省刑罚。现在天下的民众最为官吏的繁苛所苦，只要实行宽仁之政，百姓就会群起响应。

自井田废而窃劫始多矣。饱暖无资，饥寒难耐，等死耳。与其瘠僵于沟壑无人称廉，不若苟活于旦夕未必即犯。彼义士廉夫尚难责以饿死，而况种种贫民半于天下乎？彼膏粱文绣坐于法堂，而严刑峻法以正窃劫之罪者，不患无人，所谓“哀矜而勿喜”①者谁与？余以为，衣食足而为盗者，杀无赦；其迫于饥寒者，皆宜有以处之。不然，罪有所由而独诛盗，亦可愧矣。

【注释】①哀矜而勿喜：《论语·子张》：“上失其道，民散久矣。如得其情，则哀矜而勿喜。”朱熹注：“民散，谓情义乖离，不相维系。谢氏曰：‘民之散也，以使之无道，教之无素。故其犯法也，非迫于不得已，则陷于不知也。故得其情，则哀矜而勿喜。’”哀矜，哀怜，同情。

【译文】自从井田制废除以后，偷窃抢劫的事情就开始增多了。没有土地，就无法做到衣食充足，饥寒难以忍耐，就和等死差不多了。与其冻饿死于沟壑而无人称颂廉洁，不如通过偷窃抢劫苟活于旦夕而未必会被发现。对于义士廉夫尚且难以要求他们挨饿等死，何况遍布天下的各种贫民呢？那些过着衣食精美的奢华生活，高坐于法堂之上，用严刑峻法来审理偷窃抢劫之罪的人，不怕没有，但是能够“哀矜而勿喜”的又有谁呢？我认为，对于衣食丰足却偷窃抢劫的人，可以处以死刑而不赦免；对于迫于饥寒而偷窃抢劫的人，都应根据具体情况而作出不同的处理方法。不然的话，他们犯罪是有原因的，但只是一味地惩治他们，这也是让人感到羞愧的事啊！

余作《原财》一篇，有六生十二耗。六生者何？曰垦荒闲之田，曰通水泉之利，曰教农桑之务，曰招流移之民，曰当时事之宜，曰详积贮之法。十二耗者何？曰严造饮之禁，曰惩淫巧之工，曰重游手之罚，曰绝倡优剧戏，曰限在官之役，曰抑僭奢之俗，曰禁寺庙之建，曰戒坊第游观之所刻无益之书，曰禁邪教之倡，曰重迎送供张之罪，曰定学校之额、科举之制，曰诛贪墨之吏。语多愤世，其文不传。

【译文】我曾经写了《原财》这样一篇文章，里面谈到六生十二耗。六生指的是什么呢？是六种生财之道，一垦荒闲之田，二通水泉之利，三教农桑之务，四招流移之民，五当时事之宜，六详积贮之法。十二耗指的是什么呢？是治理十二种耗费的办法，一严造饮之禁，二惩淫巧之工，三重游手之罚，四绝倡优剧戏，五限在官之役，六抑僭奢之俗，七禁寺庙之建，八戒坊第游观之所刻无益之书，九禁邪教之倡，十重迎送供张之罪，十一定学校之额、科举之制，十二诛贪墨之吏。文章内容多愤恨世事的不平，所以没有流传下来。

太和之气虽贯彻于四时，然炎徼①以南常热，朔方以北常寒，姑无论。只以中土言之，纯然暄燠②而无一毫寒凉之气者，惟是五月半后、八月半前九十日耳。中间亦有夜用夹绵时。至七月而暑已处，八月而白露零，九月寒露霜降，亥子丑寅③其寒无俟言矣。二、三月后犹未脱绵，谷雨以后始得断霜。四月已夏，犹谓清和，大都严肃之气岁常十八，而草木二月萌芽，十月犹有生意，乃生育长养不专在于暄燠，而严肃之中，正所以操纵冲和之机者也。圣人之为政也法天，当宽则用春夏，当严则用秋冬，而常持之体则于严威之中施长养之惠。何者？严不匮，惠易穷，威中之惠鼓舞人群，惠中之惠骄弛众志。子产相郑[4]，铸刑书[5]，诛强宗，伍田畴[6]，褚[7]衣冠。及语子太叔，犹有莫如猛之言[8]，可不谓严乎？乃孔子之评子产，则曰“惠人”也[9]，他日又曰子产“众人之母”。孔子之为政可考矣。彼沾沾煦煦，尚姑息以养民之恶，卒至废弛玩愒[10]，令不行，禁不止，小人纵恣，善良吞泣，则孔子之罪人也。故曰居上以宽为本，未尝以宽为政。严也者，所以成其宽也。故怀宽心不宜任宽政，是以“懦主杀臣，慈母杀子”。

【注释】①炎徼：炎热的南方边远之地。徼，境，边界。②暄：（太阳）温暖。燠（yù）：热，暖。③亥子丑寅：分别指农历十月、十一月、十二月、一月。④子产相郑：子产，名侨，春秋郑国人。《左传·襄公三十年》：“郑子皮授子产政。……子产使都鄙有章，上下有服，田有封洫，庐井有伍。大人之忠俭者，从而与之；泰侈者，因而毙之。……从政一年，舆人诵之曰：‘取我衣冠而褚之，取我田畴而伍之。孰杀子产？吾其与之。’及三年，又诵之曰：‘我有子弟，子产诲之；我有田畴，子产殖之。子产而死，谁其嗣之？’”⑤铸刑书：《左传·昭公六年》：“三月，郑人铸刑书。”杜预注：“铸刑书于鼎，以为国之常法。”⑥伍：“赋”之借字，纳田税。田畴：耕地。⑦褚：同“贮”，财物税（见杨宽《古史新探》）。⑧“及语”二句：《左传·襄公二十五年》：“晋程郑卒，子产始知然明，问为政焉。对曰：‘视民如子，见不仁者诛之，如鹰鹯之逐鸟雀也。’子产喜，以语子太叔，且曰：‘他日，吾见蔑之面而已，今吾见其心矣。'”然明，名鬷(zōng)蔑，春秋郑大夫，其面丑恶，其心甚有见识。⑨“乃孔子”二句：《论语·宪问》：“或问子产。子曰：‘惠人也。'”朱熹注：“子产之政，不专于宽，然其心则一以爱人为主。故孔子以为惠人，盖举其重而言也。”惠人，宽厚，有恩惠。⑩“他日”句：《礼记·仲尼燕居》：“子曰：‘师！尔过，而商也不及。子产犹众人之母也。能食之，不能教之。'”孔颖达疏：“言父义母慈，父能教而不能爱，母则能爱而不能教，言子产若众人之母，但能恩慈食之，不能严厉教之。”玩愒(kài)：“玩岁愒日”之省语，指贪图安逸，虚度岁月。

【译文】阴阳会合的太和之气虽然通彻于春、夏、秋、冬四季，但是边远的南方经常炎热，偏远的北方经常寒冷，这些姑且不谈。只以中原来说，完全温暖而没有一点儿寒凉之气的天气，只是五月十五以后至八月十五以前这九十天而已。这期间也有夜间需要穿夹衣的时候。七月处暑，八月白露，九月寒露霜降，十月至次年一月天气寒冷就不必说了。到二、三月以后还不能脱掉棉衣，谷雨以后才开始断霜。四月进入夏季，还是清和天气，大体说来，严寒肃杀的天气一年常有十分之八。而草木二月萌芽，十月还在生长，可见生育长养不只在温暖的气候下，在严寒肃杀之中，正掌握着冲和温暖的生机。圣人处理政事要效法上天，应该宽大的时候，就如同春夏，应当严厉的时候，就如同秋冬，而经常把握的原则应该是在严肃威重之中施行长养的恩惠。为什么要这样呢？威严不会匮乏，恩惠容易穷尽，威严之中的恩惠容易给人以鼓舞，恩惠之中的恩惠容易放纵众人的意愿。春秋时期郑国的宰相子产，制定刑法条文，诛杀豪门大族，按田亩纳赋，按财物交税。实行了这样一些措施，与子太叔谈话时，还说不够严厉，子产这样治国能说不严苛吗？可是孔子评价子产时，却说他是“惠人”，后来又说子产是“众人之母”。以此可推求孔子为政的原则了。那些对百姓温和的人，用过度宽容的办法来养民之恶，最终使政令懈怠败坏，百姓贪图安逸，虚度岁月，令不行，禁不止，小人肆意放纵，善良的人忍气吞声，这些人是孔子所说的罪人。因此，上位者应该以宽为本，不能以宽为政。严厉的做法，正是为了达到宽大的目的。所以应该有宽厚的胸怀，不应当施行宽厚的政令，俗话说“懦主杀臣，慈母杀子”，说的就是这个意思。

余息而在沟壑，斗珠不如升糠；裸裎而卧冰雪，败絮重于绣縠。举世用人，皆珠縠之贵也，有甚高品？有甚清流？不适缓急之用，即真非所急矣。

【译文】将死时仅余喘息之气，躺倒在沟壑之中，即使一斗珍珠也比不上一升谷糠；赤身裸体冻倒在冰雪之地，破棉旧絮重于精美的轻纱。如果全世界用人都以如珍珠和轻纱之类的为贵，还有什么德高望重的人？还有什么品性清高的名士？在国家紧急时不能发挥作用，就不是真正急需的人才。

盈天地间只靠二种人为命，曰农夫、织妇。却又没人重他，是自戕[①]其命也。

【注释】①戕（qiāng）：杀害，残害。

【译文】整个天地之间，只有靠两种人才能生存，就是农夫和织妇。但是却没有人重视他们，这是在自杀。

一代人才自足以成一代之治，既作养[①]无术，而用之者又非其人，无怪乎万事不理也。

【注释】①作养：培养，培育。

【译文】一个时代产生的人才，足以治理这个时代，然而如果培养他们没有方法，而起用他们的又不是合适的人，那么什么事都治理不好就不奇怪了。

三代以后，治天下只求个不敢。不知其不敢者，皆苟文以应上也。真敢在心，暗则足以蛊国家，明之足以亡社稷，乃知不敢不足恃也。

【译文】夏、商、周三代以后，治理天下只要求天下人做到不敢。却不知他们的不敢，只是表面上装样子来应付上司的。真敢藏在心中，暗中活动足以蛊惑国家；明着反抗足以灭亡社稷。由此可知，所谓的不敢不足以依赖。

古者国不易君，家不易大夫，故其治因民宜俗，立纲陈纪。百姓与己相安，然后从容渐渍，日新月盛，而治功成。故曰“必世后仁”[①]，曰“久道成化”[②]。譬之天地，不悠久便成物不得。自封建变而为郡县，官无久暖之席，民无尽识之官，施设未竟而谗毁随之，建官未久而黜陟随之。方胹熊蹯而夺之薪[③]，方缫茧丝而截其绪[④]。一番人至，一度更张，各有性情，各有识见。百姓闻其政令，半不及理会；听其教化，尚未及信从，而新者卒至，旧政废阁。何所信从？何所遵守？况加以监司之掣肘，制一帻[5]而不问首之大小，都使之冠；制一衣而不问时之冬夏，必使之服。不审民情便否，先以簿书督责，即高才疾足之士，俄顷措置之功，亦不过目前小康，一事小补。而上以此为殿最[6]，下以此为欢虞[7]。呜呼！伤心矣。先正有言：人不里居，田不井授，虽欲言治，皆苟而已。愚谓建官亦然，政因地而定之，官择人而守之，政善不得更张，民安不得易法。其多事扰民，任情变法，与惰政慢法[8]者斥逐之。更其人不易其治，则郡县贤于封建远矣。

【注释】①必世后仁：《论语·子路》："如有王者，必世而后仁。"朱熹注："三十年为一世。仁，谓教化浃（遍）也。"②久道成化：《易经·恒卦·彖辞》："圣人久于其道而天下化成。"③胹（ér）：煮。熊蹯（fán）：熊掌。蹯，兽足。④绪：开头。⑤帻（zé）：古代的一种头巾。⑥殿最：古代考核政绩或军功，下等称为"殿"，上等称为"最"。泛指等级的高低上下。⑦欢虞：欢乐。⑧慢法：轻忽法令。

【译文】古时候国家不更换国君，诸侯不更换大夫，因此他们能依顺百姓、适应习俗，设立国家社会的秩序与规律。百姓与自己相安无事，国家渐渐得到治理，不断发展，而后国家的治理宣告完成。所以说"必世后仁"，又说"久道成化"。就好像天地，不悠久便不能化成万物。自从封建制变为郡县制以后，官员席子还没有坐暖就离开了，百姓没有完全才认识的官员，官员到任以后，政令还未完全推行，谗言诋毁就随之而来，为官时间不长，就遭到罢黜。这就如同正在烹煮熊掌，突然撤掉了柴火；正在抽茧取丝，突然把丝剪断一样。来了一批人，改换一种章法，来的人各有禀性和气质，各有见识。百姓听到政令，还有一半没有理解；听到教导感化，还没来得及信奉遵从，就又换成了新的官吏，原来的政令即刻搁置而不实施。百姓到底该听从谁的？该遵守什么呢？何况官吏还有监察人员的阻挠，就如同制帽子不问脑袋大小，都要戴同一型号；制衣服不管冬夏，必须穿着同种服式一样。不管对于民情是否便利，都先用官署的文书去催促督办，这种做法，即使是才能很高、行动迅速的人，顷刻之间推行的办法，功效也不过对目前稍有用处，对某件事小有补益而已。但是上位者却以此作为考察政绩的标准，下位者也以此为欢喜快乐。唉！真让人伤心。前代的贤人曾经说过：百姓不聚居于一里之中，田地不按照井田制的方式分配，即使想治理好国家，也只能是得过且过而已。我认为设立官吏也是如此，政令要因地而制定，官吏要选择合适的人来担任，政策法令能见实效就不必再改变，百姓能安居乐业就不必再变法。对多事扰民，任意改变法令的官吏，以及懒于政事、怠忽法令的官吏，都要驱逐、罢免。更换官吏不改变法令，那么，郡县制就比封建制优越多了。

法之立也，体其必至之情，宽以自生之路，而后绳其逾分之私，则上有直色而下无心言。今也小官之俸不足供饔飧[①]，偶受常例而辄以贪法罢之，是小官终不可设也。识体者欲广其公而闭之私，而当事者又计其私，某常例、某从来也。夫宽其所应得，而后罪其不义之取，与夫因有不义之取也遂俭于应得焉，孰是？盖仓官月粮一石而驿丞俸金岁七两云。

【注释】①饔（yōng）飧（sūn）：亦作“饔飱”。熟食。朝曰饔，夕日飧。

【译文】律法的制定，要体察百姓内心必然会有的感情，放宽谋生的道路，然后约束超出自己本分的私念，这样上位者有公平正直的态度，百姓心中也不会有怨言。现在小官的俸禄不足以养活自己，偶然接受一些按例应收的钱财，就会以贪赃枉法的罪名被罢免，这样，小官就无法设立了。识知体要的人想通过增加朝廷发放的俸禄，以减少私下收受钱财的做法，而当事人又计算他的私利，认为某项按例应当收取，某项从来就是如此，不愿改变私下接受钱财的做法。增加应该得到的俸禄，然后对他取得不义之财的过错进行惩处，与因为他能取得不义之财就减少他的俸禄，哪个正确呢？管理仓库的官吏每月口粮有一石，而驿丞一年的薪金只有七两。

顺心之言易人也，有害于治；逆耳之言裨治也，不可于人。可恨也！夫惟圣君以逆耳者顺于心，故天下治。

【译文】合乎心意的话，人们都爱听，但对治道有害；不顺耳却有益的言语，对治道有益，但人们都不爱听。真让人感到遗憾啊！只有圣明的君主才会认为不中听的忠告是合乎心意的话，所以天下才能得到治理。

使马者知地险，操舟者观水势，驭天下者察民情，此安危之机也。

【译文】骑马的人要了解地面是否有险阻，驾船的人要观察水势的缓急，统治天下的人要了解民心的向背，这是国家安危的关键。

宇内有三权：天之权曰祸福，人君之权曰刑赏，天下之权曰褒贬。祸福不爽，曰天道之清平。有不尽然者，夺于气数。刑赏不忒，曰君道之清平。有不尽然者，限于见闻，蔽于喜怒。褒贬不诬，曰人道之清平。有不尽然者，偏于爱憎，误于声响。褒贬者，天之所恃以为祸福者也，故曰："天视自我民视，天听自我民听[①]。"君之所恃以为刑赏者也，故曰："好人之所恶，恶人之所好，是谓拂人之性[②]。"褒贬不可以不慎也，是天道、君道之所用也。一有作好作恶，是谓天之罪人，君之戮民。

【注释】①"天视"二句：典出《尚书·泰誓》《孟子·万章上》。朱熹注："天无形，其视听皆从于民之视听。"百姓的眼睛就是天的眼睛，百姓的耳朵就是天的耳朵。②"好人"三句：典出《大学》第十一章。喜欢大家所厌恶的，厌恶大家所喜欢的，这叫作逆人之性。

【译文】宇宙之内有三种权力：上天的权力叫作祸福，君王的权力叫作刑赏，天下人的权力叫作褒贬。祸福丝毫没有差错，这就叫作天道清和平允。有不完全如此的，是由气数造成的。赏罚公平，这叫君道清和平允。有不完全如此的，这是受见闻所限制，喜怒蒙蔽所致。褒贬公正，这叫人道清和平允。有不完全如此的，是偏于爱憎，误于传闻所致。褒贬，这是上天用来降给人祸福的办法，所以说："天视自我民视，天听自我民听。"褒贬，也是君主用来进行赏罚的依据，所以说："好人之所恶，恶人之所好，是谓拂人之性。"因此褒贬不能不慎重，因为这是天道和君道所依赖的。如果好恶不符合实际，就是上天的罪人，国君的罪民。

而今当民穷财尽之时，动称矿税之害，以为事干君父，谏之不行，总付无可奈何。吾且就吾辈安民节用以自便者言之。饮食人腹，三分银用之不尽，而食前方丈，总属暴殄[1]，要他何用？仆隶二人，无三十里不肉食者，下程饭卓[2]，要他何用？轿扛人夫、吏书马匹，宽然有余，而鼓吹旌旗，要他何用？下莞上簟[3]，公座围裙，尽章物采矣，而满房铺毡，要他何用？上司新到，须要参谒，而节寿之日，各州县币帛[4]下程，充庭盈门，要他何用？前呼后拥，不减百人，巡捕听事不缺官吏，而司道府官交界送接，到处追随，要他何用？随巡司道，拜揖之外，张筵互款，期会不遑，而带道文卷尽取抬随，带道书吏尽人跟随，要他何用？官官如此，在在如此，民间节省，一岁尽多，此岂朝廷令之不得不如此耶？吾辈可以深省矣！

【注释】①暴殄（tiǎn）：任意残害。②下程：接待行人的酒食。后文的“下程”则指钱财和礼物。卓：通“桌”。③下莞（guān）上簟（diàn）：《诗经·小雅·斯干》：“下莞上簟，乃安斯寝。”莞，草席。簟，竹席。④币帛：币，财币。帛，绸缎等丝织品。币帛泛指古人餽赠所用的礼物。

【译文】现在遇到百姓穷困潦倒，财源耗竭殆尽的时候，动不动就声称是因矿税造成的，认为事情和皇帝有关，如果直言规劝以后皇帝不予采纳，也就没有办法了。现在姑且就我们这些官吏谈谈如何从自身来做到安定百姓、节省开支。用于饮食的费用，三分银子也用不尽，但面前摆满一丈见方的食物，这就是任意糟蹋东西了，要这么多食物有什么必要呢？日常公务，跟随着两个奴仆，没走三十里路就会有饭食，可吃到肉菜，还要地方准备饭菜招待，有什么必要呢？出门时，轿扛人夫、吏书马匹，非常宽裕，足以应付所需，但是还要敲鼓奏乐、打着旗帜，有什么必要呢？休息的地方，下面铺着蒲席，上面铺着草席，公家的坐椅围幛，已经应有尽有，彰显色彩，但是满屋子还要铺上毡子，又有什么必要呢？上司到任，须要依礼进谒，但节日寿辰，各州各县还要送去厚礼，登门祝贺，有什么必要呢？出去巡视，前呼后拥，不减百人，巡捕听事也不缺官吏，而司道府官还要交界送接，到处追随，有什么必要呢？跟随出巡的司道官吏，除打躬作揖之外，还要相互设筵款待，不时聚会，还要有人抬着文卷跟随在身边，带着书吏跟随在身边，有什么必要呢？官官如此，处处如此，如果这些都节省不用，一年就能省下好多，这难道是朝廷命令你不得不这样做吗？我们这些做官的人应该深切的省悟啊！

酒之为害不可胜纪也，有天下者不知严酒禁，虽谈教养，皆苟道耳。此可与留心治道者道。

【译文】酒的危害非常多，拥有天下的人如果不严加禁酒，即使大谈品德涵养，也都只是糊弄人罢了。这个道理可以和留心治道的人谈论。

簿书所以防奸也，簿书愈多而奸愈黠，何也？千册万簿，何官经眼？不过为左右开打点之门，广刁难之计，为下司增纸笔之孽，为百姓添需索之名。举世昏迷，了不经意，以为当然，一细思之，可为大笑。有识者裁簿书十分之九，而上下相安，弊端自清矣。

【译文】官府的文书先用来防止奸邪的，但现在官方文书愈多则奸邪愈甚，为什么呢？千千万万的文书，哪个官吏会去看？只不过是为官吏身边的人开打点之门、增加刁难的机会，给下级官吏增加纸笔的劳累，为勒索老百姓增添了名目罢了。全世界都不明白这个道理，对此毫不留意，以为就应当这样做，一细思量，真可以为之大笑。如果有识见的人能减裁掉十分之九的官方文书，那么上下就会相安无事，弊端就会自动清除了。

养士用人，国家存亡第一紧要事，而今只当故事。

【译文】培养读书人，选用人才，是关系国家存亡第一紧要的事，而现在却只当作例行公事。

臣是皋、夔、稷、契，君自然是尧、舜，民自然是唐、虞。士君子当自责我是皋、夔、稷、契否？终日悠悠泄泄，只说吾君不尧、舜，弗俾厥后①惟尧、舜，是谁之愧耻？吾辈高爵厚禄，宁不皇汗②？

【注释】①弗：不。俾：使。厥：其。后：君。②皇汗：因害怕而流汗。皇，通“遑”，恐惧。

【译文】如果大臣是皋陶、夔、稷、契那样的贤臣，国君自然会成为尧、舜那样的明君，百姓自然也如同唐尧、虞舜时代的百姓。士君子应该自我反省，自己是不是皋陶、夔、稷、契那样的贤臣？如果终日悠闲自在，只责怪国君不是尧、舜那样的明君，但是不能使国君成为尧、舜那样的明君，这是谁的耻辱呢？我们这些人享受着高官厚禄，能不羞愧汗颜吗？

惟有为上底难，今人都容易做。

【译文】唯有上位者比较难，如今的人都容易做。

听讼者要如天平，未称物先须是对针，则称物不爽。听讼之时心不虚平，色态才有所著，中证便有趋向，况以辞示之意乎？当官先要慎此。

【译文】处理诉讼的官吏要像天平一样，没称物之前必须先校准指针，这样称物时才不会出错。在听理诉讼的时候，如果心不虚空平允，面色和态度稍有倾向，证人就会看风使舵，何况用言辞示意呢？当官的对这件事首先要慎重。

天下之势，顿可为也，渐不可为也。顿之来也骤，渐之来也远。顿之着力在终，渐之着力在始。

【译文】天下的时势，突然出现的事还可以挽回，逐渐形成的事就不好挽回了。突然发生的事来得快，逐渐形成的事由来久远。处理突然发生的事要在结果处下功夫，处理逐渐形成的事要在开始时就下功夫。

屋漏尚有十目十手[①]，为人上者，大庭广众之中，万手千目之地，譬之悬日月以示人，分毫掩护不得，如之何弗慎？

【注释】①屋漏：古代室内西北隅施设小帐，安藏神主，为人所不见的地方称作“屋漏”。指独居隐蔽之地。典出《诗经·大雅·抑》：“相在尔室，尚不愧于屋漏。”毛传：“西北隅谓之屋漏。”十目十手：《大学·第七章》：“十目所视，十手所指，其严乎！”形容人的一举一动都不能离开人们的耳目。

【译文】在独居隐蔽的地方，一举一动尚且离不开人们的耳目，身为尊长，处于人多的公开场合之中，在万手所指、千目所视之地，就好比日月高悬在天上让人仰望，丝毫遮盖不得，怎么能不慎重呢？

事休问大家行不行，旧规有不有，只看义上协不协。势不在我，而于义无害，且须勉从；若有害于义，即有主之者，吾不敢从也。

【译文】事情不要问大家行不行，是否有就有的规定，只看是否符合道义。即使情势不在我的掌握中，但于道义没有妨害，都应该努力推行；如果妨害道义，即使有人主持，我也不敢遵从。

有美意，必须有良法乃可行。有良法，又须有良吏乃能成。良吏者，本真实之心，有通变之才，厉明作之政者也。心真则为民恳至，终始如一；才通则因地宜民，不狃于法；明作则禁止令行，察奸厘弊[①]，如是而民必受福。故天下好事，要做必须实做。虚者为之，则文具以扰人；不肖者为之，则济私以害政。不如不做，无损无益。

【注释】①厘弊：改正弊政弊事。

【译文】有好的用意，必须有好的方法，才可能实行。有好的方法，又必须有好的官吏，才能推行成功。所谓好的官吏，就是用心真诚，有通晓变化的才能，严格执行明察振作的政令。心地真诚，为百姓效力的意念就恳切，能做到始终如一；有通晓变化的才能，则能根据各地的情况安定百姓，不拘泥于法；明察振作，就能做到令行禁止，调查奸邪、改革弊政，这样百姓必然能得到好处。因此天下的好事，要做就必须实实在在地做。虚假地做，就是用没有实际内容的条文来骚扰人罢了；品德不好的人去做，就会谋求私利而危害国家的治理。还不如不做，就没有损害与利益。

把天地间真实道理作虚套子干，把世间虚套子作实事干，吁！所从来久矣。非霹雳手段，变此锢习不得。

【译文】把天地间真实的道理当作表面功夫来做，把世间的表面功夫当作实事来干，唉！这种情况由来已久。没有霹雳手段，改变不了这种长期养成、不易改掉的陋习。

自家官靠着别人做，只是不肯踏定脚跟挺身自拔，此缙绅第一耻事。若铁铮铮底做将去，任他如何，亦有不颠踬[①]僵仆时。纵教颠踬僵仆，也无可奈何，自是照管不得。

【注释】①颠踬（zhì）：倾仆失足。比喻处境困穷。

【译文】自己的职位依靠别人来做，自己不肯脚踏实地挺身摆脱困境，这是做官第一等可耻的事。如果坚强刚毅地做下去，不管发生什么事情都不动摇，也会有成功的时候。纵然失败了，也没有办法，自然是不能考虑那么多。

作“焉能为有无”[①]底人，以之居乡，尽可容得。只是受一命之寄，便是旷一命之官；在一日之职，便是废一日之业。况碌碌苟苟，久居高华，唐、虞、三代课官是如此否？今以其不贪酷也而容之，以其善夤缘[②]也而进之，国一无所赖，民一无所裨，而俾之贪位窃禄，此人何足责？用人者无辞矣。

【注释】①焉能为有无：典出《论语·子张》："子张曰：'执德不弘，信道不笃，焉能为有？焉能为亡？'"朱熹注："亡，读作'无'。有所得而守之太狭，则德孤；有所闻而信之不笃，则道废。焉能为有无，犹言不足为轻重。"指道德不高、无足轻重的人。②夤（yín）缘：本指攀附上升，后喻攀附权贵，向上巴结。

【译文】做那种"焉能为有无"的人，以此住在乡间，还可勉强安身。如果接受了官职的任命，就是荒废了这个官位；在任上一日，就是荒废了一日的职务。何况有的人平平庸庸、不切实际，久居显贵的官职地位，唐尧、虞舜、夏商周三代时，是这样考核官吏的吗？现在只因为他不贪婪残酷就容许他久居官位，因为他善于攀附权贵进行钻营就得到晋升，对国家没有任何用处，对百姓也没有任何好处，却让他仍旧居于高位、无功受禄，对这种人哪里值得责备呢？但选用人才的人不能推卸责任。

近日居官，动说旧规，彼相沿以来，不便于己者悉去之，便于己者悉存之，如此，旧规百世不变。只将这念头移在百姓身上，有利于民者悉修举之，有害于民者悉扫除之，岂不是居官真正道理？噫！利于民生者皆不便于己，便于己者岂能不害于民？从古以来，民生不遂，事故日多，其由可知已。

【译文】近来做官的人，动辄就说旧日的规定如何，其实这些规定沿袭以来，对官吏不方便的都革除了，对官吏方便的都保存下来了，这样，这些旧日的规定百世都不改变。如果把对百姓是否有利作为改变的标准，对百姓有利的就全部实行，对百姓有害的就全部扫除，这难道不是做官的真正道理？唉！对百姓有利的对官吏都不便利，对官吏便利的又怎么能不妨害百姓呢？从古以来，百姓没办法生活，意外的损失或灾祸日益增多，原因就能知道了。

古人事业精专，志向果确[①]，一到手便做，故孔子治鲁三月而教化大行。今世居官，奔走奉承，簿书期会，不紧要底虚文，先占了大半工夫。况平日又无修政立事之心、急君爱民之志，蹉跎[②]因循，但以浮泛之精神了目前之俗事。即有志者，亦不过将正经职业带修一二足矣。谁始此风？谁甚此风？谁当责任而不易此风？此三人之罪不止于罢黜矣。

【注释】①果确：坚定专一。②蹉跎：虚度光阴。

【译文】古人对于自己从事的事业精纯专一，志向果断坚定，事情一到手就做，因此孔子治鲁三个月政教风化广为推行。现在的人做官，只是奔走权门，奉承权贵，记录文书簿册，约期聚会，做这些不紧要的表面功夫，先占了一大半时间。况且平时又没有修明政教、建功立业的心思、也没有热心辅佐国君、爱护百姓的志向，只是虚度岁月，沿袭老办法做事，只以虚浮空泛的精神应付眼前的俗事。即使是有志向的人，也不过是将正经事情捎带着做一两件而已。这种风气是从谁开始的？这种风气又是从谁盛行的？谁应当纠正这种风气却又不加改变？这三种人的罪过不只是罢黜官职就可抵罪的。

做上官底只是要尊重，迎送欲远，称呼欲尊，拜跪欲恭，供具欲丽，酒席欲丰，驺从欲都[1]，伺候欲谨。行部所至，万人负累，千家愁苦，即使于地方有益，苍生所损已多。及问其职业，举是誉文滥套，纵虎狼之吏胥骚扰传邮，重琐尾[2]之文移督绳郡县，括奇异之货币交结要津，习圆软之容辞网罗声誉。至生民疾苦，若聋瞽[3]然。岂不骤贵躐迁，然而显负君恩，阴触天怒，吾党耻之。

【注释】①驺从：显贵出行，车前后的侍卫随从。都：美好的样子。②琐尾：《诗经·邶风·旄丘》："琐兮尾兮，流离之子。"朱熹注："琐，细。尾，末也。"指细碎微末之事。③瞽（gǔ）：目盲。

【译文】担任上官，只想着获得尊重，迎来送往要远，称呼要尊贵，拜跪要恭敬，供给要华丽，酒席要丰盛，侍卫随从相貌要美好，伺候要谨慎。在巡行部属、考察政务时，所到之地，万人受到牵累，千家为之愁苦，即使对地方有益，苍生遭受的损失已经太多。等问他做了些什么业绩，全都是一些没有意义的无用文字，纵容凶残的小吏骚扰驿站，看重琐细微末的公文来督促考察郡县的政绩，搜刮奇珍异宝交结地位显要的人物，惯用圆滑柔软的宽容之辞来搜求声誉。而对于民生疾苦，则如聋如盲。这样的人怎么能不骤然富贵、越级迁升呢？但是他明显辜负了国君的恩惠，暗中又触发了上天的不满，我们这些人以此为耻。

士君子到一个地位，就理会一个地位底职分，无逆料[1]时之久暂而苟且其行，无期必人之用否而怠忽其心。入门就心安志定，为久远之计。即使不久于此，而一日在官，一日尽职，岂容一日苟禄尸位哉！

【注释】①逆料：预料。

【译文】士君子达到了某种地位，就要领会这个地位的职责本分，不要推测时间的长短而马虎行事，不必预期能否长久任用而懈怠轻忽不专心。入门就要安下心来，做长远的打算。即使在这个地位不能长久，但是一日在职为官，就要一日努力做好本职工作，怎么能容忍空占着职位，光领薪水，不做事情呢！

水以润苗，水多则苗腐；膏以助焰，膏重则焰灭。为治一宽，非民之福也。故善人百年始可去杀。天有四时，不能去秋。

【译文】水可以滋润禾苗，但水多了禾苗就会腐烂；油可以帮助燃烧，但油太多则会熄灭火焰。治理国家的措施一味地宽松，也不是百姓的福分。因此善人百年才能去掉杀戮。天有四季，不能没有秋天。

古之为人上者，不虐人以示威，而道法自可畏也；不卑人以示尊，而德容自可敬也。脱势分于堂阶，而居尊之体未尝亵；见腹心于词色，而防检之法未尝疏。呜呼！可想矣！

【译文】古代居于百姓之上的官吏，不通过虐待人来显示威风，然而道理和法令自然会使人畏惧；不蔑视别人来表示尊严，然而道德和仪容自然会让人尊敬。虽然没有权势地位但是仍然庄重严肃；对心腹之人和颜悦色，但是仍然防范检束。啊！这样的人真让人思慕啊！

为政以问察为第一要，此尧、舜治天下之妙法也。今人塞耳闭目，只恁独断，以为宁错勿问，恐蹈耳软之病，大可笑。此不求本原耳。吾心果明，则择众论以取中，自无偏听之失。心一愚暗，即询岳牧刍荛[①]，尚不能自决，况独断乎？所谓独断者，先集谋之谓也。谋非集众不精，断非一己不决。

【注释】①岳牧刍(chú)荛(ráo)：岳牧，指传说中尧舜时四岳十二牧的简称。典出《史记·伯夷列传》。刍荛：指割草打柴的人，典出《诗经·大雅·板》："先民有言，询于芻蕘。"毛传："芻蕘，薪采者。"

【译文】处理政事以问、察为第一要务，这是尧、舜治理天下的巧妙办法。现在的人对外界事物不闻不问，枳实独自决断，认为宁可错误也不必问，担心别人说他有容易轻信他人的毛病，这真让人好笑。这就是不探求根本。我心中如果确实明白，就可以听取众人的议论，折中处理，自然不会有听信一面之词的错误。内心一旦愚钝不明事理，即使问遍四岳、十二牧这样的贤臣和割草打柴的普通百姓，自己也不能做出决断，何况独自决断呢？所谓独自决断，指的是先集中众人的智谋。智谋不从众人中来就不会完美，决断不是自己做出就难以决定。

治道只要有先王一点心，至于制度文为，不必一一复古。有好古者，将一切典章文物都要反太古之初，而先王精意全不理会，譬之刻木肖人，形貌绝似，无一些精神贯彻，依然是死底。

故为政不能因民随时，以寓潜移默化之机，辄纷纷更变，惊世骇俗，绍[①]先复古，此天下之拙夫愚子也。意念虽佳，一无可取。

【注释】①绍：接续。

【译文】治理国家的措施，只要有先王爱民的一点儿心意就行了，至于制度和法令条文，不必完全恢复往古。有喜爱古代事物的人，将一切法令、礼乐、制度都要恢复到太古初期，而对先王的精神、用意完全不能领会，好比雕刻木人，形貌酷似。但没有人的精神，依然是个死的。因此处理政事不能适应百姓的要求而随时施教，以达到潜移默化的目的，而是纷纷变更，做出惊世骇俗的举动，承继先人的办法，恢复古代的那一套，这是天下最笨拙、最愚蠢的人。想法虽然不错，但方法没有一点可取的地方。

赏及淫人则善者不以赏为荣，罚及善人则恶者不以罚为辱。是故君子不轻施恩，施恩则劝；不轻动罚，动罚则惩。

【译文】奖赏推及邪恶的人，那么善良的人不会以受奖赏为荣；惩罚施于善良的人，那么恶人就不会以受惩罚为耻。因此君子不轻易施恩，施恩则对人有所勉励；不轻易惩罚，惩罚则让人有所惧怕。

在上者当慎无名之赏。众皆藉口以希恩，岁遂相沿为故事，故君子恶苟恩。苟恩之人，顾一时，市小惠，徇无厌者之情，而财用之贼也。

【译文】在上位的人应该谨慎地对待没有缘由的奖赏。众人都希望借助某种理由得到赏赐，日积月累沿袭下来就成了旧例，因此君子厌恶没有缘由的恩惠。胡乱施予恩惠的人，只顾眼前，换取微小的恩惠好处，而不断地满足那些贪得无厌者的要求，是对国家财政造成危害的蠹虫。

要知用刑本意原为弼教[①]，苟宽能弼教，更是圣德感人，更见妙手作用。若只恃雷霆之威，霜雪之法，民知畏而不知愧，待无可畏时，依旧为恶，何能成化？故畏之不如愧之，忿之不如训之，远之不如感之。

【注释】①弼教：辅助教化。多指以刑辅教。典出《尚书·大禹谟》："汝作士，明于五刑，以弼五教，期于予治。"孔传："弼、辅，期、当也。叹其能以刑辅教，当于治体。"

【译文】要知道施用刑罚的本意是为了辅助推行教化，如果刑法松缓也能够辅助推行教化，更是圣德感人，更可看出妙手的作用。如果只是依仗雷霆之威，霜雪之法，百姓只知道害怕却不知道愧悔，等到不害怕时，依旧会坚持为非作歹，教化怎能推行成功呢？因此让百姓感到惧怕，不如让他们感到愧悔；只是对他们发怒，不如多讲道理教导他们；疏远他们，不如感化他们。

法者，一也。法曹者，执此一也。以贫富贵贱二之，则非法矣。或曰："亲贵难与疏贱同法。"曰："是也，八议[①]已别之矣。八议之所不别而亦二之，将何说之辞？夫执天子之法而顾忌已之爵禄，以徇高明而虐茕独[②]，如国法天道何？裂纲坏纪，摧善长恶，国必病焉。”

【注释】①八议：周代称八辟。周制规定八种人的犯罪须经特别审议，并可减免刑罚，称为“八辟”。《周礼·秋官·小司寇》：“以八辟丽邦法，附刑罚：一曰议亲之辟，二曰议故之辟，三曰议贤之辟，四曰议能之辟，五曰议功之辟，六曰议贵之辟，七曰议勤之辟，八曰议宾之辟。”郑玄注：“辟，法也。”“丽，附也。”周代据此对犯罪之亲、贵、贤、能等八种人减刑或免刑。后来成为历代封建帝王的亲族、近臣减刑免刑的特权规定。汉代八辟改为八议，三国魏正式写入法典，一直沿用到清代。②徇高明而虐茕（qióng）独：《尚书·洪范》：“无虐茕独而畏高明。”徇，顺从，曲从。高明，指富贵者。茕独，孤独。

【译文】法令，只有一个标准。执法的人，要掌握好这个标准。如果因为人的贫富贵贱而有两个标准，就不是法令了。有人说：“对待亲人、贵人，难以和疏远的人、低贱的人施行同样的法令。”回答说：“是啊，八议之法已经对亲、贵、贤、能等八种人分别做了减免刑罚的规定了。在八议法规定以外还要通过不同的标准来执法，有什么理由来解释呢？如果执掌着天子的法令而顾忌个人的爵位俸禄，屈从居于高位或贤能的人，侵害孤独无依靠的人，这样把天理国法又置于何地呢？破坏法律制度，摧残善良，助长恶人，国家必然会发生问题。”

治人治法不可相无，圣人竭耳目力，此治人也。继之以规矩准绳、六律五音[①]，此治法也。说者犹曰有治人无治法。然则治人无矣，治法可尽废乎？夫以藏在盟府之空言，犹足以伏六百年后之霸主[②]，而况法乎？故治天下者以治人立治法，法无不善；

留治法以待治人，法无不行。

【注释】①六律五音：五音：指宫、商、角、徵、羽五个音阶；六律：指定乐器的标准。指古代音律十二律中六个阳律。后也泛指音乐。典出《尚书·益稷》："予欲闻六律，五声，八音，在治忽；以出纳五言，汝听。"②"夫以"二句：《左传·僖公二十六年》："夏，齐孝公伐我北鄙……公使展喜犒师……齐侯曰：'鲁人恐乎？'对曰：'小人恐矣，君子则否。'齐侯曰：'室如县罄，野无青草，何恃而不恐？'对曰：'恃先王之命。昔周公、大公股肱周室，夹辅成王。成王劳之，而赐之盟，曰："世世子孙无相害也！"载在盟府，大师职之。桓公是以纠合诸侯，而谋其不协，弥缝其阙，而匡救其灾，昭旧职也。及君即位，诸侯之望曰："其率桓之功。"我敝邑用不敢保聚，曰："岂其嗣世九年而弃命废职，其若先君何？君必不然。"恃此以不恐。齐侯乃还。盟府，藏盟约之处。

【译文】治理国家的人才和治理国家的法令制度，这两方面都要具备，圣人用尽耳目之力来治理国家，这就是治理国家的人才。接着又制定了规矩准绳、六律五音，这就是治理国家的法度。有人认为，只要有治理国家的人才，就可以抛弃治理国家的法令制度。那么如果没有治理国家的人才，治理国家的法令制度能够全部废除吗？周公藏在盟府中的一纸盟约，尚且足以制伏六百年后的霸主，何况是治国的大法呢？因此治理天下的人要利用善于治理国家的人才来制定治理国家的法令制度，这样制定出来的法令制度就没有不完善的；保留下治国的大法等待治国人才的出现，法令没有不能推行的。

君子有君子之长，小人有小人之长。用君子易，用小人难，惟圣人能用小人。用君子在当其才，用小人在制其毒。

【译文】君子有君子的特长，小人有小人的专长。使用君子比较容易，使用小人比较困难，只有圣人能很好地使用小人。使用君子要发挥他的才能，使用小人要制止他的毒害。

只用人得其当，委任而责成之，不患天下不治。二帝三王急亲贤，作当务之急第一事。

【译文】只要选用人才恰当，任用后又督责他完成任务，不用担心天下不能治理。二帝三王急于亲近贤人，把这件事当作目前最急需要办理的事。

古之圣王不尽人之情，故下之忠爱尝有余。后世不然，平日君臣相与仅足以存体面而无可感之恩，甚或拂其心而怀待逞之志。至其趋大事、犯大难，皆出于分之不得已。以不得已之心供所不欲之役，虽临时固结犹恐不亲，而上之诛求责望又复太过，故其空名积势不足以镇服人心而庇其身国。呜呼！民无自然之感，而徒迫于不得不然之势；君无油然之爱，而徒劫之不敢不然之威，殆哉！

【译文】古代圣明的君王对臣下及百姓有无穷尽的真情，所以臣下和百姓忠君爱国。后世则不是这样，平日君臣相处，仅足以顾全体面，而没有值得感激的恩情，君王甚至违背臣下的意愿，而臣下也暗怀着等待时机的心思。等到需要臣下为国家趋救国难，臣下只是出于臣子的职分，不得已而服从。以不得已的心情去做不情愿的事情，即使君王临时笼络仍恐不亲，而对臣下的要求愿望又太过太高，因此只是徒有空名，其势不足以镇服人心、庇护身国。唉！百姓不是出于自然的感情，而只是迫于不得不然的形势；君上对百姓没有自然而生的爱护，而只是通过不敢不然的威势来胁制，真是危险啊！

古之学者，穷居而筹兼善之略[1]。今也同为僚案，后进不敢问先达之事，右署不敢知左署之职。在我避侵职之嫌，在彼生望蜀[2]之议。是以未至其地也不敢图，既至其地也不及习，急遽苟且，了目前之套数而已。安得树可久之功，张无前之业哉？

【注释】①“穷居”句：《孟子·尽心上》：“古之人，得志，泽加于民；不得志，修身见于世。穷则独善其身，达则兼善天下。”筹，谋划。兼善，兼善天下。②望蜀：“得陇望蜀”之省语，谓贪心不足。

【译文】古代的读书人，即使身处困境仍在筹划使天下苍生皆能蒙受其惠的大略。现在，即使是同僚，后进入官场的人也不敢询问前辈官员的事情，右署官员不敢知道左署官员的职掌。在自身方面要避免超越他人职权的嫌疑，又怕对方对自己有贪心不足的议论。因此在没有到任时不敢预先有什么打算，到任以后又来不及学习，只能匆忙马虎应付，了却眼前例行的手续俗套而已。这样怎能建立永久的功业？展开前人没有的业绩？

百姓宁贱售而与民为市，不贵值[1]而与官为市。故物满于廛，货充于肆，官求之则不得，益价而求之亦不得。有一官府欲采缯，知市值[2]，密使吏增直，得之。既行，而商知其官买也，追之，已入公门矣。是商也，明日逃去。人谓商曰："此公物不亏值。"曰："吾非为此公。今日得我一缯，他日责我无极。人人未必皆此公，后日未必犹此公也。减直何害？甚者经年不予直，迟直何害？甚者竟不予直，一物无直何害？甚者数取皆无直。吏卒因而附取亦无直。无直何害？甚者无是货也而责之有，捶楚乱加。为之遍索而不得，为之远求而难待。诛求者非一官，逼取者非一货。公差之需索，公门之侵扣，价银之低假又不暇论也。嗟夫！宁逢盗劫，无逢官赊。盗劫犹申冤于官，官赊则无所赴诉矣。"予闻之，谓僚友曰："民不我信③，非民之罪也。彼固求货之出手耳，何择于官民？又何亲于民而何仇于官哉？无轻取，无多取，与民同直而即日面给焉，年年如是，人人如是，又禁府州县之不如是者，百姓独非人哉？无彼尤也。"

【注释】①贵值：价钱高。②市值：市场出售价格。③民不我信：即民不信我。

【译文】百姓宁肯把货物贱卖给普通百姓，也不愿高价卖给官府。因此货物堆满了店铺、摆满了集市，官府去求购则买不着，加价去求购也买不到。有一个官府想要购买丝织品，了解到市场的价格，就秘密派小差役用高一些的价钱去买，买到后就走了。走后商人知道是官府买的，马上去追，买货的人已经走进了官府的大门。这个商人第二天就逃走了。有人对这个商人说："这个公差来买货，没有在价格上让你吃亏。"商人说："我逃走不是因为这名买货官吏。官府今天得到我一匹绸缎，明天就不知会苛求有多少。来买货的人未必都像这个官吏，日后来买的也未必还是这个官吏。价钱低一点儿有什么关系？可是官府有时一年也不给钱；迟付钱有什么关系？可是官府有时一个钱也不给；一件货物不给钱有什么关系？可是官府有时多次拿走货物也不给钱。胥吏与衙役捎带着拿走货物也不给钱。不给钱也没什么关系，甚至没有这种货物也非说有，还要胡乱打人。为他们到处去寻也找不到，去远处找，他们还不愿等。敲诈索求的不只是一个官，来逼取的也不只是一种货。公差的勒索，官府的侵扣。价钱低，银子是假的，这都不必说。唉！宁愿遇到盗贼抢劫，也不希望遇到官府来赊货。被盗贼抢劫了还可以到官府去伸冤，被官府强赊就没有地方去讲理了。”我听说后，对同僚说：“百姓不信任我们，这不是百姓的错误。他们本来是希望把货卖出去的，哪里需要选择是官是民呢？他们对民有什么亲而对官又有什么仇呢？如果官府不轻易地夺取，不多取，和百姓给同样的价钱而且当面就付钱，年年如此，人人如此，又严令禁止州县里不这样做的人，百姓难道不是人吗？他们就不会有那样的怨恨了。”

“公正”二字是撑持世界底，没了这二字，便塌了天。

【译文】“公正”这两个字是支撑世界的，没了“公正”，便是天坍塌了。

人臣有二惩，曰私，曰伪。私则利己徇人而公法坏，伪则弥缝粉饰而实政堕。公法坏，则豪强得以横恣，贫贱无所控诉而愁怨多；实政堕，则视国民不啻越秦[①]，逐势利如同商贾而身家肥。此乱亡之渐也，何可不惩。

【注释】①越秦：古代越国与秦国相距邈远，故并称以喻漠不相关的人或事。

【译文】臣下有两件事要戒止，就是私和伪。有了私心，就会为了一己的私利去依从他人而破坏国家的法令；有了伪念，就会设法遮掩缺失、掩盖实质而破坏实政。国家的法令被破坏，豪强就可以专横放肆，贫穷的百姓就会控诉无门而多忧愁怨恨；实政遭到破坏，就不会维护国家和百姓的利益，只会像商人那样追逐利润而养肥身家。这样，国家就会逐渐走向败乱灭亡，怎么能不警戒呢？

"与上大夫言，訚訚如也①。"朱注云："訚訚，和悦而诤②。"只一"诤"字，十分扶持世道。近世见上大夫，少不了和悦，只欠一"诤"字。

【注释】①"与上大夫言"二句：典出《论语·乡党》。②诤：直言规劝。

【译文】《论语·乡党》记载："与上大夫言，訚訚如也。"朱熹注："訚訚，和悦而诤。"只一个"诤"字，对世道的治理会起很大的作用。近世的人见到上大夫，少不了奉承取悦，只少了一"诤"字。

古今观人，离不了好恶。武叔毁仲尼①，伯寮愬子路②，臧仓沮孟子③，从来圣贤未有不遭谤毁者，故曰：其不善者恶之，不为不善所恶，不成君子。后世执进退之柄者，只在乡人皆好之上取人④，千人之誉不足以敌一人之毁，更不察这毁言从何处来，更不察这毁人者是小人是君子。是以正士伤心，端人丧气。一人仕途，只在弥缝涂抹上做工夫，更不敢得罪一人。呜呼！端人正士叛中行而惟乡原是师，皆由是非失真、进退失当者驱之也。

【注释】①武叔毁仲尼：《论语·子张》："叔孙武叔毁仲尼。子贡曰：'无以为也，仲尼不可毁也。他人之贤者，丘陵也，犹可逾也；仲尼，日月也，无得而逾焉。人虽欲自绝，其何伤于日月乎？多见其不知量也。'"②伯寮愬（sù）子路：《论语·宪问》："公伯寮愬子路于季孙。子服景伯以告，曰：'夫子固有惑志于公伯寮，吾力犹能肆诸市朝。'子曰：'道之将行也与，命也；道之将废也与，命也。公伯寮其如命何？'"愬，同"诉"，"进谗言"意。③臧仓沮孟子：《孟子·梁惠王下》："鲁平公将出，嬖人臧仓者请曰：'他日君出，则必命有司所之。今乘舆已驾矣，有司未知所之，敢请？'公曰：'将见孟子。'曰：'何哉？君所为轻身以先于匹夫者，以为贤乎？礼义由贤者出，而孟子之后丧逾前丧。君无见焉！'公曰：'诺。'乐正子入见曰：'君奚为不见孟轲也？'曰：'或告寡人曰："孟子之后丧逾前丧"，是以不往见也。'曰：'何哉？君所谓逾者，前以士后以大夫，前以三鼎而后以五鼎与？'曰：'否。谓棺椁衣衾之美也。'曰：'非所谓逾也，贫富不同也。'乐正子见孟子曰：'克告于君，君为来见也。嬖人有臧仓者沮君，君是以不果来也。'曰：'行或使之，止或尼之，行止非人所能也。吾之不遇鲁侯，天也。臧氏之子，焉能使予不遇哉？'"沮，阻止。④乡人皆好之上取人：《论语·子路》："子贡问曰：'乡人皆好之，何如？'子曰：'未可也。''乡人皆恶之，何如？'子曰：'未可也。不如乡人之善者好之，其不善者恶之。'"

【译文】从古至今，观察人少不了喜好和厌恶。叔孙武叔诋毁孔子，公伯寮毁谤子路，臧仓诽谤孟子，阻止鲁平公去见孟子，以此看来，从来圣贤就没有不遭诽谤诋毁的，所以有这样的说法：被不善的人痛恨，而不被恶者所恨，就不是君子。后世执掌用人大权的人，只选用人们都喜欢的人，一千个人的称赞抵不了一个人的诋毁，更不考察诋毁的言论是怎么来的，也不考察诋毁他人的是小人还是君子。因此使正直的人伤心，端方的人丧气。他们选用的人人都说好的人，一旦进入仕途，就只会在设法遮掩缺失上做功夫，更不敢得罪一个人。唉！正直端方的人违背了中庸之道而去学习乡愿的做法，都是因为执掌用人大权的人是非不分、进退失当造成的。

图大于细，不劳力，不费财，不动声色，暗收百倍之功。用柔为刚，愈涵容，愈愧屈，愈契腹心，化作两人之美。

【译文】图谋大事从细小的事情做起，就会不耗费精神体力、不耗费钱财、不流露感情，在不知不觉中收到百倍的功效。以柔为刚，就愈加宽容，愈谦逊退让，就愈加知心，双方都会舒畅。

铨署①楹帖：直者无庸我力，枉者我无庸力，何敢贪天之功；恩则以奸为贤，怨则以贤为奸，岂能逃鬼之责②。

【注释】①铨署：指古代主管选拔官吏的部门。唐代文官由吏部铨选，武职由兵部铨选。宋初吏部铨选官员，仅限州县官及幕。文官少卿、监以上中书主之，京朝官由审官院主之；武官刺史、副率以上内职由枢密院主之。至明代，文归吏部，武归兵部。②“直者”六句：意思是选用了正直的人，不要认为是我的功劳，对邪枉的人，我不去选用，不敢贪天之功据为己有；因为对自己有恩，奸邪的人也被认为是贤人；因为对自己有怨，贤人也被认为是奸邪，这样做怎么能逃避鬼的谴责。

【译文】在选拔官吏的吏部衙门有这样一副楹联：直者无庸我力，枉者我无庸力，何敢贪天之功；恩则以奸为贤，怨则以贤为奸，岂能逃鬼之责。

公署楹帖：只一个志诚，任从你千欺百罔；有三尺明法，休犯他十恶五刑。

【译文】公署楹帖：只一个志诚，任你千欺百罔；有三尺明法，休犯他十恶五刑。

公署楹帖：皇天下鉴此心，敢不光明正直；赤子来游吾腹，愿言岂弟慈祥。

【译文】公署楹帖：皇天下鉴此心，敢不光明正直；赤子来游吾腹，愿言岂弟慈祥。

按察司署楹帖：光天化日之下，四方阴邪休行；大冬严雪之中，一点阳春自在。

【译文】按察司署楹帖：光天化日之下，四方阴邪休行；大冬严雪之中，一点儿阳春自在。

发示驿递：痛苍赤食草饭沙，安忍吸民膏以纵口腹；睹闾阎卖妻鬻子，岂容穷物力而拥车徒。

【译文】利用驿站传送公文告诫往来住宿消费的官吏：悲痛老百

姓吃草饭沙，怎么忍心吸吮百姓的血汗满足自己口腹；目睹民间典卖妻子儿女，怎容你穷尽物资人力大肆铺张。

发示州县：悯其饥，念其寒，谁不可怜子女？肯推毫发与苍生，不枉为民父母；受若直，怠若事，谁能放过仆童？况糜膏脂无治状，也应念及儿孙。

【译文】发示州县：哀怜其饥饿，关心其寒冷，哪个不怜悯子女？把这种精神推及百姓，不枉担任百姓的父母官。接受了报酬，却懈怠懒惰其事，哪个能放过这样的仆人？更何况过度地消耗百姓的血汗却没有政绩，给子孙留下多少祸殃。

襄垣县署楹帖：百姓有知，愿教竹头生笋；三堂无事，任从门外张罗。

【译文】襄垣县官署楹联：百姓有知，愿教竹头生笋；大堂无事，任从门外张罗。

莫以勤劳怨辛苦，朝廷觅你做奶母。

【译文】不要因为勤劳就抱怨辛苦，朝廷选你来是做乳母的。

城门四联：东延和门：青帝[①]布阳春，郁郁葱葱，生气溢沙随[②]之外；黄堂[③]流德泽，融融液液，太和在梁苑[④]之西。南文明门：万丈文光，北射斗牛通魁柄[5]；三星物采，东联箕尾上台躔[6]。西宝成门：万宝告成，耕夫织妇白叟黄童年年歌大有；五征来备，东舍西邻南村北疃处处乐同人。北钟祥门：洪涛来万里恩波，远抱崇墉浮瑞霭；玄女注千年圣水，潜滋环海护生灵。

【注释】①青帝：古代神话中的五天帝之一，是位于东方的司春之神，又称苍帝、木帝。②沙随：地名。在今河南宁陵，吕坤故乡。③黄堂：古代州郡太守都在厅事墙上涂饰雌黄，以驱邪消灾，故称其厅事为“黄堂”。后泛指知府。④梁苑：园圃名。在今河南开封。⑤魁柄：比喻朝廷大权，此指朝廷。⑥台躔（chán）：指朝廷高官官署。台，官署名。

【译文】沙随城门四联：东面的延和门：青帝布阳春，郁郁葱葱，生气溢沙随之外；黄堂流德泽，融融液液，太和在梁苑之西。南面的文明门：万丈文光，北射斗牛通魁柄；三星物采，东联箕尾上台躔。西面宝成门：万宝告成，耕夫织妇白叟黄童年年歌大有；五征来备，东舍西邻南村北疃处处乐同人。北面的钟祥门：洪涛来万里恩波，远抱崇墉浮瑞霭；玄女注千年圣水，潜滋环海护生灵。

卷六 数之集

卷六

人情

【题解】此章共63则。吕坤对人情观察得非常细致，对治道、职场和日常生活遇到的各种情况都提出了自己的看法。比如：他认为，要想国家安定，必须让人民过得快乐。他针对人们喜听好话的特点，指出：世间人听到别人的过失便喜谈而乐道之；见人规劝自己的过失，既掩护之，又痛疾之。听到别人称誉自己便欣喜而夸张之，见人称别人之善，既盖藏之，又搜索之。又讲人与人相处之道：指出别人缺点错误的时候，对方有五分错误，只指出三四分就可以了。他的祸福观是："福莫大于无祸，祸莫大于求福。"人的生活态度应该是：以患难时的心情对待安乐的日子，以贫贱时的心情对待富贵的日子，以委屈局促时的心情对待能够自由伸展的日子，这样就无时不处于泰然自乐之中。如果把深渊峡谷视为康庄大道，把疾病视作健康，把灾祸视作无事，任何时候都不会安稳。其他还有对待所谓世态炎凉的态度，对积恩和积威的做法，对宽恕的做法等等，都提出了很好的见解。

无所乐有所苦，即父子不相保也，而况民乎？有所乐无所苦，即戎狄且相亲也，而况民乎？

【译文】没有快乐只有痛苦，即使父子关系也不能维持，更何况一般百姓呢？只有快乐没有痛苦，即使是不同民族也能相亲相爱，更何况一般百姓呢。

世之人，闻人过失，便喜谈而乐道之；见人规己之过，既掩护之，又痛疾之；闻人称誉，便欣喜而夸张之；见人称人之善，既盖藏之，又搜索之。试思这个念头是君子乎？是小人乎？

【译文】世上的人，听到别人的过失，就津津乐道；见别人指出自己的过错，就掩饰过失，对那个人痛心疾首；听到别人的称赞夸奖，就欣喜若狂，并夸大其词；听到别人称赞他人优点，就又去遮盖隐藏他人的优点，又百般挑剔他人的缺点，试问有这样念头的人，是君子还是小人？

乍见之患，愚者所惊；渐至之殃，智者所忽也。以愚者而当智者之所忽，可畏哉！

【译文】飞来的横祸，愚蠢的人也感到惊愕；缓缓而来的灾难，聪明的人也会有所忽略。如果让愚蠢的人遇到聪明人都容易忽略的缓缓而来的灾祸，那实在太可怕了。

论人情，只往薄处求，说人心只往恶边想，此是私而刻底念头,自家便是个小人。古人责人每于有过中求无过，此是长厚心、盛德事。学者熟思，自有滋味。

【译文】谈论人情的时候，只往人情淡薄处探求；论说人心的时候，只是往人心险恶的一边想。这是自私刻薄的念头，这种人自己就是个小人。古人责备人，往往从现有的过错中寻求没有的过错，这才是助长宽厚的心、广撒仁德的事。求学的人认真思考，其中自有一番滋味。

人说己善则喜，人说己过则怒。自家善恶自家真知，待祸败时欺人不得。人说体实则喜，人说体虚则怒，自家病痛自家独觉，到死亡时欺人不得。

【译文】听到别人说自己的好就高兴，说自己的不好就恼怒。自己的好坏自己最清楚，等到遭祸落败时就谁也欺骗不了。听到别人说自己身体健壮就高兴，说自己身体虚弱就恼怒。自己的病痛只有自己感觉的到，待到死亡时就骗不了别人了。

一巨卿还家，门户不如做官时，悄然不乐，曰：“世态炎凉如是，人何以堪！”余曰：“君自炎凉，非独世态之过也。平常淡素是我本来事，热闹纷华是我傥来事[①]。君留恋富贵以为当然，厌恶贫贱以为遭际，何炎凉如之而暇叹世情哉！”

【注释】①傥来事：偶然得到或意外而来的事情。

【译文】一大官告老回乡以后，门户不如做官时热闹，心中忧愁不乐，说道：“世俗情态反复无常到了如此地步，让人怎么受得了！”我说：“这是由于您心中有了冷暖，并不只是世态的过错。平常淡雅朴素，是我们本来应该过的日子；热闹繁华，是意外得来的事情。您对富贵有所眷恋，以为这是应该过的日子；讨厌憎恶贫贱，以为这是不好的境遇，世态哪里像您说的这样炎凉，而您却如此感叹世情呢！”

迷莫迷于明知，愚莫愚于用智，辱莫辱于求荣，小莫小于好大。

【译文】执迷莫过于明知故犯，愚蠢莫过于自作聪明，耻辱莫过于卖主求荣，渺小莫过于好大喜功。

两人相非，不破家亡身不止，回头任自家一句错，便是无边受用；两人自是，不反面稽唇不止，只温语称人一句好，便是无限欢欣。

【译文】两个人互相攻击，不到家破人亡绝不罢休，只要低头为自己认一个错，就会有非常大的好处；双方都自以为是，不到反唇相讥的地步绝不罢休，只要温和地称赞对方一声好话，就会有无限的欢乐和欣喜。

将好名儿都收在自家身上，将恶名儿都推在别人身上，此天下通情。不知此两个念头都揽个恶名在身，不如让善引过。

【译文】把好的名声都归在自己身上，把坏的名声都推到别人身上，是天下人的通病。不知道这两个念头都会给自己带来恶名，不如把好名声让给别人，把过错留给自己。

露己之美者恶，分人之美者尤恶。而况专人之美、窃人之美乎？吾党戒之。

【译文】暴露自己好处的人可恶，分享别人好处的人更加可恶，何况占据别人的好处和窃取别人的好处的呢？我们应当对这样的事情引以为戒。

守义礼者，今人以为倨傲：工谀佞者，今人以为谦恭。举世名公达宦自号儒流，亦迷乱相责而不悟，大可笑也。

【译文】恪守道义礼法的人，现在的人认为是傲慢自大；擅长阿谀奉承的奸佞小人，现在的人认为是谦虚恭敬。世上那些有名望的王公贵族和达官贵人自称是儒门雅士，也迷惑不解，互相指责而不知道醒悟，太可笑了。

爱人以德而令之仇，人以德爱我而仇之，此二人者皆愚也。

【译文】按照道德标准去爱护和帮助他人却使人有了怨恨，他人按照道德标准去爱护和帮助我我却怨恨人家，这两种人都是愚蠢的。

无可知处尽有可知之人而忽之，谓之瞽；可知处尽有不可知之人而忽之，亦谓之瞽。

【译文】忽略了没有人知道的地方仍然会有知道的人，这样的人被称作瞎子；忽略了应该知道的事情也会有不知道的人，这样的人也被称作瞎子。

世间有三利衢坏人心术，有四要路坏人气质，当此地而不坏者，可谓定守矣。君门，士大夫之利衢也。公门，吏胥之利衢也。市门，商贾之利衢也。翰林、吏部、台、省①，四要路也。有道者处之，在在都是真我。

【注释】①翰林：指翰林院，唐代置此院，为内廷供奉之官。宋设翰林学士院，掌在内廷起草诏旨。此外，在内侍省下设翰林院，总天文、书艺、图画、医官四局。明将著作、修史、图书等事务并归翰林院，成为外朝官署。吏部：六部之一，主管官吏的选任、考课、升降、调动等事务。台：御史台，属监察机关。省：指尚书省、中书省、门下省。

【译文】世上有三条通往利益的道路使人意志消沉，有四种显重的地位破坏人的气质，处在这样的形势而能不学坏的人，可以说是操守坚定了。宫门，就是士大夫通往利益的途径。公门，就是官府小吏通往利益的途径。市场的门，就是商贾的通往利益的途径。翰林院、吏部、御史台、三省，就是四个显重的地位。有道德的人处在这个位置上，处处都能表现出真正的我。

朝廷法纪做不得人情，天下名分做不得人情，圣贤道理做不得人情，他人事做不得人情，我无力量做不得人情。以此五者徇人，皆妄也，君子慎之。

【译文】朝廷的法律纲纪做不得人情，天下名位与身分做不得人情，圣贤道理做不得人情，他人的事做不得人情，自己没力量做不得人情。通过这五种事情来曲从他人以求达到自己的目的，都是荒谬的，君子一定要慎重。

古人之相与也，明目张胆，推心置腹。其未言也，无先疑；其既言也，无后虑。今人之相与也，小心屏息，藏意饰容。其未言也，怀疑畏；其既言也，触祸机。哀哉！安得心地光明之君子，而与之披情愫、论肝膈也？哀哉！彼亦示人以光明，而以机阱陷人也。

【译文】古人相互交往时，坦诚相待，推心置腹。没说话的时候，也没有疑虑；已经讲了的话，也不必有后顾之忧。现在的人相互交往，谨小慎微，隐藏意图掩饰表情。还没有说话，就有了疑虑畏惧之心，说了以后，又担心引来灾祸。真可悲啊！哪儿有光明磊落的君子，可以与他诉衷情、披肝胆呢？可悲啊！我与人光明正大交往，别人却设陷阱害人。

古之君子不以其所能者病人，今人却以其所不能者病人。

【译文】古代的君子不用自己擅长的事来困扰或羞辱别人，现在的人却拿自己做不到的事来困扰和羞辱别人。

古人名望相近则相得，今人名望相近则相妒。

【译文】古代名声威望差不多的人能和谐相处；现在名声威望差不多的人相互嫉妒。

福莫大于无祸，祸莫大于求福。

【译文】幸福没有比没有灾祸更大的了，祸患没有比过分追求幸福更大的了。

言在行先，名在实先，食在事先，皆君子之所耻也。

【译文】言语在行动之前，名声在实际行动之前，酬劳在做事之前，都是君子所不耻的。

两悔无不释之怨，两求无不合之交，两怒无不成之祸。

【译文】双方都悔悟，就没有化解不了的怨恨；双方都求和睦相处，就没有不能合作的朋友；双方都发怒，就没有酿不成的灾祸。

己无才而不让能，甚则害之；己为恶而恶人之为善，甚则诬之；己贫贱而恶人之富贵，甚则倾之。此三妒者，人之大戮也。

【译文】自己没有才华却不让给有才的人，甚至迫害他；自己作恶却嫉恨他人行善，甚至诬陷他；自己贫贱却嫉恨他人的富贵，甚至倾陷他。这三种嫉妒的人，是最应当杀掉的人。

以患难时，心居安乐，以贫贱时，心居富贵，以屈局时，心居广大，则无往而不泰然。以渊谷视康庄，以疾病视强健，以不测视无事，则无往而不安稳。

【译文】在患难时能有安乐的心情，贫贱时能平静地对待富贵，在委曲局促时能有宽广的胸襟，就没有什么不能泰然处之。把深渊峡谷看做康庄大道，把疾病看做强身健体，把不测之祸看作无事，就没有什么时候不能安稳自处了。

不怕在朝市中无泉石心，只怕归泉石时动朝市心。

【译文】不怕在朝野中没有隐退的心思，只怕在山林里还有去往朝野的心思。

积威与积恩，二者皆祸也。积威之祸可救，积恩之祸难救。积威之后，宽一分则安，恩二分则悦；积恩之后，止而不加则以为薄，才减毫发则以为怨。恩极则穷，穷则难继；爱极则纵，纵则难堪。不可继则不进，其势必退。故威退为福，恩退为祸；恩进为福，威进为祸。圣人非靳恩也，惧祸也。湿薪之解也易，燥薪之束也难。圣人之靳恩也，其爱人无已之至情，调剂人情之微权也。

【译文】积累威严和积累恩德，二者都是祸害。积累威严而致的祸可救，积累恩德而致的祸难救。积威之后放宽一分对方就会安心，再恩宠二分对方就会高兴。积恩之后恩惠停止而不再增加，对方就以为薄情，才减少一些，就遭到怨怒。恩情到了极点就穷尽了，穷尽了就难以继续下去；宠爱到了极点就会放纵，放纵就让人难以忍受。不能再继续，感情就不会增进，最终必然疏远。因此，威严退去了被认为是福，恩德减少了被认为是祸；恩德加深了被认为是福，威严加强了被认为是祸。圣人并不是吝惜施人恩惠，而是害怕带来祸患。解湿了的柴火容易，捆上干燥的柴火困难。圣人吝惜恩惠，是他忘我的爱人的至情，是调和人情冷暖的权变方法！

人皆知少之为忧，而不知多之为忧也，惟智者忧多。

【译文】人们都知道担忧少，却不知道担忧多，只有大智的人才知道担忧多。

众恶之必察焉，众好之必察焉，易；自恶之必察焉，自好之必察焉，难。

【译文】众人都讨厌的事物一定要有所察觉，众人都喜欢的事物一定要有所了解，这都容易做到；自己讨厌的事物一定要了解，自己喜欢的事物也一定要了解，这就难了。

有人情之识，有物理之识，有事体之识，有事势之识，有事变之识，有精细之识，有阔大之识，此皆不可兼也，而事变之识为难，阔大之识为贵。

【译文】有的人有人情事故的知识，有的人掌握物理知识，有的人了解事物的时势，有的了解事物的发展趋势，有的人精通细致的事物，有的人有开拓胸襟的能力，但这几种知识都不能同时兼备。其中，认识事物变化的知识最难，开拓胸襟的能力最可贵。

圣人之道，本不拂人。然亦不求可人。人情原无限量。务可人不惟不是，亦自不能。故君子只务可理。

【译文】圣人的道理，本来就不违背大家的意愿，但是也不是为了迎合别人。人情原本没有限度，要做到让每个人都满意不是不愿意，是不可能做到。所以君子只求合乎情理。

施人者虽无已，而我常慎所求，是谓养施；报我者虽无已，而我常不敢当，是谓养报；此不尽人之情，而全交之道也。

【译文】施恩给别人的人虽然没有私心，但我往往要慎重被施予的对象，这叫做养施；给我回报的人虽然没有私心，但我却也往往不敢接受，这叫做养报。这样为人情留有余地，是保全交情的方法。

攻人者，有五分过恶，只攻他三四分，不惟彼有馀惧，而亦倾心引服，足以塞其辩口。攻到五分，已伤浑厚，而我无救性矣。若更多一，是贻之以自解之资。彼据其一而得五，我贪其一而失五矣。此言责家之大戒也。

【译文】挑毛病的人，对方有五分错误，只指出三四分。不仅是让对方心有余惧，而且会让他心服口服，能够使他不狡辩。指出五分，就伤了厚道，自己也没有转回的余地了。假如再多一分，就给了对方自我辩解的资本。他根据这一分来为那五分辩解，我贪多，多说了一分，就丧失了那五分的威信。这是责备别人要注意的。

见利向前，见害退后，同功专美于己，同过委罪于人。此小人恒态，而丈夫之耻行也。

【译文】见到利益就向前，见到危险就退缩；与别人共同建立功劳却将它归于自己，与他人一起犯错却将责任都推卸给他人。这是小人的通常表现，大丈夫会以此为耻。

任彼薄恶，而吾以厚道敦之，则薄恶者必愧感，而情好愈笃。若因其薄恶也，而亦以薄恶报之，则彼我同非，特分先后耳，毕竟何时解释？此庸人之行，而君子不由也。

【译文】任凭对方的态度刻薄恶劣，我都以宽厚仁道来对待他，那么，刻薄恶劣的人必会心中有愧，且你们的情意会更加深厚。如果因为对方的刻薄恶劣而以同样的态度报复他，那么，双方就都错了，只是先后的区别而已，那么双方的怨恨什么时候才能消除呢？这只是庸人的做法而已，正人君子是不会这样做的。

恕人有六：或彼识见有不到处，或彼听闻有未真处，或彼力量有不及处，或彼心事有所苦处，或彼精神有所忽处，或彼微意有所在处。先此六恕而命之不从，教之不改，然后可罪也已。是以君子教人而后责人，体人而后怒人。

【译文】有六种情况可以宽恕别人：或者因为他见识不到，或者因为他听不真切，或者因为他力量不够，或者因为他心有所苦，或者因为他精神有所疏忽，或者因为他别有用意。先考虑这六种情况予以宽恕，而后还不服从命令、不听从教育的，可按罪惩处。因此君子先教育人，然后才责罚人；先体谅人，然后才怪罪人。

直友难得，而吾又拒以讳过之声色；佞人不少，而吾又接以喜谀之意态。呜呼！欲不日入于恶也，难矣。

【译文】正直的朋友很难获得，而我又表现出隐瞒过失的样子来拒绝他；阿谀奉承的人不少，而我又表现出喜爱阿谀奉承的态度来结交他。唉！想不让人们一天一天坏下去是很难的！

笞、杖、徒、流、死，此五者，小人之律令也。礼、义、廉、耻，此四者，君子之律令也。小人犯律令刑于有司，君子犯律令刑于公论。虽然，刑罚滥及，小人不惧，何也？非至当之刑也。毁谤交攻，君子不惧，何也？非至公之论也。

【译文】笞刑、杖刑、徒刑、流放、死刑，这五种刑罚，是对待小人的法律条令。礼、义、廉、耻，这四种道德准则，是对待君子的法律命令。小人触犯了法令由官府判刑，君子违反了法令由公正的评论惩罚。虽然如此，如果滥施刑罚，小人却不惧怕，为什么呢？因为不是恰当的惩罚。如果诋毁诽谤交相指责、攻讦，君子却不害怕，为什么呢？因为不是公正的评论。

情不足而文之以言，其言不可亲也；诚不足而文之以貌，其貌不足信也。是以天下之事贵真，真不容掩，而见之言貌，其可亲可信也夫！

【译文】感情不深厚而用言语来文饰，这样的言语不足以打动人；诚意不够而用外貌来文饰，这样的外貌不可信。因此天下的事情贵在真，真情是不能掩饰的，而表现在语言和容貌上，这样才让人感到可亲可信啊！

势、利、术、言，此四者公道之敌也。炙手可热，则公道为屈；贿赂潜通，则公道为屈；智巧阴投，则公道为屈；毁誉肆行，则公道为屈。世之冀幸受诬者，不啻十五也，可慨夫！

【译文】权势、利禄、权术、诡言，这四个方面都是公道的大敌。炙手可热的权势歪屈真理；暗里行贿可使公道歪曲；投机取巧能歪曲公道；诋毁诽谤、肆虐横行也可以让公道歪曲。世上那些坚守正道希望自己不被诬陷却被诬陷的人，哪里只是十人中有五个啊，真是让人感慨啊！

圣人处世，只于人情上做工夫。其于人情，又只于未言之先、不言之表上做工夫。

【译文】圣人应付世情，只在人情上做功夫。对于人情，又只在未言之前、表面上不言做功夫。

美生爱，爱生狎，狎生玩，玩生骄，骄生悍，悍生死。

【译文】对美的东西就会产生喜爱，喜爱了就想亲近，亲近不庄重就会轻慢，轻慢就会产生骄横，骄横就会产生凶悍，凶悍就会毫无顾忌，进而招致死亡。

礼是圣人制底，情不是圣人制底。圣人缘情而生礼，君子见礼而得情。众人以礼视礼而不知其情，由是礼为天下虚文，而崇真者思弃之矣。

【译文】礼节是圣人制定的，情感不是圣人制定的。圣人根据情感制定了礼节，君子见礼而知情。普通人只把礼节看作是一种合乎礼仪的行为而看不到情感，因此礼节就成了一种没有意义的形式，而崇尚真实的人就想抛弃这些没有意义的礼节。

人到无所顾惜时，君父之尊不能使之严，鼎镬[①]之威不能使之惧，千言万语不能使之喻，虽圣人亦无如之何也已。圣人知其然也，每养其体面，体其情私，而不使至于无所顾惜。

【注释】①鼎镬（huò）：鼎，三足两耳的金属器具。镬，无足无耳的金属器具。鼎镬皆为烹煮食物的器具。此指古代的鼎镬烹煮罪犯的酷刑。

【译文】人到没有地方可珍惜的时候，君父的威严也不能震慑到他，鼎镬烹煮的酷刑也不会使他害怕，千言万语也不能使他醒悟，即使是圣人对他也没有任何办法。圣人知道这个道理，因此每每要保持人的体面，体解他们内心的隐曲，而不让人沦于没有什么可珍惜的境地。

称人以颜子，无不悦者，忘其贫贱而夭。称人以桀、纣、盗跖[①]，无不怒者，忘其富贵而寿。好善恶恶之同然如此，而作人却与桀、纣、盗跖同归，何恶其名而好其实耶？

【注释】①盗跖：也作“盗蹠”。相传为古代的大盗，生性暴虐，横行天下。后用以形容残暴的人。

【译文】称赞别人像孔子的弟子颜渊，没有人不高兴的，但却忘记了颜渊的贫贱和短寿。把人比喻成夏桀、商纣、盗跖，没有人会不发怒，但却忘记了夏桀、商纣、盗跖的富贵和长寿。人们喜好美善，憎恨丑恶的心理如此相同，而做人却如同夏桀、商纣、盗跖一样，怎能只厌恶他的恶名而喜欢他的实际呢?

今人骨肉之好不终，只为看得“尔”“我”二字太分晓。

【译文】现在即使是骨肉至亲都不能终生和睦相处，只是因为把“你”“我”这两个字看得太分明了。

圣人制礼，本以体人情，非以拂之也。圣人之心非不因人情之所便而各顺之，然顺一时便一人，而后天下之大不顺便者因之矣。故圣人不敢恤小便拂大顺，徇一时弊万世。其拂人情者，乃所以宜人情也。

【译文】圣人制定礼仪制度，本来是为了体恤人情，并不是为了拂逆人情。圣人的心思并不是不想因循人情的方便而使各方面都顺应，然而如果只是顺应一时、方便一人，以后天下就会造成大多数人不方便、不顺利的情况。因此圣人不敢因为顾惜少数人的便利而拂逆大多数人的便利，顺应一时的方便而造成万世的弊病。圣人拂逆人情，正是用来顺应人情的。

好人之善，恶人之恶，不难于过甚。只是好己之善，善己之恶，便不如此痛切。

【译文】喜好别人的优点，痛恨别人的缺点，不难于显示出过于偏激的情感。但是喜好自己的优点，痛恨自己的缺点，就不会表现出如此恳切的情感。

诚则无心，无心则无迹，无迹则人不疑，即疑，久将自消。我一着意，自然着迹，着迹则两相疑，两相疑，则似者皆真，故着意之害大。三五岁之男女终日谈笑于市，男女不相嫌，见者亦无疑于男女，两诚故也。继母之慈，嫡妻之惠，不能脱然自忘，人未必脱然相信，则着意之故耳。

【译文】内心真诚就不会存心如此，不是存心如此就没有形迹；没有形迹就不会让人产生怀疑；即使产生了怀疑，时间长了也会自动消失。一旦刻意如此，自然就会露出形迹；露出形迹双方都会怀疑；双方都有了怀疑，相似的东西也就成了真的；因此说刻意而为的害处很大。三五岁的男孩女孩整天在街上玩耍谈天说笑，没有男女两性关系的嫌疑，看见的人也不会认为有什么嫌疑，这是因为双方内心真诚的缘故。继母对孩子的慈爱，嫡妻对婢妾的恩惠，自己不能轻易自忘，别人也未必会轻易相信，这就是刻意用心的缘故。

一人运一甓①，其行疾；一人运三甓，其行迟；又二人共舆②十甓，其行又迟。比暮而较之，此四人者，其数均。天下之事苟从其所便而足以济事，不必律之使一也，一则人情必有所苦。先王不苦人所便以就吾之一，而又病于事。

【注释】①甓（pì）：砖的一种名称。②舆：通“舁”。共同抬。

【译文】一个人一次运一块砖，行走的速度很快；一个人一次运三块砖，行走的速度比较慢；两个人共同抬着十块砖，行走的速度就更慢了。到了晚上一核计，这四个人运的砖数相同。因此说，天下的事如果按照就便的办法去做而又能够做成的话，不必勉强要求用同一个办法，如果勉强要求用同一个办法，必然会使人的情感受苦。先王不使在人们方便的事上受苦来符合自己的规定，而又对事情没有益处。

人之情，有言然，而意未必然；有事然，而意未必然者。非勉强于事势，则束缚于体面。善体人者，要在识其难言之情，而不使其为言与事所苦，此圣人之所以感人心，而人乐为之死也。

【译文】人的感情，有说的是这样，而内心的真实想法并不是这样的；有事是这样，而内心真实情况并不是这样的。出现这种情况，不是由于事情的趋势不得不如此，就是受到体面的约束限制。善于体谅他人的人，要能体会别人非语言所能表达的情感，而不让他被言论和局势所困扰，这就是圣人能够感动人心，而人们乐于为圣人赴死的原因。

人情，愈体悉愈有趣味；物理，愈玩索愈有人头。

【译文】人的感情，越能深入地体谅怜悯就越有趣味；事物的道理，越是体味探求越会深入明白。

不怕多感，只怕爱感，世之逐逐恋恋，皆爱感者也。

【译文】不怕被各种感情所感染，只怕被爱的情绪感染，世上的人奔忙依依不舍，都是受到爱的感染的缘故。

人情之险也极矣。一令贪，上官欲论之而事泄，彼阳以他事得罪，上官避嫌，遂不敢论。世谓之钳口①计。

【注释】①钳口：以威胁、恐吓等方式限制他人言论自由。也作“拑口”“箝口”。

【译文】人的感情真是险恶到了极点。一个县令贪污，上司想治他的罪但是事情泄露了，县令就公开以别的事得罪了上司，上司为了避开嫌疑，就不敢依法判定县令的罪行了。世人称此为钳口计。

有二三道义之友，数日别，便相思。以为世俗之念，一别便生；亲厚之情，一别便疏。余曰：“君此语甚有趣，向与淫朋狎友滋味迥然不同，但真味未深耳。孔、孟、颜、思，我辈平生何尝一接，只今诵读体认间，如朝夕同堂对语，如家人父子相依。何者？心交神契，千载一时，万里一身也。久之，彼我且无，孰离孰合、孰亲孰疏哉？若相与而善念生，相违而欲心长，即旦暮一生，济得甚事？”

【译文】有几个有道德有正义感的朋友，分别了几天，就会相互思念。他们认为，世间俗世的念头，一分别便会产生；关系亲密，感情深厚的情义，一分别关系就会疏远。我说：“你们的话很有趣味，与不正派的亲密朋友的滋味完全不同，但真实的意味还不深。孔子、孟子、颜子、子思，我们平生没有和他们接触，只是现在诵读和体会他们的著作时，就如同朝夕相处、同处一堂交谈一般，如同家人父子相互依靠。为什么呢？这是因为心交神合，相距千载却如同生活在一个时代，相距万里却如同一个人一样。时间久了，没有了彼此之分，哪还有谁离谁合、谁亲谁疏之分呢？如果在一起就会生出善念，一分开就会增长贪心，这样即使一生都在一起，又有什么用呢？”

受病于平日，而归咎于一旦。发源于脏腑，而求效于皮毛。太仓[1]之竭也，责穷于囤底。大厦之倾也，归罪于一霖。

【注释】①太仓：古代京师储谷的大仓。

【译文】身体致病在平时，而往往归罪于一天之间。病发于于脏腑，却求效于皮毛。京师大仓储备的粮食空虚了，往往委过于囤底。大厦倒塌了，往往归罪于一场大雨。

世之人，闻称人之善辄有妒心，闻称人之恶辄有喜心，此天理忘而人欲肆者也。孔子所恶，恶称人之恶[1]；孔子所乐，乐道人之善[2]。吾人岂可另有一副心肠？

【注释】①恶称人之恶：典出《论语·阳货》。②乐道人之善：典出《论语·季氏》。

【译文】世上的人，听到称赞别人的优点就会生出嫉妒心，听到说别人的缺点就会生出欢喜心，这是忘记了天理而让人的本能欲望肆行造成的。孔子所厌恶的，就是讨厌说别人的坏话；孔子所喜欢的，就是喜欢说别人的优点。我们怎们能有另外一副心肠呢？

人欲之动，初念最炽，须要迟迟，就做便差了。天理之动，初念最勇，须要就做，迟迟便歇了。

【译文】人的本能欲望萌动，开始时最为炽烈，这时就需要缓一缓，马上做就会出差错。伦常法则的念头，起初的念头最为勇猛，须要立即就做，稍有迟缓便会停歇。

凡人为不善，其初皆不忍也，其后忍不忍半，其后忍之，其后安之，其后乐之。呜呼！至于乐为不善而后良心死矣。

【译文】大凡人做坏事，起初都不忍心去做，后来狠心和不忍之情各占一半，再后来就狠心去做了，再后来就心安理得了，最后就乐于去做了。唉！到了乐于做坏事的时候，良心就已经死了。

闻人之善而掩覆之，或文致以诬其心；闻人之过而播扬之，或枝叶以多其罪。此皆得罪于鬼神者也，吾党戒之。

【译文】听到别人的优点就掩盖，或者罗织罪名来诬蔑别人的用心；听到别人的缺点就散布，或者添上原来没有的内容来夸大别人的缺点。这都是得罪鬼神的做法，我们一定要引以为戒。

“恕”之一字，是个好道理，看那推心者是甚么念头。好色者恕人之淫，好货者恕人之贪，好饮者恕人之醉，好安逸者恕人之惰慢，未尝不以己度人，未尝不视人犹己，而道之贼也。故行恕者，不可以不审也。

【译文】“恕”这个字，本来是个好道理，但还要看真心待人的人内心是个什么想法。贪爱女色的人宽恕别人的放纵，贪爱财物的宽恕别人的贪婪，喜爱喝酒的人宽恕别人的酒醉，贪图安闲舒适的人宽恕别人的懈怠涣散，未尝不是拿自己的心思来衡量别人，未尝不是把别人看成自己，但这是损害仁义之道。因此对推行恕道的人，不能不仔细考察。

心怕二三，情怕一。

【译文】心怕犹豫不定，喜怒哀乐等情感怕专一。

别个短长作己事，自家痛痒问他人。

【译文】有的人总把别人的优劣当作自己的事，自家的利害却要去问别人。

休将烦恼求恩爱，不得恩爱将烦恼。

【译文】不要用烦恼去求恩爱，得不到恩爱还添烦恼。

利算无余处，祸防不意中。

【译文】对利害要考虑到不能再仔细的地步，对祸患要预防到不能再预料到的地方。

物 理

【题解】此章共18则。主要说明世上的事物各有自己的特性，种种不同都是一种事物在不同情况下呈现的不同形态。更主要的是，吕坤认为不必把事物的特性和国家的治乱联系在一起。如天生祥瑞，不能说国家政治清明；天降不祥，国家也不一定会有灾祸。有国家者要知道什么是真正的祥瑞，那就是“民安物阜，四海清宁，和气熏蒸”，在上者要加强自我修养，推行以民为本的治国之道。

鸱鸦，其本声也如鹊鸠。然第其声可憎，闻者以为不祥，每弹杀之。夫物之飞鸣，何尝择地哉？集屋鸣屋，集树鸣树。彼鸣屋者，主人疑之矣。不知其鸣于野树，主何人不祥也？至于犬人行、鼠人言、豕人立，真大异事。然不祥在物，无与于人。即使于人为凶，然亦不过感戾气而呈兆，在物亦莫知所以然耳。盖鬼神爱人，每示人以趋避之几，人能恐惧修省，则可转祸为福。如景公之退孛星，高宗之枯桑穀，妖不胜德，理气必然。然则妖异之呈兆，即蓍龟之告繇，是吾师也，何深恶而痛去之哉？

【译文】猫头鹰的鸣叫本和喜鹊和斑鸠一样，但因为叫声难听，听到的人就认为是不祥之兆，每次听到就要射杀它。然而鸟类飞时的叫声，何尝会选择地点呢？落在屋上就在屋上叫，落在树上就在树上叫。在屋上叫，屋子的主人就对它产生疑虑，不知在野外树上他也会叫的，又会对何人不吉祥呢？至于犬如人行，鼠如人言，豕如人立，这才是非常奇异的事情，然而不祥只表现在动物身上，和人没有关系。即使对人是个凶事，也不过是物感受了人的乖戾之气而呈现出来的凶兆罢了，动物本身也不知其所以然。鬼神爱人，每次向人显示趋灾避难的征兆，人们都心存恐惧而修身自省，就可以转祸为福。如齐景公退彗星之祸，商朝高宗免桑谷生于朝之灾，妖邪是战胜不了仁德的，道理、正气必然占上风。然而出现了妖异征兆，就如同占卜时的预告，可以视作我们的老师啊！为什么要深恶痛绝地除掉它们呢。

春、夏、秋、冬不是四个天，东、西、南、北不是四个地，温、凉、寒、热不是四种气，喜、怒、哀、乐不是四张面。

【译文】春、夏、秋、冬不是不同的四个天，东、西、南、北不是不同的四个地，温、凉、寒、热不是不同的四种气，喜、怒、哀、乐不是不同的四张脸。

临池者不必仰观，而日月星辰可知也；闭户者不必游览，而阴晴寒暑可知也。

【译文】站在池塘边的人不必仰头观看天空，就能看到日月星辰；闭门在家的人不必出外游览，就知道阴晴寒暑。

有国家者，要知真正祥瑞，真正祥瑞者，致祥瑞之根本也。民安物阜，四海清宁，和气薰蒸，而祥瑞生焉。此至治之符也。至治已成，而应征乃见者也。即无祥瑞，何害其为至治哉？若世乱而祥瑞生焉，则祥瑞乃灾异耳。是故灾祥无定名，治乱有定象。庭生桑谷未必为妖，殿生玉芝未必为瑞。是故圣君不惧灾异，不喜祥瑞，尽吾自修之道而已。不然，岂后世祥瑞之主出二帝三王上哉？

【译文】坐拥国家的人要知道什么是真正的祥瑞，真正的祥瑞，能达到祥瑞的根本原因。老百姓都安居乐业，资产丰厚，天下清平安定，和气融融，这时祥瑞就会出现，这是治国达到完美境界的征兆。完美的政治达到了，祥瑞的征兆就会出现。即便没有祥瑞的征兆，又怎么会妨害这太平盛世呢？如果世道混乱却出现祥瑞，那么这时的祥瑞就成了灾难的征兆了。因此灾祸和祥瑞并没有固定的表现，国家的安治与混乱却有固定的表现。庭院里长出庄稼未必就是凶兆，殿堂里生出灵芝也未必就是祥瑞。因此，圣明的君王不因凶兆而畏惧，不因祥瑞而欣喜，他们只是尽力做自己的事而已。若非如此，后世曾出现祥瑞的那些君王会高于古代的尧、舜二帝和夏禹、商汤、周文王吗？

先得天气而生者，本上而末下，人是已。先得地气而生者，本下而末上，草木是已。得气中之质者飞，得质中之气者走。得浑沦磅礴之气质者为山河、为巨体之物，得游散纤细之气质者为蠛蠓蚊蚁蠢动之虫，为苔藓萍蓬蘩节之草。

【译文】先得到天之气而产生的，是本在上而末在下的人类。先得到地气而产生的，是本在下而末在上的草木。得到气中之质的能飞，得到质中之气的能走。得到浑沦磅礴气质的就成为山川、河流和庞然大物，得到游散纤细气质的就成为蠛蠓、蚊蚁蠢动的虫类和苔藓萍藻等植物。

入钉惟恐其不坚，拔钉惟恐其不出，下锁惟恐其不严，开锁惟恐其不易。

【译文】钉钉子时怕不牢固，拔钉子时怕拔不出来。上锁的时候怕锁不严，开锁的时候怕不好开。

以恒常度气数，以知识定窈冥，皆造化之所笑者也。造化亦定不得。造化尚听命于自然，而况为造化所造化者乎？堪舆星卜诸书，皆屡中者也。

【译文】用永恒不变的东西来推测气数，用有限的知识去判定虚无缥缈的世界，这都是会被造化所嘲笑的。造化是不能规定的，造化尚且听命于自然，何况是被造化所造化出的东西呢？然而推算星象、占卜问卦的书，却可以屡次命中。

古今载籍莫滥于今日，括之有九：有全书，有要书，有赘书；有经世之书，有益人之书，有无用之书；有病道之书，有杂道之书，有败俗之书。“十三经注疏”“二十一史”[①]，此谓全书。或撮其要领，或类其俊腴[②]，如“四书”“六经”集注、《通鉴》[③]

之类，此谓要书。当时务，中机宜，用之而物阜民安，功成事济，此谓经世之书。言虽近理，而掇拾陈言，不足以羽翼经史，是谓赘书。医技农卜，养生防患，劝善惩恶，是谓益人之书。无关于天下国家，无益于身心性命，语不根心，言皆应世，而妨当世之务，是谓无用之书，又不如赘。佛、老、庄、列，是谓病道之书。迂儒腐说，贤智偏言，是谓杂道之书。淫邪幻诞、机械夸张，是谓败俗之书。有世道之责者，不毅然沙汰而芟锄之，其为世教人心之害也不小。

【注释】①“十三经注疏”：十三种所谓儒家经典的经文、注文合刊本。宋绍熙间，三山黄唐始有合刊本，明代有嘉靖年间的闽本，万历年间据闽本重刻的监本。为《周易正义》《尚书正义》《毛诗正义》《周礼注疏》《仪礼注疏》《礼记正义》《春秋左传正义》《春秋公羊传注疏》《春秋穀梁传注疏》《论语注疏》《孝经注疏》《尔雅注疏》《孟子注疏》。“二十一史”：明万历国子监刊行的史书，包括《史记》《汉书》《后汉书》《三国志》《晋书》《宋书》《南齐书》《梁书》《陈书》《魏书》《北齐书》《后周书》《南史》《北史》《隋书》《唐书》《五代史》十七史，加宋、辽、金、元四史。②俊腴（yú）：肥美。此指精华。③《通鉴》：指《资治通鉴》，司马光编撰。上起周威烈王二十三年（前403），下迄后周世宗显德六年（959）。内容以政治、军事为主，目的在于从历史事件中取得借鉴。

【译文】从古至今书籍没有像今天这样泛滥的，概括起来有九种：有全书，有要书，有赘书；有经世之书，有益人之书，有无用之书；有病道之书，有杂道之书，有败俗之书。“十三经注疏”“二十一史”，这叫作全书。或摘取主要内容，有的集合精华，如“四书”“六经”集注、《通鉴》之类，这叫作要书。适应当世的要务，适合时机的决策，采用它可以富饶物产、安康百姓、功绩和事业都获得了，这叫作经世之书。言论虽然近乎情理，但是搜集旧说，不足以解说经史，叫作赘书。医术、农业、占卜，保养身体、防止祸患，奖励善人，惩诫做奸犯科的人，叫作益人之书。无关于天下国家，无益于身心性命，语言不是发自内心，说出来的话是为了应付世事，而又妨害当世要务的，这叫作无用之书，还不如赘书。佛、老、庄、列，叫作病道之书。腐儒不通情理的言论，贤人智士偏邪不正的话，叫作杂道之书。淫荡邪恶、虚妄怪诞、巧诈多机心、言过其实，叫作败俗之书。对社会风气负有责任的人，如果不坚决对这些书籍进行选精汰秽或禁毁，就会对社会的教化和人心造成不小的危害。

火不自知其热，冰不自知其寒，鹏不自知其大，蚁不自知其小。相忘于所生也。

【译文】火不知道自己是热的，冰不知道自己是寒的，大鹏不知道自己的巨大，蚂蚁不知道自己的微小，这都是因为他们沉迷、局限于自身的缘故。

声无形色，寄之于器；火无体质，寄之于薪；色无着落，寄之草木。故五行惟火无体而用不穷。

【译文】声音没有形态和颜色，它是寄托在器物上的；火没有形状和本体，它是寄托在柴火上的；颜色没有着落，它是寄托在草木上的。因此金、木、水、火、土这五种物质只有火没有形体而无限制的取用也不会枯竭。

大风无声，湍水无浪，烈火无焰，万物无影。

【译文】大风没有声音，湍急的水没有波浪，熊熊的烈火没有浓焰，世上万物没有影子。

万物得气之先。

【译文】万物是先得气的。

无功而食，雀鼠是已。肆害而食，虎狼是已。士大夫可图诸座右。

【译文】没有劳动而获得食物，好像麻雀、老鼠一样；肆意伤害他人而获得食物，好像虎狼一样。做官的人可以把这句话作为自己的座右铭。

薰香莸臭[1]，莸固不可有薰也，是多了底，不如无臭。无臭者，臭之母也。

【注释】①薰：古书上说的一种香草。莸（yóu）：古书上指一种有臭味的草。

【译文】薰草味香，莸草味臭，莸草本来就不可能有香味，多出的气味还不如没有气味。没有气味，可以衍变出各种气味。

圣人因蛛而知网罟，蛛非学圣人而布丝也；因蝇而悟作绳，蝇非学圣人而交足也。物者，天能；圣人者，人能。

【译文】圣人是根据蜘蛛织网而制作渔网的，蜘蛛并不是从圣人那里学会布丝的；圣人根据蝇悟出制作绳的方法，蝇并不是从圣人那里学会交足的。万物，天赋的本能；圣人，后天的才能。

执火不焦指，轮圆不及下者，速也。

【译文】拿着火却没有烧手，轮子转动却没有掉下去，是由于速度快的缘故。

柳炭松弱无力，见火即尽。榆炭稍强，火稍烈。桑炭强，山栗炭更强，皆逼人而耐久。木死成灰，其性自在。

【译文】柳木烧的炭松散无力，一遇火就烧没了。榆木烧的炭稍强一些，火也稍旺。桑木烧的炭强，山栗木烧的炭更强，都烈焰逼人而且烧得时间长久。木死变成灰炭时，它的本性仍然在。

莫向落花长叹息，世间何物无终尽。

【译文】不要对着凋落的花瓣长长叹息，世上什么事物没有终点尽头呢。

广 喻

【题解】此章共128则。吕坤用很多事物的特点来说明做人和治国的道理，发人深省。所举事物皆是日常所见所闻之事，如用病人比喻国家：凡病人面红如赭，发润如油的，就治不好，因为一身的元气血脉都集中在面目上了。一个国家也是如此，人君富，四海贫，就让人感到可怕了。用筑墙种树比喻爱民：拥有国家的人，使民众富足，体恤民情，并不只是为了人民。这就好比修筑城墙，下部宽厚、上边狭窄才会坚固。又如同种树，浇灌根部，修剪树冠，树木才会茂盛。城墙没有上宽下窄而不倾倒的，树木没有根部外露、树梢繁茂而不死亡的。一个国家，民是基础，如果民不富足，就不可能长治久安。用走羊肠小路，比喻互相协作的道理。如用家中失火，比喻遇到灾难要抓主要问题。此章很多故事让人捧腹，启人智慧。

剑长三尺，用在一丝之铦刃；笔长三寸，用在一端之锐毫。其余皆无用之羡物也。虽然，使剑与笔但有其铦者锐者焉，则其用不可施。则知无用者，有用之资；有用者，无用之施。易牙不能无爨子，欧冶不能无砧手，工输不能无钻厮。苟不能无，则与有用者等也，若之何而可以相病也？

【译文】三尺长的剑，真正起作用的只是一丝宽的利刃；三寸长的笔，真正用到的只是笔尖，其余的都只不过是没有用处的装饰。虽然是这样，但是如果剑与笔只有利刃和笔尖，它们的用处也就难以发挥。因此，没有用的东西，是有用者的依靠；有用的东西，要靠无用者来发挥作用。善于烹调的易牙也不能没有人来帮厨，擅长铸剑的欧冶子也不能少了砧手，善做木工的鲁班也不能没有钻工帮忙。既然不能缺少，那就和有用者等同，为何还要认为它是多余的无用之物呢？

坐井者不可与言一度之天。出而四顾，则始觉其大矣。虽然，云木碍眼，所见犹拘也，登泰山之巅，则视天莫知其际矣。虽然，不如身游八极之表，心通九垓之外。天在胸中如太仓一粒，然后可以语通达之识。

【译文】坐在井里的人，不可和他谈广阔的天，等他从井里出来四下一望，才知道天的大。虽然如此，如果被云彩和树木遮住了视线，所看到的天空也会有所局限。登上泰山的顶峰，看天空就不会知道它的边际在哪。即便如此，也不如亲身游历八方，心通九垓之外，然后才知天在胸中有如太仓的一粒米一样，这才可以和他谈论通达宇宙的大观。

着味非至味也，故玄酒为五味先；着色非至色也，故太素为五色主；着象非至象也，故无象为万象母；着力非至力也，故大块载万物而不负；着情非至情也，故太清生万物而不亲，着心非至心也，故圣人应万事而不有。

【译文】掺了调料的味道并不是最美的味道，所以白水反而是五味中最美的；上了颜色并非是最美的颜色，所以白色反而成了五色中的主色；装饰好的景象并非是最好的景象，所以无象反而是万象之母；用尽力并非是最大的力，所以大地承载了万物就好像没有负载一样；用了情并不是至真至纯的情，因此天地生成万物却不偏亲；用了心并不是真正的用心，所以说圣人处理万事万物心上却不留一点痕迹。

凡病人面红如赭、发润如油者不治，盖萃一身之元气血脉尽于面目之上也。呜呼！人君富，四海贫，可以惧矣。

【译文】如果一个病人到了面色变成红褐色、发润如油的程度，就无法治愈了。因为一身的元气和血脉都集中到了面目之上。唉！假如只有君王一个人富有，天下的百姓都很贫穷，那就让人感到担心害怕了。

有国家者。厚下恤民，非独为民也。譬之于墉，广其下，削其上，乃可固也；譬之于木，溉其本，剔其末，乃可茂也。夫墉未有上丰下狭而不倾，木未有露本繁末而不毙者。可畏也夫！

【译文】拥有国家的人，厚待下属，体恤民情，并不只是为了民众。这就好比修筑城墙，要使下部宽厚、上边窄小，这才会坚固；又如同种树，要浇灌根部，修剪树梢，才会茂盛。上宽下窄城墙没有不倒的，根部外露，树梢繁茂的树木没有不死的。这种情况真可怕啊！

天下之势，积渐成之也。无忽一毫，舆羽折轴者，积也；

无忽寒露，寻至坚冰者，渐也。自古天下国家，身之败亡，不出“积、渐”二字。积之微，渐之始，可为寒心哉！

【译文】天下的形势，都是渐渐积累而成的。不忽略一丝一毫，装载羽毛的车可能折断车轴，这是日积月累造成的。不要忽略寒冷的露水，不久就会出现坚冰，这是渐渐变化的结果。自古以来国家个人的败亡，都离不开“积、渐”二字。从细微之处积累的，从开始之初渐变，都可让人心中害怕啊！

火之大灼者无烟，水之顺流者无声，人之情平者无语。

【译文】烧火的人烧东西没有浓烟，顺流的水没有声音，情绪平和的人少言寡语。

风之初发于谷也，拔木走石。渐远而减，又远而弱，又远而微，又远而尽，其势然也。使风出谷也，仅能振叶拂毛，即咫尺不能推行矣。京师号令之首也，纪法不可以不振也。

【译文】刚从山谷吹出的风，可以拔起树木带走石块。吹远了风势就会减小，再远一点风势又变弱，再远就变得微弱，再远一点就会灭尽了，这是它的变化趋势。假如风从山里刮出来时，只能振动树叶，吹起羽毛，那它就不能吹多远了。京城是号令发出的首要之地，法纪要有威严震慑之力。

背上有物，反顾千万转而不可见也。遂谓人言不可信，若必待自见，则无见时矣。

【译文】背上有东西，即使回头看千万次也看不见。因此就认为别人的话不可信，如果必须要自己看见才能相信，就没有看见的时候了。

人有畏更衣之寒而忍一岁之冻，惧一针之痛而甘必死之疡者。一劳永逸，可与有识者道。齿之密比，不嫌于相逼，固有故也。落而补之，则觉有物矣。夫惟固有者，多不得，少不得。

【译文】有的人害怕换衣服时的寒冷而忍受一年的寒冷，因害怕扎针时的疼痛而心甘情愿保留那足以致死的疮。一劳永逸的道理，只能与那些有见识的人谈。牙齿紧密地排列在一块却不嫌互相逼压，是其本该如此的缘故。牙齿脱落了再补上，就觉得口中有了异物。只有保持原本应该存在的东西，不多不少就好。

齿之密比不嫌于相逼[①]，固有故也。落而补之，则觉有物矣。夫惟固有者，多不得，少不得。

【注释】①密比：紧密排列在一起。相逼：相互紧挨。

【译文】牙齿紧密地排列在一起，不介意相互紧挨着，因为是原来固有的。如果脱落了再补上，就觉得是有了异物。只有本来就有的东西，既多不得，也少不得。

婴珠珮玉、服锦曳罗而饿死于室中，不如丐人持一升之粟。是以明王贵用物，而诛尚无用者。

【译文】与其戴珠宝佩玉器，穿绫罗绸缎，却饿死在室内，倒不如像乞丐一样拥有一升小米。因此圣明的君王器重那些有实用价值的物品，而摒弃那些没有用的东西。

元气已虚而血肉未溃，饮食起居不甚觉也。一旦外邪袭之，溘然[①]死矣。不怕千日，怕一旦；一旦者，千日之积也。千日可为，一旦不可为矣。故慎于千日，正以防其一旦也。有天下国家者可惕然惧矣。

【注释】①溘（kè）然：忽然。

【译文】元气已经虚耗但身体表面还看不出什么病变，饮食起居也没觉得有大的改变。一旦外邪侵入身体，就会马上丧命。不怕千日，就怕一日之间；一日之间，是千日积累的结果。千日可以过去，忽然有一天就过不去了。因此慎于千日正是为了预防假设有一天。拥有天下国家的人应提高警惕引以为戒。

以果下车驾骐骥，以盆池水养蛟龙，以小廉细谨绳英雄豪杰，善官人者笑之。

【译文】用骐骥这样的高大良马去拉只能在果树下行走的小矮车，用盆池里的水来养蛟龙，用小廉细谨的规范来要求英雄豪杰，善于用人的人认为这是非常可笑的事情。

水，千流万派，始于一源；木，千枝万叶，出于一本；人，千酬万应，发于一心；身，千病万症，根于一脏。眩于千万，举世之大迷也。直指原头，智者之独见也。故病治一而千万皆除；政理一而千万皆举矣。

【译文】千万条径流都源于同一个源头；树木的千万枝叶都出自于同一个根本；人的各种应酬都发于他自己的内心；身上的各种病症都源于一个内脏。眩惑于万千景象，这是全天下人的执迷之处。直接找出它的源头，是聪颖智慧的人才有的独到见解。因此，治愈了一种病症，其他杂症也就随之消除了；治理好根本的政事，其他各种事物就都会兴盛起来。

水、鉴、灯烛、日月、眼，世间惟此五照宜谓五明。

【译文】水、镜子、灯烛、日月、眼睛，世间只有这五种东西的照耀称作五明。

毫厘之轻，斤钧之所藉以为重者也；合勺之微，斛斗之所赖以为多者也；分寸之短，丈尺之所需以为长者也。

【译文】一毫一厘的轻物，斤钧是凭借它们成为重量的；一合一勺的微量，斛斗是靠它们增多的；一分一寸的长度，丈尺就是靠它们形成的。

人中黄之秽[1]，天灵盖之凶，人人畏恶之矣。卧病于床，命在须臾，片脑、苏合、玉屑、金箔，固有视为无用之物，而惟彼之亟亟者，时有所需也。胶柱[2]用人于缓急之际，良可悲矣。

【注释】①人中黄：中药名。是一种加工制品。为甘草末置竹筒内，于人粪坑中浸渍后的制成品。具有清热、凉血、解毒之功效。②胶柱：柱，弦柱，指胶住瑟上的弦柱，以致不能调节音的高低。比喻固执拘泥，不知变通。

【译文】人中黄那样污秽的东西，天灵盖那样可怕的东西，人人都害怕厌恶。卧病在床，命在旦夕，龙脑香、苏合香、玉屑、金箔这些贵重的药，竟然被视为无用之物，而只是寻找人中黄、天灵盖这些秽物，这时是需要的。在急需用人之际还不采取灵活的态度，那就太可悲了。

长戟利于锥，而戟不可以为锥；猛虎勇于狸，而虎不可以为狸。用小者无取于大，犹用大者无取于小。二者不可以相消也。

【译文】长戟比锥子锋利，但长戟不能代替锥子使用；猛虎比狸猫勇敢，但猛虎不可代替狸猫。作用小的不能代替作用大的，就同作用大的不能取代作用小的一样，二者不能够相互讥诮。

夭乔[1]之物利于水泽，土燥烈，天旱干，固枯槁矣。然沃以卤水则黄，沃以油浆则病，沃以沸汤则死。惟井水则生，又不如河水之王[2]。虽然，倘浸渍汪洋、泥淖经月，惟水物则生，其他未有不死者。用恩顾[3]不难哉！

【注释】①夭乔：茂盛高大貌。典出《尚书·禹贡》："厥草惟夭，厥木惟乔。"孔传："少长曰夭；乔，高也。"②王：通"旺"。③顾：乃。

【译文】茁壮生长的草木适合生长在水边，土地燥烈，气候干旱，草木就会枯萎。如果浇上碱水，则会发黄；浇上油水，则会生病；浇上沸水，则会烫死。只有浇上井水，才能生长，又不如浇上河水那样长得茂盛。虽然如此，倘若河水浸渍、整月陷入泥坑，只有生长在水中的生物才能成活，其他没有不死的。以此看来，施以恩惠实在是件很难的事啊！

鉴不能自照，尺不能自度，权不能自称，囿于物也。圣人则自照、自度、自称，成其为鉴、为尺、为权，而后能妍媸、长短、轻重天下。

【译文】镜子不可以自照，尺子不可以自量，秤不可以自称，是物体本身有局限。圣人就能够自照、自度、自称。使自己成为一个活生生的镜子、尺子、秤，然后能衡量天下人的美丑、长短、轻重。

冰凌烧不熟，石沙蒸不黏。

【译文】尖锐的积冰是烧不熟的，石头沙子是蒸不黏的，物各有其性。

火性空，故以兰麝投之则香，以毛骨投之则殠[①]。水性空，故烹茶则清苦，煮肉则腥膻。无我故也。无我故能物物[②]，若自家有一种气味，杂于其间则物矣。物与物交，两无宾主，同归于杂，如煮肉于茶，投毛骨于兰麝，是谓浑淆驳杂，物且不物，况语道乎？

【注释】①殠（chòu）：同“臭”，腐臭气味。②物物：支配他物。上“物”字为动词。《庄子·山木》：“物物而不物于物，则胡可得而累邪？”

【译文】火性空，因此把兰麝投入火中则会发出浓郁的香气，把毛骨投入火中则会发出腐臭气味。水性空，因此用来烹茶则清苦，煮肉则腥膻。这都是因为无我的缘故。无我所以能使原物气味不变，如果自家有一种气味，杂于其间就又是另外一物了。物与物相交，分不出宾主，而同归于杂，如用茶煮肉，把毛骨投入兰麝中，就是交杂混乱，不知是什么物了，何况谈论道理呢？

大车满载，蚊蚋千万集焉，其去其来，无加于重轻也。

【译文】载满东西的大车，千万蚊虫飞集其上，飞来飞去，不会影响车的轻重。

苍松古柏与夭桃秾李争妍，重较鸾镳与冲车猎马争步[1]，岂直不能，亦可丑矣。

【注释】①重较：古代卿士所乘车箱前左右有伸出的弯木（车耳）可供倚攀的车子。鸾镳（biāo）：系鸾铃的马衔，指贵族出游所骑之马。冲车：攻城用的战车。猎马：指打猎者所骑的马。

【译文】四季常青的松柏与艳丽盛开的桃李竞相逞美，卿士所乘的系着鸾铃的马车与良马拉的攻城用的战车争步，岂只是不能，也是可羞的事情。

射之不中也，弓无罪，矢无罪，鹄无罪。书之弗工也，笔无罪，墨无罪，纸无罪。

【译文】射不中目标，弓没有过错，箭没有过错，靶子没有过错。字写得不工整，笔没有过错，墨没有过错，纸没有过错。

锁钥各有合，合则开，不合则不开。亦有合而不开者，必有所以合而不开之故也。亦有终日开，偶然抵死不开，必有所以偶然不开之故也。万事必有故，应万事必求其故。

【译文】锁和钥匙是配套的，相合就打得开，不相合就打不开。也有相吻合而打不开的，肯定有打不开它的理由。也有总能打开，偶尔卡死打不开的情况，肯定有它偶然打不开的原因。万事必然有其原因，处理万事一定要找出它的原因。

窗间一纸，能障拔木之风；胸前一瓠，不溺拍天之浪。其所托者然也。

【译文】窗户上糊的一层纸，能够阻挡能拔起木头的大风；胸口挂个葫芦，能够不沉溺于波涛汹涌的大浪中。这都是有所依托的缘故。

人有馈一木者，家僮曰："留以为梁。"余曰："木小不堪也。"僮曰："留以为栋。"余曰："木大不宜也。"僮笑曰："木一也，忽病其大，又病其小。"余曰："小子听之：物各有宜用也，言各有攸当也，岂惟木哉！"他日为余生炭满炉烘人，余曰："太多矣。"乃尽湿之，留星星三二点，欲明欲灭。余曰："太少矣。"僮怨曰："火一也，既嫌其多，又嫌其小。"余曰："小子听之：情各有所适也，事各有所量也，岂惟火哉！"

【译文】有人赠送一根木头，家僮说："可以留下当作房梁。"我说："木头太小，不能做房梁。"家僮说："可以做栋。"我说："木头太大，不宜做栋。"家僮笑着说："同一根木头，一会儿嫌它大，一会儿又嫌它小。"我说："小子，你听我说：事物各有它的用处，言语也要分在什么情况讲才妥当，岂只是木材呢！"有一天家僮又为我生炉子，装了满炉子炭，热得烘烤人，我说："炭太多了。"他就用水把炭都浇灭了，只留下三两个火星，欲灭不灭。我说："炭太少了。"家僮抱怨说："同一个火炉，一会儿嫌炭多，一会儿又嫌火小。"我说："小子你听着：事情各有所适合的，事物都有其定量的，岂只火是这样！"

海，投以污秽，投以瓦砾，无所不容；取其宝藏，取其生育，无所不与。广博之量足以纳，触忤而不惊；富有之积足以供，采取而不竭。圣人者，万物之海也。

【译文】大海，把污秽的东西投进去，把瓦砾扔进去，都能容纳；挖出它的宝藏，猎取它养育的生物，它都会给予。它宽广报答的度量足以容纳万物，遇到忤逆它的事物而处变不惊；它富有的积蓄足以供给别人，取之不尽用之不竭。所谓圣人，就是容纳万物的大海。

镜空而无我相，故照物不爽分毫。若有一丝痕，照人面上便有一丝；若有一点瘢，照人面上便有一点。差不在人面也。心体不虚，而应物亦然。故禅家尝教人空诸有，而吾儒惟有喜怒哀乐未发之中，故有发而中节之和。

【译文】镜子干干净净没有污痕，照物才能丝毫不差。如果有一丝尘迹，照出的人脸上就有一丝痕迹；如有一点瘢痕，照出的人脸上就有一点瘢痕，瑕疵并不在人脸上。假若人的内心世界不是干净虚无的，那他对事物做出反应也会这样。所以禅宗教导人万物皆空，而儒家却将喜怒哀乐寓于未发之中，所以发出时才能有道有节，顺乎中道。

人未有洗面而不闭目，撮红而不虑手者，此犹爱小体也。人未有过檐滴而不疾走，践泥涂而不揭足者，此直爱衣履耳。七尺之躯顾不如一履哉？乃沉之滔天情欲之海，拚于焚林暴怒之场，粉身碎体甘心焉而不顾，悲夫！

【译文】人洗脸时没有不闭上眼睛的，手弄脏了没有不立刻去洗的，这只是爱惜身体的一小部分而已。人没有经过滴水的屋檐不快走的，走在泥泞的道路上不踮起脚尖的，这只不过是爱护衣服和鞋子罢了。七尺的身躯难道还比不上一只鞋子吗？而那些沉醉于滔天的情欲之中，拼搏于暴戾、怒火交融之地，宁可粉身碎骨也不管不顾，那才真是可悲呀！

恶言如鸱枭[①]之叫，闲言如燕雀之喧，正言如狻猊[②]之吼，仁言如鸾凤之鸣。以此思之，言可弗慎与！

【注释】①鸱（chī）枭（xiāo）：亦作“鸱鸮”。鸱，为猛禽，枭，传说食母。一说鸱枭为猫头鹰，古人以此为恶鸟。②狻（suān）猊（ní）：狮子的别称。

【译文】恶毒的言语如猫头鹰的叫声，没有根据的话如燕雀的吵闹，合于正道的话如狮子的吼声，仁德教化的言论如鸾鸟凤凰的鸣叫。以此看来，说话能不谨慎吗！

左手画圆，右手画方，是可能也。鼻左受香，右受恶；耳左听丝，右听竹；目左视东，右视西，是不可能也。二体且难，况一念而可杂乎？

【译文】左手画圆形，右手画方块，这是可行的。左边的鼻子闻香味，右边的鼻子闻恶臭；左耳听弦乐，右耳听管乐；左眼看东边，右眼看西边，都是不可能的。两个器官分开做不同的事都很难，更何况是一个意念怎能有杂念呢？

掷发于地，虽乌获不能使有声；投核于石，虽童子不能使无声。人岂能使我轻重哉？自轻重耳。

【译文】把头发扔在地上，即使是乌获也不能使它发出声音；把桃核扔在石头上，即使是儿童也不能使它没声音。别人怎能看轻或看重我呢？只是自己把自己看轻或看重而已。

泽、潞[1]之役，余与僚友并肩舆[2]，日莫[3]矣，僚友问舆夫："去路几何？"曰："五十里。"僚友怃然[4]。少间又问："尚有几何？"曰："四十五里。"如此者数问，而声愈厉，意迫切不可言，甚者怒骂。余少憩车中。既下车，戏之曰："君费力如许，到来与我一般。"僚友笑曰："余口津且竭矣，而咽若火，始信兄讨得便宜多也。"问卜筮者亦然，天下岂有儿不下迫而强自催生之理乎？大抵皆揠苗[5]之见也。

【注释】①泽、潞：指泽州、潞州。泽州，州治在今山西晋城。潞州，州治在今山西长治。②肩舆：轿子。箱形，内可坐人，架上竹杆，可使人以肩抬著行走，为古时陆上的一种交通工具。③莫：古同"暮"。④怃然：怅惘若失的样子。⑤揠苗：拔苗，即拔苗助长之意。

【译文】我和同僚到泽州、潞州办事时，都坐着轿子，天色已晚，同僚问轿夫："前面的路程还有多远？"轿夫答："五十里。"同僚听后露出茫然自失的样子。过了一会儿又问："还有多少里？"轿夫答："四十五里。"像这样问了数次，声音愈加严厉急迫，一副急不可耐的样子，甚至怒骂。我则在轿中稍作休息。到了目的地下轿后，我和同僚开玩笑说："你耗费了这么多精力，不是和我一齐到的吗？"同僚笑着说："我唾液都说干了，咽喉火辣辣的，才知道老兄你占了不少便宜。"喜欢占卜的人也是如此，天下哪有孩子不自然出生而强行催生的道理呢？这大多都是拔苗助长的浅薄见识。

进香叫佛，某不禁，同僚非之。余怃然曰："王道荆榛而后蹊径多。彼所为诚非善事，而心且福利之，为何可弗禁？所赖者缘是[1]以自戒而不敢为恶也。故岁饥不禁草木之实，待年丰彼自不食矣。善乎孟子之言，曰：'君子反经而已矣[2]。''而已矣'三字，旨哉妙哉，涵蓄多少趣味。"

【注释】①缘是：因此，由此。②"君子"句：典出《孟子·尽心下》。意思是说，君子只是为了使事物回到常规上来罢了。经，常规。

【译文】对烧香拜佛的事，我不禁止，同僚批评我的做法。我失望地感慨说："以仁义治天下的政策被恶人堵塞了，别的途径就多起来了。他们烧香拜佛固然不是好事，而且内心只是为了求得生活上的利益，但为什么不禁止呢？原因是：由此还可以使他们自我警戒而不敢做恶事。因此饥荒之年不禁止人们吃草根树皮，到了丰收之年他们自然不吃了。孟子说得好啊！他说：'君子反经而已矣。''而已矣'三个字，很有韵味，很是高妙，蕴涵蓄积了多少趣味。"

日食脍炙者，日见其美，若不可一日无。素食三月，闻肉味只觉其腥矣。今与脍炙人言腥，岂不讶哉？

【译文】天天吃美味佳肴，每天都要更美味的，好像一天也离不开它。吃三个月的素食，闻到肉味就会觉得它腥膻。如今和那吃美味佳肴的人去谈腥味，他怎么会不惊讶呢！

钩吻、砒霜也都治病，看是甚么医手。

【译文】钩吻、砒霜这样的毒草和毒药，都能治病，要看是什么医生。

家家有路到长安，莫辨东西与南北。

【译文】家家都有路通到长安，不需要分辨你住在长安的东西南北。

一薪无焰，而百枝之束燎原；一泉无渠，而万泉之会溢海。

【译文】一根薪柴不能形成火焰，而百枝捆绑则能火烧原野；一眼泉水流不成河渠，而万泉汇聚则会溢海。

钟一鸣，而万户千门有耳者莫不入其声，而声非不足。使钟鸣于百里无人之野，无一人闻之，而声非有余。钟非人人分送其声而使之入人人，非取足于钟之声以盈吾耳，此一贯①之说也。

【注释】①一贯：典出《论语·里仁》："吾道一以贯之。"后以一贯指以一种道理贯通万事万物。

【译文】钟一敲响，千家万户有耳朵的人都能听到钟声，但声音不会减少。假使钟鸣于百里无人的旷野，没有一个人听到，声音也不会有余。钟声并不是分送到人人的耳中，而使人人都可听到；人不是把所有的钟声都听进去，使钟声充满自己的耳朵，这就是"一贯"的学说啊！

未有有其心而无其政者，如渍种之必苗，爇兰之必香；未有无其心而有其政者，如塑人之无语，画鸟之不飞。

【译文】没有用心良苦而政事不明的，就好比给种子浇水会使它长出幼苗，焚烧兰草必然会散发出香气一样；没有不用心而政事清明的，就如雕塑的泥人不会说话，画出的鸟儿不会飞一样。

某尝与友人论一事，友人曰："我胸中自有权量①。"某曰："虽妇人孺子，未尝不权量，只怕他大斗小秤。"

【注释】①权量：权与量。测定物体大小、轻重的器具。

【译文】我曾经和朋友讨论一件事，朋友说："我胸中自有权衡。"我说："即使妇女小孩，也都有权衡，只怕他偷斤减两，占人便宜。"

齁鼾惊邻而睡者不闻，垢污满背而负者不见。

【译文】鼾声惊动了周围的人，但睡觉的人自己却听不到；后背满了污垢，而背着污垢的人自己却看不到。

爱虺蝮而抚摩之，鲜不受其毒矣；恶虎豹而搏之，鲜不受其噬矣。处小人在不远不近之间。

【译文】喜爱毒蛇而抚摸它，很少有不被咬伤中毒的；厌恶虎豹而与它们搏斗，很少有不被它们咬伤的。和小人相处，要不远不近，把握好距离。

玄奇之疾，医以平易；英发[①]之疾，医以深沉；阔大之疾，医以充实。

【注释】①英发：才华外露。这里指表现在外部的疾病。

【译文】玄秘奇异的病症，要用平易的方法来医治；浅表的疾病，要用深沉的方法来医治；广大渊深的病症，要用充实的方法来医治。

不远之复，不若未行之审也。

【译文】走了不远又折返回来，不如动身之前就采取审慎的态度。

千金之子，非一日而贫也。日朘月削，损于平日而贫于一旦。不咎其积，而咎其一旦，愚也。是故君子重小损，矜细行，防微敝。

【译文】非常富有的人，不是在一天之内就变得很贫穷，而是日积月累造成的，平日里损耗，终有一天就变成了穷人。不归罪于平日的花费，而只归罪于这一天，那就是太愚蠢了。所以君子重视平日小的损耗，注重细言微行，防止出现微小的弊病。

上等手段用贼，其次拿贼，其次躲着贼走。

【译文】上等手段能利用贼，其次是抓住贼，再次是避开贼走。

曳新屦者，行必择地。苟择地而行，则屦可以常新矣。

【译文】穿上新鞋的人，走路必然会选择地方，若能够长期选择地方走路，那么鞋子就可以总是新的了。

被桐以丝，其声两相藉也。道不孤成，功不独立。

【译文】在桐木上缠上丝做成琴，发出的声音互相借助。大道不会单独修成，功劳不能独自建立。

坐对明灯，不可以见暗。而暗中人见对灯者甚真，是故君子贵处幽。

【译文】坐在明亮的灯光下就看不到黑暗的地方，而身处黑暗中的人能清晰地看见灯光下人。所以君子善于住在幽暗的地方。

无涵养之功，一开口动身便露出本象，说不得你有灼见真知；无保养之实，遇外感内伤依旧是病人，说不得你有真传口授。

【译文】没有涵养功夫的人，一张口说话、一起身行动就露出本来面目，不能说你有真知灼见；没有真正保养身体的人，遇到一点感染或小伤病症就会成为病人，不能说你真正学习传授了养生之道。

磨墨得省身克己之法，膏笔[①]得用人处事之法，写字得经世宰物之法。

【注释】①膏(gào)笔：把毛笔蘸上墨汁在砚台边上掭。

【译文】研墨可以获得检查自身过失，克制自己非分之想的方法，掭笔可以获得用人办事的方法，写字可以得到治理国事、掌理万物的方法。

不知天地观四时，不知四时观万物。四时分成是四截，总是一气呼吸。譬如釜水寒温热凉，随火之有无而变，不可谓之四水。万物分来是万种，总来一气薰陶。譬如一树花，大小后先随气之完欠而成，不可谓之殊花。

【译文】不了解天地观四时变化，不了解四时观万物变化。四时分成四截，总的来说还是由元气一呼一吸形成的。就好比锅中水的寒温热凉，随着火候的有无而变化，不可以说这是四种水。万物分开来是万种，总的来说还是由一气熏陶出来的。就好比一树花，开放的先后、大小随着气的强弱盛衰而变化，但不可以说是不同的花。

阳主动，动生燥。有得于阳，则袒裼[①]可以卧冰雪。阴主静，静生寒。有得于静，则盛暑可以衣裘褐。君子有得于道，焉往而不裕如[②]哉！外若可挠，必内无所得者也。

【注释】①袒裼(xī)：亦作"襢裼"。脱去上衣左袖，裸露肢体。②裕如：从容不费力的样子。

【译文】阳主动，动生燥。得到了阳气，则可以赤身露体躺在冰雪中。阴主静，静生寒。得到了静，盛暑可以穿御寒的衣服。君子如果符合道义，到什么地方不是自由自在呢！外界的事如果能扰乱你的心，说明你的内心毫无收获。

或问："士希贤，贤希圣，圣希天[①]，何如？"曰："体味之不免有病。士、贤、圣，皆志于天，而分量有大小，造诣有浅深者也。譬之适长安者，皆志于长安，其行有疾迟，有止不止耳。若曰：跬步[②]者希百里，百里者希千里，则非也。故造道之等必由贤而后能圣，志之所希则合下便欲与圣人一般。"

【注释】①"士希贤"三句：典出周敦颐《通书·志学》："圣希天，贤希圣，士希贤。"②跬（kuǐ）步：半步。

【译文】有人问："一般的读书人希望达到贤人的境界，贤人希望达到圣人的境界，圣人希望达到知天的境界，怎么样？"我回答说："仔细玩味，这样说不免有毛病。读书人、贤人、圣人都希望达到知天的境界，但每个人的力量有大小，境界有深浅。譬如要到长安去的人，目标都是长安，但行走的速度有快有慢，还有止步不前和不止步的。但如果说：走了半步的人只希望行百里，行了百里的人只希望行千里，就不对了。因此学道的等级必须是由贤人而后到圣人，但内心的愿望则是想即时就能和圣人一样。"

言教不如身教之行也，事化不如意化之妙也。事化信，信则不劳而教成；意化神，神则不知而俗变。螟蛉[①]语生，言化也；鸟孚生，气化也；鳖思生，神化也。

【注释】①螟（míng）蛉（líng）：螟蛉是一种小虫，蜾蠃是一种寄生虫。蜾蠃常捕捉螟蛉存在窝里，产卵在它们身体里，卵孵化后以螟蛉为食。古人以为蜾蠃不产子，以螟蛉为子，故以“螟蛉”比喻义子。

【译文】用语言说教不如以实际行动做榜样推行得快，用事实教化不如通过思想教化变化得巧妙。用事实来教化真实可信，真实可信则不必劳苦教化就会成功；用意向、思想来教化，效果神速，神速则是在不知不觉中发生了风尚习俗的变化。螟蛉之子，附着在蜾蠃身上，蜾蠃说：“像我！像我！”螟蛉就变成了蜾蠃的儿子，这就是言化；鸟用蛋孵化，这就是气化；鳖用意念孵化，这就是神化。

天道，渐则生，躐[1]则杀。阴阳之气皆以渐，故万物长养，而百化昌遂。冬燠[2]则生气散，夏寒则生气收，皆躐也。故圣人举事不骇人听闻。

【注释】①躐（liè）：不循次序，超越。②燠（yù）：暖，热。

【译文】自然的规律，循序渐进则生长，超越次序则肃杀。阴阳之气都是逐渐生长壮大的，因此万物不断地生长繁育，百物能化成昌遂。冬天热则生气散，夏天寒则生气收，都是由于超越了节序。因此圣人兴办事业不使人听后感到震惊。

只一条线把紧要机括提掇得醒，满眼景物都生色，到处鬼神都响应。

【注释】①机括：亦作“机栝”。弩上发矢的机件。犹机关。喻治事的权柄或事物的关键。

【译文】只要一条线能把紧要的关键操纵得灵活，那么满眼的景物都有生动鲜明的色彩，各处的鬼神都有如回响的应答。

一法立而一弊生，诚是。然因弊生而不立法，未见其为是也。夫立法以禁弊，犹为防以止水也。堤薄土疏而乘隙决溃，诚有之矣，未有因决而废防者。无弊之法，虽尧、舜不能；生弊之法，亦立法者之拙也。故圣人不苟立法，不立一事之法，不为一切之法，不惩小弊而废良法，不为一时之弊而废可久之法。

【译文】设立一条法令就会产生一个弊端，确实是如此。然而如果因为会产生弊端而不立法的，未见得正确。立法是为了防止弊病，如同筑堤防止水患一样。由于堤薄土松，水趁着缝隙冲破了堤防，这种情况确实是有的，但没有因为水冲破堤坝而废掉堤防的。想要制定没有弊病的法令，即使是尧、舜也做不到；制定会产生弊病的法令，也说明立法者的笨拙。因此圣人不随便立法，不为某一件事立法，不设立没有例外的法令，不因为有小的弊病而废除行之有效的良法，不因为有一时的弊病而废除可长久推行的律法。

庙堂之上最要荡荡平平，宁留有余不尽之意，无为一着快心之事。或者不然予言。予曰：“君见悬坠乎？悬坠者以一线系重物，下垂往来不定者也。当两壁之间，人以一手撼之，撞于东壁重，则反于西壁亦重，无撞而不反之理，无撞重而反轻之理。

待其定也，中悬而止。君快于东壁之一撞，而不虑西壁之一反乎？国家以无事为福，无心处事，当可而止，则无事矣。”

【译文】在朝堂之上，最要坦直旷荡，宁可留有余不尽之意，不做称心一时的事。有人对我的话不以为然。我说：“您见过悬坠吗？悬坠就是用一根线系着一个重物，垂下来左右摇摆不定。悬坠处于两壁之间的话，人用一只手去推动它，它重重地撞在东壁上，反弹回来也重重地撞到西壁上，没有撞后不反弹的道理，也没有撞得重反而弹得轻的道理。等悬坠平静下来，中悬在两壁之间。你为了撞在东壁上的称心快意，而不考虑反弹到西壁上吗？国家以没有战事、灾异为福，通过道德感化来治国，恰到好处就停止，国家就会平安无事。”

地以一气嘘①万物而使之生，而物之受其气者，早暮不同，则物之性殊也，气无早暮；夭乔②不同，物之体殊也，气无夭乔；甘苦不同，物之味殊也，气无甘苦；红白不同，物之色殊也，气无红白；荣悴③不同，物之禀遇殊也，气无荣悴。尽吾发育之力，满物各足之分量，顺吾生植之道，听其取足之多寡，如此而已。圣人之治天下也亦然。

【注释】①嘘：谓大气鼓动。②夭乔：草木茁壮生长。典出《尚书·禹贡》：“厥草惟夭，厥木惟乔。”孔传：“少长曰夭；乔，高也。”③悴：衰弱，萎谢。

【译文】地用一气鼓动万物而使万物生长，万物接受地气的时间不一样，因此万物的性质各不相同，但气没有早晚；茂盛的小草和高大的树木不一样，这是事物的本体不同，但气没有夭乔之别；物有甘和苦的区别，这是物味不同，但气没有甘苦之别；物有红色和白色，这是物色不同，但气无红白之别；物有枯有荣，这是物的禀遇不同，但气无枯荣之分。只是尽自己发育万物的力量，满足万物各自需要的分量，依顺万物生长的规律，听凭万物任意取足而已。圣人治理天下也是这个道理。

口塞而鼻气盛，鼻塞而口气盛，鼻口俱塞，胀闷而死。治河者不可不知也。故欲其力大而势急，则塞其旁流；欲其力微而势杀也，则多其支派；欲其蓄积而有用也，则节其急流。治天下之于民情也亦然。

【译文】嘴巴闭上，鼻子呼吸的气就加重了；鼻子堵住了，嘴巴呼吸的气就加重了；口鼻都堵住了，人就会胀闷而死。这个道理，疏通江河的人不能不知道。因此想让河水流动的力量大、流势急，就要堵塞支流；想让河水力微而流势减小，则要多增加支流；想使河水积蓄起来有所使用，就要截断急流。治理天下的人，对百姓的意愿也要这样处理。

木钟，撞之也有木声；土鼓，击之也有土响，未有感而不应者，如何只是怨尤？或曰：“亦有感而不应者。”曰：“以发击鼓，以羽撞钟，何应之有？”

【译文】撞击木钟就会发出木声；敲击土鼓就会发出土声，没有撞击后不发出响声的，怎么能只是怨恨责怪呢？有人说：“也有收到影响而不反应的。”回答说：“用头发去击鼓，用羽毛去撞钟，怎么会有响应呢？”

四时之气先感万物而万物应，所以应者何也？天地万物一气也。故春感而粪壤气升，雨感而础石先润，磁石动而针转，阳燧[1]映而火生，况有知乎？格天动物只是这个道理。

【注释】①阳燧：古代用铜制作的镜子形状的利用太阳取火的器具。也称为“金燧”“阳遂”。

【译文】四时之气先感通万物然后万物就有了回应，为什么会有回应呢？因为天地万物都是一气形成的。因此春气感通，污秽的地气就会上升；雨水感通，屋子柱下的石礅就会湿润；磁石转动，铁针就会跟着旋转；太阳光照射在凹面镜上，就会产生火苗，何况那些有知觉的东西呢？格天动物只是这个道理。

积衰之难振也，如痿[1]人之不能起然。若久痿，须补养之，使之渐起；若新痿，须针砭之，使之骤起。

【注释】①痿：身体筋肉萎缩、偏枯之症。

【译文】长期积累的衰败难以振兴，如同肌肉萎缩的人不能站起来一样。如果患肌肉萎缩症时间久了，必须慢慢滋养，让他渐渐站立起来；如果是刚得了萎缩症，则可用针灸砭石治疗，使他很快站立起来。

器械，与其备二之不精，不如精其一之为约。二而精之，万全之虑也。

【译文】器械，与其准备两个不精良的，不如准备一个精良的为简便。如果两个都是精良的，就是万无一失的考虑。

我之子我怜之，邻人之子邻人怜之。非我非邻人之子而转相鬻[①]育，则不死为恩矣。是故公衙不如私舍之坚，驿马不如家骑之肥，不以我有视之也。苟扩其无我之心，则垂永逸者，不惮今日之一劳。惟民财与力之可惜耳，奚必我居也？怀一[②]体者，当使刍牧[③]之常足，惟造物生命之可悯耳，奚必我乘也？呜呼！天下之有我久矣，不独此一二事也。学者须要打破这藩篱，才成大世界。

【注释】①鬻（yù）：卖。②一体：万物一体。③刍（chú）牧：家畜。指马牛羊之类。

【译文】我的儿子我怜爱，邻人的儿子邻人怜爱。不是我的、也不是邻人的儿子，就会转卖给别人去养育，不死就算仁爱了。因此衙门不如私人住宅坚固，驿站的马匹不如家养的马肥壮，因为这不是属于我的。如果扩充了没有私见之心，那么为了永久安逸的人，就不会畏惧今日的劳苦。唯有民财与民力值得爱惜，何必非要自己居住呢？心怀万物一体思想的人，应当使马牛羊之类的家畜也得到满足，造物主所创造的一切生命都应该怜悯，何必只爱惜自己所乘的马匹呢？唉！天下人只考虑自己的情况已经很久了，不只是这一两件事情。学者必须打破这个边界，才成个大世界。

脍炙之处，蝇飞满几，而太羹玄酒[①]不至。脍炙日增，而欲蝇之集太羹玄酒，虽驱之不至也。脍炙彻，而蝇不得不趋于太羹玄酒矣。是故返朴还淳，莫如崇俭而禁其可欲。

【注释】①太羹：不调五味的肉汁。《左传·桓公二年》：“太羹不致。”也作“大羹”。玄酒：水。水深色黑，太古用以祭祀，故称为“玄酒”。典出《礼记·礼运》：“故玄酒在室，醴醆在户。”唐·孔颖达·正义：“玄酒谓水也。以其色黑，谓之玄，而大古无酒，此水当酒所用，故谓之玄酒。”

【译文】摆放佳肴的桌案，飞满了苍蝇，却不飞到祭祀桌上摆的肉汁和清水上去。美味的肉食不断地端上来，却希望苍蝇飞到祭祀用的肉汁和清水上去，即使驱赶它也不会去。美味的佳肴都撤下去后，苍蝇就不得不飞到肉汁和清水上去。因此与其回复原来的自然状态，不如崇尚俭朴而禁止过多的欲望。

驼负百钧，蚁负一粒，各尽其力也。象饮数石，鼷[1]饮一勺，各充其量也。君子之用人，不必其效之同，各尽所长而已。

【注释】①鼷（xī）：一种小老鼠，亦称“耳鼠”。一说就是小家鼠。

【译文】骆驼能背负三千斤，蚂蚁只能背负一粒，它们只是各尽其力而已。大象饮水数石，小家鼠饮水一勺，也只是各尽其量而已。君子选用人才，不必要求人人效率相同，只要做到各尽所长就可以了。

古人云：“声色之于以化民，末也[1]。”这个末，好容易底。近世声色不行，动大声色，大声色不行，动大刑罚，大刑罚才济得一半事，化不化全不暇理会。常言三代之民与礼教习，若有奸宄[2]，然后丽刑[3]。如腹与菽粟偶一失调，始用药饵。后世之民与刑罚习，若德化，不由日积月累，如孔子之“三年”[4]，王者之“必世”[5]，骤使欣然向道，万万不能。譬之刚腹硬腹之人，服大承气汤[6]三五剂始觉，而却以四物君子补之，非不养人，殊与疾悖而反生他症矣。却要在刑政中兼德礼[7]，则德礼可行，所谓兼攻兼补，以攻为补，先攻后补。有宜攻，有宜补，惟在剂量。民情不拂不纵始得。噫！可与良医道。

【注释】①“声色”二句：典出《中庸·第三十三章》。②奸宄（guǐ）：犯法作乱的人。③丽刑：施行刑罚；以刑法惩治。丽，通“罹”。④孔子之“三年”：《论语·子路》：“子曰：‘苟有用我者，期月而已可也，三年有成。’”期月，一年。有成，治功成也。⑤王者之“必世”：《论语·子路》：“子曰：‘如有王者，必世而后仁。’”朱熹注：“王者谓圣人受命而兴也。三十年为一世。仁，谓教化浃也。”⑥大承气汤：《伤寒论》方，能软坚润燥，破结除满，荡涤肠胃，急下存阴。⑦德礼：道德与礼教。语本《论语·为政》：“道之以德，齐之以礼。”朱熹集注：“愚谓政者，为治之具。刑者，辅治之法。德礼则所以出治之本，而德又礼之本也。”

【译文】古人说：“用喜怒的声调和容态来教化百姓，这是最末等的办法。”这个末等的办法，似乎很容易使用。近代使用普通喜怒的声调和容态教化百姓行不通，就会用更加严厉的声调和容态，严厉的声色还行不通，就动用大刑罚，大刑罚也只能管一半的用，对能否达到教化的目的则不管不问。常说夏、商、周三代的人民习惯礼仪教化，如有作奸犯科的人，才施行刑罚。这就如同吃进了菽粟偶尔不消化，才用药治疗一样。后世的人民习惯刑罚，而对于用道德教化，不经过日积月累，譬如孔子讲的“三年才能成功”、达到王道要“三十年才能见效”，而想百姓骤然欣然向道，是万万做不到的。就好比得了腹硬症的病人，服大承气汤三五剂才有一点儿效果，如果用四物汤、四君子汤去补养，不仅不养人，而且与病症相悖，反而会出现其他疾病。应该在刑法政令中兼用道德和礼教，这样道德和礼教才能施行，这就是所谓的攻补兼施，以攻为补，先攻后补。有的病适宜攻法，有的病适合补法，只要注意把握剂量。对于社会风气，不放纵不违背人情才算合适。唉！这个道理可以和良医谈论。

得良医而挠之，与委庸医而听之，其失均。

【译文】得到了良医却阻挠他治病，与听凭庸医胡乱治疗，二者的错误是一样的。

以莫邪[1]授婴儿而使之御虏，以繁弱[2]授蒙瞍而使之中的，其不胜任，授者之罪也。

【注释】①莫邪（yé）：古代传说中的宝剑名，因铸造者干将的妻子叫莫邪而得名，后泛指宝剑。②繁弱：古代的一种良弓。

【译文】把莫邪这样的宝剑交给婴儿，让他去御敌；把繁弱这样的良弓交给盲老头，让他射中目标，二者都不能胜任，这是交给他们宝剑和良弓之人的错误。

道途不治，不责妇人。中馈[1]不治，不责仆夫。各有所官也。

【注释】①中馈：妇女在家中职司饮食的事。

【译文】道路管理不好，不责备妇女。家庭饮食等事管理不好，不责备仆人。因为这些事各有负责的人。

齐有南北官道，汗下[1]者里余，雨多行潦[2]，行者不便，则傍西踏人田行。行数日而成路，田家苦之，断以横墙，十步一堵，堵数十焉。行者避墙更西，踏田愈广，数日又成路。田家无计，乃蹲田边，且骂且泣，欲止欲讼，而无如多人何也。或告之曰：“墙之所断已成弃地矣，胡不仆墙而使之通，犹得省于墙之更西者乎？”予笑曰：“更有奇法，以筑墙之土垫道，则道平矣。道平，人皆由道，又不省于道之西者乎？安用墙为？”越数日而道成，道傍无一人迹矣。

【注释】①汗（wū）下：低下。②行潦（lǎo）：汇聚路旁的流水。

【译文】齐地有一条南北方向的大道，其中有一里多的路程是低洼地，雨水多了就积成了水洼，行人很不方便，就靠西从别人的庄稼地里通过。在庄稼地走了几天后就成了路，田地的主人很苦恼，就用横墙把田里的路隔断了，每十步远就垒一堵墙，共垒了数十道。行人绕过墙，又在墙西边踏出了一条路，糟蹋的田地更多，几天后又形成了一条路。田地的主人没有办法，就蹲在田边，边骂边哭，一边阻挡行人，一边说要去控诉，但对着众多的行人却无可奈何。有人告诉他说：“墙所截断的地方已经成了弃地，为什么不推倒墙让人通过，这样还可以利用墙西的这些地？”我笑着说：“还有更好的办法，用筑墙的土垫平道路，垫平道路。道路垫平了，人们都会走大路，那道西的田地不也省出来了吗？哪里用得着垒墙呢？”过了几天道路垫平了，道旁的田地也没有人走的痕迹了。

瓦砾在道，过者皆弗见也，裹之以纸，人必拾之矣。十袭而椟[1]之，人必盗之矣。故藏之，人思亡之；掩之，人思捡之；围之，人思窥之；障之，人思望之。惟光明者不令人疑。故君子置其身于光天化日之下，丑好在我，我无饰也；爱憎在人，我无与也。

【注释】①十袭：把物品一层又一层地包裹起来，以示珍贵。椟之：以木匣装之。

【译文】瓦砾扔在道路上，路过的人都像没看见一样，如果用纸包裹起来，人们必然会捡起来。如果再用十层锦缎包裹，装在精美的木匣中，人们必然会偷盗。因此藏起来的东西，人们就想着偷走；掩盖着的东西，人们就想揭开；围起来的东西，人们就想暗中偷看；遮挡的东西，人们就想遥望。只有放在光明之处的东西才不会让人怀疑。因此君子要置身于光天化日之下，是美是丑都在我，都不掩饰；人们喜欢我还是憎恶我，都听任别人，我都不参与。

稳桌脚者，于平处着力，益甚其不平。不平有二：有两隅不平，有一隅不平，于不少处着力，必致其攲斜。

【译文】在本来就平的地上用力稳定桌腿，桌腿会更加不稳。桌腿不平有两个原因：有两个角不平的，有一个角不平的，在不短缺的地方下功夫，必然使桌子更倾斜。

极必反，自然之势也。故绳过绞则反转，掷过急则反射。无知之物尚尔[①]，势使然也。

【注释】①尚尔：尚且如此。

【译文】发展到极点，必然会转向相反的方向，这是自然的法则。因此绳子过分扭紧就会反转，抛掷过急则会反射。没有知觉的事物尚且如此，这是形势使然。

是把钥匙都开底锁，只看投簧不投簧。

【译文】是把钥匙都能开锁，只看它投簧不投簧。

蜀道不难，有难于蜀道者，只要在人得步。得步则蜀道若周行[①]，失步则家庭皆蜀道矣。

【注释】①周行：大道，大路。《诗经·周南·卷耳》："嗟我怀人，寘彼周行。"

【译文】蜀道并不难行，还有比蜀道更难行的，主要看你走路是否得法。走的方法得法，蜀道也如同大路一样；走的方法不对，在家庭之内也如蜀道一样。

未有冥行[①]疾走于断崖绝壁之道而不倾跌者。

【注释】①冥行：摸黑走路。

【译文】没有夜间在断崖绝壁的路上快步行走而不跌倒的。

张敬伯常经山险。谓余曰：“天下事常震于始而安于习。某数过栈道，初不敢移足，今如履平地矣。”余曰：“君始以为险，是不险；近以为不险，却是险。”

【译文】张敬伯经常在山间险路行走。他对我说：“天下的事常常在开始时感到震惊害怕，习惯了就心安无事了。我多次经过栈道，开始时不敢迈脚，现在就像走在平地上一样了。”我说：“您开始时以为危险，这是不险；现在以为不危险了，这却是危险。”

君子之教人也，能妙夫因材之术，不能变其各具之质。譬之地然，发育万物者，其性也。草得之而为柔，木得之而为刚，不能使草之为木，而木之为草也。是故君子以人治人，不以我治人。

【译文】君子教育别人，妙在能因材施教，不能改变他天生的本质。譬如地，能发育生长万物，这是地的特性。草生长在地上是柔软的，树木生长在地上是坚硬的，地不能使草变成树木，也不能使树木变为草。因此君子根据人的特性来教育人，而不能以自身的特性来教育别人。

无星之秤，公则公矣，而不分明；无权之秤，平则平矣，而不通变。君子不法焉。

【译文】没有记数点的秤，公是公了，但不分明；无秤锤之秤，平是平了，但不能变通。君子不会效法这样的秤。

羊肠之隘，前车覆而后车协力，非以厚之也。前车当关，后车停驾，匪惟同缓急，亦且共利害。为人也，而实自为也。呜呼！士君子共事而忘人之急，无乃所以自孤也夫。

【译文】走在狭窄曲折的小路上，前面的车翻倒了，后面的推车人一定会帮助它正过来，这不是有什么交情。而是由于前面的车挡住了去路，后面的车就只能停下来，不只是关系着缓急，而且是利害相同。帮助别人，实际也是为了自己。唉！士君子与人共事而忘记了别人的急难，岂不也是自我孤立的做法吗。

万水自发源处入百川，容不得；入江淮河汉，容不得。直流至海，则浩浩恢恢，不知江淮几时入，河汉何处来，兼收而并容之矣。闲杂懊恼，无端谤讟①，傥来横逆，加之众人不受，加之贤人不受，加之圣人则了不见其辞色，自有道以处之。故圣人者，疾垢之海也。

【注释】①谤讟（dú）：怨恨毁谤。

【译文】万水从发源处流入百川，百川容纳不了；就会流入长江、淮河、黄河、汉水，这些江河容纳不了。如果一直流向大海，则盛大宽阔，不知长江、淮河几时流入，不知黄河、汉水是从何处流来，都兼收并容了。闲杂的烦恼，无端的诽谤，偶然横加的灾祸，施加到一般人身上都忍受不了，施加在贤人身上也忍受不了，如果施加到圣人身上，则不会看到圣人有不高兴的神色，圣人自有处理这些问题的办法。所以说圣人是容纳疾苦和污垢的大海。

两物交必有声，两人交必有争。有声，两刚之故也。两柔则无声，一柔一刚亦无声矣。有争，两贪之故也。两让则无争，一贪一让亦无争矣。抑有进焉，一柔可以驯刚，一让可以化贪。

【译文】两物碰撞必定会发出声响，两人交锋必然会起争端。会发出声响，是两物都坚硬的缘故。如果两物都柔软就不会有声响，一柔一刚也不会有声响。有争端，是两人都贪心的缘故。互相谦让就不会有争端，一贪一让也不会有争端。还有更高明的，一柔还可以驯化刚，一让还可以感化贪。

石不入水者，坚也；磁不入水者，密也。人身内坚而外密，何外感之能人？物有一隙，水即入一隙；物虚一寸，水即入一寸。

【译文】水流不进石头，是由于石头坚硬的缘故；水流不进磁器，是由于磁器紧密的缘故。如果人的身体内部健康，外部又多加防护，怎么会感受风寒？物有一个缝隙，水就会进入这个缝隙；物虚一寸，水就会浸入一寸。

人有兄弟争长者，其一生于甲子八月二十五日，其一生于乙丑二月初三日。一曰："我多汝一岁。"一曰："我多汝月与日。"不决，讼于有司。有司无以自断，曰："汝两人者均平，不相兄，更不然递相兄可也。"此《河图》大衍[1]对待流行之全数。

【注释】①大衍：《易经·系辞上》："大衍之数五十。"韩康伯注引王弼曰："演天地之数，所赖者五十也。"孔颖达疏引京房云："五十者谓十日、十二辰、二十八宿也。"后以大衍为五十的代称。

【译文】有一对兄弟，各自争论自己应是兄长，其中一人生于甲子年八月二十五日，另一人生于乙丑年二月初三日。一人说："我比你大一岁。"另一人说："我月份和日子都比你大。"争论得没有结果，就控诉到了官府。官府也不能裁决，就说："你们两人都一样，你也不是兄他也不是弟，要不然交替着当兄长也可以。"此《河图》大衍对待流行之全数。

挞[①]人者梃也，而受挞者不怨梃；杀人者刃也，而受杀者不怨刃。

【注释】①挞（tà）：用鞭棍等打人。

【译文】打人的工具是木棒，但被打的人不会怨恨木棒；杀人的工具是刀，但被杀的人不会怨恨刀。

人间等子[①]多不准，自有准等儿，人又不识。我自是定等子底人，用底是时行天平法马[②]。

【注释】①等子：即戥子。称小量东西的衡器。②法马：即砝码。

【译文】人间称物的戥子大多都不准确，但自然有准确的戥子，人们又不认识。我就是定戥子的人，用的是时下流行的天平砝码。

颈檠[1]一首，足荷七尺，终身由之而不觉其重，固有之也。使他人之首枕我肩，他人之身在我足，则不胜其重矣。

【注释】①檠（qíng）：举，托。通“擎”。

【译文】颈项支撑着头，双脚支撑着七尺身躯，终生都是如此却不觉得沉重，这是天生本来就有的缘故。假使他人的头枕在我的肩上，他人的身体放在我的脚上，则承受不了这个重量了。

不怕炊不熟，只愁断了火。火不断时，炼金煮砂可使为水做泥。而今冷灶清锅，却恁空忙作甚？

【译文】不怕饭烧不熟，只愁断了火。如果火不断，就可以使金子化为金水，可以把砂石煮成泥浆。但现在只有冷灶清锅，却空忙个什么劲呢？

王酒者，京师富店也。树百尺之竿，揭金书之帘，罗玉相之器，绘五楹之室，出十石之壶，名其馆曰“五美”。饮者争趋之也。然而酒恶，明日酒恶之名遍都市，又明日门外有张罗[1]者。予叹曰：“嘻！王酒以‘五美’之名而彰一恶之实，自取穷也。夫京师之市酒者不减万家，其为酒恶者多矣，必人人尝之，人人始知之，待人人知之，已三二岁矣。彼无所表著以彰其恶，而饮者亦无所指记以名其恶也。计所获，视王酒亦百倍焉。朱酒者，酒美亦无所表著，计所获，视王酒亦百倍焉。”或曰：“为酒者将掩名以售其恶乎？”曰：“二者吾不居焉，吾居朱氏。夫名为善之累也，故藏，修者恶之。彼朱酒者无名，何害其为美酒哉！”

【注释】①张罗：指支起罗捕捉鸟雀，形容人迹稀少。

【译文】王家酒店，是京城的一家富店。店外树着百尺高的旗杆，张挂着金字的帘幌，店内摆设纯美如玉的器皿，店堂是五根前柱都绘有图画的房屋，酒装在能容纳十石之量的大壶中，酒馆起名叫“五美”。喝酒的人都争着来这儿饮酒。但是他家的酒质量却不好，第二天酒不好的坏名声就传遍了京城，第三天酒店就十分冷清了。我慨叹地说：“嘻！王家酒店以‘五美’为名，却彰显了酒恶这一事实，这是他自找倒楣。京城卖酒的酒家不少于万家，但是酒不好的店太多了，但都是经过众人品尝以后，人们才开始知道酒不好的，等到人人都知道他家的酒不好时，已经过了二三年了。他们既没有可以表彰和显示的东西，也就不会让酒不好这一缺点更加彰显出来，而饮酒的人也记不住、指不出他家的酒店有什么特点来传扬他家酒不好的坏名声。核算一下利润，比王家酒店多百倍。朱家酒店，酒好，也没有可以表彰和显示之处，计算利润，也比王家酒店多百倍。”有人问：“卖酒的是不是应当遮掩他的名声来出售坏酒？”我说：“这两种情况我都不学，我学朱家酒店。虚名只能是善行的累赘，所以要隐匿虚名，如果匡正名分，就会受到别人的厌恶。朱家酒店没有什么名声，对他家的美酒又有什么妨害呢！”

有脍炙于此，一人曰咸，一人曰酸，一人曰淡，一人曰辛，一人曰精，一人曰粗，一人曰生，一人曰熟，一人曰适口，未知谁是。质之易牙[①]而味定矣。夫明知易牙之知味，而未必己口之信从，人之情也。况世未必有易牙，而易牙又未易识，识之又未必信从已。呜呼！是非之难一久矣。

【注释】①易牙：春秋时齐桓公幸臣，为齐桓公的内侍。长于调味，善逢迎，传说曾烹其子以进桓公。亦称“狄牙”。

【译文】有一种美味佳肴在此，一人说咸，一人说酸，一人说淡，一人说辣，一人说精，一人说粗，一人说生，一人说熟，一人说适口，不知谁说得对。让长于调味的易牙来鉴定一下，就可以确定是什么味道。明知易牙是懂得鉴赏味道的，但未必适合我的口味，这是人之常情。况且世上未必有像易牙这样懂得鉴赏味道的人，而识别是不是易牙又很难，找到了易牙又未必听从他的判断。唉！是非难以统一是长久以来的事了。

余燕服[①]长公服少许，余恶之，令差短焉。或曰：“何害？”余曰：“为下者出其分寸长，以形在上者之短，身之灾也！害孰大焉？”

【注释】①燕服：日常闲居时穿的衣服，便服。

【译文】我的便服比官服长少许，我觉得很不好，就让人裁短了。有人问：“便服长点儿又有什么关系？”我说：“处在下面的超出一分一寸，显示出在上面的短处，就会给自己带来灾祸啊！哪有比这更大的害处呢？”

水至清，不掩鱼鲕[①]之细；练至白，不藏蝇点之缁。故“清白”二字，君子以持身则可，若以处世，道之贼而祸之薮也。故浑沦无所不包，幽晦无所不藏。

【注释】①鲕（ér）：鱼苗，小鱼。

【译文】水太清，掩藏不了细小的鱼苗；绸子太白，藏不住蝇点那样小的黑点。所以说"清白"二字，君子用来修身是可以的，如果用来处世，就会危害世道，给自己带来灾祸。因此混沌的状态无所不包，幽晦的地方无所不藏。

一人入饼肆，问饼直几何，馆人曰："饼一钱一。"食数饼矣，钱如数与之。馆人曰："饼不用面乎？应面钱若干。"食者曰："是也。"与之。又曰："不用薪水乎？应薪水钱若干。"食者曰："是也。"与之。又曰："不用人工为之乎？应工钱若干。"食者曰："是也。"与之。归而思于路曰："吾愚也哉！出此三色钱，不应又有饼钱矣。"

【译文】一人到饼店买饼，问饼多少钱一个，卖饼的人说："一个饼卖一个钱。"这人吃了几个饼，如数给了钱。卖饼的人说："饼不是用面做的吗？还应付面钱若干。"吃饼的人说："对。"又给了面钱。卖饼的人又说："做饼不用柴火和水吗？应给柴火和水钱若干。"吃饼的人说："对。"又给了柴火和水钱。卖饼的人又说："饼不用人工做吗？应给工钱若干。"吃饼的人说："对。"又给了人工钱。在回去的路上，吃饼的人想："我太愚蠢了，付了这三样钱，就不该再付饼钱了。"

一人买布一匹，价钱百五十，令染人青之。染人曰："欲青钱三百。"既染矣，逾年而不能取，染人牵而索之曰："若①负吾钱三百，何久不与？吾讼汝。"买布者惧，跽②而恳之曰："我布值已百五十矣，再益百五十，其免我乎！"染人得钱而释之。

【注释】①若：你。②跽（jì）：跪而耸身，以示敬意。

【译文】 一个人买了一匹布，价钱一百五十钱，让染匠染成青色。染匠说："想染成青色，需要三百钱。"染好了，过了一年买布的人都没来取，染匠拉着他索要染布的钱，说："你欠我三百钱，为什么这么长时间还不给我？我要去告你。"买布人很害怕，弁身跪着恳求说："我的布价值一百五十钱，再给你一百五十钱，你就饶了我吧！"染匠拿到钱后就把他放了。

无盐[①]而脂粉，犹可言也；西施[②]而脂粉，不仁甚矣。

【注释】①无盐：战国时无盐邑丑女，即齐宣王后钟离春，为人有德而貌丑，后人以无盐为丑女的通称。②西施：春秋时越地美女，后为美女的代称。

【译文】 无盐这样的丑女，施以脂粉，还有话说；西施这样的美女再搽上脂粉，就太不仁了。

昨见一少妇，行哭甚哀，声似贤节，意甚怜之。友人曰："子得无视妇女乎？"曰："非视也，见也。大都广衢之中，好丑杂沓，情态缤纷，入吾目者千般万状，不可胜数也。吾何尝视？吾何尝不见？吾见此妇亦如不可胜数者而已。夫能使聪明不为所留，心志不为所引，如风声日影然，何害其为见哉？子欲入市而闭目乎？将有所择而见乎？虽然，吾犹感心也，见可恶而恶之，见可哀而哀之，见可好而好之。虽性情之正，犹感也，感则人，无感则天。感之正者圣人，感之杂者众人，感之邪者小人。君子不能无感，慎其所以感之者。此谓动处试静，乱中见治，工夫效验都在这里。"

【译文】昨日看见一位少妇，边走边哭，哭声很悲伤，听起来像是贤惠贞节的女子，我很可怜她。朋友说："你莫非注视那个妇女了吗？"我说："我不是注视，是看见了。在大都广衢之中，美丑拥挤纷乱的通过，神态繁多而杂乱，映入我眼中的也是多种多样，数也数不过来。我哪里注视过呢？我怎么不看到呢？我看见这个妇女也如同数不尽的其他人一样。如果能使精神不被看见的东西留住，心志不被看见的东西吸引，就如同风声日影一样，看见又有什么害处呢？你想让进入集市的人都闭上眼睛吗？还是有选择地去看呢？即使是这样，看到的东西还是会使我的心有所触动，看到可恶的东西就会憎恶，看到可怜的事物就会哀怜，见到可爱的就会喜爱。即使是性情端正的人，也会有所触动，有感情的才是人，没有情感的是天。被正事感动的是圣人，被杂事感动的是普通人，被邪事感动的是小人。君子不能没有情感，但要慎重对待受感动的事情。这就是所谓的动处试静，乱中见治，你的修养功夫如何，效果如何，都可从这里验证。"

尝与友人游圃，品题众芳，渠以艳色浓香为第一①。余曰："浓香不如清香，清香不若无香之为香。艳色不如浅色，浅色不如白色之为色。"友人曰："既谓之花，不厌浓艳矣。"余曰："花也而能淡素，岂不为尤难哉！若松柏本淡素，则不须称矣。"

【注释】①渠：他。

【译文】我曾经与友人一起游览花园，品评这些花，友人认为色艳香浓的应为第一。我说："浓香不如清香，清香不如无香之香。艳色不如浅色，浅色不如白色为色。"友人说："既然叫作花，就不要嫌它浓艳。”我说：“虽说是花但是能淡素，岂不更难能可贵！像松柏那样本来就是淡素的，就不必称道了。”

服砒霜、巴豆者，岂不得肠胃一时之快，而留毒五脏以贼元气，病者暗受而不知也。养虎以除豺狼，豺狼尽而虎将何食哉？主人亦可寒心矣。是故梁冀去而五侯来①，宦官灭而董卓起②。

【注释】①梁冀去而五侯来：据《后汉书·梁统传·梁冀传》，梁冀字伯卓，为汉顺帝、桓帝皇后之兄，骄横不法，杀质帝立桓帝，专断朝政二十余年，荒淫残暴。后桓帝与中常侍单超、具瑗、唐衡、左悺（guàn）、徐璜五人谋杀梁冀，冀自杀。又据《后汉书·宦者列传》，桓帝封单超为新丰侯，具瑗为东武阳侯，唐衡为汝阳侯，左悺为上蔡侯，徐璜为武原侯，“五人同日封，故世谓之‘五侯’……自是权归宦官，朝廷日乱矣”。此后五人比之梁冀有过之无不及。②宦官灭而董卓起：少帝时，大将军何进谋诛宦官，密召董卓。卓引兵入朝诛灭宦官，后废少帝，立献帝，自为相国，专断朝政。董卓，字仲颖。汉桓帝末年，以破羌胡拜郎中，汉灵帝时为前将军。

【译文】服食砒霜、巴豆，肠胃能得到一时的畅快，但毒性会留在五脏之中伤害元气，病人暗中受到伤害却不知道。豢养老虎用来驱除豺狼，豺狼没有了，老虎又吃什么呢？主人也要心惊胆寒了。因此除掉了残暴骄横的梁冀，又出现了横行不法的五侯；宦官被诛灭了，董卓又兴起了。

以佳儿易一跛子，子之父母不从，非不辨美恶也，各有所爱也。

【译文】即使用聪明的孩子换一个跛腿的孩子，跛腿孩子的父母也不会愿意，不是不能分辨孰优孰劣，而是各人只爱各人的孩子。

一人多避忌，家有庆贺，一切尚红而恶素。客有乘白马者，不令入厩闲[1]。有少年面白者，善诙谑，以朱涂面入，主人惊问。生曰："知翁之恶素也，不敢以白面取罪。"满座大笑，主人愧而改之。

【注释】①厩闲：马棚。

【译文】一个人禁忌很多，家中如果有吉庆的事，一切都崇尚红色而忌讳素色。有骑白马来的客人，就不让马入圈。有一个少年脸色很白，善于诙谐逗趣，就用朱砂把脸涂红来到这家，主人吃惊地问，为什么要弄成这样。少年说："我知道您厌恶素色，不敢以白脸进来，免得您怪罪。"满座的人大笑，主人很惭愧，改正了这个毛病。

有过彭泽者，值盛夏，风涛拍天。及其反也，则隆冬矣，坚冰可履。问旧馆人："此何所也？"曰："彭泽。"怒曰："欺我哉！吾始过彭泽，可舟也，而今可车；始也水活泼，而今坚结，无一似昔也，而君曰彭泽，欺我哉！"

【译文】有一个人路过彭泽，当时正值盛夏，风涛拍天。等他回来时，已经是隆冬时节了，可踩着坚冰过去。这个人问原来住过的旅馆老板说："这是什么地方啊？"旅馆老板回答说："彭泽。"这人大怒说："你欺骗我！我当初过彭泽的时候，可以乘船行走，但现在可以乘车了；当初波涛汹涌，现在结成坚冰，没有一点和从前相似的地方，而你却说这是彭泽，是在欺骗我！"

人有夫妇将他出者，托仆守户。爱子在床，火延寝室。及归，妇人震号，其夫环庭追仆而杖之。当是时也，汲水扑火，其儿尚可免与!

【译文】有一对夫妇打算外出去别处，嘱咐仆人看守门户。他们的爱子躺在床上，家里着了火，火势蔓延到寝室。他们回来时火正烧着，妇人嚎啕大哭，她的丈夫满院追打仆人。这时如果及时取水灭火，他们的爱子也许尚可免遭灾殃!

发去木一段，造神楱一、镜台一、脚桶一。锡五斤，造香炉一、酒壶一、溺器一。此造物之象也。一段之木，五斤之锡，初无贵贱荣辱之等，赋畀[①]之初无心，而成形之后各殊。造物者亦不知莫之为而为耳。木，造物之不还者，贫贱忧戚当安于有生之初；锡，造物之循环者，富贵福泽莫恃为固有之物。

【注释】①赋畀（bì）：禀受，给予。

【译文】砍伐了一段木材，制作了一个神楱、一个镜台、一个洗脚桶。用锡五斤，铸造了一个香炉、一个酒壶、一个溺器。这是制作物的表象。一段木材，五斤锡，起初并没有贵贱荣辱的差别，禀受之初也不是存心，但是成型之后各不相同。造物者也不知木和锡会被做成什么而造出了此物。木，制作成物后就不能还原，因此贫贱忧戚应当安于活着的时候；锡，制作成物后还可以循环再用，因此富贵福泽不要依恃为原本就有的事物。

某尝入一富室，见四海奇珍山积，曰：“某物予取诸蜀，某物予取诸越，不远数千里，积数十年以有今日。”谓予：“公有此否？”曰：“予性无所嗜，设有所嗜，则百物无足而至前。”问：“何以得此？”曰：“我只是积钱。”

【译文】我曾进入一户富有的人家，看到天下的奇异珍贵之物堆积如山，富人说：“某物我取之于蜀，某物我取之于越，即使相隔数千里也不以为远，积累了数十年才有今日的财富。”他问我：“你有这些东西吗？”我说：“我平生没有什么嗜好，如果有所嗜好，那么百物即使没有脚也会来到我面前。”富人问：“你怎么能做到这样？”我说：“我只是攒钱。”

弄潮于万层波面，进步于百尺竿头。

【译文】胆大艺高就可以在万层波面中弄潮，不断攀升就会在百尺竿头上进步。

人之手无异于己之手也，腋肋足底，己摸之不痒，而人摸之则痒。补之齿不大于己之齿也，己之齿不觉塞，而补之齿觉塞。

【译文】别人的手和自己的手没有什么不同，腋肋脚底，自己摸不觉得痒，但是别人摸就会痒。补的牙齿并不比自己原来的牙齿大，自生的牙齿不觉得壅塞，而补上的牙齿就会觉得壅塞。

四脚平稳，不须又加楷[①]垫。

【注释】①榰（zhī）：支撑。

【译文】四腿平稳，就不须再增加支垫。

只见倒了墙，几曾见倒了地。

【译文】只看见倒了的墙，什么时候见过倒了的地。

无垢子浴面，拭之以巾，既而洗足，仍以其巾拭之。弟子曰："舛矣，先生之用物也，即不为物分清浊，岂不为身分贵贱乎？"无垢子曰："嘻！汝何太分别也。足未濯时，面洁于足；足既濯时，何殊于面？面若不浴，面同于足，洁足污面，孰贵孰贱？"予谓弟子曰："此禅宗也。分别与不分别，此孔、释之所以殊也。"

【译文】无垢子洗完脸以后，用手巾擦拭，接着又洗脚，仍用这条手巾擦拭。他的弟子说："错了先生，您用错手巾了，先生用物，即使不区分物的清洁和污浊，难道不区分身体部位的贵贱吗？"无垢子说："嘻！你何必区别得这么大呢！脚没洗的时候，脸比脚干净；脚洗过以后，和脸有什么不同呢？脸如果不洗，就和脚相同，清洁的脚和污浊的脸，谁贵谁贱呢？"我对弟子说："这是禅宗。分别与不分别，这就是儒家和佛家不同的地方。"

两家比舍而居[①]，南邻墙颓，北邻为之涂埴丹垩[②]而南邻不归德。南邻失火，北邻为之焦头烂额而南邻不谢劳。

【注释】①比舍：房子紧挨着。②埴（zhí）：黏土。丹垩（è）：指红漆白土。

【译文】两家房子并排在一起居住，南邻的墙倒塌了，北邻把它重新修好，而南邻并不称赞他的德行。南邻失火，北邻因救火而弄得焦头烂额，南邻并不会感激他的劳苦。

喜者大笑，而怒者亦大笑；哀者痛哭，而乐者亦痛哭。欢畅者歌，而忧思者亦歌；逃亡者走[①]，而追逐者亦走。岂可以形论心哉？

【注释】①走：跑。

【译文】高兴的人大笑，但发怒的人也大笑；哀伤的人痛哭，而快乐的人也痛哭。欢畅的人唱歌，而忧愁的人也唱歌；在外逃命的人跑，而追逐的人也跑。怎么可以通过表象说明他的心情？

抱得不哭孩儿易，抱得孩儿不哭难。

【译文】抱着不哭的孩儿容易，抱着孩儿不哭就难了。

疥癣虽小疾，只不染在身上就好。一到身上，难说是无病底人。

【译文】疥癣虽然是小毛病，只要不感染在身上就好。一旦感染到身上，难说是个没病的人。

一滴多于一斝[1]，一分长似一寻[2]，谁谓细微可忽？死生只系滴分。

【注释】①斝（jiǎ）：古代一种大于爵的酒器，圆口，平底，三足。②寻：古代长度单位，八尺为寻。

【译文】有时候，一滴多于一杯，一分长似一寻，谁说细微的事物可以忽视呢？死生只系在这一滴一分上。

四板筑墙，下面仍为上面；两杆推磨，前头即是后头。

【译文】用四块板子筑墙，下面仍为上面；两杆推磨，前头即是后头。

白花菜，掐不尽，一股揠[1]十头，一夜生三寸。

【注释】①揠（yà）：当作“椏（yā）”，丫杈。

【译文】白花菜，掐不尽，一股枝上长出十个头，一夜生三寸。

钻脑既滑忙扯[1]索，轧头才转紧蹬杆。

【注释】①扯：拉。

【译文】钻头如果滑动就要急忙拉索，轧头才转就要赶紧蹬杆。

谁见八珍[1]能半饱？我欲一捷便收兵。

【注释】①八珍：原指八种珍贵的食物，后指八种稀有而珍贵的烹饪原料。

【译文】谁见过食用美味佳肴却只吃个半饱？我不贪婪，只要取得一次胜利便收兵。

水银岂可荡漾，沐猴[1]更莫教调。

【注释】①沐猴：一般指猢狲，特指猕猴。

【译文】水银怎能荡漾，猕猴更不要调教。

赋蚕一联：苟丝纶之既尽，虽鼎镬其奚辞[1]。

【注释】①“苟丝纶”二句：意谓假如茧丝能够抽尽，就是在锅里煮也在所不辞。

【译文】赋蚕一联：苟丝纶之既尽，虽鼎镬其奚辞。

咏舆夫一联：倒垂背上珍珠树[1]，高起肩头玛瑙峰[2]。

【注释】①珍珠树：指背上磨出的水泡。②玛瑙峰：指肩上压出的血包。

【译文】咏轿夫一联：倒垂背上珍珠树，高起肩头玛瑙峰。

词 章

【题解】此章共26则。主要论述文章应当有什么样的内容和形式。吕坤认为文章是用来表达思想和道理的，贵在以理取胜。写文章要有八要："简、切、明、尽、正、大、温、雅。""庙堂文要有天覆地载，山林文要有仙风道骨，征伐文要有吞象食牛，奏对文要有忠肝义胆。"创作诗词要如同哭笑，出于不可抑止的感情，则真切有味。如果表达的是真实感情，不必计较诗词的文辞写得好不好。他批判了当时科举的怪现象，主张文章要做到人家能看懂，不用艰语深辞、险句怪字。他自己就遵守了这些主张，文章有内容，有感情，让人百看不厌。

"六经"之文不相师也，而后世不敢轩轾①。后之为文者，吾惑矣。拟韩临柳②，效马学班③，代相祖述，窃其糟粕，谬矣。夫文以载道也，苟文足以明道，谓吾之文为"六经"可也。何也？与"六经"不相叛也。否则发明申、韩之学术，饰以"六经"之文法，有道君子以之覆瓿④矣。

【注释】①轩轾（zhì）：高低优劣。这里作动词用，谓评论高低优劣。②韩：指韩愈，唐代著名文学家。其散文在继承先秦两汉古文的基础上，加以创新发展，气势雄健，说理透彻，被列为"唐宋八大家"之首。柳：指柳宗元，唐代著名文学家。因参加主张革新的王叔文集团而受到贬斥。他的散文峭拔矫健，也被列入“唐宋八大家”，与韩愈并称“韩柳”。③马：指司马迁，西汉史学家，《史记》作者。班：指班固，东汉史学家，《汉书》作者。④覆瓿（bù）：比喻价值不高，只能用来盖酱罐。瓿，一种小瓮，用以盛酒或水。

【译文】“六经”的内容各不相同，不相互师法，但后世不敢评论孰高孰低。对后世写文章的人，我就有些迷惑了。他们模拟韩愈，摹仿柳宗元，效法司马迁，学习班固，一代代师法前人，加以述说，承袭糟粕，太荒唐了。文章是用来表达思想、道理的，如果文章能讲明道理，那么称这些文章为“六经”也是可以的。为什么呢？因为没有违背“六经”。否则阐述申不害和韩非的学术思想，却用“六经”的文法来表达，这样的著作，有道德的君子只能用它来盖酱罐了。

诗、词、文、赋，都要有个忧君爱国之意，济人利物之心，春风舞雩之趣，达天见性之精。不为赘言，不袭余绪，不道鄙迂，不言幽僻，不事刻削，不徇偏执。

【译文】诗、词、文、赋，都要有为主分忧、热爱祖国的思想，有救济世人、兼利万物的心意，有自然天成、悠然自得的情趣，有通达天命、表现心性的境界；不包含不必要的言辞，不抄袭他人的思绪，不说鄙陋迂腐的见解，不道深幽怪僻的话语，不尖酸刻薄，不偏激固执。

一先达[①]为文，示予令改之，予谦让。先达曰：“某不护短，即令公笑我，只是一人笑，若为我回护，是令天下笑也。”予极服其诚，又服其智。嗟夫！恶一人面指[②]，而安受天下之背笑[③]者，岂独文哉！岂独一二人哉！观此可以悟矣。

【注释】①先达：德行高、学问深的知名先辈。②面指：当面批评。③背笑：背后讥笑。

【译文】一位学问高深的知名前辈写了文章，拿来让我给他修改，我谦虚地推让。前辈说："我不掩饰自己的缺点，即使你笑话，也只是你一个人笑罢了，如果你不肯改而袒护我，这是让天下人笑我。"我钦佩他诚恳的态度，又佩服他的智慧。唉！厌恶一个人的当面批评，却甘心接受天下人在背后的嘲笑，哪只是改文章这样的事呢！这种人哪里只有一两个人呢！通过这件事应该有所醒悟了。

议论之家，旁引根据，然而据传①莫如据经，据经莫如据理。

【注释】①传：亦作"传注"。解释经籍的文字。

【译文】议论的人，常常广泛地引证书中的话作为依据，然而依据解释经籍的文字不如依据经籍，依据经籍不如依据道理。

古今载籍之言。率有七种：一曰天分语。身为道铸，心是理成，自然而然，毫无所为，生知安行之圣人。二曰性分语。理所当然，职所当尽，务满分量，毙而后已，学知利行之圣人。三曰是非语。为善者为君子，为恶者为小人，以劝贤者。四曰利害语。作善降之百祥，作不善降之百殃，以策众人。五曰权变语。托词画策以应务。六曰威令语。五刑以防淫。七曰无奈语。五兵以禁乱。此语之外，皆乱道之谈也。学者之所务辨也。

【译文】古今书籍所记载的言论，大体上有七种：一是天分语。这种言论的作者，身心都充满着道和理，完全是自然的，没有一丝人为的痕迹，他们是生而知之、安而行之的圣人。二是性分语。这种言论的作者，做理所当然的事，尽应该尽的职责，一定会竭尽全力，死而后已，他们是学而知之、利而行之的圣人。三是是非语。这种言论的作者，认为行善的人是君子，作恶的人是小人，并且以此来劝诫使人成为贤良的人。四是利害语。这种言论的作者，认为行善会带来各种吉祥，作恶会带来各种灾祸，以此来鞭策众人。五是权变语。这种言论的作者，找各种托词和策划各种计谋来应对世务。六是威令语。这种言论就像用各种刑罚来防止违法的行为。七是无奈语。这种言论如同用各种武器来防止叛乱。除了这几种言论之外，都是些混乱视听的言论。学者应加以分辨。

疏狂之人多豪兴，其诗雄，读之令人洒落，有起懦之功。清逸之人多芳兴，其诗俊，读之令人自爱，脱粗鄙之态。沉潜之人多幽兴，其诗淡，读之令人寂静，动深远之思。冲淡之人多雅兴，其诗老，读之令人平易，消童稚之气。

【译文】豪放不羁的人多豪兴，他的诗强健有力，读起来令人洒脱，有使懦夫振作的功用。清新脱俗的人多芳兴，他的诗秀美文雅，读起来令人珍惜自己的名誉，可以使人脱去粗陋鄙夷的神态。沉静含蓄的人多幽兴，他的诗清新淡雅，读起来令人静寂，可以引发人的深远之思。平和淡泊的人多雅兴，他的诗老练成熟，读起来浅显易懂，可以使人消除童稚之气。

愁红怨绿是儿女语，对白抽黄[①]是骚墨语，叹老嗟卑是寒酸语，慕膻附腥是乞丐语。

【注释】①对白抽黄：指诗赋之对仗工稳。典出唐柳宗元《乞巧文》。

【译文】愁红怨绿是表达儿女情长的话，对白抽黄是文人墨客的话，叹老嗟卑是寒酸的话，慕膻附腥是乞丐的话。

艰语深辞，险句怪字，文章之妖而道之贼也，后学之殃而木之灾也。路本平，而山溪之；日月本明，而云雾之。无异理，有异言；无深情，有深语。是人不诫，而是书不焚，有世教之责者之罪也。若曰其人学博而识深，意奥而语奇。然则孔、孟之言浅鄙甚矣。

【译文】怪僻深奥的言辞，少见难解的字句，使文章怪异，这是损害道的贼人。它给后学者带来障碍，给印书者带来麻烦。路本来是平坦的，却要用山来阻断；日月本来是明亮的，却要拿云雾来遮盖。没有特别的道理，却要用特别的言词来表达；没有深厚的感情，却用深奥的语言来表达。对这样的人不加以警诫，对这样的书不予以焚烧，这是教化世人的人的罪过啊！如果说这样的人是学问大、见识远，意境深邃且语言奇特，那么孔子、孟子的语言岂不是浅显鄙陋了吗？

圣人不作无用文章。其论道，则为有德之言；其论事，则为有见之言；其叙述歌咏，则为有益世教之言。

【译文】圣人不写没有用的文章。他们谈论道时，用饱含德行的言论；谈论事时，用有见地的言论；叙述歌咏时，用有益于世俗教化的言论。

真字要如圣人燕居危坐，端庄而和气自在；草字要如圣人应物，进退存亡，辞受取予，变化不测，因事异施而不失其中。要之，同归于任其自然，不事造作。

【译文】楷体字要像圣人在自家正襟危坐，既端庄又充满和气；草体字要像圣人应对万物，知进退存亡、辞受取予，变化不测，随着事务的变化而采取相应的措施，但又能恰到好处。总之，就是要顺其自然，不刻意造作。

圣人作经，有指时物者，有指时事者，有指方事者，有论心事者，当时精意与身往矣。话言所遗，不能写心之十一，而儒者以后世之事物、一己之意见度之，不得则强为训诂。呜呼！汉宋诸儒不生，则先圣经旨后世诚不得十一，然以牵合附会而失其自然之旨者亦不少也。

【译文】圣人写作经书，有指当时的事物的，有指当时的时事的，有指某一方面事情的，有表达思想的，当时圣人不仅专心一意地写作，而且对自己的主张身体力行。他们的著作中留给后人的话，没有表达出来他们思想的十分之一，但是读书人却用后世的事物和自己的见解来揣度圣人，不符合自己的意思则勉强解释。唉！如果没有汉代、宋代这些读书人，那么先圣经学的要旨，后人诚然得不到十分之一，然而由于他们的生拉硬扯、勉强凑合而失去圣人自然之旨的地方也不少。

圣人垂世则为持衡之言，救世则有偏重之言。持衡之言，达之天下万世者也，可以示极。偏重之言，因事因人者也，可以矫枉。而不善读书者，每以偏重之言垂训，乱道也夫！诬圣也夫！

【译文】圣人留传于世言论的是可以作为永久准则的言论，而挽救时世的言论则是有所侧重的言论。作为准则的言论，可以流传天下万世，作为永久的准则。有所侧重的言论，是根据事情和人的具体情况而说的，可以纠正偏邪。但不善于读书的人，每每把有所侧重的言论当作垂示教训，这是不符合正统思想的主张！污蔑圣人的做法！

言语者，圣人之糟粕也。圣人不可言之妙，非言语所能形容。汉宋以来，解经诸儒泥文拘字，破碎牵合，失圣人天然自得之趣，晦天下本然自在之道，不近人情，不合物理，使后世学者无所适从。且其负一世之高名，系千古之重望，遂成百世不刊之典。后学者岂无千虑一得，发前圣之心传而救先儒之小失？然一下笔开喙①，腐儒俗士不辨是非，噬②指而惊，掩口而笑，且曰："兹先哲之明训也，安得妄议？"噫！此诚信而好古之义也。泥传离经，勉从强信，是先儒阿意曲从之子也。昔朱子将终，尚改《诚意》注说③，使朱子先一年而卒，则《诚意章》必非精到之语；使天假朱子数年，所改宁止《诚意章》哉！

【注释】①开喙：开口说话。②噬（shì）：咬。③"昔朱子"二句：朱熹在去世前，还在修改《大学·诚意章》注。朱子，朱熹。

【译文】言语，是圣人废弃无用的。圣人难以言说的奇妙，不是言语所能形容的。汉宋以来，解释经书的读书人拘泥于文字，破碎牵强，勉强凑合，失掉了圣人天然自得之趣，使天下本来自然存在的道理也昏暗无光了，他们解释经书不近人情，不符合事物的道理，使后世的学者不知如何是好。这些读书人在当世享有显赫的声名，千古又负有很高的声望，他们的解释就成了百世不能改变的经典。后来的学者难道在多次的考虑中没有些许可取的地方，难道不能发挥古代先贤的心意而匡正先世儒者的小过失？然而一下笔、一张嘴，那些迂腐的读书人、见识浅陋的世俗之士不分是非，或咬指而惊，或掩口而笑，并且说："这是先世贤人明确的训示，怎能妄加议论？"唉！这诚然表现了相信并爱好古代东西的精神，但拘泥于解释经籍的文字，违背经籍的义理，勉强信奉遵从，这只能是先世儒者刻意逢迎，委曲顺从的子孙。从前朱子将死之前，还在修改《大学·诚意章》的注解，假使朱子提前一年去世的话，那么对《诚意章》的注解就不会那么精确周全了；假使朱子还能多活几年的话，修改的哪会只是《诚意章》呢！

圣人之言，简淡明直中有无穷之味，大羹玄酒也。贤人之言，一见便透而理趣充溢，读之使人豁然，脍炙珍羞也。

【译文】圣人的言论，在简朴淡泊明直之中有无穷的意味，就如同祭祀用的肉汁和清水。贤人的言论，看到后就能让人明白而又充满义理情趣，读之使人一下子就彻底晓悟，如同珍奇美味的食物。

圣人终日信口开阖，千言万语，随事问答，无一字不可为训。贤者深沉而思，稽留而应，平气而言，易心而语，始免于过。出此二者而恣口放言，皆狂迷醉梦语也。终日言，无一字近道，何以多为？

【译文】圣人整天不加思索而任意讲的话，千言万语，就事发问与回答，无一字不可作为准则。贤人完备周密地思考，想好了再回答，心平气和地说话，将心比心地谈话，才能避免出错。除了圣人贤人以外，而恣意言论、随意乱说，都是狂妄昏乱、糊里糊涂如醉如梦的语言。整天不停地说，没有一个字和接近道理，说得多又有什么用呢？

诗，低处在觅故事寻对头，高处在写胸中自得之趣，说眼前见在之景。

【译文】作诗，低的只是寻典故作对子，高的能抒写胸中自得其乐的情趣，描述眼前看见的景物。

自孔子时，便说“史不阙文”①，又曰“文胜质则史”②，把“史”字就作了一“伪”字看。如今读史，只看他治乱兴亡足为法戒，至于是非真伪，总是除外底。譬之听戏文一般，何须问他真伪，只是足为感创，便于风化有关。但有一桩可恨处：只缘当真看，把伪底当真；只缘当伪看，又把真底当伪。这里便宜了多少小人，亏枉了多少君子。

【注释】①史不阙文：《论语·卫灵公》：“吾犹及史之阙文也。有马者借人乘之，今亡矣夫。”不，应作“之”。②文胜质则史：《论语·雍也》："子曰：'质胜文则野，文胜质则史。文质彬彬，然后君子。'"朱熹注："史，掌文书，多闻习事，而诚或不足也。"意思是说文辞胜过了实际就不真实了。

【译文】从孔子的时代开始，就说"史之阙文"，又说"文胜质则史"，把"史"字当作"伪"字看待。如今读史书的，只看史书记载的安定及动乱、兴盛与衰亡足以被后世师法借鉴，至于是非真伪则不注意。就好比看戏一样，何必问戏中演的故事是真是假，只要能使人感动，有利于风俗教化即可。但有一件事让人遗憾：只因为你把它当真的看，可能会把假的当成真的；只因为你把它当假的看，又可能会把真的当成假的。这样就便宜了多少小人，冤屈了多少君子。

诗辞要如哭笑，发乎情之不容已，则真切而有味。果真矣，不必较工拙，后世只要学诗辞。然工而失真，非诗辞之本意矣。故诗辞以情真切、语自然者为第一。

【译文】诗辞要像哭和笑一样，发自内心不能自已，这样才会真切有味。果真能表达内心的真实感情，就不必计较文字的工巧拙劣。后人只要学习诗辞的创作。如果只会追求工巧反而容易丧失本真，这不是诗辞创作的本意。因此，诗辞的创作应以感情真切、言语自然为首位。

古人无无益之文章，其明道也不得不形而为言，其发言也不得不成而为文。所谓因文见道者也，其文之古今工拙无论。唐宋以来，渐尚文章，然犹以道饰文，意虽非古，而文犹可传。后世则专为文章矣。工其辞语，涣其波澜，炼其字句，怪其机轴，深其意指，而道则破碎支离，晦盲否塞矣。是道之贼也，而无识者犹以文章崇尚之，哀哉！

【译文】古人不写没有用处的文章，他们阐明道理时不得不表达，所以才有了言论。发表言论时不会说不成文的话，所以才形成了文章。这是通过文章来传道的，这与文章的古今工拙无关。唐、宋以来，人们逐渐崇尚文章，但更注重用道来修饰文章，他们的文章虽然不是古体，但仍旧传于后世。后人则是专门为了写文章而写文章了。他们更注重的是修饰文句，形成波澜壮阔的气势，苦心锤炼字句，使得开合转承奇巧玄妙，使文章的意旨深奥，道理则破碎支离，晦涩难懂。这样的文章，只能有害于道，但那些没有见识的人仍然推崇这样的文章，实在是太可悲了。

文章有八要：简、切、明、尽、正、大、温、雅。不简则失之繁冗，不切则失之浮泛，不明则失之含糊，不尽则失之疏遗，不正则理不足以服人，不大则失冠冕之体，不温则暴厉刻削，不雅则鄙陋浅俗。庙堂文要有天覆地载，山林文要有仙风道骨，征伐文要有吞象食牛，奏对文要有忠肝义胆。诸如此类，可以例求。

【译文】做文章有八大要领：简、切、明、尽、正、大、温、雅。不简练则文字繁冗，不贴切则感情显浮泛，不明确则表意含糊，不详尽则有疏漏，不合正义就不能以理服人，不大气就失冠冕之体，不温厚就显得暴戾刻薄，不儒雅就显得鄙陋浅俗。庙堂文要有覆天载地的胸襟，山林文要有仙风道骨的气象，征伐文要有吞象食牛的气势，奏对文要有忠肝义胆的精神。诸如此类，可以类推。

学者读书只替前人解说，全不向自家身上照一照。譬之小郎替人负货，努尽筋力，觅得几文钱。更不知此中是何细软珍重。

【译文】学者们读书只为前人的文章作解说，全然不向自家身上对照。这就好比是小孩子替别人背货物，只顾用尽全身力气，挣几文钱，却不去想自己身上所背的到底是什么珍贵的宝物。

《太玄》[①]虽终身不看亦可。

【注释】①《太玄》：西汉扬雄著，体裁仿《周易》，共10卷。

【译文】扬雄的《太玄》，即使终生不看也是可以的。

自乡举里选[①]之法废，而后世率尚词章。唐以诗赋求真才，更为可叹；宋以经义取士，而我朝因之。夫取士以文，已为言举人矣，然犹曰：言，心声也，因文可得其心，因心可知其人。其文爽亮者，其心必光明，而察其粗浅之病。其文劲直者，其人必刚方，而察其豪悍之病。其文藻丽者，其人必文采，而察其靡曼[②]之病。其文庄重者，其人必端严，而察其寥落之病。其文飘逸者，其人必流动，而察其浮薄之病。其文典雅者，其人必质实，而察其朴钝之病。其文雄畅者，其人必挥霍，而察其跅弛[③]之病。其文温润者，其人必和顺，而察其巽软[④]之病。其文简洁者，其人必修谨，而察其拘挛[⑤]之病。其文深沉者，其人必精细，而察其阴险之病。其文冲淡者，其人必恬雅，而察其懒散之病。其文变化者，其人必圆通，而察其机械[6]之病。其文奇巧者，其人必聪明，而察其怪诞之病。其文苍老者，其人必不俗，而察其迂腐之病。有文之长而无文之病，则其人可知矣。文即未纯，必不可弃。今也但取其文而已，见欲深邃，调欲新脱，意欲奇特，句欲饤饾[7]，锻炼欲工，态度欲俏，粉黛欲浓，面皮欲厚。是以业举之家弃理而工辞，忘我而徇世。剽窃凑泊[8]全无自己神情，口语笔端迎合主司好尚，沿习之调既成，本然之天不露。而校文者亦迷于世调，取其文而忘其人。何异暗摸而辨苍黄，隔壁而察妍媸？欲得真才，岂不难哉？隆庆戊辰[9]，永城胡君格诚登第三场，文字皆涂抹过半，西安郑给谏大经所取士也，人皆笑之。后余阅其卷，乃叹曰："涂抹即尽，弃掷不能。"何者？其荒疏狂诞绳之以举业，自当落第，而一段雄伟器度、爽朗精神、英英然一世豪杰。如对其面，其人之可收自在文章之外耳。胡君不羁之才，难挫之气，吞牛食象，倒海冲山，自非寻常庸众人。惜也以不合世调，竟使沉沦。余因拈出，以为取士者不专在数篇工拙，当得之牝牡骊黄[10]之外也。

【注释】①乡、里：皆古代行政区划名。《汉书·食货志》："五家为邻，五邻为里，四里为族，五族为党，五党为州，五州为乡。乡，万二千五百户也。"乡举，指由乡里选拔人才。里选，指古代中央命地方选荐人才的制度。②靡曼：亦作"靡嫚"。华丽，华美。③跅（tuò）弛（chí）：放荡不循规矩。④巽（xùn）软：亦作"巽輭"。卑顺软弱。巽，同"逊"。⑤拘挛：拘束，不伸展。⑥机械：巧诈。⑦饤（dìng）饾（dòu）：比喻堆砌、杂凑。指词句的安排罗列。此指铺陈。⑧凑泊：凑合，聚结。⑨隆庆：明穆宗朱载重年号。隆庆戊辰，即隆庆二年。⑩牝牡骊黄：牝牡，雌雄。骊，黑色。牝牡骊黄指相骏马不必拘泥于外貌及性别。相传古代擅相马的伯乐年老，推荐九方皋为秦穆公求骏马。求得后，穆公问何马，九方皋回答是黄色母马，穆公派人看是黑色公马，于是责备九方皋。待马取来，果然是天下稀有的良马。典出《列子·说符》。后比喻观察事物要了解实质真象，而不能单纯著眼于表面。

【译文】自从乡举里选的方法废除以后，后世大都崇尚诗文。唐朝以诗歌和辞赋来选取真正的人才，更让人感叹不已；宋代以经文为题所作的文章取士，而我朝沿用旧例。用文章来选取官吏，已经是根据言论来举荐人才了，然而还可以说：言语是人的心声，通过他作的文章可以看出他的内心，从他的内心就可以知道他的品德和才能。文章爽朗明亮的人，其内心必然光明，但是要考察一下他是否有浅显的毛病。文章刚劲正直的人，其为人必然刚直方正，但是要考察一下他有没有豪放强悍的毛病。文章华丽的人，其为人必然多文采，但是要考察一下他有没有奢靡的毛病。文章庄重的人，其为人必然端庄严肃，但是要考察一下他有没有落落寡合的毛病。文章飘逸的人，其为人必然灵活，但是要考察一下他有没有轻薄不朴实的毛病。文章高雅有根底的人，其为人必然朴实，但是要考察一下他有没有愚钝的毛病。文章雄畅的人，其为人必然奔放洒脱，但是要考察一下他有没有放荡不合礼法的毛病。文章温润的人，其为人必然和顺，但是要考察一下他有没有卑顺软弱的毛病。文章简洁的人，其为人必然谨慎恪守礼法，但是要考察一下他有没有拘束的毛病。文章深沉的人，其为人必然精细，但是要考察一下他有没有阴险的毛病。文章谦虚淡泊的人，其为人必然沉静文雅，但是要考察一下他有没有懒散的毛病。文章善于变化的人，其为人必然圆通，但是要考察一下他有没有机伪巧诈的毛病。文章新奇精巧的人，其为人必然聪明，但是要考察一下他有没有古怪荒谬的毛病。文章雄健老练的人，其为人必然不俗，但是要考察一下他有没有迂腐的毛病。他们的文章有上述这些特长，但是为人又没有上述的毛病，他们的人品就可以知道了。即使文章没有达到尽美尽善的程度，这样的人才也不能抛弃。如今只是取其文章而已，要求文章的见解要精深远大，格调要新颖脱俗，用意要奇异特殊，句子要详细陈述，炼句要精巧，态度要俏丽，修饰要浓重，脸皮要加厚。因此为科举应试而学习的人抛弃了道理而修饰文辞，忘记了自己而随顺世俗的口味。抄袭拼凑完全没有自己的风格，无论是言谈还是写文章，都迎合科举主试官的喜好崇尚，这就形成了依循向来的习惯，而不表露自己本来的天性。评阅文章的人也迷惑于世人的这种论调，只看其文而不看其为人。这和在黑暗中辨别是青色还是黄色，隔着墙考察美丑有什么不同呢？想要选取真正的人才，能不难吗？隆庆戊辰年，永城人胡格诚参加第三场科举考试，文章中的文字有一半涂抹的地方，他是给谏西安郑大经录取的，人们都讥笑他。后来我阅览他的卷子，于是感叹地说："他的文章即使涂抹干净，我也不能将他弃掷不取。"为什么呢？如果按照科举文章的标准来评阅他浮躁荒唐、狂妄怪诞的文辞，自然应当落第，然而他雄伟壮观的气度、明快开朗的精神、英勇威武，神采四溢，俨然是一世豪杰。阅读他的文章，如同面对其人，这样的人才可以录取的理由自然在文章之外。胡君非凡、不可拘束的才能，难以挫败的英气，气概豪迈，声势浩大，自然不是普通平庸的人。可惜他不符合世俗的情调，竟然隐没不遇。因此我举出他的例子，说明选取士人不能只看几篇文章写得好坏，应该在非本质的表面现象之外选取。

万历丙戌[①]而后，举业文字如晦夜浓阴封地穴，闭目蒙被灭灯光。又如墓中人说鬼话，颠狂人说疯话，伏章人[②]说天话。

又如《楞严》《孔雀》[3]，咒语真言，世道之大妖也。其名家云："文到人不省得处才中，到自家不省得处才高中。"不重其法，人心日趋于魑魅魍魉矣。或曰："文章关什么人心世道。"嗟！嗟！此醉生梦死语也。国家以文取士，非取其文，因文而知其心，因心而知其人，故取之耳。言若此矣，谓其人曰光明正大之君子，吾不信也。且录其人曰中式，进呈其文曰中式之文，试问其式安在？乃高皇帝[4]所谓文理平通明顺典实者也。今以编造晦涩妄诞放恣之辞为式，悖典甚矣。今之选试官者必以高科，其高科所中，便非明顺典实之文，其典试也，安得不黜明顺典实之士乎？人心巧伪，皆此文为之祟耳。噫！是言也，向谁人道？不过仰屋长太息而已。使礼曹礼科得正大光明、执持风力之士，无所畏徇，重一惩创，一两科后，无刘几[5]矣。

【注释】①万历：明神宗朱翊钧年号。万历丙戌，即万历十四年。②伏章人：指撰写献给天神的奏章祝文之人。③《楞严》：佛经名。全称《大佛顶如来密因修正了义诸菩萨万行首楞严经》，十卷。经中阐述心性本体，说"一切世间诸所有物，皆即菩提妙明元心，心精遍圆，含裹十方"，众生不明自心"性净妙体"，故流转生死。当修禅定，破除障见，以达到妙觉成道。《孔雀》：即唐不空译的《大孔雀明王画像坛场仪轨》。④高皇帝：指明太祖朱元璋，其谥号为"开天行道肇纪立极大圣至神仁文义武俊德成功高皇帝"。在位三十一年。⑤刘几：刘几事见《梦溪笔谈》：刘几为险怪之语，遂成风俗。欧阳公深恶之，几被黜。后数年，公为乡试考官，擢第一，唱名乃刘辉，即几也，易名矣。

【译文】万历丙戌年以后，科举应试的文字如同在黑夜里、浓重阴云中又封在地穴里，又如同闭上眼睛、蒙上被子，熄灭了灯光。又如同坟墓中的人说鬼话，癫狂的人说疯话，向苍天上奏章的人说天话。又如同《楞严》《孔雀》，咒语真言，真是社会状况的大害。当时的著名人物说："文章要做到别人不能领悟了解的时候才能中试，做到自己也不能领悟了解的时候才能高中。"针对这种现象，如果不用重法加以纠正，人心会日益趋向魑魅魍魉。也许有人会说："文章怎么会关系到社会的风气、教化以及人心的趋向呢？"唉！唉！这真是糊里糊涂，如在醉梦之中的话。国家通过文章来选拔官吏，选的并不是他的文章，而是要通过文章来了解这人的内心，再通过他的内心来了解他的为人，所以才会选中他。如果他的文章如上面所说的那样含意隐晦不容易懂，却说其人是光明正大的君子，我是不相信的。可是却说被录取的人符合标准，进呈他的文章也说是符合标准的文章，试问其标准是什么呢？应当是太祖高皇帝所说的组织文字的条理平稳通达，明白晓畅，典雅平实。现在以编造含意隐晦、荒诞不经、任意胡为之词为标准，大大背离了高皇帝的典训。如今选用主考官必以科举考试名次在前者，其人科举考试名次在前时，高中的就不是明白晓畅、有典有实的文章，而他主持考试，又怎么能不摒退不用那些能写出明白晓畅、典雅平实文章的人呢？现在的人心虚伪不实，都是由于此类文章在作祟。唉！这样的话向谁讲呢？只能卧而仰望屋梁，深长地叹息罢了。假使礼部和礼科监察的官吏能选用正大光明、坚持操守的风采骨力人士，没有什么畏惧而徇私，对这种风气重加惩戒，经过一两次科考以后，就不会有像刘几那样善作险怪之语的人了。

《左传》《国语》《战国策》[1]，春秋之时文也，未尝见春秋时人学三代。《史记》《汉书》，西汉之时文也，未尝见班、马学《国》《左》。今之时文安知非后世之古文？而不拟《国》《左》则拟《史》《汉》，陋矣，人之弃已而袭人也。“六经”“四书”，三代以上之古文也，而不拟者何？习见也。甚矣，人之厌常而喜异也。余以为文贵理胜，得理何古何今？苟理不如人而摹仿于句字之间，以希博洽之誉，有识者耻之。

【注释】①《左传》：编年体春秋史。亦称《春秋左传》《左氏春秋》，传为春秋时鲁国人左丘明所撰。《国语》：相传也为左丘明撰，以记西周末年和春秋时期周、鲁等国的贵族言论为主，可与《左传》参看。《战国策》：西汉末刘向编订，为战国时游说之士的策谋和言论汇编。

【译文】《左传》《国语》《战国策》，是春秋时代通行的文体，不曾见过春秋时期的人学习夏商周三代时的文风。《史记》《汉书》是西汉通行的文体，不曾见过班固、司马迁学习《国语》《左传》的文风。现在通行的文体怎么知道不能成为后世的古文呢？但是现在的人不是模拟《国语》《左传》，就是模拟《史记》《汉书》，实在是太浅薄了啊，抛弃了自己的东西而去效仿沿用别人的东西。“六经”“四书”，是三代以前的古文，为什么人们不模拟呢？因为经常看到的缘故。人们讨厌平常、喜欢奇异的习惯也太严重了。我认为文章贵在以理取胜，如果有道理，何必考虑是古是今？如果道理不如别人讲得深透，而只是模仿别人的文字，想以此获得学识广博的称誉，有识见的人认为是可耻的事。

诗家无拘鄙之气，然令人放旷；词家无暴戾之气，然令人淫靡。道学自有泰而不骄、乐而不淫气象，虽寄意于诗词，而缀景言情皆自义理中流出，所谓吟风弄月，有“吾与点也[1]”之意。

【注释】①吾与点也：意思是我同意曾点的主张。

【译文】诗人没有拘束粗鄙的习气，但是会使人放逸旷达、不拘礼俗；词人没有粗暴凶恶的习气，但是会使人奢靡浮华。道学自有安详舒泰却不骄傲、快乐而不过分的气派，虽然是通过诗词来寄托自己的思想情感，但是写景抒情都符合义理，所谓用风花雪月作题材写作以抒发超然、闲适的心情，也有孔子“吾与点也”那种悠然自得的意味。

谦德国学文库丛书

（已出书目）

弟子规·感应篇·十善业道经

三字经·百家姓·千字文·德育启蒙

千家诗

幼学琼林

龙文鞭影

女四书

了凡四训

孝经·女孝经

增广贤文

格言联璧

大学·中庸

论语

孟子

周易

礼记

左传

尚书

诗经

史记

汉书

后汉书

三国志

道德经

庄子

世说新语

墨子

荀子

韩非子

鬼谷子

山海经

孙子兵法·三十六计

素书·黄帝阴符经

近思录

传习录

洗冤集录

颜氏家训

列子

心经·金刚经

六祖坛经

茶经·续茶经
唐诗三百首
宋词三百首
元曲三百首
小窗幽记
菜根谭
围炉夜话
呻吟语
人间词话
古文观止
黄帝内经
五种遗规
一梦漫言
楚辞
说文解字
资治通鉴
智囊全集
酉阳杂俎
商君书
读书录
战国策
吕氏春秋
淮南子
营造法式
韩诗外传
长短经

虞初新志
迪吉录
浮生六记
文心雕龙
幽梦影
东京梦华录
阅微草堂笔记
说苑
竹窗随笔
国语
日知录
帝京景物略
子不语
水经注
徐霞客游记
聊斋志异
清代三大尺牍：小仓山房尺牍
清代三大尺牍：秋水轩尺牍
清代三大尺牍：雪鸿轩尺牍
孔子家语
贤母录
张岱文集：陶庵梦忆
张岱文集：西湖梦寻
张岱文集：快园道古